贵阳市第十一届教育科研

优秀成果选编

贵阳市教育科学研究所◎编

九州出版社
JIUZHOUPRESS

图书在版编目（CIP）数据

贵阳市第十一届教育科研优秀成果选编 / 贵阳市教育科学研究所编. —北京：九州出版社，2021.12
ISBN 978-7-5225-0773-6

Ⅰ.①贵… Ⅱ.①贵… Ⅲ.①教育研究—科技成果—汇编—贵阳 Ⅳ.①G40-03

中国版本图书馆CIP数据核字（2021）第258574号

贵阳市第十一届教育科研优秀成果选编

作　　者　贵阳市教育科学研究所　编
责任编辑　李创娇
出版发行　九州出版社
地　　址　北京市西城区阜外大街甲35号（100037）
发行电话　（010）68992190/3/5/6
网　　址　www.jiuzhoupress.com
印　　刷　贵阳佳迅印务有限公司
开　　本　787毫米×1092毫米　16开
印　　张　37.5
字　　数　567千字
版　　次　2021年12月第1版
印　　次　2021年12月第1次印刷
书　　号　ISBN 978-7-5225-0773-6
定　　价　98.00元

贵阳市第十一届（2021年）中小学、中等职业教育、学前教育、特殊教育优秀教育科研成果评选《贵阳市第十一届教育科研优秀成果选编》编委会

前　言

喜庆百年华诞，谱写盛世华章

正值贵阳市教育系统深入开展庆祝中国共产党成立100周年系列活动，深入学习习近平总书记在庆祝中国共产党成立100周年大会重要讲话精神，以饱满的热情和良好的工作状态大踏步迈向第二个百年奋斗目标新征程之际，《贵阳市第十一届教育科研优秀成果选编》文集（以下简称《选编》）与全市广大教育工作者见面了。

《选编》是从贵阳市第十一届（2021年）中小学、中等职业教育、学前教育、特殊教育优秀教育科研成果评选中遴选出的优秀成果。与之前十本《选编》文集一样，它不仅是我市广大教师职业风采和探讨关于教师职业生命价值内涵的文集，而且是我们对践行新时代中国特色社会主义思想、对新课程改革理念深入学习、对实践探索与理论创新提交的又一份答卷。

《选编》的出版凝聚了全市广大教师的心血和汗水，闪烁着教师对教育生命的灵动，体现了教师锐意进行教育教学改革的价值取向，我们希望通过成果的推广应用，进一步强化广大教师的科研意识，积极学习和应用先进的教育科研方法和研究策略，促进我市基础教育科研事业的发展。同时，通过优秀教育科研成果选编，与全市广大中小学教师、教科研人员一起共同探索和挖掘教育科研在推动基础教育课程改革、提高教育教学质量和促进学校可持续发展等方面的作用和功能，共同走向我市基础教育蓬勃发展的新时代。

《选编》的作者绝大部分来自教育教学实践第一线的广大教师，他们植根于教育教学沃土，以推进素质教育的研究为重点，关注学生、关注本市基础教育课程改革的热点、难点问题，成果选题广泛、内容具体、形式多样、涉及面广。因此，《选编》是建立在丰厚的教育教学实践基础上的理论概括及经验总结，对促进本市教育教学质量的提升具有很强的针对性和运用推广价值。

由于受篇幅的限制，获奖的教育科研成果未能全部编选入《选编》中，对选入的教育科研成果报告也进行了必要的改动和删减，特向相关作者表示深深的歉意。

在编选过程中，得到了市教育局、市教育科学研究所、各区（市、县）教研部门的领导、教研员和全市广大教师的关心、支持和帮助，在此表示衷心感谢。对入选的篇目，虽然经过编委会逐一审阅，但由于时间紧、任务重，加之人力单薄，学术水平有限，难免有错误疏漏的地方，期望广大读者指导匡正。

赓续百年初心，担当育人使命。让我们扬起新时代的风帆，奋楫新目标的航程，去续写贵阳教育新的篇章。

编　者

2021 年 9 月

目　录

CONTENTS

提升区域幼儿园保教质量的实践研究

——基于儿童发展的视角

贵阳市教育科学研究所　王　艳

第一部分　绪　论

一、研究背景

（一）基于幼儿园保教质量提升的政策要求

国家先后出台多项文件要求提升幼儿园保教质量，《国家中长期教育改革和发展规划纲要》提出："把提高质量作为教育改革发展的核心任务。"《国务院关于当前发展学前教育的若干意见》（国发〔2010〕41号）明确提出："学前教育要坚持以游戏为基本活动，保教结合，寓教于乐，促进幼儿健康成长。"2012年教育部颁布《3—6岁儿童学习与发展指南》，要求"指导幼儿园和家庭实施科学的保育和教育，促进幼儿身心全面和谐发展"。《教育部关于实施第二期学前教育三年行动计划的意见》（教基二〔2014〕9号）指出，到2016年"幼儿园办园水平和保教质量显著提高"；党的十九大报告指出：要全面贯彻党的教育方针，推进教育公平，办好学前教育、努力让每个孩子都能享有公平而有质量的教育。2018年11月颁布《国务院关于学前教育深化改革规范发展的若干意见》提出"到2035年，为幼儿提供更加充裕、更加普惠、更加优质的学前教育，提高幼儿园保教质量"。可见，提升幼儿园保教质量不仅是我国的政策要求，也是我国学前教育发展的目标，为提高幼儿园保教质量指明方向和做出规划。

（二）保教质量提升是幼儿全面发展的需要

陈鹤琴认为幼稚园首要注意的是儿童的健康，张雪门强调幼稚教育的目的应该完全以儿童为本位，在“南陈北张”思想的影响下，保育地位达到前所未有的高度。国民政府教育部在1938年规定，幼稚教育应保育与教导并重，增进幼儿身心健康和健全发育，培养幼儿基本的良好习惯。随着我国学前教育的快速发展和国家对幼儿园保教质量的重视，幼儿园保教结合才能更好地促进幼儿的全面发展，科学保教的理念日益渗透，如何提升幼儿园的保教质量也成为学前教育改革的重要趋势。

（三）优质保教是贵阳市学前教育发展的历史性任务

贵阳市在实施九年义务教育之后，不失时机地发展幼儿教育，已基本形成以公办幼儿园为骨干和示范、社会力量办园为主体的学前教育发展格局，在一定程度上缓解了城乡广大人民群众子女入园难的压力。两期学前教育三年行动计划的实施，使贵阳市学前教育资源快速增加，幼教机构急剧扩大，新入职教师迅猛增加，幼儿入园率大幅提升。但也存在一些问题，主要表现在以下四个方面。

一是发展不平衡，城乡公民办质量水平差异大。二是保教工作不规范。幼儿园保教人员、保教设备的标准配置达标率低；幼儿园重教轻保，重上课轻一日生活，教育“小学化”的问题较为突出。三是教研制度不完善。缺乏教研的长效管理机制、教研人员未按要求配备，职责不清、教研不常态、无标准，使幼儿园保教工作缺乏持续的教研引领和专业支持，有规范也无法执行到位；四是教育教研评价不科学。教师对学前教育专业的特殊性认识不够，课程观念陈旧、实践能力不足，学前教育和教研评价机制不健全、教研共享平台未形成，幼儿园教育缺内涵。可以说，如果贵阳市学前质量不能相应提高，那么不仅现有的数量难以维持，还会影响新一轮的再发展、再提高。

二、研究价值

（一）理论价值

本研究通过系统研究贵阳市学前教育的发展状况，探索出幼儿教育优质发展的途径和方法，通过此研究推动学前教育区域管理理论，丰富区域幼儿园保教质量的理论研究。

（二）实践价值

幼儿园保教质量影响着幼儿是否能全面发展，从儿童发展的视角探索幼儿园保教质量提升的途径和方法不仅具有理论价值，还具有重要的实践价值。本研究通过行动研究法等方法，用翔实的数据来反映贵阳市学前教育发展的现状，并分析存在的问题及成因，在实践中不断反思和总结，多措并举切实解决贵阳市学前教育质量提升难问题。

一是通过实施贵阳市幼儿体质健康水平保障行动计划，有助于解决贵阳市保教质量中的结构性问题；二是通过实施学前教研指导责任区建设行动，发挥县域内优质园领衔示范作用，落实教研指导责任，提升幼儿 6 项体能发展水平，有助于解决幼儿园保教工作的过程性质量问题；三是通过实施安吉游戏、集群式研修共同体、构建家、园、社三位一体等区域保教质量提升行动计划，有助于解决幼儿园保教质量的结果性问题，促进区域幼儿园保教质量优质均衡发展和整体提升，缓解当前贵阳市人民群众对优质学前教育的供需紧张矛盾。同时，通过本研究为新时期学前教育质量提升开拓改革新思路积累丰富的可推广应用的经验与范式。

三、核心概念界定

（一）幼儿园

幼儿园一般指招收 3—6 岁幼儿并提供保育教育的学前教育机构。本课题所指的幼儿园指贵阳市各级各类招收3—6岁幼儿并提供保育教育的学前教育机构。

（二）区域幼儿园保教质量

区域，土地的界划，指地区，大到国家、小到区县都属于其涉及范畴，本研究所探讨的区域幼儿园指贵阳市地区范畴内的各级各类幼儿园。

幼儿园保教质量的内涵，刘霞认为托幼机构教育质量是托幼机构教育活动是否能满足幼儿的身心健康发展需要，以及是否能满足幼儿身心健康发展。项燕认为幼儿园教育质量是幼儿园的教育活动是否能满足幼儿身心健康发展的需要及其程度。虞永平认为幼儿园保教质量与学前教育的硬件条件、班级人数符合国家的规定相关，代表着学前教育必须由专业的且合格的幼儿教师来承担，对学前儿童必须进行有质量的保教。

学者们对幼儿园保教质量内涵的观点关注的是保教活动是否能满足幼儿身心健康发展的需要，是以儿童的发展作为必要条件的。在本研究中，笔者认为幼儿园保教质量应以儿童的发展作为先决条件，因此，本研究将区域幼儿园保教质量定义为：贵阳市各级各类幼儿园保育与教育活动是否能满足幼儿的身心发展需要及其满足幼儿身心发展需要的程度。

本研究将保教质量划分为结构性质量、过程性质量和结果性质量。其中结构性质量包括设施设备、班级规模、园所管理等，过程性质量包括师幼互动、学习环境、课程实施、家长参与等，结果性质量包括幼儿学习与发展、教师专业发展、幼儿园办园效应。

四、文献综述

（一）有关幼儿园保教质量的研究

1. 关于幼儿园保教质量构成维度的研究

在保教质量的构成维度上，分别有二维度和三维度的构成方式。保教质量二维度的构成方式，张海豫认为是结构维度和过程维度。郭力平和谢萌认为在实操层面，保教质量主要涉及过程性质量和结构性质量。程晨、虞永平认为保教质量的构成要素，代表性的观点是结构性和过程性两个维度。保教质量三维度的构成方式，孙英敏认为包含结构性质量（条件质量）、过程质量、结果质量。侯莉敏总结出保教质量的三要素说包含过程质量、条件质量、劳动环境质量。

2. 关于幼儿园保教质量评价指标与标准的研究

发达国家保教质量整体呈现的特点有政府主导、评价主体多元、评价对象全纳、评价内容全面细化、评价过程及结果应用制度化。英国为推动学前教育改革和质量的提升先后颁布多项政策，1998 年推行“确保开端”计划，2003 年推行“每个孩子都重要”规划，2004 年推行“儿童保育十年战略”，2005 年推行“早期奠基阶段”规划。美国已有三十多种学前教育质量评价的工具，其中《学前教育质量机构质量评价系统》（简称 PQA）得到学前教育界的广泛认同。澳大利亚 2012 年出台《早期教养国家质量框架》，并成立澳大利亚儿童教养与养护监督局。我国很多地区根据地区情况和国家出台的学前教育政策为标准制定评价体系，如杨莉君、贺红芳从保教质量评价的初始指标出发，编制了《幼儿园保教质量评价指标重要性程度评价》调查问卷，结构性指标、过程性指标、结果性指标各 14、22、11 个，共 47 个项目。

3. 关于幼儿园保教质量问题的研究

保教质量高低直接影响办园质量，虽然我国幼儿园保教质量不断提升，并有不少的思考和实践，但还存在一些问题，并存在着很多共性的观点，如缺乏外显、可观测的过程性指标来衡量日常的保教行为，质量保障的运行机制有待进一步完善、收费等办园行为的监管规定有待进一步明晰、民办幼儿园监管主体责任有待明确，城乡幼儿园之间存在较大的差距，小学化等问题。学前教育如何提高质量，解决幼儿园保教质量的问题，学者们一直在不断地探索和实践。

4. 关于幼儿园保教质量提升对策的研究

如何提升保教质量，赵慧认为精细化管理理念可有效提高保教质量，促进幼儿教师的专业成长。张玲等学者从城乡幼儿园均衡发展的角度提出，明确政府主体职责，保障农村学前教育机会公平。宋蓉从教育质量评价的角度提出，从保教一体化的角度评价幼儿园教育质量时可从幼儿发展、课程建设、保教人员、环境与保障系统等方面展开。还有学者认为园长提升课程领导力，帮助幼儿园持续开展提升课程领导力的研究，实现广大幼儿园教育质量的不断提高。李玉杰等学者认为要提高我国学前教育的质量，需要建立科学有效的保教质量评价与监管体系。保教质量的提升包含多方面的内容，不仅需要多元主体的参与，也需要硬件条件的保障、政策保障、制度保障、监管等保障。

（二）综合述评

综上所述，学者们对幼儿园保教质量的研究为本研究视角的选择和构建的分析奠定基础，但已有研究仍存在一定的不足。

第一，从研究内容来看，学者们对幼儿园保教质量的研究较多集中于幼儿园保教质量内涵、构成维度、保教质量存在的问题及对策等。区域幼儿园保教质量提升的相关研究也较多聚焦区域幼儿园保教质量存在的问题、对策等，但如何通过儿童发展视角提升幼儿园保教质量的实证研究十分缺乏。

第二，从研究方法看，观察法等质性研究方法是学者们运用最广的方法，量化研究仍较少。在相关研究中，关于评价幼儿园保教质量的工具，国外已出现了较为成熟且通用的评价工具，国内在借鉴与实践的基础上，仍处于引入与模仿阶段，不断地进行研制开发。

第三，从研究对象看，从儿童发展视角对幼儿园保教质量进行的相关研究，大多针对儿童某一方面的发展，如艺术、语言、游戏等，或对某一特殊儿童群体进行研究，如流动儿童、家庭困境儿童等，以儿童发展视角将区域各级各类幼儿园作为研究对象的实证研究无论是成果数量上还是成果质量上都有待增加和提升。本研究基于儿童发展视角以贵阳市各级各类幼儿园为研究对象，探索区域幼儿园保教质量如何优质均衡发展、缩小城乡差距、提升优质教育资源的利用率、保障教育公平。本研究的样本数量大，研究结果具有一定的代表性。

第二部分　研究设计

一、研究目标

本研究的研究者不仅是研究的主体也是研究的行动者，通过为期 4 年的实践研究，在实践中反复修改研究方案，从儿童发展的视角，在不同的研究阶段分别聚焦于幼儿园保教质量的 3 个维度，即结构性质量、过程性质量和结果性质量，并通过丰富多样的途径探索如何提升区域幼儿园保教质量，切实解决贵阳市学前教育保教质量提升难问题，形成整体助推贵阳市学前教育优质集群发展的新理念，建立多主体供给、参与、监督和评价的学前教育多主体动态治理模式，健全促进保教质量提升的内部质量保障机制。

二、研究思路

本研究围绕幼儿园保教质量提质为核心和目的，整个研究通过理论和实践相结合的方法开展。首先，通过对国内外相关文献进行梳理和总结，明确研究问题，为本研究的开展提供理论依据。其次，通过问卷调查了解贵阳市区域保教质量现状及存在的问题，并据此制定行动研究计划，实施三轮行动研究，每一轮行动研究聚焦核心问题，收集真实数据，并对数据进行分析与反思，发现问题并不断改进行动研究方案，探讨每一轮行动研究实施对保教质量提升的成效。最后，收集并分析研究资料，对成果进行总结，反思研究不足并进行研究展望，将研究结果进行推广应用。

三、研究方法

（一）行动研究方法

行动研究法是本研究的主要方法，研究者在真实的情境中，通过实践活动以提升保教质量、解决教育实际问题为目的，采用“计划—行动—反思—再计划—

再行动—再反思”的螺旋循环研究思路研究区域幼儿园保教质量的提升。

（二）辅助研究方法

1. 调查研究法

（1）问卷调查法

通过问卷调查了解贵阳市整体和区域的幼儿园保教质量情况及存在的问题、教师专业发展等信息，为本研究提供数据支持，便于研究的设计与实施，反映研究实效。

（2）访谈法

结合研究的需要，对参与幼儿园保教质量提升的幼儿及家长、教师进行访谈，以多种渠道获取幼儿园保教活动开展的情况，了解幼儿园管理和保教人员对保教工作的看法和重视程度，对研究存在的问题进行具有针对性的问题归因分析。

2. 文献研究法

文献法是本研究开展的基础方法，主要运用于研究前期的文献资料收集。本研究在确定提升区域幼儿园保教质量这个研究主题后，围绕幼儿园保教质量相关的研究进行梳理与分析，在梳理已有的研究成果和研究进展的基础上为本研究的开展和研究成果的写作奠定基础。

3. 观察法

通过观察教师的保教活动、幼儿园自主游戏开展等活动，为研究提供第一手资料。在观察中，理论联系实际，结合儿童发展的视角分析区域保教质量提升策略，为进一步的研究提供依据。

四、研究对象

（一）选取幼儿园情况

2017 年：采取全样本方式，全市在册幼儿园全部纳入体格发育监测。包括贵阳市实际在册的 728 所幼儿园，其中公办幼儿园 158 所，民办幼儿园 570 所，城市幼儿园 449 所，农村幼儿园 279 所，省级示范园 27 所，市级示范园 50 所，县级示范园 62 所，未评定等级园 589 所。

2018 年：采用点、面结合的方式确定研究对象。

一是贵阳市在册的 895 所幼儿园全部纳入体格发育监测。其中公办幼儿园 243 所，民办幼儿园 652 所，城市幼儿园 527 所，农村幼儿园 332 所，省级示范园 27 所，市级示范园 54 所，县级示范园 86 所，未评定等级园 728 所。

二是对全市 10 个区抽样 100 所幼儿园参加幼儿 6 项体能动作发展水平监测。每个区抽选 10 所，其中公办、民办分别占比 1∶1；城市、农村分别占比 1∶1（Y 区因无农村幼儿园，全部为城市幼儿园）。

2019 年：采用点、面结合的方式确定研究对象。

一是贵阳市在册的 942 所幼儿园全部纳入体格发育监测。其中公办幼儿园 272 所，民办幼儿园 670 所，城市幼儿园 542 所，农村幼儿园 400 所，省级示范园 30 所，市级示范园 60 所，县级示范园 116 所，未评定等级园 736 所。

二是对贵阳市 10 个区抽样 100 所幼儿园参加幼儿 6 项体能动作发展水平监测。每个区抽选 10 所，其中公办、民办各占一半；城市、农村各占一半（Y 区因无农村幼儿园，全部为城市幼儿园）。

三是对贵阳市 10 个区抽样选取省级和市级示范园各 1 所，共计 20 所。其中，城市幼儿园 15 所，农村幼儿园 5 所；公办幼儿园 18 所，民办幼儿园 2 所。在此基础上，研究从各幼儿园中随机选取小、中、大班各 1 个，共计 60 个班级，进行幼儿园班级教育质量和幼儿发展状况的抽样监测。

（二）研究者与合作者情况

贵阳市市级和区级学前教研员，部分幼儿园园长及保健教师代表作为本课题主要研究者；全市学前教研指导责任区负责人、各级各类幼儿园园长和保健老师参与本课题研究；华东师范大学给予本课题专业上的具体指导；贵州师范学院、贵州师范大学二所高校教授给予本课题研究理论和研究方法的具体指导。

五、前期研究准备

（一）贵阳市幼儿园保教质量的现状调查

1. 调查内容

贵阳市在园幼儿体格（身高和体重）发育水平及影响幼儿体格发育的幼儿园结构性质量现状。

2. 调查对象

2016 年贵阳市全部 698 所幼儿园及实际在册的 42593 名 4—5 岁中班幼儿。

3. 调查目的

体格监测指标选取身高、体重两项。因为身高是正确估计身体发育特征和评价生长速度的根据；体重在一定程度上说明儿童骨骼、肌肉、皮下脂肪和内脏重量增长的综合情况，是最易获得的反映儿童生长和营养状况的指标。开展儿童体格（身高和体重）发育评价是衡量儿童健康和营养状况简单而有效的手段，开展全市性幼儿体格发育水平的监测，能反映全市整体和区域幼儿园保教质量水平。

4. 调查方法

（1）工具测量。幼儿园使用符合国家标准计量的儿童身高测量仪和杠杆式体重秤或电子体重秤，按国家卫生保健部门规定的身高、体重测量操作规范自主测量幼儿身高、体重。

（2）访谈。了解幼儿园管理和保教人员对卫生保健工作的重视程度，及影响幼儿体格发育的相关保教质量问题。

（3）查看资料。组织市级工作组对全市幼儿园自主监测幼儿身高、体重的操作过程视频资料和填报的身高、体重评价数据进行复审，了解幼儿园监测操作的规范性、组织工作的有序性，反映幼儿园对卫生保健工作的重视程度、对幼儿体格监测的工作态度，以及开展幼儿健康管理工作的专业能力。

5. 幼儿体格（身高、体重）生长发育水平评价方法与标准

参照世界卫生组织《WHO 推荐 0—6 岁儿童身高、体重参考值及评价标准》。采用六等级划分法，以平均值（$\bar{x}$）为基值加减标准差（SD）来评价体格生长。

其中低体重、生长迟缓、消瘦和肥胖为儿童营养不良性疾病。其他为体格生长正常。

（二）调查结果

1. 贵阳市 2016 年中班幼儿体格发育水平试监测样本有效率情况

样本有效率指经市级复核，幼儿身高体重监测操作规范，体格生长水平分析科学有数据录入准确的幼儿园数和幼儿人数和不同性质、不同地域、不同类别实际参加体格监测幼儿园数和幼儿人数之比。

（1）贵阳市和各区中班幼儿体格发育水平试监测样本有效率情况

贵阳市 2016 年中班幼儿体格发育水试监测样本有效率为 76.65%，监测有效率达到 80% 以上的仅有 5 个区。从数据有效率统计结果看：贵阳市 2016 年中班幼儿体格发育水试监测样本有效率低，不足 80%，且区域间差距较大，最优的区有效率达 96.39%，最差的有效率不足 50%。监测有效率达到 80% 以上的仅有 5 个区（见图 1–1）。

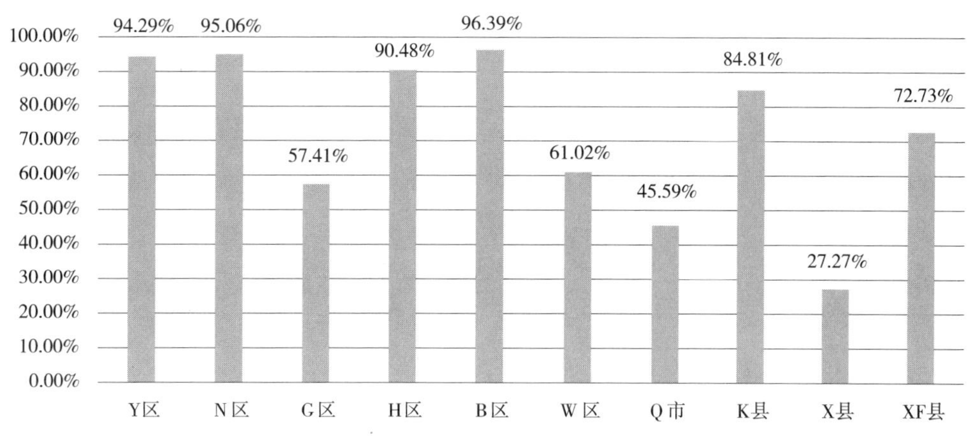

图 1–1　贵阳市各区（市、县）2016 年中班幼儿体格试监测样本有效率统计图

（2）贵阳市不同性质中班幼儿体格发育水平试监测样本有效率情况

贵阳市公办园中班幼儿体格发育水平试监测抽样有效率为 83.85%，民办园抽样有效率为 74.49%。公办幼儿园抽样有效率明显高于民办幼儿园抽样有效率

（见图 1–2）。

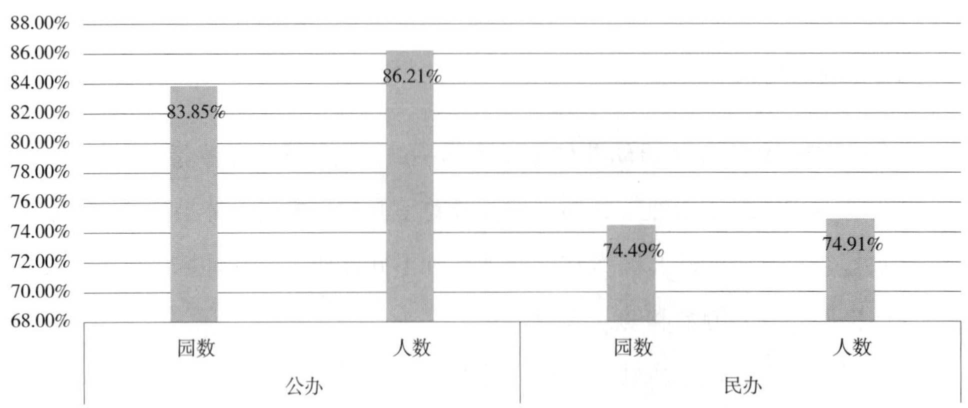

图 1–2　贵阳市 2016 年不同性质幼儿园中班幼儿体格试监测样本有效率统计图

（3）贵阳市不同类别中班幼儿体格发育水平试监测样本有效率情况

贵阳市省级示范幼儿园中班幼儿体格发育水平试监测抽样有效率为 100.00%，市级示范幼儿园为 90.70%，县级示范幼儿园为 84.48%，未评定幼儿园为 73.96%。从抽样有效率看，省级示范园高于市级示范园，市级示范园高于县级示范园，县级示范园高于未评定等级幼儿园（见图 1–3）。

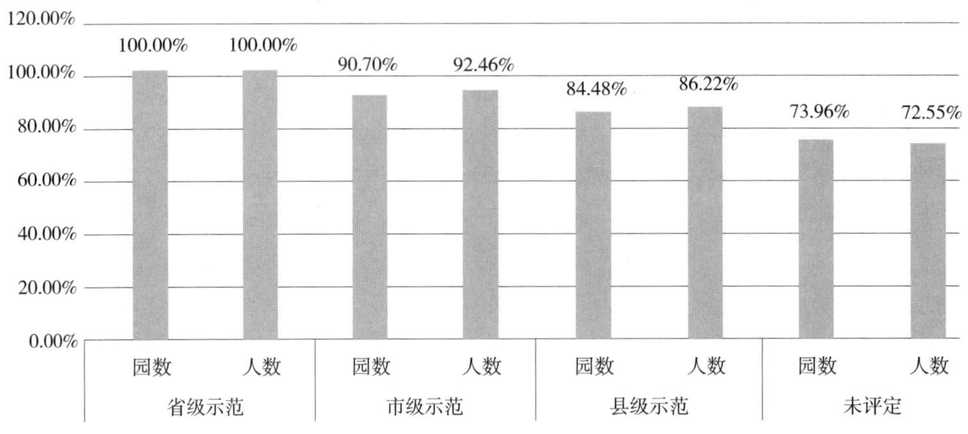

图 1–3　贵阳市 2016 年不同类别幼儿园中班幼儿体格监测样本有效率统计图

2. 贵阳市 2016 年中班幼儿体格发育水平试监测情况

（1）贵阳市中班幼儿体格（身高别体重）正常率统计

贵阳市中班儿童身高别体重状况在正常范围儿童占 91.49%；根据《贵州省幼儿园评估标准》关于“儿童体格监测在正常范围达 95% 以上为好，90% 以上为良好，85% 以上为一般”的标准，说明贵阳市幼儿体格发育整体水平不高（见图 1–4）。

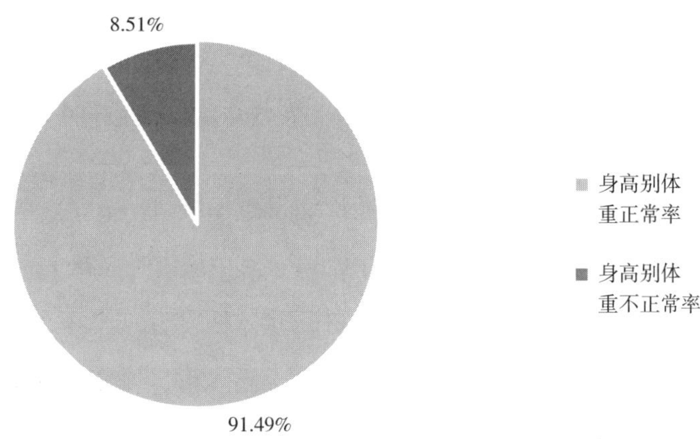

图 1–4　贵阳市 2016 年中班幼儿体格监测正常率统计图

（2）贵阳市各区中班幼儿营养性疾病发生率统计

贵阳市幼儿体格发育监测营养性疾病发生率累计超过 10% 的主要集中在农村幼儿园占比较高的“一市三县”。贵阳市幼儿营养性疾病发生情况区域间差异明显，说明体格发育水平不均衡。

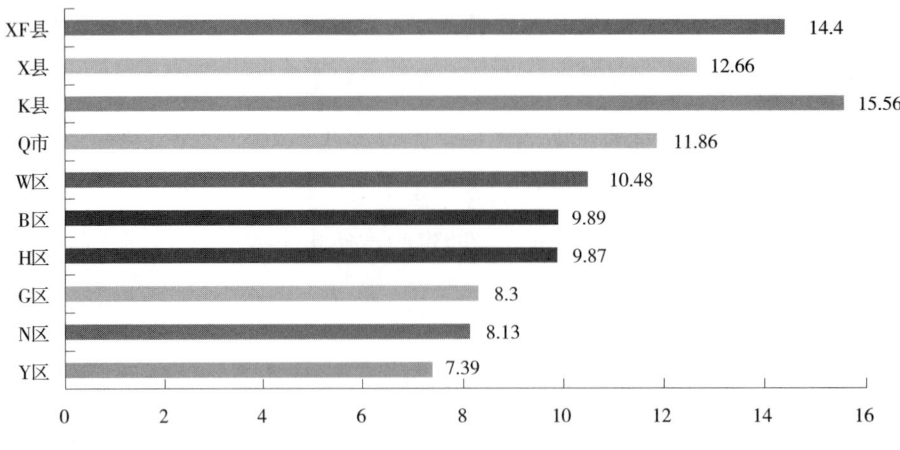

图 1–5　全市中班幼儿营养不良性疾病发生率统计图

（3）贵阳市不同地域中班幼儿营养性疾病发生率统计

贵阳市中班幼儿营养性疾病发生率为 10.26%，其中城市为 8.78%，农村为 13.43。

数据显示：贵阳市不同地域幼儿园中班幼儿体格发育水平不均衡。营养不良性疾病轻度肥胖、中度肥胖、重度肥胖、消瘦、低体重、城市高于农村，生长迟缓农村高于城市（图 1–6）。

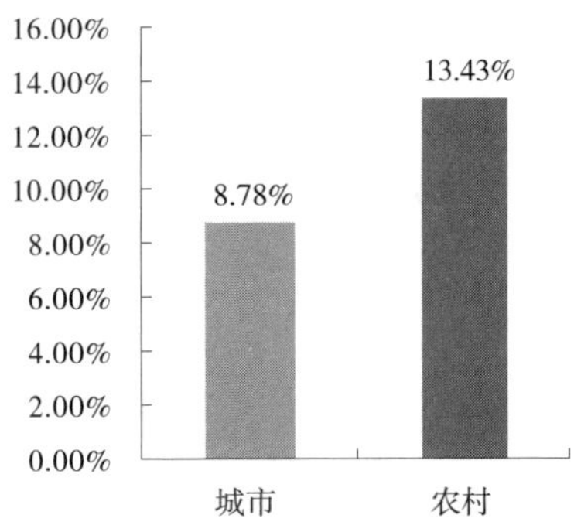

图 1–6　贵阳市不同地域幼儿园中班幼儿营养不良性疾病统计图

（4）贵阳市不同类别幼儿园中班幼儿营养性疾病发生率统计

贵阳市中班幼儿营养性疾病发生率为 10.26%，其中省级示范 6.59%，市级示范 8.66%，县级示范 12.49%，未评定 10.75%。不同类别幼儿园中班幼儿体格发育水平不均衡，省级示范占比最小为 6.59%。不同类别幼儿园幼儿营养不良性疾病轻度肥胖、中度肥胖、重度肥胖、消瘦、低体重、生长迟缓未评定幼儿园所占比例最高，轻度肥胖、中度肥胖、重度肥胖、消瘦、低体重、生长迟缓市级示范高于省级示范（图 7）。

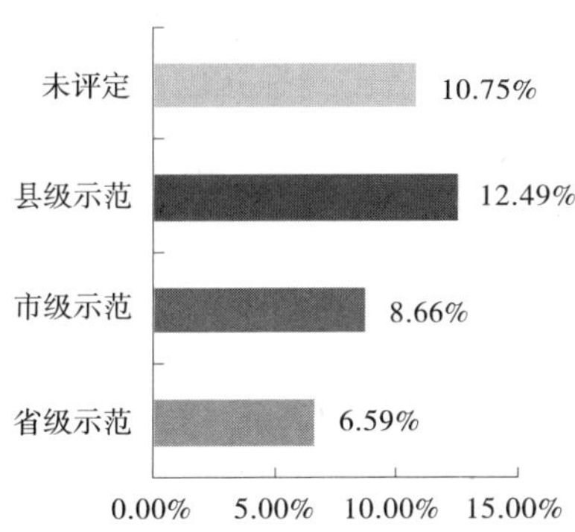

图 1–7　贵阳市不同类别幼儿园中班幼儿营养性疾病发生率统计图

（三）调查结论

通过对贵阳市在园中班幼儿体格发育水平监测，对全市幼儿园体格监测操作过程的录像和体检分析数据的详细审阅，以及对各区学前教研员、幼儿园园长、教师、保健老师代表的访谈，较客观反映出贵阳市在幼儿园保教工作质量结构性、过程性、结果性 3 个方面存在的主要问题。

第一，贵阳市幼儿园存在影响幼儿健康发展的结构性质量问题。民办、农村新建幼儿园对儿童体格生长发育监测与健康管理工作重视程度不够。一是未按《幼儿园工作规程》要求配置专、兼职卫生保健人员，保健教师“两不足”（配置不足、专业能力不足）问题突出；二是未按要求配备符合国家规范统一的幼儿身高、体重测量工具；三是未按要求做好监测工作的宣传动员工作和组织工作，呈现参与监测人员“两不清”（目的不清楚、操作规范不清楚），工作态度不端正、不配合。

第二，贵阳市幼儿园存在影响幼儿健康发展的过程性质量问题。一是幼儿园幼儿健康检查制度不健全，未按要求进行幼儿体检评价分析和营养性问题的矫治与干预等体质健康管理工作；二是未将幼儿体格发育的管理纳入保教常规工作管理，管理人员对保健老师工作关心指导不够，全园保教人员缺乏相关内容的研修、培训和指导。

第三，贵阳市幼儿园存在突出的结果性质量问题。贵阳市中班幼儿身高别体重体格发育达标率不足 90%，营养性疾病发生率占 10.26%。根据《贵州省示范幼儿园评估标准》关于“儿童体格监测在正常范围达 90% 以上为良好，85% 以上为一般”的标准，说明贵阳市幼儿体格发育整体水平一般。儿童营养性问题发生率存在明显的地区和地域差别，主要集中于民办、农村及“一市三县”地区。

（四）研究假设

为解决贵阳市幼儿园保教工作在结构性、过程性、结果性 3 个方面存在的质量问题，本研究特提出以下研究假设：

首先，通过实施全市幼儿体质健康水平保障行动计划，以期提升幼儿体格发育水平。以常态化幼儿体质监测，促进各级各类幼儿园按规范配置保教、保健人员，创设支持儿童体格发育的硬件环境，解决幼儿园保教工作的结构性质量问题。

其次，通过实施学前教研指导责任区建设行动，以期充分发挥县域内优质园领衔示范作用，健全教研指导网络，落实教研指导责任，提升幼儿 6 项体能动作发展水平，解决幼儿园保教工作的过程性质量问题。

最后，通过实施“安吉游戏”[①] 本土化实践的学前教育质量提升行动计划，以期转变教师观念，提升教师专业能力，深化幼儿园课程改革，促进幼儿全面发展，解决幼儿园保教工作的结果性质量问题，实现区域学前教育优质均衡发展。

（五）制定研究计划

根据研究假设，制定本研究行动目标，以指导研究方案的制定。

1. 行动目标

第一，促进贵阳市在园幼儿更加充分、自主、全面地学习发展，全面提升幼

① 是指在户外的以运动为特征的综合性游戏，多是自发性、开放性的，多见于幼儿园。

儿健康、认知、情感、社会性、学习品质发展水平。

第二，建立基于教育质量监测评价的幼儿园教研、培训、考核与管理闭环式教育质量保障机制，提升教师专业化水平，提升科学保教水平，促进区域幼儿园保教质量优质均衡发展。

第三，丰富幼儿园科学保教研修与指导资源，构建引导科学保教的服务性学前教育共享资源平台。

2. 行动方案

为切实解决贵阳市幼儿园存在的结构性、过程性和结果性质量问题，以三轮行动目标为指导，制定三轮行动计划。

表 1–1　三轮行动目标计划表

研究阶段	研究时间	措施	效果预期
第一轮行动研究	2017 年 6 月—2018 年 7 月	实施贵阳市幼儿体质健康水平保障行动计划，提升幼儿体格发育水平	解决贵阳市幼儿园保教工作的结构性质量问题
第二轮行动研究	2018 年 8 月—2019 年 8 月	实施学前教研指导责任区建设行动，发挥县域内优质园领衔示范作用，落实教研指导责任，提升幼儿 6 项体能发展水平	解决贵阳市幼儿园保教工作的过程性质量问题
第三轮行动研究	2019 年 9 月—2020 年 10 月	实施质量提升行动计划	促进贵阳市区域幼儿园优质均衡发展

第三部分　行动研究的实施

一、第一轮行动研究：实施贵阳市幼儿体质健康水平保障行动计划，提升幼儿体格发育水平

（一）行动目标

以三轮行动方案为指导，结合本轮行动研究重点，进一步细化本轮行动研究

目标。

第一，实施在幼儿园大班幼儿体格监测并逐步常态化，引导各级各类幼儿园建立起以质量为核心的保育教育工作发展观，落实幼儿园健康检查制度，加强幼儿体质健康管理，促进幼儿体格健康发展。

第二，研制《幼儿体格监测操作指导手册》并开展专题培训，提升幼儿园专（兼）职卫生保健、保教人员开展幼儿体质健康管理的专业能力，提升幼儿体格监测工作规范性。

第三，采用儿童版智能蓝牙身高体重监测设备和儿童健康管理平台进行数据录入及分析，提升幼儿体格监测工作效率和数据有效性。

（二）行动方案

为解决贵阳市幼儿园存在的结构性质量问题，实现本轮行动目标，在三轮行动方案的指导下，进一步细化本轮行动方案。

表 1–2　第一轮行动方案细化表

第一轮行动研究方案			
研究步骤	研究时间	任务安排	行动目标
第一轮行动研究	2017 年 6 月—2018 年 7 月	1. 实施全市幼儿园以大班儿童体格生长水平监测为主要内容的幼儿园教育质量监测，并推进监测工作常态化 2. 开展分类、分批幼儿园保教人员关于儿童体质健康管理的专题培训和组织召开监测工作会 3. 研究制定体格监测操作指导手册	1. 各级各类幼儿园建立起以质量为核心的保育教育工作发展观，高度重视幼儿体格监测工作。全面落实《幼儿园工作规程》《托幼机构卫生保健管理办法》的相关规定，建立健全儿童健康检查制度，能按要求配置专、兼职卫生保健人员，按要求配备符合国家规范统一的幼儿身高、体重测量工具，定期对幼儿体格发展状况进行分析评价，建立幼儿健康档案并指导家庭共同做好体质健康管理

续　表

第一轮行动研究方案			
研究步骤	研究时间	任务安排	行动目标
		4. 统一使用儿童版智能蓝牙身高体重仪完成儿童体格（身高、体重）数据采集和录入；采用儿童健康管理平台进行儿童体格发育水平的数据分析 5. 建立市、区两级儿童体质健康大数据库，定期向社会和家长反映在园幼儿体格生长水平，并对家长和教师提出促进儿童体格发育的专业指导 6. 基于监测结果开展关于幼儿园膳食质量的调查	2. 切实解决保健人员“两不足”（配置不足和专业能力不足）问题；切实解决监测组织过程中的“两不清”（目的不清、程序不清）问题 3. 提升幼儿体格监操作规范性和测样本数据有效率 4. 提升幼儿体格发展水平 5. 反思并修改行动方案

（三）行动实施

本轮行动研究，通过采取 5 项措施，解决幼儿园保教工作的结构性质量问题，提升幼儿体格发育水平。

1. 通过推进幼儿体格监测常态化，增强幼儿园对幼儿体质监测和健康管理的重视程度

为增强各级各类幼儿园对幼儿体质监测工作的重视程度，自觉落实《幼儿园工作规程》《托幼机构卫生保健管理办法》的相关规定，建立健全儿童健康检查制度，建立幼儿健康档案和做好体质健康管理，提升幼儿体格发育水平。2017 年，根据贵阳市人民政府教育督导室和贵阳市教育局联合印发的《贵阳市教育督导工作实施方案》，以《托儿所幼儿园卫生保健管理办法》（卫生部、教育部第 76 号令）、《幼儿园工作规程》为指导，研究制定《贵阳市 2017 年幼儿园大班儿童体质水平监测工作实施方案》，明确了监测目的、对象、内容、工具、各级监测主体的职责、监测结果的运用。同时明确将幼儿体质监测工作将纳入贵阳市每年的幼儿园教育质量监测，要求幼儿园将儿童体质健康管理做幼儿园保教工作的重要内容，常态化和规范化。

2. 通过开展分类、分批幼儿园保教人员专题培训，提升卫生保健人员专业能力

为解决影响贵阳市幼儿体质健康发展和监测操作规范的保健人员“两不足”，即配置不足、专业性不强的问题，精心组建市级培训团队对全市学前教研员和各级各类共 728 所幼儿园 1456 名保教管理人员和卫生保健老师（每园 2 人），进行关于儿童体质健康管理分批、分类的专题培训。

分类指针对学前教研员、保健教师和保教管理人员在幼儿园幼儿体质健康管理和体格监测中的不同任务，组织不同专题的学习培训。学前教研员的学习重点是儿童体质健康管理平台区级和园级端口的操作，幼儿身高体重监测操作技术和数据录入规范，区域体格监测数据的整体分析和报告撰写。保健教师的培训重点是幼儿体格监测操作和数据录入，幼儿体格发育水平分析，幼儿健康档案管理及膳食营养管理的系统知识。幼儿园保教管理人员的培训重点是幼儿体质健康管理平台账号申请，幼儿园和幼儿基础信息填报和录入，及幼儿体格监测组织工作规范。

分批指分十个批次实施对学前教研员、保健教师和保教管理人员的全员培训。每区一个批次，注重操作性和实效性，配置人手一台操作电脑和体格监测工具。除主讲教师外，还分培训区域配置多名助教做好现场操作辅导；培训当天经现场考核过关，助教签字确认方可离开，确保了人人应知应会。

3. 通过印发监测操作手册，解决幼儿园实施幼儿体格监测中的“两不清”问题

切实解决幼儿园体质监测过程中存在的“两不清”（程序不清、要求不清）问题。在统一培训的基础上，贵阳市组织专业人员研究制定并印发《贵阳市幼儿园幼儿体格监测操作指导手册》，采用图文并茂的方式，详细说明了监测目的意义、监测工具、监测对象年龄范围、监测幼儿身高体重的监测操作规范（场地、站姿、服装要求、读数与记录方法等），以及相关人员的配合事项，指导幼儿园按规范操作实施监测工作。

4. 通过采用现代化的幼儿体格监测工具和数据分析系统，提升幼儿体格监测数据有效率

为进一步提升幼儿体格监测工作的有效性。本次监测统一采用了最先进的儿童版智能蓝牙身高体重仪进行儿童体格（身高、体重）数据采集和录入；采用孩子国儿童健康管理平台进行儿童体格发育水平的大数据分析；并借助管理平台的功能，建立贵阳市在园幼儿健康档案，向家长、教师反馈幼儿健康状况并提出促进幼儿体格发展的指导建议。

5. 通过实施全市幼儿园大班幼儿体格生长水平全员监测，提升幼儿体格发育水平

采用幼儿园、责任区、区级、市级四级质量监测，对贵阳市各级各类幼儿园5—6岁儿童进行身高、体重体格发育情况监测，并调查分析影响幼儿体格发育的幼儿园膳食，体育锻炼及家庭教育关联性。

幼儿园：成立由园长为第一责任人的监测工作领导小组，根据本方案明确各项监测工作任务和责任人，完成宣传动员、填报幼儿园和儿童基本信息、幼儿身高体重监测数据采集和录入，幼儿食谱带量数据录入分析系统。

区（市、县）教育局：制定切实可行的本区（市、县）幼儿园大班儿童体质监测工作实施方案，明确各阶段任务，成立由教育局分管理领导任组长的工作领导小组，落实责任人，完成召开监测工作部署会，审核、统计、填报监测幼儿园基本信息，监测操作规范的指导等工作。

市教育局、教研室：由贵阳市教育科学研究所牵头组建由分管所长任组长，相关科室负责人和教研员为监测工作领导小组，制定《监测工作方案》，召开全市监测工作动员暨部署工作会，审核各区填报的监测幼儿园和儿童信息资料，组织儿童体质监测测评人员培训，体格监测数据抽样复核，监测数据统计和分析，撰写10个区（县）监测分报告和市级总报告，做好基于监测结果的后期调研、培训与指导等工作。

（四）第一轮行动研究实施效果评价

通过实施贵阳市幼儿体质健康水平保障行动计划，开展大班幼儿体格监测及相关的培训、调研、指导，提升了幼儿体格发育水平，切实解决幼儿园保教工作的结构性质量问题。

1. 增强了幼儿园对幼儿体质健康管理的重视程度，为提升幼儿体格发育水平提供了结构性质量保障

通过幼儿园体质监测工作的常态化推进，引导各级各类幼儿园建立起以质量为核心的保育教育工作发展观，高度重视幼儿体质健康管理，落实《幼儿园工作规程》《托幼机构卫生保健管理办法》的相关规定，配备专兼职保健人员，建立健全儿童健康检查制度，配备符合国家规范统一的幼儿身高、体重测量工具，并依托儿童健康管理平台，初步建立起市、区、园三级儿童体质健康大数据库，实现家庭、幼儿园、教育部门三方信息联动，为教研部门儿童体质健康管理的研究与指导，为政府部门决策提供数据依据，为提升幼儿体格发育水平提供了结构性质量保障。

2. 解决了幼儿园卫生保健人员专业性不清，幼儿体格监测操作“两不清”问题，提升了幼儿体格监测工作的规范性

通过实施对幼儿园保健、保健管理人员关于幼儿体质健康管理的分批、分类培训，以及印发《贵阳市幼儿园幼儿体格监测操作指导手册》，有效解决了幼儿园卫生保健人员缺乏开展幼儿体格监测专业技术的问题及监测组织过程中的“两不清”问题，促进幼儿体格监测工作的规范性全面提升。

3. 大幅提升贵阳市幼儿体格监测工作效率和数据有效性

基于2016年试监测数据有效率低的问题，学习借鉴杭州等地做法，引入儿童版智能蓝牙身高体重仪测量儿童身高、体重并自动录入数据至孩子国儿童健康管理平台分析系统。实现全市728所幼儿园共计45017名大班幼儿体质健康数据资源自动分析，数据结论更加精准。监测样本数据有效率从2016年试测时的77.89%，提升至100%。

4. 促进在园幼儿体格生长发育，体格监测达标率整体提升

（1）贵阳市在园大班幼儿年龄别身高生长发育达标情况

贵阳市 2017 年在园大班幼儿年龄别身高生长发育达标率为 96.8%，明显高于 2016 年同批次中班幼儿水平（94.69%）。全市 10 个区（市、县）大班幼儿年龄别身高生长发育达标率较之 2016 年均有显著提升。除 X 县和 K 县外，幼儿年龄别身高生长发育达标率均达 95% 以上的优秀率（见图 1–8）。数据显示：贵阳市在园幼儿年龄别身高生长发育情况整体提升。

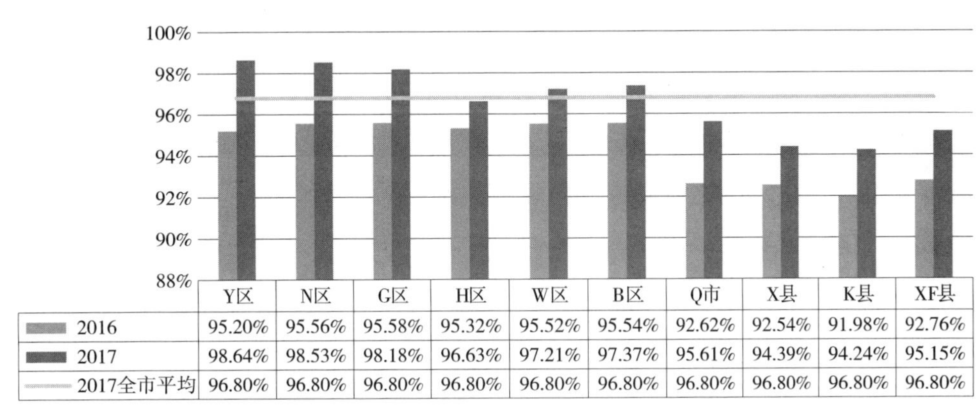

	Y区	N区	G区	H区	W区	B区	Q市	X县	K县	XF县
2016	95.20%	95.56%	95.58%	95.32%	95.52%	95.54%	92.62%	92.54%	91.98%	92.76%
2017	98.64%	98.53%	98.18%	96.63%	97.21%	97.37%	95.61%	94.39%	94.24%	95.15%
2017全市平均	96.80%	96.80%	96.80%	96.80%	96.80%	96.80%	96.80%	96.80%	96.80%	96.80%

图 1–8　贵阳市及各区（市、县）大班幼儿年龄别身高生长发育达标率统计图

（2）贵阳市在园大班幼儿年龄别体重生长发育达标情况

贵阳市大班幼儿年龄别体重生长发育达标率为 98.12%，总体较 2016 年数据有大幅提升，其中 Y 区和 G 区提升最为显著。除 XF 县、Q 市、K 县、X 县外，其余 6 个区幼儿年龄别体重生长发育达标率均超过 98% 的全市平均水平，全市 10 个区幼儿年龄别体重生长发育达标率均达到 95%，为优秀水平。数据显示，贵阳市在园幼儿年龄别体重生长发育情况整体大幅提升（见图 1–9）。

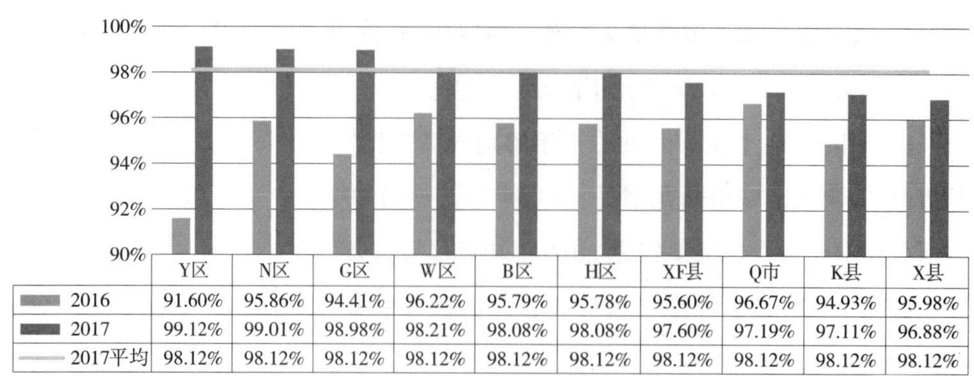

	Y区	N区	G区	W区	B区	H区	XF县	Q市	K县	X县
2016	91.60%	95.86%	94.41%	96.22%	95.79%	95.78%	95.60%	96.67%	94.93%	95.98%
2017	99.12%	99.01%	98.98%	98.21%	98.08%	98.08%	97.60%	97.19%	97.11%	96.88%
2017平均	98.12%	98.12%	98.12%	98.12%	98.12%	98.12%	98.12%	98.12%	98.12%	98.12%

图 1-9　贵阳市及各区（市、县）大班幼儿年龄别体重生长发育达标率统计图

（3）贵阳市在园大班幼儿身高别体重生长发育达标情况

贵阳市大班幼儿身高别体重生长发育达标率达 84.13%。其反映幼儿生长水平和匀称度，因 2017 年将轻度肥胖等全部纳入不达标率计算，故从结果看明显低于 2016 年水平（95.35%），降幅均在 10% 左右（见图 1 0）。

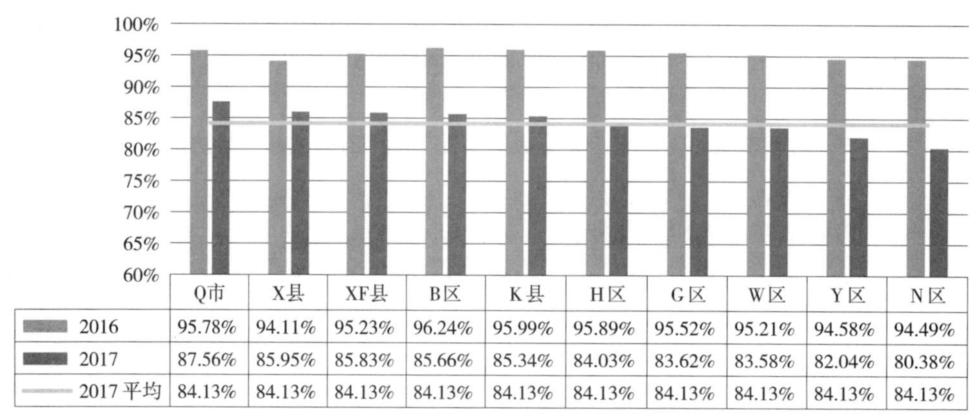

	Q市	X县	XF县	B区	K县	H区	G区	W区	Y区	N区
2016	95.78%	94.11%	95.23%	96.24%	95.99%	95.89%	95.52%	95.21%	94.58%	94.49%
2017	87.56%	85.95%	85.83%	85.66%	85.34%	84.03%	83.62%	83.58%	82.04%	80.38%
2017 平均	84.13%	84.13%	84.13%	84.13%	84.13%	84.13%	84.13%	84.13%	84.13%	84.13%

图 1-10　贵阳市及各区在园大班幼儿年龄别体重生长发育达标率统计图

（五）第一轮行动研究实施的反思与调整

本阶段通过实施贵阳市幼儿体质健康水平保障行动计划，提升了幼儿体格发育水平，解决了影响幼儿健康发展的幼儿园保教工作的结构性质量问题，但在第一轮行动研究实施的过程中发现幼儿园保教工作的一些过程性质量问题。

1. 贵阳市幼儿园膳食配置欠科学合理，需要加强幼儿园膳食营养管理的研究、培训与指导

基于体格监测结果后续抽样调查膳食质量的30家幼儿园中，儿童钙、锌的摄入严重不足；体格成绩为差的儿童组，其食谱膳食构成比中水果类最少，油脂类多；儿童膳食中微量元素钙的摄入不足问题比较突出。

2. 贵阳市幼儿园对幼儿体能发展重视不够，应将体能纳入幼儿园教育质量监测，推进体能课程的研究，提升幼儿运动水平

监测反映，幼儿园体弱儿管理，更多是从膳食上进行管理，缺乏加强体育锻炼，培养运动兴趣，增强体能的意识。应发挥好幼儿园质量监测的指挥棒作用，尝试开展幼儿体能监测，以监测推动幼儿园体能课程的建设和相关研究，改善幼儿园体育锻炼条件，提升教师指导水平，促进幼儿运动水平整体提升。

3. 贵阳市幼儿家庭教养环境中存在影响幼儿体格健康的两大不利因素，需要加强儿童体质健康管理的幼儿家庭教育指导

一方面，幼儿运动习惯培养及运动的频率不足，影响幼儿体格发育正常率；另一方面，幼儿家庭存在不良饮食习惯和睡眠习惯，影响幼儿体格发育正常率。

4. 幼儿园存在无教研或无效教研的问题，需要加强教研指导责任区的建设，健全教研指导网络，落实教研指导责任，提高幼儿园教研工作质量

通过与教研员、园长、保健教师及幼儿园教师的访谈，反映出幼儿园影响幼儿学习发展的关键性问题——教研机制不完善，教研管理人员能力不足，导致一些幼儿园长期无教研或无效教研。要想提高幼儿园保教工作质量，需要加强教研指导责任区的建设，健全教研指导网络，落实教研指导责任。

二、第二轮行动研究：实施贵阳市学前教研指导责任区建设行动，提升幼儿6项体能动作发展水平

（一）行动目标

以三轮行动方案为指导，在全面总结上一轮行动计划实施和结果反思的基础

上，进一步细化本轮行动研究目标。

1. 通过加强学前教研指导责任区的建设与管理，全市幼儿园全部纳入责任区管理，健全教研指导网络，教研人员能力提升，教研指导责任落实到位。

2. 实施幼儿园 3—6 岁幼儿 6 项体能抽样监测，增强幼儿园对幼儿体能发展的重视程度，推动幼儿园体能课程的建设与管理，保证幼儿充分有效的锻炼。

3. 通过组织幼儿园保健老师儿童体质健康管理研修班专题学习，提升幼儿园保健人员幼儿膳食与运动课程管理与指导能力。

4. 通过开展幼儿园膳食营养管理的课题研究，研发科学适宜的幼儿园食谱，依托儿童健康管理平台实现全市幼儿园共享，提供幼儿园膳食质量。

5. 通过开展“体能爸爸”幼儿园亲子运动课程及膳食营养指导，为幼儿体质健康管理提供有效的家庭教育指导，转变幼儿家庭的健康观和优化育儿方式。

（二）行动方案

为解决贵阳市幼儿园存在的过程性质量问题，实现本轮行动目标，在三轮行动方案的指导下，进一步细化本轮行动方案。

表 1–3　第二轮行动方案细化表

第二轮行动研究方案			
研究步骤	研究时间	任务安排	行动目标
第二轮行动研究	2018 年 8 月—2019 年 8 月	1. 实施学前教研指导责任区的建设与管理，研究责任区组建与管理模式，建立健全责任区工作机制，加强责任区教研能力建设	1. 全市幼儿园全部纳入责任区管理，教研指导网络健全，教研人员能力提升，教研指导责任落实到位，切实解决幼儿园无教研和无效教研的问题，以优质教研助力幼儿学习发展

续　表

第二轮行动研究方案			
研究步骤	研究时间	任务安排	行动目标
		2. 实施幼儿园 3—6 岁幼儿 6 项体能抽样监测，完善幼儿园教育质量内容体系 13. 组织幼儿园保健老师儿童体质健康管理研修班专题系列学习 4. 开展幼儿园膳食营养管理的课题研究。供幼儿园膳食质量 5. 开展“体能爸爸”幼儿园亲子运动课程及膳食营养家园共育指导	2. 增强幼儿园幼儿体能发展的重视程度，推动幼儿园体能课程的建设与管理，保证幼儿充分有效的锻炼 3. 提升幼儿园保健、保教管理人员膳食与运动课程管理与指导的专业能力，促进幼儿园幼儿体质健康管理的专业性 5. 研发科学适宜的幼儿园食谱，幼儿体育锻炼器材和活动指导案例，建立贵阳市幼儿园儿童健康管理资源共享平台，为幼儿体质健康管理提供有效的家庭教育指导 6. 反思并修改行动方案

（三）行动实施

本阶段通过实施 5 项措施，促进幼儿 6 项体能发展，解决幼儿园保教工作的过程性质量问题。

1. 通过加强学前教研指导责任区的建设与管理，健全教研指导网络，加强教研能力建设，落实教研指导责任

为解决区域间教研发展不平衡，教研机制不完善，教研指导不适切，民办、农村新建及大量未评定等级幼儿园长期无教研或无效教研的问题，本阶段重点围绕贵阳市明确学前教指导责任区是什么、怎么建、怎么管、怎么研四个方面全面实施学前教研指导责任区建设与管理的研究。

（1）确定责任区的性质和任务

明确责任区即根据地理位置、管理水平、教研能力、保教质量等方面的情况，在县域内以一所优质园为引领按片划分教研区域，是以园本研修为根本方式的学习研修共同体。以幼教教研员为领衔，幼儿园园长为核心，骨干教师为主体，青年教师为基础，多层面开展保教研究活动，努力实现教研制度创新和教研水平提升的双赢。实现教研层层有人抓、园园有人管、优质传帮带、薄弱重点扶。

（2）研究责任区的划分，进行四种组建模式探索

首先是基于各区（市、县）发展差异性问题，在统一思想，明确责任区的工作目标、任务、工作原则的前提下，指导各区根据自身地理位置、幼儿园现状、管理水平、教研能力、保教质量等方面的情况，按以强带弱、规模适度、优势互补、协作共赢的原则，以一所优质园为引领，组建以园本研修为根本工作方式的教研指导责任区。

根据不同区域责任区建设的初步探索，逐步形成四种责任区组建模式。一是城市“省级（市级）示范+”模式，即省级示范园+高端民办+普惠性民办+无证办园；二是农村“乡镇中心园+”模式；三是城乡结合地区“1+2+N”模式，即龙头园+二级龙头园+责任园，四是新建区的“区中心园+”模式，即区中心园+新建园。各区因地制宜以“四种模式”为指导，根据幼儿园数量和质量的变化，动态组建和灵活调整，使区域内在册幼儿园和部分无证园全部纳入责任区管理，建立起市—区—责任区—责任园四级教研指导网络。

（3）研究责任区“四级三结合”教研工作体系的建立

四级：“市—区（县）—责任区—责任园”教研主体的工作职责。

市级：教育行政部门宏观指导并给予政策支持和一定的经费保障；教研部门负责研究责任区工作制度，组建市级教研中心组开展学前教育改革实验项目研究，指导全市各区（市、县）责任区建设、做好专业指导、过程监督、考核评估，总结表彰、示范交流等工作。

区级：教育行政负责部门负责责任区教研的政策支持和人力、物力、财力保

障；教研部门负责研究责任区规划布局，加强教研中心组建设，根据本区实际有计划、有重点开展教研与视导，负责本区责任区教研的过程监督、考核评估、先进经验总结和推广。

责任区：龙头园负责本区域教研活动的指导、协调，制定本责任区活动计划、专题，督促计划的落实，保证活动的时效，并及时发现、总结、推广先进经验。积极主动向区域各幼儿园开放自己的教研活动；随时向区域内幼儿园教师提供观摩活动。

责任园：负责建立健全园本教研工作制度，根据本园实际制定计划和开展教研。积极主动向区域各幼儿园开放自己的教研活动；随时接受区域内幼儿园教师听“推门课”。

“三结合”：教育行政部门宏观指导、教研部门专业引领、责任区具体实施的教研职责分工与合作运行机制。即，教育行政负责领导和整体策划，做好教研的政策支持和人力、物力、财力保障；教研部门负责教研制度研究、责任区规划布局、教研中心组建设、专业指导、过程监督、考核评估、总结和推广先进经验；责任区负责根据实际制定计划和开展教研，组织调研、视导、考核评估、示范引领；责任园建立健全园本教研工作制度，根据本园实际制定计划和开展教研。

（4）探索建立责任区多主体治理机制

明确学前教育质量监测与管理的主体、功能定位、内容与标准、方法与手段、结果运用等，形成一个多元、他主与自主相结合、过程与结果相结合的贵阳市学前教研指导责任区治理机制，落实以质量为中心，全员参与的质量管理，充分发挥质量监管的杠杆作用，促进教育行政、教研部门、责任区和责任园职责落实。不仅要建立幼儿园教育质量四级监测机制，还要建立责任区教研四级考评机制。

幼儿园教育质量四级监测机制

监测内容：幼儿体质水平（体格、体能）+N

监测标准：《国民体质测定标准手册·幼儿部分》《幼儿园教师专业标准》

监测目的：分析我市幼儿体质健康水平及整体的营养状况，以指导幼儿园建立幼儿健康档案，科学实施幼儿健康管理，提高幼儿身体健康水平。

分析贵阳市幼儿园教师职业理念与态度、教师个人修养及公众关注度较高的教师廉洁从教等情况，向社会公众全面反映贵阳市幼儿园教师职业状况，并为教育行政和教研部门和幼儿园有针对性地开展幼儿园教育工作的宣传和教师职业教育提出指导建议，最终推动学前教育优质发展，受益于幼儿身心健康发展。

监测主体：

贵阳市教科所：制定方案、他主监测、技术支持、过程监控

区教研室：宣传动员、统筹协调、技术支持、过程监控

责任区：过程监控、技术支持

责任园：自主监测、整改提升

监测形式：问卷调查、实地测查（工具测量、人工测量）

监测程序：一级监测，由幼儿园按要求组织实施对本幼儿园保教质量的监测。二级监测，由责任区组织监测，主要任务是龙头园指导责任区内各园按市级明确的质量监测操作规范和流程正确实施监测。三级监测，即区（县）组织监测，主要任务是制定切实可行的本区监测工作实施方案，明确各阶段任务，落实责任人；同时负责在市的指导下，对本区监测过程进行视导监控，监测结果进行分析，并做好后续调研，总结优秀经验及整改提升工作。四级监测，由市教科所组织监测，主要任务是制定监测工作方案，明确监测目的、对象、内容、工具、数据采集与分析的要求；并基于调研结果做好后续调研、培训和指导。

监测结果运用：纳入教育目标考核、总结交流、后续调研、培训研修。

责任区教研四级考评机制

考评内容：

1. 教研机制（制度建设、管理人员配置、资金保障、划分与管理）

2. 教研活动（教研活动、实践指导）

3. 教研效果（完成上级任务、视导成绩、获奖与发表交流）

考评标准：《贵阳市学前教研指导责任区考核评分细则》

考评目的：实现动态管理，及时发现和总结学前教研指导责任区建设与管理工作中的先进经验，进一步激发工作的积极性和创造性；引导各区（市、县）加强学前教研指导责任区管理，保障经费投入、加强教研员和幼教专干队伍建设，完善市—区—责任区—幼儿园四级教研网络建设，提升区域性教研实效性，提升学前教研指导责任区管理水平，提升幼儿园保教质量。

考评原则：

1. 定性与定量相结合；对责任区教研责任主体，即教育行政、教研室、责任区、责任园工作内容、数量、质量均有明确要求。如教研室每学期至少组织开展5次区级教研活动，形式有常规教研、培训、会议、评比交流等，其中常规教研活动不少于2次；每学期开展多种形式的指导性活动不少于4次。

2. 自评与他评相结合；自主监测与他主监测。

3. 过程与结果相结合；实施常态监管，建立管理台账，每月在责任区工作群进行公示，并纳入年终考核；日常考核占40%，年终考核占60%的比例。

4. 公开、公平、公正；考核方案、标准、程序、结果的公开、公平、公正。

5. 个体与整体相结合；责任区先进和示范教研室的评选均以责任园、责任区、区教研室市级整体考核考核结果为依据，相互影响，荣辱与共。

考评主体：

市教科所：他主监测

区教研室：自主监测教研室工作，他主监测责任区工作

责任区：自主监测责任区工作，他主监测责任园工作

责任园：自主监测

考评形式：视导考核、日常考核、年终考核（查资料+听汇报）

结果运用：纳入教育目标考核、总结表彰、示范交流、以奖代拨

（5）探索责任区研修内容和形式

聚焦影响幼儿体质健康发展的“真问题”探索“1+X+Y”责任区教研，向教研要质量。

从研修内容来说，“1”指的是“促进幼儿健康发展”这一教研核心目标；“X”指市级聚焦幼儿体质健康发展存在的“三高”问题，保教保健人员“两不足”问题，总领的“幼儿园膳食管理”“幼儿家庭教育指导”“体能爸爸幼儿亲子运动锻炼课程”等多样化的专题教研；“Y”指各责任区和责任园根据自身实际，开展个性化的问题教研。

从研修制度来说，“1”指的是1个《教研活动评价标准》及配套的教研活动设计模版等研修工具；“X”指的是不同区县基于本区教研现状，研究制定的教研制度和不同类型教研活动的组织方案；“Y”指的是各幼儿园个性化的园本教研制度和实施方案。

从人员配备来说，“1”指的是贵阳市学前教育研究室；“X”指的整合高校教授、教研员、名园长、名师、各级骨干教师组成的多个市级研修组；“Y”指的各学前教育改革项目试点单位。

（6）探索责任区教研共享机制建设

贵阳市将幼儿园质量监测与全市幼儿园卫生保健管理平台建设相结合。

第一，依托儿童体质健康管理平台建立幼儿体质健康大数据库，指导全市幼儿园建立幼儿健康档案，定期监测并对幼儿体质发展状况进行可视化、自动化分析评价，及时向幼儿老师和家长反馈监测结果和提出健康教育建议等，引导幼儿园和家庭科学实施幼儿体质健康管理。

第二，利用幼儿健康管理平台搭建贵阳市共研共享共进的“大教研”平台。建立了责任区研究—区教研室推荐和培育—市学前研修室审核推广的责任区教研资源共享机制。在解决幼儿体质健康“三高”问题的过程中，依托省级示范园、第三方专业机构研发包括《幼儿园春秋两季食谱》《幼儿园卫生保健工作指导手册》等内容的《幼儿园卫生保健赋能包》，以及指导幼儿园优化课程实施的《幼儿园一日生活指南》。这是市教科所、区教研室及各责任区深入基层教研实践成果的提炼，并在实践中逐步修改完善，具有很强的操作性和指导性，为全市学前责任区和幼儿园保教工作实践提供持续的专业指导。

2. 开展儿童体质监测管理专题系列培训和学习，推进幼儿园儿童体质健康管理的研修，提升健康管理水平

针对贵阳市幼儿园儿童体质（体能和体格）健康管理存在的问题，量身订制儿童体质健康管理研修班学习课程，组织贵阳市来自全市各区（市、县）75 个责任区的 150 名保健教师赴上海参加为期一周的专题学习，内容包括幼儿膳食管理、运动技能、运动保护、运动器材设计和利用等幼儿园体育运动课程的理论与实践的专业知识。并以参训幼儿园为基地开展提升幼儿园体质健康管理试点研究，对责任区内各幼儿园进行体能锻炼与科学膳食的示范、培训和指导，推广培训学习的影响面，引领全市幼儿园加强幼儿体能发展的研究与指导，提升体能课程质量。

3. 通过开展“体能爸爸”幼儿园亲子运动课程及膳食营养家园共育指导，全面推进儿童体质健康管理的家园共育

引入上海“体能爸爸”幼儿园亲子运动课程，针对性做好幼儿教师和幼儿家长的培训指导。之后，引导幼儿园运用好幼儿健康管理平台的体检分析与指导、膳食营养管理的功能，基于监测数据分析和教育建议，对幼儿园家庭做好膳食营养、睡眠及体能锻炼的科学指导。

4. 实施 2018 年全市在园大班 3—6 岁幼儿 6 项体能抽样监测，提升幼儿体能水平

在贵阳市 10 个区（市、县）范围内幼儿园，每个区（市、县）抽选 10 所，总计 100 所。保证每个区（市、县）10 所幼儿园中城市幼儿园与农村幼儿园比例为 1∶1，公办幼儿园与民办幼儿园比例为 1∶1 的比例。每个被抽选幼儿园内再随机挑选 3—4 岁、4—5 岁、5—6 岁幼儿各 30 名，共 9000 名幼儿作为动作发展水平监测对象。采用国家体育总局颁布的《国民体质测定标准手册・幼儿部分》具体实施细则及评分标准，对反映动作发展水平的身体形态类指标及速度、力量、耐力、灵敏、柔韧五项素质类指标进行测试，并记录、分析测试结果。

（四）第二轮行动研究实施效果评价

本阶段通过实施责任区建设行动计划，健全四级教研机制，落实教研指导责任，开展幼儿体能监测及相应的培训、研修和指导，提升幼儿体能发展发展水平，解决幼儿园保教工作的过程性质量问题。

1. 通过加强学前教研指导责任区的建设与管理，建立起责任区四级教研、四级监测、四级考评整体推进的闭环式学前教育质量保障机制，切实解决幼儿园无教研和无效教研的问题，以优质教研助力幼儿学习发展

（1）全市各级各类幼儿园全部纳入责任区管理，实现教研指导全覆盖

探索形成了比较有代表性的四种责任区组建模式。一是城市“省级（市级）示范 +”模式，即，省级示范园 + 高端民办 + 普惠性民办 + 无证办园；二是农村“市级（县级）示范 +”模式；三是城乡结合地区“1+2+N”模式，即龙头园 + 二级龙头园 + 责任园，四是打破责任区壁垒的幼儿园教研自主发展联盟模式。从宏观角度出发，建立自上而下的教研层级网络；从微观角度出发，将层级教研网络具化到幼儿园，在幼儿园内建立符合幼儿园的实际情况的层级教研网络。全市 1020 所幼儿园全部纳入责任区管理。

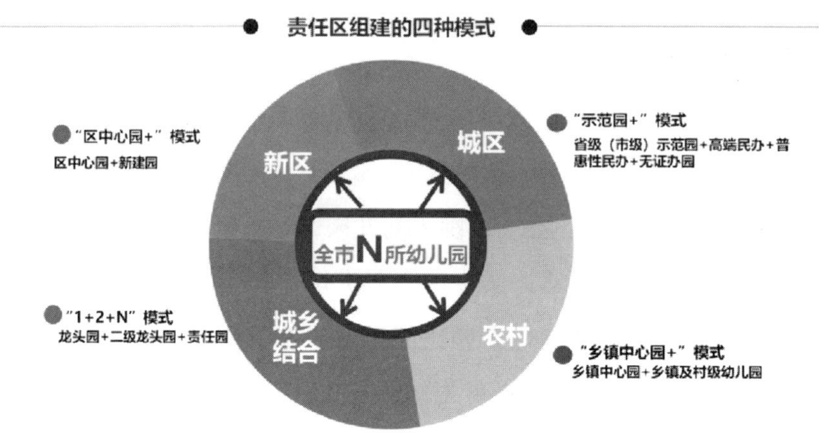

图 1–11 责任区组建模式图

（2）建立“四级三结合”责任区教研工作体系，理顺教研指导职责

明确学前教育行政部门与教研室的工作职责，强化责任区管理。不同区域、不同层次、不同需求的幼儿园采用适合的共建形式，组成共建团队开展责任区工作，形成了区域共建、园际共建、园内共建等多种共建方式。并以“三建二当”

（建示范教研室、建示范责任区、建示范责任园；当优秀引领者、当优秀指导教师）实践活动为载体，构建静态组织体系和动态工作体系相结合的运行模式。

（3）建立四级质量监测和评价机制，形成闭环式幼儿园质量保障机制

以“提升质量，促进幼儿发展”为核心，建立可量化的监测、评价体系，多元监测评价主体、对象、内容、形式与方法，明确质量监测操作规范和流程，注重诊断性评价、形成性评价、终结性评价有机结合，质性评价和量化评价相结合的市、区、责任区、责任园四级监测评价机制，促使责任区建设步入制度化、规范化、标准化。

（4）建立四级学前教育研修团队，提升幼儿园研修能力，助力教师专业成长

市、区教研部门和各责任区围绕儿童体质健康发展，建立多个专题研修组，发挥优秀教研员、名园长、名师、各级骨干教师的示范引领作用，集中优势力量研究和解决幼儿体质健康发展的问题。并发挥责任区教研示范引领作用，指导幼儿园教研组建设，提升幼儿园研修能力，促进了教师专业发展。全市各级各幼儿园全部建立教研工作制度，设立教研管理人员，实现教研工作从无到有，并逐步向从有向优发展。

2. 建成贵阳市幼儿体质健康管理资源共享平台，推动了儿童体质健康的家园共育

本阶段研发了《贵阳市幼儿园一日生活指南》《贵阳市学前教研指导责任区工作指南》《幼儿园卫生保健赋能包》《幼儿园春秋两季食谱》《幼儿园卫生保健工作指导手册》《幼儿园亲子运动课程》等教研指导系列资源和工具，建成全市幼儿体质健康管理资源共享平台，提升了全市幼儿园开展儿童体质健康管理的研修质量，推动了幼儿园关于儿童体质健康管理的家园共育课程建设与实践。

3. 通过开展在园幼儿 6 项体能抽样监测，促进幼儿体能健康发展

通过建设学前教研指导责任区，落实教研指导责任，加强幼儿园教研能力建设，全面推进幼儿 6 项体能动作展水平的抽样监测，及相应的培训、研修，推动幼儿园体能课程的建设，加强科学膳食管理，家园共育指导，促进了幼儿体能水平的发展。

（1）贵阳市在园幼儿 6 项体能与全国及其他地区比较达标情况

在本次各项动作发展水平监测中，贵阳市各年龄幼儿立定跳远项目、坐位体前躯项目、走平衡木项目成绩均优于全国平均水平；10 米折返跑和双脚连续跳项目，除 3 岁幼儿外，其余各年龄均优于全国平均水平。数据显示：贵阳市在园 3—6 岁幼儿体能发展水平整体优于全国平均水平（见表 1–4）。

表 1–4　贵阳市 3—6 岁幼儿动作发展水平与全国及其他城市比较

2019 年各地区动作发展成绩		10 米折返跑（s）	立定跳远（cm）	网球掷远（m）	双脚连续跳（s）	坐位体前屈（cm）	走平衡木（s）
3—4 岁	全国平均	9.3	63.2	3.4	9.7	11.0	17.0
	贵阳市	9.02	65.19	2.98	11.53	12.63	13.14
	成都市	9.5	61.5	3.7	9.8	10.8	15.4
	郑州市	8.7	46.5	3.7	8.9	10.9	9.0
	苏州市	10.1	60.0	3.3	14.4	8.5	24.6
4—5 岁	全国平均	8.2	78.5	4.3	7.7	10.8	12.2
	贵阳市	7.59	84.13	4.15	6.71	12.48	8.20
	成都市	8.1	81.1	4.5	7.4	10.8	12.2
	郑州市	7.9	63.3	4.8	7.0	10.6	8.0
	苏州市	8.3	77.8	4.2	9.7	9.2	14.8
5—6 岁	全国平均	7.3	93.7	5.5	6.4	10.4	8.5
	贵阳市	6.84	100.15	5.68	5.02	12.18	5.41
	成都市	7.3	95.8	5.7	6.1	11.0	9.0
	郑州市	7.0	82.9	5.9	5.9	10.0	5.4
	苏州市	7.4	90.4	5.2	7.6	9.8	9.7
6—7 岁	全国平均	6.9	99.8	6.6	5.5	9.9	5.6
	贵阳市	6.49	107.12	6.55	4.60	11.89	4.38
	成都市	6.8	108.1	7.3	5.4	10.6	6.2
	郑州市	6.3	101.9	7.1	5.5	9.8	4.1
	苏州市	7.0	101.4	6.7	6.1	9.2	7.4

（2）贵阳市在园幼儿 10 米折返跑成绩（s）与全国及其他城市对比情况

贵阳市 3—4 岁在园幼儿 10 米折返跑成绩为 9.02 秒，4—5 岁为 7.59 秒，5—

6 岁为 6.84 秒。数据显示：贵阳市在园 3—6 岁幼儿 10 米折返跑成绩整体优于全国平均水平，并大部分高于我国成都、郑州、苏州 3 个市（见图 1–12）。

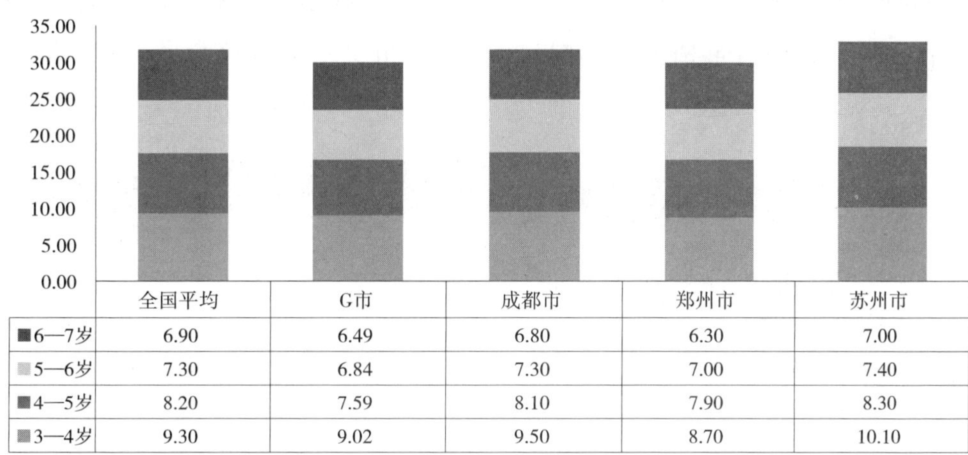

	全国平均	G市	成都市	郑州市	苏州市
■6—7岁	6.90	6.49	6.80	6.30	7.00
■5—6岁	7.30	6.84	7.30	7.00	7.40
■4—5岁	8.20	7.59	8.10	7.90	8.30
■3—4岁	9.30	9.02	9.50	8.70	10.10

图 1–12　贵阳市 3—6 岁在园幼儿 10 米折返跑成绩（s）与全国及其他城市对比图

（3）贵阳市在园幼儿立定跳远成绩（cm）与全国及其他城市对比情况

贵阳市 3—4 岁在园幼儿立定跳远成绩为 65.19cm，4—5 岁为 84.13cm，5—6 岁为 100.15cm。数据显示：幼儿立定跳远成绩整体优于全国平均水平，并大部分高于我国成都、郑州、苏州 3 个市（见图 1–13）。

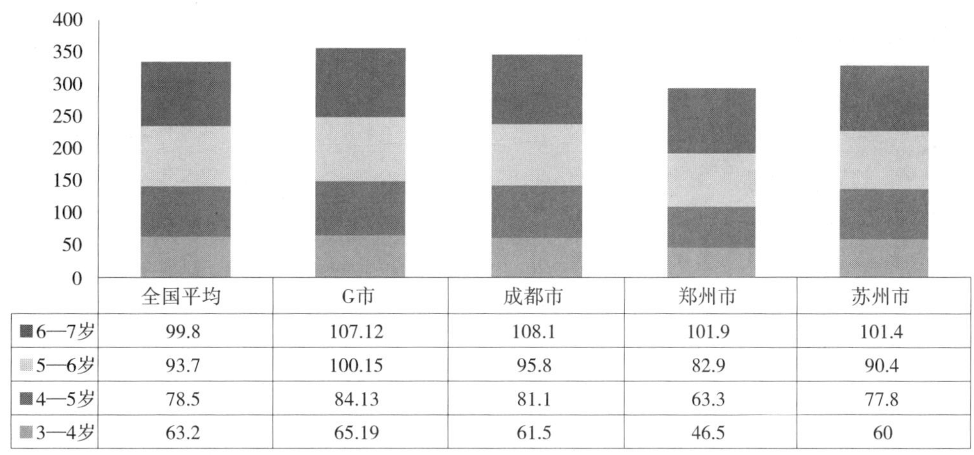

	全国平均	G市	成都市	郑州市	苏州市
■6—7岁	99.8	107.12	108.1	101.9	101.4
■5—6岁	93.7	100.15	95.8	82.9	90.4
■4—5岁	78.5	84.13	81.1	63.3	77.8
■3—4岁	63.2	65.19	61.5	46.5	60

图 1–13　贵阳市 3—6 岁在园幼儿立定跳远成绩（cm）与全国及其他城市对比图

（4）贵阳市在园幼儿网球掷远成绩（m）与全国及其他城市对比情况

贵阳市 3—4 岁在园幼儿网球掷远成绩为 2.98m，4—5 岁为 4.15m，5—6 岁为 5.68m。数据显示：贵阳市在园 3—6 岁幼儿网球掷远成绩整体低于全国平均水平，并大部分低于我国成都、郑州、苏州 3 个市（见图 1–14）。

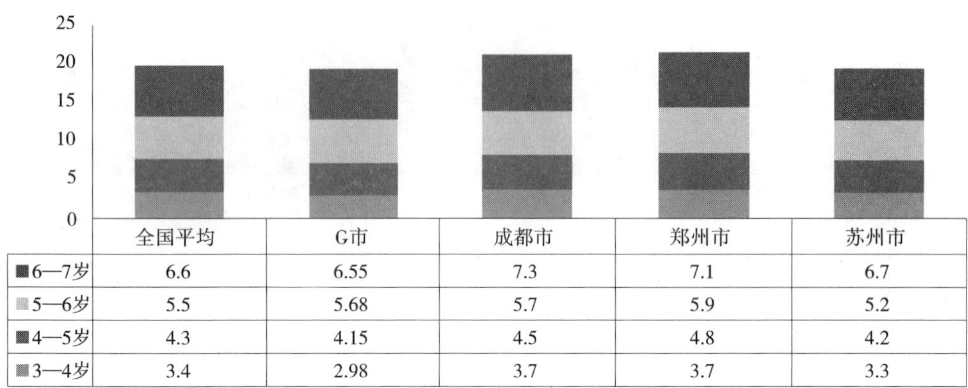

	全国平均	G市	成都市	郑州市	苏州市
■6—7岁	6.6	6.55	7.3	7.1	6.7
■5—6岁	5.5	5.68	5.7	5.9	5.2
■4—5岁	4.3	4.15	4.5	4.8	4.2
■3—4岁	3.4	2.98	3.7	3.7	3.3

图 1–14　贵阳市 3—6 岁在园幼儿网球掷远成绩（m）与全国及其他城市对比图

（5）贵阳市在园幼儿双脚连续跳成绩（s）与全国及其他城市对比情况

贵阳市 3—4 岁在园幼儿双脚连续跳成绩为 11.53 秒，4—5 岁为 11.53 秒，5—6 岁为 5.02 秒。数据显示：贵阳市在园 3—4 岁和 4—5 岁幼儿双脚连续跳成绩整体低于全国平均和成都、郑州、苏州 3 个市；5—6 岁和 6—7 岁幼儿双脚连续跳成绩整体优于全国平均和成都、郑州、苏州 3 个市（见图 1–15）。

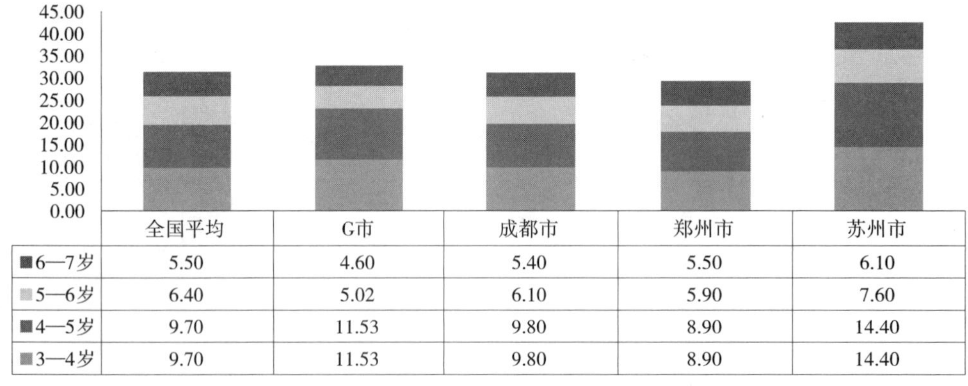

	全国平均	G市	成都市	郑州市	苏州市
■6—7岁	5.50	4.60	5.40	5.50	6.10
■5—6岁	6.40	5.02	6.10	5.90	7.60
■4—5岁	9.70	11.53	9.80	8.90	14.40
■3—4岁	9.70	11.53	9.80	8.90	14.40

图 1–15　贵阳市 3—6 岁在园幼儿双脚连续跳成绩与全国及其他城市对比图

（6）贵阳市在园幼儿坐位体前屈成绩（cm）与全国及其他城市对比情况

贵阳市 3—4 岁在园幼儿坐位体前屈成绩为 12.63cm，4—5 岁为 12.48cm，5—6 岁为 12.18cm。数据显示：贵阳市在园 3—6 岁幼儿坐位体前屈绩整体优于全国平均和我国成都、郑州、苏州 3 个市（见图 1–16）。

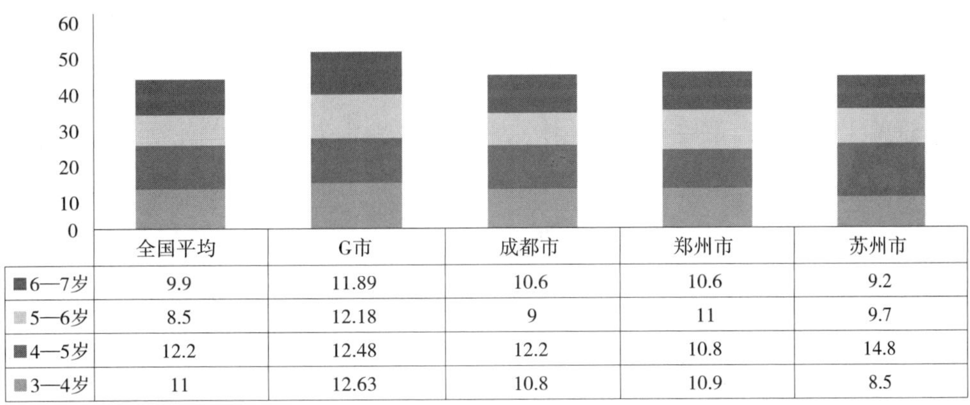

	全国平均	G市	成都市	郑州市	苏州市
■6—7岁	9.9	11.89	10.6	10.6	9.2
■5—6岁	8.5	12.18	9	11	9.7
■4—5岁	12.2	12.48	12.2	10.8	14.8
■3—4岁	11	12.63	10.8	10.9	8.5

图 1–16　贵阳市 3—6 岁在园幼儿坐位体前屈（cm）与全国及其他城市对比图

（7）贵阳市在园幼儿走平衡木成绩（S）与全国及其他城市对比情况

贵阳市 3—4 岁在园幼儿走平衡木成绩为 13.14 秒，4—5 岁为 8.20 秒，5—6 岁为 5.41 秒，优于全国平均 8.50 秒。数据显示：贵阳市在园 3—6 岁幼儿平衡木成绩整体优于全国平均和成都、郑州、苏州 3 个市（见图 1–17）。

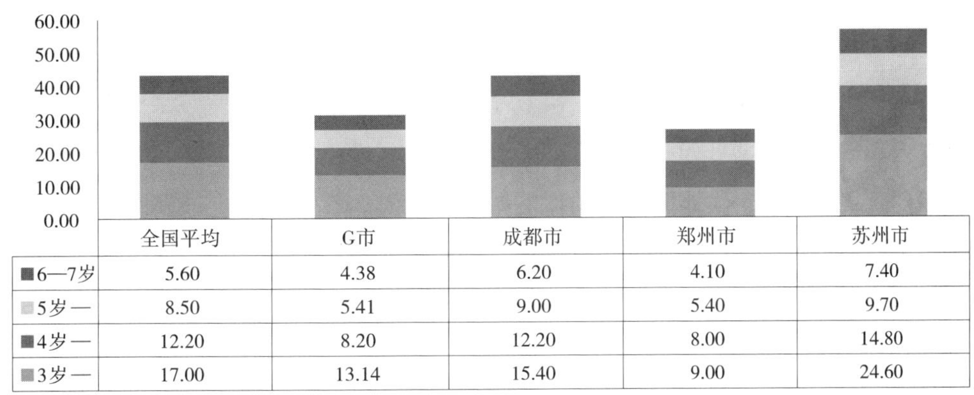

	全国平均	G市	成都市	郑州市	苏州市
■6—7岁	5.60	4.38	6.20	4.10	7.40
■5岁—	8.50	5.41	9.00	5.40	9.70
■4岁—	12.20	8.20	12.20	8.00	14.80
■3岁—	17.00	13.14	15.40	9.00	24.60

图 1–17　贵阳市 3—6 岁在园幼儿走平衡木成绩与全国及其他城市对比图

（五）第二轮行动研究实施的反思与调整

本阶段通过实施贵阳市学前教研指导责任区行动计划，提升了幼儿体能发育水平，解决了影响幼儿健康发展的幼儿园保教工作的过程性质量问题，但也反映出一些待解决的新问题。

1. 监测反映出贵阳市幼儿园教育潜在的“小学化”问题，应落实以游戏为基本活动，支持幼儿更加自主、全面的学习发展

近两年的质量监测主要是幼儿体质水平，一些幼儿园就只关注幼儿体质健康发展，而忽视幼儿的全面展；一些区（市、县）和幼儿园盲目追求监测结果，通过强化训练提升运动技能，没有优化幼儿园一日活动课程，提升师幼互动能力，在以游戏为主要活动，符合幼儿年龄特点和个体差异的教育实践上下功夫。幼儿园虽然没有教授小学的内容，但明显存在组织形式上的“小学化”问题，更不利于孩子的学习发展。要让质量监测成为最具影响力的教育指导棒，一是要进一步完善质量监测内容和指标体系，在实施幼儿体质水平监测的基础上逐步增加幼儿认知、社会性、学习品质等方面学习发展的监测；二是要依托责任区“四级教研”，实施幼儿园“自主游戏”行动计划，转变幼儿教师观念、重塑幼儿教师专业自信，提升游戏指导水平，实现以“游戏化”去“小学化”和“学科化”，支持幼儿更加自主、全面的学习发展。

2. 幼儿体能监测达标率高，但动作发展水平不均衡，需要加强重点研究和指导

监测反映出贵阳市幼儿下肢力量较强，上肢腰腹力量较弱的问题。应指导幼儿园科学配置支持幼儿身体素质全面发展的运动器材，增加包含如投掷、提拿、抛接、推拉、悬垂、伏地钻爬等动作的游戏及活动，促进幼儿上肢及腰腹肌肉发育。应注重试点研究和优秀案例收集和经验提炼与推广。

三、第三轮行动研究：实施区域质量提升行动计划，促进区域教育优质均衡发展

（一）行动目标

以三轮行动方案为指导，结合本轮行动研究重点，进一步细化本轮行动研究目标。

第一，实施“安吉游戏”，促进幼儿自主学习与发展。第二，构建集群研修共同体，促进教师专业发展。第三，搭建家园社三位一体融合性资源平台，促进区域优质均衡发展。

（二）行动方案

围绕第三轮行动研究实施目标，以第一轮和第二轮行动实施的经验为基础，制定适宜的第三轮行动方案。

表 1–5　第三轮行动计划细化方案

第三轮行动研究方案			
研究步骤	研究时间	任务安排	行动目标
第三轮行动研究	2019 年 6 月—2020 年 10 月	1. 实施“教育部—儿基会农村学前教育质量提升项目”，借鉴“安吉游戏”和学习故事理念，实施“自主游戏”研究 2. 优化幼儿园一日活动安排，研究“自主游戏”的推进指导策略，为扩大试点总结实践经验 3. 确定项目实验单位，组建市、区两级指导团队，拟定项目研究计划，借鉴 XF 县项目研究经验按计划开展行动研究	1. 将自主游戏研究试点从一个县扩展到全市十个区（市、县） 2. 提升教师的游戏指导水平，实现“放手游戏，科学保教，成就幼儿” 3. 转变幼儿教师观念、重塑幼儿教师专业自信，提升教师观察、分析幼儿游戏的能力，落实幼儿园以游戏为基本活动理念，以“游戏化”治“小学化”

续 表

第三轮行动研究方案			
研究步骤	研究时间	任务安排	行动目标
		4. 联合华东师范大学采用《亚太学前儿童发展量表—简版》开展幼儿认知、社会性、语言和前阅读健康、文化知识及对文化活动的参与、卫生及安全、学习品质 7 个方面的监测 5. 采用《早期学习环境质量量表（MELE）》对全市各级各类幼儿园进行班级教育质量监测工具对班级教育质量进行监测 6. 切实发挥质量监测的教育指挥棒作用，做好基于监测的研修、培训、指导、考核、总结交流和整改提升工作 7. 成立市、县集群研修共同体，发挥优质资源力量，聚焦具体问题抱团研究，促进区域均衡发展	4. 提高幼儿自主学习能力，提升幼儿园教与学的质量，促进贵阳市幼儿园教育质量的全面提升 5. 均衡教育资源，形成村级幼儿园课程优化策略 6. 反思并修改行动方案

（二）行动实施

实施教育部—儿基会农村学前教育质量提升项目，以自主游戏的实施与推广为抓手，围绕“放手游戏，科学保教，成就幼儿”的总体目标，依托四级教育质量监测、四级研修工作机制，借鉴 XF 县的项目实践经验试，推广实施项目县自主游戏研究行动方案，全面贯彻和落实《3—6 岁儿童学习与发展指南》，提升教师专业素养，提升保教质量，支持幼儿全面发展。

1. 研究幼儿园课程游戏化措施，促进幼儿全面发展

以安吉游戏的理念和精神为指导，以园本教研为手段，以广泛多样、求真务

实的教研活动和教师培训为切入口，充分发挥幼儿园的自身潜力，促进幼儿园保教质量的提升。

（1）转变教师观念，构建正确的儿童观、教育观

在“安吉游戏”精神的启发下，建构我市的儿童形象和教师形象，要培养“大胆的”“灵活的”“有能力”的儿童，要培养“有爱”“有能力”“成长型思维”的老师。落实“安吉游戏”的十二字真言，即，睁大眼、闭上嘴、竖起耳、管住手。老师们逐步尝试放手，支持孩子在自发自主自由的游戏中的学习；管理者也放手支持教师自主工作。

（2）探索“四个打破”策略，支持幼儿自主学习与发展

打破时间界限，改变一日作息安排，保障幼儿自主游戏的时间；打破空间界限，改变固定区域，实现室内外游戏的贯通；打破材料界限，改变从类多量少到类少量多，从塑料到自然，从单一玩法到多样玩法；打破规则界限，改变活动区教师制定的固定规则，由幼儿在游戏中自我建立、自我维护、自我打破。

（3）组织幼儿园教师专业评比，促进幼儿学习与发展

组织首届幼儿园教师技能大赛——幼儿园游戏案例与说游戏评比，通过大赛推动区域内公民办幼儿园抱团研修同发展的良好态势，推动责任区和幼儿园教研管理人员教研能力建设，推进幼儿园学习贯彻《指南》，落实以游戏为基本活动的实践探索，促进教师专业发展和科学保教，促进幼儿的学习与发展。

（4）探索游戏化治小学化工作策略，促进幼儿全面发展

①实施抓大带小自主管理的课程。抓大，即抓大孩子（5—6 岁的孩子），以“爱生幼儿园课程”为抓手，进行幼小衔接的教学。带小，即中、小班孩子以游戏为主，在游戏中让年龄大的孩子带小龄孩子，让孩子的游戏中互相学习。自主管理，即在幼儿的生活管理上，由成人管理变为幼儿自己管理，如自己洗碗筷、自己清洗自己的用品，自己打扫班级卫生等。让孩子不仅是游戏的主人，也是生活的主人。

②派遣幼儿园骨干力量蹲点指导、选拔优秀教师入村支教、乡镇资源中心统筹管理教育资源，让山村幼儿园的孩子也能享受优质的教育，缓解了山村幼儿园

教师不足的情况。

③组建村级幼儿园课程研修团队，研究适合大带小混龄教育策略，指导教师科学开展混龄班教学活动，形成了《大带小自主管理策略》；研究山村幼儿园教玩具配备指导意见，以具体工具指导教师创设环境、投放材料、开展活动，形成了《山村幼儿园教玩具配备指导意见》。

（5）实施幼儿园教育质量监测，科学评价儿童发展状况

联合华东师范大学开展贵阳市幼儿园教育质量抽样监测，对幼儿园班级教育质量发展状况和幼儿园儿童七大领域发展状况做科学检测与评价。

监测对象包含幼儿园和3—6岁幼儿及其对应的家长。2019年研究从贵阳市所辖6个区、3个县以及1个县级市中选取省级和市级示范园各1所，共计20所。其中，城市幼儿园15所，农村幼儿园5所；公办幼儿园18所，民办幼儿园2所。在此基础上，研究从各幼儿园中随机选取小、中、大班各1个，共计60个班级。在所选取的班级中，各班随机抽选14—16名儿童，男女各半，对儿童各方面的发展进行测查及观察评估，共计884名。儿童平均为38—82个月，平均月龄为56.26个月。研究同时邀请儿童父母参与调查问卷，因此，884名儿童的父母也参与本研究。

监测采用观察法与测量法相结合的方法，并采用了多样化的研究工具。班级教育质量检测工具为《早期学习环境质量量表（MELE）》，量表主要包括班级基本信息、学习活动、师幼互动、融合性、环境与材料以及设施与安全卫生五个方面的内容，共计48个题项。具体的评估维度及内容指标如表1–6所示。

表1–6　早期学习环境质量量表（MELE）内容指标

量标结构	题号	指标内容	总分
班级基本信息	1—9	幼儿园班级人数、特殊儿童数量、课程方案、师幼出勤情况等	—
学习活动	10—18	数学、读写、语言、绘本阅读、科学、精细动作、自由游戏、大肌肉运动、音乐活动等	36

续 表

量标结构	题号	指标内容	总分
师幼互动	19—26	教师情感参与、规范纪律策略、消极互动、幼儿参与、活动形式、教师监管等	34
融合性	27—29	不同性别幼儿参与、不同水平幼儿参与、文化多样性等	12
环境与材料	30—42	教室、座椅、区角、户外游戏空间、区角材料投放及使用情况等	38
设施与安全	43—48	饮用水、洗手设施、洗手习惯、厕所设施及条件、安全条件等	24

儿童发展评估采用《亚太学前儿童发展量表—简版》，共计 33 题，主要考察学前儿童在七大领域的发展状况，包括认知，社会性和情绪，运动，语言和前阅读，健康、卫生及安全，文化知识和活动参与，以及学习品质（见表 1–7）。量表采用一对一测试的方法，由监测者对儿童进行个别化测试，每个测试持续时间为 20—35 分钟。儿童根据题目要求，采用口头回答、认指图片、操作或运动以及书写等多样化的方式作答，由研究者进行 0、1、2 计分，或者直接由监测者进行观察评分。儿童得分越高则表示在相应领域以及整体发展水平越高。

表 1–7 《亚太学前儿童发展量表—简版》测查内容

分量表	题号	测查内容	总分	内部一致性
认知发展	1—8	数数、加减、短时记忆、概念及形状认知	27	0.92
社会情绪发展	9—14	礼仪、社会性理解、情绪认知及观点采择	18	0.87
运动发展	15—18	粗运动及精细运动	7	0.63
语言阅读	19—24	表达性语言、语音知识及书写、绘画	22	0.92
健康安全	25—28	卫生、安全、身体部位认知及食物安全	11	0.79
文化参与	29—32	文化习俗及当地歌谣	11	0.80
学习品质	33	行为控制、认知灵活性及参与性	6	0.93

儿童学习品质发展的评估使用《学前儿童学习行为量表》（PLBS）进行补充。研究团队邀请教师根据儿童的日常表现，从能力 / 动机、注意力 / 坚持性以

及学习策略 3 个方面对儿童的学习品质表现进行评估。监测工作借助 SPSS 以及 Mplus 软件对数据做分析。

（二）构建集群式研修共同体，促进教师专业发展

发挥优质团队力量，多形式组建研修共同体，抱团研修，集群发展，促进各级各类幼儿园教师专业发展。

1. 组建灵活多样的责任区研修共同体

一是由市级层面牵头组建跨区域、跨园所的集群式项目研修共同体。市级层面采用“1+N”方式，组成多个由贵阳市教科所统一指导下的多个研修组。如：全市数学优质课获奖选手组成的数学教育研修组；XF 县引领的自主游戏研修组；Y 区领衔的多元备课实践研修组等。

二是在区级层面，依托“自主游戏”“幼儿音乐教育”“民间游戏开发”“幼儿绘本阅读”等形成跨责任区、园际、园内多种形式的研修组，以灵活多样的教研组支持区域内不同发展水平的幼儿园协调发展，支持教师专业发展。

三是“老校长下乡”联合名师工作室开展的跨区域城乡结队研修组。如，鲜苏苹老校长联合袁雨名园长工作室及开阳县农村幼儿园开展的幼儿园课程研修组。

2. 多方借力抱团研修，促进乡村教师专业成长

一是借助“老校长下乡”团队，推进自主游戏研究与实施，助力教师专业能力的提高。

二是借助乡村名园长工作室成立抱团研修组，助力项目实施，提高乡村教师专业能力。

3. 完善区域和园本教研管理体系，改进教师研训方式

一是建立教研工作制度，保证园本教研质量。通过固定教研团队成员，保证教研核心力量。以各幼儿园教研负责人为主要力量，以教研指导责任区为基本单位成立教研共同体。以抱团研修的形式定时、定点、定员开展教研活动，保证教研活动的有效性。

二是开展集体备研，提升教研人员设计教研活动的能力；以共同体为单位，根据共同体内存在的共性问题，集体研讨和制定学期教研活动计划。每月定时、定点、定员按照计划集体备研，共同制定教研活动方案。各成员将共同制定的教研方案园本化修改后再组织幼儿园园本教研，并根据实施效果再次修改和完善，以丰富《教研赋能包》活动资源，为幼儿园教研提供支持。

三是集体教研，提升教研人员组织实施教研活动的能力。每月定期组织共同体教研活动观摩，即教研共同体内的成员组织园本教研活动时其他成员需进行教研观摩，对集体设计的教研活动方案和组织者的组织过程进行评价，并提出具体有效的建议和意见，逐步提升教研组织者设计教研、组织教研、评价教研的能力。

（三）搭建家园社三位一体融合性资源平台，促进区域整体质量提升

为均衡和共享优质教育资源，探索互联网＋研修策略，利用媒体平台、网络平台搭建多元融合性资源平台，为教师、家长提供学前教育指导类资源，宣传科学保教做法。

1. 微兔学园——小幼衔接和家园衔接资源平台

与贵州电视台《百姓关注》栏目联合录制“携手同行，助力小幼衔接”公益讲座，和“心手相牵，快乐入园”公益访谈节目，更全面地向家长及幼儿园教师介绍科学地入学（入园）前准备和入学（入园）后适应性教育，引导家长正确看待幼儿入学（入园）准备，减少家长的入学（入园）焦虑，助力幼儿快乐入学（入园）。

2. 空中黔课——家园共育资源平台

利用贵州电视台“筑爱家园 空中游戏”平台，开展幼儿“空中游戏”录制，成为贵阳市幼儿园教师学习《3—6 岁儿童学习与发展指南》，研究游戏、研究儿童、研究多媒体技术运用，促进专业成长的重要学习资源，成为向社会和家长宣传“幼儿园以游戏为基本活动”的理念，指导幼儿家庭科学育儿的生动教材。

3. “互联网 +”幼儿园教师学习与研修平台

（1）互联网 + 学习平台

以国家开放大学培训学院对外免费开放的《3—6 岁儿童学习与发展指南》线上课程资源，组织我市 1500 名教师通过“领学”（线上自学 + 作业 + 在线研讨 + 总结反思）模式，结合目前我市幼儿园游戏指导与教师专业发展的关键问题，有重点、有计划地进行《游戏在幼儿教育中的地位及教师专业性》《游戏与儿童发展的关系》《幼儿在游戏中的学习效应》《游戏材料的投放方式》《规则性游戏目标的渗透》《如何分析幼儿在游戏中的原有经验》《怎样适时适宜地介入游戏》7 个专题研修。

（2）互联网 + 研修平台

网络研修以理论知识传递和案例研讨为主，一方面，结合现场教研后的收获和反思进行深入研修；另一方面，梳理典型案例，将专家讲座和讲话中传递的理论知识和方法运用到案例研讨中，增强教师解读和分析儿童游戏的能力。在市级研修组的指导下研制了学《指南》用《指南》的《教师观察记录表格》，引导教师科学有效地识别儿童游戏行为，教师在运用记录表、依据《指南》不断记录和分析案例的同时，逐渐将《指南》读透、读厚，并逐步展现教师专业性。

（三）第三轮行动研究实施效果评价

第三轮行动计划聚焦区域教育均衡优质发展，实施质量提升项目、实施推动教师专业发展，目标达成度高，成效显著。

1. 形成以自主游戏促进幼儿园保教质量提升的实施策略

（1）形成了点、线、面结合的研究推进模式

点：试点先行。以一个幼儿园为试点，所有研习活动围绕试点幼儿园的案例现象进行研究。探究自主游戏在幼儿园推广实施的可操作性策略。

线：线域跟进。以试点幼儿园所在的责任区为一条线，深入研究自主游戏在不同类型幼儿园推进实施的普适性策略。

面：区（县）全面推行。全县山村园、民办园根据意愿随时接纳加入自主游

戏的开展，全面研究自主游戏在一定区域内的成熟化、本土化、特色化策略。

（2）形成了一带二项目辐射与管理模式

“一带二”即以一所成熟的项目试点幼儿园辐射两所新幼儿园。各区（市、县）每年至少扩增一所乡镇中心幼儿园、一所村级幼儿园。各区（市、县）教研员要自主选择一所试点幼儿园，深入幼儿园跟进项目实践研究，以点带面抓好本区项目研修工作。聚焦研修重点，拟定项目阶段性研修目标，按照各项目园的研究进度，将项目幼儿园分为“起步园”和“先行园”，开展分层研修。搭建共享交流平台，定期组织两个研修组开展观摩交流活动。

（3）形成了解决自主游戏实施安全问题的五大策略

一是找原因：寻找和分析安全问题形成的原因，比如是场地或材料本身具有安全隐患，还是幼儿对风险和安全的预判有问题，根据原因对症下药寻找对策。

二是教方法：教师采取适当的方式引导幼儿学习避免安全问题发生的方法，教会幼儿发现游戏中可能存在的危险，抑或是想办法避免或解决危险事件的发生。

三是衡利弊：分析幼儿的行为或场地、材料对幼儿的学习发展是利大于弊还是弊大于利、分析孩子在当时的游戏或已经发生的事故与所获得的学习价值是否对等或更具价值。

四是制定规则：引导或和幼儿一起制定游戏规则，主动构建游戏中的安全意识，预判不当行为可能会造成的危险，避免安全问题的发生。

五是靠近孩子：注意观察、靠近保护。教师要对游戏中幼儿的行为、动作、材料做出预判，保证在幼儿即将发生安全危险时走近保护好他们的人身安全。

（4）形成了自主游戏环境创设的“四个打破”

打破时间界限：改变原来细碎的时间安排，将成块的时间交给教师根据幼儿游戏和学习需要来安排组织。

打破空间界限：改变固定区域活动的模式，实现室内外游戏和材料的贯通。

打破材料界限：从类多量少到类少量多，从塑料到自然，从固定玩法到低结构投放。

打破规则界限：改变活动区教师原来制定的固定规则，由幼儿在游戏中自我建立，自我维护，自我打破创新。

2. 初步形成山村幼儿园课程组织构架和管理模式，提升山村幼儿园教育质量

（1）“抓大带小自主管理”课程构架

抓大，即抓大孩子（5—6 岁的孩子），以“爱生幼儿园课程”为抓手，进行幼小衔接的教学。

带小，即中、小班孩子以游戏为主，在游戏中让年龄大的孩子带小龄孩子，让孩子的游戏中互相学习。

自主管理，即在幼儿的生活管理上，由成人管理变为幼儿自己管理，如，自己洗碗筷、自己清洗自己的用品，自己打扫班级卫生等。让孩子不仅是游戏的主人，同时是生活的主人。

（2）指导不同类型山村幼儿园的管理模式

确立了 3 种不同类型村级幼儿园的管理模式：公助民办、派遣式、聘请式。研究出 6 项指导措施：蹲点指导、套近乎、建立规则、亮出我们的专业、深入幼儿家庭宣讲游戏、有重点的集中培训。

（3）优化了幼儿园一日活动安排，保障幼儿游戏与自主学习时间

①调整幼儿园作息时间表，动静结合推进幼儿全面发展

所有幼儿园均能按照园所实际情况调整作息时间安排，将琐碎、零散的时间尽量整合，在动静交替、室内外交替、五大领域均衡、活动形式丰富的基础上，给教师更多自主支配活动组织时间、灵活安排活动组织形式的权力，真正做到自下而上放手一致、全面合力助推儿童发展。

②保障幼儿自主游戏时间，提高幼儿自主学习能力

幼儿园为保障儿童游戏时间，适当增加幼儿游戏时间。随机抽取项目辐射的 13 所幼儿园作为调查对象，统计其在实施自主游戏前后每日户外游戏时长。由此发现：开展自主游戏前的户外游戏时间平均为 56 分钟 / 天，开展自主游戏后游戏时间为 93 分钟 / 天，平均每天游戏时间增长了 37 分钟。保障了幼儿足够的时间游戏，在游戏中充分探究、深度学习、获得发展。

3. 形成了一批指导教研和实践的资源，以游戏研修平台的建设引领幼儿园质量提升

依托第二阶段研究建立的责任区研究—区教研室推荐和培育—市学前研修室审核推广的责任区教研资源共享机制。在解决幼儿自主游戏实践研究具体的问题的过程中，教研室、试点县、试点园勇于实践逐步形成研修课程、案例及分析工具。其中有适用于自主游戏 3 个阶段的研修课程，如《幼儿园以游戏为基本活动》《自主游戏管理的 4 个打破》《幼儿园安全管理的 5 个策略》《让家长成为自主游戏的同盟军》；适用于教师学习观察、分析幼儿游戏的项目研修案例集（2018—2019 每年一集，共 3 集），教师观察、分析幼儿游戏的表格工具，以及适用于幼儿园组织园本教研的参考书籍《教研赋能包》等。

（三）第三轮行动研究实施的反思

纵观三轮行动计划的实施，反思行动研究的过程的问题，更应放慢脚步，教师静下来一边学习一边观察孩子的学习，管理者更要静下来陪伴教师的研究。市级研修组应根据幼儿园研究推进的实际情况，分层指导、分步推进。

1. 在实施质量提升行动计划中不能急于做出游戏评价和指导，要切实解决一些教师对游戏与非游戏性活动认识上比较模糊，一些幼儿园室内外“两张皮”，室内高控，室外自主的问题。

2. 在研究中还需要夯实教师关于幼儿园课程的理论，引导教师根据自主游戏、集体教学、生活活动不同活动的本质特点，有效组织和开展一日活动，促进幼儿充分的学习发展。

3. 要依托教研室、责任区指导幼儿园抓好行政教研，用好《教研资源包》，解决园本教研力量薄弱的问题。

4. 应充分用好监测结果，依托四级教研针对贵阳市幼儿上肢及腰腹力量不足的问题，开展适宜的教育支持策略研究。

第四部分　研究结果的讨论与分析

通过为期近 4 年的行动研究，在实践中反复修改研究方案，从儿童发展的视角积极探索出切实解决贵阳市幼儿园保教质量提升难问题，提升区域幼儿园保教质量的途径与方法，形成整体助推贵阳市幼儿园优质集群发展的新理念，建立多主体供给、参与、监督和评价的幼儿园多主体动态治理模式，健全促进保教质量提升的内部质量保障机制，实现幼儿园保教质量结构性、过程性、结果性 3 方面整体提升。

一、数据分析

通过全市幼儿园教育质量监测、教师职业状态监测数据，发现贵阳市幼儿园教育整体质量、教师专业发展、儿童发展等方面均达到了不同程度的提高。

（一）幼儿园教育结构性质量整体提升

1. 人员配备较充足

（1）班级教师配备情况较好

据华东师范大学调查数据显示，2019 年，在班级规模上，所观察的 60 个班级中，有 59 个班级专任教师为 2 个或者以上，有 1 个班级没有保育员。因此，总体上，师资配备情况较好。

（2）保健人员配置率明显提高

据贵阳市不同岗位人员数量统计数据显示，2017—2020 年，全市不同性质、类别幼儿园专职保健人员、保育人员的配置率呈逐年上升状态。

2. 监测技术趋于成熟

（1）监测样本及准确率逐年递增

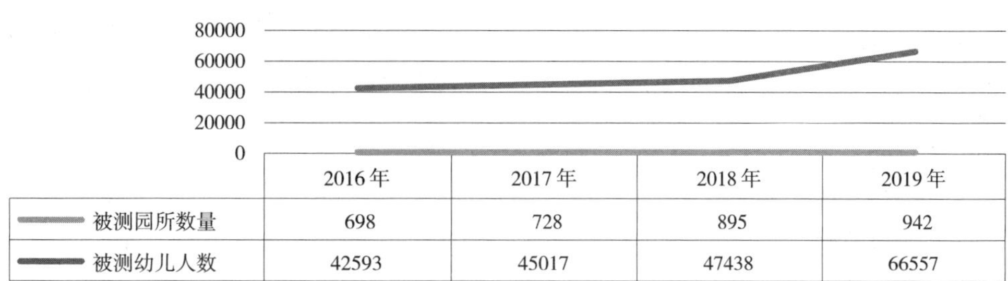

	2016 年	2017 年	2018 年	2019 年
被测园所数量	698	728	895	942
被测幼儿人数	42593	45017	47438	66557

图 1–18 贵阳市 2016—2019 年监测对象统计对比图

（2）监测技术及规范性较高。以区（市、县）为单位，抽选幼儿进行身高、体重数据的复测。复测结果显示，身高偏离超过 ±1 厘米（cm），体重偏离超过 ±0.5 公斤（kg）的概率不足 1%。监测技术及规范性较高。

（3）监测工具越来越规范。截至 2020 年 12 月，贵阳市各级各类示范幼儿园均配备了专业监测工具，部分无专业监测工具的幼儿园均在所属责任区的指导和支持下进行规范测量，提高了监测数据的准确性。

（二）幼儿园教育过程性质量提升

2019 年华东师范大学对贵阳市 40 所示范性幼儿园抽样监测结果显示：整体上幼儿园教育质量、班级环境、学习材料均呈现较好水平。

1. 幼儿园整体教育质量好

学习活动、师幼互动、融合性、学习环境与材料、设施与安全卫生的监测，无论在总分还是各个分量表上，得分均高于 75 分，即，均达到了良好或者以上的水平。其中，班级的设施与安全得分最高，为 97.22 分，几乎达到满分，在学习活动上的得分相对低，为 76.62 分，也达到良好的水平（见图 1–19）。

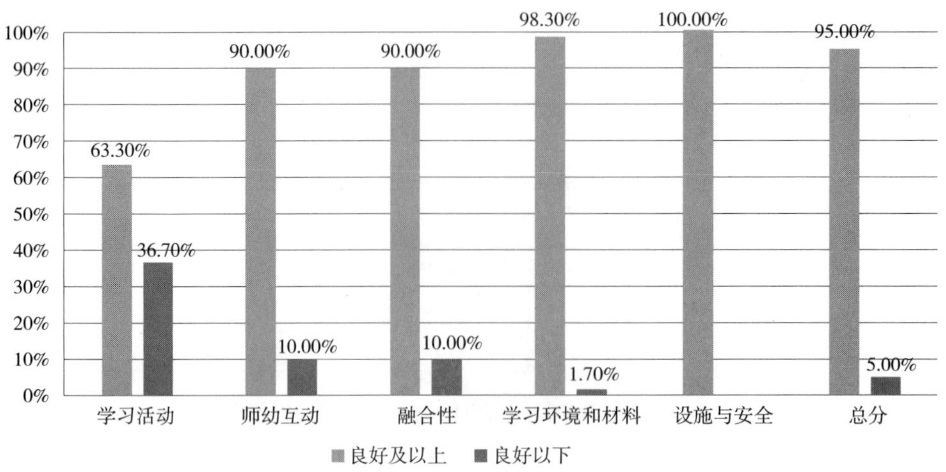

图 1-19　幼儿园教育质量总体情况

2. 幼儿园学习环境与材料得分情况好

该部分主要考察教室布置、空间安排以及材料布置是否合理。

（1）在学习环境方面，如图 1-20 所示，在学习环境方面，所观察班级在各条目上总体达标，特别是在区角设置和运动游戏空间上 100% 达标，即所有班级的儿童能够接触到不同的区角、幼儿园或者班级有足够的儿童游戏和运动空间。

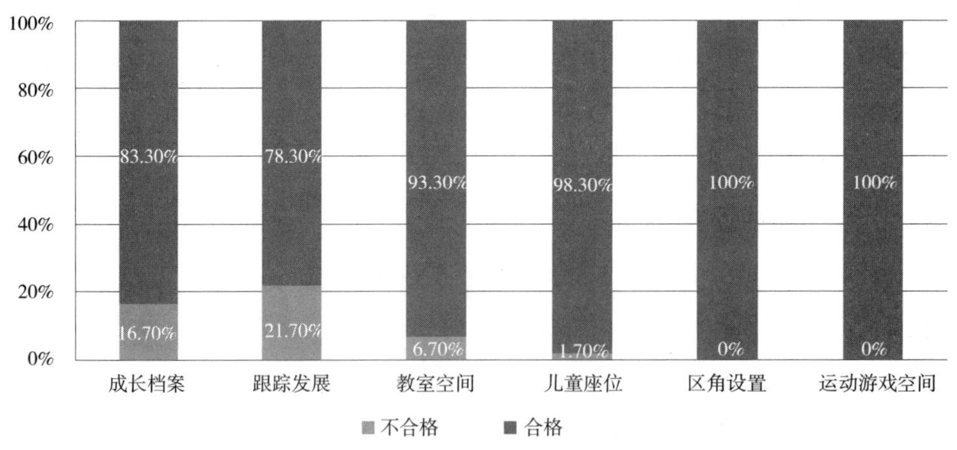

图 1-20　各班级学习环境情况

（2）在学习材料方面，如图 1–21 所示，所观察班级各类学习材料较为齐全，特别在各类书写工具、艺术材料以及积木方面，拥有率达到 100%。可见，幼儿园较为重视各类学习材料的配备。

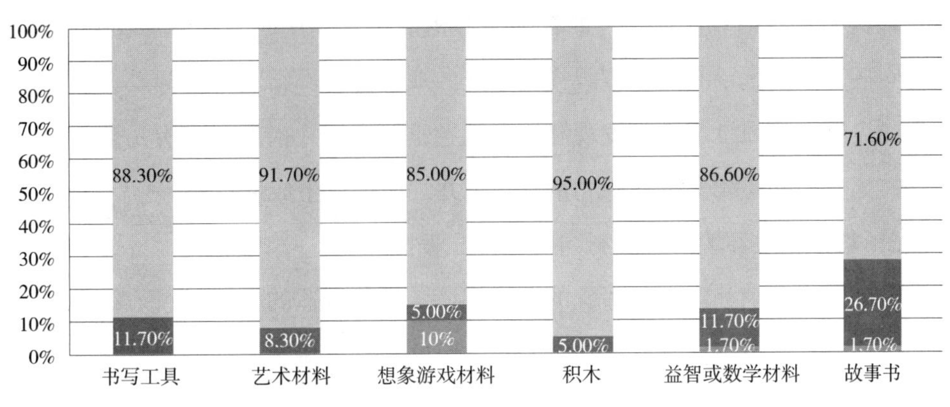

图 1–21　各班级学习材料情况

3. 教师专业能力显著提高

贵阳市自 2019 年起利用问卷调查的方式对全市幼儿园教师进行职业状态监测，主要包含了职业认知、职业认同、职业精神、职业能力和健康状况 5 个维度。通过连续两年的监测，教师职业状态总体得分呈上升状态（见图 1–22）。

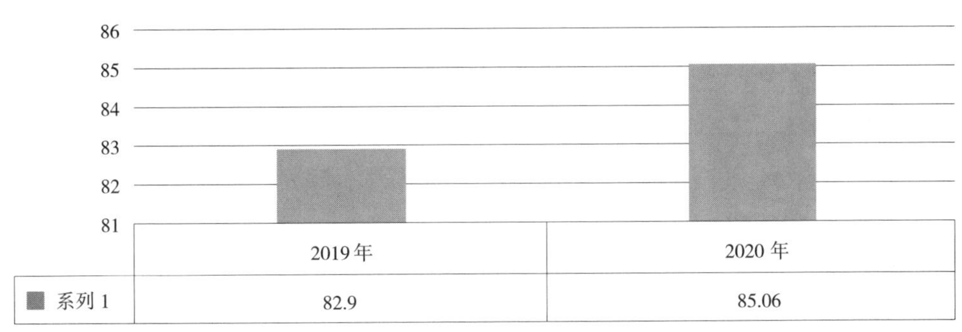

图 1–22　贵阳市 2019—2020 年幼儿园教师职业状态得分率对比图

1. 教师自我发展能力有所提升

各项目幼儿园自实施自主游戏以来均已不同形式提升教师专业成长，主要形式为教研、培训与观摩。据不完全统计，全市 30 所城市、乡镇项目幼儿园本年度共参加园外自主游戏类教研活动 199 次，自主组织自主游戏类园本教研活动 320 次，参加园外自主游戏类培训 87 次，自主组织自主游戏类园本培训 90 次。有效地提升了教师专业发展，如教师能够相信儿童、发现儿童在游戏中的学习；教师在撰写观察记录时能够客观描写幼儿游戏行为，不给幼儿贴标签；教师在工作中的反思性更强了，善于发现和思考问题；能依据《指南》分析儿童的学习和发展；部分教师还能尝试支持儿童游戏，并尝试进行生成性备课等。

2. 教师创设环境、投放材料的能力显著提升

教师能以儿童为本创设适宜的游戏环境、投放合适的游戏材料。幼儿园均能以支持儿童在游戏中获得发展为出发点，因地制宜改造、调整、创设合适的游戏环境。现阶段，大部分幼儿园聚焦户外大型环境进行改建、改造，如增加户外野趣游戏区（山坡、土坡、树木秋千、绳索类等），支持儿童对自然、野趣类游戏的体验和探究；改建或增加玩沙区，将原有的玩沙区改建、扩建为沙水区，增加环境的整合利用率和游戏的趣味性；增加户外涂鸦区。增加大型玩具储物柜、雨棚等。

在材料投放方面，从之前的大型玩具、高结构材料转向地结构材料、可组合玩具，更多地倾向于工具、可组合材料、自然物等，真正支持儿童自主、自由、创意游戏。另外，游戏开展初期材料投放更趋于大型性、整体性、保障性，材料、可组合材料、大积木、保障性材料（雨衣、雨鞋）等，后期投放的材料更丰富、灵活、繁杂，如工具（锄头、铲子、画笔麻绳、砖瓦、细小手工材料等）。说明游戏开展由表象、外观、大动作逐步转向内在、深入、可支持。

3. 教师支持幼儿学习的能力显著提升

教师在实践中逐步探索出了适合不同年龄段孩子的游戏回顾分享方式。如小班主要使用谈话的形式进行回顾；中班体现灵活，采用幼儿自己喜欢的方式，可以是绘画，也可以是谈话；大班的回顾和分享在灵活的基础上初显自主，采用分享的形式回顾游戏过程、采用绘画的形式记录自己的游戏活动，分享环节可在户外游戏现场，也可在室内，可以是小组分享也可以是集体分享。

（三）幼儿园教育结果性质量提升

数据显示，贵阳市通过连续 3 年幼儿园教育质量监测，幼儿体格、体质水平均有明显提高，且营养不良发生率有所下降。

1. 幼儿体格发育水平显著提高

（1）通过连续监测比对，贵阳市各区（市、县）幼儿体格发育水平均有不同程度的提高，整体呈上升趋势（见图 1–23）。

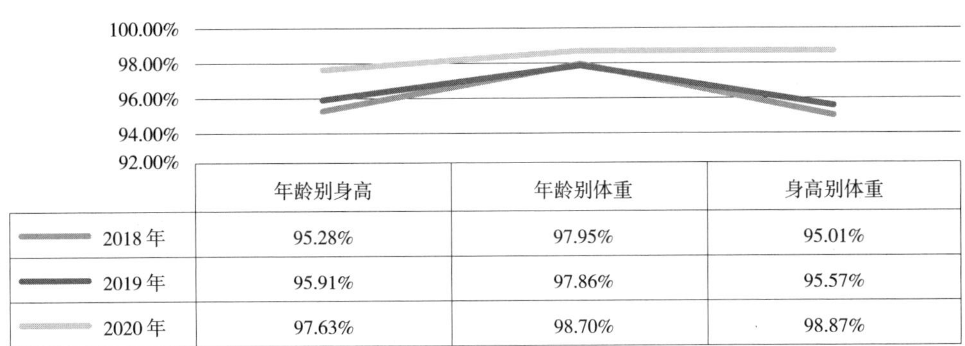

图 1–23　贵阳市 2018—2020 年幼儿身高、体重、身高别体重合格率对比图

（2）贵阳市与全国及其他地区或城市比较，幼儿体格发育水平高于全国平均水平。

表 1–8　贵阳市 4 岁幼儿体格发育与全国及其他城市比较情况

4 岁	平均身高（cm）		平均体重（kg）	
	男	女	男	女
全国	104.95	104.00	16.93	16.42
贵阳市	105.79	104.90	17.45	16.87
重庆市	103.50	101.60	17.28	16.37
成都市	106.40	105.10	17.70	17.00
福建省	107.05	106.50	18.11	17.49
上海市	108.90	107.80	19.20	18.40

贵阳市4岁幼儿平均身高、体重均高于全国平均水平，幼儿体格发育总趋势为男童优于女童。贵阳市幼儿体格发育水平，由2016年、2017年、2018年低于全国平均水平，到2019年高于全国水平。说明贵阳市通过3年努力，加强幼儿园营养膳食管理，提高运动游戏水平，家园互动等各方面的工作，取得了一定成效。

2. 幼儿体质水平有明显提高

（1）贵阳市与全国及其他地区或城市比较情况

贵阳市幼儿体质监测从2017年开始，经过3年努力，由2017年普遍低于全国水平，到2019年，10米折返跑、立定跳远、座位体前屈、走平衡木项目监测成绩均优于全国平均水平。

表1-9　贵阳市3—6岁幼儿动作发展水平与全国及其他城市比较情况

2019年各地区动作发展成绩		10米折返跑（s）	立定跳远（cm）	网球掷远（m）	双脚连续跳（s）	坐位体前屈（cm）	走平衡木（s）
3—4岁	全国平均	9.3	63.2	3.4	9.7	11.0	17.0
	贵阳市	9.02	65.19	2.98	11.53	12.63	13.14
	成都市	9.5	61.5	3.7	9.8	10.8	15.4
	郑州市	8.7	46.5	3.7	8.9	10.9	9.0
	苏州市	10.1	60.0	3.3	14.4	8.5	24.6
4—5岁	全国平均	8.2	78.5	4.3	7.7	10.8	12.2
	贵阳市	7.59	84.13	4.15	6.71	12.48	8.20
	成都市	8.1	81.1	4.5	7.4	10.8	12.2
	郑州市	7.9	63.3	4.8	7.0	10.6	8.0
	苏州市	8.3	77.8	4.2	9.7	9.2	14.8
5—6岁	全国平均	7.3	93.7	5.5	6.4	10.4	8.5
	贵阳市	6.84	100.15	5.68	5.02	12.18	5.41
	成都市	7.3	95.8	5.7	6.1	11.0	9.0
	郑州市	7.0	82.9	5.9	5.9	10.0	5.4
	苏州市	7.4	90.4	5.2	7.6	9.8	9.7

续 表

2019 年各地区动作发展成绩		10 米折返跑 (s)	立定跳远 (cm)	网球掷远 (m)	双脚连续跳 (s)	坐位体前屈 (cm)	走平衡木 (s)
6—7 岁	全国平均	6.9	99.8	6.6	5.5	9.9	5.6
	贵阳市	6.49	107.12	6.55	4.60	11.89	4.38
	成都市	6.8	108.1	7.3	5.4	10.6	6.2
	郑州市	6.3	101.9	7.1	5.5	9.8	4.1
	苏州市	7.0	101.4	6.7	6.1	9.2	7.4

（2）贵阳市 2019 年在园 3—6 岁幼儿 6 项体能监测整体优于 2018 年监测成绩，优于全国平均水平；但发展不均衡，下肢力量较强，上肢腰腹力量较弱。

①贵阳市 2019 年在园 3—6 岁幼儿 6 项体能监测优良率、达标率高于 2018 年，不合格率低于 2018 年（见图 1–24）。

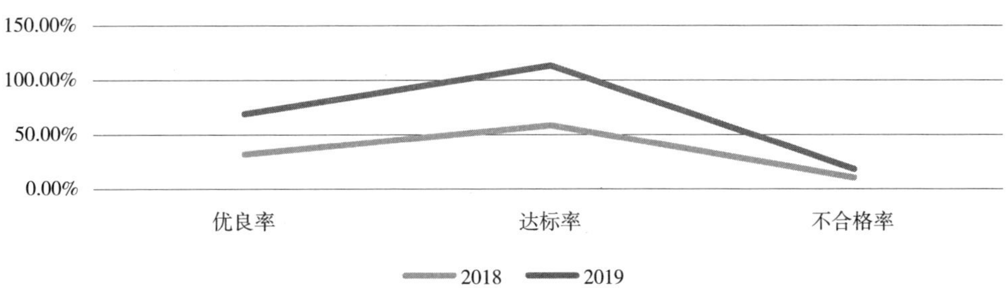

图 1–24　贵阳市在园幼儿 2018—2019 年 6 项体能监测发展趋势对比

在 2019 年各项动作发展水平监测中，贵阳市幼儿 10 米折返跑、立定跳远、坐位体前躯、走平衡木项目各年龄均优于全国平均水平，网球投掷项目除 4 岁幼儿外，其余各年龄均低于全国平均水平，双脚连续跳项目除 3 岁幼儿外，其余各年龄均优于全国平均水平。数据表明幼儿的上肢及腰腹力量较弱，下肢力量较强。

②通过连续监测比对，贵阳市各区（市、县）幼儿动作发展水平均有不同程度的提高，2019 年与 2018 年比较，除“坐位体前屈”项目外，其他 5 项均呈现增长状态（见图 1–25）。

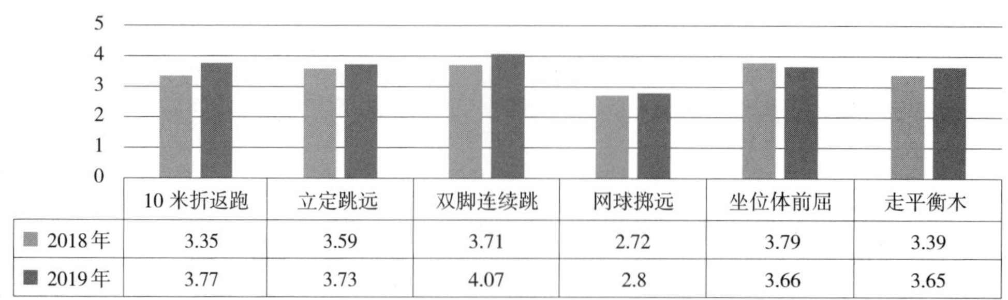

	10米折返跑	立定跳远	双脚连续跳	网球掷远	坐位体前屈	走平衡木
2018年	3.35	3.59	3.71	2.72	3.79	3.39
2019年	3.77	3.73	4.07	2.8	3.66	3.65

图 1-25　2018—2019 年贵阳市儿童身体素质监测对比图

3. 幼儿营养不良率有所下降

（1）贵阳市 2019 年幼儿营养不良率较 2018 年有所下降，生长迟缓率由 4.7% 下降到 4.1%，消瘦率由 1.6% 下降到 1.1%（见图 1-26）。

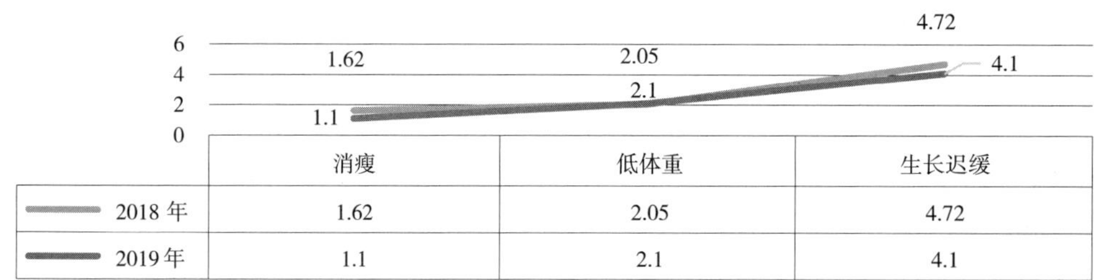

	消瘦	低体重	生长迟缓
2018 年	1.62	2.05	4.72
2019 年	1.1	2.1	4.1

图 1-26　2018—2019 年贵阳市儿童身体素质监测对比图

（2）贵阳市农村幼儿园占比最高的“一市三县”儿童营养不良发生率呈下降趋势（见图 1-27）。

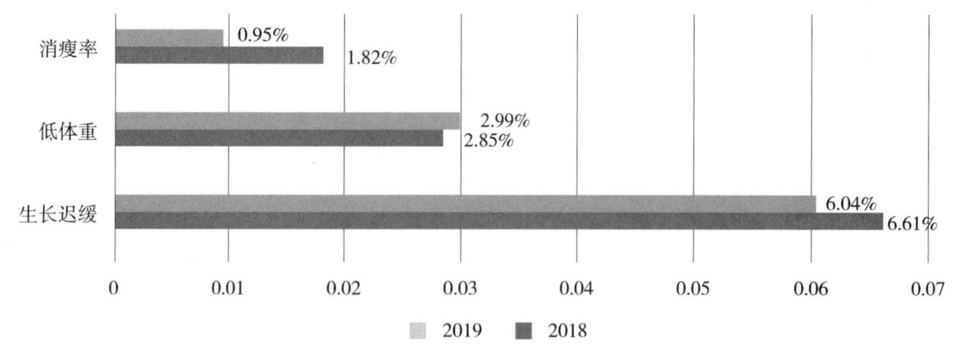

图 1-27　贵阳市清镇市 2018—2019 年在园幼儿营养不良数据对比

（3）贵阳市 4 岁幼儿营养不良发生率低于全国和地区平均

表 1–10　贵阳市 4 岁幼儿营养不良发生率与全国及其他地区比较情况

4 岁	营养不良指标		
	生长迟缓率	低体重率	消瘦率
全国	9.9%	5.9%	2.2%
东部地区	4.9%	3.5%	10.2%
中部地区	11.8%	7.0%	3.8%
西部地区	13.9%	7.8%	3.8%
贵阳市	4.1%	2.1%	1.1%

贵阳市 4 岁幼儿营养不良发生率低于全国和地区平均，整体优于全国和东、中、西部地区。

（4）通过连续监测，贵阳市幼儿配胖率呈下降趋势。肥胖率由 3.37% 下降到 3.3%（见图 1–28）。

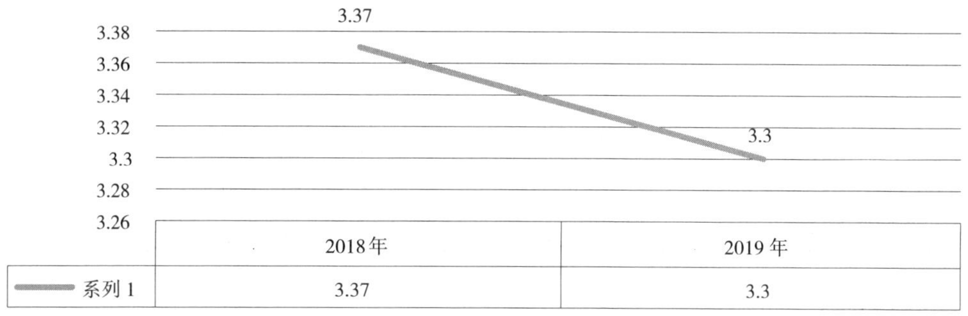

图 1–28　2018—2019 年贵阳市幼儿配胖率对比图

（5）贵阳市 4 岁幼儿肥胖率低于全国平均水平

表 1–11　贵阳市 4 岁幼儿肥胖率与全国及其他地区比较情况

4 岁	肥胖率
全国	6.7%
东部地区	5.68%

续 表

4 岁	肥胖率
中部地区	3.97%
西部地区	2.47%
贵阳市	3.3%

对比全国和其他地区数据，贵阳市 4 岁幼儿肥胖率 3.3%，低于全国平均水平，但高于西部地区平均水平。

4. 儿童发展成上升趋势

（1）在总体得分上，2019 年的监测研究中，儿童整体发展总分为 61.63 分，与 2013 年儿童得分 58.90 分相比，明显呈上升状态（见图 1–29）。

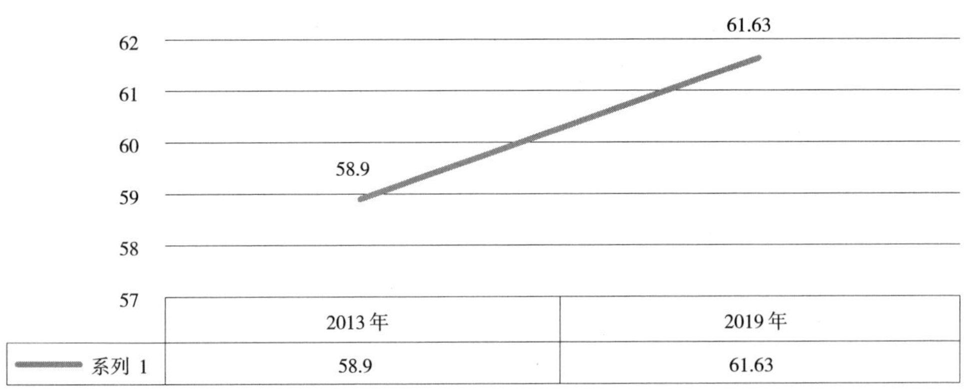

图 1–29　贵阳市 2013 与 2019 年儿童整体发展得分率对比图

（2）儿童学习品质发展较好。采用《学前儿童学习行为量表》计算儿童在每个维度的平均得分，满分为 4 分。贵阳市儿童学习品质总平均得分为 3.33 分，总体上，儿童学习品质发展较好（见图 1–30）。

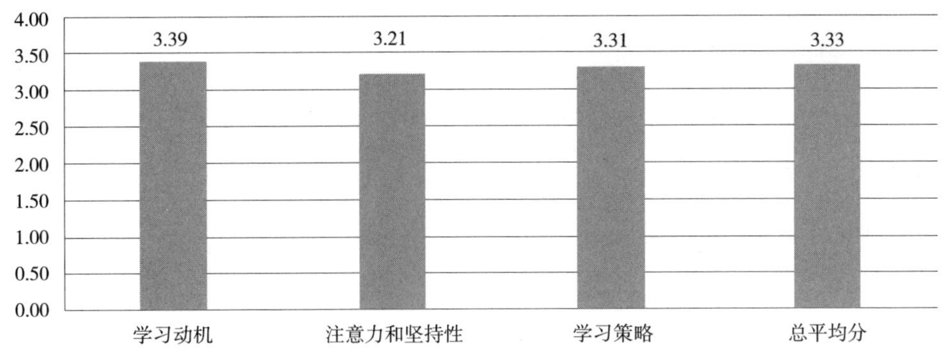

图 1–30　贵阳市儿童学习品质及各维度得分

二、结论

大量的第一手资料及翔实的数据和案例反映出，通过实践研究促进了贵阳市区域幼儿园保教质量的提升。多措并举切实解决贵阳市学前教育质量提升难问题，促进了各级各类幼儿园均衡发展和贵阳市幼儿园教育保教质量整体提升及幼儿的全面发展，缓解当前贵阳市人民群众对优质学前教育的供需紧张矛盾。

（一）采取实施全市幼儿体质健康水平监测保障行动计划，提升了幼儿园保教工作的结构性质量，促进了幼儿的体格发育

1. 实施全市幼儿园体格生长水平全员监测，将幼儿体质水平监测纳入政府目标考核，促进了各级各类幼儿园按规范配置保教、保健人员，因地制宜的创设支持儿童体格发育的硬件环境。

2. 依据《幼儿园工作规程》《托幼机构卫生保健管理办法》建立健全儿童健康检查制度，建立幼儿健康档案，并定期对幼儿体格发育进行分析评价，提升了幼儿园健康管理水平。

3. 规范检测工具、监测方法，提升监测人员的专业性，保证检测数据有效率，提高了检测工作的规范性和常态化。利用监测数据指导幼儿园优化幼儿体格发育培养策略，提升幼儿体格发育水平。

（二）通过实施优化学前教研指导责任区体能监测行动，提升了幼儿园保教工作的过程性质量，促进了幼儿的体能发展

1．发挥县域内优质园领衔示范作用，健全了教研指导网络、落实了教研指导责任，通过加强学前教研工作考评提高区域内幼儿园均衡、互助发展，促进了区域内幼儿园整体质量的发展。

2．构建集群式样研修共同体，平衡区域优质资源，增加教师专业发展机会，提高了教师的专业能力。

3．建立责任区四级教研工作机制，加强保健人员专业培训，增强幼儿园膳食营养，实施幼儿园 6 项体能监测，促进幼儿体能发展。

（三）通过实施“教育部—儿基会农村学前教育质量提升”计划，全面提升了幼儿园保教工作的结果性质量，促进了幼儿的全面发展

1．推广项目县自主游戏的实践经验，在全市推广自主游戏，转变教师观念，深化幼儿园课程改革，提升教师专业能力，促进幼儿自主学习能力。

2．落实以游戏为基本活动，以游戏化治小学化，优化幼儿园一日生活课程，提升师幼互动质量，促进了幼儿自主全面发展。

3．搭建家园设三位一体融合性资源平台，实现线上线下学前教育资源共享，提高家园共育质量，促进幼儿全面发展。

第五部分　研究启示与反思

一、研究启示

4 年来，贵阳市基于幼儿发展的视角，以促进幼儿全面、和谐、充分、自主的学习发展为中心任务，进行了提升区域幼儿园保教质量的 3 轮实践研究，在解决贵阳市幼儿园保教工作的结构性、过程性、结果性质量问题的过程中，获得提升区域幼儿园保教质量水平，促进区域幼儿园优质均衡发展的深刻启示。

（一）增强配套文件和政策的适切性，才能从根本上破解制约区域幼儿园保教质量优质均衡发展的关键性问题

制定文件和出台政策以破解制约区域幼儿园保教质量优质均衡发展的关键性问题，要把握关键的3点。

1. 全面和配套

要出台推动幼儿园管理体制机制改革，指导规范办园、课程建设、质量评估及鼓励和扶持民办及农村学前教育发展的文件，并要有配套的《工作实施方案》《指导意见》《管理办法》《评价标准》《工作指导用书》《工作制度》等，为整体推进区域幼儿园保教工作的结构性、过程性、结果性质量建设提供具体指导和政策保障。

2. 创新和突破

要符合国家、省、市学前教育政策、法规及有关文件和会议精神，又要敢于提出确解保教质量优质均衡发展瓶颈问题的创新举措。如，开展学前教研指导责任区“三建两当”创建活动（建示范和先进责任区、示范和先进责任园、示范和先进教研室，争当责任区优秀引领者和优秀指导教师），以有效的激励奖惩推进责任区助力区域幼儿园保教质量的优质发展；开展全市性幼儿园教育质量监测，研究制定更符合农村实际的《山村幼儿园教玩具配备指导意见》等，以完善的保教质量评价体系，指导保教质量提升。

3. 导向和自主

要充分体现市级层面文件和政策的导向性，还要有助于充分发挥区级的自主性。市级《关于在全市幼儿园开展教研指导责任区工作的实施方案》，明确责任区的性质、定位、目的、任务，以及组织领导、经费保障、考核评价的相关要求。将县域内责任区如何划分和组建、如何管理、如何研修、如何推进的自主权交给区级，研究制定更具符合实际和更具操作性的责任区工作实施方案，更有利于责任区以适宜的组建模式、按自己发展速度持续健康地发展。

（二）解决好学前教研指导责任区建、管、研的问题，才能构建起促进区域幼儿园保教质量优质均衡发展的闭环式质量保障机制

学前教研指导责任区通过健全四级教研指导网络、落实四级教研指导责任，推动区域学前教育以强带弱集群式优质发展。责任区的建设与管理需要重点解决怎么建、怎么管、怎么研的问题。

1. 抓好责任区建设，坚持自主划分、上下联动

一方面，基于各区（市、县）发展差异性问题，在统一思想，明确责任区的工作目标、任务、工作原则的前提下，指导各区根据自身地理位置、幼儿园现状、管理水平、教研能力、保教质量等方面的情况，按以强带弱、规模适度、优势互补、协作共赢的原则，以一所优质园为引领，组建以园本研修为根本工作方式的教研指导责任区，并在实践中形成以“示范+”为基础的四种有代表性的组建模式。

另一方面，引导各区根据幼儿园数量、质量的发展变化，进一步探索以“示范+”为基础，灵活多样、动态调整、多层级的责任区组建，切实解决责任区规模过大、教研指导不适切、不及时等问题，为教研指导有质量地覆盖到各级各类幼儿园提供组织保障。

2. 抓好责任区管理，建立健全责任区“四级三结合”工作机制

首先是建立“四级三结合”责任区教研工作体系。明确学前教育行政部门与教研室的工作职责，强化责任区管理。不同区域、不同层次、不同需求的幼儿园采用适合的共建形式，组成共建团队开展责任区工作，形成了区域共建、园际共建、园内共建等多种共建方式。

其次是建成以质量为核心的四级质量监测和评价机制。以“提升质量，促进幼儿发展”为核心，建立可量化的监测、评价体系，多元监测评价主体、对象、内容、形式与方法，明确质量监测操作规范和流程，注重诊断性评价、形成性评价、终结性评价有机结合，质性评价和量化评价相结合，促使责任区建设步入制度化、规范化、标准化。

最后是构建统一思想的责任区运行模式。以“三建二当”（建示范教研室、建示范责任区、建示范责任园；当优秀引领者、当优秀指导教师）实践活动为载体，构建静态组织体系和动态工作体系相结合的运行模式。

3. 抓好责任区教研，依托教育质量提升项目强教研、提质量

全市开展“1+N”分级分层多形式研修，创新研修方式，解决落实“以游戏为基本活动”的教育实践问题。从内容上来讲，“1”指幼儿园游戏，“N”指落实以游戏为基本活动的幼儿园保教实践中的多个关键问题；从研修形式上来讲，“1”指参与式研修，“N”指“互联网+”幼儿教师线上线下多形式研修；从组织管理上来讲，“1”指教科所，“N”指高校、教研室、责任区、责任园。以责任区聚焦式、分层式的研修和指导，努力实现以“游戏化”治“小学化”，以“抓大带小”去“小学化”。

市教科所以重点项目研修走前列。建立学前教育改革实验项目研修团队，集中优势力量研究和解决来自全市责任区的教研共性问题，发挥优秀教研员、名园长、名师、各级骨干教师的示范引领作用，形成以“强教研提质量”为主线，试点先行，以点带面的工作方式。区（市、县）多样化研修抓落实，并基于区域内科学保教的关键问题开展细而实的个性化研修。

（三）加强融合性、公益性幼儿教育公众服务平台建设，能引领区域幼儿园走上保教质量优质均衡发展的快车道

多媒体和互联网以其超强的传播和影响力成为向社会宣传幼儿教育、宣传科学保教，引导区域学前教育优质发展的重要媒介，充分融合家、园、社区资源、更能体现其公益性和实效性。

1. 用好新媒体发挥实效性

要善于同电教馆、贵州广电部门合作，联合录制宣传科学保教、家园共育精品课程等教育资源；善于利用贵州省电视台微信公众号“微兔学园”等新媒体，开辟专门宣讲专栏，开设专家在线咨询服务，为全市小学和幼儿园家长、教师科学育人提供可持续的专业指导。

2. 聚焦社会普遍关注的幼儿教育问题及教师专业发展的热点和难点

包括大班幼儿入学准备和一年级新生的入学适应教育，小班幼儿入园准备和入园适应教育，幼儿游戏的设计、组织、观察与指导。

3. 关注受众群体的真实需求

通过调研、访谈等进一步了解其需求，明确要解决的重点问题，确定宣讲专题、研究适宜的宣讲形式，确定适宜的宣讲人，以深入浅出、通俗易懂的方式开展。如“小幼衔接”专题系列微讲座采用小学和幼儿园教师同讲一个专题的方式，并辅以大量实践案例便于家长和老师理解小幼间双向衔接的重要意义。

二、研究反思与展望

本研究实施以来得到了教育部、省、市各级领导的关怀和支持，以及各级专家在研究方法及专业上的指导，才得以顺利实施。但因研究者自身能力有限，以及受幼儿园数量激增及优质资源不足等影响贵阳市学前教育发展的一些客观现实条件制约，本研究离预期还有一定的差距。如区域教研活动质量优质率不高；幼儿园教育质量监测评价工具缺乏本土化研究与开发；幼儿教师游戏观察与指导水平待提升。这些问题也为我们提升贵阳市幼儿园保教质量的行动研究明确了方向和指出未来继续研究的重点：

1. 加强游戏教研，建设一流师资队伍，深入开展区域幼儿园教师专业培养路径的研究。

2. 注重本土化幼儿园教育质量评价工具的研发，完善评价指标体系，进一步提升评价工作的科学性和指导性。

3. 增强成果意识，研究出版《名园长、名教师成长的叙事性研究》。

参考文献：

[1] 索长清．幼儿园教师文化研究 [D]．长春：东北师范大学，2014：82–83.

[2] 陈文华．中外教育史 [M]．北京：科学出版社，2011：64.

[3] 赵磊磊，代蕊华．区域教育治理：内涵、目标及路径 [J]. 教育科学研究，

2017（09）：25–28.

[4] 刘霞．托幼机构教育质量：概念与构成 [J]．现代教育论丛，2004（4）：4–5.

[5] 虞永平．办好让儿童更幸福的学前教育 [N]．中国教育报，2012–11–12.

[6] 张海豫．课程领导力 助推保教质量提升的核心力量 [J]．山西教育（幼教），2019（04）：8–11.

[7] 郭力平，谢萌．美国早期教育质量提升的发展历程 [J]．幼儿教育（教育科学），2012（4）：45.

[8] 程晨，虞永平．我国学前教育质量研究的进展与趋向 [J]．中国教育科学（中英文），2020（05）：127–134.

[9] 孙英敏．幼儿园保教管理质量评价的现状及分析与建议——以辽宁省为例 [J]．早期教育（教育科研），2020（11）：17–22.

[10] 侯莉敏．幼儿园保教质量诊断：从经验走向科学 [J]．教育科学论坛，2019（20）：70–77.

[11] 李玉杰，肖晓雪．发达国家学前教育机构保教质量评价的特点及其启示 [J]．教育探索，2014（12）：142–144.

[12] 庞丽娟，沙莉，刘小蕊．英国布莱尔政府学前教育改革政策及其主要特点 [J]．比较教育研究，2008（8）：34–38.

[13] 黄爽，霍力岩．美国《学前教育机构质量评价系统》的特点及其启示 [J]．外国中小学教育，2018（03）：42–50.

[14] 陈丽华，彭兵．欧美学前教育质量评价研究述评 [J]．外国中小学教育，2013（11）：50–53.

[15] 杨莉君，贺红芳．幼儿园保教质量评价指标体系建构研究 [J]．教师教育研究，2017（5）：81–88.

[16] 郭朝红．上海市学前教育质量保障体系的现状、问题与思考 [J]．上海教育科研，2016（11）：92–96.

[17] 胡彩云．唐山幼儿园教育环境质量现状分析与改善 [J]．学前教育研究，2013（08）：9–13.

[18] 赵慧．基于保教质量提升的幼儿园精细化管理策略初探 [J]．中国教育学刊，2016（S1）：151–152.

[19] 张玲，裴昌根，陈婷．我国学前教育城乡均衡发展程度的测评研究——基于基尼系数的实证分析 [J]．西南大学学报（社会科学版），2020，46（02）：96–106.

[20] 宋蓉．基于保教一体化的幼儿园教育质量评价 [J]．学前教育研究，2019（04）：85–88.

[21] 高敬，周洪飞，陈雪．上海市幼儿园课程领导力的现状与思考 [J]．上海教育科研，2014（11）：47–50.

[22] 李玉杰，肖晓雪．发达国家学前教育机构保教质量评价的特点及其启示 [J]．教育探索，2014（12）：142–144.

贵阳市教育科学规划课题：提升贵阳市幼儿园保教质量的实践研究

立项编号：GYJYZD（1708）　　结题编号：GYKTJ（2020）62

课题主持人：张海凤

研究报告执笔人：王　艳、张海凤、王芳芳、段丽红

主要研究人员：王　艳、王芳芳、石晓樊、刘　玫、张　馨、张　茜、闫　卓、朱丽莎、袁　青、刘　青、顾　鲜、何勇飞、宋小华、龚　燕、段丽红、肖　兰、何　丽、骆志琴、易　昊、何利红、李　静、冉川江、童丽丽、王明平、谢　霞

“以互动发展联盟促进民办幼儿园办园质量提升的实践研究”研究报告

贵阳市云岩区教师进修学校　刘　玫

第一部分　课题缘起

一、问题提出

（一）民办幼儿园发展的机遇与重要意义

2010 年 6 月，中共中央政治局审议并通过的《国家中长期教育改革和发展规划纲要（2010—2020 年）》（以下简称《规划纲要》），为我国教育事业改革开启了新的起点。《规划纲要》首次将“学前教育”以单独章节列出，把学前教育作为今后 10 年教育事业 8 大发展任务之一。《规划纲要》提出，“把发展学前教育纳入城镇、社会主义新农村建设规划。大力发展公办幼儿园，积极扶持民办幼儿园”。突显了国家对发展学前教育的高度重视，是党和政府新时期促进各级各类教育协调发展的重大举措。

2010 年 11 月 21 日，国务院以国发〔2010〕41 号印发《关于当前发展学前教育的若干意见》，十项意见充分体现了新时期新阶段党和国家对推动学前教育改革和发展的高度重视。《规划纲要》和《意见》的颁布，使学前教育站在了一个新的历史起点上，学前教育迎来了飞速发展的时期，在政策导向下全国各地幼儿园数量迅速增长，特别是民办幼儿园的数量。大量新增民办幼儿园弥补了公办幼儿园数量的不足，满足人民群众对学前教育的需求，缓解学前教育供求的矛盾，在一定程度上缓解了“入园难”的问题。同时民办幼儿园在办园类型和服务形式上的多样性，满足了家长对不同价格和不同形式学前教育的需求。

（二）国家对于民办教育的质量要求

《规划纲要》在鼓励扶持民办幼儿园的同时，还提出“民办教育是教育事业发展的重要增长点和促进教育改革的重要力量”。各级政府要把发展民办教育作为重要工作职责，支持民办学校创新体制机制和育人模式，提高质量，办出特色，办好一批高水平民办学校。《规划纲要》中强化了对民办教育质量的要求与期望。

2017 年党的十九大报告中指出：“要全面贯彻党的教育方针，落实立德树人根本任务，发展素质教育，推进教育公平，培养德智体美全面发展的社会主义建设者和接班人。推动城乡义务教育一体化发展，高度重视农村义务教育，办好学前教育、特殊教育和网络教育，普及高中阶段教育，努力让每个孩子都能享有公平而有质量的教育。”就目前来说，学前教育发展的不平衡还是很凸显，城乡之间的差异、公民办之间的差异等问题，都制约学前教育的发展，“努力让每个孩子都能享有公平而有质量的教育”，无疑是对学前教育发展提出的目标，也是对民办学前教育质量发展提出的思考。

（三）云岩区民园办园质量提升面临的问题与思考

为避免公民办幼儿园两级化差异大，发展不均衡，云岩区一直以来都关注区域内公民办幼儿园的整体质量提升，2016 年 3 月起，按照贵州省教育厅“关于推进全省学前教育教研指导责任区工作的通知”的精神，云岩区开始采取“以公带民、以强扶弱”的共建方式，成立了教研指导责任区。每个责任区以优质幼儿园为核心和引领，按照一定的数量联合辖区内不同类型的公、民办幼儿园，组建发展共同体，开展区域性研修和管理，促进区域内幼儿园均衡发展。责任区的建立收到一定的成效，民办幼儿园在管理工作、教学质量等方面有了变化。但从民办幼儿园园所发展现状看，仍然存在以下 6 个方面的问题，有待提升。

1. 幼儿园整体工作规范性欠缺，104 所民办幼儿园中，仅有省级、市级、区级示范园 7 所，占整体比例的 6.7%。幼儿园办园条件、管理规范、办园等级急需提升。

2. 管理缺乏规范、教育观念落后、教研机制不健全、教师专业成长慢等问题还比较凸显，制约着民办园的发展。

3. 目前构建的发展共同体中，公办园占主导较多，民办园相对缺乏话语权，影响民办园参与的主动性。

4. 责任区发展共同体内，园所之间专业发展水平差异大，责任区研修内容难以兼顾不同园所园专业成长的需求。

5. 民办园缺乏自身“造血”的能力，自主研修力量单薄，缺乏有针对性的专业引领和支撑。

6. 民办园缺乏发展的系统思考和规划，目标不明确，学习研修内容零散，难以看到明显成效。

基于以上这些问题，云岩区思考如何立足于我区民办幼儿园的发展需求，开辟一种更加适合他们的研修模式，完善区域管理研修机制。

二、概念界定

1. 互动发展

“互动”是彼此联系，相互作用的过程。“发展”是事物不断前进的过程，是事物的不断更新变化。本研究中的“互动发展”是指幼儿园之间通过资源共享、交流学习、教学研讨等形式相互作用，促进幼儿园办园质量不断提升优化的过程。

2. 民办幼儿园联盟

是指在同等级或同专业成长需求的民办幼儿园之间，以提高办园质量为目的，打破园际壁垒形成的发展共同体，通过联合群体的力量与资源共同学习、共同研修、共同提升、共谋发展。

3. 办园质量提升

“办园质量”可划分为结构性质量、过程性质量和结果性质量。其中结构性质量包括设施设备、园所管理等方面；过程性质量包括师幼互动、课程实施、家园互动等；结果性质量包括幼儿发展状况、办园等级等。本研究中“办园质量提升”是指幼儿园在以上各方面工作的质量在原有水平上的提高。

三、文献综述

（一）关于民办幼儿园联盟的研究

1. 幼儿园联盟

课题组以“幼儿园联盟”为关键词检索文献。从检索结果看，相关研究和报道仅有 14 篇，从研究的地域上看相关文章多来自江苏省。

（1）幼儿园联盟建立意义的研究。李雯霞认为在我国经济建设飞速发展的新时期，国家《中长期教育改革和发展规划纲要》明确提出教育要以“优质、均衡、共享、共进”为主题，组建幼儿园联盟，通过紧密型合作，达到优质资源共享、拾遗补阙、共同提高的目的。通过联盟的形式，各个园所举办联合研讨活动，相互交流、相互论辩、取长补短，教育理念在研讨中得到碰撞与升华。

（2）关于幼儿园联盟模式的研究。汤惠卿、于洪全提出，推动全区学前教育高品质持续发展的着力点集结在公办优质学前教育的示范作用发挥上。大连市中山区成立了“中山区学前教育联盟”，以公办优势资源强强联手形成联盟核心，积聚强大优势发展动力，打造高品质、广辐射的学前教育品牌。

（3）幼儿园联盟运行和管理思路的研究。张家港市梁丰幼儿园联盟办学成果中提出，联盟的发展要有明晰的理念、明确的目标；联盟办学的视野就是从整体性出发思考问题，整合联盟成员单位优质师资力量，以推进项目组活动、开展联盟沙龙等，促进教师团队整体发展与提高。联盟成员学校在地域资源、网络资源方面都有各自的优势与特色，这些优势和特色通过资源共享和智慧碰撞，打造联盟发展的新平台。

2. 民办幼儿园联盟

“民办幼儿园联盟”是一种新型跨园际发展、研修模式，通过 CNKI、独秀学术等网站进行文献检索未见国内外有关于"民办幼儿园联盟"的研究或相关理论文献。通过百度进行"民办幼儿园联盟"关键词信息检索，能看到辽宁省、山东省等地区有关于民办幼儿园联盟建设相关的新闻报道。

山东省德州市德城区教育局成立了民办幼儿园自治联盟，以促进学前教育发展为目的，实行行业服务和行业自律管理。联盟主要开展民办学前教育的行业规范、行业自律和行业维权活动，为民办幼儿园提供政策咨询，为政府部门决策提供咨询服务，制定、组织年终综合督导和专项督导检查，开展民办幼儿园学前教育专题研究、学前教育科研成果评价和推广活动。

从文献发现，我国已有一些地区已经在关注民办幼儿园的发展和质量提升问题，已有关于"民办幼儿园联盟"或"幼儿园联盟"的相关研究，研究涵盖联盟建设目的意义、管理机制、联盟工作推进的途径等方面。但是从可查阅的文献信息看，相关研究梳理少；研究的理论基础单薄。

（二）关于学校发展共同体的研究

为给本课题研究带来更多的启示，课题组拓展了文献学习研究的范围。基于民办幼儿园联盟组建的形式、目的和学习特点，本课题采用"学校发展共同体"和"实践共同体"为关键词检索中外文献。

1. 学校发展共同体

（1）关于学校发展共同体建立的目的和意义研究。刘彦彧认为学校发展共同体以学校共同优质发展为愿景，以建设优质品牌学校组团为目标，按照优势互补，互惠互利，资源共享，共同发展的原则，探索校际协同互动发展新机制，实现共同体内每所学校的最大限度发展。王婷认为共同体拥有共同利益或目标的学校与学校之间以共同的价值观和共同愿景为纽带形成的一种相对独立的，扁平化的组织结构：在这个组织中，全体成员在遵循共享规则的前提下互动交流，优势互补、互惠互利、提高办学效益和办学质量以谋求学校共同发展。

（2）关于学校发展共同体特点的研究。杨孝如认为学校发展共同体的同与不同都其价值。学校发展共同体的生命力来自共同的愿景，来自联手的行动，更来自和而不同的理解、尊重与包容"同"是学校发展共同体存在的基础。共同体的"不同"对于学校发展共同体的意义和价值或许更值得关注。差异是一种资源，不同学校文化之间的交流、融合，甚至是冲突都是共同体建设的养分，有效地加以引导和利用，能够使学校发展共同体更显丰富和多元，更具张力和活力。

（3）关于学校发展共同体运作模式的研究。成尚荣认为教育应当是最开放的，最应交流、合作、融合。他以江苏省五个学校共同体作为的价值启示。呈现了5个学校发展共同体形态。姜俐冰认为学校发展共同体是在一定区域内以推动教育均衡发展为目标、以行政干预为手段，以区域优质名校为核心，通过发挥其品牌、资源、管理优势，带动一个或几个学校（校区）共同发展的校际合作组织。

2. 关于实践共同体的研究

（1）实践共同体的定义。实践共同体的概念是由莱夫和温格首次提出的。他们认为，一个实践共同体包括了系列个体共享的、相互明确的实践和信念以及长时间追求共同利益的理解。实践共同体，是指"一群志趣相投的人，他们分享他们对所做事情的担心或热情，并在定期互动的过程中学习如何把这件事做得更好"。这群志趣相投的人会定期聚会，就一个特定的话题展开积极的讨论，以便分享经验、相互学习、探索资源。

（2）关于实践共同体的特点。温格从实践共同总结了实践共同体的3个特点。共同的约定：个体自愿参与到共同体中，并与共同体中的成员一起完成一个任务。共有的协商精神：协商精神就是成员具有责任感，拥有相同的行为标准。共享所有的资源：实践共同体建立共享的学习资源和交流方式。

从已有的文献发现，学校发展发共同体、实践共同体的研究已十分广泛，涵盖了理论研究、共同体建设的目的意义、共同体运作模式等各个方面。前人的研究给予本研究带来了启示，特别是在具体方法和策略上可作借鉴。就研究方法而言，未见运用行动研究法对一个区域内民办幼儿园联盟的建立和发展进行全面系统的梳理和阐述。这些空缺给本课题提供了研究空间。

（三）关于民办幼儿园质量提升的研究

本研究最终的目的在于促进民办幼儿园办园质量的提升，因此本课题在进行文献查询时，以“民办幼儿园质量提升”和“民办幼儿园发展”为关键词检索中外文献，旨在了解其他研究对于民办幼儿园办园质量提升的关注点，有哪些途径提升幼儿园质量。

朱子凡、牟秀玲认为保教质量制约了民办幼儿园的发展，提出助推民办园保教质量的机制。强调激励机制，健全公共财政对民办教育的扶持政策；制发民办幼儿园督导评估基本指标等具体措施，强化日常监督引导；重视内涵发展，将民办教研、科研、培训纳入学前教育体系中。李静、李锦、王伟关注普惠性民办教育质量评估与提升，提出强化政府职责，加大对普惠性民办园的财政扶持力度；建立数据采集与监测平台，加强对普惠性民办幼儿园过程质量督导；规范幼儿园教师培养与培训体系。

从研究中能看出，关于民办幼儿园质量提升的研究已经很丰富，能为本课题提供一些可借鉴的思路。但从研究中能看到，许多研究都是从政策呼吁，政府管理监督的角度入手，多通过外力促进民办园的发展。以民办幼儿园自身为质量提升主体的很少，对民办幼儿园自身发展的能动性的研究也比较缺乏。

四、研究价值

（一）理论价值

有利于形成“民办幼儿园联盟”的理论依据，丰富相关的理论体系；有利于“民办幼儿园联盟”实践研修范式的形成，形成可推广的联盟管理研修经验，为其他区域民办幼儿园管理提供可借鉴的方法与模式。

（二）实践价值

通过组建民办幼儿园联盟，整合区域内民办教育资源，调动民办园发展的主动性和积极性，形成区域内民办幼儿园之间研修的管理体制。提升我区民办学前教育质量的提升，为实现学前教育均衡发展助力。

第二部分　课题研究设计

一、研究目标

1. 探索民办幼儿园互动发展联盟新模式，建立区域内民办幼儿园之间研修共同体，形成支持联盟发展的相关管理机制和研修策略。

2. 提升联盟内民办幼儿园管理人员及教师队伍专业水平。

3. 运用联盟模式促进我区民办幼儿园办园品质的提升。

二、研究内容

（一）民办幼儿园联盟组建研究

调查分析园所基本情况（包含教师队伍、管理、教研等情况）、发展需求，寻找园所间的共同生长点，作为联盟划分的参考依据。

（二）民办幼儿园联盟管理机制的研究

针对联盟相关管理工作设计区级管理条例与制度，制定符合联盟特点的管理、研修制度，通过实践检验进行修改完善。

（三）民办幼儿园联盟研修路径的研究

围绕质量提升，开展不同类型联盟研修活动实践，通过对实践案例进行观察、分析，梳理不同联盟研修的路径、方法和特点，形成民办联盟研修的指导性策略。

（四）民办幼儿园联盟发展支持策略的研究。

根据联盟发展需求，尝试通过各种策略实施帮助和支撑，并对各种策略的作用和价值进行分析，梳理民办联盟发展有效支持策略。

三、研究对象

云岩区区域内 26 所不同特点的民办幼儿园

四、研究方法

1. 文献研究法

是指根据研究课题，收集、查阅、鉴别和整理有关文献资料，并通过对文献资料分析和研究，获得该研究领域的信息，继而归纳和总结前人的研究成果和研究经验，为开展更深入的研究活动奠定资料和经验基础。本课题中文献研究主要是针对“民办幼儿园联盟”“学校发展共同体”进行相关文献查询分析，寻找相关研究突破口和创新点。

2. 行动研究法

是指有计划、有步骤地对教育实践中产生的问题，由教育实践工作者和教育研究者相结合，边研究边行动，以解决实际问题为目的的一种科学研究方法。本课题中采取行动研究循环模式，围绕民办联盟建设管理方式、研修形式，制定行动计划—行动—观察—反思，然后再计划—再实施的循环往复的过程，寻找有效的方法与策略。

3. 观察法

观察法是研究者根据一定的研究目的、研究提纲或观察表，用自己的感官和辅助工具去直接观察被研究对象，从而获得资料的一种方法。本课题中观察法主要是运用教研观察指标、联盟研修活动指标，对联盟研修活动形式和内容、活动的质量进行观察分析，对联盟活动的优化提供依据。

第三部分　研究过程

一、实验园申报及基本情况调查分析

（一）联盟课题实验园申报和确立

课题组面向全区幼儿园招募联盟实验园所，让幼儿园自主申报参与此项工作。同时又邀请了解民办园现状的责任区负责人，从幼儿园工作积极性、研修水平对申报园所进行分析筛选。在此基础上，课题组还对部分申报园所的研修活动质量进行现场观察诊断。通过综合分析，课题组确立了联盟园的基础申报条件，将办园条件、园所管理规范、日常工作态度、学习态度、参与联盟的发展愿望，以及是否愿意为联盟成员服务的态度，作为了选择联盟园所的基础条件，遴选出26所幼儿园参与课题的实践研究。

（二）民办联盟实验园所基本情况调查

在确定实验园所后，课题组设计了“民办联盟申请园所基本情况调查问卷”，面向26所实验园园长发放，问卷采取指定对象填写的方式，运用网络平台进行网上填报和问卷回收。问卷试图从幼儿园基本情况中去分析幼儿园之间的共性特点。通过调查，课题组初步摸清了幼儿园的基本情况，从中寻找到幼儿园之间的共性特点和专业成长需求。

1. 分析幼儿园基本情况了解到相关信息

（1）办园时间：从数量上看不同办园周期的园所数比较平均，不同办园时间周期的园所发展的需求不同，可以作为联盟的一种划分方式。

（2）幼儿园等级：26所幼儿园中市级示范园仅有3所，县级示范园仅有1所，其余22所园均无等级，幼儿园提升空间还很大。示范园之间的共性研修、幼儿园的等级提升可以作为联盟划分的参考依据。

（3）办园类型：从数据中看，26所幼儿园中有13所是普惠新幼儿园，5所为盈利性幼儿园，其余 8 所为中等收费园所。相同办园性质的幼儿园发展中会遇到共性问题，也可以作为一种研究线索。

（4）办学特点：从办学特点的词频中快乐、音乐教育出现的频次最高；该特点可以时一种划分特点。

2. 分析研修特点了解到相关信息

（1）培训途径和频率：数据显示，培训途径中专家下园培训、教师外出培训的数量少，可以通过联盟创提升教师培训的质量和数量，丰富培训途径。

（2）教研：从数据看，申报园所的教研制度的完善、教研的质量、教师参与教研的状态都有待优化，课题通过联盟的研修的过程进一步提升。

3. 分析发展需求了解到相关信息

（1）教育质量提升需求：从调查数据看园所管理水平提升、教研质量提升、幼儿园课程建设、幼儿园文化建设、幼儿园等级提升是申请园比较集中的提升需求，可以作为联盟研修的切入点。

（2）教师专业成长发展需求：从调查数据看，教师活动的组织水平、班级管理工作水平、环境创设水平、一日生活组织水平、观察指导游戏水平、家长工作开展水平、备课水平提升是比较集中的发展需求，可以作为联盟研修的内容。

（3）联盟组建期望：从调查信息看，增加培训机会、教师水平提升是幼儿园加入联盟想实现的目标。园所交流、相互观摩、专家指导等词在信息中出现的频率最高，可以作为联盟活动形式来思考。资源共享、抱团成长等可以作为联盟工作特点。

二、第一轮行动：民办幼儿园联盟组建和划分的实践

（一）第一轮行动目标

1. 形成联盟具体的划分办法，组建民办幼儿园联盟。
2. 建立共同的发展愿景，确定联盟群体的发展目标。
3. 建立联盟管理机构，形成具体的联盟管理运行机制。

（二）第一轮行动方案设计与实施

1. 了解同伴，寻找联盟同行者

联盟组别的具体划分需要遵循申报园所的意愿，课题组组织拟选的 26 个园所召开了“联盟组建工作会”，进一步明确了联盟成立的目的和意义。之后，课题组又将问卷数据所呈现的共性信息反馈给大家，作为一种线索引导大家去思考。通过群体商议，会议初步确立 4 个联盟组别，但是划分缺乏组别间的差异和个性特点。通过群体再次商讨，调整了联盟分组和数量，最终确定了联盟的几种划分维度。第一种是根据类别或办园性质划分，建立了以普惠幼儿园为主体的幼儿园联盟；第二种是根据幼儿园的办园特色进行划分，建立了以艺术教育为特色的音乐联盟；第三种是以幼儿园近期发展目标划分，根据部分幼儿园等级提升的需求建立了升示提质联盟；第四种是根据幼儿园质量提升的需求来划分，分别组建了以幼儿园文化建设为主线的文化建设联盟和由示范园群体组建的课程联盟。

2. 建立愿景，确定联盟实施方案

联盟如何凝聚力量共同发展，需要联盟成员有共同的发展愿景。共同愿景是大家都认可的，并愿意为之付诸行动的目标。课题组组织联盟进行了研讨会，采取“个人思考愿景—团队共建研究—专家指导修改—群体达成共识”的方式来确立联盟发展愿景。联盟要通过哪些方法和措施去推进？如何分周期推进？是联盟群体需要思考的核心问题，各联盟组进行了商议，按照自身特点制定了联盟两年工作方案。方案明确每个阶段具体研究的内容、活动形式、具体负责的人员，为后期工作推进提供参照和依据。

3. 联盟管理机构设立

为完善联盟管理，各联盟组通过会议确定了联盟核心管理机构——联盟管理委员会。从联盟成员单位中推选出园长、主任、骨干教师参与到联盟管理委员会。委员会分管理组和研修组，管理组设主席、副主席、秘书、通讯员，分别担任联盟整体工作管理、联盟工作组织、联盟资料收集和联盟信息报道等不同工作。研修组由各园保教主任和骨干教师组成，主要负责联盟具体研修工作策划、

组织和参与。有了具体明确的分工，为联盟的运作奠定了基础。为了保障联盟工作质量，课题组为每个联盟聘请了一位指导专家，为联盟发展、研修工作开展提供专业指导。

4. 两级管理机制商讨

课题组立足于联盟的实际情况，商讨制订了区级的联盟管理和考评要求。各联盟也基于自身的特点，共同制定了联盟内的相关管理制度，形成联盟工作指导手册。区级《联盟管理工作要求》主要用于明确说明联盟建立的意义、加入联盟条件和流程、联盟划分、联盟管理工作职责与义务、联盟成员的增补与退出等相关事宜；联盟工作手册中主要体现了联盟管理制度、教研制度、联盟考核制度三类管理制度，制度中的要求体现了联盟的差异性。

（三）第一轮行动研究实施效果评价

本阶段通过设计实施民办联盟“云岩区民办幼儿园联盟组建办法”，解决了“联盟如何建设如何分组”的问题。通过实践能够看同质分组，将相同办园性质划分、相同办园特色和相同发展目标的幼儿园组成了新的共同体，成员彼此间有了共同的话题，大家能够平等对话与交流，每个成员都具有话语权的良好氛围，符合联盟建设的初衷。通过设立联盟管理机构，建立具体的管理、教研、考核等机制。解决了联盟如何管理运行的问题。联盟在各项管理制度的引导下较为常态的推进工作。

（四）第一轮行动研究的反思与调整

在第一阶段的实践中联盟建设已见雏形，通过反思课题组发现本阶段还存在以下的问题：

1. 各联盟虽然建立了管理研修机制，相关机制还未通过实践检验，是否具备科学性和实用性还有待实践。

2. 联盟管理机构和教育机构成员有具体分工，但如何履职并未具体规定，需要通过制定具体考核标准来明确，并且需要结合联盟管理研修实践来检验。

3．联盟制定的工作实施方案，有各阶段的工作内容，但是方法措施不够具体，缺乏各联盟的特点。

三、第二轮行动：探索适合民办幼儿园联盟的研修路径

（一）第二轮行动目标

1．探索形成适合不同联盟的研修路径与方法，推进联盟活动的开展。

2．基于联盟研修的共性发展需求，提升联盟研修水平和能力。

3．通过实践进一步的修订完善联盟的管理研修机制。

（二）第二轮行动方案设计与实施

路径一：以园所规范提升为方向，优化普惠联盟园所

普惠联盟由 9 所普惠性质的幼儿园组成，联盟工作以“规范教学常规、提升保教质量”为重点，通过培训、教研和阅读，推动各成员的优化发展。

1．以培训为途径，解决联盟工作短板

联盟借助指导专家和区级培训资源，获得了更多有针对性的学习机会，解决专业成长上的共性问题。联盟特聘指导专家发现各园游戏活动实施水平不高，便为大家提供“幼儿自主游戏”系列培训的机会，通过培训逐步树立教师正确的儿童观、游戏观。教研是普惠联盟研修的重要途径，但是联盟教研管理者的组织水平参差不齐，联盟申请参加区级“教研活动专题培训”，进一步提升管理人员教研的设计与实施的水平。培训作为普惠联盟主要学习途径之一，快速有效地让联盟管理者和教师专业得到提升。

2．联盟共读，促进教师专业成长

为整体促进联盟教师的专业提升，普惠联盟选择以《贵阳市幼儿园一日生活组织细则》开展共读共研。研读的过程中老师们认真记录笔记，定期以网络研讨的方式进行交流。基于阅读，联盟还开展了“阅读与实践同行”的读书心得评比活动。评比中展现出不少优秀的作品，都是老师将书本理论与实践结合的产物。

读书活动的开展，营造了普惠联盟园浓厚的学习氛围，呈现了联盟学习新途径。

3. 教研助力，解决联盟专业成长困惑

要解决教师专业困惑，教研是另一种有效途径。普惠联盟每学期聚焦一个共性问题，设计系列的教研活动，切实解决联盟教师的专业成长问题。教研方案设计由联盟核心组共同商议，教研的组织则由各联盟园轮流承担，不同园所的教师一起做教研，形成跨园所的思想碰撞和交流。为了充分发挥联盟教研的作用，使教研能够发挥长效，大家将实践后的教研方案、教研成果梳理成规范的文本，提供在联盟资源群中供大家下载使用。普惠联盟的研修充分体现国际间的交流、共享、互助。

路径二：以音乐教学为切入点，推进音乐联盟研修

音乐联盟由 5 所音乐特色或对音乐教育感兴趣的幼儿园组成，联盟以幼儿园音乐教育为抓手，以提升幼儿园的教育水平为目标，通过联盟群体合作研修，进一步促进各园音乐特色的建设。

1. 研训结合，推进音乐教学的学与研

音乐联盟研修中采用教师培训和教学研讨相结合的方法，使教师能够理论联系实际开展教学，同时依托联盟内群体研讨的智慧，推进音乐活动组织水平。如为了帮助教师进一步的提升音乐游戏的组织，联盟邀请专家进行《幼儿园音乐游戏设计与组织》培训。基于培训，五所幼儿园各自跟进开展音乐游戏的“教学研讨”“一课多研”，加深教师对音乐游戏的认识和理解。同时联盟还组织“音乐游戏教学活动评比”，促进各幼儿园之间的交流与学习。

2. 循环式实践，促进理论与实践的有机结合

为了让教师从理论到实践都获得提升。联盟将理论学习与教育实践有机结合，让教师从教育实践中发现问题，通过理论学习解决问题，最后再回到实践中提升。如，为了提高教师理论水平，联盟组采取共读的方式带领教师学习《3—6 岁儿童音乐教育核心精要》，通过学习让教师了解不同年龄阶段儿童音乐能力发展的关键经验，掌握不同类型活动教学组织策略，以及一日生活中组织音乐教学活动的途径与方法。在学习之后，教师们将学习所获放到教育实践中去积极实践，在碰到问题之后又回到理论学习中去需求答案与理论支撑。

3. 扎根式培养，将音乐教育研究渗透到联盟各园

音乐联盟各园在研修的过程中，会根据联盟研修的大主题，开展园所的跟进研修和培育。满天星幼儿园加入音乐联盟后，找寻到了园本的特色发展方向，幼儿园系统的跟进奥尔夫音乐教育的培训、教学交流，让奥尔夫音乐教育在该园扎根。东方三幼结合联盟培训，开展教师基本技能训练，从音乐的鉴赏分析能力、即兴伴奏、乐理知识、舞蹈表演知识等方面提升教师音乐素养。扎根式的培养，让音乐教育真正生长在幼儿园的土壤之中，让园所特色更加彰显。

模式三：以县级示范园创建为目标，推进升示联盟前行

升示联盟的5所园都是办园质量较好的幼儿园，县级示范园的创建是她们共同的目标。因此，联盟以《贵州省示范幼儿园评估标准》为指导，在学习理解评估标准的基础上，发挥联盟互动作用，逐步规范完善各块工作，提升园所软实力。

1. 网络研修，聚焦主题研讨

为了方便联盟内教师交流互动，升示联盟将网络作为研修的主要平台。联盟聚焦教师专业成长的共性问题，由各园管理人员轮流组织主题网络研讨。如针对示范园评比标准中卫生保健板块的学习，联盟组织了“评估标准大家谈”，研讨中各园结合《评估细则》分析自身卫生保健工作中的亮点，梳理存在的困惑，针对各园提出的问题，大家进行互动交流、提供建议，拓展彼此的工作思路。网络研讨将条款式的评估标准变得具体，更加有利于大家对评估要求的理解。升示联盟的常态网络研修，实现了跨园所的思想碰撞交流，开辟了一条适合联盟群体的研修路径。

2. 线下研修，关注实践体验

在网络教研的基础上，升示联盟将研修拓展到线下，如何能更加有效的开展区域活动，让幼儿在区域中获得更好的发展是大家聚焦的话题。现场教研中，通过对班级区域活动的观察记录，老师们对材料投放的适宜性和层次性进行了分析，从中思考改进工作的策略。线下的研修让联盟的教师获得更加具体的感受与体验。

3. 专业引领，助力联盟学习

在联盟构建之初，每个联盟都聘请了一位区域内资深园长担任指导专家，升示联盟有效运用指导专家的力量，为联盟提供引领和帮助。幼儿园规划制定和课程是示范园评估中的难点问题，联盟邀请指导专家李园长为大家进行培训解读，通过专家的讲解和案例分享，联盟成员对幼儿园规划的制定、课程的管理有了进一步的认识，了解了发展规划制定的基本流程，规划如何分阶段推进、检核。有针对性的寻求专业上的帮助，能够更加有效的突破发展中的瓶颈。

模式四：以幼儿园课程建设为主线，形成课程联盟合力

课程建设联盟小组由 4 所幼儿园组成，4 所幼儿园都是办园质量较高的市级或县级示范园。建立幼儿园课程体系，优化幼儿园课程管理，提升园所教育品质是他们主要发展需求。在分析 4 所幼儿园课程建设现状后，联盟将课程的设计与课程的实施作为主要研修内容，通过管理人员和教师两个群体的推进实践研修。

1. 管理群体研修完善课程方案的编写

（1）开展园所互访，学习课程建设经验

课程联盟组建初期联盟园所相互之间都不太了解，怎样开展课程建设活动呢？于是联盟选择相互走访的方式，增进彼此的了解。通过课程介绍、课程体验等方式，联盟园相互展示自己课程的核心理念，课程整体实施框架；交流了课程建设的具体做法。在互学中，成员间相互借鉴课程建设的经验，在原有基础上对自己的课程方案进行了初步的修改。

（2）共读共研，加深对幼儿园课程理论认识

为了提升联盟管理人员理论水平，加深对幼儿园课程的认识。课程联盟选择了冯晓霞老师的《幼儿园课程》一书，开始进行联盟共读共研。阅读方式为集体制定阅读目标，每月定时通过集体分享的方式来检查阅读效果。就这样，通过每次的阅读分享，课程建设小组慢慢地从理论上增强了对幼儿园课程的了解，厘清了幼儿园课程的要素。在共读的基础上，联盟园又一次完善了课程实施方案。

（3）诊断指导，进一步完善课程方案

为了进一步完善课程方案，课程组邀请云岩区学前教研员，对四所园的方

案进行了诊断指导。通过对方案的修改批注以及现场反馈，各园明确了自己的优势与不足。比如各家园还缺少课程理论基础的支撑；课程评价都比较空泛，没有结合园所具体工作来思考等。基于问题，教研员从课程目标、课程内容、课程实施、课程评价四个方面给予联盟提出具体的改进建议。管理群体在研修的过程中逐步调整和完善自己园所的课程方案，实现从理论到实践的结合，每个园所都形成了自己较为成熟的课程方案文本。

2. 学习借鉴提升教师课程实施水平

（1）实地观摩，了解生成性课程开展

在各园课程实施中，教师预设性的课程占主导，教师缺乏生成性课程设计和实施的能力。基于问题，课程联盟在学前研修室的引荐下，参观了课程建设起步较早的实验二幼，了解生成性主题活动的开展。通过参观让老师们看到了生成与预设的差异性，知道主题设计到实施要经历，捕捉幼儿的学习兴趣、教育契机—生成主题活动—教师给予支持—引发幼儿学习—创设“会说话的”环境与幼儿互动，不断深化主题这样系统的过程。

（2）聚焦式研讨，解决课程实施的难点

为了帮助教师进一步的理解和认识生成性主题活动，掌握实施的方法和策略。课程联盟在参观实验二幼的基础上进行了教研活动。聚焦生成性主题活动，开展 3 个方面问题的研讨：在参观中你看到了什么？通过参观给到你什么样的启示？结合参观所获经验，我们的主题活动做哪些调整？ 3 个问题逐层深入，通过问题的研讨，经验的梳理提升，老师认识到生成性主题活动是动态的师生共同学习、共同构建的。研讨的结果也成为各园调整、完善自己园所主题活动的依据。

（3）仿学优质课程，提升课程实施质量

为进一步帮助老师们理解生成性主题活动，获得具体实施的策略。联盟又借鉴中华女子学院幼儿园公众平台资源，让老师们根据平台中展示的优质主题，模仿开展班本课程。在借鉴案例实施的过程中学习如何基于儿童的兴趣与年龄特点选择主题，如何追随儿童的话题进行深度的探究学习，逐步转变教师预设为主导的课程观念。通过一个周期的实践，联盟决定开展“班本主题课程评比”，交流教师课程实践的成果。评比中，一个个生动的班本课程故事，展现了教师教育观、儿童观和课程观的转变。

（三）第二轮行动研究实施效果评价

第二轮行动，通过预设和实施不同联盟的研修路径，联盟的发展有了突破性的改变，保障各联盟向着预定的目标发展。各联盟的研修方式充分结合了自身的特点，体现了联盟之间的差异性。同时在共性研修方面，课题组采取了传授研修方法、组织观摩互学、开发评价工具等方式，来提升了联盟管理者的专业水平和研修能力，规范联盟研修活动的开展，提高研修活动的质量。

在本轮实践中各联盟还分析调整了已有的管理研修制度，探寻联盟管理成员的履职规律，并落实在考核要求中，使联盟的运行更加合理化和规范化。

（四）第二轮行动研究的反思与调整

本轮行动中，联盟建设发展的效果是显性的。分析本阶段的实践，还有以下两个方面的问题需要深入的实践分析。

1. 作为发展共同体，联盟如何体现自身特点，通过联合群体的力量与资源共同提升、共谋发展，实现自身造血。

2. 从区县管理的角度如何整合区域资源，为联盟提供适宜的帮助和支持，保障联盟更好的发展。

四、第三轮行动：民办幼儿园联盟发展支持性策略的实践

经过第二轮的实践，联盟的发展机制、路径已逐步完善，本轮研究相关的保障措施是研究的主要内容。

（一）第三轮行动目标

1. 开发能够支持联盟发展的内部资源与工作策略，形成联盟发展的内驱力。

2. 挖掘能够支持联盟发展的外部条件与资源，支持联盟良性发展。

（二）第三轮行动方案设计与实施

1. 联盟发展内部支持

（1）园所互访

联盟的建立让民办幼儿园之间敞开了大门，在不同联盟的研修中，都运用了“园际间互访”的方式，实现园所间相互学习与交流。如课程联盟通过互访的方式，交流课程建设经验，相互体验园所的特色文化。普惠联盟通过轮流承办教研活动，交流教研组织的不同方式与策略。音乐联盟园所通过园际观课，了解各园的音乐教学风格，相互学习教学经验。联盟园所间的相互走访，为大家拓展工作思路，通过园所间教育思想上的碰撞与交流，支撑联盟不断成长。

（2）联盟互培

联盟群体中优质人才资源的运用，对于联盟的发展是非常有益的。各联盟充分的运用这部分人员，在联盟内部进行培训指导。音乐联盟美福儿幼儿园的园长擅长奥尔夫音乐教学，她便利用自身专长，为联盟内教师开展系统的奥尔夫音乐教学微培训。园所互培将联盟内部的资源活用，培训者在帮助同伴提升专业水平的同时，也整体推进了联盟的发展。

（3）联盟互助

联盟建设的意义在于联合群体的力量去解决问题，当联盟个体出现困难的时候，联盟内的园所会相互出谋划策，提供帮助。普惠联盟有 2 个园所的教研能力相对较弱，该园设计组织教研活动时，联盟成员集体帮助他进行方案的商讨优化，保障教研的质量。课程组的园所中铁五局幼儿园的课程起步较晚，在该园制定课程实施方案的过程中，其他同伴为他提供文本资料参考和相关建议。升示联盟成员想了解示范园评估的流程和具体要求，联盟中率先获得县级示范园的贝斯特幼儿园，为大家提供现场学习的机会。联盟园间的相互帮助与支持，实现联盟的平等互助与优势互补。

（4）资源共享

联盟建立将具有不同资源优势的园所捆绑在一起，在联盟中有效运用好资源，将其与联盟同伴共享，能够将资源的价值成倍放大，带动群体共同成长。如课程联盟里中天幼儿园作为集团园，时常会邀请学前教育专家到园培训，他们便将培训机会分享给联盟内姐妹园，让大家共享学习机会。普惠联盟各园所教研各有所长，大家将教研方案提供在联盟 QQ 群内，各园可以自助使用。资源的整合、运用、共享，给联盟群体发展提供有力支撑。

2. 联盟发展外部支撑

为支持联盟的发展，课题组运用自身优势，借助区县教育行政部门和教研部门的力量和资源，为联盟发展提供相应的支持。

（1）制度和经费支持

云岩区教育局从区县管理层面为联盟的建设提供相应的政策支持，出台了联盟相关工作条例，给予民办联盟园授牌。在课题研究中，云岩区教师进修学校为联盟研究提供了经费保障，为课题匹配了 6 万元的研究经费；同时为联盟园管理人员岗位培训、保健人员岗位培训提供 3.5 万元经费支持。

（2）培训机会支持

根据联盟提升的需求，课题组为联盟提供几种不同的培训支持。第一类是根据联盟需要，邀请专家进行培训指导。如针对音乐组理论学习的需要，邀请幼师的老师进行“艺术领域核心经验”专项培训。第二类是遴选适合联盟的培训，优先提供学习机会。如升示联盟急需进行示范园评估标准的系统学习，在获得相关培训信息时，为她们优先争取了 5 个培训名额。第三类是量身定制培训，解决联盟发展共性问题。通过对联盟教研活动的观察，课题组发现各园教研活动设计和实施的水平都有待提升，因此课题组根据现状，为联盟园量身设计“有效教研设计与实施”专项培训。按照需求提供的培训和研修的机会，更加有针对性的解决联盟专业发展中的问题，为联盟提供有效支撑。

（3）名师提供专业引领

联盟组建时，课题组根据联盟特点为每组聘请了一名指导员。指导员皆为相关领域的骨干或专家，为联盟发展提供不同形式上的支持。普惠联盟的联盟指导员余和香是公办园管理人员，她利用自身资源给予联盟提供了丰富的培训资源，同时为联盟管理提供指导性意见；音乐联盟指导员赵勇老师利用自身优势为联盟园进行培训、教学诊断，直接解决联盟难点问题。升示联盟指导员李莉园长，为联盟园进行幼儿园规划的诊断指导。专业引领，真正从联盟的本体需求出发，对联盟的发展产生最直接的影响。

（4）区域内优质资源运用

课题组从区县管理的角度出发，利用区域内优质的教育资源，为联盟提供参观学习的机会，帮助他们突破工作难点。如升示提质联盟在卫生保健标准学习的过程中，出现了几方面的难点问题，课题组联系贵阳市九幼保健医生蒲老师，为联盟提供参观学习的机会。课程联盟建设教师在儿童生成性课程的设计与实施方面比较薄弱，课题组为他们联系了区域内课程建设做得比较成熟的实验二幼进行参观学习。区域内优质教育资源的运用，在联盟建设发展的过程中起到很好的支持作用，更为有效和便捷的帮助联盟成长。

（三）第三轮行动研究实施效果评价

本轮研究通过实施联盟发展“内部支撑策略”和“外部支撑策略”，让联盟的发展得到相应的关注与支持。支持有来源于联盟内部的相互作用，也有外界教育行政部门、教研部门提供的帮助与指导，解决了联盟运行发展的保障问题，支持联盟良性运行。

（四）第三轮行动研究的小结

本阶段的研究，解决了前一周期存在的问题，使联盟的建设发展模式更加趋于完善。但在行动的过程中还是存在研修质量欠缺、教研所形成的经验成果运用不足等问题，有待在今后的实践中根据实践情况再进行调整和完善。

第四部分　研究成果

本课题组围绕“民办互动发展联盟的建设”比较深入地开展研究工作。课题研究在区域内打破了民办幼儿园之间的界限，形成了一种新型的研修群体，通过群体学习与研修，有针对性地提升了民办幼儿园的办园质量。联盟的建立在区域中形成内园所间互助成长，共同研修的良好氛围，推进区域内学前质量的提升，课题研究基本实现预期目标。

一、理论、实践成果

（一）确立“民办幼儿园联盟”核心理念

通过实践研究，形成“民办幼儿园联盟”核心理念，具体是指在同等级或同专业成长需求的民办幼儿园之间，以提高办园质量为目的，打破园际壁垒形成的发展研修共同体，通过联合群体的力量与资源共同提升、共谋发展。

（二）建立民办幼儿园联盟组建流程

研究形成了民办幼儿园联盟组建的流程和联盟划分的模式，成为共同体建设的可以参考的模式。

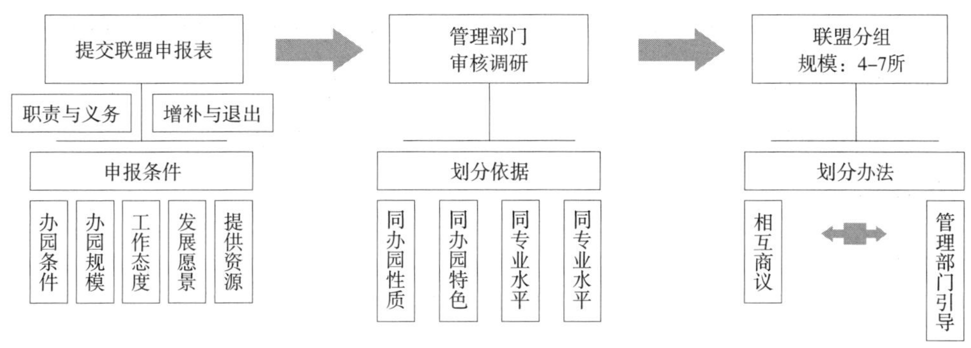

图 2-1　民办幼儿园联盟组建流程

1. 云岩区民办幼儿园联盟组建办法

制定了“云岩区民办幼儿园联盟组建办法”，明确加入联盟幼儿园的条件、申报的程序；明确加入联盟后的工作职责与义务、联盟成员的增补与退出等相关问题。

2. 民办联盟划分模式

通过实践研究，云岩区民办幼儿园发展联盟初步形成4种划分的方式，将同样的办园性质、同样的办园特色、同样的发展需求和同样的专业水平，作为联盟划分的依据。根据联盟园所的共同特点和发展需求，尝试建立了4种类型联盟。普惠性幼儿园为主体的联盟、研究音乐教育的音乐联盟、以示范园创设为目标的升示提质联盟、以课程建设为研究内容的课程联盟。

（三）建立民办幼儿园联盟管理运行模式

围绕联盟的管理运行，总区县和联盟两级工作实践中形成“1+1+1联盟核心机制”“四共工作原则”和“联盟发展支持策略”，构建了联盟运行管理体系。

1. “1+1+1”联盟核心机制

（1）核心管理机构

通过研究实践，联盟的管理和发展通过3个群体共同协作进行。

联盟管理组：设主席、副主席、秘书、通讯员，分别担任联盟整体工作管理、联盟工作组织、联盟资料收集和联盟信息报道等不同工作。

核心研修组：由各园保教主任和骨干教师组成，主要负责联盟具体研修工作策划、组织和参与。

联盟指导员：根据联联盟特点聘请的指导专家，为联盟发展、研修工作开展提供专业指导。

（2）核心工作制度

通过研究分析，联盟工作需要3类制度规范和引导联盟的发展。

管理制度：主要用于说明联盟成员申请加入或退出工作室程序、参加联盟活动要求、联盟网站运用及档案管理等具体日常要求。

教研制度：主要明确联盟研修时间、周期、研修内容选择、研修形式等相关规定。

考核制度：明确联盟考核的板块，包括联盟活动出勤情况、工作态度、承担研修活动数量和质量、考核方式等。

2. 联盟“四共”工作原则

（1）管理原则

共识：联盟成员对于联盟发展方向和目标达成共同的认识。

共商：对于联盟工作安排与实施，要集思广益，兼顾各园所利益和需求。

共管：联盟成员协作分工，对联盟运行和发展共同管理。

共赢：通过对联盟管理运行，最终实现联盟各园所的共同成长，共同获益。

（2）研修原则

共学：基于联盟共同的专业成长需求，联盟成员共同进行学习、培训。

共读；基于联盟发展方向，选择专业书籍进行共同学习，并交流沟通阅读心得与实践体会。

共研：针对联盟教师工作中共性问题，设计联盟教研，共同研究解决难点问题。

共享：联盟成员共同享有联盟研修所产生的经验、成果。

3. 形成民办幼儿园联盟发共性研修模式

（1）总分总式实践研修

“总—分—总”式实践研修，是指民办幼儿园联盟形成的一种有效研修模式。“总”是指联盟聚焦一个内容（或主题）开展共性的学习、培训或研修。“分”是指在总的基础上，各成员单位结合园所实际进行深入实践。第二个“总”是指通过一个周期后，联盟整体再围绕研修内容中碰到的共性问题或经验成果，进行集体的研讨或交流，以促进研修有效进行。

（2）聚焦式学习研修

“聚焦式学习研修”是指联盟群体开展参观、培训或共读活动之后，根据学习主题选择一个切入点，开展反思分析式教研。通过教研将学习内容与工作实践建立链接，帮助教师梳理出具有实操性的工作策略，便于教师实践运用。该研修方式避免空泛的参观、学习，聚焦一具体个问题，引发大家深入的学习与思考，提升联盟学习活动的深入性和实效性。

（五）形成联盟研修活动评价要点

民办联教研活动评价要点，用于规范和提升联盟研修互动的质量，为联盟规范研修活动提供指引。要点从“活动设计”“活动组织实施”“教研效果”“活动反思”4个维度评价研修活动的质量。

（六）形成联盟考核细则

云岩区民办园幼儿园联盟考核评分细则，从区级管理层面明确联盟工作的要求，从联盟管理、计划总结、活动开展、日常考核、年终考核、成绩成效6个块面细化工作要求，明确考核方法。

二、研究取得成效

（一）教师专业发展

增加学习培训的机会：民办联盟的建立为联盟教师提供了更多的学习与培训的机会，丰富教师学习途径。联盟建立以来，仅从实验园所统计数据看，组织开展培训、观摩、教研等活动共计60余次，参训教师共计1500余人次，研修形式多样。

专业发展成效：在市、区级教育部门组织的教师技能大赛、优质课评比、课程评比等各项活动中，民办联盟教师共获奖20项；教师个人获得贵阳市教研指导责任区先进个人、区级优秀教师13人。

（二）管理人员专业成长

培训获证：联盟建立为民办园管理者提供更多专项培训的机会，联盟园参与“云岩区管理人员岗位培训”获证的有26人，参加“云岩区保健人员岗位培训”获得岗位合格证30人。培训进一步强化了联盟园的管理队伍，实现各岗位持证上岗。

专业能力提升：通过联盟研修，民办幼儿园管理人员的专业水平有了显著的提升。联盟丰富的教研活动、教研展示、教研培训，让联盟管理者教研活动设计与实施水平获得显著提升。

（三）儿童成长发展

联盟研修在转变教师观念的同时，也促进了民办园教学的优化。教师们加深了对游戏的认识和理解，将游戏作为基本活动，科学的实施一日活动；幼儿园提供丰富的活动材料，促进儿童在园愉快的学习与发展，有效减少了民办园的“小学化现象”。从发展水平看，幼儿健康水平、认知水平、社会性得到充分发展，并逐步形良好的学习品质。

（四）幼儿园办园质量提升

本成果边实践探索边推广应用，民办幼儿园办园环境、保教质量等多方面发生着明显的变化。2017 年至 2020 年，全区民办示范园数从零增至市级示范 3 所、县级示范 3 所。民办联盟园所中通过达标改造验收的幼儿园有 3 所；园所获得表彰和集体奖的共有 13 所，推进了我区民办幼儿园优质发展。

三、课题成果交流、发表获奖

（一）影响和辐射

课题组成员国内交流 1 次在北京乐平基金会“公平起点——农村学前教育质量提升项目交流大会”上做经验交流 1 次；承担“贵州省幼儿园管理人员教研能力建设培训”专题培训 4 次；承担市级“教研培训”“责任区经验交流”共 5 次。课题组成员撰写课题相关研究论文在《贵州教育》发表共 4 篇。

（二）获奖情况

课题研究相关成果获得贵州省教学成果奖一等奖 1 项、教科研成果奖三等奖 1 项；市级责任区成果奖一等奖 2 项；课题研究组成员相关论文省级获奖 4 篇；

联盟培训课程2项入选贵州省精品课程；课题研究组成员获得贵阳市教研指导责任区先进工作共有8人。

第五部分　研究结论分析与问题反思

一、研究结论

（一）民办幼儿园联盟建设具有多样性

联盟建设立足于区域内不同水平、不同特点幼儿园的发展需求，所以在组建模式上具备了多样性。普惠、音乐、升示、课程4种不同类型的联盟，发展的目标指向不同，因此在研修路径上也有明显的差异性，联盟研修路径具有多样性。最终通过联盟建设获得成长的群体、获得提升的专业能力涉及多种维度，联盟发展的多样性有所体现。

（二）联盟建设具有共享互助的特点

通过联盟调查问卷反馈，调查对象在联盟建设中都获得过联盟成员的帮助。得到教育资源共享的有100%；获得培训机会共享的有95.83%；得到管理经验分享和教学展示分享的为87.5%，教学资源共享的有83.33%，其他占4.17%。从信息中反映出民办联盟工作的特点。

（三）民办联盟优质发展需要多方合力协作

联盟建设过程中，发展的主体虽然是民办幼儿园，但是通过教育行政部、教研部门、专业领域专家等多方的支持与合力，为联盟发展提供保障基础、联盟专业提升给予引导和帮助，多方合力，为联盟的优质发展提供了保障。

（四）民办幼儿园联盟模式对于区域学前教育质量提升有明显促进作用

联盟建设建设工作，切实地让大家看到民办幼儿园成长和提升的过程，幼儿园一日活动的优化、保教工作质量的提升、课程建设水平的提高、幼儿园等级的提升，都充分体现了联盟对于幼儿园发展的促进作用。

二、下一步研究的方向

（一）课题经验成果的巩固

基于课题研究存在的问题，下一步课题组将继续在联盟中运用和巩固课题经验成果，通过实践逐步优化联盟管理模式，完善研修策略，将联盟研修变成常态机制。

（二）联盟模式在教研指导责任区内的推广运用

本课题选题最初的来源是基于责任区工作中的难点问题，在课题取得一定成效，形成了利于民办园发展的联盟工作模式后，可以反过来将经验成果放到责任区去实践检验，通过责任区内民办幼儿园联盟建设，调动责任园工作的主动性，提升工作有效性。

参考文献：

[1] 李雯霞. 联盟借势资源整合创新达成互惠互赢 [J]. 华夏教师，2018（09）：12–13.

[2] 汤惠卿，于洪全. 政府主导联盟运作高品质办好每一所幼儿园——大连市中山区学前教育创新发展纪实 [J]. 辽宁教育，2013（08）：52–53.

[3] 联盟携手助力前行——张家港市梁丰幼儿园联盟办学成果 [J]. 科学大众（科学教育），2016（05）：98.

[4] 曹清. 德城成立民办幼儿园自治联盟 [N]. 德州日报，2016.05.18（7 版：教育）.

[5] 刘彦彧. 建设学校发展共同体 促进区域教育均衡发展——以广东省汕头市金平区为例 [J]. 课程教学研究，2016（05）：88–90.

[6] 王婷，孙乔．学校发展共同体：学校管理体制变革的新范式 [J]．当代教育学，2013（24）：12–15.

[7] 杨孝如．学校发展共同体的“同”与“不同”[J]．江苏教育研究，2009（12）：1.

[8] 成尚荣．学校发展共同体的价值启示 [J]．江苏教育研究，2009（12）：7–10.

[9] 姜俐冰．银川市学校发展共同体建设路径分析与持续发展策略 [J]．宁夏教育，2017（05）：16–17.

[10] 朱子凡，牟秀玲．提升沿海地区民办幼儿园保教质量的机制研究 [J]．宁波大学学报（教育科学版），2016，38（04）：83–86.

贵阳市教育科学规划课题：以互动发展联盟促进民办幼儿园办园质量提升的实践研究

立项编号：GYJY（17010）　　结题编号：GYKTJ（2020）19

课题主持人：刘　玫

研究报告执笔：刘　玫　石晓樊

主要参研人员：石晓樊、祝培培、余和香、赵　勇、付琬寓、赵　琦、孙　瑜

青岩古镇文化与幼儿园主题教育相结合的实践研究研究报告

贵阳市花溪区青岩幼儿园

一、引　言

（一）研究背景及意义

1. 研究背景

（1）回应国家政策对优秀传统文化的重视

在经济全球化和多元文化浪潮的冲击下，从国家政策文件到地方要求，都提出教育应成为传承和发扬民族优秀传统文化的重要力量之一。如 2014 年 3 月 26 日国家发布的《完善中华优秀传统文化教育指导纲要》强调要落实立德树人根本任务，进一步加强新形势下中华优秀传统文化教育。2017 年 1 月 25 日国家发布并实施的《关于实施中华优秀传统文化传承发展工程的意见》，强调要按照一体化、分学段和有序推进的原则，把中华优秀传统文化全方位融入思想道德、文化知识、艺术体育、社会实践教育各环节，并贯穿于启蒙教育等各教育领域。以幼儿、小学、中学教材为重点，构建中华文化课程和教材体系。贵州省也相继出台了多项有关民族优秀传统文化进校园的相关政策文件，如 2016 年贵州省教育厅、省民宗委、省文化厅联合下发的《关于全面推进各级各类学校民族文化进校园工作的实施方案》，此方案对各级各类学校因地制宜的保护、传承优秀的民族民间文化做出了要求。幼儿园作为教育的启蒙阶段，应综合运用地方教育资源，将民族优秀传统文化贯穿于幼儿教育，激发幼儿热爱家乡、加深对家乡文化的了解，并为传承和发扬民族优秀传统文化奠定良好的基础。

（2）基于地方文化对幼儿发展的价值

幼儿从出生开始，生活之地的文化习俗都潜移默化地影响着幼儿的生活和其身心发展。青岩古镇拥有600多年的历史，是贵州四大古镇之一，不仅是国家5A级旅游景区，还是省级文物保护单位。人文历史底蕴深厚，拥有深厚历史背景的建筑，如石牌坊、背街、状元府、文昌阁、慈云寺、万寿宫、迎祥寺、名人故居（周恩来的父亲、邓颖超的母亲、李克农和博古的家属都曾经在青岩住过）。此外，还拥有四教合一的宗教文化、美食特产、民间习俗等鲜明的地域文化特色。青岩幼儿园紧挨青岩古镇，鲜明多元的地域传统文化资源可为幼儿园主题教育活动提供丰富多样的教育素材。建筑文化、特产美食、红色文化、民间习俗、民间故事等，这些本土特色文化资源内涵丰富，历史韵味浓厚，贴近幼儿的生活实际，更加符合幼儿的身心发展需求，对于幼儿的健康、本土文化知识的掌握、道德教育以及艺术等方面的发展具有重要的价值。

（3）基于幼儿园园所文化实践的需求

幼儿园文化作为影响幼儿园发展的重要因素，其不但能在幼儿园教育目标和办园理念等方面引领幼儿园的教育行为，在具体的教育教学实践中也能充分发挥文化的教育功能，增强幼儿的文化体验。它也是幼儿园实现内涵发展的重要依托，是重要的教育手段和教育资源。而幼儿园文化的建设需要有相应的文化依托和文化品质。本园结合幼儿的学习特点与发展需求，充分利用青岩古镇文化的教育资源，让幼儿走近青岩、认识青岩、喜欢青岩、宣传青岩，通过对青岩古镇文化的体验产生对青岩的认同感和归属感，激发出长大后把青岩建设得更加美好的愿望。

2. 研究意义

（1）理论意义

本课题研究旨在以青岩古镇文化资源为依托，以促进幼儿身心全面和谐发展为目的，创造性地将青岩古镇文化与幼儿园主题教育活动相结合，形成具有本园特色的园本主题课程，通过课题的研究和对幼儿园主题教育活动相关文献的梳理，丰富幼儿园主题教育活动发展的理论研究成果。

（2）实践意义

首先，本研究基于青岩古镇文化课程资源，以幼儿亲身体验和直接感知为路径，使幼儿在亲身体验和感受青岩古镇文化的过程中获得本土知识经验和技能，促进幼儿的身心全面和谐发展。其次，教师在参与青岩古镇文化与幼儿园主题教育活动相结合的实践研究中提升教师专业素养和课程开发与实践的水平。最后，有助于推动幼儿园园所文化的建设，提升幼儿园的办园水平，并期望通过本园的实践研究为其他幼儿园在运用地方文化资源与主题教育活动结合的实践提供实践参考。

（二）文献综述

1. 研究动态

笔者以中国知网（CNKI）数据库为文献数据源，以“幼儿园主题教育活动”为主题进行一框式检索，共检索到相关文章 175 篇。

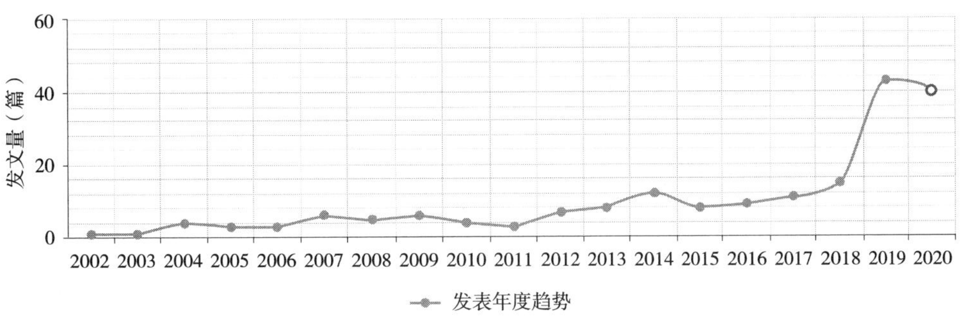

图 3–1　幼儿园主题教育活动文献数量总体趋势分析

如图 3–1 所示，有关“幼儿园主题教育活动”的文献从 2002 年到 2018 年文献研究数量整体呈缓慢增长的趋势，2018 年至 2019 年增长幅度较大，2020 年增长趋势与 2018 年至 2019 年的增长幅度相比有所下降。从总体上看，幼儿园主题教育活动始终得到学者们的关注。从检索的文献看，从 2002 年有了相关文献，这与 2001 年 7 月新颁布的《幼儿园教育指导纲要（试行）》有着密切联系。《幼儿园教育指导纲要（试行）》指出：“幼儿园应为幼儿提供健康、丰富的生活和活动环境，满足他们多方面发展的需要，使他们在快乐的童年生活中获得有益于身心发展的经验。”幼儿园教育从语言、科学、艺术、社会、健康这五大领域来促进幼儿的全面发展，选择的幼儿教育内容不能只注重幼儿智育的发展，也应关注幼儿其他方面的发展。由此，围绕五大领域的幼儿园主题教育活动在全国范围快速开展。

2. 学术史梳理

（1）幼儿园主题教育活动的相关研究

①有关幼儿园主题教育活动特点的研究

目前，幼儿园主题教育活动作为我国幼儿园普遍开展的课程模式，它具有一定的特点。虞永平认为主题活动不仅关注幼儿的主体性，还具有整体综合性、相互关联性和生成性。席小莉认为主题教育活动是教师和幼儿二者共同探索的系统工程，在时间上具有延续性，内容组织上具有综合性，并体现课程生活化的特点。李毅从主题教育活动和传统结构性课程的比较角度进行分析，认为幼儿园主题教育活动具有自由性和创造性，在主题教育活动中幼儿是学习的建构者，教师是课程的参与者。张青青认为主题教育活动具有综合性、生成性、合作性和多元性等特征。综合研究者们的观点，综合性、生成性、生活性、创造性是幼儿园主题教育活动具有的普遍特点，这种组织教育教学的方式更贴近幼儿的生活，符合幼儿的兴趣和需要，强调幼儿的主体性。

②有关幼儿园主题教育活动意义的研究

随着我国幼儿园课程的改革，幼儿园主题教育活动成为我国幼儿园普遍流行的课程模式，它打破了学科之间的界限，将符合幼儿兴趣和需要的各种内容围绕一个主题中心连接起来，并由此来开展一系列的活动。路丽从幼儿全面发展的角度出发，认为幼儿园主题教育活动不仅可以激发幼儿参与活动中的主体热情，增强幼儿的探索欲望，也能为幼儿各方面能力的培养与发展打下坚实的基础。曾少芬从教师角度提出，幼儿园主题活动能增强教师组织活动的目的性和计划性，增强教师随时关注幼儿的意识性和自觉性。曾萍萍从师幼关系角度阐述开展主题活动的主题和内容可以是由幼儿来生成和发展的，也可以是教师主动发起和推动的，还可以是师幼之间互动产生和进行的，有利于师幼之间建立平等和互相尊重的新型师生关系。还有学者认为幼儿在本土文化主题探究活动中传承本土文化。此外，江旭琳认为主题探究活动作为一种开放式的教育模式，它对改变传统教育模式中以教材、教师和课堂为中心，实现以幼儿发展为本的教育目的具有重要意义。

③有关幼儿园开展主题教育活动存在的问题研究

李云淑认为当前幼儿园主题活动存在的最大问题是拼盘式主题问题，而拼盘问题则会导致各科知识内容的割裂与分化，缺乏有机联系，拼盘式主题的归属就陷入不像“单元主题”“方案活动”“核心课程”“分科课程”四不像的尴尬。周宏清认为在幼儿园主题教育活动中常见的问题主要有活动主题生成缺乏科学性、不同主题活动之间联系不紧密、主题活动评价机制缺失。还有诸多学者从具体的主题教育活动内容来具体探讨存在的问题，如马倩认为在创意美术活动主题教学中存在教师侧重理论方面的教学，缺乏理论与实践的结合，活动形式单一，教学方式仍采用传统教学方式，过于单一，未与幼儿自身特点进行有机结合。王现军从主题活动特点出发，认为幼儿园目前开展的主题活动没有很好地呈现其特点，存在的主要问题有：重视幼儿经验口号化、教育内容整合形式化、教师课程领导表面化、课程内容生成简单化。李丽娟认为多媒体信息技术可协助幼儿园实现游戏化主题教学活动的目标，但实际教学情况中，存在幼儿园的游戏教育与多媒体技术二者缺乏联动结合、教师多媒体技术掌控能力不足、游戏化主题教学缺乏系统科学的理论指导等问题。

④有关幼儿园开展主题教育活动对策的研究

熊玲玲认为主题活动是一种立足幼儿体验的教学活动，她立足儿童视角提出在主题活动中考虑幼儿发展的实际和关注幼儿的兴趣特点，分析主题实施要素，设计适宜幼儿发展的活动方案，根据主题进程和遵循活动过程的规律，灵活地呈现活动成果。唐惠一等人也提出在主题教育活动中，不管是预设活动还是生成活动都应从幼儿的兴趣和经验出发。李青云认为幼儿园教师的综合素质影响着主题教育活动的有效实施，提出教师必须转变传统的教育思想和方式，尊重幼儿的主体地位，并让教师通过专业的培训和良性的竞争机制来提升教师的专业素质，加深教师对主题教育活动的了解以充分发挥主题教育活动的作用。王燕从幼儿、活动材料的投放、评价和教师 4 个方面提出优化对策，对幼儿来说，设置的活动目标与内容要遵循幼儿的年龄特点，重视幼儿的主体地位，激发幼儿参与区域游戏环境创设的主动性；游戏材料的投放要合理并优化区域游戏的评价方式，加强过程性评价；改善教师的工作环境并在活动中提供师资保障。王少华赞同美国学者苏・戈贝儿（Sue Y.Gober）对幼儿评价的观点，认为采用一种关注事实现象、强调完整记录和注重交流表达的真实性评价。

（2）在幼儿园教育中融入地方文化的相关研究

文化作为幼儿园的重要组成部分，教育是它的主要载体之一。我国地域辽阔，地方文化丰富多样。在幼儿园教育中融入地方文化具有必要性，因为地方文化贴近幼儿的生活，幼儿容易接受和学习，符合幼儿的认知方式，对幼儿直观和系统接受地方文化发挥着重要的作用，是传承地方文化最佳的途径。因此，学者们认为结合幼儿园教育的实际和特点，对传统文化进行选择，筛选出适宜不同年龄段幼儿的学习内容，并结合幼儿园五大领域，将学习内容与幼儿一日生活的各个环节进行结合。地方文化虽然对幼儿具有重大教育价值，但在开发与利用的过程中仍存在一些问题，教师对地方文化了解的内容单一、文化资源的利用率低、家园共育利用不充分、开发利用的资金缺乏等问题。针对这些问题，学者们提出请专家教授走进幼儿园对教师和家长进行地方文化的专题讲座，结合主题教育活动、游戏活动、教研活动等多种方式传承地方文化。调动家庭、幼儿园、社区资源，三者之间互相联系和互动合作，彰显家园合作和园社联动。

（3）幼儿园主题活动与地方文化结合的相关研究

每个地方都沉淀着丰富的本土文化，对幼儿园主题教育活动的开展具有重要意义，不仅有利于文化的传承，还有利于提升幼儿对家乡的认同感和自豪感，激发幼儿热爱家乡的情感，产生文化的归属感。幼儿园主题教育活动的实施与开展，学者们侧重从主题式节日文化教育、地方鲜明的特色文化出发探讨幼儿园主题教育活动开展的经验，如武菊霞认为教师应以幼儿传统节日教育的实施为参照，灵活利用社区的资源、亲子活动等多种方式，增强幼儿园节假日主题活动的教育功能。陈金等人认为挖掘闽南本土文化资源，通过环境创设、幼儿一日活动、主题实践等途径构建闽南特色的学园环境，促进学园闽南文化的内涵发展。杨莉君总结所在幼儿园的实践经验，认为可通过幼儿一日生活、主题墙、游戏表演等多种主题活动方式来展现地域文化资源，多层次挖掘地域文化，提升主题活动的内涵。总之，幼儿园运用主题教育活动的方式将地方文化资源巧妙利用，充分挖掘与运用本土文化的教育价值，让幼儿在本土文化的熏陶下，学习和传承本土文化并获得全面发展。

（4）文献评价

随着我国幼儿园课程的改革，幼儿园主题教育活动已成为我国幼儿园普遍流行的教育组织形式。不同的研究者从不同角度和不同层面对幼儿园主题教育活动进行一系列的研究。在主题教育活动中，主题的确立、主题内容的选择及教学活动的组织与实施等方面都需要关注儿童的生活实际，并积极融入地方文化。虽然学者们围绕主题教育活动从不同角度进行了相关研究，但还存在不足，具体表现在以下几个方面：

第一，研究内容有待丰富。研究者们研究的内容涉及幼儿园主题教育活动的意义、特点、实践中的具体指导策略较多，实践与理论相结合的研究及主题活动生成问题等研究相对较少。

第二，研究方法有待增加。在已有研究中，对幼儿园主题教育活动的研究较多采用观察法、访谈法，行动研究法较为缺乏。

第三，研究成果有待创新。已有研究成果大多呈现幼儿园主题教育活动的价值，具体实践的经验对策成果，对策多集中于提升教师专业素质和资源的有效利用等方面，成果内容存在相似性，缺乏创新。

（三）概念界定

1. 青岩古镇文化

青岩古镇，属于贵州四大古镇之一，建于明洪武十年（1378），位于贵阳市花溪区，原为军事要地，距今有600多年。古镇内设计精巧、工艺精湛的明清古建筑交错密布，寺庙、楼阁画栋雕梁、飞角重檐相间。古镇人文荟萃，有历史名人周渔璜、清末状元赵以炯（贵州历史上第一个文状元）。镇内有近代史上震惊中外的青岩教案遗址、赵状元府第、平刚先生故居、红军长征作战指挥部等历史文物。周恩来的父亲、邓颖超的母亲、李克农等革命前辈及其家属均在青岩秘密居住过。青岩古镇还是抗战期间浙江大学的西迁办学点之一。青岩古镇民族文化也极其丰富，镇上居住着多种少数民族，如苗族、布依族、黎族、白族等，主要以苗族和布依族居多。青岩古镇文化是经过600多年的历史沉淀的结晶，本课题研究主要关注青岩古镇的古建筑、民间习俗、民间传说、历史名人、美食特产、旅游文化等地域文化。

2. 主题教育活动

在幼儿园课程领域，虞永平认为“主题”是指课程中的某一单元、某个时段进行讨论的中心话题，通过讨论探究中心话题中蕴涵的问题、现象、事件等，并使幼儿能获得新的、整体的和有联系的经验。由此，幼儿园课程中的主题，并不只是中心话题本身，它还包括中心话题中相关的问题、现象及事件等。齐放认为幼儿园主题活动意指在幼儿园的综合课程中围绕某个中心开展的，是以主题为组织中心的幼儿园课程表现形式，并具有一定的时间跨度，不具有理论倾向的一系列教育教学活动的集合体。学界普遍认为，幼儿园主题活动是综合课程的一个下位概念，如朱家雄认为幼儿园主题活动是通过主题的方式开展的教育活动，并且是综合性课程实现的一种方式。李毅认为幼儿园主题教育活动是依据幼儿的兴趣与需要，以及社会培养人才的相关要求，以幼儿为中心来组织和实施的，在实施过程中，师幼共同建构、不断生成和发展的综合性课程。综合学者们的观点，主题活动与综合性课程属于下位与上位的概念关系。基于学者们的观点，本课题研究将幼儿园主题教育活动的概念界定为幼儿园基于幼儿的身心发展规律和特点，依据幼儿的兴趣和需要，围绕某一中心主题，充分运用各方教育资源，通过师幼共同构建，预设和生成一系列综合性教育活动。

（四）理论基础

幼儿园主题教育活动的理论依据主要来源于3个方面。

1. 杜威教育思想

杜威认为教育即生长，教育即生活，教育即经验的改造，主张教育是以儿童为本，以儿童为教育的中心。他认为学科知识与儿童经验息息相关，教材内容不能脱离儿童的日常经验，离不开与环境的互动。同时，他认为儿童通过活动获得经验，并持有这几个观点：以儿童的活动或经验作为课程的中心、课程内容由儿童的兴趣和需要决定、强调学习内容的心理结构和做中学。其中做中学也为主题活动的开展奠定了基础，主张儿童自己制定计划，并进行相应的活动和评价。陈鹤琴先生受杜威教育思想的影响，提出活教育的教育思想，是美国进步主义教育的中国化，强调做中学、做中教，做中求进步。强调课程以中心活动的形式组织，关注儿童生活的整体性，以“五指活动”为主要内容、以自然和社会为中心。陈鹤琴先生的课程理论产生后，单元教学便成为我国20个世纪20—40年代幼儿园课程的基本模式，影响遍及全国。20世纪80年代以来，随着我国幼儿园课程改革的深入和《纲要》的颁发，我国幼儿园开始重视探索具有本土文化特色的园本课程，注重从整体和综合的视角把儿童的经验、生活与知识有机整合，形成幼儿园整合性课程、幼儿园综合主题教育、幼儿园主题探究式课程、幼儿园综合活动课程等。

2. 多元智能理论

美国心理学家霍华德·加德纳（Howard Gardner）提出多元智能理论，具体分为语言、数理逻辑、空间、身体运动、音乐、人际、自我认知、自然探索这8个领域。多元智能理论对幼儿教育的启示体现在教育要尊重幼儿的主体性，为幼儿创设多元开放的教育环境，促进幼儿的全面发展。它为我国幼儿园主题教育活动的开展和实践提供了有益的借鉴和启示。根据加德纳多元智能的观点，围绕某一主题设计和生成活动时，活动应根据幼儿的智能特点来设计并呈现个性化特点，在课程实施的过程中教师采用多元化的教学手段，对幼儿实施多元的科学评价。

3. 建构主义理论

皮亚杰作为建构主义的创始人，他认为学生是主动的学习者，教育应为儿童创设一个学习的情境，强调学习的“情境性”，主张学习者要在具体的情境中进行学习和经验建构，以帮助学生构建知识；在教学过程中，教师不仅是知识的传授者，还是学生知识建构的指导者、帮助者和促进者，因材施教，调动学生学习的积极性和主动性，帮助学生发掘潜能。建构主义教学理论强调在教学过程中注重师幼之间的平等交流与对话，促进幼儿的知识获得、迁移及应用能力的提升，并能形成良好的学习品质。建构主义所强调的学习观、教学观对幼儿园开展与实施主题教育活动有重要的启示意义，根据主题活动的来源和内容，教师为幼儿创设真实的情境，主题活动内容贴近幼儿的生活，来源于幼儿的生活，教师与幼儿平等对话，共同构建活动内容。

二、研究设计

（一）研究目标

1. 研究青岩文化的内容。

2. 园所文化建设的研究。

3. 研发以青岩文化为支撑的主题活动体系。

4. 提升教师课程研发能力。

5. 丰富我园课程内容。

（二）研究内容

1. 收集、整理青岩文化内容，挖掘青岩文化资源，了解和学习青岩文化。

2. 挖掘和梳理出青岩文化的精神内涵，并依据其精神内涵，形成我园的园所文化，确立办园理念。

3. 挖掘青岩文化中健康的、有代表性的、有教育价值的内容，研发为适合幼儿学习的青岩文化主题活动，帮助幼儿记住乡愁，激发幼儿对青岩文化的兴趣，提高对青岩文化的认同感、自豪感，获得初步的归属感。

4. 在研发、实施、反思、调整青岩文化主题活动过程中提高教师对青岩文化的认知水平及课程研发能力。

5. 把青岩文化主题活动收纳在我园课程方案中，丰富我园的课程内容。

（三）研究对象

本研究基于幼儿园主题教育活动的开展，探讨青岩古镇文化与幼儿园主题教育相结合的实践路径，在青岩古镇文化与主题教育活动结合中关注幼儿的全面发展、教师的专业发展与幼儿园主题教育活动的实施成效等内容均是本课题研究的对象。

（四）研究方法

1. 文献研究法。
2. 行动研究法。
3. 调查研究法（访谈法、问卷调查法）。
4. 观察法。
5. 文本分析法。

（五）研究步骤

第一阶段：申报课题（2017.03—2017.07）。对课题进行价值分析，撰写课题方案，完成课题申报工作。

第二阶段：准备阶段（2017.08—2018.01）。①组建课题组；②召开课题启动会；③收集、整理、学习青岩文化教育资源。

第三阶段：课题实施（2018.02—2020.01）。①巧用青岩文化，润养园所环境；②主题活动实施。

第四阶段：经验总结、结题（2020.02—2020.06）。①梳理主题活动资源包；②调整主题活动教案，形成《青岩主题教案集》一书。

三、研究过程

（一）第一轮行动阶段

1. 巧用青岩文化，润养园所环境

《纲要》指出："环境是重要的教育资源，应通过环境的创设和利用，有效地促进幼儿的发展。"幼儿园一楼创设了青岩街，为幼儿提供真材实料，沿用古镇传统的美食制作方法、仿照古镇市集经营模式，如银饰店、刺绣店、剪纸店、非

洲鼓，情景再现青岩老街的美食氛围与繁华。这些新鲜出炉的美食作为参与游戏的孩子们的午餐，幼儿通过自己的双手，经过一番操作后品尝到自己亲手制成的美食，从而获得成就感，也体验到劳动的辛苦与快乐。

手工坊环境：创设了银饰、蜡染、刺绣 3 个区域，布置游戏环境和提供操作所需的材料，让幼儿在极具民族氛围的环境中学习民族手工。

三楼青岩景点走廊：大班孩子在对青岩景点有一定了解的基础上，根据自己对景点的理解，创编出专属的景点故事。他们可以在班级的语言区内扮演小导游，为同伴介绍景点故事；还可以在走廊环境中为小班、中班的幼儿进行青岩著名景点的解说。孩子每天都穿梭在充满青岩文化味道的园所环境中，不仅能增强孩子对青岩文化的了解，提高认识，还能使孩子感受到青岩文化的无穷魅力。

2. 主题活动实施（例如《青岩美食》）

青岩古镇美食种类丰富、独具特色，贴近幼儿的生活。幼儿园将青岩美食进行规划与分类，并组织幼儿开展体验式活动，走进古镇，共同认识、品尝青岩美食。我们主要分为知识引导和操作体验，活动的开展遵循了幼儿的年龄特点，由浅入深、由静到动的开展。从我的家乡进入主题，引导幼儿主动探索家乡的奥秘，通过幼儿的生活经验引出家乡美食，体验活动中充分利用家长资源，配合教师做好青岩美食文化的收集与整理工作。

①品尝美食

家长们利用假期带着孩子一起探寻在青岩的大街小巷，品尝青岩的各种特色美食，并通过班级群和大家一起分享孩子们与青岩美食的故事。幼儿观看青岩美食的制作视频，并辅以简单的语言介绍，激发幼儿对青岩美食的向往，了解美食的特点、制作方法等，让孩子对于青岩美食的制作过程有一个较为完整的记忆。

②制作美食

美食制作主要通过教师讲解和视频展示美食制作流程，比如《酸梅汤》和《爽爽的酸梅汤》两个活动的开展，在社会认知活动中通过观看教师录制的酸梅汤制作视频，孩子们初步学习酸梅汤的制作方法，在总结整理制作步骤时，请孩子们回顾视频内容，运用绘画的形式记录操作步骤。操作体验活动是孩子们最喜欢的活动之一，不仅能动手制作，还能品尝到各种美食。孩子们跃跃欲试，接水的、泡杨梅的、捞杨梅的、煮杨梅的……按照自己绘制的操作步骤图玩得不亦乐乎、干得有模有样，幼儿的积极参与也让活动更加的有意义。

③设计美食商标

当你问那家的猪脚最好吃、哪家的玫瑰糖最好吃、哪家的酸梅汤最好喝……幼儿会是最好的向导，可是当你问他们怎么知道的？怎样区分？他们却说不上来。因此，商标的引入对他们来说是需要的，所以我们开始了探寻商标的旅途。带着他们去寻找青岩的美食商标，了解商标的作用。孩子们将收集的商标投放到语言区，炫耀地介绍自己找到的商标，有的说："这是王万妈家的猪脚商标。"有的说："这是黄老伯家的玫瑰糖……"有的孩子提出我们也可以给青岩美食设计不一样的商标。于是孩子们开始制作带有童趣的美食商标，给家长和老师带来了一个个惊喜。孩子们通过一系列的活动，对青岩的美食有了更加深入的认识，不断丰富自己对青岩美食的经验。

④创编广告

广告在生活中无处不在，幼儿对广告很喜欢，经常模仿各种耳熟能详的广告词，如酸酸甜甜味道好——爽歪歪。于是，通过语言活动《各种各样的广告》，让孩子们理解广告的特点。通过学习了解青岩特色美食的食材、观察美食的外表——形、色，尝试制作简单的美食，品尝美食的味道，了解—观察—动手制作—品尝，触动孩子们的视觉、味觉，极大地发挥了孩子们创编广告语的灵感。

关于米豆腐的广告词：

罗微小朋友："青岩美食米豆腐，吃在嘴里辣乎乎！"

李燕红小朋友："绿油油的米豆腐好吃，还想来一碗！"

关于豆腐果的广告词：

黎星如："方方的豆腐果，我们都喜欢。"

许泽阳小朋友："青岩豆腐果，远方客人的最爱。"

关于糕粑稀饭的广告词：

魏欣源小朋友："青岩美食糕粑稀饭，吃在嘴里，甜在心里。"

王文琪小朋友："青岩糕粑稀饭，又香又甜又美味！"

关于酸梅汤的广告词：

平学雅轩小朋友："红红的酸梅汤，大人小孩都爱吃。"

梁俊杰小朋友："青岩酸梅汤，酸酸甜甜真好喝！"

熬登宇小朋友："爽爽的酸梅汤，爽一夏！"

创编青岩美食的广告语，孩子们抓住美食的形、色、味等特点进行创编。再配上自己创编的肢体动作，形成了独特的美食广告，极大地培养了幼儿的观察力，丰富了孩子们的词汇量。孩子们还在每周二、四美食街游戏中进行实践，大声地将美食广告词吆喝出来，体验到广告的作用，将青岩美食进行了推广，从而培养了孩子的自信心，锻炼了孩子的胆量，幼儿口语表达能力得到发展。

4. 第一轮行动阶段的总结与反思

（1）主题活动的开展提升了幼儿对青岩文化的认知水平。各班依据教研组集体编写出来的主题教案开展了活动的实施，"亲子逛古镇"活动，将青岩古镇的著名景点生动具体地再现于孩子们面前。每周的"美食街"游戏活动，让青岩的美食文化在孩子心中根深蒂固。"义务小导游"实地担任导游为游客解说景点故事，提升幼儿大方、自信的社会交往能力。"舞龙"锻炼了幼儿的肢体力量，也传承了地方风俗。在这些活动中，不仅提升了幼儿对青岩文化的认知水平，也促进了幼儿其他方面的发展。

（2）丰富区域活动材料。教研组只组织教师重点编写了主题教案，没有对区域的设置及材料投放进行重点研讨。由于经验原因，各班教师的重点放在了主题活动实施上，对区域的延伸存在不足，针对这一情况，强调了区域活动也是主题活动的实施途径，应尽量提供丰富的、与主题相关联的区域材料给幼儿，让孩子在自主学习的氛围中获得发展。

（3）用游戏提升幼儿的学习兴趣。教师普遍反映，主题教学活动较为枯燥，孩子不是很感兴趣，经过讨论，问题出在主题活动的设计上，忽视了幼儿的学习特点，游戏才是幼儿主要的基本活动，在集体教学活动环节中融入适宜游戏环节，提升幼儿的学习兴趣。依托青岩饮食文化结合主题活动，将大区域“美食街”由操作教师制作的假材料调整——大胆尝试的真实体验区，如“洋芋粑”“牛打滚”“烤豆腐果”“米豆腐”“打糍粑”“糕粑稀饭”“水果羹”“水果拼盘”等店铺。提供真实的食材、厨具等，帮助幼儿认识常见厨具，使用厨具，从而获得常见厨具的使用常识及注意事项。认识青岩古镇美食制作的食材名称，了解制作工艺和饮食文化，丰富幼儿的已有生活经验，提升幼儿的游戏兴趣。孩子在制作美食的过程中获得成功的喜悦，做中学、学中做，培养孩子的动手能力，使教育回归本土、回归真实。

（4）生成新的主题活动。观察、倾听、谈论了解和发现幼儿对“青岩建筑”“我要去旅游”“文明旅游”“青岩风味”“美食快递”等有着浓厚的兴趣和探索需求，准备在第二轮行动阶段将自主游戏的理念融入开展相关主题的研究与实施中，相信孩子、尊重孩子、让孩子自主学习、探究。“青岩印象”这个主题在中班上学期实施过程中发现，还需要在小班下学期进行一些前期的经验铺垫，才能更好地上下衔接，因此延伸出“青岩我家”这个主题活动。

（四）第二轮行动阶段（例如“我要去旅游”）

①景点大调查——我喜欢的景点

教师播放青岩景点的宣传片触动幼儿回忆家乡的景点，以“我最喜欢的景点”为话题打开讨论的话匣子，孩子们围绕喜欢的景点滔滔不绝：“定广门是最好玩的，上面有大炮呢”“我还是喜欢状元府，状元可是考试的第一名”。到底哪个景点才是最好的呢？大家决定用投票的方式选出最受欢迎的景点，在投票前全班同学用彩纸制作了属于自己的投票标志，经过投票，最终定广门当选最受欢迎的景点。

在《指南》教育建议中提出，要引导幼儿把讲过的事情用文字记录下来，从中体会文字的奥妙。老师讲了《喵喵写给妙秒的信》的故事，要求幼儿用文字与符号的方式记录自己说过的话，班级中随之就掀起了文字符号的想象热潮，孩子们尝试着用各种符号代替文字，天马行空的符号与青岩景点进行了一次大变身，为了向大家介绍自己最喜欢的景点，小朋友们回家咨询爸爸妈妈，收集了很多关于定广门的文字介绍，我们也鼓励家长引导孩子用图文并茂的方式记录自己收集的信息，每个小朋友收集到的内容都是不一样的，之后又让孩子们三三两两地聚成一组，以小组的形式汇成一个景点故事，孩子们在其中学会了用多种形式表达自己的想法，在小组汇总时利用数字代表介绍的顺序，用画线和打对勾、红叉的方式选择介绍的内容，让符号从文字本质转换为讲解的需要。孩子们从不能区分景点的特征到完整说明自己喜欢景点的理由，从忘记自己说过的内容到学会用文字符号记录，从记录几个字到记录一段话，让我们看到了属于大班孩子灵活的思维与跳跃的想象力。

②我的旅游之计划

在景点大调查的一系列活动后，孩子们对于家乡的景点有了很多的感触与共鸣，他们对我说，好想再去定广门摸一摸大炮，去百岁坊看看石狮子。他们纷纷表示自己还想要去青岩游玩的愿望，为了满足大家的愿望，我们觉得再去一次青岩游玩，那如果在没有爸爸妈妈陪伴的情况下，我们能不能去青岩旅游呢？听到这个消息，班级中炸开了锅，有的孩子们满怀期待，有的孩子又担心又紧张，但最终大家还是非常期待自己作为小大人的独立旅游，那独立旅游要做些什么准备呢？“要准备很多钱，用来买东西吃”“要准备行李箱，带上衣服和零食”通过讨论发现，孩子们对于旅游有一定的经验，但去旅游不仅仅是要准备物品。如何完善去青岩的旅游计划呢？带着问题他们回家询问爸爸妈妈收集相关旅游的问题，我把自己去青岩旅游的过程也分享给了幼儿，帮助幼儿更加系统地了解旅游的计划内容，通过一系列的活动，幼儿发现在去旅游要提前规划好交通、路线、开销等。

③我的旅游之交通

孩子们对于老师去青岩的经历十分地感兴趣，作为青岩小主人，他们十分热情地回应我的问题，“我从花溪到青岩古镇游玩除了可以乘坐 203 路公交车，还可以乘坐哪路公交车？”“可以坐 18 路！”“那这些公交车的票价是多少？”有的说 3 元，有的说 10 元，大家的回答非常不统一，到底是多少钱呢？为了解决这个问题，他们与爸爸妈妈周末亲自乘坐到青岩的公交车，实践调查，了解公交车的票价、行程路线，乘坐中还发现了公交车的舒适度与卫生情况。当回到幼儿园，大家互相聊起了自己乘坐公交车的经历，“我坐的 203 路，好挤呀，都没有座位。”“我坐的 18 路 2 号线，有好多座位，但是太堵车了！”“我坐的 18 路 1 号线，没有堵车，但是公交车上有人抽烟，我和妈妈闻到都晕车了。”到底哪路公交车坐起来感觉最好呢？“203 路最好！”“210 路最好！”大家都认为自己乘坐的公交车才是最好的。为了平息大家的争论，我提出“把所有小朋友的乘坐的情况都记录在一起，大家一起来比一比，公平地选出最好的公交车”这个建议，得到了大家的一致认可，之后我们与幼儿利用这次公交车的调查内容进行了一次统计对比活动，通过统计大家发现了青岩公交车不同线路的不同优点，比如 203 路是几辆公交车中最便宜的，18 路 2 号线是座位最多的，18 路 1 号线是最整洁、干净的。孩子们可以根据自己的需求选择不同的公交线路。通过青岩交通的系列活动，我们发现原来小朋友也有调查与统计的能力，当把幼儿生活与学习联系在一起时，能充分调动他们主动学习与探索的欲望。

④我的旅游之费用

在旅游过程中消费是不可避免的，小大人的旅游最不可缺少的就是费用准备。这次去青岩旅游哪些地方需要花钱？美食要花钱，门票要花钱，“青岩的门票是多少钱呢？”“我妈妈一定知道，我们打电话问问我妈妈吧”。我们一起拨打彦君妈妈的电话询问青岩门票的价格，当过导游的彦君妈妈告诉小朋友们，青岩的门票是 10 元，套票是 60 元，大家都选择了买套票，这样才可以参观青岩的景点。那美食需要准备多少钱？“100 元！”“50 元！”“10 元！”孩子们七嘴八舌地回答着，“你想吃什么好吃的呢？”“糕粑稀饭，米豆腐，洋芋粑，豆腐圆子，卤猪脚”。“你知道这些美食的价格吗？”“糕粑稀饭可能 20 元一碗，洋芋粑两块钱一个？”孩子们对于美食的价格没有相关的认知，只是随意地说出自己的猜测。“到底这些美食是多少钱呢？要不我们去问一下做生意的老板吧。”“我昨天才去汪老师家买夜宵，汪老师家有洋芋粑、卤猪脚……好多种，要不我们去问问汪老师吧。”孩子们涌向汪老师，最终大家在汪老师的介绍下清楚地了解了青岩美食的相应价格，之后，他们一个个就开始打起自己的小算盘：“我想吃米豆腐和糕粑稀饭，要准备两个 8 元。”“我想喝酸梅汤要准备 10 元和吃米豆腐 8 元。”那两个 8 元是多少钱呢？这个问题可难倒了他们，从幼儿的数学计算能力来说，他们还没有足够的加减运算的经验，对于钱币也没有系统的认知，由此我们生成了“认识人民币”“我要买美食”活动，来帮助幼儿认识人民币的面值与学习 10 以内加减法，通过相关的教学活动，幼儿学会了区分人民币的面值，知道用 10 元买米豆腐要找回 2 元，吃两个 8 元的食物就要准备两个 10 元……他们据此列好了自己的美食清单，但美食的价格不定因素远远超过了孩子们的认知水平，他们还不会具体支付的操作流程，当孩子们回家向家长寻求帮助准备相应的现金，我们把这个问题告知家长，请家长根据自己孩子的美食清单与幼儿商讨具体费用的支付流程，让幼儿清楚自己费用的使用过程，最终，我们解决了旅游中的费用规划，孩子们做得很不错，知道联系自己的生活经验，通过不断地交流与商量，想出了解决问题的办法。

⑤青岩古镇之路线

旅游计划的准备工作已经安排好了，我们即将出发去青岩旅游了！可是要从哪里开始游玩呢？我们找来地图，在地图上寻找自己想去游玩的景点，在地图上计划旅游的路线。在路线的制定中，我们发现有的小朋友计划从定广门直接到达状元府，从北城门直接到百岁坊，我们发现他们对于景点的位置及路线的距离没有相关的经验，到底景点的顺序与距离是什么呢？我们与孩子进行了一次景点方位的学习，通过“上北下南左西右东”的顺口溜让幼儿去感知景点的方位，以游戏“火车就要开”的情景加深幼儿对于景点路线的顺序，在充分了解景点的具体位置后，孩子们拿起手中的画笔尝试绘画路线，通过绘画表现的手法感知青岩景点的具体位置，这个过程增强了幼儿的空间规划意识与方位意识。当所有的小朋友都能设计出自己的旅游路线时，我们发现有一个很大的问题，彦诺说：“每个小朋友的路线都不一样，如果实地旅游就是我们每个人单独去吗，那样实在太危险了。”怎么解决这个问题呢？那就我们几个好朋友一起去，大家三三两两地分成了五个组，分别来画小组路线，还可以相互帮助，这五个小组队名分别是：蜘蛛闪电队、花花小雨队、爱心闪闪花花队、小开花队和闪电队，还选出了各组的小队长。在第一次小组制定路线的过程中，发生了很多意想不到的问题，有的组因意见不统一发生争吵，有的组没有小朋友愿意画路线，你推我攘，有的组每个小朋友都想画，拿起笔争来争去弄脏画纸，这些问题导致小朋友们第一次路线制定非常的失败，我把这些情景拍成照片，组织了一次团讨活动与孩子们讨论如何解决这些问题，当意见不统一怎么办（石头剪刀布或者点兵点将来解决）？没有人来画怎么办（选出一个画画好的人来画）？每个人都想画怎么办（可以每人来画一次）？通过讨论解决了这些问题，我们又重新开始制定路线，在这次的路线制定中，他们能够用相应的方法去解决相应的问题，各组的队长任务意识也很强，当组内发生问题就告知队长，队长就会马上调整，最终他们制定出了自己组的路线安排。在小组制定路线的过程中，他们在社会人际交往方面的能力得到了很大的提升，为了制定本组的旅游路线图，他们学会了与同伴分工，遇到困难一起克服，当发生冲突时会协商解决，尝试倾听和接受别人的建议，作为老师，我们也与幼儿共同成长，在其中不断地调整自己的身份，当出现问题时我们是引导者，不会为了完成教学任务而批评制止幼儿，而是停下来与孩子们商量解决问题的方法，用更多的课时去提升他们自己解决问题的能力；同时我们也是合作者，我们尝试以小组化的教学模式去开展活动，细致地关注到每一组的情况，了解每一个人的想法，与他们一起延续本组的计划；我们还是支持者，当发现幼儿对于景点方位与距离不清晰的情况下，我们利用游戏、讨论、儿歌等方式支持幼儿的相关经验，促进幼儿制定计划的进程。

⑥我的旅游之出发

当路线设计好以后，孩子们迫切地想带着自己的路线图去旅游，那么旅游之前要准备什么物品呢？在旅游中要注意什么安全呢？各组小朋友再次聚在一起，共同商量准备的物品及需要注意的安全，为外出旅游做充分的准备！

终于到了出发的时间，孩子们背上行囊，整装待发，队长拿着本组的路线图，跟随着各组的家长志愿者开始了游玩，一路上，孩子们到每个景点游玩，都会相互提醒注意来往的车辆，路上自己照顾自己，完整地把自己组规划的路线走完。旅游结束后，我们进行了一次回顾分享活动，提出了“在游玩中发生意外的事情了吗？在游玩时有让你不愉快的地方吗？你觉得你们的路线有问题吗？”等一系列的问题引发幼儿思考游玩过程中出现的问题，比如小朋友都反应非常累，肚子都走饿了，路线图没有安排休息和吃饭的地方，有的小朋友走到古镇后非常想爬城墙，可是没有安排爬城墙的路线等问题，针对大家提出的问题，各组小朋友在本组的路线图中增加休息地点、吃饭的地点和爬城墙的内容。通过本次制定计划并实践的活动，我们发现班级中的幼儿变成了一群敢说又敢做的孩子，尤其是激发了很多能力弱的孩子大胆表达与表现的欲望，我想正是因为在与同伴不断制定路线的过程中，孩子们才能够展现自己力量的作用，体验到自己付出后的收获与快乐，在一次次的讨论、交流、实践、调整、协商中找到了自信、自主、自尊及来自小组的荣誉感与归属感。

4. 第二轮行动阶段的总结与反思

与第一轮实践相比较，在第二轮实施中调整了主题活动的教育理念，建立了新的课程观，让幼儿在真实情景中，在真实的生活中去体验、去发现、去探究、去学习、去运用、去反思。如在“景点建构”活动中，幼儿自主选择同伴、选择场地、选择材料、材料的对比选择、材料的分割修整、建构的不断调整等，都充分体现了幼儿主动学习，在大胆探索中解决出现的问题，从而获得发展，自主游戏理念融入了主题活动开展。在“美食大搜索”活动中，调查、访问的活动形式丰富了幼儿对青岩美食的认知经验。在“景点投票”活动中，幼儿评选出最受欢迎的景点，并用涂画方式说明喜欢的理由，孩子的想法得到充分的尊重和表达。“旅游计划”的设计与实施，给予了幼儿小组合作讨论计划，以及实地实践、验证计划是否合理的机会，加强幼儿的自主学习能力。

（五）第三轮行动阶段

1. 梳理主题资源包

经过第一轮和第二轮的主题活动实践，幼儿园对已开展的青岩古镇文化主题活动进行梳理，形成主题资源包《青岩我家》《青岩建筑》《美食快递》《青岩风味》《我是小导游》《我要去旅游》《文明旅游》，为后续的主题活动实施提供可借鉴的资源。主题资源包的内容包含了主题计划（来源、资源利用、活动预设、主题墙饰构图、区域活动预设）、周计划安排、生成活动来源、生成的活动教案、生成活动的效果、幼儿在主题实施阶段的发展评价、家长对主题活动实施的反馈，主题总结等。

2. 整理《青岩主题活动集》

分别对“青岩我家”“青岩印象”“青岩美食”“青岩旅游”“青岩民族”进行最后的主题活动审核工作，对经过实践的主题活动方案进行改进与完善。

3. 第三轮行动阶段的效果总结与反思

本次审核主要针对各个主题活动的名称、目标、准备、过程再次进行研讨，调整活动之间的逻辑性、规范活动名称、提升活动目标的有效性、增加活动环节的游戏性、增强对应活动过程与目标的匹配度等，最终定稿，制作成为《青岩主题活动集》一书。

四、研究结果的讨论与分析

（一）研究的成果

1. 形成以青岩文化为基础的园所文化

①依据青岩文化的精神内涵，确立了我园的办园理念

我们以青岩文状元赵以炯先生“永不气馁、努力向上”的青岩人精神来确立我园的办园理念，即“亲·爱·文·睿”。“亲·爱”是青岩的谐音，“文·睿”是指文化与睿智，意义是用青岩文化“培”睿智之师，“育”睿智之娃。我们的初心，就是让孩子们从小了解家乡的文化，热爱家乡，将来长大了无论走到哪里都知道自己的根在青岩。

②形成具有青岩文化特征的园所环境

陈鹤琴说过：“怎样的环境，就得到怎样的刺激。”环境对幼儿来说是一种无声的刺激，轻松和谐的环境能让幼儿产生愉快、振奋的情绪，形成同伴间和谐融洽的气氛，从而提高活动的效率。随着对课题的深入研究，我们的目光聚焦在

文化与自然相融合理念上，欣赏着青岩的美景、品尝着青岩的美食、眼观着舞龙、耳听着布依歌——将随处可见的树枝、竹子、麻布、簸箕画、麻绳、稻草人等自然材料与青岩文化完美融合，让幼儿充分感受着园所文化所带来的魅力。

③蕴含青岩特征的幼儿园 LOGO

图 3-2　幼儿园 LOGO

造型寓意：以方形设计从整体上如同传统的印章，给人一种稳重、大气之感，以水墨画的表现形式使园徽更具灵动生趣，左边由“QYYEY”5 个字母组成，是青岩幼儿园全称首字母的缩写，使人一目了然。中间城门城楼生动形象，简洁明了的体现我园地处青岩，彰显我园以青文化为园本特色。城门上方外檐一层一层地像梯子一样向高处延展，右上角白色阴影处看似一只动物，也似青岩的狮子山，象征着青幼的学子一步一步向上攀登、茁壮成长，体现了青幼的教师“吃苦耐劳不畏艰难、敢想敢做、努力向上”的优良品质。

2. 构建以青岩文化为支撑的主题活动体系和特色活动

经过两年多的研究，形成了青岩我家、青岩印象、青岩美食、青岩旅游、青岩民族 5 个大板块的主题活动。

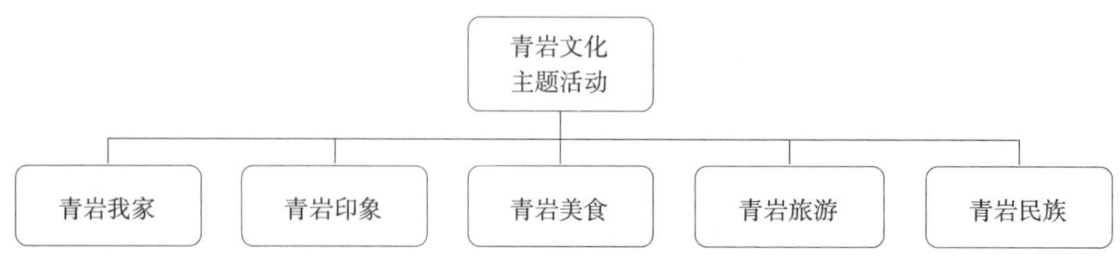

图 3-3　青岩文化主题活动

3. 课题论文

课题研究也为幼儿园和教师赢得了许多荣誉，教师们将获得的经验进梳理整理，撰写出 14 篇课题论文，其中省级获三等奖 6 篇、省级鼓励奖 2 篇，其中《青岩古镇文化在幼儿园区域活动中运用初探》被《中国教师教学论坛》刊用，《农村幼儿园区域活动实施策略》被《贵州教育》刊用；4 篇教学设计，其中 2 篇获省级三等奖，2 篇获省级鼓励奖；现场说课《青岩印象》获市级二等奖；游戏案例 1 篇，获区级一等奖；儿歌、歌曲、教学反思若干。

4. 接待宣传

从 2018 年 10 月至 2020 年 1 月之间，我园接待了国际、省内外学前教育同仁进行参观、交流活动以及省外政府部门的工作指导共 13 次 480 余人，主要的交流内容是我园的办园特色、园本课程、园所环创、课题研究的成果。如美食街游戏；手工坊游戏刺绣、蜡染、银饰；布依欢迎歌；舞龙；民间传统竹竿舞、滚铁环等。

（二）研究的成效

1. 幼儿的成效

通过课题前后调查比对，幼儿对青岩古镇文化的认知和了解程度大幅度提升。

2. 教师的成效

教师对青岩文化认知水平的提升：通过对青岩文化的收集、整理、学习，教师从原来的不了解、一知半解变成“青岩通”，喜欢认可青岩的一切。

教师专业发展：通过课题的研究，教师们对本土文化课程的开发和利用的途径与方法有了一定的经验，信心增强。优质课评比活动，既丰富了主题内容及活动组织形式，又提升了教师的活动设计能力及组织能力。主题活动分享，为教师搭建了一个分享交流的平台，教师个人的语言表达、资料的收集整理、对媒体的运用等能力均得到提高。

教师观念的转变：形成了促进幼儿学习与发展的课程观，“在真实的情景中、在真实的生活中，让孩子去发现、去探究、去学习、去运用、去反思”。

“放手游戏”教育理念的运用：放手游戏的基本信念是相信儿童。相信儿童在与外界的交往过程中形成自己的见解、想法和计划，从而激发自身最大潜能。教师将理念运用到主题活动的组织与实施中。

3. 研究者的成效

形成了教案集《青岩主题活动集》。在课题研究中，我们对主题活动逐步修改、补充、完善，最终形成课题研究方案和报告，修订完成《青岩课程教案集》一书。

四、研究展望

首先，幼儿园方面，幼儿园还要不断加强园本课程的建设，为教师提供多途径的理论学习，为教师提供主题活动设计与实施的相关培训，将“请进来”和“走出去”相结合，提升教师专业能力。营造和谐的园所文化氛围，打造课题研究共同体，提升教师参与课题研究的质量。

其次，教师方面，教师是主题活动的设计者和实施者，是保证主题教育活动质量的关键者。因此，教师自身应加强对本土文化与主题教育活动相结合的理论学习和研究，自主提升主题教育活动的设计、组织与实施能力。在主题教育活动实施过程中多关注幼儿学习兴趣和学习品质。

最后，家园合作方面，幼儿园主题教育活动与本土文化融合不仅需要教师的努力，也需要家长的积极参与和配合。幼儿园将不断加强与家长的沟通和交流，加强家长参与活动的指导，提升家长参与活动的质量，丰富家园合作的形式，保证主题教育活动的有效实施。

反思青岩文化主题活动行动研究过程中的不足、难以突破等问题，幼儿园将在目前研究的基础上继续申请已有成果进行“有效性”研究或实证研究，将沿着以前没有做好的工作继续该课题遗留问题的延续行动，以期通过新一轮的行动，提高我园的保教质量。我们将在主题活动中通过“玩”的方式引发幼儿学习的兴趣、尊重他们的想法、支持他们获得丰富的经验、形成自主学习与探究的能力。在《幼儿园教育指导纲要》及《幼儿园工作规程》的指导下，坚持让幼儿在玩中学是我园每一个幼儿教师努力工作的目标。通过主题活动，丰富幼儿的主观体验，发展幼儿解决问题的能力，使幼儿在协商、谦让、合作的氛围中，学会分享，尝试开拓与创新，体验成功与挫折，从而实现幼儿个性的和谐全面发展。

青岩文化研究的前景是广阔的，研究过程是具有挑战性的，但我们将在这条道路上不断前行与探索，让青岩文化成为星星之火，在孩子们的心中燎原。在以后的课题研究中，让更多的老师参与进来，一同感受课题研究的幸福与乐趣，共同促进幼儿的身心和谐全面发展。

参考文献：

[1] 教育部.《完善中华优秀传统文化教育指导纲要》https：//baike.so.com/doc/9420645-9760854.html

[2] 中共中央办公厅、国务院办公厅.《关于实施中华优秀传统文化传承发展工程的意见》https：//baike.so.com/doc/24407967-25235668.html

[3] 宗颖. 基于儿童体验的幼儿园园本课程 [J]. 学前教育研究，2018（10）：67-69.

[4] 蒋晨. 趣味彩绘与幼儿园文化建设 [J]. 学前教育研究，2019（06）：93-96.

[5] 章兰，何丽娟. 幼儿园适宜性教育环境的内涵与创建策略 [J]. 学前教育研究，2019（3）：89-92.

[6] 虞永平. 论幼儿园课程中的主题 [J]. 学前教育研究，2002（06）：13-15.

[7] 席小莉. 幼儿园健康主题活动研究 [D]. 南京：南京师范大学，2005.

[8] 时针转转转——幼儿园主题教育活动课程实例探析 [D]. 武汉：华中师范大学，2006.

[9] 张青青. 生态学视野下的幼儿园主题教育活动研究 [D]. 济南：山东师范大学，2008.

[10] 路丽. 运用主题教育活动来促进幼儿的全面发展 [J]. 华夏教师，2020（15）：13-14.

[11] 曾少芳. 幼儿园主题活动的有效开展 [J]. 知识经济，2020（09）：139-140.

[12] 曾萍萍．有效开展幼儿园主题活动的探索 [J]．当代教研论丛，2016（08）：136.

[13] 沈雯．幼儿主题探究活动中的闽南本土文化传承路径探析 [J]．江苏第二师范学院学报，2014，30（06）：60.

[14] 江旭琳．在主题探究活动中实施幼儿发展评价的价值与策略 [J]．学前教育研究，2014（07）：70.

[15] 李云淑．幼儿园主题活动中的拼盘问题及其解决 [J]．上海教育科研，2011（02）：92–93.

[16] 周宏清．以绘本为载体的幼儿园主题教育活动研究 [J]．课程教育研究，2020（13）：5–6.

[17] 马倩．主题教学背景下幼儿园的创意美术活动初探 [J]．中国校外教育，2019（32）：157.

[18] 王现军．幼儿园主题活动的问题及对策——兼谈幼师人才幼教能力的培养 [J]．辽宁高职学报，2019，21（10）：53–54.

[19] 李丽娟．多媒体技术下幼儿园游戏化主题教学活动研究 [J]．延边教育学院学报，2018，32（01）：94.

[20] 熊玲玲．基于儿童视角下幼儿园主题教学活动的组织策略探究 [J]．华夏教师，2017（19）：25.

[21] 唐惠一，庞燕萍．如何在体验学习活动中培养幼儿的主体性 [J]．学前教育研究，2017（07）：61–62.

[22] 李青云．幼儿园主题教育活动的有效策略探微 [J]．中国校外教育，2019（28）：160.

[23] 王燕．主题背景下区域游戏活动的优化对策 [J]．学前教育研究，2019（05）：82–83.

[24] 王少华．目标模式与过程模式在幼儿园课程开发中的动态契合研究 [J]．教育评论，2016（09）：46–49.

[25] 肖华锋．济源地方文化资源融入幼儿园课程的现状及策略 [J]．湖北成人

教育学院学报，2020，26（02）：86–91.

[26] 王敏．优秀传统文化与幼儿园教育的融合与实践 [J]．甘肃教育，2018（24）：74.

[27] 赵静．基于荆楚民间文化的幼儿园课程资源开发利用研究 [D]．广西师范大学，2017.

[28] 刘晓燕，陈艳荣．阴山岩画融入幼儿园教育的策略 [J]．河套学院学报，2017，14（01）：70–71.

[29] 何静．少数民族文化融入幼儿园课程的个案研究 [D]．东北师范大学，2016.

[30] 李祥娣．庄浪文化融合到幼儿园教育活动 [J]．中国农村教育，2020（08）：37.

[31] 武菊霞．如何在幼儿园开展传统节日的教育活动 [J]．学周刊 A 版，2018（31）：179.

[32] 陈金力，曹丽军．浅谈闽南传统文化与幼儿教育的融合 [J]．课程教育研究，2018（39）：27–28.

[33] 杨莉君．用地域资源丰富和拓展幼儿园主题活动 [J]．华夏教师，2018（35）：56–57.

[34] 罗任渝．运用爨文化资源开展幼儿园单元主题活动 [J]．曲靖师范学院学报，2014，33（S1）：86.

[35] 虞永平．论幼儿园课程中的主题 [J]．学前教育研究，2002（06）：13–15.

[36] 齐放主编．幼儿园主题活动课程理论与实践研究 [M]．长春：东北师范大学出版社，2005：8.

[37] 朱家雄．幼儿园课程 [M]．上海：华东师范大学出版社，2003：201.

[38] 刘艳滨，姚伟．杜威教育哲学视阈中的“以儿童为本”及其实践意蕴 [J]．河北师范大学学报（教育科学版），2019，21（01）：27.

[39] 蒋雅俊．杜威《儿童与课程》中的教育哲学问题探析 [J]．南京师大学报（社会科学版），2018（01）：71–72.

[40] 王振宇，秦光兰，林炎琴．为幼儿教育发现中国儿童，为儿童创办中国幼儿教育——纪念陈鹤琴先生诞辰 125 周年 [J]．学前教育研究，2018（01）：7.

[41] 王伦信．教育家陈鹤琴新论 [J]．河北师范大学学报（教育科学版），2016，18（06）：21–22.

[42] 陈寿千．幼儿园主题背景下小班美术区域活动创设的实践与研究 [D]．上海师范大学，2019.

[43] 王成刚．当前幼儿园主题教学活动组织的偏差与反思 [J]．学前教育研究，2008（9）：17–20，28.

[44] 李京．多元智能理论在幼儿园教育中的应用效果 [J]．求知导刊，2020（01）：31–32.

[45] 邓小燕．基于多元智能理论的幼儿园课程改革浅探 [J]．课程教育研究，2016（15）：34–35.

[46] 张亚娟．建构主义教学理论综述 [J]．教育现代化，2018，5（12）：171–172.

[47] 周起煌，汤广全．幼儿园教师的角色定位：建构主义教学理论视角 [J]．陕西学前师范学院学报，2020，36（03）：48.

贵阳市教育科学规划课题：青岩古镇文化与幼儿园主题教育相结合的实践研究

立项编号：GYJY（17）035　　结题证书：GYKTJ（2020）57

课题主持人：黄　姣

研究报告执笔人：陈　琼

主要参与人员：陈　琼、周晓英、余列英、陈汉兰、付　颖、李朝英、
余启燕、李　旭、平莎莎、谢　莉、孙欢欢、万良婷、
王　婷、吴文岚、罗继华、杨冬梅、余海飞、张福琴

数学文化促进小学数学教师专业素养提升的实践研究

贵阳市云岩区教师进修学校　李亚林

第一部分　研究背景

一、问题的提出

教师专业发展是当前国内外专家学者一直关注的课题，其本质与核心就是教师专业素养的提高。教师专业素养的高低决定着教育质量的高低，直接影响着教育的发展态势，在教育教学改革和发展的全过程中均离不开高素质的教师。教师的专业素养并不是一蹴而就的，它是一个不断丰富和完善，动态发展的过程，是教师个体和群体共同追求、为之而奋斗的前进历程。

（一）政策导向

2018 年，中共中央、国务院印发了《关于全面深化新时代教师队伍建设改革的意见》，根据此意见出台了《教师教育振兴行动计划（2018—2022 年）》，2019 年提出加快落实《意见》，推动新时代教师队伍建设改革开好局起好步。将师德教育、教师培养培训的内容方式、教师综合素质、专业化水平和创新能力作为近五年教师教育的工作目标。2019 年 2 月发布的《中国教育现代化 2035》提出：建设高素质专业化创新型教师队伍。在《中国义务教育质量监测报告》中提出：加强教师队伍建设，促进教师素质和水平提升。进一步提高教师培训的针对性。因此，作为教师教研、科研、培训的研究、指导、引领、服务机构，提升教师的专业素养义不容辞。

（二）理论支撑

教师是教育教学改革、学校学生发展和教学实践的主体和关键，教师需要用先进的教学思想和理念武装自己，向学生传授教育教学内容，实施得当的教学方法，组织有效的学习活动，操作现代的信息技术教育手段。如果教师的发展不到位，教育质量的提高是难以实现的。因此，鲁宾（Rubin）从许多相关经验中归纳出一个重要的结论：任何试图改进学生学习的努力，必须依赖某种形式的教师成长。教师发展真正的价值和意义就在于它是促进学生发展的真实和必要的条件。而教师的专业素养是其专业成长发展中每个阶段重要的组成部分。

（三）现状需求

近 3 年我区五所学校数学老师及部分中心组骨干老师参与了省级重点课题“数学文化在小学素质教育中的实践与探索”的研究，各学校均有子课题研究，在这一平台的搭建下部分老师有机会参加全国小学数学文化优质课大赛暨课堂教学观摩交流研讨会，有 29 人次获得市级优质课评比二等奖以上。让我们从中得到启示，在研究样态支撑下的课堂教学研究、教师研修活动、课例研讨、案例分析更具有实效性，也能较快、较全面促进教师的专业化发展。

通过以上分析，可以看出：对区域小学数学教师专业素养提升的研究还处于初始阶段，没有较为系统的培训内容和知识体系，比较零散。本研究的提出，旨在解决这一问题，从理论和实践层面梳理出有效的途径和方法，提供制定数学文化课程目标、教学目标的现实依据，改进教师的课堂教学行为，提高 MPCK 研究能力，提升专业品质，通过成果推广对研究结果进行验证并形成报告，为教育决策服务。

二、研究价值

（一）理论价值

本研究是在相关理论的基础上，受国内外研究的启发，提出了数学文化浸润小学数学教师专业素养的概念。但由于数学教师专业素养的理论还处于发展阶段，所以，本研究的提出具有以下价值：

1. 可以进一步丰富小学数学教师专业素养的理论；

2. 借助国内已有的数学文化、教师专业素养的调研成果，分析出的小学数学教师专业素养框架；

3. 可拓宽教师培养培训的意义，为提升区域小学数学教师专业素养的有效策略提供一定的理论指导。

（二）实践价值

本研究具有以下实践价值：

1. 选取了区域内不同类型学校的数学教师参与实践，为研究提供可行性的参考价值。有公办小学，也有民办小学；有地处城中心的学校，也有发展中的学校，还有城郊结合学校；

2. 通过多形式、多层次的研修活动，为教师搭建学习、交流的平台；

3. 为改进课堂教学提供一定的实践指导，引发教师对自身专业素养的重视，自觉向研究型迈进。

三、核心概念界定

（一）数学教师专业素养

1. 教师专业素养

素养是指一个人的修养。从广义上讲，包括道德品质、外表形象、知识水平与能力等各个方面。在知识经济的今天，人的素养的含义大为扩展，它包括思想政治素养、文化素养、业务素养、身心素养等各个方面。专业素养是指专门职业对工作职员的整体要求，主要包括专业的知识、理论、技能及组织管理能力等。教师专业素养是指从事教育教学工作所必须具备的特质。经过系统的师范教育，并在长期的教育实践中逐渐发展而成的师德品行、教育教学知识和教学基本功。

2. 数学教师专业素养

2007—2009 年，IEA 在 TEDS-M 项目中构建了以知识和信念为指标的数学教师专业素养框架，包括了有关数学的知识、教学的知识、学习的信念和成就的信念等 6 个指标，该研究对数学教师的专业素养进行了清晰的界定和测评。2016 年，章勤琼、徐文斌认为数学教师专业素养应由专业理想、专业知识、专业实践和专业态度 4 个方面构成。

表 4–1 学界对数学教师专业素养的认识

研究者	数学教师专业素养的认识
孙晓天	知晓目标；明确方向；数学视野；专业知识；勤于历练；不断成长
马云鹏	专业精神；专业知识；专业能力
史宁中	数学专业基础；数学学科知识；把握教材；启发式教学；培养习惯
章勤琼、徐文斌	专业理想；专业知识；专业实践；专业态度

由此可以看出，数学教师专业素养是从事教育教学活动的素质与修养，是可以通过继续教育、培养培训之后而获得和发展的，具有时代性和专业性，是知识、能力、品质的一个综合体。

（二）数学文化

最早提出数学文化的是美国数学家怀尔德（L.Wilder，1896—1982 年），他认为数学是一个由于其内在力量与外在力量共同作用而处于不断发展和变化之中的文化系统。

南开大学自 2001 年 2 月起就开设了“数学文化”课，遵循素质教育的理念，以文理交融为特色。首届国家级教学名师顾沛在谈及“数学文化”时，从两个方面进行阐述：“狭义的数学文化内涵是指数学思想、精神、方法、观点以及它们的形成和发展；广义上的数学文化除上述内涵外，还包含数学家、数学史、数学美、数学教育、数学与人文的交叉、数学与各种文化的关系等。”

内蒙古师范大学代钦教授在《数学教育与数学文化》中提出：数学文化是数学

知识、思想方法及其在人类活动的应用以及与数学有关的民俗习惯和信仰的总和。

知名教育学家、国家级教学名师、西南大学博士生导师宋乃庆教授在《数学文化在小学素质教育中的实践与探索》中提出：数学文化是以数学学科体系为核心，以其内在的思想、精神、方法和庞大的知识体系等所辐射、渗透和扩展到相关文化领域的一个具有强大精神与物质功能的动态系统，是数学知识、数学精神、数学思想、数学方法、数学思维、数学意识、数学事件等文明的总和，它包含在历史、艺术、自然科学、经济等各方面。

可见，对于“数学文化”的内涵，没有公认的概念界定，不同研究者均有不同侧重，让我们领会到了数学家的数学教育情怀和数学境界。

（三）数学文化浸润数学教师专业素养

本研究的数学教师专业素养，是在贵阳市教科所数学教研员宋雪梅老师主持的贵州省重点课题“数学文化在小学素质教育中的实践与探索”的引领下，在市区两级教研、科研、培训部门的共同参与下，根据云岩区小学数学教师现状，探索区域小学数学教师培养培训的有效途径，总结方法，梳理经验，在渗透数学文化的同时，提升区域小学数学教师的专业素养。

在渗透数学文化的背景下，我们研究的数学教师专业素养包括专业品质、专业知识、专业能力 3 个维度，还有相关要素，即理想信念、教育情怀、道德情操、个人修养；数学学科知识、数学教学知识、数学内涵、数学教学内容知识（MPCK）；教学设计与实施能力、合作沟通能力、反思发展能力、创新研究能力。

四、文献综述

（一）国外研究现状

从建立班级授课制开始，夸美纽斯提出教师是一种专门职业算起，教师专业发展的历程有近 400 年的历史了。

在1896年，美国佐治亚州教师协会就颁布了教师专业伦理规范。1996年，美国制订了《优秀教师行为守则》，共计26条，要求非常具体，而且还明确了教师行为准则的禁令，例如不得使用威胁性语言、不得当众发火、不要与学生过分亲热或过分随便等。

1966年联合国教科文组织和国际劳工组织提出《关于教师地位的建议》，首次以官方文件形式对教师专业化做出了明确说明，提出“应把教育工作视为专门的职业，这种职业要求教师经过持续的学习，获得保持专门的知识和特别的技术”。

1986年，美国卡内基工作小组，霍姆斯小组相继发表《国家为培养21世纪的教师作准备》《明天的教师》两个重要报告，同时提出以教师的专业性作为教师教育改革和教师职业发展的目标。

1996年，联合国教科文组织召开第45届国际教育大会提出：“在提高教师地位的整体政策中，专业化是最有前途的中长期策略。”

20世纪80年代以来，“教师成为研究者”的观念广为流传，这种观念来自“专业人员即研究者”的启示，其基本假设是教师有能力对自己的教育行动加以反思、研究和改进，提出最贴切的改进建议。目前人们几乎把“教师成为研究者”当作了教师专业化发展的同义语，而是否具有较强的教育研究能力，又成为区分一个教师是专业教师还是非专业教师的根本标志。

2012年9月，英国政府颁布新修订的《教师标准》，对教师在其职业生涯中所要具备的个人和专业操守进行了明确规定，要求教师必须尊重并恪守自己所在学校的校风、校纪、校规，教师必须明确他们所应承担的法定职责和义务，并以此作为个人从事教育教学活动的依据。

（二）国内研究现状

教师的专业素养虽然是一个现代词汇，但是有关教师专业素养的相关要求，自有教师这一职业以来便有记载。其中流传最为广泛且广为认同的就是唐代韩愈的《师说》，“古之学者必有师。师者，所以传道授业解惑也”。从教师的职责、作用、必备条件及与学生的关系 4 个方面解读了教师的专业素养。

1994 年，我国开始实施的《教师法》规定：教师是履行教育教学职责的专业人员。第一次从法律角度确认了教师的专业地位。2000 年，我国出版第一部对职业进行科学分类的文件《中华人民共和国职业分类大典》，将我国职业归并为八大类，教师属于专业技术人员。2000 年，教育部颁布了《教师资格条例实施办法》，开始实施教师资格制度。

2018 年 11 月，教育部印发《新时代高校教师职业行为十项准则》《新时代中小学教师职业行为十项准则》《新时代幼儿园教师职业行为十项准则》。习近平总书记要求广大教师做“四有好教师”：要有理想信念，要有道德情操，要有扎实学识，要有仁爱之心；做四个“引路人”：做学生锤炼品格的引路人，做学生学习知识的引路人，做学生创新思维的引路人，做学生奉献祖国的引路人；要坚持“四个相统一”：坚持教书和育人相统一，坚持言传和身教相统一，坚持潜心问道和关注社会相统一，坚持学术自由和学术规范相统一。

中央民族大学孙晓天教授认为：数学教师的专业素养是指有充分根据的、判断和从事数学教学所需要的技能、知识、信念、气质、思维习惯、交流能力和解决问题能力的总和。专业素养是每个数学老师都能触摸的高度。可概括为：知晓目标、明确方向、数学视野、专业知识、勤于历练、不断成长。需要关注教学的有效性问题、关注基于全面知识的教学观（四基）、关注有中国特色的教学模式、关注自身的数学视野和专业见识。

东北师范大学的马云鹏教授认为，专业素养一般包括专业精神、专业知识和专业能力。专业精神侧重于教师的伦理、道德、情感、意识、态度等角度探讨教师应该具备的理念与价值观，也就是通常说的师德，教学过程中的责任感等。专业能力重点关注的是教师的课堂教学能力。包括课堂教学的设计、组织和管理能力。专业知识包括教师的学科知识在内的与教师的教学活动直接相关的内容。

东北师范大学史宁中教授认为数学教师应具备的特殊素养有：要有扎实的数学专业基础；要全面把握数学学科知识；要准确把握教材，知道重点与难点；坚持启发式教学；培养学生集中精力、学会思考等良好的学习习惯。

通过对国内外已有现状的综合分析，可以看出，教师专业化也成为世界各国政府提升综合国力的成功策略。借助已有的研究经验，在原有的基础上，加上了数学内涵，凸显文化价值，在渗透数学文化的背景下，数学教师专业素养包括专业品质、专业知识、专业能力 3 个维度及相关要素。

第二部分　研究设计

在渗透数学文化的背景下，需要用什么途径来促进本区域数学教师的专业素养提升，基于前面的分析和云岩区的教师现状，做好顶层设计，为研究的有效实施提供有力保障。

一、研究目标

（一）数学文化浸润小学数学教师专业素养新内涵的研究。

（二）形成数学文化对小学数学教师专业素养提升的培训内容。

（三）形成数学文化对小学数学教师专业素养提升的途径和方法。

（四）通过以上研究，提升区域小学数学教师的专业素养。

二、研究内容

（一）数学文化赋予数学教师专业素养的新内涵的研究

（二）确定数学文化对专业提升有针对性培训内容的研究

1. 挖掘小学数学教材中数学文化的素材，形成教师培训资源的研究。

2. 运用《数学文化读本》，梳理有针对性、系统性的培训内容的研究。

（三）探索数学文化对教师专业素养提升培养的有效途径及方法的研究

1. 渗透数学文化、提升专业素养的组合研修范式研究。

2. 基于渗透数学文化、提升专业素养的 MPCK 知识研究。

3．构建渗透数学文化、提升专业素养的特色课堂的研究。

4．组织渗透数学文化、提升专业素养的各类教学赛事研究。

5．组织“数学文化、专业素养”教师专项技能培训班。

（四）开发渗透数学文化校本课程和编写教学设计的研究

三、研究方法

（一）行动研究法

在常态教学和校本研修活动中寻找“提升数学教师专业素养的有效途径和方法”，研究“数学文化对提升教师专业素养的促进作用”，行动者参与研究，研究者参与实践，并根据研究中遇到的具体情况，边修改，边完善，使理论与实践、成果和应用有机地统一起来。

（二）调查研究法

查阅大量相关文献，并参考了有关教师专业素养的问卷，在专业人员的指导下编制了解教师的思想状况、认识水平、专业化需求的问卷，分课题组和非课题组进行调查和分析，以观课议课、教学评比、测评等方式了解教师的业务能力，为研究提供充足的事实依据和前期资料。

（三）文献研究法

搜集、整理和借鉴现今国内外与数学文化、教师专业素养相关的专著、教育教学理论、文献资料、期刊、网页等，在分析、比较的基础上，为研究提供充实可靠的理论依据，提高研究的科学性和实效性，同时不断提高研究人员的理论水平。

（四）个案研究法

对研究对象进行连续调查、跟踪研究，记录其发展变化的情况并进行数据分析，探求数学文化与课堂教学、课外活动的最佳契合点，对教师培养培训中好的做法、校本研修范式进行分析概括，找到可以运用和借鉴的经验，从中寻找研究进展的突破口。

四、研究对象

数学文化促进小学数学教师专业素养的实践研究，以及与之相关联的学校、教师、学生；教学活动、研修活动；各级各类教学评比等。主要有：贵阳市省府路小学、贵阳市第二实验小学、贵阳市东山小学、贵阳市城西小学、贵阳市三桥小学五所学校的数学教师；云岩区小学数学中心组骨干教师；区属名师骨干教师；贵州师范学院数学与大数据学生；市区两级教研员等。

第三部分　行动研究实施

在对研究背景进行了深入思考、认真分析及导师团队的引领和指导下，充分认识和理解核心概念，围绕研究目标和研究内容，决定以行动研究为主，从 2016 年 3 月至 2018 年 12 月进行了三轮行动研究。

一、第一轮实施——初步探索，体会数学价值，夯实专业知识

（一）学习理论，夯实基础

通过查阅大量文献资料，对国内外教师专业素的现状分析进行深入了解、分析，能清楚地认识到教师专业素养的高低直接影响着教学质量的高低，理解研究的必要性。拟定和完善研究方案，结合前期技能培训班的一些做法，对提升数学教师专业素养的途径和方法进行反复论证和修正，使其完善和合理化。更具操作性。

（二）宣传动员，组建团队

由于部分老师并不是真正想参与课题研究，担心评职称没有用，也有畏难的

情绪，针对这一现象，教研员协商后，在区中心组成员、技能培训班中着力宣传课题研究开展的必要性，鼓励老师参与研究。

在对区属骨干名师的动员下，组建了区级导师团队及研究核心小组，由市级名师工作室领衔人王艳、市级骨干林海燕、陈舟、吴丽、全国优质课一等奖淡琛（后因家中有事中途退出）、许磊、三位数学教研员李亚林、刘方、石伶（2017年12月退休）组成。导师团队负责相关专业理论的培训，指导青年教师成长。真正发挥这支师德高尚、专业能力强、教学技能佳的辐射引领作用，带动一批青年教师快速成长起来，也为云岩区小学数学教学、市里教学新评比输送新鲜血液和区级学校业务管理人才。

（三）强化培训，理论提升

在省重点课题“数学文化在小学素质教育中的实践与探索”的引领和指导下，先后参加了市教科所组织的主题研讨推进会、课例研讨推进会等6次大型专题培训会，聆听了宋乃庆教授的主题报告“数学文化在小学素质教育中实践与探索的意义”、市教科所宋雪梅老师的专题报告“数学文化在小学数学教学中的实践思考”的专题培训、西南大学博士后裴昌根的“如何进行数据分析”，等等。通过聆听专家对数学文化的解读，领悟专家报告中的精髓，为研究的开展和实践提供了强有力的支撑，促理论素养提升。

（四）制定方案，明确方向

经过讨论研究，确定了研究重点，预测了研究中可能遇到的困难，结合区域教师的实际情况，制定了实施方案、途径和方法的研究、培训课程的研究等，为下阶段的顺利实施做好了充分的准备。

（五）确定内容，明晰方法

1. 构建阶梯式教师队伍的途径与方法的研究。重点研究在区域范围内针对不同层次、不同年龄数学教师的需求，构建数学文化课堂，打造学习型教师、专业型教师、学者型教师的研究。

2．针对小学数学教师专业素养的培训内容的研究。挖掘小学数学教材中关于数学文化的素材，以《数学文化》读本为基础，进行有针对性、系统性地培训内容的研究。

3．通过研究，探索区域小学数学教师培养和培训的途径和方法。重点研究在导师团队的引领和指导下，探索有效的校本研修范式，促进区域小学数学教师专业素养的提升。

（六）问卷调查，收集数据

从问卷调查分析中，可以看出，无论是从专业知识，还是专业能力，研究小组的成员明显优于非研究小组的，这与教研员平时下校指导和专项视导调研的结果是基本吻合的。作为教师教学研究、指导、引领、服务机构，责任和义务是全面提升教师的专业素养，以此为契机，调动老师们参与研究的积极性，愿意静下心来研究教学，提高课堂教学效率的同时促进自身专业发展。

二、第二轮实施——深入研究，拓宽途径方法，提高专业能力

（一）聘请顾问，成立领导小组、研究指导小组

聘请贵州师范学院数学与大数据学院书记、博士、教授李艳琴，贵阳市教科所小学数学教研员、特级教师、正高级教师宋雪梅为课题研究顾问。明确领导小组、研究指导小组职责，落实工作任务。负责对研究工作的整体规划、方案制定、研究设计、人员培训、组织实践、检查指导、效果评估等工作。

（二）组建专家导师团队，为实施研究提供有力保障

为保障数学文化、专业素养研究的有效性、前瞻性和实用性，经多方商议和实践论证，由原来的“名师领衔人、骨干教师＋一线教研员＋全国省市级赛课获奖教师”团队，注入活力变为“高校研究团队＋教研员团队＋名师骨干团队”协

同创新团队，充分发挥高校研究团队高屋建瓴的优势、教研员团队沟通协调引领的桥梁作用和名师骨干教师团队丰富教育教学经验，形成有效的研究模式（如图 4–1）。高校研究团队由高校的教授、博士及她的团队成员组成，主要负责相关文献综述、专业理论指导、设计调查问卷、编制测试卷、分析数据等。教研员团队由市区教研员 4 人组成，主要负责规划方案、组织研究、指导教学、案例分析研究。名师骨干团队由区属名师工作室领衔人、全国省市级优质课一等奖获得者、骨干教师 12 人组成，主要负责教学内容研究、教学方法及策略研究、学生研究。导师团队成员要承担相关培训工作、指导教师工作、组织研修活动、带教青年教师等，发挥其辐射、专业引领作用。

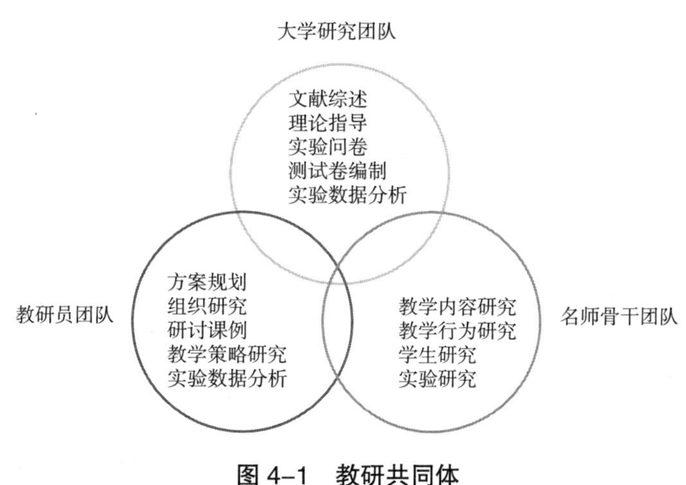

图 4–1　教研共同体

（三）确定数学文化对专业提升有针对性培训内容的研究

1. 挖掘教材中数学文化的素材，形成教师培训资源的研究

（1）结合教材中的“你知道吗、数学小故事”等题材，渗透数学文化

苏教版教材在每一册书中都安排了“你知道吗”，向学生介绍一些数学知识的产生和发展的背景材料以及社会、自然、科学、日常生活中的数学现象、数学问题和应用。教材中“你知道吗？”的分布与次数为：一年级（无）、二年级（无）、三年级上册（7 次）下册（8 次）、四年级上册（12 次）下册（14 次）、

五年级上册（7 次）下册（8 次）、六年级上册（4 次）下册（5 次），共计 65 次。内容题材分为 4 类：数学史、数学知识介绍、生活中的数学、生活常识与信息。通过这些内容的介绍，既能让学生感受到现实生活中蕴含了大量的数学信息，数学的应用广泛，又有利于促进数学与其他学科的联系，充分展示数学的价值和魅力。从后测的问卷调查中，有近 60% 的老师能自觉在教学中相机渗透数学文化，说明参与研究以后，老师们能结合课堂教学和教材的具体内容，有意识地在教学中，渗透数学文化，感悟数学思想。

因此，充分利用好每一册书的“你知道吗？”，对数学文化进行补充，引导学生多维思考，以及与数学有联系的诸如文学、美学、语言等领域知识。但由于“你知道吗？”在每册教材中的数量不多，且内容较单一，所以只能作为渗透数学文化的“元素”之一。

（2）挖掘教材中数学文化的元素，在常态教学中渗透数学文化

数学是人类的一种文化，这是数学课程改革的基本理念之一。这要求在学生学习的内容即题材和呈现方式等更多地联系生活实际、数学历史和现实。反思小学数学课堂教学，应该把数学作为一种文化步入课堂，落实到常态的数学教学中，帮助学生在学习数学的过程中真正感受到数学文化的内涵，受到数学文化的感染和熏陶。

（3）在综合实践中渗透数学文化

“综合与实践”是一类以问题为载体、以学生自主参与为主的学习活动。它是教师通过问题引领、学生全程参与、实践过程相对完整的学习活动。重在实践，注重学生自主参与、全过程参与，重视学生积极动脑、动手、动口。重在综合，注重数学与生活实际、数学与其他学科、数学内部知识的联系和综合应用。正如贵阳市第四实验小学林海燕老师所说：“我发现数学文化可以为数学课堂教学注入一股清流，在这股清流的冲击下，数学课更加具有吸引力，学生的学习兴趣更高，收获也更多。”这样具有生命力的课题不是一时的潮流，而是有价值的研究。数学文化研究对教师专业素养的提升的确是有意义和价值的。站在小学一线数学教师的角度对于以下定义表示赞同：如果说数学的概念、公式、法则、定

律（知识性成分）是数学文化的物质实体（或称显性数学文化），那么经纬其间的数学思想、理性精神、数学方法中所蕴含的信念品质、价值判断、审美追求、思维品质等深层次的思想精神因素（观念性成分）则是数学文化的精神实体。这种蕴藏在知识性成分背后的观念性成分（或称隐性数学文化）则是数学文化的核心和灵魂所在，这是在实时状态下能够对学习者产生文化熏陶与感染的一种具有“活性”的数学文化。

（4）单元整理与复习中渗透数学文化

苏教版教材中每个大单元之后都有整理与复习课。可以引导学生对本单元的知识进行回顾和整理，合作交流，查缺补漏，通过一定量的练习，形成基本技能，但在教学实际中，多数老师以师问生答的形式进行，匆匆而过的回顾与整理并没有起到应有的效果，这样的复习往往是一个形式而已，根本没有达到梳理知识、形成网络的效果。

结合《数学文化读本》中的思维导图，让学生了解思维导图的历史，知道什么是思维导图，以及思维导图的好处是什么。思维导图是英国心理学家托尼博赞在 1970 年提出的，它是一种图形思维工具，按照人的大脑自身的规律进行思考，调动左脑和右脑各自的优势，使大脑潜能得到最充分的开发，极大地发掘人的记忆、创造、语言、精神、社交等各种潜能。思维导图模拟人脑，突出了思维内容的重心和层次，强化了联想功能，加强了人脑对图像的加工记忆能力。再让学生根据思维导图整理所学的知识，梳理脉络，沟通知识之间的联系，根据自己的理解、理清数学概念、规律的区别和联系，区分重点、难点，用图形的方式把语言和思维方式组织起来，美化笔记形式。

经过一段时间学画思维导图后，学生很明显能系统全面、回顾整理每个单元的知识，并会主动地延伸所有相关知识，这样的复习收到了事半功倍的效果。

2. 运用《数学文化读本》，梳理出相关的培训内容

运用西南师范大学出版的《数学文化读本》，引导老师们挖掘其中的数学内涵，弥补现行教材中数学文化元素缺失或不足，梳理相关的培训内容。以《数学文化读本》四年级“编码的奥秘”为例，可以与苏教版四年级下册《数字与信息》进行整合，通过发现商品上的数字标签，提出问题，探索发现数字中蕴藏的奥秘。了解数学在生活中的广泛应用以及所用到的数学思想，了解编码的有关知识和一般规律，获得初步的数字编码方法，渗透编码思想。

（四）探索数学文化对教师专业素养提升培养的有效途径及方法的研究

1. 组合研修范式研究

依托导师团队，根据研究的需要，导师团队对全体数学教师进行了“对数学课程和数学教学的再思考”“基于 MPCK 的教师专业素养提升”“核心素养与数学文化”等多形式、多层次的专业理论培训，团队助力 + 领导给力 + 基地支持 + 老师努力 = 区域活力、合力，初步形成了“基础课程 + 专业课程 + 特色课程”的数学文化促进数学教师专业提升的培养培训课程。除此以外，还不定期开展读书分享交流会，“自学 + 集中培训 + 反思 + 经验 = 成长”是提升教师专业素养的有效途径之一。

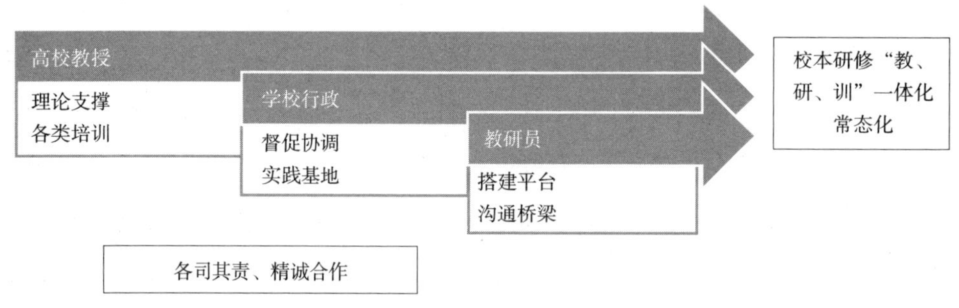

图 4-2　研修共同体

2. 数学教学内容知识（MPCK）研究

借助舒尔曼、童莉对 PCK、MPCK 的研究，即 MPCK 就是关于某个具体的数学内容应该如何表述、呈现和诠释，以便学生能够更加容易地接受并加以理解。数学教师的 MPCK 结构包含 3 种知识要素：一是数学学科知识（MK）；二是一般教学法知识（PK）；三是有关数学学习的知识（CK）。我们在实践中加以应用，深深体会到 MPCK 知识是教师在进行教学实践过程中必不可少的一个知识基础要素，其内在联系如图 4–3 所示。

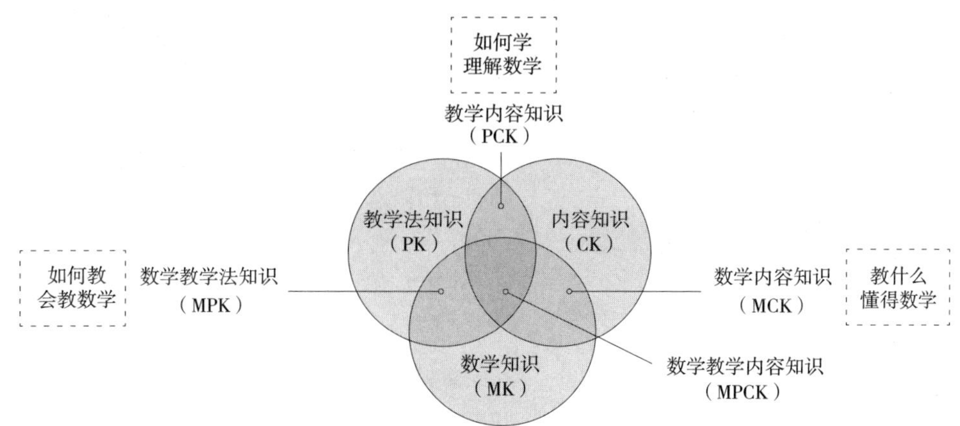

图 4–3　数学教学内容知识 MPCK 的含义结构图

3. 构建小学数学文化特色课堂研究

小学数学文化特色课堂是促进小学生数学素养发展的重要手段。仅传授知识的传统课堂不能有效促进小学生数学素养的发展。在《2011 年贵阳市小学数学质量监测报告》中，虽然学生的数学成绩处于中等偏上水平，但学生数感差、解决问题的策略意识差、对图形特征的掌握和推理能力、应用能力较弱、书写习惯差等问题普遍存在，而数感、解决问题的能力、空间观念、推理能力及应用能力等数学素养对学生发展更为重要。因此，构建高效的小学数学文化特色课堂显得尤为重要。

构建小学数学文化特色课堂可以从课前——以数学素养为课堂教学价值追求、课中——以数学素养为课堂教学主线以及课后——以数学素养为依据建立课堂教学评价体系 3 方面着手，形成了数学文化特色课堂教学范式。（如图 4–4）

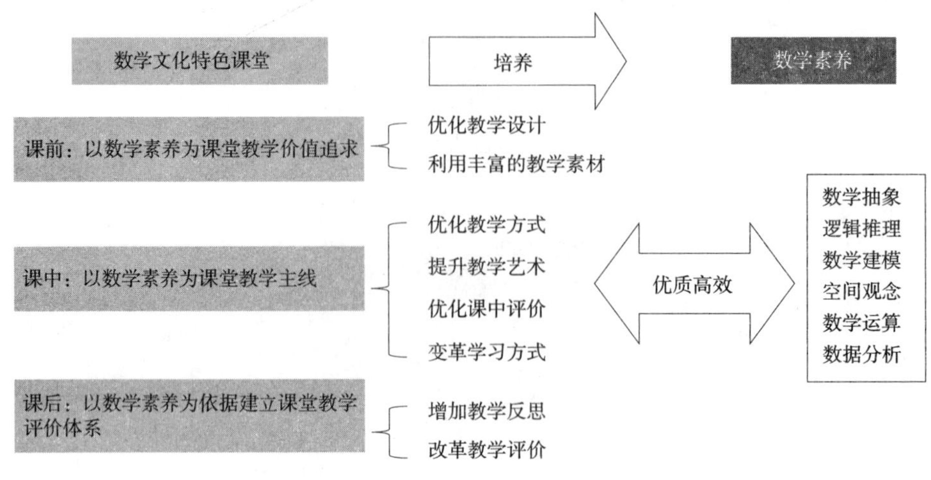

图 4–4　小学数学文化特色课堂范式

4. 组织渗透数学文化、提升专业素养各种教学评比研究

（1）组织渗透数学文化、提升专业素养课例研讨

课例研讨活动是以实际的课堂教学为案例的教学研究活动，即围绕某一主题或一节课而展开的课前设计、实施课堂教学、课后反思、再设计、再实践、再方思的一系列教学研究活动。

围绕前测中发现的问题，如何利用《数学文化读本》进行教学。在前期专业理论的指引下，研究成员对数学文化读本上的内容进行了有意义的尝试。通过160余节数学文化读本课的探索，我们发现：读本上的内容大致分为几类，一是自主阅读较强的篇目，比较适合让学生自己阅读，老师再有针对性进行讲解；二是结合多种版本教材内容，可以根据当时的教学进度，选择合适的年级进行教学；三是需要课后进行延伸，除在课堂上进行教学外，还需布置长作业，让学生进一步实践。无论是哪一种类型，对激发学生学习的兴趣，让学生感受到数学有用、好玩、有味，对数学素养的培养有一定的促进作用。

（2）组织老师参加区级新秀奖、园丁奖优质课评比活动

组织教师参加云岩区每两年组织的大型全学科优质课评比活动，秉承以赛促评，以评促研、促训的原则，赛前有专题培训、赛中公开公平公正、赛后展示交

流。从课堂教学效果、团队磨课的资料、学校参与观课等情况看，大多数参赛教师能以学生的思维发展为目标，充分挖掘教材中的数学文化元素、核心素养，站在学生的角度来设计教学，教学效果良好。课堂上，注重引导学生经历知识的形成过程，从不会到会，从会学到学会。设计的问题贴近学生的最近发展区，环环相扣，层层递进。重视学生的数学思考，会用数学的眼光去发现身边的数学，运用所学的数学知识解决身边的数学问题，从数学的角度分析和解决问题，欣赏数学的美、感受数学的魅力。从老师们对面向全区的展示交流课的听课反馈意见，可以看出，他们对这样的评课方式是蛮赞同的：纷纷表示从中学到了很多，体会也不少，不同层次的学校面对同一层次的学生进行教学，为教师的专业成长搭建展示、交流和学习平台，有效促进了校本研修的开展，提升了教师专业素养。

（3）组织老师参加全国数学文化优质课大赛，在研磨中提升专业素养

自参与研究以来，组织全体研究成员及技能培训班学员参加第二、三、四届全国数学文化优质课大赛、市级优质课大赛，共有 29 人次获市级二等奖以上的奖项。每次赛课，在确定课题后，先由执教者独立备课，然后遵循这样的规律：团队研磨—反复试教—反思改进—形成定稿。要设计一节好课，制定明确具体的目标是关键。“读懂教材”和“读懂学生”是拟定目标的前提。“读懂教材”必须基于数学学科的特点、具体的数学知识内涵以及数学历史发展等。“读懂学生”就是要基于儿童的认知规律、学生的学习基础以及最近发展区，考虑到可能出现的困难与困惑，做出合理判断。在每一次研磨课的过程中，老师们得到了锻炼，专家团队得到了发展，相互学习，共同进步。

（4）有序、有专题组织云岩区小学数学教师专项技能培训班

云岩区历来重视教师的培养培训，从新教师培训到学科教师岗位培训再到教研组长培训等。整体规划培训课程，发挥区属各级名师骨干的辐射引领作用，一体化构建教研、科研、培训范式，点面结合，组织开展了全区 140 名第四期“数学文化、专业素养”专项技能培训班。根据研究内容，合理设置培训课程，包括课程标准解读、数学文化相关理念、教学技能、最新教育资讯、案例分析等丰富内容；培训形式多样：专题讲座式、热点大讨论、圆桌研讨式、小组交流等；试

行导师制，每次课均有相应作业，导师要批阅作业，引领、指导学员开展课例研讨活动；还组织别开生面的户外拓展训练，增强凝聚力、团队精神、吃苦耐劳的恒心和毅力。导师团队和研究人员在培训班上的突出表现，良好的专业品质为学员们领航、示范，真正发挥了榜样引领作用。

对数学文化内涵进行深入研究，通过“自学 + 集中培训 + 反思 + 经验 = 成长”、MPCK 知识、数学文化特色课堂、参加各级教学评比活动、参加专项技能培训班等途径，充实了教师的专业知识，提高了教师的专业能力，从而提升了专业品质。其实，这既是导师、研究人员成长的必经之路，这也是参与研究的成果体现。

三、第三轮实施——推进实践，感悟数学精神，修炼专业品质

（一）数学文化赋予小学数学教师专业素养新内涵研究

面对新方位、新征程、新使命，教育人需要具备适应时代发展的关键能力和必备品格。结合之前的研究基础和已有经验，提出了小学数学教师专业素养 2.0 版，即小学数学教师 π 型专业素养，像数学家一样思考，将多种专业知识和专业能力融会贯通的复合专业素养，回归教育初心，真正发挥数学育人的功效。回归教育初心，以德立身、以德立学、以德施教，真正成为学生锤炼品格、学习知识、创新思维、奉献祖国的引路人。为自己的信仰孜孜以求、坚守信仰、固守精神家园，同时对数学、对教育具备敬畏之心，敢于担当。不仅是敬畏数学知识，更有对立德树人的敬畏。

对数学文化的研究促使教师们牢记初心，提升教师的专业品质，逐渐不满足给予的专业知识，自觉反思自己的不足和需求，探寻适合自己的多元专业知识、多样专业能力。这种不断反思、不断汲取、不断发展，周而复始，成长更加迅速！这就像 π 的魅力，无限不循环、优美旋律，在高尚的专业品质引领下的扎实的专业知识和精湛的专业能力构成新型的教师专业素养。

表 4–2 数学文化浸润小学数学教师专业素养框架

维度	要素	内容
专业品质	理想信念、教育情怀	用数学家的数学情怀，对数学孜孜不倦的追求，激励教师热爱本职工作，回馈教育初心，培养学生的学习兴趣，感受数学的有趣、有用、有味
	道德情操、个人修养	乐于成为一名幸福的数学老师，有正确的数学教学观
专业知识	数学学科知识	了解数学课程标准的理念、设计思路、总目标、学段目标；熟悉小学阶段四大领域的知识及相关联系；易混淆概念的辨析
	数学教学知识	了解最前沿的教育理念；了解课程改革的内容、有关数学教学观的知识
	数学内涵	了解数学文化读本丛书中有关的数学知识；现行教材中数学文化的元素
	数学教学内容知识（MPCK）	从数学学科知识、教学法知识和学生学习内容知识三个方面来设计数学文化课堂
专业能力	教学设计与实施能力	课堂教学的设计、组织和管理能力
	合作沟通能力	与人沟通交流、合作的能力；用数学的思维来表达的能力
	反思发展能力	会用数学思维方式，养成自我反思习惯；终身学习的愿望、能力
	创新研究能力	发现、提出问题能力；用数学方法解决问题；有研究教学能力

（二）开发渗透数学文化校本课程和编写教学设计的研究

校本课程的开发使教师得以亲自参与课程编制的整个过程。在这样的过程中，教师能在相关专业人员的指导和帮助下，反思自己在教学中所遇到的问题，并找到问题的答案，进而促进教师的专业发展。

贵阳市第二实验小学以数学文化为核心，学生思维能力培养为基础，编写一套适合本校学生的生本校本教材和教师用书。学校成立了“思维训练校本课程领导小组”“思维训练校本课程研发小组”和“思维训练校本课程实施小组”，形成实施和管理体系，确定了《数学思维启迪》研发思路：以同学们喜闻乐见的数学事件为切入点，融入时尚元素，深入浅出地分析数学事件的技巧和蕴含的科学原理，培养同学们的钻研、探索精神和数学思维习惯，着力提升学生的数学思维能力，并传承和弘扬数学文化。以该套校本课程为基础的教学成果《依托校本课程，培养学生数学思维——数学思维拓展训练校本课程开发》获贵阳市第九届（2017年）中小学、中等职业教育、学前教育、特殊教育优秀教育科研成果一等奖。

研究顾问宋雪梅参与由西南师范大学出版社出版《数学文化读本（五上）》的编写。李亚林、吴丽、陈舟参与由西南师范大学出版社出版《数学文化与教学设计（四年级）》教学指导用书的编写。

（三）注重媒体宣传、报道、交流，扩大影响力

各实践基地学校纷纷建立了自己的微信公众号，共推送微信宣传几百余篇；并积极与贵阳市的各大媒体取得联系，宣传数学文化、专业素养，使社会、家长、学生重新认识数学，发现数学的美、数学的妙、数学的好、数学有用。其中贵阳电视台和直播贵阳栏目多次播放了贵阳市的数学文化研讨培训活动；还在《贵阳晚报》《贵州商报》上得以报道；贵州省电视台动静资讯、《贵阳日报》《黔学帮》等媒体也报道了相关的活动，在贵阳市引发了一定程度的关注。

有 11 人次在全国数学文化观摩交流会上执教示范课、交流发言，从研究、实践活动、取得成效、社会影响等方面向来自全国的与会者介绍了贵阳市云岩区的经验；在国培计划、异地扶贫搬迁项目中，执教示范课、展示课、专题讲座百余场次，推广数学文化促进专业素养提升途径，让更多的人了解数学文化，感受数学的魅力。

（四）实施前后的状况比较和分析

针对研究的实际情况，聘请相关技术人员命制了前测、后测问卷，调查主要内容及相关数据对比分析如下。

1. 学生数学学习发展分析

通过问卷分析可以看出 88.8% 的学生对数学课感兴趣；77.4% 的学生对数学文化课感兴趣；40.4% 的学生对数学文化读物感兴趣；80.5% 的学生是认真完成数学作业，77.6% 的学生在数学课上是认真听讲的。实验班和非实验班学生在对

数学课内外的自我效能评价显著。在多次课例活动开展中，学生对数学文化中的探究活动的兴趣浓厚，觉得数学变得好玩了，有趣极了，孩子们惊叹：原来数学课还可以这样上啊！

2. 学生学业水平成绩分析

2016 年 11 月，在贵阳市对全市四年级学生进行的教育教学质量监测中，我区 5 所实验学校的四年级学生数学学业成绩有 3 所实验学校的数学成绩平均分高于市平均分，其中 80 分以上有 2 所。有 3 所实验学校的优分率高于市平均优分率，5 所学校的及格率均在市及格率之上，说明成果的实施在学生学业水平测试中的效果较为明显。

在 2016 年、2017 年贵阳市质量监测中，实验学校在全市 663 所小学中排名靠前，我区的 3 所学校在一年的实验时间后排名有大幅提升，部分学校有小幅提升，总体呈上升趋势。说明成果的实施在学生学业水平测试中的效果较为明显。

3. 教师对数学文化的了解程度分析

从最开始只有 44.05% 知道一点，到后来有 59.32% 比较了解，可以看出：老师们对数学文化的理解逐渐加深。最初很多老师对数学文化的认识仅仅就是“数学 + 文化”，以为数学文化简单等同于数学史，以为渗透了数学史，那就是一堂体现数学文化的课。通过形式多样的理论培训、案例研究，老师们对数学文化的内涵、数学文化的意义、数学文化的实施途径、《数学文化读本》教学建议有了更进一步的认识。问卷结果显示：参与课题研究的过程中，老师们最少写了 1 篇有关数学文化的论文，上了 1 节《数学文化读本》的研究课，有的学校还组织教师编写了一套有关数学文化的校本教材。

4. 教师教育教学中有关数学文化的实施情况分析

从调查数据对比分析可以看出：教师们通过此课题，能在教学中自觉根据教学内容相机渗透数学文化，从最初 55.95% 的老师平均每周不到一次提升到有 59.32% 的老师平均每周一次。老师们实践的方式也不尽相同，如结合教材中的“你知道吗、数学小故事”等题材，渗透数学文化；在综合实践领域渗透数学文化；编写数学文化校本教材，利用地方课程进行渗透。

以前老师们备课多半只是借助教参、教科书，而现在老师们对教材的研读方式是多样的。其中挖掘《数学文化读本》的数学内涵，弥补现行教材中数学文化元素缺失或不足很有帮助。读本的内容一览表中有：故事名称、数学内涵、拓展与应用 3 部分。数学内涵一栏除了简要介绍教材对应的内容外，还提到此节课所蕴含哪些数学思想、数学方法、数学史等，老师们可以借助读本与苏教版教材相结合，梳理苏教版教材的数学文化渗透点。这与 MPCK 的案例研究对老师们教学的影响力是分不开的。

5. 教师教学行为分析

教师的教学方式也相应发生了变化，数据显示教师对数学文化课设置的内容和要求都有了提升，从而带动学生学习行为的改进，如上网查阅资料或向周围的人咨询、小组实验、合作探究、想方设法解决问题等，大多数教师认为学生学习的重要方式为独立思考、认真倾听、动手实践、自主探索、合作交流。其中有一个比较大的变化是，前测时有 29.76% 感到挫折，对现状困惑，后测时教师们能对自己的职业发展有新的认识，说明老师们对自己专业素养的提升从原来的仅仅停留在教学层面过渡到了专业发展、课题研究、职业规划，真正向研究型的教师迈进。

第四部分　研究结论与成效

本研究主要采用行动研究法、文献法和调查法，收集整理和运用现今国内外与数学文化、教师专业素养相关的教育教学理论，在分析、比较的基础上，为研究提供充实可靠的理论依据。以问卷调查的形式了解教师的思想状况、认识水平，以观课议课、教学评比、测评等方式，了解教师的业务能力，为研究提供充足的事实依据和前期资料，在课堂教学和校本研修中，寻找“提升数学教师专业素养的有效途径和方法”，研究“数学文化对提升数学教师专业素养”的促进作用，行动者参与研究，研究者参与实践，边实践，边探索，边修改，边完善，理论与实践、成果与应用有机地结合起来。

研究实践证明，本研究的方法切实可行，具有针对性、基础性和现实意义。

一、理论成果

（一）组织实践基地开展了多主题的实践研究

目前已建立了10个实践基地学校，包括省府路小学、实验二小、环西小学、东山小学、城西小学、三桥小学、实验三小、毓秀路小学、岳英小学、中天北京小学。主持、组织、参与省级重点课题2项、市级课题8项、区级课题2项，有数学文化主题活动、数学素养、数学思维、学生学习兴趣等不同主题的实践探索研究，有200余名一线教师参与成果实践。

（二）撰写和发表相关学术论文

实践基地学校的教师在研究方案的撰写中、专题培训中、课例的研磨中不断地学习、思考和实践，理论水平、写作水平、实践能力、研究能力和反思能力都逐步得到了提升，在研究中成长，在反思中提高，在探索中进步。在《数学教育学报》《贵州教育》《课程教育研究》等发表论文39篇，72篇论文、教学设计获市级一等奖以上（其中5篇论文在全国数学文化论文评比中获二等奖以上）。

（三）编写数学文化专业素养相关著作

表4–3　出版相关著作一览表

序号	日期	类别	出版物	出版社
1	2019年8月	专著	《贵阳市小学数学教学质量检测结果运用》	贵州人民出版社
2	2017年10月	教学指导用书	《数学文化与教学设计》四年级	西南师范大学出版社
3	2020年9月	教材	《小学生数学思维启迪》小学阶段全册	贵州科技出版社

二、实践成效

（一）构建了小学数学教师 π 型专业素养体系，形成“本土”共识

在实践研究中，结合之前的研究基础和已有经验，提出了小学数学教师专业素养 2.0 版，即小学数学教师 π 型专业素养（如图 5）。像数学家一样思考，将多种专业知识和专业能力融会贯通的复合专业素养，回归教育初心，真正发挥数学育人的功效。在高尚的专业品质引领下，夯实专业知识，提升专业能力，形成新型的教师专业素养。

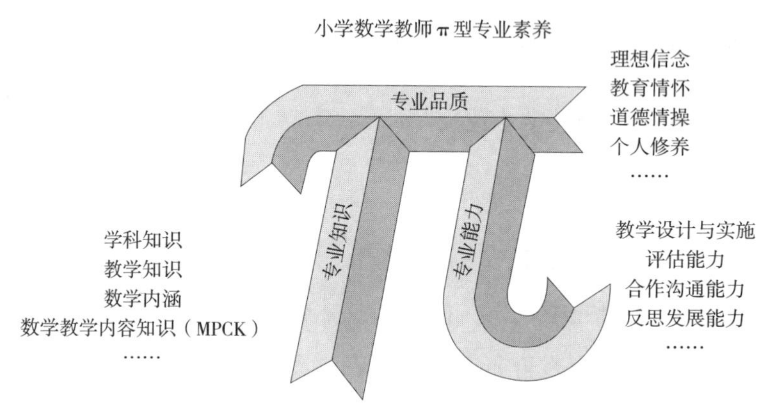

图 4-5　小学数学教师 π 型专业素养图

π 是一个希腊字母，即圆周率，是无限不循环的小数，是非常重要的常数，古今中外很多数学家都孜孜不倦寻求 π 值的计算方法。π 上面的一横，指数学教师的专业品质，坚定的理想信念和高尚的道德情操，回归教育初心，以德立身、以德立学、以德施教，真正成为学生锤炼品格、学习知识、创新思维、奉献祖国的引路人。π 左边的撇表示数学教师的专业知识，数学学科知识、数学教学知识、数学内涵、数学教学内容知识（MPCK），右边的竖弯钩表示数学教师的专业能力，教学设计与实施能力、合作沟通能力、反思发展能力、创新研究能力等。它代表数学老师是研究型的老师、终身学习的老师、全面发展的老师。

实践研究后，11 人次获市级教科研成果一等奖以上，有 7 人评为高级教师，

有 1 人被评为贵阳市十佳好老师、2 人被评为市级学科带头人培养对象、15 人获市级骨干教师、2 人获得市创新型青年教师、2 人获贵阳市教坛新秀、14 人获区教坛新秀、82 人获区级骨干教师称号。

（二）丰富了数学文化对区域小学数学教师专业素养提升的相关培训内容

通过实践研究，我们提出了，对区域小学数学教师专业素养提升的培训内容除了基础性的数学知识外，还应该具备 MPCK 知识和能将数学文化有机渗透在常态教学中的实践性知识。以三、四年级《数学文化读本》为例，自主梳理可以与苏教版教材部分内容进行整合的。合理运用西南师范大学出版的《数学文化读本》，引导老师们挖掘其中的数学内涵，弥补现行教材中数学文化元素缺失或不足，梳理相关的数学知识作为培训内容，将数学文化与常态教学深度结合。

（三）拓宽了区域小学数学教师专业素养提升的培养培训的途径

1. 团队助力，提升专业品质

采用“高校教授 + 教研员 + 学校教师”三方协同创新团队推进，发挥各自的优势、团队协作、精诚合作，对区域小学数学教师按照新老师、中心组成员、专项技能班成员、区域教师进行分类实行分层培养，借助好老师、骨干、名师、创新型教师对参训学员起到榜样引领作用，多方合作，实现分层发展，育人与育己相统一，团队赋能教师专业成长。

2. 课程引领，丰富专业知识

在数学文化精髓的统领下有针对性地设置了以下课程：通过了解数学的发展过程，感悟数学家的教育情怀，体会数学内涵；借助 MPCK 案例研究来夯实教师专业知识；打造数学文化特色课堂，改进教学行为，提高数学教师专业能力；形成了“基础课程 + 专业课程 + 实践课程”的数学文化、专业素养的本土化课程体系。（见下图 4–6）依托导师团队，根据研究的需求，进行了“对数学课程和数学教学的再思考”“基于 MPCK 的教师专业素养提升”“核心素养与数学文化”等多形式、多层次的培训活动。

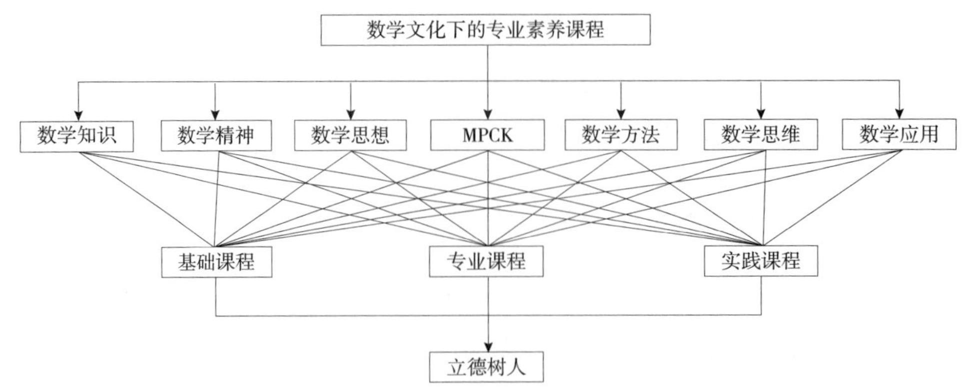

图 4–6　数学文化专业素养的本土化课程体系

3. 依托专项技能培训班组织区域专业能力培训

学科中心组活动是云岩区教研工作的一大特色，在我区的教育教学活动中发挥了不可或缺的示范作用，对我区教学质量的提升起到一定的促进作用。除此以外，还组织了不同主题的数学教师专项技能培训班，每期学员来自中心组成员和骨干教师，约 150 人，培训时间一年约有 20 次课折合 80 个学时，每次课均有相应的实践作业。培训内容丰富，有专业理念培训、课例、案例分析、教育科研、拓展训练等。培训形式多样，有专题讲座、课例研讨；参与式、小组合作式等；网络学习、自学与集中培训相结合。试行导师制，聘请区属各级名师骨干担任导师，负责学员的专业指导、课例研讨及作业批阅。因培训效果佳，被称为云岩数学黄埔军校。目前已经到第五期，主题为“五育并举、提升专业素养”。

4. 实践研究，发展专业能力

立足将数学精神内化为教学行为，构建数学特色文化课堂，渗透数学素养，强化教学反思，提高数学教师课堂教学能力，以研促教；开展不同主题“课例 + 研讨 + 专题培训”的研修活动，拓宽数学教师的视野，以研促思；组织各级各类赛事，以赛促训，发展教师的专业能力，使教与研紧密结合，专业助力，集群发展，重构教师新生态。

区属 5 所学校 57 人参与录制网课工作，参与研发五、六年级数学贵州省“阳光校园·空中黔课”课程资源 140 节，为全省师生提供优质、丰富的学习资源，并通过贵州电视台、微兔 gogo、咪咕等平台供全省小学师生观摩、学习。

第五部分　研究结论、不足与展望

一、研究的主要结论

在渗透数学文化的背景下，针对小学数学教师的专业素养有了一系列的研究，主要从以下几个方面来展开：

1. 通过对国内外数学文化、专业素养的研究进行评述，明确本研究的角度是数学文化浸润下的小学数学教师专业素养，包括三个维度，十个方面，即数学教师的专业知识、专业能力和专业品质。

2. 挖掘现行教材中数学文化的元素及合理运用数学文化读本，确定提升区域小学数学教师专业素养的有针对性的培训内容。通过丰富多彩的研修活动、各级各类赛事活动、构建数学文化特色课堂，探索力促小学数学教师专业素养提升的有效途径和方法。

3. 开发校本课程和编写专著、教师教学辅导用书，丰富教师的专业素养。结论如下。

（1）数学文化与数学教师专业素养的有机融合

基于教学中的实际问题进行深入细致研究，从常态课切入，贴近教师的“最近发展区”，从现行教材中很容易发现数学文化元素，而数学文化读本本身就包括丰富的数学知识、数学思想、数学方法等，并在实际中加以运用，在高尚的专业品质引领下，数学老师们孜孜不倦地丰富的专业知识与强化专业能力。

（2）团队助力区域小学数学教师专业素养提升的途径和方法的提炼

采用“高校研究团队＋教研员团队＋名师骨干团队”三方合力的研修共同体，能更有效地弥补一线教师重实践、轻理论的弊端；数学文化浸润小学数学教师专业素养框架对教师的培养培训有一定的指导意义；探索出的提升区域小学数学教师专业素养的培养培训途径和方法具有现实意义和推广价值。

（3）丰富了区域小学数学教师专业提升的培训内容

引领区域教师充分挖掘、合理运用现行教材和数学文化的结合点，并在教学中加以灵活运用，体会学科育人价值。依托优质资源，发挥骨干名师辐射引领作用，梳理、完善相关培训内容，有适合全体教师共同需求的通识内容，也有面对不同教师需求的数学教学内容知识，更有个体需要的定制培训内容等。

（4）形成了一支品质佳、专业硬、能力强的教师队伍

借鉴已有经验，组织开展多元研修活动，精准指导，提供专业的教学改进策略，锻炼一批又一批数学骨干教师，打造优质数学文化特色课堂，使学生感受数学的有趣、有味、有用。在研究中成长，在成长中反思，在反思中积淀，迭代发展，在提升教师专业素养的同时，学生得以进步，学校获得长足发展。

二、不足与展望

由于能力有限，在研究中有许多不足之处，主要有如下几点：

1. 因为能力、经验和水平有限，编制的问卷还存在不够规范或辨识度不够，对成果的运用推广局限在云岩区，辐射的范围不够广。

2. 通过研究，我们深刻认识到教师专业素养的高低确实是与教学质量有很大的关系。在下一步的研究中，我们可能会增加命题技术、试卷讲评课和作业设计的研究。

3. 专业素养的问题是一个重要而宽广的领域，这一类问题的研究对于教师的专业发展有着深远的意义。

参考文献：

[1] 郭少英，朱成科．“教师素养”与“教师专业素养”诸概念辨 [J]．河北师范大学学报（教育科学版），2013，15（10）：67–71.

[2] 左浩德，裴昌根．数学教师专业素养的概念构建及测评 [J]．首都师范大学学报（社会科学版），2017（04）：173–180.

[3] 章勤琼，徐文彬．试论义务教育数学教师专业素养及其结构——基于教

师专业标准与数学课程标准的思考 [J]. 数学教育学报，2016，25（04）：69–73.

[4] 顾沛. 南开大学的数学文化课程十年来的探索与实践——兼谈科学教育与人文教育的融合 [J]. 中国高教研究，2011（09）：92–94.

[5] 于发友. 教师专业发展的五大趋势 [J]. 教育发展研究，2004（5）.

[6] 林静，邓旭. 从专业准则规定到专业发展引领——21 世纪国际教师专业标准新导向. 教育科学期刊，2016.

[7] 杨豫晖，吴姣，宋乃庆. 中国数学文化研究评述 [J]. 数学教育学报，2015.

[8] 左浩德. 数学教师专业素养的概念建构及测评 [J]. 首都师范大学学报，2017（4）.

[9] 章勤琼，徐文斌. 试论义务教育数学教师专业素养及其结构——基于教师专业标准与数学课程标准的思考 [J]. 数学教育学报，2016（4）.

贵阳市教育科学规划课题：数学文化促进小学数学教师专业素养提升的研究

立项编号：GYJY（16005）　　结题编号：GYKTJ（2018）74

课题主持人：李亚林

研究报告执笔：李亚林、陈　舟、许　磊、廖　玥

主要参研人员：陈　舟、许　磊、吴　丽、廖　玥、杨　会、马宏梁、李洪玥、李　红

基于单元学习的协同创新组织文化建设研究

——以贵阳乐湾国际实验小学实践探索为例

贵阳市乌当区乐湾国际实验小学　熊　梅

伴随着从“知识本位”向“学科核心素养”的转型，发展学生学科核心素养已成为引领和指导我国基础教育课程与教学改革的新理念、新目标、新标准。为了发展学生学科核心素养，我们以单元学习改革为突破口，努力探索促进学生学科核心素养发展的有效途径和机制制度。其中，学校协同创新的组织文化是影响和制约单元学习质量和效果的重要因素，就像专家所言：“对于一线教师而言，学会单元设计意味着教师作为专家的学习与成长。倡导基于‘核心素养’的单元设计，应当成为我国中小学教师研修的重心。”对习惯于课堂教学改革的教师来说，学会单元设计无疑是一个非常具有挑战性的课题。一方面，发展学生学科核心素养的单元学习需要协同创新的组织文化做保障；另一方面，单元学习又为学校协同创新的组织文化生成、教师专业发展提供了条件和机制，彼此之间形成了“共生共融、共进共创、共同发展”的双向互动机制。

一、基于单元学习的协同创新组织文化的本质意蕴

基于单元学习的协同创新组织文化至少涉及单元学习、协同创新和组织文化3个关键词，其中单元学习内在地规定了协同创新活动中建设组织文化的重要性和必要性，协同创新是反映单元学习最为基本的核心属性，组织文化的建设则是单元学习中有效实现协同创新的根本保障。

1. 单元学习的内涵价值

单元学习是以单元为单位进行的学习，即以一个单元为基本单位，以发展学生学科核心素养为目标，通过创设真实有效的情境，使学生在主体的、对话的、深度的学习活动过程中发现问题，在解决问题的过程中习得和运用知识，形成正确的价值观念和关键能力。单元学习作为一个相对独立的系统化的学程，具有情境性、主体性、对话性和深度性的特点，对于发展学生学科核心素养具有如下的意义价值。

一是有助于学生系统地掌握学科知识。传统的课时教学将学习内容碎片化，不仅阻碍了教师对教材的理解，甚至将教师对知识的理解导向片面和孤立，对知识的把握上升不到全局的高度，导致教师在教学实践中不能系统地分析教材，而且学科核心素养往往是跨课时逐步形成的，并非通过一节课就能够实现。而单元学习相对于传统的课时教学来说，彰显了其系统化、过程性的特征，克服了“课时主义”只见树木、不见森林的局限性。单元学习以发展学生学科核心素养为目标，通过系统地设计学习内容、学习时间、学习过程、学习方法、学习环境与资源等，使学生在真实的情境中进行主体的、对话的、深度的探究学习。换而言之，单元学习充分利用文本内容的系统性特征，通过优化和调整单元内容结构，采用“划分难易、谋求重点化→取舍内容、重新配套化→编排顺序、增进关联性”的思路，建立具有一定系统性的单元学习体系，纵向加深单元内容层次，横向拓宽单元设计的广度。

二是有助于突显学科结构的整体性。钟启泉教授认为“核心素养—课程标准（学科素养 / 跨学科素养）—单元设计—课时计划”——这些是单元设计的关键环节。立足于中观层面的单元学习，既能够起到“上挂”宏观层面的学科结构改革，又能够起到“下联”微观层面的课堂教学改革，从而起到“上挂下联”“双向互动”的价值功能。“整体”与“部分”相对，在教学设计中，整体主要解决如何统整各要素之间的关系，以及统筹安排各项活动的问题。聚焦“整体性的单元设计”就需要教师在单元活动中务必从教育目标出发，统筹全局，将单元学习的每一步、每一环节都放到教学活动的大系统中考证，而不是片面凸显或强调某一点。因此，在整体性特征的引导之下，一方面，新旧知识之间的关联性、学科间知识的连接与运用以及各实施环节的连贯性，通过一个单元不断得到突破和发展，逐步覆盖年、学段，最终打通对各个教学环节的连贯性。同时，教师能够从教材理解上准确把握学生的逻辑起点，根据学情分析确定学生的现实起点，包括确定学生认知结构的现有水平、确定学生的学习特点、明确学生的学习困难等，最终使学生的发展真正形成生长点，进一步促进学生学科核心素养的发展。另一方面，在系统性思维的指导下，教师依据课程标准，以学生学科核心素养为目标，整体设计单元结构和学习流程，选择恰当的学习方法，保证整个学习活动环环相扣，有序进行。

三是有助于实现学习主体的共生共创。单元学习是一个师生共生共创的过程，体现了国家课程的校本化实施。首先是彰显了教师主体的创造性，教师基于课标、基于教材、基于学生，创造性的设计学习单元，这个过程体现了教师对学科核心素养、学习内容的独特诠释和理解，彰显了教师的教育观念。每个单元学习首先是体现了教师主体的创生性过程，融入了教师的创造智慧和探索过程。其次是彰显了学生主体的创造性，学生作为单元学习的主体，在单元学习的过程中，学生已不是知识被动的接受者，而是知识的发现者、建构者、对话者和反思者，学习的根本目的不仅仅是为了获取知识，而是为了建构知识，运用知识解决实际问题。这个过程体现了师本课程转化为生本课程的过程，学生在创生性的单元学习过程中获得情感、态度和价值观。并且，在单元学习过程中，教师与学生成为真正的“学习共同体”，共同建构创生性的学习氛围，相互“成人成己”。因此说，单元学习是师生共同体共生共创的过程，是实现国家课程校本化的最终体现。

2. 单元学习需要协同创新

协同创新的功能和意义在于克服个体创新方式的不足，它是与个体创新、独自创新、封闭创新相对的团队创新、合作创新、开放创新，是指单纯依靠个人的研究力量而无法攻坚克难的那些相对复杂的系统性的问题。协同的概念，是由德国学者赫尔曼·哈肯最早提出的：“是指系统中各子系统的相互协调、合作或同步的联合作用及集体行为，结果是产生宏观尺度上的结构和功能。”协同创新强调创新主体之间的互动连接和集体创新，以协同创新方式促进创新活动的发展。有学者将协同创新定义为：指在一个系统中各子系统或各要素，基于共同目标，通过形成共享的观念，依托资源共享平台，相互交流、相互配合、协调一致，从而形成新的整体系统，产生新的协同效应的过程。也有学者认为：协同创新就是多个独立的、没有直接隶属关系的组织形成的目标趋同、知识（思想、专业技能、技术）互补、运作配合、收益共享的创新模式，本质上是一种管理创新。基于以上认识，协同创新可以从两个层面来理解：一是宏观层面的组织与组织之间的协作与创新；另一个是微观层面的组织内部的人员与人员间的合作与创新。宏观层面更多是管理模式创新，微观层面更多是行动（解决问题）和人员发展模式创新。

单元学习作为国家课程的校本化实施，作为一个相对复杂的系统化学程，体现教师之间、师生之间共创共享的过程。单元学习方案的设计与实施较之于课堂教学，具有更大的艰巨性、复杂性和难度，非教师个体智慧、能力和创造力所能担负，客观上需要教师团队协同创新，为了共同目标通过各方力量的密切配合形成整体的运行合力，从而促进创新资源的集聚整合和能力优势互补，实现创新价值和创新绩效的最大化，产生“1+1 ＞ 2”的协同效应。

单元学习协同创新可从如下两个层面加以界定：一是从狭义的角度来看，协同创新共同体是指教师与学生，他们是单元学习协同创新的主体和核心，是单元学习的共创者和共享者。首先，教师团队是单元学习协同创新的共同体，他们以发展学生学科核心素养为共同的教育信念和目标，通过教师间的协同互动、沟通交流、密切合作共同创生出单元设计方案和操作体系。其次，在单元设计方案实施过程中，师生成为单元学习的合作者、对话者、共享者，在单元学习过程中获得共同发展。二是从广义的角度来看，协同创新共同体是指学校领导者、部门人员、一线教师多方主体组成的协同创新共同体，他们多元参与、齐心协力、互相配合形成整体的运行合力，产生整体大于部分之和的协同效应，实现创新价值和创新绩效的最大化。

3. 组织文化是单元学习中实现协同创新的根本保障

文化即特定群体共同的信念、价值观和行为准则，而协同创新的组织文化就是教师群体为了实现共同的育人目标，以创新为理念、以协同作为成员共同信念和行为准则的组织文化，它是教师群体共同拥有的协同创新理念、协同方法和态度，是单元学习中实现协同创新的根本保证。

单元学习作为国家课程的校本化实施，作为相对独立的系统化学程，对于当前中小学教师来说都是一项重要的研修课题。一方面学校可以通过系统的研修计划，有目的、有计划地开展有关学科核心素养和单元设计理论的培训和指导；另一方面，需要建立协同创新的组织文化，以发展学生学科核心素养为目标，以协同创新为理念和方法，通过“学—行—思”行动研究过程，提升单元设计能力和指导能力，逐步建立起协同创新的研修文化。协同创新的组织文化，一是有助于促进教师协同发展，教师团队在单元学习方案的设计和实施过程中，通过质疑问难、对话交流、智慧碰撞、批判反思，达到相互促进、共同发展。二是有助于提升单元学习质量和效果，克服教师个体观念和文化的偏差，通过发挥教师团队集体的智慧和力量，准确理解和把握单元学科核心素养目标，协同参与单元学习方案的设计、实施、评价和改进的过程，提升单元学习的质量和效果。

二、单元学习中影响协同创新组织文化建设的主要因素

建立协同创新的组织文化对于提高单元学习的质量和效果、提升教师协同创新的能力具有重要的意义。那么，我们首先需要探明在单元学习中影响协同创新组织文化建设的基本因素。

（一）校长支持对单元学习中协同创新组织文化建设的影响

组织的领导者制约和影响着单元学习中协同创新组织文化的形成和协同创新的进程和效果。一方面，领导者的价值观、个人风格与单元学习中协同创新的组织文化形成密切相关。高度重视单元学习中协同创新的校长通过制定奖励机制、口头表扬等支持性行为，激励学校教师的创新行为，影响学校整体的创新倾向。

学校单元学习中协同创新倾向越强，越能够积极应对潜在的文化差异与冲突，减弱甚至避免冲突的破坏性影响。另一方面，单元学习中的协同创新需要校长的积极推动和大力支持，校长支持的力度越大、投入的精力越多，越能够减少和合理解决文化冲突，建立起文化融合的机制和制度，从而促进单元学习中协同创新效益的最大化。

（二）角色文化差异对单元学习中协同创新组织文化建设的影响

在单元学习中协同创新的组织文化冲突主要表现为团队成员因在价值观、思维模式、行为规范等方面的分歧、对立或排斥，并随着冲突主体之间的相互作用呈现出不同影响的动态过程。具体来说，主要表现在如下 3 个方面。

1. 单元学习中价值观的差异

价值观作为文化的核心，文化的差异本质上是价值观的差异，价值观作为文化的最深层次很难被观察和衡量，但却引导和制约着组织规范和行为习惯的形成。在单元学习中协同创新团队的每个成员，由于在价值观上体现了多元化的特点，因此在客观上会对协同创新组织文化产生制约和排斥作用，甚至直接影响到单元学习中协同创新的成效。在单元学习中，学校管理者作为协同创新的主导者和推动者，追求“重政绩”的价值观，学科骨干教师作为协同创新的核心力量，追求的是学术的价值和关切学生发展人本价值观，个别教师追求的是获得名利的价值观。因此，针对团队成员价值观差异的客观存在特点，需要在单元学习中兼顾和平衡各方协同主体的价值诉求和利益关切，使之达到深度合作的目的。

2. 单元学习中话语权的冲突

文化冲突实际上更是角色冲突，单元学习协同创新团队的组织成员由于角色地位不同，导致在团队的话语权和角色认知的矛盾与冲突。长期以来，学校的领导者、管理者、学科骨干教师处于主导者、权威者的角色地位，拥有绝对性的话语权，甚至产生了话语霸权。而普通教师和青年教师处于从属的、次要的角色地位，更少拥有话语权，从而导致角色地位的不平等，形成了中心文化与边缘文化之间的矛盾与冲突。而单元学习中协同创新需要建立在组织成员角色地位平等的基础之上，进行平等对话、思想交流、思维碰撞，从而实现共融共创、共容共享。因此，改变单元学习中协同创新团队的组织成员角色话语权的矛盾和冲突，需要建立相互尊重、理解平等的互信关系。

3. 单元学习中利益追求上的冲突

利益矛盾和冲突也是文化冲突的重要表现特征。单元学习协同创新成员不同的利益观所产生的对利益分配上的差异，是影响和制约单元学习中协同创新成效的重要因素。由于单元学习创新主体各方因责任担负、作用发挥、具体投入在内容和性质上并不完全相同，因而会产生利益分配上的矛盾与冲突。一方面，开展协同创新需要在单元学习中发挥各自成员资源优势，从而实现彼此合作的互补性。但由于各方承担的责任、发挥的作用、提供的资源不同，如何计算所投入资源的成本是一个较大的难题，这是发生矛盾冲突的重要根源。另一方面，单元学习中协同创新成果如何分配，如何进行奖励，也是合作主体产生矛盾冲突的焦点之一。可以说，越是人们聚焦的利益，越是容易产生矛盾、发生冲突，平衡不好各方利益分配就会导致单元学习中协同创新的流产和团队组织的解体。因此，面对利益分配上的矛盾冲突，需要在单元学习中建立公平平等的利益共享机制。

（三）组织氛围差异对单元学习中协同创新组织文化建设的影响

组织氛围是组织内部成员直接或间接知觉到工作环境中一组可以测量的组织特质，它是组织文化外化的表现。组织氛围通过影响组织内部成员的态度、信念、动机和行为，从而影响组织的创新能力。参与单元学习中协同创新的组织成员，会受到组织内外部氛围的影响，一方面是来自单元学习中协同创新组织内部氛围的影响，组织内部具有良好的协同创新氛围，就能够对单元学习协同创新组织成员产生积极的正面影响和感染力，从而避免和消解文化差异和冲突，促进单元学习中协同创新成员深度合作；反之，组织内部缺乏单元学习中协同创新的氛围，就会适得其反，增强文化差异和冲突。另一方面是来自单元学习中协同创新组织外部氛围的影响，包括学校文化氛围和社会文化氛围，它们作为大的环境对于单元学习中协同创新的小团队组织氛围将产生正负面的影响。因此，在积极营造单元学习中协同创新内部组织氛围的同时，也要营造校内外单元学习中协同创新的社会文化氛围。

三、单元学习中协同创新组织文化建设的双向路径

协同创新的组织文化是影响单元学习过程中师生从事创造性活动最深刻的因素，是教学改革者创造力最持久的内在源泉。协同创新的组织文化是组织成员在进行协同创新的单元学习过程中所形成的共同价值观念和行为准则，具体包括内源性的精神文化和外源性的制度文化两大方面。鉴于此，近年来，我们在推进单元学习改革的进程中，重点围绕着内生和外塑这两大路径着手建设协同创新组织文化，取得了较好的实践效果。

（一）内生路径：建设在单元学习中以协同创新为核心的精神文化

精神文化是协同创新主体在进行单元学习中的精神诉求，影响整个团队及个体的行为和心理，它是单元学习中开展协同创新活动必不可少的内源性条件。内在的精神文化反映了协同创新主体彼此合作的动机、意愿以及共同愿景，有利于协同主体结成目标实现体，是单元学习中创新主体进行协同创新活动的前提条件。

1．树立单元学习中协同创新的价值理念

协同创新是推动单元学习改革的动力，教师团队只有牢固树立协同创新的发展理念，才能在单元学习过程中形成协同创新的行动自觉。协同创新既是一种先进的理念，也是一种科学的方法，更是一种主动的态度。为此我们在单元学习改革之初，建立了单元学习协同创新学科团队，要求教师团队共同树立单元学习协同创新的理念和意识，从单元主题的选择、单元学习方案的设计、到组织实施，共同发挥团队单元学习协同创新的作用，协同发现问题、协同解决问题。几年来，语文、数学学科建立的协同创新团队，通过“思中行、行中思”的行动研究路径，逐步树立了单元学习协同创新的价值理念，并将单元学习协同创新“内化于心”“外化于形”，每个团队都研发和实践了至少一个学习单元，不仅有效地

促进了教师团队的专业成长，而且也促进了学生学科素养的发展。

2. 建立单元学习中协同创新的共同愿景

共同愿景是单元学习协同创新所要实现的最终目标，也是驱动单元学习中创新主体合作的动力源泉。建立基于发展学生学科核心素养单元学习的共同愿景，一是有助于团队教师立足于长远发展战略，克服急功近利的短期行为；二是有助于激发团队的需求和愿望，增强单元学习创新的热情和信心；三是有助于团队教师缩减个体文化差异和冲突，不断走向文化认同和融合。因此，一方面，学校通过制订课程与教学改革单元学习协同创新三年行动计划，引导学科建设与发展；另一方面要求学科团队共同制订单元学习三年行动计划，使学科团队通过单元学习协同创新实现共同愿景。几年来，语文和数学两大学科不仅如期实现了第一个单元学习三年行动计划，而且已经制订和正在实施第二个单元学习三年行动计划，力争通过 3 个三年行动计划 10 年左右的时间，完成在单元学习过程中进行协同创新组织文化建设的目标。

3. 培育单元学习中开放包容的合作精神

在单元学习中协同创新需要创新主体之间具有开放包容、协同合作的精神，只有这样才能在单元学习的共同探究中，为了实现共同的目标，创新主体之间能够相互宽容、理解和配合，在“求同存异”中，力求在单元学习中的协同创新理念、创新目标、合作原则上“求同”；在单元学习中的思维方式、做事风格上“存异”，使单元学习中创新主体的价值观念和文化差异，在单元学习的探究合作过程中，通过“共建、共创、共生、共享”的过程，不断从相互文化的差异性、冲突性走向平衡性和包容性。三年来，学科教师团队在单元学习的“求同存异”中，逐步走向相互尊重、信任、包容和理解，培育和形成了合作态度和精神，形成了“自由开放、鼓励创新、宽容失败”的良好氛围。经过几个单元学习的协同创新，每个学科团队从单元学习方案的研发、到实施的过程、总结反思，团队的每个成员都能够全员、全程参与其中，并发挥各自的权责，相互听课、相互课堂观察，个人反思与团队反思相互思想交流与碰撞，不断增强了合作精神。也正因这种主体要素间的和谐共存不断创生了高质量的单元学习，提升了单元学习的质量和效果。

4. 培养单元学习中反思批判的精神

反思批判的精神，不仅是改进和提升单元学习质量和效果的需要，也是提升教师专业素养、促进单元学习协同创新的需要。反思批判一方面能够认识单元学习成功与失败的原因，及时诊断和改进单元学习行动方案，为下一次单元学习行动提供改进的对策；另一方面使教师团队和个人能够自我发现问题与不足，不断提升和超越自我。为了培养教师团队反思批判的精神，一方面要求教师做一个“敏锐的观察者”，团队成员之间彼此相互观课，观课需要坐在学生小组旁边，立足“四个视点”进行课堂观察：“教师的角色与行为、学生的角色与行为、师生关系、生生关系”，从中“看见”和寻找到实践中有价值的、重要的问题。另一方面，将课后反思作为教师团队和个人的一种思维方式和习惯，不仅要做个人反思，更要加强团队反思，通过反思及时发现单元学习的优点、问题与不足，及时提出单元学习的改进方案和策略。

（二）外塑路径：建立在单元学习中平等开放共享的制度文化

外在的制度文化，是指教育创新活动顺利开展应具有的体制机制、管理制度和规划、规则等。制度构建了单元学习改革创新活动最重要的改革环境、条件和保障机制，调节着单元学习创新资源的配置，引导着单元学习创新主体的价值取向，规定着相应的评估标准和激励方式。为了有效推进单元学习的协同创新，我们建立了在单元学习中以平等、开放、共享为核心的制度文化。

1. 建立单元学习中顶层规划的制度设计

如前所述，文化变革离不开校长的支持与推动，学校单元学习的协同创新组织文化的形成需要校长的推动和支持。而校长主要是通过在单元学习中建立顶层规划和制度设计彰显其领导力和影响力。几年来，学校在单元学习的过程中按照“整体规划、分步实施、量力而行、重在实效”的原则，从顶层规划的角度制定了《（2015—2025）学校课程协同创新发展规划纲要》，按照三步走发展战略，通过“3・3”行动计划（第一个“3”是指三个行动计划，第二个“3”

是每个行动计划为三年），逐步完成国家课程的校本化实施。第一个三年行动计划（2015.8—2018.7），以语文和数学两大学科为主，本着“先行先试、逐步推广”的原则，率先推进单元学习的协同创新。第二个三年行动计划（2018.8—2021.7），语文和数学学科基本完成低、中、高学段单元学习的协同创新，并推广应用到其他学科，各学科研究制定课程改革三年单元学习协同创新行动计划。第三个三年行动计划（2021.8—2024.7），各学科基本完成国家课程校本化实施。本着“量力而行，重在实效”的原则，要求每个学科、每个团队、每个学期协同创新 1、2 个学习单元，通过 2—3 轮的单元学习行动研究过程，不断改进和提升单元学习的质量。学校根据需要制订培训研修计划，聘请国内外相关专家进行系列的专题培训，在“学—行—思”的“做中学”中不断提升教师在单元学习中协同创新的能力。

2. 建立单元学习中双向互动的协同机制

为了在单元学习中有效推进课程改革与协同创新，学校建立了自上而下与自下而上双向互动机制。一是学校建立了两大组织机构，自上而下推动学校课程改革与发展。一个是建立课程发展委员会，由校长、教学副校长、教学主任、研究主任、学科组长等人员构成，负责学校课程协同创新发展规划制订、组织、实施、评价工作；二是建立学校课程发展咨询委员会，聘请课程专家负责咨询、审议、指导、评价学校课程改革方案和实施效果。日常管理工作由教学管理部和教育研究部负责组织实施，以激发和调动学校整体改革的动力、潜力和活力。三是赋权增能，鼓励学科年组和名师工作室自下而上、自主自愿组成单元学习协同创新团队，根据学校课程改革发展规划，自主选题、自主研发、协同创新。

3. 建立单元学习中力量整合的组织机制

为了整合骨干力量，促进单元学习协同创新，学校建立了以名师工作室为平台的单元学习协同创新团队。每个团队由首席教师和学科带头人为核心骨干，引领和带动青年教师协同攻关。结合学校单元学习重点研究项目，每个单元学习协同创新团队结合自身优势、研究兴趣和学生发展的阶段特点，选择确定发展学生学科核心素养的不同单元学习选题，集中精力进行单元学习协同创新。如建立的

3个语文学科名师工程团队，在低、中、高3个学段形成大的团队，从口语交际、阅读、习作不同学习内容领域进行突破创新。每学期围绕一个主题单元，按照单元学习行动研究路径，从单元设计方案到组织实施、评价与反思，细化职责、明确分工、加强协同、优化组合，每个团队建立了优质高效的单元学习运行管理机制。

4. 建立单元学习中平等包容的对话机制

为了克服和缩减角色话语权的差异，减少角色文化差异对单元学习中协同创新组织文化建设的影响，充分发挥每个成员的创造力，我们建立了在单元学习中平等包容的对话机制。一方面是建立团队成员平等对话机制，从单元方案制订的研讨交流、到单元实施的整个过程，到课后反思与交流，要求每个成员都要表达自己的观点，彼此尊重文化差异，通过开诚布公的态度表达自己的差异认同和协同意愿，通过平等对话减少文化冲突与矛盾，从而建立起相互学习、彼此接纳的融合文化。另一方面是形成开放的对话机制，面向学科内外、校内外开展教研观摩、互动交流，推动与专家、学者的对话与交流，从而不断开阔视野，提升认识。3年来，学校召开了面向省内外3次研究发表会，校内单元学习协同创新团队进行了多次的开放交流活动，有效地促进了教师与专家的平等对话。

5. 建立单元学习中公平合理利益共享机制

为了解决在单元学习中协同各方利益冲突与矛盾，公正公平地对待每个成员对单元学习创新活动的贡献与投入，我们建立了在单元学习过程中公平合理利益共享机制。利益共享机制的核心是满足协同各方在单元学习中的利益诉求，兼顾研究贡献、精力投入与创新成果之间的关系与比例，产生激励效应。为此，我们从精神荣誉、成果分享、学术排名等方面建立了公平合理、利益共享的机制，最大限度地将单元学习协同创新各方荣誉认可和自我价值结合起来，形成了资源共享、技术共享、成果共享以及受益共享的局面，有力地激发了单元学习中协同创新团队成员创新的热情，维护了良好和谐的合作关系。

参考文献：

[1] 钟启泉．学会“单元设计”[N]．中国教育报，2015–06–12（9）．

[2]［德］赫尔曼·哈肯．协同学 [M]．凌复华译．上海：上海译文出版社，1995：7–15.

[3] 韩祥伟，吴伟伟．基于协同创新理论探究教师群体专业发展 [J]．成人教育，2015（1）：53.

[4] 宁滨．高校在协同创新中的地位和作用 [N]．人民日报，2012–4–19（7）．

[5] 李雪婷，顾新．产学研协同创新的文化冲突研究 [J]．科学管理研究，2013（2）：6–7.

[6] 杜尚荣，张锦．论高品质课堂的本质内涵与价值追求 [J]．教育与教学研究，2018（7）：1–6.

课题主持人：熊　梅

主要参研人：邓　宏、张立忠

基于家长有效参与的城市新市民子女家校合作路径研究

贵阳市世纪园小学　林　岚

本研究将侧重于“家长有效参与的城市新市民子女家庭教育工作实施途径与策略”的实践研究，着眼于建设城市新市民家长家校课程体系的角度，从促进城市新市民子女全面发展的需要出发，建立家长参与机制、打造家庭教育师资队伍、构建家校合育平台，探讨城市新市民家校课程的开发和实施模式。

在研究过程中，课题组以开发家庭教育“责任”三问机制、实施“家·校·生一体双翼”育人模式、打造“一家一课程”特色校本课程为主要研究内容，以行动研究法开展了以家长有效参与城市新市民子女家庭教育工作的途径与策略为主要目标的“家校”校本课程实践。注重从强化课题管理，确保研究常态、加强学习培训，提升研究能力等方面找准研究方向，聚焦研究问题。根据每一轮行动的具体目标实施研究，不断优化基于家长有效参与的城市新市民子女家庭教育家校课程体系。

第一轮行动的目标是通过家长大讨论，形成家长“责任三问”机制；成立班级、年级、校级三级家长委员会及家长学校；设立家长开放日、家长信箱的方式，在家长参与家校活动的载体下，建立家长参与机制，培养家长主动参与意识。第二轮行动的目标是通过组建家庭教育教师讲师团、组建专家讲师团、组建家庭教育咨询团，引导家长在参与的过程中，掌握更多科学的方法正确运用到家庭教育实践中，促进孩子的健康成长。第三轮行动的目标是通过家庭教育亲子主题活动、家长志愿者活动、构建“一家一”课程家长授课制等措施，给家长一个家庭教育参与平台，形成有效促进城市新市民子女家庭教育的路径。

一、绪　论

（一）研究缘起

教育部出台了《关于加强家庭教育工作的指导意见》，提倡要加大力度促使家长了解本身在家庭教育当中需要担负的责任，促使学校在家庭教育当中发挥重大价值，以更快的速度建立起家庭教育社会支持网络。这当中要将进一步增加家庭教育指导内容作为重点，促使家长本身的价值得到充分的发挥，对社会资源进行统一规划，鼓励建设并且完善家长学校等家庭教育的重要步骤，给出了详细的规划，为整个国家实施和促进家庭教育带来了切实可行，方便操作的引导。

（二）相关概念界定

1. 家庭教育

本研究主要考察的是城市新市民子女的家庭教育，所以从教育主体上来讲，是狭义的家庭教育中随父母或其他监护人在城市居住半年以上，但没有取得城市户口的小学在校学生，而从家庭教育的实施途径来说，主要涉及家庭教育的指导模式、活动建构、家校互动等方面。

“新市民”是指由国内异地或国外来到本地工作或学习半年以上的人员群体的集合。而“新市民子女”则是指随这一群体人员而来或者在本地出生的以上成员的子女。“新市民子女”的界定是跟随父母在城市定居的新市民后代。

结合本文的研究区域（贵阳）、研究阶段（小学阶段）将“新市民子女”定义为贵阳市小学阶段外来务工人员的子女，随父母或其他监护人在城市居住半年以上，但没有取得城市户口的小学在校学生。

2. 家校合作

本研究将“家校合作”界定为：在基础教育阶段的城市新市民子女家庭教育中，家长和老师针对新市民子女的教育问题互相交流与合作，共同努力，家长积极主动的加入子女的教育教学中，老师同样指导小学生的家庭教育，联合施教共同释放小学生的天性，绽放儿童的个性，促进其健康和谐成长。其中有效参与是城市新市民家校共育实践成功的关键。

二、行动研究设计

（一）研究目的

课题组成员深入一线教学，既作为研究者又是教育实践者，既是行动者又是反思者，在贵阳市世纪园小学开展为期 83 周的基于家长有效参与家庭教育路径研究，为研究的顺利开展 2015 年 5 月至 2015 年 8 月为期 18 周做好课题前期准备工作，以教育行动研究的方式开展三轮行动，第一轮为期 21 周，第二轮在第一轮行动的修改调整基础上进行 22 周，第三轮在前两轮行动基础上进行调整为期 22 周。在一轮又一轮的行动中反复改进研究方案。

（二）研究思路

课题围绕家长有效参与城市新市民子女家庭教育路径展开研究，以图式理论、输入假说理论为理论支撑，以家庭教育活动实践中对前后测数据对比为主要依据，以促进城市新市民子女家庭教育的实施保障措施及长效机制为主要目标，整个研究通过理论与实践结合来展开。

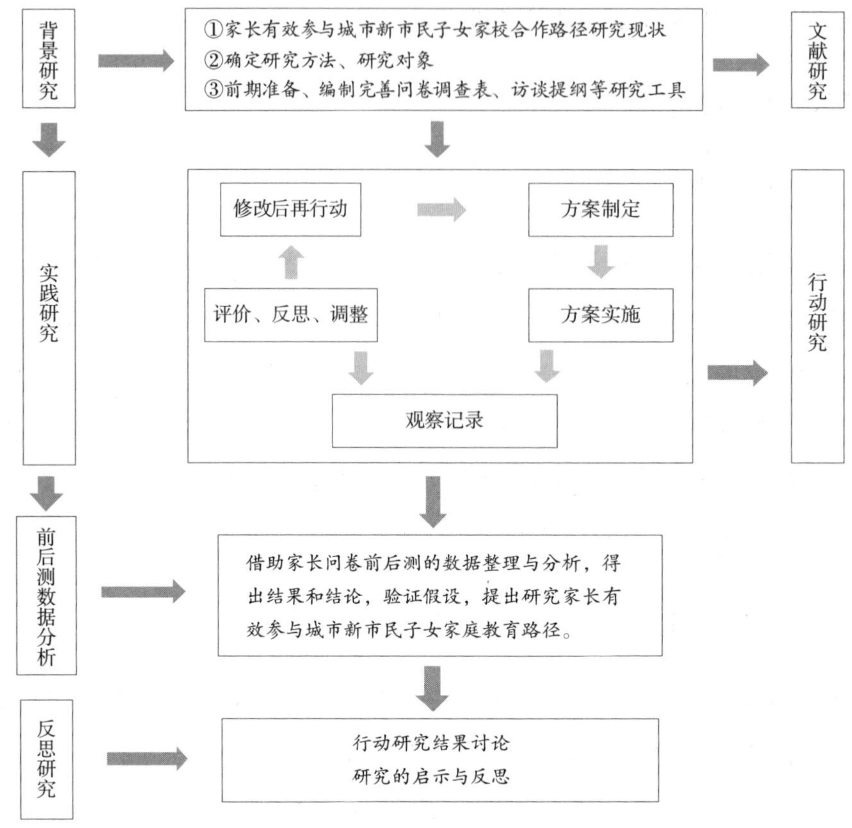

图 6–1　家长有效参与城市新市民子女家庭教育路径研究图

（三）研究方法

本研究以行动研究法作为主要研究方法。同时辅以文献研究法、调查法、访谈法、观察法等研究方法搜集详细的一手资料，对行动研究过程进行深入分析，从而保证行动的有效性。

表 6–1　三轮行动研究方案

行动步骤	时间	任务安排	家庭教育整体目标
前期调查阶段	2015.5—2015.8	问卷调查（前测） 前测：分析家长参与家庭教育的情况	根据问卷调查结果，分析研究城市新市民子女家长有效参与家庭教育的情况

续 表

行动步骤	时间	任务安排	家庭教育整体目标
第一轮行动研究	2015.9—2017.1	1. 责任三问： 第一阶段：组织教师大讨论。第二阶段：教师引导家长大讨论。第三阶段：理想信念大讨论 2. 组建班级、年级、校级三级家长委员会，成立家长学校 3. 设立家长开放日和家长信箱	①提高城市新市民家长参与家庭教育的责任意识 ②改变城市新市民家长的家庭教育观念，提高家长家庭教育体验意识 ③搭建交流平台，增强家校间的交流、沟通与合作，提高家长主动参与意识
第二轮行动研究	2017.2—2017.5	1. 组建教师讲师团 2. 组建专家讲师团 3. 组建家庭教育咨询团	①引导家长了解科学的家庭教育方法 ②引导家长初步学会运用科学的家庭教育方法 ③引导家长科学有效的运用教育方法
第三轮行动研究	2017.7—2017.11	1. 开展亲子主题活动 2. 组建家长志愿者 3. 建立“一家一”课程家长授课制	①通过系列亲子主题活动，拓宽家长家庭教育参与面 ②通过组建家长志愿者，搭建家校共育平台 ③通过“一家一”课程家长授课制，提高家长家庭教育的有效性

三、行动研究实施过程

（一）第一轮行动研究：建立家长参与机制，培养家长主动参与意识

1. 行动研究目标

本课题经过前期的行动研究准备，对家庭教育工作中家长的参与情况进行初步分析后，将进行正式行动研究阶段。为了解决城市新市民家长对学校开展的家校合育活动参与意识薄弱的问题，第一轮行动研究预计从 2015 年 9 月至 2017 年 1 月共计 5 个月时间完成。本轮行动的主要目标是通过家长大讨论，形成家长

“责任三问”机制；成立班级、年级、校级三级家长委员会及家长学校；设立家长开放日、家长信箱的方式，在家长参与家校活动的载体下，建立家长参与机制，培养家长主动参与意识。

2. 行动实施

通过家长大讨论，形成家长“责任三问”机制；成立班级、年级、校级三级家长委员会及家长学校；设立家长开放日、家长信箱的方式，在家长参与家校活动的载体下，建立家长参与机制，培养家长主动参与意识。

（1）形成“责任三问”机制，培养家长责任认知意识

课题组采用抽样调查，先用三（1）班作为试点班级，召集三（1）班学生家长共 54 人到学校会议室开展家长大讨论活动，家长们结合自己孩子的情况，围绕自己能为孩子的现在和未来干什么，充分表达了自己的意愿。

通过开展家长大讨论后，课题组形成了“责任三问”机制，家长基本明确了自己角色在教育中的责任和义务，同时，也明确自己在学校和社会中扮演的角色，并为学校和社会的发展而努力，以此进一步促进学生的发展。

一周之内，三（1）班组织召开家长会，课题组发现在开展家长大讨论之前，三（1）班参与家长会的人数占班级的 70%，组织开展家长大讨论之后，三（1）班参与家长会的人数占班级的 95%。结果发现，家长的家庭教育意识因课题组组织开展家长大讨论后正在发生着巨大的转变。经过抽样实施，达到良好效果后，课题组将推广到全校实施，每个班的班主任根据各班情况召集家长开展大讨论，并召开家长会，同样得到良好效果。实施过后我们达到让家长凝心聚力的目的，家长参与家庭教育意识增强了，课题组计划规范学校制度和体系，成立班级、年级、校级三级家长委员会。

（2）形成家校组织运行机制，培养家长主动体验意识

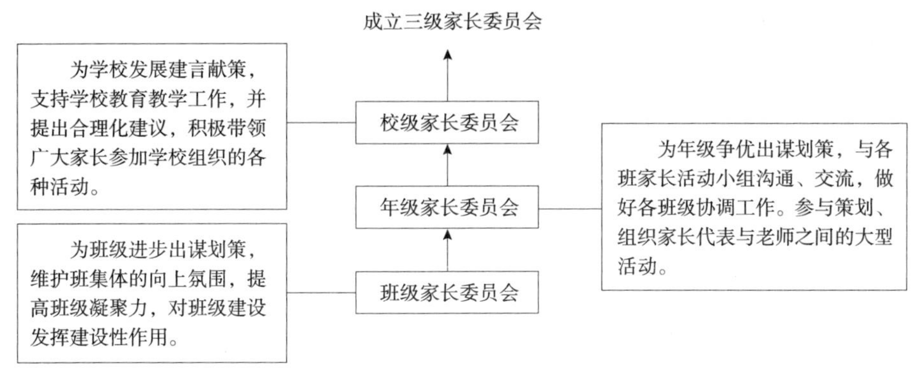

图 6–2　成立三级家长委员会

课题组经过对每个年级 1 班进行成立家委会的试点工作后发现，在未成立三级家委会之前，试点班级自愿参与家校活动的家长人数占班级的 50%，成立三级家委会之后，试点班级班自愿参与家校活动的家长人数达到 90%。结果发现，家长自愿参与家校活动的转变是一个质的飞跃。经过抽样实施，达到良好效果后，课题组将推广到全校实施成立三级家长委员会，每个班的班主任根据各班情况召集家长开展民主评选家委会委员，22 个班级每班评选 5 名家委会委员，通过民主评选出 1 名成为年级委员会委员，22 名评选出的年级委员再民主产生 5 名成为校级家委员会委员，设立 1 名委员会会长，其余 5 名为校级家委会委员。在全校推广实施后同样得到良好效果。

（3）形成家长沟通协调机制，培养家长调整意识

课题组在召开多次会议后决定在特定的节日设立家长开放日活动，家长开放日那天，他们可以在校园内任意选择科目，任意选择班级随堂听课；可以和学校领导、班主任、任课教师进行交流；可以向任课教师提出意见和建议。开放日那天，学校的一切都向家长开放，家长不受任何限制，这样就形成了家长、老师、学生零距离的和谐学习氛围。

课题组在广泛征求教师、家长意见后，在大厅宣传栏中专门为家长设立一个“家长信箱”，通过班主任宣传，校级家委会委员管理，年级家委会委员和班级

家委会委员协助，家长对学校，学生和老师的建议可以通过“父母的信箱”反映到学校中，学校对“家长信箱”中明确提出的有效意见和建议进行整改。经过课题组的努力，于2017年被评为“云岩区家长学校示范校”。

（二）第二轮行动研究：打造家庭教育师资队伍，教会家长掌握家庭教育方法

1. 行动研究目标

本课题经过为期5个月的第一轮行动，基本解决了家长参与家庭教育意识薄弱的问题，但发现家长参与活动的方法不够。因此，研究者与合作者在第一轮行动研究后总结并反思存在的问题，对行动研究方案进行了细节上的修改。第二轮行动研究预计从2017年2月至2017年5月共计5个月时间完成。本轮行动的主要目标是通过组建家庭教育教师讲师团、组建专家讲师团、组建家庭教育咨询团，引导家长在参与的过程中，掌握更多科学的方法正确运用到家庭教育实践中，促进孩子的健康成长。

2. 行动实施

通过组建家庭教育教师讲师团、组建专家讲师团、组建家庭教育咨询团，引导家长在参与的过程中，掌握更多科学的方法，正确运用到家庭教育实践中，促进孩子的健康成长。

（1）组建教师讲师团，对家长开展基础性课程知识培训

我们通过教师自发组织家长会进行家庭教育培训，学校推荐有意向有能力的老师去参加区级家庭教育指导师及心理健康辅导员的培训。一轮轮家庭教育指导师的培训，一轮轮心理辅导师的培训，形成了一批优秀的师资队伍为核心，组成了家庭教育讲师团，包括2名国家三级心理咨询师、5名家庭教育指导师、4名心理健康辅导员。

之后，讲师团结合各年龄阶段新市民子女习惯养成特点和学生家长集中需求，通过定期举办讲座与家长分享教育经验、交流家校合作心得，提升我校家庭教育水平。在指导家长的过程中，老师们也收获了成长、取得了进步。

（2）组建专家讲师团，对家长参与家庭教育技能进行拓展性课程培训

通过进一步对新市民子女家庭教育情况进行调查研究，一部分家长已经掌握了基本的参与家校合育活动的方法，但还有部分家长不知如何更好地参与进来，基于教师的基础性讲座培训之后，为了开阔家长的眼界，提升家庭合育的效果，我们邀请专家讲师团对家长开展拓展性课程培训，拓宽讲座的资源和内容，定期聘请优秀的家庭教育师指导师到学校开展关于家校合育的讲座，邀请家长积极参与到其中，并针对在开展家校合育的过程中应该充分关注的问题进行提问和探讨，指导家长进一步认识家庭教育的重要性，进一步明确家校合育的方法，引领家长明确自己作为父母对子女应尽的教育责任，希望能够让想要参与到家校合育的家长能够获得一定的经验，为接下来的合育做好准备。

（3）组建家庭教育咨询团，引导家长正确运用家庭教育方法

家长在获得基础性培训、技能性培训和拓展性培训后掌握了一定的科学方法，逐步正确运用到家庭教育实践中，但是往往会遇到各种各样的问题，这些都需要更加专业的人士给予帮助与指导。

课题组通过多方了解和咨询，邀请在家庭教育领域较权威的刘老师和马老师，两位老师一开始是在每班上心理辅导团体课，后来课题组发现，这样并不聚焦性发现问题学生，更不了解家长，因此，在课题组和专业老师的沟通下，又组织各班班主任摸排发现各班问题学生进行“一人一案”心理辅导。在进行学生“一人一案”心理辅导的同时发现家长家庭教育存在的问题，而且，接受培训的家长将所学的方法实践于家庭教育中后，遇到的问题可以通过学校进行预约专家老师，通过家庭教育咨询团的帮助得以解决。

（三）第三轮行动研究：提供家长家教参与平台，提升家长有效参与程度

1. 行动研究目标

本课题经过为期 5 个月的第二轮行动，采取了家庭教育主题活动、家长裁判、成立“一家一”课程家长授课制等措施，基本解决了家长参与家校活动的方法和情感问题，但在评价的过程中发现离理想目标还有一定差距，如何再提升家

长参与活动的广度、深度和效度。因此，研究者与合作者在第二轮行动研究后总结并反思存在的问题，对行动研究方案进行了细节上的修改。第三轮行动研究预计从 2017 年 7 月至 2017 年 11 月共计 5 个月时间完成。本轮行动的主要目标是通过家庭教育亲子主题活动、家长志愿者活动、构建“一家一”课程家长授课制等措施，给家长一个家庭教育参与平台，形成有效地促进城市新市民子女家庭教育的路径。

2. 行动实施

通过家庭教育亲子主题活动、家长志愿者活动、构建“一家一”课程家长授课制等措施，促进家长参与家庭教育的广度、深度和效度，形成有效地促进城市新市民子女家庭教育工作实施的途径和策略。

（1）开展家庭教育亲子主题活动，提升家长参与家庭教育的广度

为了形成教育的合力，提升家长参与家庭教育的广度，鼓励家长积极参与学校的教育教学活动，增强参与效果，学校积极开展各项主题活动，如母亲节活动，让家长与孩子在亲子活动中拉近彼此的距离，互相理解；儿童节活动中，通过亲子齐动手制作工艺品，增进亲子间沟通，改善亲子关系；劳动节活动中，家长与孩子一起承担家务劳动、学校劳动和公益劳动，在劳动中家长看到不一样的孩子；亲子运动会中，家长看到了孩子努力拼搏的一面，与孩子共同努力，通力协作，默契配合赢得比赛，不仅增进亲子关系，更加深对彼此的了解。通过学校搭建的平台，在“迎国庆”“庆六一”“元旦年货节”等活动中，为新市民子女和城市学生提供与家长同台展示的机会，新市民子女有了特长，家长和孩子都有了自信，彼此关系更加亲近，让每一个家庭受益。

家长走进学校的瞬间，和学校之间的差距拉近了，更了解了学校的管理模式，和老师之间的距离拉近了，更能体会到课堂教学的不易，和孩子之间的距离也更近了，更清楚孩子在活动中的表现。家长只有与学校紧密联系起来，形成了家校合育的特点，学生才能在学校与家庭的共同教育下健康快乐成长。

（2）开展家长志愿者活动，提升家长参与家庭教育的深度

家长自愿参与到学校的志愿者活动中，在参与中家长能够正确运用家庭教

育方法，拉近家长与学校、教师的联系，增进情感沟通，增进了解，规范办学行为，增强学校班级管理力量，提高管理水平；培育家长热心教育的文明风尚，充分整合社会力量，有效利用父母资源，增强学校的管理能力；充分发挥社会、家庭和制度三位一体的文化教育优势，完善和改进未成年人思想道德建设基础建设的有效途径，促进学生健康发展和自然教育；强化教育实践，凸显家长志愿者的积极作用。

一是我们的家长志愿者主动承担“护学天使”的职责，在校门口无偿值守，维护学校安全。

二是父母志愿者参加假期活动，例如儿童节和圣诞节，以帮助表演，帮助布置自然环境并提前为主题活动做准备；参加班级管理主题活动（社区实践活动主题活动）协助班级与访问检查现场和机构的学生进行集体联络，以确保安全并充当观察员，叙述者和摄像师的日常任务。

三是家长志愿者走进学校食堂，抽查食堂的操作程序、食品质量等，监督食堂的食品安全、膳食搭配等。

四是学校定期组织家长裁判到校助力亲子运动会，和孩子们同运动、共锻炼……家长看到孩子上课时的表现和参与课外活动的积极，让自己更加了解孩子的另一面。在学校的体质监测运动会中，学校充分发挥家长裁判的作用，分小组，在组长的带领下，在一天半的时间里完成全校1000多名学生、5个项目的测评。家长们表示，能作为裁判与孩子共同参与，拉近了和孩子之间的关系。

（3）构建“一家一”课程家长授课制，提升家长参与家校合作的效度

首先，我校经过家长自愿报名后严格选拔、科学专业的筛选，从我校的榜样家长中认真筛选，12名家长被聘为贵阳市世纪园小学“一家一课程”家长讲师，形成了“一家一课程”家长讲师团队，我们的家长讲师团来自各行各业。

在我校的家庭教育工作的积极开展下，形成“学生推荐—学校审定—确定人员—确定课题—授课培训—家长授课—评价评估—选拔聘用—完善教学—形成课程”的规范化流程。其中重点是针对家长讲师团的授课培训和家长授课，在我校家庭教育教师讲师团的专业指导下，家长讲师团的家长们认真准备，不断打磨

课程，为课程的下一步开展提供了非常有价值的经验和思考，听课教师和家长通过交流和倾听，从课程资源、课件制作等方面给予授课家长切实可行的建议和指导。为了孩子们真正获得到成长与收获，学校、家长及老师们齐心协力，力争上好每一堂家庭教育指导课。

最后，为了丰富学校课程，为了让学生真正意识到培养良好习惯的重要性，掌握培养良好习惯的方法，通过“一家一课程”为家校合育搭建平台，经过多次精心磨课，家长们认真准备、倾心奉献，老师们幕后协调、共同参与。家长们开展了多次家庭教育讲座，主要针对的对象为家长和学生。

讲座在课程类别上包含了卫生习惯、阅读习惯、运动习惯、审美习惯等，课程涵盖面广而深。老师帮助家长们不断打磨课程，然后从设计问题、师生互动、教学过程设计等方面进行了详细地指导，老师们也对讲师团提出了不同的思考和想法。

适合学生参与的专场家庭教育指导课程，其内容是家长讲座的延伸与拓展，针对学生最感兴趣的话题展开，与家长篇相互对应，互相补充。

通过全体老师的议课，家长讲师团不同的教学方向和侧重点进行修改，加强了家校合作，促进家长与学校的沟通，学生和谐、快乐、健康成长，增进学校、教师、家长的理解、互信与支持，营造良好的育人氛围。

四、研究的反思与展望

本研究以教育行动研究的方式进行，协助并正确引导父母树立适当的亲子教育意识，掌握科学研究的亲子教育方法，增强父母的创新能力和教育能力，提高家校合作水平。根据科学研究和主题活动的进行，总体而言已达到预期效果。但由于研究者自身学术与教学水平有限、时间、资源、能力等一些客观因素局限，在教学与行动研究中也存在一定不足。

（一）对城市新市民子女家校合作工作实施途径的反思

1. 教学资源的局限性

目前我们给城市新市民家庭提供的教学资源，是比较传统的教学资源，如教材、案例、影视、图片、课件等，也包括教师资源、教具、基础设施等。而数字化教学资源与上述纯文字或图片处理，都是家长和学生喜闻乐见的，也能调动他们学习的积极性。下一步我们就想在制作课件内容，要求教师善于设计、善于思考，进一步推动培训的实效，把声音、文本、图形、图像、动画等音频视频通过数字化处理，转变为教师需要的教学资源，为家长和学生课程学习提供丰富的素材，课件内容得到补充扩大，家庭教育经验进一步推广。还有数字互动平台的运用，也能有效进行家庭教育培训，实现家校互动，我们还应该通过 QQ 平台、微信平台与家长互动，发布一些培训资料、活动公告、学生班级活动照片、学生活动视频，让家长了解学生的在校情况；培训资料等通过平台分享给家长，家长可以自己找时间学习，家长可以明确提出与教育孩子有关的问题和疑问，老师和家长一起讨论学生的成长、家庭教育的方法，共同促进学生成长。

2. 教师专业能力的局限性

教师专业能力的发展对家庭教育培训的提高有重要作用。作为教师来说，通过课程与活动对城市新市民学生进行正确的引导及指导实践中，使教师本身能更好地掌握每个学生的成长动态，让教学更能因人施教，并根据学生的个体差异性及时调整引导方法，但成果的覆盖面不广，对一些引导起来比较吃力的学生跟进力度不够，缺乏对部分学生的关注度，使这部分学生的成长改变不够凸显，取得的实效不强。要培养学生健康的心理，教师本人首先必须是一个心理健康的人，要细致而有耐心并具有较强的观察力，能及时发现问题和解决问题，意志坚强，能吃苦耐劳和乐观面对困难。普通教师通过参加学校心理健康教师的培训讲座，对自身的心理有了很大的积极促进作用，从而能更好地指导学生的实践，但在方法上还缺乏主动探究精神，对已经形成的方法体系能够灵活地运用，可创新精神还不够，在因人施教上缺乏耐心和倾听，以至于在实践的形式上不够丰富，内容不全面，得到的实效也不够显著。

3. 家长能力的局限性

家庭教育是一切教育的起点和基础，在根上下功夫，在源头上下功夫是治本之策。在每场家庭教育培训讲座中，针对性地邀请家长参与其中，帮助家长了解了更多的育儿方法，并在一次次实践中取得实效，但由于文化程度及认知方面的差异，部分家长在理论上虽有认同感，实践中却未落到实处，难以静下心来倾听孩子的声音，陪伴孩子的成长，对孩子成长中家长所扮演的角色认知还不够明确。对新市民子女习惯养成的培养，是一个长期且复杂的过程。

（二）研究展望

针对以上本研究存在的问题，研究者将努力提升学校发展：要坚持家校合育的办学形式，进一步为教师、家长和学生的成长提供平台，组织行之有效的培训和活动，以活动促实践，以实践促成长。未来研究将以本研究为起点，围绕让学生学会成长、让成长成就教师、让家校成为沃土、让沃土孕育未来的培养目标，探索提高城市新市民子女家庭教育工作的最佳“家·校·生‘一体双翼’”模式。研究者对未来研究有进一步的期待：

第一，后续研究需考虑如何优化家长授课制、“家·校·生‘一体双翼’”模式。教师如何根据家长、家庭环境、学生个性特点，实行更加科学，规范的家长讲义制度，开发设计更多的家长参与学校德育的途径，给家长更多参与学校德育的机会，扩大和提高家长参与学校的德育的广度和深度，探索更佳的家校共育方法，设计更丰富的家校合作教学活动，形成成熟的家长授课制、“家·校·生‘一体双翼’”模式，这一过程值得进一步探索与研究。

第二，拓宽城市新市民子女家庭教育工作在当前地域的应用范围。城市新市民子女家庭教育工作的实施不仅对提升学生良好道德品质的形成、行为习惯、学习习惯的养成有帮助，对家长人生观、亲情观、育儿观，对学校落实立德树人根本任务，培养德智体美劳全面发展的社会主义接班人和建设者等方面也有重要价值。借助城市新市民子女家庭教育工作模式的探索还可以进行“体验式家长活动”“三加一”讲座互动模式等教学研究。每位家长都要花 10—15 分钟的时间与听众分享他们自己的文化教育的真实经验和经典案例。最后，权威专家将设计该计划的亲子教育网络热点和难题，以进行 5 分钟的评估和评估分析。为家长们创造碰撞科学教子思维、交流家庭教育技能的机会和条件，帮助家长掌握科学教子的能力和水平。“体验式父母主题活动”是允许父母使用自己的个人行为、语言表达、思想和内在触角来感受人、事、物和环境中所包含的各种元素，并体验认知、理解、实际操作、沟通和交流，从而转化为思考的社会实践活动，以增强父母对自己角色的必要性的理解，激发父母的责任感，以适当的意识和个人行为教育孩子，并能够互相促进与学校道德教育合作，促进家庭和学校教育，和谐相处，促进孩子健康快乐地成长。

第三，延长行动研究时间，扩大研究对象范围。对城市新市民子女家庭教育工作途径探索的研究，可分学段、分年龄、分地域等不同形式划分研究对象，增加研究周期，以确保研究结果的信度和效度。

参考文献：

[1] 沈永昌．上海市郊：为农民工子女敞开校门 [J]．今日上海．2005（2）：52.

[2] 顾明远．教育大辞典（第 1 卷）[M]．上海：上海教育出版社，1990：11.

[3] 赵忠心．教育社会学 [M]．北京：人民出版社，1990：59.

[4] 鲁洁．教育社会学 [M]．北京：人民出版社，1990：472.

[5] 李翔龙．从“流动儿童”到“新市民子女”——身份之变对保障新市民子女受教育权益的意义 [J]．才智，2011（12）：1.

[6] 马晶．城市新市民子女自我管理能力培养研究 [D]．山东师范大学，2020.

[7] Joyce L. Epstein，Mavis G.Sanders.what can we learn from international studies of school–family–community partner ships[J]. *Childhood Education*，1998（74）：392–394.

[8] 马忠虎．家校合作 [M]．北京：教育科学出版社，1999：155.

[9] 潘娅．我国家庭教育立法研究 [D]．西南政法大学，2019.

[10] 李锦英．我国家庭教育问题探析 [D]．武汉：华中师范大学硕士论文，2005.

[11] 杨智军．我国家庭教育存在的问题及其对策探析 [J]．法制与社会，2009（01）：311–312.

[12] 徐岩．试析小学生家庭教育的问题及对策 [J]．中国科教创新导刊，2012（18）：221.

[13] 秦焓．新时代我国青少年家庭教育问题研究 [D]．长江大学，2019.

[14] 杨敏．对当代小学生家长的家庭教育的探究 [D]．河北师大，2009.

[15] 陶维高．浅谈农村小学生家庭教育存在的问题及对策 [J]．新校园（中旬），2017（05）：12.

[16] 邹强．中国当代家庭教育变迁研究 [D]．武汉：华中师范大学，2008.

[17] 薛颖．小学家庭教育在新时代下的发展策略探究 [J]．中国农村教育，2019（32）：53.

[18] 刘平平．小学生品德发展问题研究 [D]．河北大学，2018.

[19] 侯莉．城镇化进程中新市民社会公平问题研究 [D]．山西财经大学，2012：4.

[20] 汤海明．“城市新市民”社区成人教育势在必行——基于继续社会化的社会学视角 [J]．成人教育，2009（11）.

贵阳市教育科学规划课题：城市新市民子女家庭教育工作实施途径与策略的研究

立项编号：GYJYZD1603　　结题编号：GYKTJ（2018）01–03

课题主持人：林　岚

研究报告执笔：林　岚

主要参研人员：龚大林、刘　津、伍封菊、曹俊华、涂园林、王　佩、刘　娟、张立娟、梁　冰、王高芳、张莉萍、郭英群、黎晓芳、吴　静、谢　敏、陈　希、王思文、胡　蕊、周　滔、董凡菲、兰　澜、余　佳、刘玉娇、杨　静

贵州传统民族民间文化培养小学生生命意识的实践研究

贵阳市南明区甲秀小学　汪　伟

本研究以贵阳市甲秀小学为研究对象，借助贵州民族民间文化培养小学生生命意识的行动研究。以贵州民族民间文化开发小学生生命意识教育课程实践中对学生的观察和前后测数据分析为主要依据，以促进小学生对生命的正确认知、热爱生命和勇敢生活为主要目标，整个研究通过理论与实践结合来展开。

第一部分　绪　论

一、问题的提出

（一）培养小学生生命意识教育是落实教育政策的必然要求

2010 年 7 月，我国提出《国家中长期教育改革和发展规划纲要（2010—2020 年）》，在“战略主题”一章中明确提出了重视生命教育的理念。有学者认为，这是 21 世纪以来国家对生命教育的重视程度提高到了新的战略高度。生命有不同的表现形式，可以分为自然生命与精神生命。自然生命是精神生命的必要载体。因此，加强生命教育是应对现实困境，解决现实问题的需要。

（二）培养生命意识教育符合小学生健康成长与发展的规律

小学生命教育课程以小学生为主体，着力于小学生的综合素质培养。在教学内容的选取上，适应小学生的身心发展水平，在教学方法上以趣味性、活动性的为主，促进知识传播与小学生思想品德教育的统一。小学生命教育课程内容从生理、心理、道德伦理 3 个层面出发，以认识生命、尊重生命、保护生命、提升生命价值等为目标。既分学科渗透，也有综合实践内容，有时还延伸到对家庭教育的指导中。培养生命意识教育使小学生认识生命，热爱生命，勇敢地生活，有助于小学生的健康成长。

（三）疫情之下生命意识教育关乎学生勇敢生活的现实需要

2020 年，新冠疫情扰乱了人们的学习和生活。无数生命问题，尤其是生死问题直接引发了社会广泛的思考。教育部及有关部门发布的一些文件中，都在强调生命教育。2020 年 2 月 28 日，教育部党组《关于统筹做好教育系统新冠肺炎疫情防控和教育改革发展工作的通知》中指出："将防疫知识、战'疫'先进事迹教育、生命教育、公共安全教育、心理健康教育等融入在线学习。"

（四）贵州传统民族民间文化培养小学生生命意识立足于 X 校的实践探索

在二十余年的素质教育实践中，甲秀小学更为重视学生的思想道德、个性发展和身心健康教育。随着社会的发展和素质教育实践的深入进行，我们越来越认识到学生作为复杂的生命个体，要想获得健康向上的、个性化的成长，最终形成追寻生命崇高价值的内驱力，光是学习学科知识和技能是远远不够的，生命的成长离不开悠久博大的文化基因。如果学校能以优秀传统文化中的道德信仰、理想信念为养分，构建适合小学生的生命教育课程，那将会使得他们的自然生命、社会生命和精神生命都得到滋养，最终为他们核心素养的发展奠定良好的基础。

二、研究意义

（一）理论意义

丰富生命意识教育的理论体系。1968 年，美国学者杰·唐纳·华特士提出了生命教育。生命教育在国外的发展已经经历了很长的时期，并且西方发达国家也逐渐形成了本国的教育特色和成熟模式，虽然近几年生命意识教育在我国的发展比较迅速，但是相比于西方发达国家仍然算是比较滞后。本研究依托于贵州传统民族民间文化，以课程开发的形式在小学中推进生命意识教育，有了课程这一载体，此项实践将更加科学和规范。为拓展该领域的研究贡献一点绵薄之力，提供了新的研究切入点，丰富了生命意识教育理论体系。

（二）实践意义

一是丰富小学生生命意识教育。生命意识教育活动有助于引导学生思考生命及人生的意义，不断丰富生命的内涵，做自己的主人，能有效提高学生的生命意识，帮助其树立正确的生命观，学会生存、快乐生活、珍爱生命，从而促进每一位少年儿童的健康发展。探讨多种适合小学生认知的教育教学形式，让他们对自己的社会生命产生积极的期待，从而为他们未来精神生命的追求和发展打下基础，进而实现小学生命教育引导学生尊重和热爱自己与他人生命的目的。

二是保护并传承民族民间文化。随着城市化的发展，传统村落的面积正在逐渐收缩，古朴的民风也逐渐随着村落的开放而不断流失，许多地方独有的民族传说、民俗、民族手工艺、传统歌曲舞蹈正慢慢淡出人们的视野，在现代化的冲击下，这些独有的文化遗产亟须保护与传承，在少年一代中普及民族文化课程并开发民族文化课程资源是对民族民间文化有效开发、传承和发扬的重要途径，也是唤醒人们对民族文化的关注的重要方式之一。

三是推进课程开发模式多元化。以学科融合为助力，针对小学不同年龄段学生的特点，挖掘不同民族民间文化开展不同形式的课程，多维度的进行小学生生命意识教育的课程开发，挖掘贵州优秀传统民族民间文化中有关生命意识教育的内容，进行小学生生命意识教育课程开发实践，有效推进课程开发模式的多元化。

三、核心概念界定

（一）小学生生命意识教育

生命是人生存的根本，而良好的生命意识就是个人发展的基础条件。生命意识教育是一种探索生命本质、理解生命意义、尊重生命、发挥生命价值的个性化教育。生命意识教育的本质是对生命的关怀、尊重。生命意识教育是基于生命本质的基础而提出的，是一切教育的前提，是一种全面关照生命且符合人性要求的多层次的人本教育。健全的生命、良好的生命意识都需要经过后天教育来进行熏陶。本文所涉及的生命意识教育，旨在使小学生学会尊重生命、理解生命的含义以及生命与天人物我间的各种关系，最终学会积极的生存、健康的生活与独立的发展。通过对于生命的理解、感悟、珍惜，获得身心的和谐统一，从而发挥出生命的更大价值，主要包含 3 个层面：让学生认识生命、热爱生命，最终能够勇敢地生活。

（二）贵州民族民间文化

本研究将贵州民族民间文化界定为生活在贵州地区少数民族特有的民族文化，也包含生活在这片多民族融合地区的汉族传统民间文化，主要包括传统节日类、民族舞蹈类以及民间故事三大类。运用传统节日培养学生对生命起源的认知能力、生命平等的认知能力、敬畏生命的认知能力；运用民族民间歌舞唤醒学生的表达欲望、激发学生的生命热情、丰富学生生命的表达体验、培养学生对生命的热爱；运用民族民间故事，促使学生学会爱自己、会爱家庭、爱家乡、爱民族、爱祖国，培养学生自强不息、勇敢生活的精神。

四、文献综述

（一）民族民间文化相关研究概况计量分析

1. 资源类型分布

民族民间文化相关研究的资源类型分布统计中，主要有五大类型，分别是期刊、硕士论文、中国会议、报纸以及国际会议。从民族民间文化相关研究的资源类新分布来看，该主题得到国内国际的关注，关注度还是非常高的，说明其价值是客观存在，不受质疑的。

2. 学科分布

民族民间文化相关研究的学科分布主要在社会科学Ⅱ辑、哲学与人文科学、社会科学Ⅰ辑以及经济与管理科学。

3. 来源分布

民族民间文化相关研究主要来源于贵州省，但总体的研究占比不够高，说明相关研究还未形成研究体系，需要后续研究者的不断探索和丰富。

（二）民族民间文化相关研究的内容分析

1. 关于民族民间文化的研究

长久以来，学术界对民族民间文化的研究一直都是热点话题，对民族民间文化保护和传承的研究受到了专家学者的高度重视，出版的著作和学术论文更是数不胜数，这些著作和论文对我国民族民间文化的现状和发展趋势进行了论述，并提出了相应的保护、传承和发展对策。

2. 关于民族民间文化传承模式的研究

张雪梅在《民族民间文化传承人才培养模式的构建》一文中指出，少数民族在历史演进中创造、积累、形成了多姿多彩的民族民间文化，民族民间文化是支撑本民族生存和发展的原生动力。经济全球化在一定程度上对民族民间文化造成了冲击和排挤。因此，必须培养优秀的民族民间文化传承人才，以保护民族民间文化的生存与活力。

3. 关于民族民间文化进校园的研究

近年来，我国各级各类学校因地制宜地开展了民族民间文化进校园活动。国内相关专家学者也及时地对民族民间文化进校园工作进行了调查研究，相关的研究成果丰硕。纵览目前出版和发表的著作和论文，从研究的角度可以分为两类：宏观研究和微观研究。

宏观研究成果主要是综合性地对民族民间文化进校园工作进行总结分析。

微观研究：这些著作和论文主要是从民族音乐、民族舞蹈、民族戏曲、民族体育、民族诗词、民族书法、民族乐器、民族工艺美术、民族语言等方面介绍分析民族民间文化进校园项目，主要以进校园单项项目为主。

通过对相关研究文献资料的整理分析，能够很大程度上对民族民间文化进校园的重要性、开展现状、存在的主要问题和发展对策等有全面、深入的认识和了解，为研究民族民间文化进校园模式的文化传承力提供了理论分析背景，具有一定的参考价值。

（三）生命意识相关研究的内容分析

1. 国外研究现状

生命意识教育是生命教育的起源。生命意识教育最初源于美国。就目前来说，美国中小学生命教育主要包括死亡教育、品格教育、挫折教育、生计教育等，其开展形式是以专门课堂教学与其他学科结合，或与形式多样的实践活动结合。国外对于生命意识教育的研究无论是在理论方面还是具体实操方面都已经取得了显著成效，成果丰硕。

2. 国内研究现状

香港于 1994 年成立了生命教育活动计划，为学生传授系统的药物教育课程，从而防止其药物滥用。自汶川地震后，内地开始给予生命教育更多的关注；2010 年 7 月 29 日，国务院发布了《国家中长期教育改革和发展规划纲要（2010—2020）》，《纲要》第一部分“总体战略”中第二章“战略目标和战略主题”明确指出：“重视安全教育、生命教育、国防教育、可持续发展教育”。

（1）关于生命意识的内涵研究

不同学者对于生命意识的不同理解也暗示了要对生命意识下统一定义的困难。本研究的生命意识主要包括认识生命、热爱生命、勇敢地生活 3 部分。

（2）关于生命教育的理论研究

在我国大陆地区，叶澜教授最先开始关注“生命”及其与教育的内在关系，她主张“从更高的层次——生命的层次，用动态生成的观念，重新全面地认识课堂教学，构建新的课堂教学观”，“让课堂焕发出生命的活力”。

综上所述，有关生命意识教育，学者们分别从不同的角度对生命意识教育进行了探索研究，从最开始探索国外的生命教育到对本国生命教育的内容方面研究，实施方面探究，再到课程方面探究，对于生命教育的研究一步步深入和细化，近几年生命教育研究的视角更加多元化。由此可见，生命教育逐步得到重视并在各方面的推进下得到了广泛的发展。然而，这些研究成果中数量最多的是有关生命教育概念内涵及内容的研究；而理论层面的概念界定等方面学者们各持己见，还没有统一的界定，很多概念性的内容仍处于模糊性的状态。其次是生命教育对策及路径，而对策及路径的研究，也往往更多地停留在理论层面，结合现实问题进行生命教育的实证研究则相当缺乏。由此可见，生命教育研究不够深入，研究任务仍任重而道远。

第二部分　行动研究设计

一、研究目的

通过对贵州优秀传统民族民间文化进行研究，提取其中基于生命意识教育的符号、故事、活动等内容，依照中小学校本课程的标准，开发出一套适合小学生学习的小学生生命意识教育的课程。并通过实践，帮助小学生正确认识生命、热爱生命，并能够学会勇敢的生活，为为其健康的成长与发展奠定基础。

二、研究内容

1. 通过问卷与访谈的方式，了解 X 校小学生生命意识的现状以及分析哪些因素是影响生命意识的关键，寻找对策。

2. 以生命意识教育为导向，通过三轮行动研究，挖掘贵州优秀传统民族民间文化中有关生命意识教育的内容，进行小学生生命意识教育课程开发实践。

3．以学科融合为助力，多维度的进行小学生生命意识教育的课程开发，有效推进课程开发模式的多元化。

4．形成“五级课程整体推进为主导，以师生为主体”的课程推进方式。科学地构建课程体系，开发所需的读本、教材与课程。

三、研究方法

本研究以行动研究法作为主要研究方法。同时辅以文献研究法、调查法、观察法等研究方法搜集详细的一手资料，对行动研究过程进行深入分析，从而保证行动的有效性。

本课题采用行动研究法对以贵州传统民族民间文化培养小学生生命意识教育进行实践研究。首先对 X 校小学生生命意识的认知情况进行调查分析，根据研究对象的实际情况，构建以贵州传统民族民间文化培养小学生生命意识教育的方案。通过挖掘贵州优秀传统民族民间文化中有关生命意识教育的内容，进行小学生生命意识教育课程开发实践，在将理论知识与实践经验紧密结合的基础上，初步拟定行动计划，在后续构建以贵州传统民族民间文化培养小学生生命意识教育的过程中根据实际情况进行调整和改进。本研究方案拟采取“计划、行动、观察、反思→修改后的计划、行动、观察、反思”的行动路线，对每一轮行动的实施都进行效果评估和反思。

四、研究对象

（一）选取学校的情况

本研究选取的学校是贵阳市甲秀小学，学校占地 9598 平方米，有 47 个教学班，2239 名学生，114 名教师，学历达标率 100%，45 岁以下教师本科文凭的有 20 人，专科文凭的 53 人，进行专科、本科学习的教师有 10 人。有小学高级教师 36 人，省级骨干教师 7 人，区级优秀骨干教师 19 人，区级学科带头人 1 人。X 小学是全国现代教育技术实验学校、全国写字教学实验学校、贵州省红领巾示范学校、贵州省体育传统项目学校、贵阳市整体改革实验学校、贵阳市语言文字示范单位、贵阳市课改先进单位。

（二）研究者与合作者

本研究以一线任课教师和管理者组成本课题的研究者；以甲秀小学全体小学生为研究对象，与甲秀楼、孔学堂、贵州画院三元宫、贵州民族文化宫（贵州省民族博物馆）、贵州历史博物馆等文化单位合作。聘请贵州大学、贵州师范大学、贵阳师范学院等教育学、历史学、文化学等理论专家作为研究的指导者。

整个研究过程中，在教育理论专家的指导下，学校多次开展了丰富的理论学习研讨活动，聘请教育理论专家以讲座的形式对课题组成员进行理论知识、研究方法的培训，学校也多次派课题组成员到民族地区学习考察，做到“请进来，走出去”两条腿走路，形成了有力的研究共同体，为本研究的深入开展提供了技术指导。同时，整个研究的过程中，也得到了许多文化单位的大力支持，为本研究提供参观场地，以及一些史料的支持，确保了本行动研究的有效性及可行性。

（三）选取的民族民间文化情况

本研究选取的是贵州的传统民族民间文化，分 3 个层次，主要包括传统节日、民族歌舞以及民间故事三大类。运用传统节日培养学生对生命起源的认知能力、生命平等的认知能力、敬畏生命的认知能力；运用民族民间歌舞唤醒学生的表达欲望、激发学生的生命热情、丰富学生生命的表达体验、培养学生对生命的热爱；运用民族民间故事，促使学生学会爱自己、会爱家庭、爱家乡、爱民族、爱祖国，培养学生自强不息、勇敢生活的精神。

五、研究步骤

1. 第一阶段：理论共识阶段，即准备阶段（2017 年 5 月—2017 年 12 月）

（1）论证课题，做好课题研究计划；

（2）开展本课题及相关理论学习，收集编撰理论学习及经验总结参考资料；

撰写课题开题报告，召开课题组会议，明确目标和职责；

（3）发放问卷，做好问卷分析报告，为课题实施阶段做准备。

2. 第二阶段：实践行动阶段，即实施阶段（2018 年 1 月—2020 年 7 月）

（1）问卷中测，撰写中期分析，为课题实施阶段做准备，再次明确研究方向。

（2）定期召开的课题研讨活动，学习课题研究方法、研究规范等；

（3）做好中期总结，为下半期课题研究做好指引；

（4）收集资料，汇总资料；

（5）围绕前一阶段的实践研究，做好再调查与再分析，为结题提供依据，做好铺垫。

3. 第三阶段：综合总结阶段，即结题阶段（2020 年 8 月—2020 年 12 月）

（1）收集、整理课题成果，总结、梳理经验得失，形成研究报告；

（2）申请结题，撰写结题报告；

（3）完成结题的相关工作。

六、开展行动研究的准备

为了了解该校学生的生命意识现状以及学生的对民族民间文化的了解基本情况，首先要对研究对象的生命意识现状以及民族民间文化的基本情况进行初步的掌握。

（一）对小学生生命意识现状的调查结论

1. 学生对生命的起源、平等、敬畏意识不足，不能正确认知生命；
2. 学生在学习生活中缺少积极的生命观。

（二）小学生生命意识缺失的主要原因

1. 教师对学生生命意识教育的忽略

平时的教育过程中，对生命意识的教育更加注重“生”的教育，对“死”的教育避而不谈，致使学生不能正确认识到生命的价值。在科学知识日益突飞猛进的时代，科学改变了传统教育理念和模式，使得教育更加有针对性和时代性。但科学理性至上带来的还有对人文关怀、自我发展、价值引导等非科学理念的排斥，严重影响了在教育中对“生命教育”的理解与贯彻。比如，教育中的量化评价，使教育的目的由教书育人转变为对教学各个方面的考量，失去了教学过程里师生之间生命的互动，激情被数字冲淡了，灵魂被形式淡漠了。

2. 学校对学生培养方向的偏差

学校对教育的思想认识依旧停留在提高学生的考试成绩上，重视学校之间成绩的评比，将教育功利化，要求教师在教学中以考试为重，以学生成绩作为对教师的考核要求，整个教育过程就是一个“文化快餐式”的教育——我讲你听、我讲你记、我讲你背。学校较少开展生命意识教育，即使开展了生命意识教育，也还只停留在较低层次的生命知识和生命技能的培养，没有上升到生命意识的层面，忽视了对学生精神意识的引导。

3. 家庭对孩子生命意识教育的疏忽

随着当前时代经济的快速发展，家长们都忙着应付工作，忙着应付生活，认为满足孩子物质生活的需要就尽到了做父母的职责，忽视了对孩子精神世界的了解，也不关注孩子内心的想法。认为只需照顾孩子的衣食住行等物质生活，对孩子精神方面的成长漠不关心，很少与孩子进行交流对话，也很少去听孩子的倾诉，不参与孩子生命的成长，疏忽了对孩子生命意识的教育。

第三部分　行动研究实施过程

一、第一轮行动研究：以贵州传统民族民间节日培养小学生生命认知能力

主要研究目标：利用贵州民族民间传统节日培养学生对生命起源的认识能力、生命平等的认知能力、敬畏生命的认知能力。

一是通过贵州传统民族民间节日培养小学生对生命起源的认知；

二是通过贵州传统民族民间节日培养小学生对生命平等的认知；

三是通过贵州传统民族民间节日培养小学生对敬畏生命的认知。

（一）内容选择

1. 贵州民族民间传统节日中蕴含的生命教育元素呈现

贵州民族民间节日中蕴含着丰富的生命教育元素。优秀民族文化是生命教育的有效呈现方式，千百年来形成了独有的民族地域文化。同时也探索出了促进民族发展的生命之道、生存之道和生活之道。纵观贵州传统民族文化，我们不难发现：在各少数民族的传统文化中，生命意识都有鲜活的体现。其中，培养学生对生命起源的认知能力、生命平等的认知能力、敬畏生命的认知能力的元素值得挖掘与提炼运用。

（1）贵州传统民族民间节日中蕴含着生命起源的教育元素

从筛选出的贵州民族节日中学生能感知到每一个生命中都寄托着家人的无限祝福、希望与爱。热爱生命、尊重生命不再是空洞，而是一种不可懈怠的责任。能从中领会生命个体的伟大，生命与生命的平等，人与人的和谐，关爱自己，关爱他人。通过民族节日中生命起源的研究，孩子学会了尊重自己的同学，促进了同学与同学之间友好交往的能力，关爱他人的能力。通过对生命起源的认知教育，使之有责任意识，完成生命教育要求的尊重自己和他人生命，促进生命全面和谐成长的目的，同时达到传承优秀的民族民间文化的目的。

（2）贵州传统民族民间节日中蕴含着生命平等的教育元素

根据学生学习活动的情况，在贵州民族民间节日中提炼出一些健康生命教育元素，渗透于研究过程中，通过引导学生活动学习，帮助学生树立正确健康的人生观，热爱生命、尊重生命不再是空洞，而是一种不可懈怠的责任。引领孩子穿越时空去感受人与人之间是平等的、引领学生感知人与动物的平等，生命是神圣的；感受生命的平等，感知生命的伟大；在开展以贵州民族民间节日为教育主线的生命教育中，孩子们能不断深入了解熟悉家乡优秀传统文化，能感悟到贵州民族民间节日中生命意识教育。

（3）贵州传统民族民间节日中蕴含着敬畏生命的教育元素

根据从贵州民族民间节日中挖掘生命意识，敬畏生命的元素，培养学生对生命的认知能力，并在生与死的法则中学会了更加珍惜自己的生命，珍爱他人的生命。

（二）实施过程

根据我们制定的目标——培养学生对生命起源的认知能力、生命平等的认知能力、敬畏生命的认知能力，充分利用贵州民族民间节日中能表现生命教育的元素对学生进行教育引领。

1. 以贵州民族民间传统节日培养小学生对生命起源的认知

（1）挖掘“红蛋节”“姓氏节”中生命起源的教育素材

（2）行动实施过程

低年级段学生——

①让孩子了解贵州贞丰苗族“红蛋节”，从节日中体会到每一个生命的到来都寄托着亲人的祝福，都被爱浸润包裹，从而懂得生命的来源是如此珍贵。

②给孩子讲述侗家“姓氏节”的趣事，向家长询问自己姓名的故事，从中感受到家人对自己的爱，学会珍惜这份爱。

中年级段学生——

①听妈妈讲述自己出生的故事，了解自己的生命是妈妈十月怀胎的艰辛与一朝舍命分娩的不易得来。启发孩子感受生命的可贵而产生想去珍爱生命的情怀。

②知道贵州贞丰苗族《红蛋节》的由来从故事节日中体会贵州文化的丰富多彩，并从节日中了解家人对自己生命到来的喜悦与珍重，从而达到认识珍爱自己的生命其实不仅是一种自我保护。

③利用班会课给孩子们讲述侗族“姓氏节”，引导孩子讲自己姓名的故事写下来，和同学老师进行分享，谈谈自己姓名背后隐藏的那份家人的爱是如何理解的。

高年级段学生——

①播放贵州贞丰苗族《红蛋节》的图片及文字，让孩子身临其境去感知新生命的到来承载着亲人眷属的无限欢乐与期望。展示孩子事先准备好的自己刚出生时一些照片或自己满月时家人为自己举行的诞生仪式照片。并谈谈自己的感受和想法。

②播放关于生命孕育的动画，让学生了解人的生命是妈妈的卵子与爸爸的精子结合，这个过程中，生命的起源经历了艰难险阻才得以孕化，生命的能量在妈妈的子宫里不断强大，最终瓜熟蒂落。

③带领学生搜集当前社会中自杀自残的案例，进行讨论辩论。明确知道生命很宝贵也很脆弱，无论遇到任何事情都必须冷静对待，切不可以生命为代价，做出伤害自己和伤害他人的事情。

④根据从侗族“姓氏节”中提取的元素，在原有对自己姓氏及姓名来历的基础上，进一步对姓氏文化进行探究，了解中国姓氏文化的博大精深，从而引发对生命起源的强烈自豪，唤醒孩子潜意识中生命蓬勃向上的原动力。

2. 贵州民族民间节日中培养学生生命平等的认知能力元素挖掘

（1）人与人的平等

挖掘“苗族鼓藏节”“苗族姊妹节”“侗族老人节”生命教育中“人与人的平等”的素材。

利用贵州民族民间传统节日，引领学生认知人与人之间是平等的。选取贵州民族民间传统节日苗族鼓藏节中蝴蝶妈妈的故事、苗族姊妹节和侗族老人节为载体，通过贵州民族节日的学习，让学生了解生命是平等的，没有尊卑，没有贵贱，唤醒学生对生命的平等的认知，引领学生学会尊重生命。

（2）生命之间的平等

挖掘“苗族吃卯节”“苗族斗牛节”“仡佬族牛王节”“布依族俗雅蝈节”生命教育中“人与动物的平等”的素材。

利用贵州民族民间传统节日，引领学生感知人与动物的平等。以少年宫社团、少先队活动、班级活动为阵地，用贵州民族民间节日苗族吃卯节、苗族斗牛节、仡佬族牛王节、布依族俗雅蝈节为载体，设计丰富的活动形式和内容，引领学生感知人与动物的平等。

（3）人与自然的平等

挖掘“彝族火把节”“苗族水鼓节”生命教育中“人与自然的平等”的素材。

利用贵州民族民间传统节日，引领学生感知人与自然的平等。

3. 以贵州传统民族民间节日培养小学生敬畏生命

（1）挖掘“岜沙种树风俗”“苗族岜沙成人礼”“仡佬族敬雀节”“扫墓节”中敬畏生命的教育素材。

（2）通过带领学生设计爱护鸟儿的标语，在小区置放鸟食盒，放生小鸟回树林等活动，让学生心中充满爱，培植学生善良悲悯的美好心灵。

（3）通过班会课让学生了解布依族扫墓节，学生谈一谈情自己是否参与类似这样的节日，什么要有这样的节日。

（4）让学生生命平等意识得到提升。

从妈妈十月怀胎孕育，到瓜熟蒂落呱呱坠地，无不经历着生命成就的艰难。热爱生命、尊重生命不再是空洞，而是一种不可懈怠的责任。从中领会生命个体的伟大，生命与生命的平等，人与人的和谐，关爱自己，关爱他人。

二、第二轮行动研究：以贵州传统民族歌舞培养小学生对生命的热爱

歌舞是一种艺术形式，能表达人们细致复杂的思想感情和广泛的生活内容。民族歌舞是各族人民在长期的劳动和生活中自己创作的歌舞艺术，直接反映了此民族或此地域人们丰富的情感。

（一）内容选择

1. 贵州民族民间歌舞中的生命教育价值呈现

贵州民族歌舞形式多样、各具特色，丰富了学生们的活动，给予人们多样的选择。由于历史原因，其尚未完全开发的特质，有一种引人入胜的神秘感，可以给学生提供更多元的学习内容和路径。贵州民族歌舞多以大自然中的生物作为主

角，在学习中更能唤醒学生对生命的思考。

2. 利用贵州民族民间儿歌唤醒学生敢于表达的欲望

以贵州民族民间传统节日活动有关的歌曲和乐曲以及儿歌或童谣为载体，引导学生在音乐中玩，在律动中用肢体语言表达简单的音乐情感和个人情绪，通过贵州民族歌曲的学习，唤醒学生的表达欲望。

（1）利用儿歌引导孩子们走进欢快的民族歌舞世界

选取贵州的苗族、水族、布依族、土家族、侗族、仡佬族等民族儿歌、童谣入手，通过指导学生感受韵律，学习简单的歌曲和节奏，以音乐情感来表达个人情绪。

（2）让学生在贵州民族民间儿歌中亲近大自然，释放情绪

《蝈蝈》和《螃蟹歌》则是回到大自然的怀抱和动物对话，和动物一起玩。在学习《蝈蝈》时，我们有一个环节，叫“给蝈蝈伴奏”。《蝈蝈》里有两句唱词“一天到晚跳蹦蹦，又唱又蹦不知愁”。小朋友们边打节拍，模仿蝈蝈的动作左跳跳、右跳跳，真是没有了“愁”！

（3）用贵州民族民间儿歌吸引学生表达自我

等到了最后一个单元的综合活动——《跳动的音符——自制乐器》，你看，有用筷子做钹的，有用脸盆做鼓的，有用矿泉水瓶做沙锤的……他们组成小小的乐队，尽情展示自己的小创意和小才华。专业与否不重要，重要的是大家又围坐在一起，在音乐的律动中，碰撞生命彼此的热情。

爱唱爱跳的小娃娃，每月都期待生命教育课堂。那些他们向往的山野生活，就在他们有力的节拍和丰富的肢体表演中，来到了他们身边，成为他们忘掉繁忙学业的一个世外桃源。

（二）实施过程

1. 利用贵州民族民间热情、欢快的歌曲和舞曲激发学生的表达热情

学生通过学唱、会唱、唱好贵州民族民间热情、欢快活泼的歌曲，掌握歌曲演唱技巧。引导学生在热情有力的打击乐器的伴奏下，试着学习、展示自己喜欢

的舞蹈动作或片段。借助贵州民族民间歌舞技巧和合适的内容大胆表达自己对生活的观察、感受和表达自己的情绪。通过贵州民族歌舞节目的学习，激发学生的表达热情。

（1）为学生创造展示动机和机会

我们选取贵州的苗族、布依族、侗族等民族经典的歌舞作为学习的内容。老师分别教授歌曲和舞蹈，在教授歌曲时，通过学唱、会唱、唱好贵州民族民间热情、欢快活泼的歌曲，引导学生大胆表达对歌曲的理解和自己的情绪。在教授舞蹈时，选取经典的舞蹈动作和段落进行教学，大多是在热情有力的打击乐器的伴奏下，试着展示自己喜欢的内容。构建中年段学生乐于表现的歌舞类生命教育课堂是我们的目的，训练学生的技巧和感受能力后，给他们创造展示的动机和机会。比如在教授《多耶舞曲》《苗家敬酒歌》和《砍柴歌》时，先讲述作品的历史和生活背景，引导学生感知表演者情绪，再鼓励他们进行表演。最后就歌曲“音调高亢嘹亮，豪迈奔放、明快，有强烈的感染力”的特点进行指导。

（2）利用有趣的活动激发学生乐于表达

在“趣味拉歌”活动中，学生们分为几个表演队，展示自己所学成果，将表演的热情融入活动中，在战队的带领下真真切切地为自己争取表演的机会。

2. 利用贵州经典民族歌舞节目丰富学生的表达体验

高年级学生通过赏析贵州经典民族歌舞，了解生活在大山里的我们的祖辈如何在热情、欢快的歌舞中乐观地生活。帮助学生通过自己或团队的创编，勇敢地将自己的生活和情绪融合在歌舞中大胆地表现出来，丰富学生生命的表达体验，最终使得他们获得健康的审美情趣和热爱生命的积极向上的状态。

由于贵州民族民间歌舞有即兴创作的特点，也有学生和原著语言不通的遗憾，因此更促使我们利用经典的侗族大歌《蝉之歌》、苗舞《锦鸡舞》、布依族民歌《久不唱歌忘记歌》《好花红》、曲艺说唱“八音坐唱”、汉族民歌《梅花》《摘菜调》、以“和谐水乡”为主题的水族《弯弯月亮像牛角》、彝族《撒麻歌》、综合表演《阿细跳月》、古谱《茉莉花》、实景剧《大明屯堡》，去作为丰富学生表达体验的生命教育的载体。

丰富表达体验有两个内涵：

一是“勇于释放”：指学生能熟练运用贵州民族民间歌舞的曲调、动作等自由表达自己的情绪。使自己的生命与经典一起涌动，从而在活泼、明快的表达中，带动自己热爱生活、热爱生命。

二是“敢于创造”：指鼓励学生将习得的内容作为载体，再结合自己的生活经历和感悟，通过填词和曲调与动作结合的创作，赋予作品新的生命。也使自己的情绪有一个安放之处，熟练将民族歌舞作为情绪表达的积极方式。

学生在前面的体验和知识学习积累的基础上，通过经典节目的感染和教师对文化、背景等资料的指导，再结合专家和实地研学的感受，能够对这些贵州民族歌舞有更深刻的理解，也更容易对祖祖辈辈在艰难环境中仍坚守的“饭养身、歌养心”的乐观向上的精神感同身受。

3. 通过丰富多彩的贵州民族民间歌舞活动培养学生对生命的热爱

通过开展丰富的贵州民族歌舞为主体的校内外活动，使学生受到潜移默化的感染和熏陶，建立起对生命、对家乡、对一切美好事物的认识和关爱之情，进而养成对美好生活的向往与追求，以及对生命的热爱。具体以少年宫社团、少先队活动、班级活动为阵地，以贵州民族民间歌舞为载体，设计丰富的活动形式和内容，促进学生的生命热情得以激发和释放。联动校内外，搭建更多的平台和渠道，给予学生更多的学习和展示机会，帮助他们养成健康的审美情趣和活泼、愉快的生活状态。

三、第三轮行动研究：以贵州传统民族民间故事培养小学生面对挫折和勇敢生活的能力

1. 通过民族民间故事培养学生关爱自己的生命意识

（1）利用故事培养学生个人责任意识

赵以炯和妈妈的故事，以“母子关系”为主线，引导学生思考每个人在家庭生活中所承担的责任有何不同。家庭是国家的细胞，而每个家庭成员无疑是这个细胞最重要的构成部分，没有家庭成员，就没有家庭的存在。可以说，我们的

家庭，是家庭成员关系的组合。家庭的稳定，才能推动社会和国家的稳定。而家庭关系中，重要的不仅仅是夫妻关系，还有亲子关系、长幼关系、兄弟姊妹的关系……家庭关系是人类习得社会生活经验和规矩的起点。探究家庭关系，就是在引导学生探究自身在家庭生活和社会生活的位置和作用，这对他们以后的成长都是至关重要的。选材通过赵以炯母亲陈氏的故事，展现了陈氏作为女性在家庭生活中承担的养育子女、持家、坚韧等好品德，也通过赵以炯的成就，激励家庭成员学习他奋发图强、富有家庭责任感等优秀品质。

（2）利用故事培养学生勇于担当的责任意识

贵州是一个多民族聚居的省份，其中布依族是一个非常有代表性的少数民族，《牛王节的传说》讴歌了主人公阿牛不惧艰难，热心助人的同时勇敢追求幸福的感人故事，对学生认识人生有着很好的启示作用。我们选用了一首白话文的诗歌，全诗生动形象地展现出斗牛的场景，苗族斗牛是苗族牛图腾崇拜的遗迹，苗族人斗牛不是戏牛取乐，而是以斗牛的方式选出神崇拜来展示苗家人崇敬力量和勇敢，斗牛活动是贵州许多少数民族节日中的一项传统项目。斗牛场上是男人在送牛出阵，为牛呐喊，女人则做好后勤工作。因为人与牛不再是主人和家畜的关系，而是一种亲情关系。每一头出战的斗牛，就像家里的亲人，它代表着一个家庭，斗牛活动也不是简单形式上动物之间的角逐，而是人们以斗牛的方式来展示苗族人坚强勇敢不怕困难的民族气节，同时也再现了人与牛之间和谐关系，因此上这一课的教学，重点培养学生的社会责任感、勇敢及不怕困难的坚强毅力。

（3）利用故事促进学生自我心理发展

《特立独行的周渔璜》中的周渔璜是清初时期著名学者，是中国诗坛数一数二的诗人。他 17 岁中举，22 岁取得贵州乡试第一名，29 岁金榜题名，中三甲进士，以优异成绩被选入翰林院，后来晋升“赞善”“待读学士”等职，是贵州历史上非常有成就的优秀代表之一。

2. 通过民族民间故事培养学生爱家（家乡）的生命意识

（1）通过故事引导学生树立民族团结意识

奢香夫人是一位极有胆识的爱国女土司，她继任宣慰使之后，积极配合明朝廷平定内乱，在面临诸多困难的情况下，带领水西民众开辟驿道，建龙场九驿，沟通贵州与各省的联系，促进了各族群之间的相互了解和经济文化交流，让贵州顺利成为明朝的第十三个行省奠定了基础。从某种意义上来说，如果没有奢香夫人维护了贵州的大局稳定，也许明朝就不会建立贵州省，至少要延迟建立几十年。我们根据内容特点、孩子的年龄特点及“道德与法制”课程要求，把这个学习内容放在中段的“道德与法制”课程中完成阅读和教学。并让家长陪伴孩子一起观看电视剧《奢香夫人》，加深了解600多年在贵州维护国家统一、民族团结和边疆稳定的彝族女英雄、政治家的人物形象，增强民族意识、国家意识。

（2）通过岜沙的传说故事培养学生的抗逆能力

这个被称为“中国最后的枪手部落”，这里的人们信奉大自然，恪守祖先留下来的训诫，将拜祭仪式与成人礼看得格外重要，是一个极具仪式感的地方，在这里人的个体生命与社会生命是相统一的，只有敬畏，才能无畏。岜沙其地理环境封闭，千百年来，他们固守着远古遗训，并代代传承，作用于生活生产、待人接物、婚嫁喜事，直至生老病死……这是一座奇特的“文化孤岛”。所有苗族古老的遗风在岜沙都依稀能看到，一些古老的仪式被人们称为古苗族文化的“活化石”。因此，将岜沙的文化故事作为我们的选材十分有意义。

语文的拓展课程，将人作为一切发展核心，与此同时，也不忽略社会性与文化性的统一，他们应该是你中有我，我中有你的状态，而不是独立存在的，有人的地方才有文明，有文明的地方才有生命。

3. 通过民族民间故事培养学生爱祖国的生命意识

（1）利用故事激发了学生维护国家统一的爱国情感

《南霁云勇战睢阳》中课述了从隋唐时期南霁云的故事就传至贵州侗族一代，当地汇集了南霁云大量的忠烈故事，成为贵州本地的原始的宗教信仰，具有极为广泛的群众影响力，形成了独特的民族风俗和习惯，因此采用其故事。

（2）巧用故事培养学生解救苍生的使命感

选取《神医侍司懿》的传说，是因为贵州是一个多民族聚居的省份，其中苗族是人数最多的少数民族，她的民族民间传说故事也非常丰富，神医侍司懿的故事讲述了一个药匠，努力求医，立志救人的感人故事，对学生认识人生有着很好的启示作用。

第四部分　行动研究结果讨论

一、贵州传统民族民间节日能培养了小学生生命认知能力

通过从贵州民族民间节日中挖掘生命意识，让学生了解生命的起源，知道生命是平等的及学会敬畏生命，培养学生对生命的认知能力。学生在对生命起源的认知上有所提高，对生命有了新的认知。普遍学生认为生命来之不易，应该好好珍惜，好好运用，对比自己之前一些不好的行为，有了明显改善。

（一）贵州传统民族民间节日培养了小学生对生命起源的认知

通过对生命起源的认知教育，使之有责任意识，完成生命教育要求的尊重自己和他人生命，促进生命全面和谐成长的目的，同时达到传承优秀的民族民间文化的目的。

（二）贵州传统民族民间节日培养了小学生对生命平等的认知

通过引导学生活动学习，帮助学生树立正确健康的人生观，热爱生命、尊重生命不再是空洞，而是一种不可懈怠的责任。从中领会到生命个体的伟大，生命与生命的平等，人与人的和谐，关爱自己，关爱他人。孩子们学会了尊重自己的同学，促进了同学与同学之间友好交往的能力，关爱他人的能力。提高了学生对生命的认知，人与人之间的平等关系的认知。

通过丰富的贵州民族民间节日的学习和表演，引领学生感知人与动物的平等。学生改变了之前人与动物之间关联的浅薄意识，开始懂得尊重动物的生命。

通过因时而异、因地制宜为同学们开设了许多主题活动，引领学生深入感知人与自然的平等，感受大自然的美好，从中产生感恩大自然、敬畏大自然的美好情怀。

（三）贵州传统民族民间节日培养了小学生敬畏生命

通过从贵州民族民间节日中挖掘生命意识，敬畏生命的元素，培养了学生对生命的认知能力，并在生与死的法则中学会了更加珍惜自己的生命，珍爱他人的生命。更多的学生在学习中提升了自我价值的愿景，表示要用饱满的精神全力以赴地学习，让自己在各方面都出类拔萃，成为未来社会的栋梁，不辜负生命的存在与精彩。

二、贵州传统民族歌舞培养了小学生对生命的热爱

以贵州民族民间歌舞培养小学生对生命的热爱，首先需要唤醒学生的表达欲望。因此，在行动中，要由简到难，循序渐进。有了表达的欲望，才能逐步引导学生释放自己的情绪，并在一种健康、积极的状态中找到对生命的热爱。因此，研究团队进行了 3 个目标的设计和实践：

（一）通过贵州民族歌曲的学习，唤醒了学生的表达欲望

研究团队在第一轮实践的基础上，以节日活动有关的歌曲、乐曲以及儿歌或童谣为载体，这样学生有一种亲切感，更容易接受。同时在设立教学目标时，更强调引导学生在玩中学：一是我们利用儿歌引导孩子们走进欢快的民族歌舞世界。二是在贵州民族民间儿歌中亲近大自然，释放情绪。三是用贵州民族民间儿歌吸引学生表达自我。因此，当学生在简单的律动中用肢体语言表达简单的音乐情感和个人情绪，他们的表达欲望被唤醒了。

（二）通过贵州民族舞蹈的学习，激发了学生的生命热情

学生通过学唱、会唱、唱好贵州民族民间热情、欢快活泼的歌曲，掌握歌曲演唱技巧。在热情有力的打击乐器的伴奏下，能试着学习、展示自己喜欢的舞蹈动作或片段。并且借助贵州民族民间歌舞技巧和合适的内容大胆表达自己对生活的观察、感受和表达自己的情绪。学校经常为学生创造展示动机和机会，并且利

用有趣的活动激发学生乐于表达。

（三）通过贵州民族歌舞的表演，丰富了学生生命的表达体验

学生通过赏析贵州经典民族歌舞，了解生活在大山里的我们的祖辈如何在热情、欢快的歌舞中乐观地生活。同时，教师帮助学生通过个人或团队的创编，勇敢地将自己的生活和情绪融合在歌舞中大胆地表现出来，丰富学生生命的表达体验，最终使得他们获得健康的审美情趣和热爱生命的积极向上的状态。

三、贵州传统民族民间故事培养了小学生面对挫折和勇敢生活的能力

行动首先收集、整理了有教育价值的传说、故事、典型的英雄人物，在实施的过程中，创设情景、扮演角色、融合各学科的教育方法，刺激视觉、听觉的感官，充分体会人物情感，塑造英雄人物形象，感悟生命价值，面挫折永不放弃。通过 3 个行动目标实践，我们达成了行动目的。

（一）贵州传统民族民间故事教会了小学生爱自己

研究团队以 3 个典型的贵州民族民间传说和故事，从 3 个维度进行了研究和实施，拓展了学校道德与法制的内容；弘扬了英烈精神开设红色育人课堂，推动了小学思想教育的改革创新；丰富了少先队活动课程；培养了学生爱自己，不畏艰险，追求幸福的勇气和不懈努力奋斗的精神。

（二）贵州传统民族民间节日教会了小学生爱家乡、家庭

通过两个典型的传说、故事，从两个维度进行了研究和实施，突出了学科融合的有效作用；充实了语文拓展课程对生命意识的培养；感受少数民族特有的生命传承的习俗。培养了学生爱家乡、爱祖国，民族团结的精神。

（三）贵州传统民族民间节日能教会小学生爱祖国

研究团队以两个典型的贵州民族民间传说和故事，开展了行动，促进了学生

心理健康发展；树立了学生民族大团结的意识。培养了学生维护国家统一，精忠报国的爱国情感。

第五部分　研究启示与反思

一、贵州优秀传统民族民间文化培养小学生生命意识的启示

基于小学生身心发展的特点挖掘贵州民族民间文化资源，有计划，有组织，有步骤地对学生进行生命意识的培养。

对本土的传统民族民间文化，儿童有一种亲切感。结合小学生身心发展特点，将其中的生命意识教育内容提炼出来，对儿童的教育作用更大。

（一）小学阶段学生身心发展特点

通过观察和访谈，我们发现在儿童阶段，对生命的理解，更多体现在对生命的由来，情绪的抒发和直面困难等方面的认知上。生命教育的内涵非常丰富，且贯穿人的一生。我们的教育对象是小学生，因此选取的内容和形式要符合小学生的身心发展特点，利用儿童好奇的天性，循序渐进地进行对生命的模糊认知、形象认知到抽象认知、态度认知的教育。

从教育的形式上来说，小学生对理论的学习不太感兴趣，反而对参加活动却有着极大的兴趣。且生命意识大多与民歌舞、民族故事、民族活动相关联。对儿童来说，开展活动和将这些符号引入课堂，更符合他们善于形象认知，喜欢故事与活动的特点。因此，此实践研究大多以活动的形式展开。

（二）找到民族民间文化和小学生的契合点，开展生命教育

选好优秀贵州民族民间文化与小学生生命意识的契合点，我们的出发点是学生，目的是为了让小学生更健康积极地成长。因此在选取资源时，更看重的是优秀贵州民族民间文化资源的教育价值。

在开发和挖掘时，更注重寻找资源当中生命教育内容的呈现。大凡传统的民族民间文化，都有悠久的历史和深厚的文化积淀，是各民族生活的智慧显现和文明的结晶。这其中包含了他们对生命的认识和理解，对生命的尊重和热爱、对理想信念的追求，是各民族在劳动实践中创造的生命之道、生活之道、生存之道，反映出强烈的生命意识。这些，对我们在小学开展生命教育的理论和落实实践，都具有十分重要的启发以及借鉴意义。

（三）有计划，有组织，有步骤地对学生进行生命意识的培养

经过梳理，我们发现优秀贵州民族民间文化主要分为民族节日、民族民间歌舞和民族民间故事三大类。于是我们选取其中适合小学生身心认知和有教育价值的内容，用以解决小学生亟待解决的三个问题：一是小学生对生命的认知能力不足；二是小学生的表达和情绪释放能力不足；三是没有面对挫折、勇敢生活的能力。

为解决以上 3 个小学生亟待解决的问题，本实践采取行动研究法，分为 3 轮：第一轮行动用贵州传统民族民间节日培养小学生生命认知能力；第二轮行动用贵州传统民族歌舞培养小学生对生命的热爱；第三轮行动用贵州传统民族民间故事培养小学生面对挫折和勇敢生活的能力。

通过对以优秀贵州民族民间文化培养小学生生命意识理论的研究以及对 J 小学相关案例的研究，笔者认为与应试教育不同，本实践以培养民族文化传承人和热爱生命的师生为中心，通过实践活动，促进教师树立正确的生命观。在实践中尊重学生、培育学生、训练学生，实现教师个体与学生个体的成长。

之后，依托学校各部门间的协作，大力推进本课题的实践。教导处保障专用课时用于该实践活动的实施，并对教师的教案、教学质量进行监督。后勤部门全力保障：一是保障专用经费专项支出；二是保障相关活动的车辆安排和物资供应。同时联合省名校长工作室和省劳模创新工作室推进课程开发。两个工作室负责搭建平台，联系专业院校、聘请专家等，保障课题实践高质量进行。

二、研究反思

贵州少数民族文化中有关小学生生命意识培养的契合点，有待进一步挖掘。过去，教师对贵州传统民族民间文化的认知只是停留在它的旅游价值上，从未思考过它内在的教育价值。通过实践，他们意识到这些文化源远流长，是中华文化的一部分。尤其是这些文化当中蕴藏着的连绵不绝的生命力和体现出来的生命平等、生存勇气等意识，都给予人们以启示。它与我们是如此的亲近，以至于流淌在我们的生活和精神里，而不自知。

通过研究发现，贵州传统民族民间文化中蕴含着丰富的生命教育资源。贵州是一个多彩民族大省，民族文化资源本就十分丰富。贵州是我们的家乡。这片土地上生活着 56 个民族，其中世居民族 18 个。伴随着悠久的历史，形成了深厚的文化积淀。贵州传统民族民间文化是生活在这片土地上的人民所创造的生活智慧和文明结晶。其中就包含了他们对生命的认识和理解，对生命的尊重和热爱、对理想信念的追求。这是我们的祖祖辈辈在劳动实践中创造出来的生命之道、生活之道、生存之道，反映出强烈的生命意识。

生命是教育的原点。教育能让孩子们更好地理解生活，热爱生命。对本土的传统民族民间文化，儿童天然就有一种亲切感。贵州传统民族民间文化与中国传统文化是一脉相承的，且在历史上，尤其是研究其中的生命起源，更具有代表性。此地域具有相对的封闭性，所以一些古老文化保留得更为完整。这些文化多以一种自然性、生活性、实践性的方式，渗透在我们的生活习俗和实践体验中。以贵州传统民族民间文化培养小学生生命意识，可以以润物无声的形式，达到最理想的生命教育效果。

过去，我们不了解它的价值，孩子们更是停留在“似曾相识”的阶段。通过 3 年多的实践，这一现象大为改观。但仅仅只有一所学校的师生认识到它的珍贵是不够的。我们将成果与合作单位和姊妹学校共享，取得了热烈的效果，但更希望将成果惠及更广阔的地方，唤醒更多的人认识它、保护它、传承它。

参考文献：

[1] 中共中央国务院印发国家中长期教育改革和发展规划纲要（2010—2020）年）[J]. 人民教育，2010（17）：2–15.

[2] 核心素养研究课题组. 中国学生发展核心素养 [J]. 中国教育学刊，2016（10）：1–3.

[3] 中华人民共和国教育部. 义务教育思想品德课程标准（2011 年版）[S]. 北京：人民教育出版社，2011.

[4] 胡芳毅. 论生命意识教育的内容及其途径 [J]. 湖南文理学院学报，2007（1）：131–133.

[5] 肖川等. 生命教育引论 [M]. 天津：天津教育出版社，2014：28.

[6] 刘济良. 生命教育论 [M]. 北京：中国社会科学出版社，2014：24–30.

[7] 李丹. 认知发展视野下的生命教育 [M]. 上海：上海人民出版社，2016：45.

[8] 赵吉惠. 郭厚安主编. 中国儒学辞典 [Z]. 沈阳：辽宁人民出版社，1988：620.

[9] 辞海编辑委员会. 辞海（下）[Z]. 上海：上海辞书出版社，1979：3510.

[10] 程京武. 多元文化发展与民族文化主导的价值探析 [J]. 求索，2008（10）：61–63.

[11] 张在德. 保护和合理利用民族民间文化 [J]. 四川戏剧，2004（04）：45–46.

[12] 喻峰，傅安平. 民族民间文化保护与当今中国发展之需要 [J]. 理论导报，2006（08）：11–12.

[13] 平锋. 民族民间文化现实境遇的文化人类学解读 [J]. 黑龙江民族丛刊，2006（06）：83–88.

[14] 方子春. 关于区域终身学习体系中民间文化传承模式的研究——以天津为例 [J]. 成人教育，2012，32（10）：34–36.

[15] 张雪梅. 民族民间文化传承人才培养模式的构建 [J]. 凯里学院学报，2013，31（05）：151–155.

[16] 张贵华．简论民族音乐进课堂 [J]．贵州教育学院学报（社会科学），2004（03）：62–64+102–103.

[17] 高杨．中国民族民间舞课堂教学的启示 [J]．沈阳师范大学学报（社会科学版），2009，33（03）：184–186.

[18] 王宝麟．让中华诗词走进大学校园 [J]．西安教育学院学报，2000（02）：3–6.

[19] 牛红梅．浅谈戏曲进课堂 [J]．山西科技，2009（02）：115–116.

[20] 李艺婷．传统戏曲进课堂的可行性分析——以学前教育专业音乐艺术课为例 [J]．戏剧之家，2020（34）：49–50.

[21] 林晓光．民族传统体育进校园认识与实践问题刍论 [J]．山东体育学院学报，2009，25（08）：87–89+92.

[22] 王有基．广西少数民族传统体育传承方式研究 [J]．体育科技，2019，40（01）：87–88.

[23] 朱红云．书法走进小学语文课堂的探究 [J]．科学咨询（教育科研），2019（01）：107.

[24] 赵孟欣．器乐在音乐教学中的重要作用——让器乐进入课堂 [J]．当代教育论坛（学科教育研究），2008（11）：88–89.

[25] 王宏伟．民间美术在小学美术教学中的应用 [J]．中国教育学刊，2017（06）：75–78.

[26] 万明钢，刘海健．论我国少数民族双语教育——从政策法规体系建构到教育教学模式变革 [J]．教育研究，2012，33（08）：81–87.

[27] 李建成，孙泉．关于非物质文化遗产进校园工作的思考 [J]．承德民族师专学报，2007（04）：70–72.

[28] 杨丽萍．“民族文化进校园”的多维阐释与民族文化传承研究 [J]．广西师范大学学报（哲学社会科学版），2011，47（02）：109–113.

[29] 严奉江．民族文化进校园的调查与思考——以恩施土家族苗族自治州为例 [J]．湖北民族学院学报（哲学社会科学版），2010，28（01）：50–56.

[30] Clark, V.（1998）. Pastoral dimensions in death education research. Journal of

Religion and Health, Vol.18.

[31] 徐岚，宋宸仪．追问生命的意义——台湾生命教育发展之经验与启示 [J]．教育发展研究，2013（12）：80–84.

[32] 李建红．生态文明背景下的生命教育理念创新与课程建设探析 [J]．课程・教材・教法，2013（7）：69–74.

[33] 教育部．国家中长期教育改革和发展规划纲要（2010—2020）[R]．北京，2008（8）.

[34] 牟宗三著．道德理想主义的重建 [M]．北京：中国广播电视出版社，1992：17.

[35] 杜立新．生命意识与宇宙意识的碰撞——对《登幽州台歌》的再解读 [J]．泰安教育学院学报岱宗学刊，2005（04）：20–21.

[36] 路晓军．简述大学生生命意识的三个维度 [J]．东莞理工学院学报，2005（02）：97–100.

[37] 王北生．论教育的生命意识及生命教育的四重构建 [J]．教育研究，2004（05）：37–38.

[38] 叶澜．让课堂焕发出生命活力—论中小学课堂改革的深化 [M]．教育研究，1997：9.

[39] 王学风．国外中小学的生命教育及启示 [J]．外国中小学教育，2007（01）：43–44+5.

[40] 南志涛．台湾生命教育探究 [D]．河南大学，2007.

[41] 徐岚，宋宸仪．追问生命的意义——台湾生命教育发展之经验与启示 [J]．教育发展研究，2013，33（12）：80–84.

[42] 接红梅．小学阶段生命教育内容初探 [D]．山东师范大学，2007.

[43] 徐洁洁．小学生命教育现状及其对策的研究 [D]．苏州大学，2013.

[44] 曾佑来．小学生命教育课程开发研究 [D]．辽宁师范大学，2014.

贵州省教育科学规划课题：以贵州传统民族民间文化中性别意识特性为核心的小学生命教育课程开发探索

立项编号：2017B162　　结题编号：2021041

课题主持人：汪　伟

研究报告执笔：汤　瑞

主要参研人员：汤　瑞、班从蓉、周祥人、沈杰萍、牛　晓、苟　林、韦常勤

促进小学生核心素养发展的小学校本课程资源建设研究

贵阳市第二实验小学　刘明蓉

第一部分　问题的提出

一、理论背景

第一，课程改革的时代诉求。“核心素养”如何落地生根，通过什么样的课程进行核心素养的培养，校本课程是否能真正发展学生的核心素养等问题需要课程理论界与实践层面的学校共同探讨。

第二，重要教育政策的方针导向。2014 年 4 月，教育部颁发重要文件《关于全面深化课程改革落实立德树人根本任务的意见》，明确指出“省级教育行政部门和学校要依据修订后的基础教育国家课程方案，调整完善地方课程和学校课程”，并提及“教育部将组织研究提出各学段学生发展核心素养体系，明确学生应具备的适应终身发展和社会发展需要的必备品格和关键素养”。这是我国教育政策文件中首次明确提出构建“学生发展核心素养体系”。此外，教育部于 2016 年 3 月发布《中国学生发展核心素养（征求意见稿）》并向教育各界人士广泛地征求意见和建议，2017 年出台的《义务教育学校管理标准》的通知，在关于提升教育教学水平的要求方面，学校要根据学生发展需要，科学规范开设地方课程和校本课程。因此，基于学生核心素养的校本课程实践，是在响应时代需要和相关政策的引导下开展的。

二、实践动因

第一，学校全面实施素质教育的迫切需求。在磨砺中成长、在创新中跨越的实验二小，构建了“千里之行·始于足下”的校园文化主题，始终坚持“德才兼修·身心具健”的办学目标，努力践行“乐中润智·行中润品”的学风和“知行合一·齐足并驱”的校风。在科研实践方面，学校坚持“以人为本、科学管理”，走科研兴校之路，将教育教学实践性研究作为提升学校整体办学质量的核心工作。当前，随着社会的发展及教育改革的深入，原有的课程观越来越暴露出对学生作为有思想的个体生命的忽视，课程设置上表现为对不同地区、不同学校、不同学生的简单划一的要求，这就使得作为课程计划执行者的教师，在教学目标上缺乏开放性，在教学过程中缺乏创造性和灵活性。作为课程目标实施对象的学生，置身于缺乏自主性和选择性的狭小空间内，很难实现自身的创造性和潜能的开发，教学双方被课程工具化和功利化，严重阻碍了学生有差异的自主发展。因此，全面实施素质教育、提升现代核心素养是新一轮教改的需要，也必将成为学校进一步发展和提升的决定性因素。

第二，学生个体的差异性呼吁全面发展核心素养。我校共有学生 3742 名，78 个教学班。单从一个教学班的学情来看，学生因家庭环境、个性特色不同造成的思维方式、行为习惯、学习能力等方面的差异，让传统的、整齐划一的课程实施显得更加高耗低效。因此，在课程目标中融入学生发展核心素养，能结合学科特点，选择利于我校学生发展核心素养在总体框架中应重点关注的内容，并落实到各学科课程目标中显得至关重要。

第二部分　解决问题的过程与方法

学校着眼于从课程体系建设的角度，从促进学生素质全面发展基础上的发展需要出发，通过改革学校顶层设计、再造课程，盘活现有资源、引进社会资源，通过“融、补、调、改”等方法对国家级课程、地方性课程和校本课程进行研究；研究构建发展核心素养课程体系的指导思想和培养目标，探讨校本课程开发的实施模式及评价标准，开发出有利于学生全面发展的“五润”活动课程群、活动课程群交互平台、校本课程试点项目。建构出促进课程可持续发展的管理和评价模式。

一、聚焦需求，制定“活动课程群”建设实施方案（2016 年 3 月—2017 年 3 月）

梳理学校管理及课程设置中的优势与问题，对相关研究成果进行整理，对学生内在需求、教师个性潜能进行梳理。初步拟定《贵阳市第二实验小学活动课程群建设与实践的实施方案》，从实施纲要、实施目标、实施措施等方面，明确了课程群建设与实施的核心思想，具体要求，并对部分优势课程的常态化推进展开试点研究。

二、结合兴趣指向，构建“五润”活动课程群（2017 年 3 月—2017 年 12 月）

统整学校课程，结合学生兴趣需求，构建出润德、润智、润体、润美、润行的“五润”课程体系，挖掘教师潜能、整合社会资源、先后开发出 94 项活动课程，挖掘家长资源，逐渐扩充课程项目，开发出 200 余项家长志愿者课程，展开全员走班教学的深度实践，为学生的兴趣特长提供课程保障。

三、初步开发基于核心素养的校本课程试点项目（2018 年 3 月—2018 年 9 月）

通过文献研究、调查研究等方式，进一步厘清课题的核心概念，通过问卷梳理出学生需求、教师特长、课程设置等已有基础，并进行校本课程实施路径的初步探究。借助大数据的支持，我校在微信公众平台功能的支持下，开发了“活动课程群交互平台”，包括自助选课模块、自主交流评价模块、积分超市等模块，学生能够通过该平台在课程群提供的项目中自由选择、在学习过程中实现自我提升，形成了学校过程管理、多元评价的管理机制。

四、创新小学生核心素养发展的校本课程实践路径（2018 年 9 月—2019 年 3 月）

基于“足迹”课程探寻“四寻”课程体系的实践路径，构建“五润”活动课程群的最终核心素养培养目标，创新核心素养发展的校本课程实践平台，使学生的全面发展需求得到满足。

五、优化实践模式，形成信息化校本课程管理平台（2019 年 3 月—2019 年 12 月）

通过建设智慧校园管理平台，构建出促进学生全面发展的校本课程管理模式，以实现学校信息化校本课程管理的可持续发展。围绕发展学生核心素养这个目标，致力于促进学生自主、全面发展的校本课程开发来实施研究，并着力产出供区域内同级别学校借鉴的经验及管理模式。

第三部分　成果的主要内容

一、制定了《贵阳市第二实验小学课程群学生学习指导方案》

方案围绕“活动课程群”的建设展开，目的是为不同个性学生提供最大限度的课程选择范围，增加自主尝试机会，从而提升学习兴趣和能力。

本方案从尊重每个生命个体出发，激活师生的个性潜能，为每个孩子创设点燃学习激情、饱含个性选择的课程项目，以面向新时代的教育需求为基点，制定了学校课程群建设与实践的总体思路，即让教育“润”之智中，拓展学生的思维，用智慧启迪智慧；让教育“润”之体中，强健学生的身体，让生命润泽生命；让教育“润”之美中，培养学生的美感，用审美培育审美；让教育“润”之行中，指导学生的实践，劳动中学会劳动。架构以校园文化“乐中润智 · 行中润品”为主题的“五润”课程体系，以“五自”为核心的学习指导方案，以“四位一体”为内容的管理保障机制，并通过评价积分系统的架构，让课程群的建设实践在内容、指导、管理方面形成自主优化的生态系统，让课程成为学生个性成长的沃土。

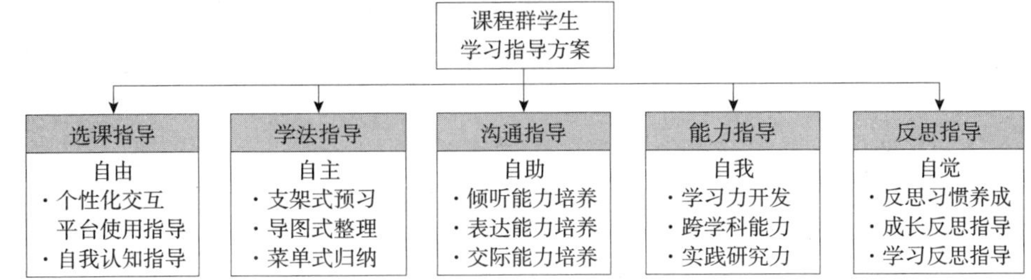

图 8–1　课程群学生学习指导方案

二、聚焦：探索围绕核心素养的校本课程实践路径

为真正使课题研究各项策略落到实处，开展好校本研修工作，学校分别从优化研修管理、细化管理流程两个方面优化研修形式，提升研修实效。接着，为了充分激发学生兴趣，鼓励张扬个性特长，学校结合不同年级孩子特点、不同学科特点和不同领域特点为孩子们创设的种种文化、科技、运动类等活动。我们通过搭建植根于二小办学实践的智能校本化管理平台，创设核心素养培养环境。打通教师、学生、家长、社会之间的沟通屏障，实现教育空间的多维互动，管理教育教学过程，汇编师生成长足迹，为学生全面发展搭建了展示交流的平台。

贵阳市第二实验小学活动课程群交互平台

选课系统	· 选课范围：“五润”课程群的94项课程内容 · 选课方式：登录课程群→查看课程海报→自主选课→进入项目课程群 · 使用对象：全体学生
交流系统	· 交流内容：学生作品、话题讨论、点赞留言…… · 交流方式：作品发布、互动访问、互评互助…… · 使用对象：全体师生
积分系统	· 积分内容：在课程群平台产生的所有学习与交流行为 · 积分方式：教师评分+学生点赞=综合积分 · 积分对象：全体学生
争章超市	· 争章项目：面向课程参与的14枚评价奖章 · 兑换方式：由学生根据个人积分进行自主兑换 · 兑换对象：全体学生
管理档案	· 管理项目：考勤、课程学习中唱、跳、演、画等档案记录、过程性评价记录…… · 管理方式：行政对教师的课堂督导、教师对学生的学习指导、学生自我管理与相互评价 · 使用对象：全体行政、教师、学生

图 8–2　活动课程群交互平台详解

“活动课程群交互平台”的建设，为学生提供公平、自主、最大可能的选择机会。平台由“选课系统”“交流系统”“积分系统”等5个模块组成，让学生在一次次选择和尝试中学会思考、判断，有效推进了“五润”活动课程群的实施。

三、培育：搭建“五润”校本课程体系模型

“活动课程群”围绕全面育人、科学育人的培养目标，从学校办学理念中提炼“润物无声”的核心思想，架构出5个课程体系，15个系列、94项课程组建而成的课程群，为学生提供了丰富的可选择范围。在全过程育人理念的指导下，对学校课程设置、课程内容、课程管理等方面，进行循环递进式的优化调整，让学校课程能够吻合新时代的发展需求，贴合学校育人目标，富有自我更新的活力。围绕“德、智、体、美、劳”社会主义建设者和接班人的培养目标，从学校办学理念中提炼“润物无声”的核心思想，架构出五个课程体系，即以“仪式课程”为代表的“润德”系列课程、以“数学思维拓展”为代表的“润智”系列课程、以“校园足球课程”为代表的“润体”系列课程、以“民族手工艺”为代表的“润美”系列课程、以“童眼看家乡”为代表的“润行”系列课程，共计94项，形成了学生活动的“五润”课程群。

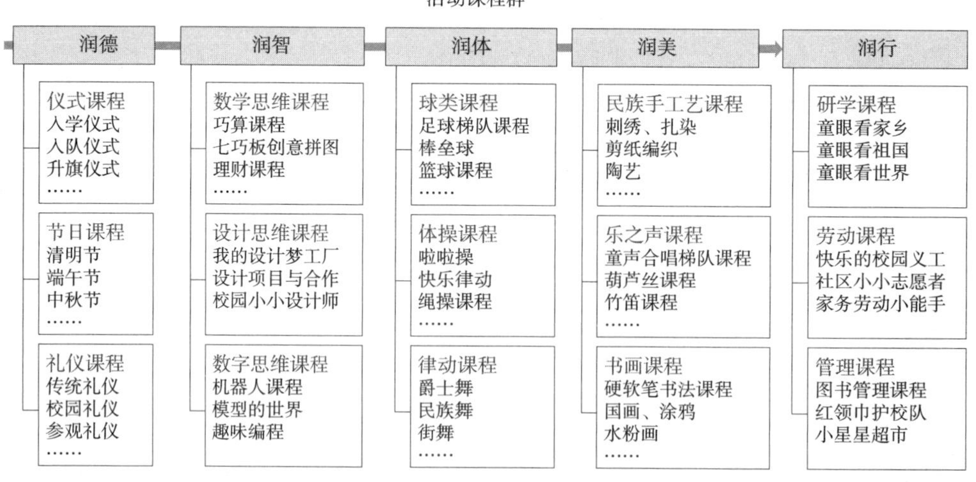

图8-3　活动课程群种类

活动课程群的实施依托学校社团、校会、乐童、素质教育活动周、重要节日等时段进行，根据不同课程的特点设计为一周一次、一月一次或一期一次，执教人团队主要由本校教师担任，部分专业课程，也聘请行业专家执教，家长也积极参与到课程的创建和实施过程中，形成了“共商、共建、共享”的课程实践与优化的良性循环。

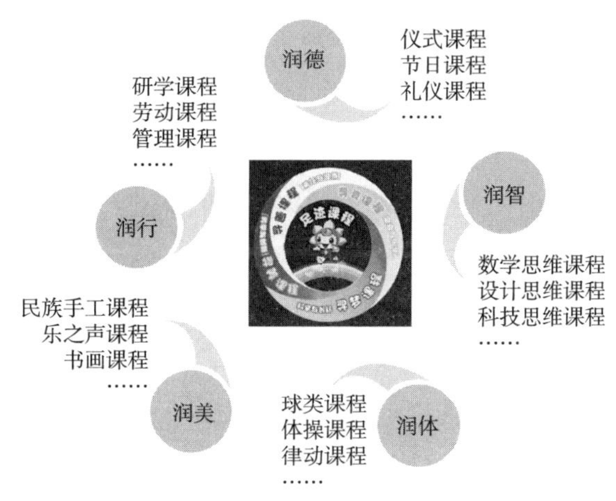

图 8–4　活动课程群种类及作用

“足迹”课程模型运用了“跑道”“脚印”、校园吉祥物——阳阳、“行星”等元素，对“足迹”课程的基本定义、课程模块、具体内容、实施方式、育人目标予以综合呈现。四色跑道寓意“课程”的内涵及四个课程模块；“脚印”寓意师生教与学的探究过程；校园吉祥物——阳阳寓意脚踏实地、乐学善思的二小学生形象；而行星则是围绕育人目标设计的课程内容，整体设计以培养具有二小品质和独特个性的学生为核心，不仅彰显了学校的办学特色，还说明了学校、课程、教师、学生之间的关系，揭示了学校对教育的认识。由润德、润智、润体、润美、润行组成的“五润”活动课程群的实施，为学生提供课程选择、学习交流、积分兑换等多种学习体验的机会，在课程群的信息化管理机制下，有效助推学生的自主发展意识和核心素养的全面发展。

四、发展：形成基于核心素养发展的校本课程管理平台

创设互动展示空间，助力多元发展。学校在特色课程专区，利用教育信息化的优势为孩子们搭建的展示区，既是针对每一个参与孩子的课堂学习收获展示，也是教师在课堂上完成的团队活动交流，通过这样的活动交流区域，学校整合了常规的管理，更通过管理平台上的查堂系统将多元视角的教与学的细节进行放大，促使每一个参与者在交流互访的过程中完成自我的反思，收获属于自己、也属于团队的成功。

最终，我们通过搭建植根于二小办学实践的智能校本化管理平台，创设核心素养培育环境。打通教师、学生、家长、社会之间的沟通屏障，实现教育空间的多维互动，管理教育教学过程，汇编师生成长足迹，为学生全面发展搭建了展示交流的平台。

五、实践：智慧校园管理模式推动校本课程的实施

校本课程的改革需要依托有效的管理来推动。在信息化革命的今天，学校充分利用其优势，改革传统的管理模式，创设基于一线的智慧校园管理平台。要实现师生全面发展，就要给每个教育者和学习者留足个性化成长空间，搭建好个性化展示与交流的舞台。平台架构围绕“我和我们”展开，“我的档案”中记录的个人成长链接着“我的学校—我的学科—我的班级”，个人点滴的成长记录与自己教学的班级、自己所在的学科团队和大家共同的成长平台“学校”密切相关，每一分努力首先是自己努力前行的足迹，也通过大家共有的交流区相互交流、相互促进，最终汇聚为团队的成果资源。平台架构根据这样的思路分为了3个区域：第一区是相对封闭的“成长档案”区，里面包含了“我的档案”“班级档案”“学科档案”“学校档案”，还有面向学区共同体、精准帮扶共同体、名校长工作室的“共同体档案”；第二区是主题交流活动展示区，按“学校活动”“学科活动”“共同体活动”等主题进行分项目展示；第三区是数据分析区，提取与教育教学相关的数据进行动态展示。整个设计着力于让管理人性化、让评价过程

化、让成长可视化、让交流多元化，让学生在丰富多元的校本课程资源环境中核心素养得以发展，用成长来推动成长、以改变来唤醒改变、让成功来塑造成功。

第四部分　成果在实施前后的状况比较和分析

一、课程的多元化变革丰富了学生成长的途径

（一）校本课程资源的开发首先从课程内容上丰富了学生的课堂

“润德”仪式类课程，包括“入学仪式课程”“毕业仪式课程”“节日仪式课程”等，入学和毕业等重要的成长阶段，均针对学生的心理和习惯进行引导，通过仪式体验，培养学生良好的个性化成长品质。例如，“节日仪式课程”中的传统节日文化，组织各年级以不同的方式庆祝，让学生在体验中收获对民族发展和文化的认同，在一次次参与中增强了民族自豪感，爱家乡爱祖国的种种教育以最生动的方式，被自然融入活动中。在“仪式课程”中，学校针对不同的主题活动，进行传统礼仪、校园礼仪、参观礼仪等训练。在学生不同的成长阶段，通过仪式类学习，助推学生对自主发展的关注，对点滴成长收获的珍视。

“润智”类思维课程，更多地从学科视角出发，进行单学科、跨学科的思维训练，有侧重数理知识的逻辑思维训练，有偏向个性的语言逻辑性表达，有跨学科整合的创新性设计思维，还有信息化数字思维的学习，这些思维训练都被融入了有趣的课程中，学生在理财师、设计师、演说家等角色中体验课程的魅力，思维的训练成为一次次快乐的学习旅程。尤其是面向生活中实际问题的设计思维训练和面向未来的人工智能数字化思维，都让学生在研究中乐此不疲。

“润体”类课程中丰富的运动项目、律动项目，让学生在运动和舞蹈中强身健体，体验运动的快乐，收获健康的体魄。

“润美”课程爱好者众多，乐之声的器乐、声乐等训练，吸引了有兴趣和特长的孩子们，审美的情趣、艺术美的展现丰富了学生的生活感受。传统的民族手

工艺不只是动手益脑的课程，也是传统文化的传承，丰富的文化内涵、独特的表现形式，让学生在课程学习中爱上了民族文化。

“润行”实践类课程，在自主选择与实践的历程中，培养学生观察、交流与评价的自我管理能力。课程围绕研究性学习目标，针对不同年段学生对走出校门、走出家乡、走出国门的探访活动需求，有面向不同年龄段学生的自选主题，低中年段往往对动植物的观察研究更感兴趣，学校就与扎佐野生动物园，贵州省植物园，贵阳极地海洋世界，花画小镇，蓬莱仙界等园区联系，组织不同年级的学生到各地游历研学；中高年段的孩子们对历史文化、分析研究更感兴趣，我们就组织孩子们到贵州省分析测试院，贵州省博物馆，贵阳市城市规划馆等场馆参观，与身边的科学家、文化传承人、设计师们面对面交流；学校还与贵州省教育厅国际交流部、世纪明德教育集团等专业机构合作，开展了更多看祖国、看世界的研学项目。

除此之外，“家长志愿者课程”中也结合学校家长申报特长，让课程与社会生活的结合更为紧密，为学生打开了更多元的观测视角，家长课程同样植根于学生的好奇心与求知欲，让学生能在不同时段尝试与不同行业的家长进行对话交流。

表 8–1　活动课程相关信息

课程类别	课程内容	课程简介	选课 / 占比	与成果推广前对比分析
润德课程	入学仪式课程	对象：一年级新生 内容：“我”和班级、校园礼仪、习惯养成等篇目	729 人 18.92%	与成果实施前较为单一的“新生入学第一课”相比，针对入学新生的课程更丰富，也更贴近学生年龄特点，强调动手实操、注重生生互动、家校联动，课程展示更注重个体与团队相结合
	毕业仪式课程	对象：毕业班学生 内容：以感恩、告别童年、与未来对话为主题，在回顾中展望	632 人 16.4%	与成果实施前毕业班也参与常态社团不同，现在的毕业课程更具针对性与主体性，站在毕业生的视角设计的课程，从“我的成长手册”设计制作到主题活动式交流，让课程更贴近初小衔接阶段儿童成长需求

续　表

课程类别	课程内容	课程简介	选课 / 占比	与成果推广前对比分析
	节日课程	对象：全体学生	3788	针对不同节日的主题活动，采用“一班一案”的方式，进行活动组织和展示交流
	礼仪课程			针对不同的项目进行传统礼仪、校园礼仪、参观礼仪等，在具体的活动中进行专项学习
润智课程	思维系列课程	对象：2—5 年级学生 内容：巧算、巧拼、理财等。	795 人 20.64%	润智课程对有计算、空间想象等兴趣特长的学生开放后，让参与课程的学生从尝试中学会寻找规律、辨析正误、总结方法
		对象：2—5 年级学生 内容：趣味编程、机器人、模型运动等	300 人 7.79%	面向未来的数字思维课程中的项目基本上都是成果实施前没有的，这些项目面向未来，让学生在学习中大胆创新、努力进取，成了“追梦人”
	读写课程	对象：2—5 年级学生 内容：金话筒、阅读、红领巾小记者等	94 人 2.4%	润智课程的实施让更多爱好阅读和交流的学生有了展示的舞台，访谈、共读等活动精彩纷呈
润体课程	球类课程 体操课程 律动课程	对象：全体学生 内容：结合学校足球、花式跳绳、爵士舞等特色项目进行课程组建	3788	润体课程旨在引导学生主动锻炼，在各类活动参与中强身健体，提升身体素质
润美课程	乐之声课程 民族手工艺	对象：2—5 年级学生 内容：合唱梯队、刺绣、剪纸、陶艺、扎染、插花等	1302 人 33.8%	润美课程中既有传统文化的传承，又有现代文化的元素，学生在动手动脑中陶冶情操、提升技能，丰富生活情趣
润行课程	研学课程	对象：全体学生 内容：国际与省内外研学由学生自主参与，市区研学面向全体学生展开，在游历中展开研究性学习	3788 100%	实施后的课程内容拓展为“童眼看世界”“童眼看祖国”“童眼看家乡”的系列课程，让学生在综合实践中学会运用多学科知识，综合提升学生素养

续 表

课程类别	课程内容	课程简介	选课 / 占比	与成果推广前对比分析
	家长志愿者课程	对象：全体学生 内容：面向 360 行，选择各行各业具备专业技能与典型案例的家长授课	3788 100%	“家长志愿者课程”不单让学生喜爱，也是不少家长争相报名的家校合育项目，例如：飞行奥秘、显微镜下的世界、手语舞、茶文化、气球总动员、珠宝鉴定等

二、自主选课工具的创建提升了师生的信息化素养

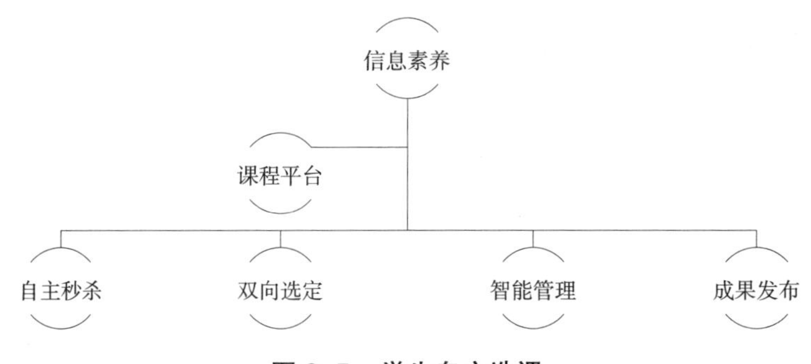

图 8–5 学生自主选课

学生社团等课程的参与均通过学校在微信平台开发的“选课系统”来自主参与，由过去的教师推荐改成学生选定，再到现在的双向选定，成果在实施过程中也经历了几轮优化。学校将课程分为“兴趣”和“特长”两个领域，兴趣类课程面向全体学生，采用平台“秒杀”的方式，由学生自主选定；特长类课程，不单是学生自主选择，也包含了教师的考察选择，选中的即通过预报名，未选中的再同步参与兴趣课程的秒杀通道，这样的课程设置，每一步操作都需通过网络、运用信息化工具来完成。不单是选课，每次上课，老师都会通过平台上的名单进行点名，未到班的学生，一旦选定“未到”，班主任、家长同步都会收到通知，信息化管理让课堂变得更安全有序，学生的成果发布也是通过平台来自主完成，发布形式多种多样，有手绘的图片扫描上传、有自制的小视频主题展示，还有其他富有创意和吸引力的作品层出不穷。

三、自主发布成果激发了师生学习与交流的兴趣

学生的自主发展过去更多的是以一对一方式来展示，受时空限制，一些学生因此受到约束，没有很好地发现和展示自我，所以渐渐丧失了交流与展示的兴趣，也因此欠缺自信，从而制约发展。学校实施研究成果的同时，给每一个学生创设了属于自己的空间，可面向全校进行展示，这样的空间和交流方式，放大了每一个学生的成就感。只要他愿意，就可以在学校范围，甚至更大范围记录并分享成长收获。过去，大家都将自己的感悟封闭在自己家里或班级里，现在交流项目与内容大大丰富起来，多元的视角让平台展示与交流变得有趣起来、主动起来。

表 8–2　教师与学生自主发布成果信息表

<table>
<tr><th>发布角色</th><th>发布项目</th><th>发布人数 / 占比</th><th>社会评价</th></tr>
<tr><td rowspan="9">教师</td><td>书法艺术</td><td>13 人 /6%</td><td rowspan="18">被动式的交流活动在极具个性化的展示中变得自主起来，老师们说，原来身边的小伙伴还有这么特别的一面；孩子们在展示自我的同时，也纷纷为老师、同学点赞，为大家发布的作品喝彩。学校举办的 30 年成果展充分展示着个性化成长的成效，现场活动直播的点击量达到 60 余万，来自“人民网”“贵阳晚报”等多家媒体的报道中，对学校对学生综合素质提升的办学成果给予了充分认可</td></tr>
<tr><td>体育运动</td><td>36 人 /16.6%</td></tr>
<tr><td>信息技术</td><td>7 人 /3.2%</td></tr>
<tr><td>声乐器乐</td><td>13 人 /6%</td></tr>
<tr><td>科技创新</td><td>6 人 /2.8%</td></tr>
<tr><td>美术创作</td><td>37 人 /17.1%</td></tr>
<tr><td>律动舞蹈</td><td>6 人 /2.8%</td></tr>
<tr><td>语言表达</td><td>24 人 /11.1%</td></tr>
<tr><td>其他类别</td><td>75 人 /34.6%</td></tr>
<tr><td rowspan="9">学生</td><td>书法艺术</td><td>252 人 /11.2%</td></tr>
<tr><td>体育运动</td><td>327 人 /14.6%</td></tr>
<tr><td>信息技术</td><td>28 人 /1.2%</td></tr>
<tr><td>声乐器乐</td><td>338 人 /15%</td></tr>
<tr><td>科技创新</td><td>58 人 /2.6%</td></tr>
<tr><td>美术创作</td><td>438 人 /19.5%</td></tr>
<tr><td>律动舞蹈</td><td>365 人 /16.2%</td></tr>
<tr><td>语言表达</td><td>192 人 /11.1%</td></tr>
<tr><td>其他类别</td><td>249 人 /8.5%</td></tr>
</table>

四、开放式学习平台让评价不再止步于教师的点评

学校平台不但是师生展示自我、交流互助的舞台，还是综合评价的载体。成果实施与推进过程中，新课改背景下的校本化评价体系改革也依托课题研究有了更多元与智能的视角。过去的评价虽说也有学生、家长的配合参与，但是评价往往还是定格在教师评价上，单一的评价视角、固化的评价方式，让学生的自我判断、自我选择变得被动，学习成长变得依赖。个性化“管理”下的个性化“教”与“学”，让自我认识、自我定位与自我完善变成更加自主，学习也因此变得更为灵活而富有创意。

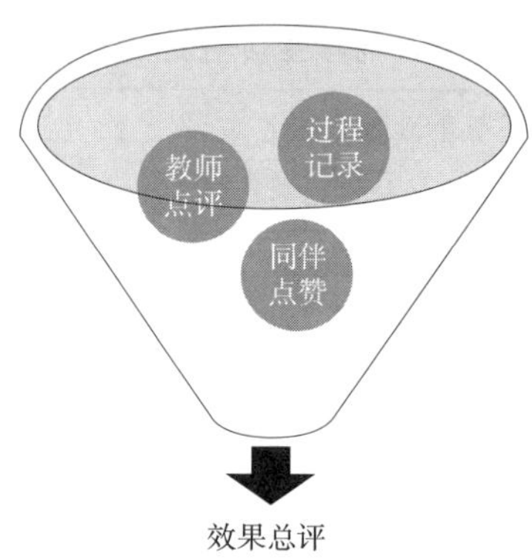

图 8-6　学习平台评价方法

例如，在研学活动中，评价从小组团队建立开始，自评、互评、组评、家长评价、教师评价在活动的准备阶段、实施阶段和总结阶段，分项目进行，各类评比链接着行为习惯与学习效果的反思，开放的平台让评价在智能工具的协助下变得更科学合理，每一个学生都是被评价人，同时也都是评价人，他们在观测他人中接受他人观测，在评价中学会对比和找寻差距，学会用更有效率的方式、更利于表达和展示的方式来展现自己的发现和思考，评价既是评定的过程，同时也成为课程中自主学习的重要历程。

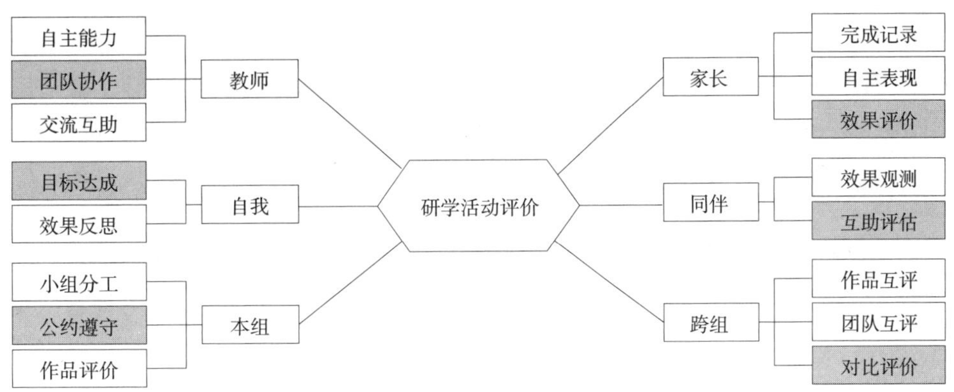

图 8–7　研学活动评价方法

第五部分　成果反思

一、学生核心素养的培育需要依托系统而有质量的课程设计与实施

首先，给予学生核心素养的培育空间。学校通过对学科作业的统筹设计、强化过程管理，组织老师开展作业设计与批改的专题教研，提升了作业布置的针对性与实效性，大大减少了机械作业的训练量，为学生的全面发展预留了空间。同时，学校语文、数学、英语学科还围绕减负提质，有针对性地设计了《乐学善思·巧记活用科学阅读训练册》《数学思维训练册》《英语专项训练册》，规避了海量教辅材料淹没学生的现状。语文和数学的训练册还在 2017 年贵阳市教科研成果奖评选中分获一、二等奖。

其次，指导学生多样化的学习方法。学校课程设计时突出以学生为中心的导向，积极倡导合作、探究的学习方式，明确教师在学习活动中的引导作用。无论是教学方法的设计、校本课程的设计、训练设计，以及智慧校园管理平台的设计，都力求突出学习方法的指导、预留自主发展的展示空间、创建交流互动的平台，让学生能够在老师搭建的学习机制中，充分实践、展示更加全面的魅力。

学生的核心素养发展离不开学校创设的课程，而课程的实施也不仅仅限于教学资源的提供，必须依托缜密的课程设计与实施论证。在课程的设计上，首先需从学校顶层设计入手，以促进学生核心素养提升为总体目标，再围绕学校育人目标进行整体构建，使各类课程能够有效针对学生发展需求，激活教师个性潜能，服务学生自主发展，凸显学校办学特色。在课程的实施上，学校要完善的管理制度、过程评价机制、搭建交流展示平台，让课程在互动中不断优化质量，形成可持续发展的动力。在整套设计中，还需要进一步完善课程的优化策略、淘汰机制，让校本课程适切于学生的成长需求；同时提升评价效能，促使教师提升课程质量。

二、校本课程资源建设要进一步完善多主体参与的课程开发机制

新时代呼唤着教育的开放，校本课程开发又是一个系统工程，需要校长、教师、学生、家长及社会等多主体广泛参与、密切合作。如何引进社会资源丰富学校课程，如何将社会优质教学力量与学校师资力量进行匹配，如何创建家长的参与监督机制，形成促进学生全面发展的社会参与模式，是课题组重点研究的问题。经过几年的探索，我们发现：其一，社会力量的融入首先须在准入资格上严格把关，师德素养与专业能力毋庸置疑排在首位，且由于学校支付的课时费用较低，在师资选拔时应优先考虑致力于推广该项艺术与技能的老师；其二，教师是课程最主要的实施者，也是校本课程开发最重要的主体。基于学生核心素养开发课程的过程，离不开学校教师的管理与助推。教师需要做到精心策划、要素齐全，在课程实践中研究如何将核心素养的内涵要求转化为具体的课程目标。因为只有充分发挥专业师资的教学特长，发挥学校教师的督促管理，才能让学习走向深入，使能力得到螺旋上升，从而促进学生自主而又全面地发展；其三，家长的积极参与，一方面发挥了在课程管理中的后勤保障与监督作用，协助老师为孩子的学习做好服务；另一方面也充分挖掘家长优势，在志愿者课程中为学生提供多领域的职业发展视角，激发兴趣，为课程良性的发展带来了诸多益处，形成齐抓共管、全员协同的良好氛围。总之，基于核心素养的校本课程建设，需要不同主体在过程中承担多种角色，但怎样进一步拓宽社会参与的面，让课程与学生的生活深度接轨，在项目式学习、跨学科综合实践中提升能力，发挥个性特长，是有待继续探究的内容。

三、研究者经验与理论析出需深化

在该成果的梳理与提炼中，我们对研究过程的整理较为翔实，形成的物化成果较为丰富，也在基于本校的实践中验证了该方案的可行性，有较强的实践价值。课题成果现阶段主要是以校编教材、课程管理等物化、管理与实施的过程性方式体现，但具备推广价值的理论思考与经验的总结还需要在此基础上进一步归纳，在专家指导下的反复论证中，得到更具理论高度与实操效果的提升。

参考文献：

[1] 辛涛，姜宇，王烨辉．基于学生核心素养的课程体系建构 [J]．北京师范大学学报（社会科学版），2014（01）：5–11.

[2] 窦木秀，朱云涛．基于多元化课堂下的小学生核心素养和德育教育的探究 [C]．十三五规划科研成果汇编（第二卷）．十三五规划科研管理办公室，2017：1422–1427.

贵阳市教育科学规划课题：促进小学生核心素养发展的小学校本课程资源建设研究

立项编号：GYJY（17001）　　结题编号：GYKTJ（2020）20

课题主持人：刘明蓉

研究报告执笔：刘明蓉

主要参研人员：高　燕、段　庆、朱　丹、陈　舟、甘　露、周　青、龚节强、宋　敬、范振华

知行课堂下提高小学生语言表达能力的实践研究报告

北京市芳草地国际学校贵阳分校　汪李莉

在核心素养总体框架的教学改革大背景下，作为一所京筑联合办学的合作校，我们得到了芳草集团总校的帮扶，基于学校整体师资现状，知行课堂的提出针对教师们课堂上教什么，怎么教，教到什么程度给予了明确的教学引领。从根本上实现由以教为主向以学为主的转变。

教师课堂教学基于知行课堂四个清晰（清晰学情、清晰目标、清晰过程、清晰评价），结合课程标准能力目标制定评价表，将知识结构，学科素养定向化，发现学科中的语言训练点，以学定教，即明确教什么。

聚焦学思知行，立足知行课堂，以知识联系为纲的统整策略，促学生语言表达能力提升。聚焦学思知行，以情境创设为主的教学策略鼓励学生真实参与，在评价导行中延展学生语言表达能力。聚焦学思知行，以综合实践活动为途径的学习方式，在感知—操作—认知—实践—欣赏—评价—创造活动过程中培养和发展言语智慧，乐于表达，提高学生的言语交际能力，明确怎么教。

根据知行课堂、学生素养评价表对学生学习状况及教师有效教学进行评价，在诊断、反馈、纠正、改进中培养教师挖掘教材教学价值的能力，反思课堂教学目标的达成度，即清晰教到什么程度，思考如何改进。

学校致力于打造知行课堂这种新型课堂文化，让学生的人格得到充分的尊重，让学生的安全得到充分的保障，让学生的潜能得到充分的开发，让学生的能力得到充分的发挥，让学生的思维得到充分地展开，让学生的自信得到充分的培养，让学生的表达得到充分的展现。为了让知行课堂在贵阳落地，我们提出“问题让学生提出、方法让学生选择、结论让学生得出”的课堂教学方式。

第一部分　绪　论

一、研究缘起

（一）提高小学生语言表达能力的必要性

2016 年 9 月中国学生发展核心素养总体框架正式发布，它以培养全面发展的人为核心，从文化基础、自主发展、社会参与 3 个方面，凝练出人文底蕴、科学精神、学会学习、健康生活、责任担当、实践创新六大素养，核心素养总体框架的发布，引发了社会的高度关注，核心素养成为中小学教育教学研讨的主题词。在教学改革的大背景下，教师得从知识本位的教学转向素养本位的教学，确立新型教育观，探索学科核心素养的内涵和实现路径，结合学段特点，把学科素养融入自己的教学实践中。

要实现学科素养的发展，就要关注学生在课堂上的实际获得，教学应该创设适合学生言语学习的环境，在积极健康、富有思维发展、充满乐趣和交互作用的环境里，促进学生言语智慧潜能的持续发展。

（二）课标注重培养小学生语言表达能力的要求

课堂实践是培养学生核心素养的重要实施途径。聚焦小学核心素养的课堂实践应以生为中心，既重视整体推进听、说、读、写、思，又重视课内外一体化学习。培养和提高学生的口语交际能力，其核心就是要求学生在学科核心素养培养中加强语言的建构与运用，提升语言理解和运用能力，在这个过程中促进思维的发展。通过口语交际能力的提高，提升学生的语言表达能力和水平，增强理解和运用能力。

（三）知行课堂符合小学生语言认知发展的规律

在京筑联合办学的背景下，我们得到了芳草集团总校的帮扶，知行课堂的提出针对老师们课堂上教什么，怎么教，教到什么程度给予了明确的教学引领。知行课堂突出学生主动参与，主动探究和实践，再努力将课改理念转化为教育实践中，一方面在课堂中贯彻自主探究的理念；另一方面，立足于主题活动的开展，让学生在自主的实践当中变被动为主动，自主获得知识经验，提高学习能力和思维水平，学校努力拓展学生自主学习的空间。给予学生更多的实践机会，让学生综合运用知识，在发现问题—研究问题—解决问题当中培养综合素质。学生的学习体验就是在每一次的交往互动中进行的，思维的碰撞促使知识增值，知识在对话中生成，在交流中重组，在共享中倍增。

（四）知行课堂下提高小学生语言表达能力的现实价值

2014 年 3 月，北京朝阳区和贵阳市签订教育“6+4”协议。2015 年 9 月，北京市芳草地国际学校贵阳分校在贵阳黔灵半山建校，2016 年 9 月，在未来方舟 H5 建立旗舰校区，2019 年未来校区正式启用。作为一所京筑联合办学的合作校，作为一所小区配套的新建校，学校教师年轻，教学经验相对不足，临聘教师较多，学生生源不可选择，如何为学生提供丰富的课程和多样的学习体验，落实学校的核心任务：在基础教育阶段，主要把阅读、思考、表达、实践 4 项能力作为学生一生受用不尽的无价之宝，为学生后续发展打基础，为学生的终身学习做准备，学校所教的东西让学生“带得走”，陪伴学生行一生，使教育教学质量成为学校发展的生命线，把学校创办为新优质学校，是我们思考的问题，也是我们研究的课题。因此，我们借鉴研究北京芳草地国际学校的先进理念和成功做法，提出《知行课堂下提高学生语言表达能力的实践研究》课题，以提高学生语言表达能力为切入点展开研究，培养学生的核心素养。

二、研究价值

（一）理论价值

开展此课题研究，通过探索表达、倾听，思考、分享，激活知识，知识转化升华为能力的有效做法，说明学生语言表达能力是学习能力的最高体现和综合反映，不仅可以促进学生思维发展、共同发展，还可以促进学生核心素养发展。

（二）实践价值

1. 从学校层面

在知行课堂下，提高学生语言表达能力的研究中，落实课标提倡的自主、合作、探究的学习方式，打造知识能力、情感态度和价值观并重的素养课；推进学习方式的变革，让每一门课程，像种子一样具有由内而外的生长力，对学生具有情感、态度、价值观持续的影响力，形成学校知行课堂新型课堂文化；提高学校教育教学质量，把学校办成知行课堂在贵阳的样板校，成为新优质学校。

2. 从教师层面

建立知行课堂，不仅帮助教师有效地调整好教与学的关系，实现由以教为主向以学为主的转变，把学习的权利还给学生，教学设计和教学活动以学生的提问为学习主线，激发学生探究能力，促思维发展。而且还能促进教师从知识教学走向素养教学，从知识型教师转变为素养型教师。

3. 从学生层面

激发学生主动参与的积极性，鼓励学生发表自己的见解和观点，让自己学习和认识的水平不断提高。优化学生主体行为的学习方式，积极尝试做中学、玩中学、游中学、活动中学、想象中学、听评学习。在语言实践活动中，乐于求知，学会合作，敢于表达，乐于表达，善于表达，帮助学生形成学科素养，促进学生核心素养的发展。

三、相关概念界定

（一）知行课堂

“知”就是求知，与课堂的三维目标相吻合。“行”就是学生课内与课外的实践活动。知行课堂要“聚焦学思知行”、要“基于四个清晰”（清晰学情、清晰目标、清晰过程、清晰评价）、要“提升学科素养”、要“实现个性发展”，做到每节课都是带班育人课，每节课都是语言发展课，每节课都是思维训练课，每节课都是综合实践课。学生是课堂的主人，在行中求知，在行中生慧，在行中养德；

学生知行合一，教师以知择行。

（二）思维发展与语言表达能力

思维训练与语言发展相互转化、相互促进。有思维质量的教学活动才是真正具有教学的力量。学生语言表达能力是学习能力的最高体现和综合反映。只有通过表达，知识才能被激活，才能真正被转化、升华为能力。在课题研究中，我校重点在语文、数学、英语、道法、综合实践等学科开展教学实践，结合知行课堂每节课都是思维训练课，语言发展课，引导学生形成良好的思维习惯，优化学生主体行为的学习方式，积极尝试做中学、玩中学、游中学、活动中学、想象中学、听评学习。在语言实践活动中，乐于求知，学会合作，敢于表达，乐于表达，善于表达，帮助学生形成学科素养，促进学生核心素养的发展。

（三）学科素养

核心素养是整个基础教育的总方向，相对而言，学科核心素养是实现这个总目的、总方向的手段和途径。学科核心素养的研制是从学科的本质、功能、价值、作用出发的，即挖掘和分析学科对学生发展的独特的内涵和意义。

四、文献综述

（一）国内文献综述

在中国知网的高级检索中，通过从 2010 年 1 月到 2020 年 1 月 10 年间，发现和搜索课堂上提高学生语言表达能力的文献有关。

至 2016 年，关于“课堂上提高学生语言表达能力”的发文增加，动因可能是 2016 年 9 月中国学生发展核心素养总体框架正式发布，核心素养成为中小学教育教学研讨的主题词。在教学改革的大背景下，教师得从知识本位的教学转向素养本位的教学，确立新型教育观，探索学科核心素养的内涵和实现路径。学生的言语能力、言语智慧只能依靠学生自己的言语实践，在实践中逐步领悟语言的运用艺术。因此，该课题的研究导向就此确立。

作为一所京筑联合办学的合作校，作为一所小区配套的新建校，学校教师年轻，教学经验相对不足，临聘教师较多，学生生源不可选择，如何为学生提供丰富的课程和多样的学习体验，落实学校的核心任务，我们在文献查阅了解相关研究情况下，引进借鉴研究北京总校的先进理念和成功做法，提出《知行课堂下提高学生语言表达能力的实践研究》课题，以提高学生语言表达能力为切入点展开研究，培养学生的核心素养。

（二）国外文献综述

基于提高课堂语言表达能力的提高，文献中主要从 3 个方面来阐述。

1. 情感推动

宽松的课堂氛围、积极的情感体验具有推动力，可以打开儿童智力活动的闸门，促使儿童主动地学习，迸发学习的智慧。

2. 思维发动

脑科学研究表明，学习就是学习者建立神经网络的过程，用联系产生意义。当我们在教知识时，困难之一就是我们已经看到了联系而学生没有看到。而“告诉”是不起作用的，唯有让学生自己去建立这种联系，教学目的就是引导促进学生的大脑形成神经联结。

3. 实践促动

学习可以分为 3 个层次：具体经验的学习、表征或者符号以及抽象学习。无论哪一层次的学习，都建立在学习个体的实践基础上。听过的容易忘记，看过的容易忘记，但是做过的容易记得住并且能够理解，儿童就是在实践中、活动中学习和成长的。他们动脑、动口、动手都会获得一种经验，并与大脑神经网络形成联结。因此，课堂教学应该充分调动儿童多方面的感官，让儿童产生身体与大脑的联动，进而发现儿童在某些方面的学习优势潜能，顺势而教。

学生语言表达能力是学习能力的最高体现和综合反映。只有通过表达，知识才能被激活，才能真正被转化、升华为能力，否则学生吸收的可能只是惰性的知识，而不是活性的知识。表达的过程也是倾听的过程，需要同伴间分享彼此的思考、经验和见解，交流彼此的经验，从而达到共享共进的过程，这是学生共同发展的秘诀。

第二部分　行动研究设计

一、研究目的

1. 形成学校知行课堂教学评价表及核心素养导向的教学基本策略。

2. 形成提高学生语言表达能力的途径和方法，构建多学科领域学生素养评价体系。

3. 通过课题研究，以评价表引领，帮助确立教师正确的标准意识、目标意识、质量意识，应用评价表来诊断教学，改进教学，服务教学。每个教师在教学中即能做提高学生学科语言表达能力的研究，又能做从素养的角度，着力思考学科所能，培育学生的学科素养，发展学生核心素养的研究，提高教师的教育教学能力和教育科研能力。

4. 通过课题研究，打造知识能力、情感态度和价值观并重的素养课，形成学校知行课堂新型课堂文化；提高学校教育教学质量，把学校办成知行课堂在贵阳的样板校，成为新优质学校。

二、研究内容

（一）对学生语言表达能力现状的调查与研究

（二）知行课堂教学评价表的应用、调整研究

1. 落实教学目标策略的研究。

2. 营造学习环境策略的创设研究。

3. 学习指导策略的研究。

4. 学生活动策略的研究。

5. 关注教学效果策略的研究。

（三）以核心素养导向的教学基本策略的研究

（四）提高学生语言表达能力途径和方法的研究

1. 聚焦学思知行，立足知行课堂，以知识联系为纲的统整，促学生语言表达能力提升。

2. 聚焦学思知行，以情境创设为主的教学方法鼓励学生真实参与，在评价导行中延展学生语言表达能力。

3. 聚焦学思知行，以综合实践活动为途径的学习方式，在感知—操作—认知—实践—欣赏—评价—创造活动过程中培养和发展言语智慧，乐于表达，提高学生的言语交际能力。

（五）学科领域学生素养评价体系总结、提炼的研究

三、研究方法

（一）主要研究方法

行动研究法：以课堂评价表的形成，指导老师确立正确的目标意识和质量意识，让教师按照学科提高学生语言表达能力与核心素养形成的过程和学生学习的规律，循序渐进地进行教学。探索提高学生语言表达能力的途径和方法。

四、研究对象

2017—2019 学年在校的 3—6 年级学生

五、开展行动研究的准备

（一）行动前小学生语言表达能力情况调查

1. 对学生课堂语言表达的调查与分析，为提高学生语言表达能力途径和方法的研究提供依据

2018 年 3 月，学校课题组老师对所教班级学生进行问卷调查，对学生课堂言语表达情况进行数据统计。从数据上分析，结合上课情况观察，50% 的学生上课表达不够清晰，语句不完整，少数学困生因为平时阅读的困难，相对积累少，参与小组合作讨论经常是看客，只是倾听，一言不发。

原因分析：大多数的学生在课堂中的发言总被“害怕”控制，害怕出错，害怕挨骂，害怕出丑，学生听课如履薄冰，不敢提问、不敢回答。

解决问题的思考：课堂教学中，老师要充分接纳学生，让学生有安全感，相信学生有能力，让学生感觉到自己有能力学懂学会，感到自己的参与学习活动是有价值的，能够对课堂、对同学有一定的影响，感到他们所做的努力是必要的、被欣赏的，使他们渐渐地形成一定的成就感。

2. 关于提高语言表达能力方式的调查

从数据分析可以看出学生的成长是从活动中而来，学生学习语言，都要与周围的现实的人、物、大自然及社会现象紧密相连。通过各种感官直接感知，听、看、触、摸、尝、闻等，获得周围的一切知识，继而发展他们的语言。语言的发展提高了学生的认识能力，而认识范围的扩大，内容的加深又丰富了他们的语言。因此，要根据学生直观感知的特点，给他们创设条件、丰富生活内容。学生的生活内容丰富了，思路也就开阔了。语言是思维的工具，也是思维的结果。思维的发展与语言的表达有着密切的关系。人们思维的结果，认识活动的成就都是通过语言表达出来；反过来，语言的磨炼也将促使思维更加精确、合理。

语言智能生长于特定语境中的语言实践活动，因此，知行课堂中，课程内容实施应具有情境性，促使学生从具体的语境中学得语言结构，习得语言能力，并能在新的问题化语境中加以运用，实现语言的交际功能，获得成功的语言体验。

课程内容涉及从语境出发，创设问题语境，这样就能促进儿童语言智能的生长。学生的语言智能绝不是在纸上做习题做出来的，而是在生活化的问题情境中磨砺和锤炼出来的。

（二）提出研究假设

教师课堂教学基于知行课堂四个清晰（清晰学情、清晰目标、清晰过程、清晰评价），结合课程标准能力目标制定评价表，将知识结构，学科素养定向化，发现学科中的语言训练点，以学定教，即明确教什么。根据知行课堂、学生素养评价表对学生学习状况及教师有效教学进行评价，在诊断、反馈、纠正、改进中培养教师挖掘教材教学价值的能力，反思课堂教学目标的达成度，即清晰教到什么程度，思考如何改进。为了让知行课堂在贵阳落地，我们提出“问题让学生提出、方法让学生选择、结论让学生得出”的课堂教学方式。

立足知行课堂，感受到课程、课堂、课业是如何有机联系到一起的，撰写学校课题研究实施方案。根据方案课题研究参与教师对学生进行问卷调查，拟写班级研究子课题实施方案。按方案进行课题研究。每学年撰写课题阶段性小结。

第三部分　行动研究实施过程

一、第一轮行动研究

（一）学习培训活动：课题研究有成效，首先学习为先

表 9–1　培训活动形式、内容与效果

学习培训形式	学习内容	学习效果
关于课题研究培训	《一线教师为什么要做课题》《如何开展保题研究》二级培训	通过培训学习，老师们对课题开展研究，对每一步任务有清晰的认识。为解决教学实践问题的需要养成科研教学的意识，科研工作常态化，常态工作科研化

续 表

学习培训形式	学习内容	学习效果
各教研组关于课题研究的培训	由于是新建学校，年轻教师较多，在骨干教师培养方面也加大力度，拟定职业规划、邀请多位专家指导、积极参与各类观摩活动等促进骨干教师培养和在学校各方面工作的领头作用，形成梯队形发展，开展青蓝结对活动，互帮互助，共同促进开展好各项教育教学活动。 每月一主题，每月一方案，以知行课堂为实践平台，以课题研究为导向，研究内容落脚精细，切实提高老师教育教学能力	2018—2019 年，语、数、综学科组共开展 50 余次校级教研活动和公开课教研活动。在开展公开课教活动之前，老师们以年级组为单位，认真研读教师用书，领悟编者意图，并进行集体备课。以芳草知行课堂评价表为引领，在设计教学方案上互相切磋。在专家老师的指导下，有条不紊地开展评课、议课活动。大家奇思妙想，群策群力，合理安排教学内容，设计教学过程。听评课活动促进了教师教育教学水平的提高
个人自学情况	自 2018 年到 2019 年，为了切实提高教师教育教学理论水平，课题组语数学科老师认真学习《小学语文教师》《小学教学教育》《课堂标准》《核心素养导向的课堂教学》等书籍	每周，骨干教师围绕教材进行主题培训的内容，以此平台来提高老师们对教材的解读能力，丰富大家的学科素养及教育教学理论知识
外出培训	每月参加云岩区进修学校组织的教研活动，认真做好培训笔记，在区教育局的组织下，学校安排老师外出学习、培训，以此提高教师的教育教学技能和业务能力。在市教育局的大力支持下，分批次派遣老师到北京集团总校进行跟岗学习	走过的校区，看过的领导，让我不禁对芳草领导实事求是、团结协作、严谨治学、管理细致的工作作风而钦佩。细、小、实是芳草教育教学工作的特点。 “细”，体现在各活动开展有详细的安排、各学科的教案编写有标准的内容要求，每节课都按芳草知行课堂教学评价表进行评价。 “小”，体现在从学生学习习惯养成看老师平时的常管理；从教师的备课、学生的书写、作业的批改看教师工作的状态。 “实”，体现在视导后的评课帮助了老师提高教学能力；诊断反馈帮助了各校区领导发现管理问题，提出改进的措施方法。在京筑的联合办学背景下，通过跟岗学习，教师理解了什么是核心素养，领略芳草知行课堂的魅力，感受课程、课堂、课业是如何有机联系到一起的，更好地提高教师教育教学的能力

（二）第一轮行动评价与反思

教学是由师生双方共同决定和完成的一项活动，教学水平和质量取决于教与学双方的潜能、智力以及责任心和积极性的充分发挥。因此提高教师学科素养尤为重要，通过学习老师们对潜藏于学科知识之中的学科文化，学科观念、学科思想、学科方法有了系统的把握和感悟。

二、第二轮行动研究

（一）知行课堂教学评价表应用、调整的研究

1. 知行课堂教学评价表应用的研究

北京集团校的评价表，结合课程标准能力目标及评价要点将知识结构，学科素养定向化。我校课题组老师基于知行课堂四个清晰，用评价表对学生学习状况及教师有效教学进行评价，力求在诊断、反馈、纠正、改进中培养教师挖掘教材教学价值的能力，发现学科中的语言训练点，以学定教。评价表的使用既是对课前教法的引领，也是对课后教学目标达成度的评价，二者兼有。

学校加强知行课堂过程性评价，立足课堂教学，不断提高教师的业务水平及学生语言表达能力。学校定期以跟岗学习、观摩听课、培训交流等学习形式向集团总校取经，课题小组根据贵阳分校教师实际情况，周期性地对评价表实施情况，问题进行分析，调整评价表，改进教学管理，建立针对知行课堂教师教学能力的评价表，强调教师对自己教学行为的分析和反思。建立以校长、教师、学生、家长共同参与的评价方式，使教师从多种渠道获得信息，不断提高教学水平。

（二）第二轮行动实施过程

1. 知行课堂教学评价表调整的研究

借助集团总校的理念，结合我校实际情况，制定学校知行课堂教学评价表，为使老师能够尽快适应知行课堂新理念，把握课堂教学中目标落实、学习条件创

设、教学调控、学生活动、教学效果等方面的评价要点的实施，学校课题组老师对评价表中要素结合实际生源及新教师教学能力的实际情况，对评价表进行相应的调整，通过集体研究、同伴互助、研究课的实践，删除了不能结合当地学情实操的评价要素，降低了评价量化的标准，使得课题研究老师能跳一跳摸得着，真正的能让老师们立足课堂，向 40 分钟要质量，践行知行课堂精髓，学生会提问题，会选择学法，会得出结论的学习方式，每节课都是带班育人课，每节课都是思维训练课，每节课都是语言发展课，每节课都是综合实践课。调整后的评价表如图。

表 9–2　北京市芳草地国际学校贵阳分校知行课堂

<table>
<tr><td rowspan="2">评价项目</td><td rowspan="2">评价要点</td><td rowspan="2">知行观察点</td><td colspan="3">符合程度</td></tr>
<tr><td>完全符合</td><td>基本符合</td><td>不符合</td></tr>
<tr><td rowspan="2">教学目标</td><td>1. 符合课标要求和学生实际的程度</td><td rowspan="2"></td><td></td><td></td><td></td></tr>
<tr><td>2. 可操作的程度</td><td></td><td></td><td></td></tr>
<tr><td rowspan="2">学习条件</td><td>3. 学习环境的创设</td><td rowspan="2"></td><td></td><td></td><td></td></tr>
<tr><td>4. 学习资源的处理</td><td></td><td></td><td></td></tr>
<tr><td rowspan="3">学习指导
教学调控</td><td>5. 学习指导的范围和有效程度</td><td rowspan="6">阅读
思维
表达
实践</td><td></td><td></td><td></td></tr>
<tr><td>6. 教学过程调控的有效程度</td><td></td><td></td><td></td></tr>
<tr><td>7. 了解学情，让学习真正发生，课堂教学学生有实际发展</td><td></td><td></td><td></td></tr>
<tr><td rowspan="3">学生活动</td><td>8. 学生参与活动的态度</td><td></td><td></td><td></td></tr>
<tr><td>9. 学生参与活动的广度</td><td></td><td></td><td></td></tr>
<tr><td>10. 学生参与活动的基本学习习惯</td><td></td><td></td><td></td></tr>
<tr><td rowspan="2">教学效果</td><td>11. 目标的达成程度</td><td rowspan="2"></td><td></td><td></td><td></td></tr>
<tr><td>12. 解决问题的灵活程度</td><td></td><td></td><td></td></tr>
<tr><td>学科特色</td><td colspan="5">13. 构建知识框架，提升学科素养</td></tr>
<tr><td colspan="6">评价：优缺点及改进措施</td></tr>
<tr><td colspan="5">基本等级评定标准：没有“不符合”，有 8 个或者 8 个以上“完全符合”评定为 A；有 6 个或 6 个以上“基本符合”评定为 B；有 4 个或者 4 个以上“不符合”评定为 C。</td><td>等级</td></tr>
</table>

续 表

评价项目	评价要点	知行观察点	符合程度		
			完全符合	基本符合	不符合
知行课堂基本观点	聚焦学思知行、基于四个清晰、提升学科素养、实现个性发展				
	每节课都是带班育人课、语言发展课、思维训练课、综合实践课				
思维	基于发现、提出、分析、解决问题，观点有理有据；重视形象思维、逻辑思维的训练与应用，提升创新能力；板书运用熟练，书写规范，整体感强，并具生成性				
表达	学科表达：能用规范准确的学科语言表达学科内容；学科阅读：重视文本阅读并获有效信息；语言清楚、简练，语速、音量适中，适当运用体态语				
实践	重视学科的运用、实验、操作等环节，具有实效；重视学科与生活的关系，丰富常识，增长见识；重视学科主题综合实践活动设计，突出学科特点				
核心能力	语言：阅读、表达；数学：数学运算、问题解决、空间想象；体育：身体运动水平能力；科学：观察、实践、体验；艺术：鉴赏、色彩				

在知行的教学理念指导下，综合教学评价表不断反思，精心创设问题情境，学生愿意说。鼓励孩子们大胆猜测想象，学生敢于说。解决实际困难帮助孩子们准确地说。充分讨论交流，让每个学生有机会说。学生在说的过程中学习潜能也充分得以激发，培养了学生自主学习的意识，提高了综合素养。课堂中，不再是老师的“一言堂”，更多的是学生的“百花齐放”，课堂“活”起来、“动”起来。

2. 落实教学目标策略的研究

在落实教学目标策略的研究中，评价表要求每一堂课的教学目标要符合课标要求和学生实际的程度，即清晰目标，清晰学情，清晰过程，对教学中每个知识点设计的梯度，学生学法可操作方法的思考，如何融入提高学生学科语言表达能力的方式，老师在课前就有了目标意识。

如数学钟老师在执教“用算盘表示数”一课时，清晰教学目标，学生初步认识算盘的结构，了解用算盘表示数的方法，能正确地读、写算盘上表示的数，理解各个数位上的数表示的意义，会在算盘上拨出千以内的数，知道算盘是我国的重大发明之一，能体会算盘不仅能表示数，还能表示出更多更大的数。清晰学情发现在教学时欠缺对算盘上表示数的读、写，练习量不够。课中，虽然有的知识是从计数器上表示过渡到用算盘来表示的，有的也和计数器上表示的数做了比较，但感觉还没有到位，于是钟老师清晰教学过程，创设情境，在教学中主要采用学中玩的策略，于是两处设计了游戏，游戏一《调皮的一颗小珠子》；游戏二：《调皮的两颗珠子》，这两个游戏的设计，层次分明，由简到难，游戏一主要让学生体会小珠子在不同的位置表示不同的数，感受以一当一和以一当五的意义，游戏二主要发展学生思维，进行分成教学，体会算盘不仅能表示数，还能表示出更多更大的数，让学生感受我国古代劳动人民的智慧，并发扬和传承这优秀的传统文化。追根溯源，融入数学文化，创设情境，突显数学思想。通过课题研究，以评价表引领，帮助确立教师正确的标准意识、目标意识、质量意识，应用评价表来诊断教学，改进教学，服务教学。提高教师的教育教学能力。

3. 营造学习环境策略的创设研究

在知行课堂中，构建平等、信任、和谐的师生关系，营造舒适、温馨、快乐的学习氛围，调动学生的学习动机和表现欲，敢于表达。课堂教学不应该只被看作实现教学目的的手段，而应该同时被看作学生成长的过程。在知行课堂上首先要构建一种轻松自如地师生关系，构建一种基本的师生信赖的关系。在教学过程当中，学生被激活、被发现、被欣赏、被尊重的过程就成为自我发展，自我生成、自我超越、自我升华的过程。学生时常被尊重、被重视，真切地感受到学习的乐趣和生命的意义，敢于尝试、敢于冒险、不怕失败、无所畏惧，在竞争面前不逃避。在充满善意的课堂中，学生有充分的安全感，才会无所顾忌地发表自己的见解。知行课堂应该是同时满足学生求知欲和表现欲的课堂，满足求知欲，就是让学生感到学有所获，通过学习感到有变化、有进步、有提高、有发展，满足表现欲，就是要让学生感到自己有力量、有价值，在课堂上有存在感。这就是评价表中所指向的课堂气氛的宽松度，课堂气氛的融洽度的体现。

4. 学习指导策略的研究

根据评价要素学习指导的范围和有效程度，教学过程调控的有效程度给予每个上课教师课前备课思考，清晰学情，清晰教学过程，挖掘教学价值，搭建学习支架做足准备。

如余老师在执教语文教材中统整适合运用思维导图的内容，在口语交际实践活动中引导学生活用思维导图，以中段为例，在一定逻辑思维能力的支撑下，重点发展三、四年级学生的总结概括、论证表述和想象创编能力。针对“复述、转述、演讲、表演”等具体要求，可以运用“放射、圆圈、支架、树型”等思维导图模型，在苏教版三年级上册《哪吒闹海》一课中，学生在面对较长篇幅的神话故事时，很难迅速、准确地、生动地复述出故事大概内容。教师指导学生“找出文中人物—分析人物间关系—画出关系图表”，通过对人物关系的梳理和对文本细节描写的把握，学生只需辅以简单的关联词，便能非常轻松地完成“生动复述故事内容”的学习任务。在相应思维导图的指导下展开，指向该年段学生口语表达能力生长的具体方法，实现了能力的有序和层递生长。

思维导图的引领，促使学生以此方法来思考、分析、理解和组织，学会用关键词语，自由联想，整理出一条主线，用行之有效的方法进行实践，体验能说、会说、乐说的过程有效地促进主动学习。

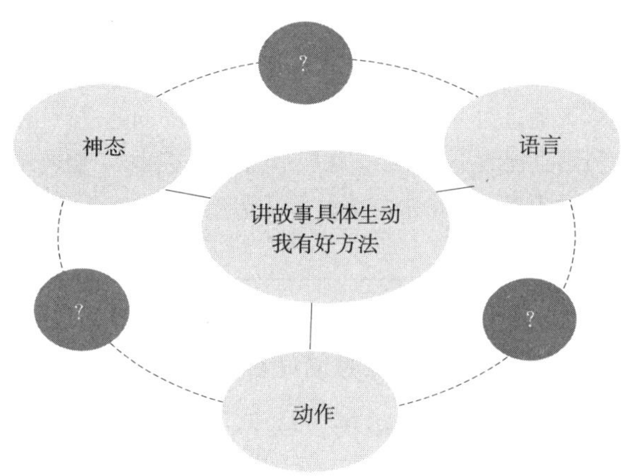

图 9-1　讲好故事的思维导图

5. 学生活动策略的研究

根据评价表教师在设计学生活动时，关注学生的参与的态度、广度、深度来实践，结合学科特性有意识培养学生参与活动的学习习惯，活动有序，优化学生主体行为的学习方式，积极尝试做中学、玩中学、游中学、活动中学、想象中学、听评学习。在语言实践活动中，乐于求知，学会合作，敢于表达，乐于表达，善于表达，帮助学生形成学科素养，促进学生核心素养的发展。

教学案例 1：陆燕青老师执教综合实践课案例《小组合作分工课》

表 9–3　实践课案例的教学案例

一、教学目标
1. 知识与技能：创设情境，充分调动学生对“春游”的研究兴趣，学生在活动中学会科学分工的方法，学会自我评价以及民主投票 2. 过程与方法：学生们在活动中做到人人参与，并初步行程合作意识。小组成员明确自己在小组中的角色，提高自我认识能力，明确每个角色的分工，提高合作意识。学生在小组合作中发挥各自的优点和特长，为今后的实践活动奠定良好的基础。学生在活动中学会发现问题，学会分析问题并找到解决问题的方法 3. 情感态度价值观：引导学生走进生活，关注生活，学生在活动中初步形成与人合作的精神，激发学生发挥自己的优点，学会与人沟通，在活动中建立起团队精神
二、教学方法
1. 教法：活动一：评一评谁最能；活动二：自我推荐会——竞聘我最能的职务 2. 学法：小组讨论交流、展示汇报、民主投票 综合实践的课堂中，学生为主体，学生在活动一和活动二中，根据自己的特长和生活经验对自己有了正确的评价，再通过讨论交流，组员之间对存在的问题进行协商和处理，最后用民主投票的方式制作出科学合理的小组分工，在展示交流的过程中，组与组之间也能相互学习，发现问题并解决问题。学生是在活动中总结出小组分工的方法，而不是老师直接分工或者说教式地让学生被动分配职务

综合实践活动是基于学生直接经验的课程形态，它密切联系学生的自身生活和社会生活，体现了对知识的综合运用，从学习方式的角度讲，它是一种以活动为途径的学习方式。通过实践活动进行学习，通过研究活动进行学习。

6. 关注教学效果策略的研究

根据评价表中教学效果的评价要点，从目标达成度和解决问题的灵活程度及时调整教学方法，如自然拼读课例赖老师在执教三年级《Me》第五单元的第一课时，重点是能够掌握有关五官的词汇，通过练习能使用句型 My...is/are... 来形容自己的五官。难点是 is/are 的正确使用。老师全身反应法、直观法等教学方法，以学生为主体，以教授五官词汇为核心，创设情境以怪物秀为主线，以任务型活动为实践途径，从学生的学习兴趣出发，使学生通过感知、体验、实践、参与、合作与交流的方式实现任务目标，使课堂活起来，让学生动起来，从而达成知识与技能目标。

作业部分的设计让学生能巩固今天所学的同时，并将其运用于生活实际。在整节课的教学中，通过听、说、做等活动激发学生学习英语的兴趣，鼓励他们大胆说，发展自主学习的能力，结合上课情况和作业视频，赖老师还利用评价表及时观测，了解学生的习得情况，反思调整后期他班的教学活动，评价表有效指导教师的教和学生的学。

表 9–4　学生课堂评价表

评价维度	评价指标		评价得星	评价语言描述
表达	通过练习能使用句型 My...is/are... 来形容自己的五官		★★★	
	学生能够掌握五官词汇并使用句型来介绍自己		★★★	
习惯	认真倾听； 表达清楚有序		★★★	
态度	积极参与，主动模仿；态度大方，自信表达		★★★	
说明	“表现优秀”得三星，“表现一般”得两星，“需要努力”得一星			
评价时间		评价人	老师　　学生　　家长	

（三）第二轮行动评价与反思

研究制定《芳草知行课堂教学评价量表》，从教学目标、学习条件、学习指导、教学调控、学生活动、教学效果、学科特色等维度细化教学过程，并与知行课堂的基本观点“思维、表达、实践、核心能力”有机融合，老师们以知行课堂评价量表为依据，不断改进教学策略，课题组带领老师力求在“实”字上下功夫，在“研”字上做文章，清晰评价教师教学目标的达成度，促进老师夯实知行课堂四个清晰，真正把教学研究与提高课堂效率结合起来，与解决教学实际问题结合起来。研究制定了《知行课堂学科学生素养评价表》，指导教师运用评价表，根据学科教学特点，关注学生的思维、表达、实践能力等学习状态，反思教学效果的达成度，促进老师不断改进教学策略。

三、第三轮行动研究

（一）以核心素养导向的教学基本策略的研究

明确教什么，教到什么程度：结合各学科课程标准能力目标，基于知行课堂四个清晰（清晰学情、清晰目标、清晰过程、清晰评价），将学科知识结构、学科素养定向化。学科核心素养的研制是从学科的本质、功能、价值、作用出发的，即挖掘和分析学科对学生发展的独特的内涵和意义。

表 9–5　学科与其对应的学科素养

学科	学科素养
语文 英语	基于育人目标，深入落实国家课程标准，凸显芳草特色，语文、英语学科应重视综合性、实践性、活动性主题课程的学习，挖掘核心教学价值，着眼于语言的表达形式，着力于培养学生的言语智能，促进学生的语言认知、语言实践、语言文化、语言思维等素养的提升
数学	基于育人目标，深入落实国家课程标准，凸显芳草特色，通过丰富的课堂内外活动，以真实情境下的问题解决为解决方式，培养学生确定并理解数学在社会生活中所起的作用，能够得出有充分根据的数学判断、能够有效地运用数学，具备适应当下以及未来生活所必需的数学能力
道德与 法治	基于育人目标，深入落实国家课程标准，凸显芳草特色，围绕“培养具有中国情怀国际视野的芳草学子”的育人目标，培养学生的良好品德，促进学生的社会性发展，为学生认知社会、参与社会、适应社会，成为具有爱心、责任心、良好行为习惯和个性品质的公民奠定基础

续 表

学科	学科素养
综合实践	基于育人目标，深入落实国家课程标准，凸显芳草特色，引导学生从兴趣入手，关注身边事物，利用多种方式获取信息提高处理问题能力，与他人合作交流获得积极体验和丰富经验，培养创新精神、实践能力和良好的思维品质

研制、建立凸显芳草学科特色的课业质量标准，有效地教学始于准确地知道需要达到的目标，这个目标既是教学目标又是考评目标，课业质量标准有利于教师确立正确的标准意识，目标意识和质量意识。从而让教师从容地按照学科素养形成的过程和学生学习的规律，循序渐进地进行教学。用评价表对学生学习状况及教师有效教学进行评价，在诊断、反馈、纠正、改进中培养教师挖掘教材教学价值的能力，发现学科中的训练点，以学定教。

（二）提高学生语言表达能力途径和方法的研究

1. 聚焦学思知行，立足知行课堂，以知识联系为纲的统整方法，促学生语言表达能力提升

知识只有在联系中才能生长，才会产生新的知识，原有的认知结构经过新知识的吸收，自身也到了改造和重新组织，学习就是知识的建构过程，知识经过分化、重组、整合、改造和转换，从而形成富有教育意义、适合学生理解掌握的知识和表达形式。

教学案例 1：语文学科的群文阅读，即围绕一个或多个议题选择一组文章，而后教师和学生围绕该议题展开阅读和集体建构，最终达成共识的过程。语文教学立足于生活实践，课内外紧密衔接，读写迁移，提高学生语言运用的能力。构建“得法于课内，得益于课外”的阅读训练体系，如以部编版四上《为中华之崛起而读书》一文教学为引，结合课后习题小练笔的要求，开展群文阅读，指导学生将读书的目的和理由写清楚，在尊重学生多样读书志向的前提下，引导学生树立正确的价值观。

表 9-6　主题阅读学习单

选文题目	为什么要上学?
文本 1：新闻评论《为什么要上学？房娃问得好》	
文本 2:《爸爸，我为什么要上学》	
文本 3:《孩子，你为什么要上学》（节选）——写在 2011 年秋季开学典礼上	
文本 4:《我们为什么要上学》（节选）——奥巴马在美国开学日的演讲	
小练笔：学习课文前，我经常认为我是为（　　）而读书。学习课文后，我才明白我要为（　　）而读书。因为（　　）	

通过主题统领，课文为例，阅读习作统筹安排，依序教学，学生阅读范围扩大了，视野更为开阔，知识也愈加丰富。内外衔接形成相互补充、相互促进的阅读训练机制。在语言训练方面，将学生的视线引向了校园、社会、家庭。让学生获取新鲜的语言材料训练语用能力。学生在大量阅读和语言运用之间形成良性循环。语文是一门实践性课程，学习学生言语生长的关键在于语言实践。为学生的语言实践开辟更为广阔空间，让学生在言语实践当中把握语言文字运用的规律，真正习得语言，提升语言能力，提高语文素养。

因此，以知识联系为纲的统整策略，我们应努力实现以下途径三点来提高学生的语言表达能力：第一，学科内知识间的相互融汇与贯通；第二，学科知识与学生生活经验的和谐结合。

2. 聚焦学思知行，落实情境创设为主的教学策略鼓励学生真实参与，在评价导行中延展学生语言表达能力

知识转化为素养的重要途径是情景。使知识和认知变得具体化、形象化、生活化、情趣化、生动化、活泼化、背景化、问题化和思维化，从而大大提高了学生的学习效果和效率。因此，构建从真实的情境当中学习（阅读、思考、实践）的认知路径，是支持通向素养的必然要求。

教学案例：五情并举的情景教学策略是统编版《道德与法治》教材在知行课

堂上的第一次路径探索，伍燕老师创设丰富有趣的情景教学，让学生身临其境。在创设的情景中，老师不仅仅是老师，还可以是学生的伙伴、家人。轻松地课堂氛围促使学生敢想敢做，也使得师生之间的关系更为密切。实现全方位育人，从课程、活动、体验、环境、生活来育人，相比于之前的教学方式，五情并举的情景式教学方式能够实现课堂教学育人的最大化，有效地做到立德树人。

在进行五年级《道德与法治》中有《科技是一把双刃剑》的课文时，实践老师选择了建构批判情景——活动育人。实践老师创设了联合国会议室的情景，一部分同学在情景中充当科学家的角色，一部分同学充当环境保护家的角色，建议学生着正装，在联合国对科技技术的利与弊进行辩论。在这次辩论活动中，学生用辩证的眼光看待事物，正反两面思考事物的发展，理性地判断和选择，这样的科学思维模式出现在《道德与法治》课程中，有效地挖掘教材的深度，突破了难点和重点。相比于直接讲解科学技术的利与弊，或者直接进行辩论赛，这样当科学家和环保学家的角色扮演又更能吸引学生的兴趣。通过课堂情境和问题的设计，在情景中提升学生的辨别判断意识和理性思辨能力，也是对核心素养中科学精神的培养。

“五情并举”：运用情景教学法上活小学道德与法治课。经过三年多的实践研究，以“情景教学法”为切入点，侧重研究改进课堂教学形式化、教学内容泛化、课堂不够趣味化等问题，确实取得了一些成效，实践下来，老师的教学形式不再单一，教学内容变得更为生活化，学生课堂参与性高。在情景创设中，学生的认识、发现、涵养都得到了一定的提升。

情境现已被广泛应用在各类课堂上，对教学活动产生了积极的促进作用，第一，情境可以有效地刺激学生，不仅使学习过程成为对知识本身的接受，更会使学生产生情感的共鸣；第二，情境可以使枯燥乏味的知识产生丰富的附着点和切实的生长点，让教育具有深刻的意义；第三，情境增加了学习活动的生动性、趣味性、直观性、让学生在理论知识与实践应用的交互碰撞当中真正地理解知识，提升能力。

3. 聚焦学思知行，以综合实践活动为途径的学习方式，在感知—操作—认知—实践—欣赏—评价—创造活动过程中培养和发展言语智慧，乐于表达，提高学生的言语交际能力

在《知行课堂评价表》中学科特色一栏中提及要在课堂上，活动中构建知识框架，提升学科素养。这一点给老师们实践依据，活动化学习强调的是手脑并用、学思结合、知行统一，要让学科知识和学生的思维活起来，首先必须让学生动起来，求知，不是静坐，不是死记硬背的过程，而是实践体验感悟的过程。

表 9–7　把春天变成最动人的课程语文实践活动

学习阶段	学习目标与内容	学习形式	能力发展
第一阶段 课文学习	通过文本学习，感受大自然中春天的特征及万物的变化，目睹植物成长的快乐，激发起学生对春天、对大自然由衷的喜爱	朗读诗句 理解句意 想象情节 口语表达	朗读、想象及表达能力
第二阶段 任务驱动	低段：诵春·寻春·享春·惜春——让孩子们给自己的眼睛、鼻子、嘴巴、耳朵、小手来一场春天的盛宴。尽情寻找属于春天的印记。 中段：把春的滋味，装进一杯茶——调动多元感官在春茶中感受春的滋味。 高段：春天是一封信——结合六年级作为毕业班的特点，在即将结束的小学阶段，留下想对这个春天说的话，对未来的期许	搜集资料 小组交流	培养学生的观察力、表达能力、合作能力、与人交往的能力，养成善于倾听的习惯
第三阶段 活动体验	低段：诵春景文字，赏春景风光，画春景小报，制春景书签，叹春光飞逝，学生多维度感受春天之美。 中段：学茶诗、赏茶芽、习茶礼、品佳茗。 高段：毕业赠言	小组合作 表达交流 调查访问 共同探究	搜集、筛选、分析、整理信息的能力，提出问题，解决问题，自主探究及与人合作的能力。善观察、乐于表达

续 表

学习阶段	学习目标与内容	学习形式	能力发展
第四阶段 成果展示	低段：把自己喜欢的春景画下来，附上一段关于春天的小短文或是一首小诗，完成春景小报。分享搜集到的与春天相关的名言警句，简单说说自己的理解，适时渗透春光易逝，要珍惜时间的道理。 中段：元稹宝塔诗的启发，在花草间举行诗会，朗读自己关于春天的小诗，了解春茶的制作工艺，泡茶方法，习茶礼总结冲泡秘诀	阅读表达 探究对话 形成文字稿 动手实践 设计制作 绘画书法展示 表达交流	学生学会分享劳动成果，学会相互欣赏、赞美和合作。语言运用能力、思维审美能力、勤于动手、合作分享

（三）第三轮行动评价与反思：学科领域学生素养评价体系的提炼总结

知行课堂评价表整合过程性评价，强化过程的反馈与纠正功能，此评价表服务于教师的教学。我们以学生学科核心发展为主轴，综合多种形式的日常性评价，构建考查学生学科素养发展的评价表，将知行课堂评价表和学生素养评价表整合，构建一个促进师生学科素养发展的评价、反馈、反思、改进和提升的持续性过程。

表 9–8　知行课堂语文学科学生素养评价量表（讨论稿）

评价项目	评价内容	评价要素	评价			
			优秀	良好	合格	待合格
语言实践	听与读	1. 通过听和读，很好地理解话语或文本蕴含的意图、观点和情感，提取有效信息 2. 通过听与读，很好地把握文本的主要内容，了解表达上的特点，具有初步的语感 3. 具有独立阅读的能力，学会运用多种阅读方法，形成经验				
	说与写	1. 能根据具体语境（语言情境）和任务要求，尝试运用自己获得的言语活动经验，有依据、有条理地表达自己的发现、观点和情感 2. 热爱生活，运用常见的表达方式，传递意义和进行人际交流，抒发真情实感				

续　表

评价项目	评价内容	评价要素	评价			
			优秀	良好	合格	待合格
思维发展与提升	分析与综合	1. 能在阅读、表达等言语活动中，主动思考 2. 运用分类、概括、比较、推理等方式，学习语言，认识事物，体会思想感情 3. 了解表达方式，感受语言特点，具有初步的评判意识				
	联想与想象	1. 运用想象与联想，形成对客观事物的初步认识、对语言和文学形象的初步认识，体验丰富情感 2. 能够在语言学习与运用中展开合理的联想和想象				
文化传承与理解	理解与借鉴	1.. 感受汉字之美、汉语的魅力，理解认同中华文化；理解不同民族、不同国家和地区的文化，吸纳优秀文化 2. 能够根据自己的愿望和需求，通过口头和书面等语言形式，运用其他语言实现理解、表达和交流				
	积累与传承	1. 重视掌握语文知识，积累优美的、有新鲜感的语言材料 2. 对中华文化感到自豪并主动传播				
学会学习	乐于求知	想学习，爱思考：学习用学科视角观察世界，愿意开动脑筋主动参与学科学习活动中				
	学会合作	会合作，显个性：自觉、主动参与到学习中，尊重规则，尊重同伴				
	充满好奇	能发现，求创新：在不断尝试中找到适合自己的学习方式，获取新的发现，追求创新				
	回归生活	乐实践，有担当：学习用学科做事情，积极动手实践和解决实际问题，并为自己的行为负责				

表 9–9　知行课堂数学学科学生素养评价量表（讨论稿）

评价项目一	评价内容	评价要素	评价权重			
			优秀	良好	合格	待合格
数学实践	问题解决	1. 从数学的角度发现问题和提出问题 2. 综合运用数学知识解决问题，能用清楚的数学语言进行表述 3. 获得分析问题和解决问题的一些基本方法，体现方法的多样性				
	技术运用	1. 具有学习、掌握技术的兴趣 2. 主动尝试运用技术手段进行学习 3. 调用多种资源进行学习				
	几何直观	1. 养成画图习惯，借助直观把复杂的数学问题变得简明、形象 2. 学会从“数”与“形”两个角度认识数学 3. 掌握、运用一些基本图形解决问题				
数学思想	抽象	1. 从大量事物或现象中，抽取共同的本质和特点 2. 利用概念、图形、符号、关系表述一类事物 3. 建立法则或模型，并解释具体事物				
	推理	1. 从已有的事实出发，凭借经验和直观进行简单猜想 2. 在数学活动中进行合情推理 3. 从已有的事实和确定的规则出发，推断某些结果，发现、表达其规律				
	模型	1. 从现实生活或具体情景中，抽象出数学问题 2. 用数学符号表示数学问题中的数量关系和变化规律 3. 求出结果，讨论结果的意义，并回到现实情景中				
学会学习	乐于求知	想学习，爱思考：学习用学科视角观察世界，愿意开动脑筋主动参与学科学习活动中				
	学会合作	会合作，显个性：自觉、主动参与到学习中，尊重规则，尊重同伴				

续 表

评价项目一	评价内容	评价要素	评价权重			
			优秀	良好	合格	待合格
	充满好奇	能发现，求创新：在不断尝试中找到适合自己的学习方式，获取新的发现，追求创新				
	回归生活	乐实践，有担当：学习用学科做事情，积极动手实践和解决实际问题，并为自己的行为负责				

表 9–10 知行课堂道德与法治学科学生素养评价量表（讨论稿）

评价项目	评价要素	评价内容	评价权重			
			优秀	良好	合格	待合格
道德认知	知得感获	通过对日常学习生活和社会现象的观察、分析，初步获得对行为的是非、好坏和善恶美丑的认识				
	思维发展	通过对道德现象的观察、思考、判断和推理，初步形成对道德现象的本质、特征、内部联系和发展规律的认识				
道德判断	识我认自	1. 能够认识到自身的优势与不足，清楚地表达自己的感受与见解，主动发挥自己的优势，反思自己的行为 2. 总能用乐观美好的情绪情感对待人和事，乐于在群体中学习生活，懂得尊重、倾听与合作，学会换位思考				
	家国情怀	1. 知道家是最小国，国是最大家，懂得爱家爱国，具有民族自豪感 2. 认识到人类只有一个地球，各国处于一个世界，初步形成人类命运共同体意识				
道德情感	立念树信	1. 了解和认识社会道德规范，初步形成规则意识与守法意识，有强烈的践行社会道德规范责任感 2. 重视道德践行，不断提高个人修养				
	做出选择	1. 能在具体情境中对是非、善恶、美丑做出判断，并自觉践行 2. 能对自己的选择负责				

续 表

评价项目	评价要素	评价内容	评价权重			
			优秀	良好	合格	待合格
道德行为	诚信友善	1. 知道人与人之间应该真诚相待，在为人处事时能够做到诚实不欺，信守承诺 2. 知道人与人之间相处要亲近和睦，在日常生活中能够做到善待亲人、朋友、他人、自然				
	遵规守纪	1. 能如实讲述事实，遇到具体问题时能分析原因，以事实做判断，养成用事实说话的意识 2. 能够以自觉、积极的态度在不同场合中遵守相应的规则与纪律				
学会学习	乐于求知	想学习，爱思考：学习用学科视角观察世界，愿意开动脑筋主动参与学科学习活动中				
	学会合作	会合作，显个性：自觉、主动参与到学习中，尊重规则，尊重同伴				
	充满好奇	能发现，求创新：在不断尝试中找到适合自己的学习方式，获取新的发现，追求创新				
	回归生活	乐实践，有担当：学习用学科做事情，积极动手实践和解决实际问题，并为自己的行为负责				

表 9–11　知行课堂综合实践学科学生素养评价量表（讨论稿）

评价项目	评价要素	评价内容	评价权重			
			优秀	良好	合格	待合格
考察探究	主题确定	1. 从实际生活中发现有关自然和社会的具体问题 2. 自主选择有价值、可研究的问题确定为研究或服务主题 3. 认真观察、积极思考主动发表意见、提出自己看法				
	创意方案	1. 大胆提出自己的新观点、新思路、新方法 2. 能科学合理地制定解决问题的方案与策略 3. 运用各种工具、工艺（包括信息技术）进行设计				

续 表

评价项目	评价要素	评价内容	评价权重			
			优秀	良好	合格	待合格
社会服务	色位角定	1. 积极参与，找到适合自己的位置，主动承担任务，乐于体验 2. 具有与人沟通合作的愿望与能力，耐心听取他人意见 3. 有社会责任感，能以自己的劳动满足社会组织或他人的需求				
设计制作	实践技能	1. 根据分工，自主选择工具，能够比较熟练地运用信息技术 2. 能够有意识的借助学科学习解决问题 3. 与主题相关的动手操作技能及创新表现突出				
生活体验	问题解决	1. 运用观察、访谈、实验等方法进行探究，主动获取资料 2. 能够将经过处理的信息恰当的应用到问题解决的过程中 3. 努力完成自己所承担的任务，并分享活动经验				
	交流展示	1. 能以不同方式创造性的表述活动的成果体验与感受 2. 作品展览体现合理性、新颖性、实用性、美观性，突出创新性 3. 在交流、展览中广泛听取意见并反思改进				
学会学习	乐于求知	想学习，爱思考：学习用学科视角观察世界，愿意开动脑筋主动参与学科学习活动中				
	学会合作	会合作，显个性：自觉、主动参与到学习中，尊重规则，尊重同伴				
	充满好奇	能发现，求创新：在不断尝试中找到适合自己的学习方式，获取新的发现，追求创新				
	回归生活	乐实践，有担当：学习用学科做事情，积极动手实践和解决实际问题，并为自己的行为负责				

知行课堂评价量表的引领悄无声息的已成为备好一节课的准绳，反思一节课的参照，在每日的教学中，老师们会主动结合评价表在教学方法和策略上做出

改变，会思考给学生更多自主学习的时间、更多师生探讨的机会、设计更多让学生自主表达想法的环节，去发展学生的听说读写思的能力，乐于求知、学会学习，评价表的引领已慢慢渗透到教师的教育理念中去，渐渐地使之成为一种常态教学。

以知行课堂评价表为根据，清晰评价教师的教学目标达成度，以学生素养评价表（讨论稿），反思教学效果的达成度，促进老师不断改进教学策略。知行课堂中要求教师努力做到每节课都是思维训练课，教师根据教学内容，设计导语，激发学生学习兴趣。学生感知，尽量激活原有的语言经验体会，自然进入学习状态。在教学中教师主要结合教学中的综合实践的内容，引导学生自主参与学习活动，学生综合运用所学的知识、思想、方法解决一些学科问题或生活问题，通过学习综合实践课程和开展一些课外实践活动课提高了学生的综合实践能力，促进了学生思维发展，拓展了学生学习各科的空间。让学生成为最大的受益者，学生的语言表达能力得到逐步稳定的提升。

第四部分　行动研究结果讨论

一、研究取得的成效

（一）学生层面

通过课题研究，学生在学科素养评价的引领下，在学习活动中，会提出问题，会选择方法，会探究获得结论。学生的思维得到充分地发散，学生的自信得到充分的培养，学生的能力得到充分的发挥。通过语言实践活动，语言表达能力也得到发展，乐于求知，学会合作，敢于表达，乐于表达，善于表达，在省级小学道法赛课比赛、京筑联合办校成果展示、“园丁奖”赛课等活动中，我校学生的优异表现、精彩发言、独特见解等都给在场来宾深刻印象，学生们也在区级朗诵比赛、合唱比赛、禁毒录像课等各类比赛中取得了优异成绩。各项赛事活动，不仅增强了学生的自信心，更激发了他们学习的兴趣，开发了学生的潜能，也促进了知行课堂的生成，发展了学生的核心素养。

以语文口语交际课为例，从调查中可以看出，学生对思维导图在学习中运用对助力学力提升是很明显的，基于口语交际课堂是教学研究主线，看到了学生在课堂学习中的转变，口语交际教学借助思维导图，将隐性的思维显性化，能够全面挖掘学生大脑潜能，培养学生的思维能力，其鲜艳的颜色、生动的图示能吸引学生自主运用导图进行深入思考、学习，这样的课堂改变了学生的学习方式，重构了课堂，从以教为主转变成以学为主。思维导图的运用，让学生自主思考、积极互动、深入探究，课堂精彩迭起绘制思维导图这种生动、形象的展练策略，激活了口语交际课堂，有效提升学生口语交际能力。这种借助导图放射性思考模式“想—记—说”的方式，在口语交际教学过程中，引导学生“会想”，能想开去。学生尽量地发散思维，产生更多独特、有创造性的想法，进行有个性又有条理地表达，有效提升学生的口语交际能力。

（二）教师层面

课题研究中，教师遵循知行课堂的理念，结合语言智能的课程观，以平时的教研课，常态课、年级打磨课为实践平台开展研究，以评价表为引领，确立正确的标准意识、目标意识、质量意识，并主动应用评价表来诊断教学，改进教学，服务教学。教师的教育教学能力获得提高。每学期家长开放日的活动中，邀请家长走进我们的知行课堂，以评价表对老师的教学目标的达成、教学策略实施的效果、学生课堂学习状态进行评价并提出改进建议。90% 的家长对老师们知行课堂中有效的教学方法给予了肯定，语文课重学生语言发展，数学课促学生思维能力提升。综合课学生兴趣浓厚，参与性强。学生善学乐学。每个教师在教学中既能做提高学生学科语言表达能力的研究，又能做从素养的角度，着力思考学科所能，培育学生的学科素养，发展学生核心素养的研究，教育科研能力。

在云岩区新秀奖、两字一话＋ N、园丁奖教学活动评比中，我校推荐老师参加，八人获一等奖，四人获二等奖。其中一位老师在参加省、市、区“道德与法治”优质课评比均获一等奖。2018 年学校还获得了云岩区“新秀奖”和教师技能大赛的“最佳组织奖”的光荣称号。2020 年云岩区语文、数学、英语、音乐、体育、美术、道德与法治、综合实践等 8 个学科的教学设计大赛中，取得一等奖 11 名，二等奖 3 名的优异成绩，11 人代表云岩区参加贵阳市教学设计比赛。

（三）学校层面

通过课题研究，研究制定《芳草知行课堂教学评价量表》，从教学目标、学习条件、学习指导、教学调控、学生活动、教学效果、学科特色等维度细化教学过程，并与知行课堂的基本观点“思维、表达、实践、核心能力”有机融合，老师们以知行课堂评价量表为依据，不断改进教学策略，教研组带领老师力求在“实”字上下功夫，在“研”字上做文章，打造知识能力、情感态度和价值观并重的素养课，形成了学校知行课堂新型课堂文化；提高了学校教育教学质量。学校带领老师着力在“新”（观念更新），“优”（科学评价），“质”（创造品质）3 个点上，通过知行课堂教学及活动的实践打造学校。

学校仅有 5 年办学历史，目前汪李莉是贵州省名校长工作室领衔人，学校已培养市级骨干教师 2 名，区级骨干教师 10 名。

我们的研究成果在本校、仁怀市城南小学和长顺县第三小学推广，引领老师们开展《基于知行课堂评价表，促学生语言表达能力的发展》课堂教学改革的研究与实践，使用知行课堂评价表积极反思，总结经验，成果累累。如为仁怀市城南小学培养各级骨干教师 50 多名；10 人次在遵义市、仁怀市执教示范观摩课。

（四）研究的物化成果

1. 教学成果奖

表 9–12　教学成果奖一览表

序号	研修题目	获奖等级	获奖名次	颁奖单位
GYJXCG202050	立足知行课堂教与学，搭建综合实践活动平台，促进学生语言表达能力发展	市级	三等奖	贵阳市教育局

2. 发表作品

语文综合实践活动“把春天变成最动人的课程”发表在《中国语言文字报》上。在第六届《当代教育》贵州省小学生作文竞赛中成绩优异，荣获“学校团体五强”称号。

图 9-2　小学生作文竞赛荣获“学校团体五强”称号

3. 经验交流及成果交流推广

课题组教师在贵州省汪李莉名校长工作室为平台，在织金县、长顺县、贵定县进行教学、讲座，向各所学校推广知行课堂新理念，关注学生学科素养发展，有效地调整教与学的关系，提出“问题让学生提出、方法让学生选择、结论让学生得出”的课堂教学模式。

4. 2017—2020 学年和 2018—2020 学年区市骨干人数及各级赛课评选情况

表 9-13　2018—2020 年各级赛课情况统计表

赛课项目	区级获奖项数	市级获奖项数	省级获奖项数
新秀奖	3	0	0
教学技能大赛	6	3	0
园丁奖	5	1	0
优质课	0	1	2
教学设计大赛	13	10	0
教学成果奖	2	2	0
微课大赛	4	4	4

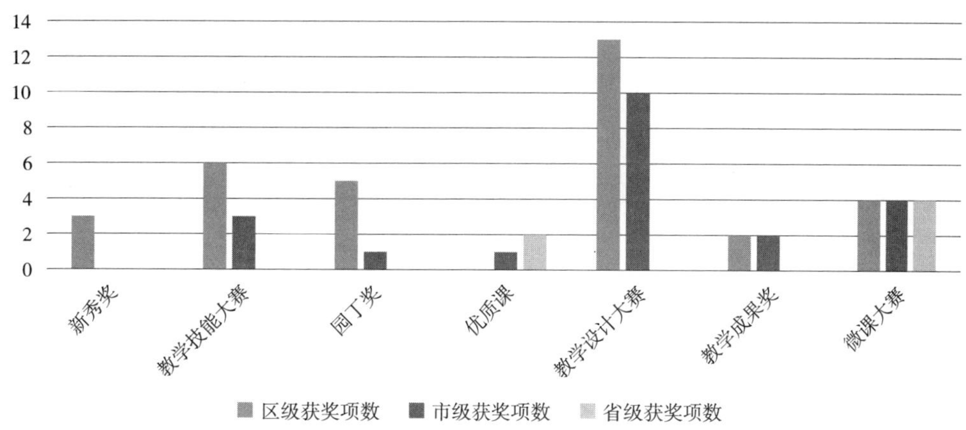

图 9-3　2018—2020 年各级赛课情况统计图

表 9-14　2017 年和 2020 年学校区级市级骨干教师人数

年度	区级骨干	市级骨干
2017 年	2	1
2020 年	8	2

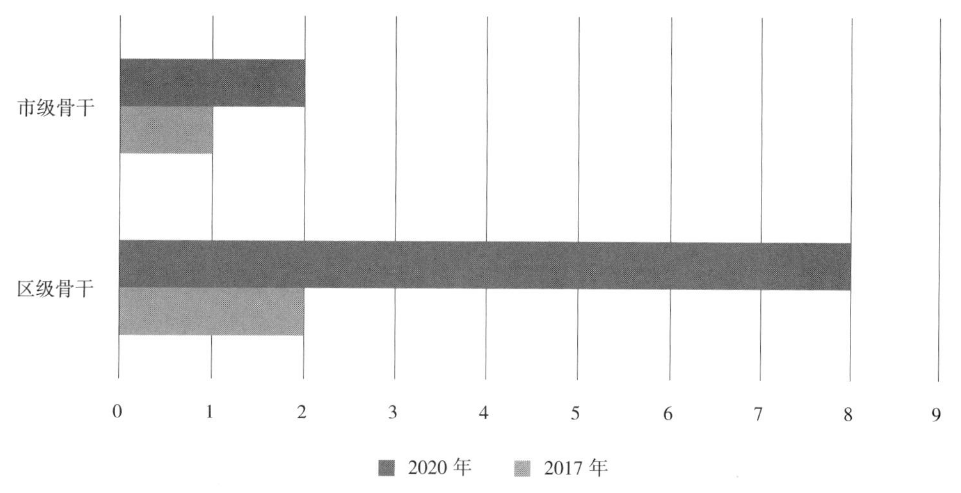

图 9-4　2017 年和 2020 年学校区级市级骨干教师人数对比图

从图上柱形图可见，2018—2020 年度学校教师逐渐成长，从区级选拔入选市级参赛，还有优秀教师参加省级优质课、示范课、教学评比。这说明我校教师通过课题研究，更加注重在教学中树立正确的标准意识、目标意识、质量意识，获奖老师也是学校骨干教师，以学校骨干第一梯队发展方式辐射更多老师，平时以评价表引领，帮助教师清晰学情、清晰目标、清晰过程、清晰评价，应用评价表来诊断教学，改进教学，服务教学。课题研究确实提高教师的教育教学能力。

二、研究结论

通过课题研究，知行课堂和学科活动成为发展学科素养的渠道，课堂上学生的表达能力得到充分的展现。在学习活动中，学生会提出问题，会选择方法，会探究获得结论。学生对学科知识进行加工、消化、吸收，并在此基础上进行内化、转化、升华。学生在生活中习得了丰富的言语经验，而在课堂教学中又学到了宝贵的言语知识，言语经验和言语知识只有通过言语实践才能得以融会贯通。因此，阅读、思考、表达、实践是转化学生个体言语能力的学习途径：基于四个清晰—聚焦学思知行—提升学科素养—实现个性发展。开展此课题研究，在思考、表达、实践中激活知识，知识转化升华为能力的有效做法，说明学生语言表达能力是学习能力的最高体现和综合反映，促进学生思维发展。

（一）形成了学校知行课堂教学评价表

通过课题研究，研究制定的《芳草知行课堂教学评价量表》，从教学目标、学习条件、学习指导、教学调控、学生活动、教学效果、学科特色等维度细化教学过程，并与知行课堂的基本观点“思维、表达、实践、核心能力”有机融合，老师们以知行课堂评价量表为依据，不断改进教学策略，教研组带领老师力求在“实”字上下功夫，在“研”字上做文章，打造知识能力、情感态度和价值观并重的素养课，形成了学校知行课堂新型课堂文化。

（二）构建了各学科学生素养评价表和学生素养评价体系

制定的《知行课堂学科学生素养评价表》，指导教师运用评价表，根据学科教学特点，关注学生的思维、表达、实践能力等学习状态，反思教学效果的达成度，促进老师不断改进教学策略。研究实践证明：用评价表对学生学习状况及教师教学进行有效评价，在诊断、反馈、纠正、改进中培养教师挖掘教材教学价值的能力，发现学科中的语言训练点，以学定教具有可操作性的引领作用。目前两项评价表已在学校推广应用。

（三）形成了核心素养导向的教学基本策略

这些基本策略主要有：落实教学目标策略、营造学习环境策略、学习指导策略、学生活动策略、关注教学效果策略。在对这些策略的研究与实践中，教师在设计和开展教学或活动时，都以学科核心素养为导向，充分体现学科的性质和特点，并紧扣提高学生语言表达能力这一研究主题，使学科教学过程成为培养能力，促学科核心素养形成的过程。

（四）提高学生语言表达能力的途径和方法

在研究与实践中，采用聚焦学思知行，立足知行课堂，以知识联系为纲的统整途径与方法，引导学生发现学科内知识间的相互融汇和贯通，看到实物之间的关联，学会整合。采用聚焦学思知行，以情境创设为主实施教学的途径与方法，鼓励学生真实参与，通过生活、实物、图像、语言、背景知识、场景、问题等多角度创设情境的方法，刺激学生的身体感知，调动学生的眼、耳、口、鼻、手、身多角度、多方面的体验，注重口动、手动、眼动、耳动、身动的互动和结合激发了学生的学习兴趣，以评促教，在评价导行中延展了学生语言表达能力。采用聚焦学思知行，开展综合实践活动的途径与方法，指导学生在感知—操作—认知—实践—欣赏—评价—创造活动过程中培养和发展言语智慧，提高了学生的语言表达能力。

第五部分　研究启示与反思

一、对教学的启示与意义

（一）教学准备：知行课堂下，教师善于挖掘教学内容

《芳草知行课堂教学评价量表》从教学目标、学习条件、学习指导、教学调控、学生活动、教学效果、学科特色等维度细化教学过程，并与知行课堂的基本观点“思维、表达、实践、核心能力”有机融合，老师们以知行课堂评价量表为依据，不断改进教学策略，课题组带领老师力求在“实”字上下功夫，在“研”字上做文章，清晰评价教师教学目标的达成度，促进老师夯实知行课堂四个清晰，真正把教学研究与提高课堂效率结合起来，与解决教学实际问题结合起来。

（二）教学设计：知行课堂下，优化教学目标达成，课型有显著特征

基于知行课堂的实践研究，逐渐明确了学科实践活动探究有如下特征：体现学科知识运用、体现学科素养培养、体现多种形式综合、体现人人参与活动、体现身心参与活动、体现机会多选公平、体现标准激励开放。

（三）教学评价：采用多元化评价，加强评价的有效性

《芳草知行课堂教学评价量表》指向教师的教，通过听课指导、主题教研活动，建立针对执教教师的评价，强调教师对自己教学行为的分析与反思，建立校长、教师、学生、家长共同参与的评价，使教师从多种渠道获得信息，不断提高教学水平。

《知行课堂语文学科学生素养评价量表（讨论稿）》指向学生的学，我们以学生学科核心发展为主轴，综合多种形式的日常性评价，构建考查学生学科素养发展的评价表，学习效果评价采取标志性成果形式，不仅要关注学生的学业成绩，而且要发现和发展学生多方面的潜能，了解学生发展中的需求，帮助学生认

识自我，建立自信。

将知行课堂评价表和学生素养评价表整合，构建一个促进师生学科素养发展的评价、反馈、反思、改进和提升的持续性过程。

二、研究反思

（一）对知行课堂的反思

知行课堂提倡学科综合实践活动。学科指的是运用学科知识培养学科素养。综合，把分析过的对象和现象各个部分各个属性联合成一个统一的整体。以语文学科为例，就是语文学科内部听说读写的综合运用。落实在学科领域之内，体现在课堂教学之中。实践，实行自己的主张改造，有意识的活动强调的是实际发生，解决实际的问题不是停留在想象的构思阶段。活动是为某种目的而采取行动，完整的说就是教师以培养学生学科核心素养为目标，采取多种形式的探究实践活动。

（二）对行动研究的反思

研制、建立凸显芳草学科特色的课堂评价标准，有利于教师确立正确的标准意识，目标意识和质量意识。从而让教师从容地按照学科素养形成的过程和学生学习的规律，循序渐进地进行教学。语文、数学、英语、道法、综合实践、音乐 6 门课程构建学生素养评价表，但基于评价标准的课堂教学践行中，部分教师相对保守，年轻教师经验积淀不够，改变不等于进步，而科学、美术、体育等 3 门学科对知行课堂的领悟和学科内综合实践活动的实际获得不足，没有真正动起来。

三、研究展望

1. 在实践过程中，我们发现知行课堂学科教学中学习内容不够充分、学科联系不够密切、与社会实践整合不足等问题。在今后的实践中，我们要进一步强调课程意识，站在课程建设的角度，整体规划科学建构，形成包括课程目标、课程主题、课程内容、课程实施、课程评价在内的完整课程体系，这样的实践活动作用于学生，才能够长效。

2. 每一堂都是综合实践课，全员参与，全学科实践，遵循学科课程定位、性质、目标，立足学科素养的形成与学科能力的运用。强调运用综合实践课程的理念指导学科教学，以活动为手段，力图使学科知识和技能，在实践活动当中综合应用。从学习需要出发，在各种各样的操作、体验、思考、分享当中有所知，有所得、有所悟，实现知行合一。

表 9–15　学科实践活动课程设置

实施方向	活动内容设置	授课方式
学科内综合实践活动	1. 完成教材内实践活动单元 2. 针对教材内知识点教学资源不足，补充设计拓展内容 3. 运用学科知识与能力设计学科内的研究实践活动	单科单人授课为主
跨学科综合实践活动	1. 整合各个学科教材相关内容设计主题实践活动 2. 将学科知识能力的运用融入学校特色主题活动综合实践 3. 结合校外社会实践活动社会大课堂基地体验活动的设计综合实践活动	多科多人授课与分科授课结合
实施方式：确定主题—设计方案—实践体验—分享汇报—评价总结		

参考文献：

[1] 余文森．核心素养导向的课堂教学 [M]．2017（7）：53–96.

[2] 薛法根．为言语智能而教 [M]．2014（6）：4–9.

[3] 吴淑艳．浅谈跨学科整合课程下如何提高学生语言表达能力 [J]．学术研讨会文集，2020（2）：9–11.

[4] 李山清．基于核心素养谈小学英语语言表达能力 [J]．教学研究，2019（8）：41–42.

[5] 莫新强．小学生数学语言表达能力的培养和实践研究 [J]．读与写杂志，

2019（5）：162.

[6] 舒有贵．小学生语文语言表达能力的培养的有效途径 [J]．科技世界，2018（7）：132–155.

[7] 郭成英．提高学生语言表达能力的课堂教学研究 [J]．国家教师科研教学基金专项成果，2017（8）：577.

[8] 刘春花．指向表达的阅读教学策略探析——“学—导—习”课堂提升学生语言表达能力的思考 [J]．江苏教育研究，2018（6）：49–51.

[9] 项远萍．培养学生数学语言表达能力，提高课堂教学效果 [J]．数学学习与研究，2018（4）：137.

[10] 张丽萍．新课程背景下提高学生语言表达能力的研究与实践 [J]．课外语文，2019（9）：104–106.

[11] 邓月香．在小学数学课堂教学中培养学生语言表达能力的策略分析 [J]．新课程（小学），2019（2）：189.

[12] 陈琳．数学课堂教学中培养学生的语言表达能力——小组合作中的语言培养 [J]．全国智慧型教师培养体系建构模式学术会一等奖论文集，2016（12）：1015–1018.

[13] 张学静．在语文课堂教学中提高学生的表达能力 [J]．中国教育学刊，2016（12）：117–118.

[14] 王显永，韩雪．浅谈小学数学核心素养在课堂教学过程中的落实 [J]．考试周刊，2019（12）：97–98.

[15] 姚虎雄．从“知识至上”到素养为重 [J]．人民教育，2014（06）：56–59.

[16] 钟启泉．基于核心素养的课程发展：挑战与课题 [J]．全球教育展望，2016，45（01）：3–25.

[17] 叶澜．融通“教”“育”．深度开发学科的育人价值 [J]．今日教育，2016（03）：1.

[18] 周彬．把“课堂”串成“课程”[J]．上海教育，2017（12）：64–65.

[19] 蒋军晶．让学生学会阅读：群文阅读这样做 [M]．北京：中国人民大学

出版社，2016：25–26.

[20] 杨晓．让“身体”回到教学 [J]．全球教育展望，2015，44（02）：3–10.

贵阳市教育科学规划课题：知行课堂下提高小学生语言表达能力的实践研究

立项编号：YYKY（1739）　　结题编号：YYKYJ（2020）10

课题主持人：汪李莉

研究报告执笔：汪李莉　佘丽媛

主要参研人员：佘丽媛、王　岚、殷　雁、钟开静、王万燕、伍　燕、陆燕青、王　敏、龙　倩

运用“五路径三体系”模式创建学校中国传统手工艺系列社团研究报告

贵阳市第二实验小学　龙　蓓

教育部启动“立德树人”工程，发布了《关于全面深化课程改革落实立德树人根本任务的意见》，国务院办公厅发布《关于全面加强和改进学校美育工作的意见》；中共中央办公厅、国务院办公厅印发了《关于实施中华优秀传统文化传承发展工程的意见》，在此大背景下，学校美育课程急需深化改革，这些文件精神为美育课程改革找到了理论依据指明了方向，与此同时，学校开展社团活动没有课程化、体系化，长期存在随机性临时性的弊病，教育效果不好。那么，能不能和美术教师团队一起运用中华优秀传统文化，把属于美术学科范畴的中国传统手工艺和学校社团活动相结合？能否以此促进和推动学生美术核心素养的发展，落实立德树人的根本任务？能否探索出一条可长期运用、可复制可操作的中国传统手工艺社团课程的途径和方法呢？因此，我们开展了创建中国传统手工艺系列社团课程的实践研究，把国家宏观的教育政策落实到学校的具体教育教学中。

3 年的实践研究从问题导向出发，首先梳理创建中国传统手工艺社团存在的问题，根据这些问题设定研究目标，制定行动方案，开展行动研究。我们共进行了三轮实践行动研究，中国传统手工艺一般都是口口相传，师徒传承，要让手工艺进入学校课堂，没有参考和借鉴，我们只能自己摸索。我们从社团的建立、内容的选定开始，通过第一轮行动，进行了手工艺社团教学的初步尝试；接着是第二轮行动，从教师业务提升、手工艺教学实践等方面进行全面的实践；第三轮行动对中国传统手工艺社团课程进行了总结和完善，把研究教师的直接经验转化成研究报告、论文、师生作品、教学用书等物化成果。形成“五路径三体系”中国传统手工艺系列社团创建模式。研究期间，各级各类获奖的研究论文和教学设计26篇，辅导学生作品参加省、市、区各级比赛获奖达47人次，教师作品参加各级比赛获奖20项。形成中国传统手工艺社团活动课程系列自编教学用书：《纸上生花》——中国传统手工艺全册、《指间红缘》——刺绣全册、《泥工巧匠》——陶艺全册；《五彩绞缬》——扎染全册。

社团活动是每一所学校都需要开展的活动，本实践研究对学校的校本课程发展具有重要意义，对中国传统手工艺引入学校社团教育教学，完成国家的“立德树人”工程具有深远意义和价值。

第一部分　问题的提出

一、研究的背景

（一）研究的政策依据

1.《关于全面深化课程改革落实立德树人根本任务的意见》

党的十八大报告指出，“把立德树人”作为教育的根本任务，培养德智体美全面发展的社会主义建设者和接班人，明确强调了教育的本质功能和真正价值，也指明了我国教育改革的发展方向和目标。

2.《关于实施中华优秀传统文化传承发展工程的意见》

中共中央办公厅、国务院办公厅印发了《关于实施中华优秀传统文化传承发展工程的意见》，提出了实施中华优秀传统文化传承发展工程的总体目标到2025年，中华优秀传统文化传承发展体系基本形成，研究阐发、教育普及、保护传承、创新发展、传播交流等方面协同推进并取得重要成果；意见强调了实施中华优秀传统文化传承发展工程的重点任务贯穿国民教育始终。围绕立德树人根本任务，遵循学生认知规律和教育教学规律，按照一体化、分学段、有序推进的原则，把中华优秀传统文化全方位融入思想道德教育、文化知识教育、艺术体育教育、社会实践教育各环节，贯穿于启蒙教育、基础教育、职业教育、高等教育、继续教育各领域。以幼儿、小学、中学教材为重点，构建中华文化课程和教材体系。

3.《关于全面加强和改进学校美育工作的意见》

国务院办公厅《关于全面加强和改进学校美育工作的意见》，国办发〔2015〕71号文件中，明确提出了“把培育和践行社会主义核心价值观融入学校美育全过程，根植中华优秀传统文化深厚土壤，汲取人类文明优秀成果，引领学生树立正确的审美观念、陶冶高尚的道德情操、培育深厚的民族情感、激发想象力和创新意识、拥有开阔的眼光和宽广的胸怀，培养造就德智体美全面发展的社会主义建设者和接班人”的指导思想。

这3个重要政策文件的颁布都提出了传承中华民族的传统文化需要依靠教育，把传统中华优秀文化全方位融入艺术教育，把课堂教学和课外活动相互结合，以幼儿、小学、中学教材为重点，构建中华文化课程和教材体系，完善中华优秀传统文化教育。以此推动21世纪学生发展的核心素养，完成教育“立德树人”根本任务。

（二）研究的实践依据

1. 进行本实践研究的个人动因

贵阳市第二实验小学有一支业务素质过硬的美术教师团队，一直致力于发展学生美术学科核心素养的教学改革。作为艺术学科的管理者，发出了这样的思考：能不能和美术教师团队一起运用中华优秀传统文化，把属于美术学科范畴的优秀传统艺术和学校教学相结合，以此促进和推动学生美术核心素养的发展，探索出一条可长期运用、可复制可操作的途径和方法？通过美术组教师的讨论，大家一致认为：培养学生美术核心素养的主阵地是课堂，但是美术课堂教学属于国家课程，有固定的教材内容，虽然可以从教材中挖掘传统文化资源，但缺乏中国传统艺术形式呈体系的传承。要把优秀传统艺术和学校教学相结合，可以通过每周的学生社团活动时间进行中国传统艺术学习。

2. 进行本实践研究的基础条件

我校长期开展学生社团活动，通过实践和总结，已经形成了一套行之有效的社团活动模式。整个社团活动由学校统一调度，统一安排，形成了成熟的管理机制。而且，贵州是一个民族民间传统文化大省，有着得天独厚的传统手工艺资源，可以开发和借用这些资源，把这些传统技艺引入社团课程，让学生通过深入的接触和系统的学习，进一步促进学生美术学科核心素养的提高。

3. 本实践研究具有的研究空间

虽然学校社团开展的活动非常丰富，但是没有课程化、体系化。这一问题使我们意识到，美术学科团队可以专门设立中国传统手工艺系列社团活动课程，通过课题实践研究，摸索总结出适合小学生手工艺社团教学的内容和教法，实现摸学校社团活动的课程体系建设，使社团活动系统化、专业化、课程化，使社团活动成为易于创建、有体系的中国传统手工艺系列课程。

二、问题现状

（一）学校社团活动缺乏课程化、体系化

学校开设的美育社团往往随意性较强，没有系统的思路，学生在社团的学习也没有系统性和持续性，教育的效果不佳。

（二）进行社团教学的教师专业性和研究意识急需提升

实验二小虽然有一支美术专业素质高，教学经验丰富，敬业爱岗的美术教师队伍，但是一方面，由于中国传统手工艺技艺的特殊性和专业性，老师这方面的知识和技艺较为粗浅，没有充分利用民族传统资源，缺乏深入的钻研和学习；另一方面，老师们缺乏教科研意识，缺乏对社团活动教育思想和教育总目标的统一认识，缺乏对教学方法和内容的系统研究总结。需要专家和课题的引领，通过实践研究，找到社团课程教学促进学生美术学科核心素养发展的方法和途径。

三、研究意义

（一）理论意义

1. 实践研究把国家的宏观政策具体落实到学校教育

文件的颁布，从宏观上指明了党的教育方针、政策，国家教育总目标，而让这些指导性的纲领落实在教育的第一线——学校。课题的研究更加切实有效的落实国家“立德树人”的育人目标是本实践研究的重要意义。

2. 实践研究对小学美术核心素养研究有借鉴意义

2017 年修订颁布的《普通高中美术课程标准》明确提出了高中美术学科核心素养，高中美术课程标准修订中提出的美术学科的五大核心素养同样适用于九年义务教育阶段，但是小学阶段的美术学科核心素养还需要在教学实践中完善论证。作为小学美术教育教学第一线的教师，开展中国传统手工艺社团教学促进学生美术学科核心素养的发展实践研究，通过实践研究的理论成果对小学阶段的学生美术核心素养研究有一定的借鉴意义。

3. 实践研究可以推动学校社团课程的创建和发展

学校社团课程逐渐丰富，社团活动虽然门类不同，但是社团的发展要求是相同的，教学也是相通的，美术领域的中国传统手工艺社团教学研究，可以为其他领域的社团活动探寻途径和方法，学生核心素养的发展虽然有学科特点，但也不是孤立的，各学科的核心素养形成塑造全面发展的人，最后教育的合力达到“立德树人”的总目标。

（二）实践意义

1. 实践研究有助于提高教师的专业技能和科研能力

对老师而言，通过参与课题的研究，促使老师参与培训、自主钻研、进行中国传统手工艺的教学实践研究，总结教学经验，创新编撰教学内容，编写教材、摸索教法、撰写经验论文、学习科研方法，使教师自身的业务素质、教学水平和科研能力得到提升。

2. 实践研究有助于促进学生美术学科核心素养的发展

对学生而言，通过中国传统手工艺的社团活动，可以让学生开阔视野，理解和欣赏传统手作工艺中蕴含的许多中华民族优秀文化精神和伦理道德观念，让学生认同这些中华民族文化的精髓，提高文化理解、审美判断核心素养的发展。参加活动的学生对传统手工艺的技艺和文化内涵，可以系统全面地学习，培养学生审美能力、动手实践能力，发扬“大国工匠”精神，培养学生的图像识读、创新实践、美术表现等方面的核心素养。

3. 实践研究有助于促使学校社团活动的课程化系统化

对学校而言，开展中国传统手工艺社团活动实践研究，形成可推广和持续使用的传统手作工艺内容，完善学校的社团课程，让学校的社团活动更有序健康的发展。使社团活动成为培养学生核心素养有效的课程。传统手作工艺课题的研究，同时也营造了良好的文化氛围，成为校园文化建设一道亮丽的风景线。

（三）深远意义

1. 中国传统手工艺引入学校社团对国家的“立德树人”教育目标具有深远意义

通过学生社团活动时间进行中国传统艺术学习，把中国传统手工艺作为优秀中华文化的载体，引入学校社团活动，对延续和发展中华文明、促进人类文明进步，从学校教育开始渗透，落实“立德树人”根本目标具有深远意义。

2. 创建社团的可复制性对学校的校本课程发展具有深远意义

学校创建中国传统手工艺系列社团的有效路径和方法，具有可操作性和可复制性，能很好地助力不同地区、不同层次的学校的发展和建构适合自己学校的校本课程开发。研究出学校创建“中国传统手工艺”系列社团的途径与方法，形成创建中国传统手工艺社团的模式，对学校社团活动的开展具有重要的意义。

第二部分　解决问题的过程与方法

一、采用问题导向原则梳理问题的过程

首先我们对中国传统手工艺课程创建中遇到的困难进行了梳理，怎样选择适合小学生学习的中国传统手工艺种类？怎样进行社团学生的招生和分组？教师手工艺知识技能不够用了怎么办？教师的教学方法怎么进行实践总结提炼？教学用书的实践论证、筛选、编写方法是什么，等等。我们采用了问题导向法进行课题实践。

（一）梳理研究前遇到的问题

1．如何通过中国传统手工艺社团活动的开展，促进学生在美术核心素养方面的发展？

2．如何通过对中国传统手工艺社团活动的实践研究，推动美术教师的专业成长？

3．如何通过社团活动的整合，形成中国传统手工艺社团系统化课程？

（二）梳理实践中遇到的问题

1．怎样选择适合本校学生学习的中国传统手工艺种类？

2．怎样进行社团学生的招生和分组？

3．教师手工艺知识技能不够用了怎么办？

4．教师的教学方法怎么进行实践总结提炼？

5．教学用书的实践论证、筛选、编写方法是什么？

二、根据梳理出的问题制定行动目的与方案的过程

（一）根据遇到的这些问题我们制定了行动的目的

1．解决在众多的传统手工艺中，选择适合学生学习的传统手工艺种类。

2. 解决手工艺教学中，从什么方面入手促进学生五个方面的美术学科核心素养。

3. 找到怎样促进教师对传统手工艺实践研究能力和专业成长的路径方法。

（二）根据这些问题实施研究行动方案

1. 强化组织过程管理，提高实践研究管理效能

学校美术组成立“中国传统手工艺社团课程研究”小组，建立“实践研究工作领导”小组，还有中国传统手工艺、刺绣、陶艺、扎染 4 个门类的实践研究小组，形成以下实施和管理体系：确定各类人员职责，做到分工明确，职责分明。

2. 组建美术组研究教师团队，明确研究教师职责

我们根据美术组教师的特长和意向、教学经验和年龄等特点，进行新老组合，把教师组建成 4 个不同种类中国传统手工艺的研究队伍，分别是中国传统手工艺社团研究团队、刺绣社团研究团队、扎染社团研究团队、陶艺社团研究团队。在研究的初期，一起进行实践研究，研究的中后期明确基础班和提高班的不同研究方向。在合作的过程中充分发挥教师的优势。

3. 制定各阶段的总课题计划和子课题计划，按照计划方案逐步进行实践研究

第一阶段研究计划是构建中国传统手作工艺社团的框架。结合学生年龄特点和学校实际情况，成立蜡染、刺绣、中国传统手工艺、陶艺 4 个子课题小组；成立中国传统手作工艺特色社团，招收感兴趣的三、四年级学生，并了解学生对传统手作工艺的基本情况；具体实践落实开展中国传统手作工艺社团活动；完成预设地对传统手作工艺的认知和欣赏，进行入门体验，培养对传统手作工艺的喜爱。在实际操作中渐渐认识和感受传统文化的魅力；邀请专家进行课题相关培训，给美术组教师购买相关专业书籍进行学习。

第二阶段的研究计划是实践研究的核心部分。学生已经完成了手作工艺社团的入门学习，对传统文化有了一定的了解和认同，第二研究阶段的时间分别涵盖了两个学期，充分利用这两个学期的时间，同时加强老师的培训工作，突破专业技能和实践研究水平的瓶颈，更好地深入开展实践研究活动。推进学生传统手作工艺社团的学习，让学生由易到难、循序渐进的学习传统手工艺技法，加深对传统文化的认识和理解，和生活实际相结合，尝试制作出一些作品，加深对传统文化的认同和喜爱。通过传统技法和现实生活相结合，引导学生创意出具有民族特色的作品，学习适合学生身心发展特点的技法技巧，引导和影响学生的“美术表现、审美态度、创新能力”核心素养方面的发展。

第三阶段的研究计划是实践研究的最后一个阶段。学生已经对传统文化有了一定的了解和认同，并对传统文化有了进一步的认识和理解，学习了一些基本技能，并能把传统手工艺和生活实际相结合，创新制作出一些作品。老师通过一年半的社团活动实践，积累了教授传统手作工艺的教学经验，从课堂教学到教材选编等方面都有一定的收获和思考。本阶段重点一是收集学生作品，展示学生通过社团学习在美术核心素养方面取得的进步；二是总结教学经验，总结展示社团活动教学的优秀课例，经验论文，形成特色教材。加强老师的培训工作，突破专业技能和实践研究水平的瓶颈，更好的总结实践研究活动，形成传统手作工艺社团活动的体系和特色。通过课题成果的呈现，研究出手工艺社团活动促进小学生美术核心素养的方法和途径。

三、根据计划方案分阶段进行实践行动的过程

（一）第一轮实施行动

1. 初步尝试对中国传统手工艺社团活动的组织

为了筛选出进行实践研究的中国传统手工艺类别，美术组教师根据对学生的访谈结果通过分析教授的可行性，结合教师的特长，结合贵州地区的地域资源，进行了充分的讨论，确定了中国传统手工艺、陶艺、刺绣、扎染 4 个内容。

通过结合方方面面的因素选择手工艺社团的教学类别，通过学校的平台学生自由选课结果显示，中国传统手工艺社团 4 个类别的报名火爆，很多学生进行自主抢课，通道开放不到一小时，中国传统手工艺社团的招生就爆满了，这说明对手工艺类别的筛选尝试获得了成功。

2. 初步尝试中国传统手工艺社团教学方法对学生美术核心素养形成的实践研究

尝试通过中国传统手工艺图案的学习，促进学生“图像识读、审美判断”美术学科素养，美术是视觉的艺术，中国传统手工艺中的图案教学，对学生图像识读能力的提高有明显的作用，中国传统手工艺有着独特的图案美，这些图案独具特色，它的造型、色彩、比例和肌理等形式特征，完美诠释了形式美的法则。如苗族刺绣配色：鲜艳的原色构成图案，刺绣在黑色为底色的布上，使得鲜艳的颜色并不让人眼花缭乱，而是在黑底的存托下显现出醒目，精美、别具一格的特质。通过老师的教学，学生在手工艺学习中审美判断得以提高，充分理解了传统手工艺中出现的古拙美、精致美、隐喻、抽象等的审美意识，提高了图像识读、审美判断的学科素养。

尝试通过中国传统手工艺欣赏教学，促进学生“文化理解、审美判断”美术学科素养。通过教学从文化角度来分析、诠释和理解民族的文化艺术特点，学会尊重并理解不同民族的文化内涵与含义。本土文化离不开少数民族民间文化，许多少数民族，他们的历史文化直接通过手工艺进行传承，如称为“无字天书”的苗绣工艺，苗族的迁徙史，精神崇拜，全部在苗族的手工艺中得以体现，蝴蝶妈妈的传说、蚩尤射日的英雄主义等，都能让学生在手工艺作品的欣赏中理解本民族的文化内涵，产生文化认同，中国传统手工艺的欣赏教学，从中国传统手工艺的发源历史、发展过程，到优秀手工艺品的鉴赏教学，充分让学生通过传统手工艺这一媒介，学习到它背后蕴涵的中国历史文化知识，用直观的方法让学生很容易地就提升了文化理解的美术素养。这些知识解读和欣赏教学会深深影响孩子们，一点一滴的渗透，对完成“立德树人”的育人目标，为“立什么样的德树什么样的人”做出了响亮的回答。

尝试通过中国传统手工艺技艺的学习，促进学生“美术表现、创新实践”美术学科素养，手工艺技艺是中国传统手工艺的核心内容，学生从零基础开始接触传统手工艺，从认识工具材料开始，到由简到繁、由易到难的一个技艺一个技艺的叠加学习，把这些技艺内化为表达自我的手段，进行创新实践，最终能创作出手工艺作品。这些学习推动了学生利用传统手工艺这一媒介手段来表达和交流自己思想与情感，并鼓励学生运用联想、想象和变通的方式，进行动手创造和实践。通过一个学年的尝试学习，学生创作出了具有自我特色的作品。

通过中国传统手工艺的图案教学、欣赏教学、技艺教学的初步尝试，美术组教师取优去劣，通过课堂观察、作业反馈、课后反思，提取和筛选教学内容，调整教学目标、改进教学方法，逐步的总结出出一些传统手工艺的经验。

3. 初步尝试教师专业知识培训的途径

尝试通过网络、书籍等让教师进行自学。教师选择了中国传统手工艺教授的门类后，要加强自身专业知识的学习，现代社会进行学习的途径有很多，教师通过网络增长知识是非常便捷的一种途径。另外，面对面的培训也必不可少。美术组邀请核心素养的理论专家对美术组的教师进行培训，邀请核心素养的权威专家对老师进行培训。贵州省教科所专家兰岗老师给美术组成员开展了“学生发展核心素养——基础教育课程改革的新内涵”的专题培训讲座。兰老师从“核心素养框架提出的背景、我国基础教育领域核心素养研究的现状、学生发展核心素养与学科核心素养、教师怎样适应以核心素养为本的教育要求、以核心素养为本的课程改革发展走向”5 方面，用生动的案例和清晰的讲解，让老师们理解了在核心素养背景下，我们实践研究、教学课程改革的方向和任务。

第一轮的实施行动，我们初步尝试了组建中国传统手工艺社团，尝试了手工艺的教学和对促进学生美术核心素养提高的实践研究，尝试了对老师专业知识提升的一些具体做法，同时在尝试中发现了问题，如教师关于手工艺知识的储备量不够，学生的兴趣变化快，探究和好奇心不够，虽然通过网络能够了解到传统手工艺的历史、概况、基础技艺等知识，但是还存在中国传统手工艺的一些传统内涵和技艺自学不到等问题。于是，把邀请手工艺专家、非遗文化传承人对教师进行培训，专家走进课堂教授学生列入实践过程。

（二）第二轮实施行动

1. 对中国传统手工艺课堂教学途径和方法的再探索

美术学科核心素养是为满足 21 世纪快速变化的社会需要，对美术学科育人目标的再思考。“图像识读、文化理解、审美判断、美术表现，创新实践”5个美术核心素养不是互相孤立的，而是相辅相成，相互作用的。经过中国传统手工艺的图案学习、欣赏课教学、手工技艺学习的初步尝试，我们也发现这些教学内容并不是单独成立的，进行欣赏教学就必须有图案的欣赏，技艺的欣赏；图案教学也会涵盖文化的理解，美术的表现和技能的创新。美术学科核心素养不是简单的学科知识与技能，而是将美术学科或跨学科知识与技能、过程与方法、情感态度和价值观的整合。

我们开展中国传统手工艺教学，主要目标并不是要培养手工艺匠人，而是通过中国传统手工艺的学习培养和促进学生美术学科核心素养，美术学科核心素养是美术学科育人价值的集中体现，是学生通过美术学习期望获得的主要成就。因此，通过中国传统手工艺社团教学实践的粗浅尝试，美术组找到了一些促进学生五个方面美术核心素养的方法和规律。如每个社团都从3个方面入手进行课堂教学实践。即，首先欣赏理解手工艺的发展到初步尝试学习制作，再进一步欣赏本民族本地区传统手工艺，学习练习基本技能技巧，最后用所学知识和技艺和自己的生活相结合，和时代相结合，进行创新实践。

这样一个循序渐进的教学过程。通过传统手工艺社团课堂教学实践研究的过程，找到进行中国传统手工艺社团课程教学的内容、途径和方法。所以通过第二轮的再探索，美术组教师把手工艺的各项内容融合、筛选、提炼。进行教学目标、教学重点、教学难点的修改和规划。让手工艺课堂教学的途径和方法更加科学和完善，为第三轮实践，教学用书的编写创造有利的条件，打下良好的基础。

2. 对社团教师培训的成长路径再探索

邀请民族文化传承人进行培训，我们邀请到苗绣专家、中国第一个苗绣主题博物馆创造人、馆长——曾丽，剪纸大师——王少丰等，曾丽老师“苗绣的秘密花园”的培训讲座传达什么是真正的苗绣，王少丰老师“中国传统手工艺艺术欣赏与培训”，使老师们对中国传统艺术涵盖的文化、技法都有了更深的认识，专家的培训让老师的专业知识得到提升，引领老师向这个领域继续钻研，培训为教师和传统技艺专家建立了联系，搭建了平台，在这个平台上剪纸社团的老师还加入了贵州省中国传统手工艺协会，认识了更多的中国传统手工艺技艺名家，有效促进了教师的专业进步，更加为课题的进一步实践研究打下了良好的基础。

非物质文化遗产传承人直接进入社团课堂进行授课，也给孩子和老师带来不一样的感受。我们邀请到非物质文化遗产代表性传承人，黔东南职业技术学院特聘教授——杨建红老师进入社团课堂，在专家老师的课堂上，社团老师和同学们第一次认识了苗族中国传统手工艺中纸钉的制作与作用，还用纸钉固定纸样，一次成型六张中国传统手工艺作品。通过学习，同学们对中国传统中国传统手工艺，尤其是贵州多彩的民族中国传统手工艺艺术有了更深的认识。专家课堂带来了传统技艺，带来了对传统文化的解读，增强了学生对传统文化探究的兴趣，这是课题实践研究探索出的另一条课程开发的有效途径。

第二轮实施行动，有了初步尝试的经验，美术组教师主要对手工艺课堂教学进一步探索，从欣赏教学、演示教学、一对一指导等方面，边教学，边反思，边总结。总结出了很多行之有效的方法。美术组对教师的培养，引进专家进校园机制，针对老师的痛点难点寻求专家的帮助，起到了良好的效果。

（三）第三轮实践行动

1. 对研究编写中国传统手工艺社团课程用书的完善

中国传统手工艺都来自民间，通常都是采用口口相传，师徒相授的模式。要让中国传统手工艺的教和学进入学校课堂，没有可以直接使用的教材，经过每周的社团教学实践，美术组教师反复试验，筛选出适合教材使用的内容、技艺和方法：通过观察学生的课堂表现、教学实践，进行合理的取舍，把相同难易程度的内容删除合并，结合小学阶段的学生年龄特征，形成教学内容的选定；通过课后反思，筛选有效的教学方法作为编写书的方法范例；通过研究实践，总结出中国传统手工艺教学用书，编写一些共有的规律和途径；通过作业收集，筛选优秀学生作业作为编写用书的学生作品范例。

2. 对教师专业提高进行培训的完善

第三轮实践主要是对成果的梳理和物化，经过一轮二轮的实践总结，研究教师前期进行了很多的培训，取得了很好的效果。但是随着实践研究的深入，到了结题阶段，老师们又遇到了瓶颈期，于是，学校为美术组教师聘请相关专家进行撰写课题结题报告、资料分类等方面的专项培训和指导，提升了教师的科研能力。

第三部分　构建学校中国传统手工艺系列社团“五路径三体系”模式

一、构建中国传统手工艺社团创建的“五个路径”

（一）课程资源开发的路径

1. 结合学生特点寻找传统手工艺社团内容进行课程资源开发。
2. 结合教师手工艺特长和兴趣进行传统手工艺课程资源开发。
3. 结合学校实际条件进行传统手工艺社团课程资源开发。
4. 结合当地民族民间特色手工艺进行传统手工艺课程资源开发。

（二）组建社团的方法路径

1. 从学校层面统一管理，制定社团相关制度，打造保障体系

（1）人员保障

学校形成一个自上而下、民主开放、管理严密的组织机构，确保整个实践研究工作的顺利开展。在校长的支持和领导下，我们组建了课题三级团队，一级团队是课题负责人，二级团队是我们的课题秘书和美术组的教研组长，三级团队是我们各个社团种类的合作教师。通过三级团队各司其职，老教师带新教师，充分发挥了实践研究的管理效能，是一支具有研究能力、结构合理、并具有敬业精神、素质良好，更有创新精神的研究成员队伍。

（2）制度保障

专门建立一些相应的政策和制度来确保社团运行的顺利进行。制定如《教师教学科研成果奖励条例》《社团活动备课要求》《学生社团选择追踪制度》等相关制度，我校在原有的科研制度基础上，结合本实践研究所需，专门建立了一些相应的政策和制度来确保本课题的开展。制定如《教师教学科研成果奖励条例》《社团活动备课要求》《学生社团选择追踪制度》等相关制度，从人员分工、职责、时间安排、制度建设、过程管理和评价策略方面进行制度规范，保证课题的科学实施。各校根据本校实际，形成自己的课程管理方式。如“学生作品评比”活动，“社团欣赏课课件比赛”活动，“社团小视频展示活动”等。

（3）时间保障

在社团活动时间方面：总体调整课程设置，让全校性的社团活动有了充足和固定的时间，即每周四下午全校进行一个半小时的社团活动；在社团活动形式方面：学生可以根据自己的爱好和特长自主选择社团特色，学校教师以及外聘专业人士进行社团的授课，整个社团活动由学校统一调度，统一安排，形成了成熟的管理机制。学校社团活动的良好发展，为我们的实践研究提供了实践基础保障，从研究时间、地点、人员、经费等方面确保了实践研究的顺利实施。

（4）信息化保障

学校有计划地建立了班班通、人人通的校校网，实现了班班教学有媒体，每个教师有电脑的网络化、数字化办公和教学环境，不单提供可以 24 小时上网查阅资料的资源平台给实践研究教师，还针对媒体辅助教学，对美术组教师计算机应用能力进行专门的培训，提供“智慧课堂”“电子白板”“思维导图”等软件平台。特别是依托学校微信公众号自主管理平台，建立社团 QQ 群等，实现了课题资料收集，面向全体学生，管理者、教师、学生、家长的有效互动。

（5）经费保障

学校对美术组的实践研究投入经费的保障，聘请专家对美术组教师进行培训，提供教师学习参考的书籍、保障教学所需要的工具和材料等，共计经费保障万余元。

2. 建立社团走班制，对适合年段学生进行招生，从基础班向提高班形成社团梯队

实践研究告诉我们，对小学传统手工艺社团的招生首先要选择适合各年段小学生喜爱的、适合小学生心理和生理特点，并且能够理解的种类。如中国传统手工艺适合二到六年级学生；刺绣、陶艺适合三到六年级学生。在经过基础班的学习之后，可以向提高班升级，建立社团梯队，同时也可以在中国传统手工艺系列社团之间流动，让学生找到手工艺各个门类之间的联系，创造性的进行手工艺活动。

3. 搭建展示平台，对各种类手工艺社团的特色进行展示

每一个种类的手工艺技巧都是不同的，可以称之为“各有门道”，要成为教授这门手工艺的专业教师，必须具备提炼和总结的能力，研究教师创建社团QQ群，在群上发布优秀的作品欣赏、专业的视频链接，给学生排练富有创意的节目，使各个手工艺社团富有自己的特色。充分体现了中国传统手工艺社团教学每周进行、每周展示德的及时性，通过学校开发的手机端平台App，请学生把自己的作品拍照，通过社团空间的“自我魅力”进行发布，整个社团的学生都能看见，还能互动点赞留言等进行互动。

（三）教师专业成长的有效路径

1. 以活动的形式激励教师自学

美术组以活动的形式激励教师开展自学，提升教师的手工艺专业知识，先后开展了教师“欣赏课课件评比大赛”“教学资源包收集大赛”“手工艺专业书籍读书分享会活动”等，这些形式使老师主动开展自学，有效地让教师通过书籍、网络自学，加深了对手工艺知识的了解，提高了对传统手工艺的技艺。

2. 根据研究需要邀请各类专家对教师进行培训

专家面对面的培训，使教师得到专业的指导，但是术业有专攻，每一个专家擅长的内容不一样，我们总结出必须根据研究的需求，邀请各类专家对教师进行培训。核心素养的权威专家对老师进行培训。美术组邀请了理论专家对教师进行

培训；邀请民族文化传承人为教师举办讲座；邀请中国传统手工艺大师给课题教师进行培训；邀请非物质文化遗产代表性传承人对教师进行培训；请实践研究专家对教师进行培训。

3. 聘请传统手工艺传承人加入社团授课对教师以教代培

培训虽然可以让老师得到技艺提高、专业成长，但是传统手工艺是在历史长河中慢慢形成的，内容丰富、博大精深，并不是能一蹴而就的，聘请传统手工艺传承人加入社团每周的授课，教师跟进课堂以教代培也是一个很好的途径。

（四）有效教学方法路径

1. 欣赏教学

（1）利用 PPT、图片、实物等进行欣赏教学。

（2）引导学生利用网上查阅、观察生活中的手工艺等进行欣赏教学。

（3）采用组织学生参观博物馆、加工基地、到民间研学等形式进行欣赏教学。

2. 技艺教学

（1）首先进行手工艺基础技法的学习。

（2）再进行传统技法的学习。

（3）最后进行创新技法的学习。

3. 创新教学

（1）观察别人怎样把传统手工艺和生活相结合的并进行模仿。

（2）启发学生思维并鼓励帮助学生自己进行传统手工艺的创意实践。

（五）校本教材创编路径

1. 遵循创编循序渐进的原则

各个门类的传统手工艺课程，无论是欣赏教学还是技艺教学，都要循序渐进，实践研究第一阶段，美术组组织了欣赏课件大赛，比赛涌现出很多丰富精彩的课件，层层递进的欣赏课教学把学生带进传统艺术的世界，让学生发出这样的感慨：原来我喜欢的这门手工艺有这么丰富的含义和内容，这么多精彩的作品！教学内容不但要学生能感兴趣，还要从零基础开始，逐渐深入。中国传统手工艺通常都是手把手地传承，往往需要十几年甚至更长，才能熟练掌握手工艺的技能技巧，如贵州少数民族刺绣，一般是母女传承，母亲从女儿六七岁开始口口相传，手把手地一起制作，要到女儿出嫁的时候，妈妈的手艺才学了十之八九。针对课堂教学，这种模式被彻底改变，通过实践研究，老师们按照由简入繁、一个技巧一课、技巧叠加的方式进行教学，像给孩子们一把梯子，一步一步地向上学习和进步。

2. 遵循研究实践客观性原则

必须遵循研究实践的客观性，进行教学用书的编订。记录学生的课堂表现，调整测试教学方法。学生选课首先是因为有兴趣，所以参与学习。尊重学生的兴趣，让学生把兴趣转化为希望更深入的探究，如老师们在教学中鼓励学生做手账，记录课堂的学习内容。手账的制作，充分表现出了学生的学习状态，为老师的实践研究提供了第一手的参考资料。教师在教学实践中通过观察学生的课堂表现，作业情况，课后反馈等，对教学内容的设计进行筛选和增补，让校本教材不仅是教学活动的依托，更是让学生的兴趣点不断提升，持续的保持探究兴趣的读本。

3. 遵循教材编写创新性原则

学校开展中国传统手工艺社团活动课程的设计理念，并不是要培养一个匠人，而是要在学习的过程中对中国传统手工艺有了解、认同，传承中国传统的文化，并且进行创新，用创造性的思维和能力，让传统文化走进现代生活，走入学生的心里。所以，教材开发必须体现创新性，首先教师用书设置成可以重复使用的环保用书，以适应每个学年都会发生变化的社团学生，上一届的学生使用后，回收又留给下一届学生使用。提高书的使用率。其次对教学用书进行创新，让书能够“动起来”，手工艺教学的技艺重点和难点基本都是操作过程，我们为了能更加直观地让使用书的人能够反复观看操作过程，美术组教师把示范录制成微课小视频，编写成二维码，使用者可以直接扫码观看操作示范，这样回到家也能进行练习，还可以影响更多人关注中国传统手工艺。

二、形成了中国传统手工艺社团活动课程体系

（一）充分结合义务教育《美术课程标准》和美术学科核心素养，形成中国传统手工艺课程目标体系

2011 年半教育部制定的义务教育《美术课程标准》中，美术课程总目标按“知识与技能”“过程与方法”“情感态度与价值观”3 个维度，分目标从“造型表现”“设计应用”“欣赏评述”“综合探索”4 个学习领域设定。美术核心素养是从学生的“图像识读”“美术表现”“审美意识”“文化理解”“创新实践”5 个方面进行培养。结合义务教育《美术课程标准》和学生美术核心素养的目标。根据中国传统手工艺社团活动学生不分年级，自由选课，走班就读的特点，根据中国传统手工艺教学内容的特点。我们形成了中国传统手工艺课程的目标体系。

1. 通过中国传统手工艺社团活动，达到道德内化的目标

把对学生的文化理解、情感态度和价值观放在第一位是开展中国传统手工艺社团活动的目标，手工艺的学习并不是要培养手工艺匠人，而是通过手工艺学习了解中国传统文化，通过美术语言中图像的识读、造型的表现、审美的引导，让学生通过欣赏、制作、和自己的生活相结合进行创作和文化认同教育，最终达到立德树人的目的。

2. 通过中国传统手工艺社团活动，达到知识内化的目标

通过中国传统手工艺的学习，发展对传统手工艺艺术的感知力，造型表现的能力放在第二位。通过对传统手工艺媒材的使用，技巧的掌握，对制作过程的探索和实践，培养学生关于传统技艺的审美意识，发展艺术感知力和造型表现能力，达到知识的内化，使传统手工艺技艺的传承成为艺术运用的本能。

3. 通过中国传统手工艺社团活动，达到智力内化的目标

通过中国传统手工艺的学习，把对学生的创新实践，设计应用放在第三位。学生通过学习，掌握了一些传统手工艺制作的方法，但是对小学生来说更重要的

是，在传承的基础上和自己的生活相结合，进行创新实践，体验设计制作的过程，发展创新意识和创新能力，让传统手工艺进入生活，内化成为智力因素，进行探究性、综合性的美术活动，并以各种形式发表学习成果。

（二）通过课堂实践，形成中国传统手工艺课程的内容体系

1. 形成中国传统手工艺欣赏课程内容

中国传统手工艺欣赏课程内容包括手工艺的发展史，手工艺现阶段的发展，手工艺精品赏析，手工艺名家代表介绍，手工艺蕴含的历史文化价值等。

2. 形成中国传统手工艺技艺课程内容

中国传统手工艺课程包括工具材料的认识，基本技艺的方法，传统技艺的方法，新材料、新工具、现代改良技艺的方法。

3. 形成中国传统手工艺创意课程内容

中国传统手工艺课程包括手工艺在生活中的运用，中国传统手工艺结合时代特点的创作，对中国传统手工艺的创新运用。

4. 形成中国传统手工艺各个种类之间融会贯通课程内容

中国传统手工艺在文化背景方面，部分特点上有共通之处，如中国传统手工艺图案的运用，可以用刺绣来进行表达，也可以用于陶艺创作。手工艺各门类之间的融会贯通，可以让学生进行探究性的尝试学习。

（三）形成中国传统手工艺的课程评价体系

1. 首先是情感态度价值观的评价

通过问卷调查，学生谈话，学生考察小论文，写学习小感受等反馈方式，看学生是否对传统文化，民族民间文化有所理解，形成文化认同、民族认同。

2. 对学生手工艺作品的评价

对学生手工艺作品的评价主要是看学生掌握专业知识和技能，进行思考和创新方面，评价的形式可以采取教师点评、学生互评，采取面向同学、家长、社会进行作品展示、作品介绍等方式对学生手工艺作品给予评价。

3. 对学生学习态度，学习能力的评价

主要通过课堂观察、学生制作的课堂学习手账册，手账册中的课堂笔记、对自己学习历程与作品特征的描述评价及改进的设想等，进行学习态度和学习能力的评价。

总之，“课程资源开发路径、组建社团方法路径、教师专业成长路径、有效教学方法路径、校本教材编写路径”这 5 个路径既是按照社团的创建层层递进，进行运用的，它既是相互作用又是相互促进的，就如教师的成长在教学方法的实践和揣摩中发生、在教材的酝酿和编写中发生、也在对资源的寻找和探索中发生。

形成中国传统手工艺课程的“目标体系、内容体系、评价体系”，更是实践探索的结晶，它让教师建立课程的理念，在课堂实践中，有的放矢，清楚教学的目的和意义，有目的地进行教学内容、方法、评价的教学实践，运用这三个体系完成中国传统手工艺系列社团课程的创建。

第四部分　成果实施前后的状况比较分析

一、成果实施前的状况

（一）学生对中国传统手工艺的了解度较低

通过调查问卷发现学校的孩子对中国传统手工艺“有一点了解”和“不了解”的学生分别占 50%，但在具体询问“有一点了解”的同学才发现，这一半同学对中国传统手工艺的认知都非常粗浅，尤其对于贵州民间中国传统手工艺就更不知道了。这样大片的盲区，让我们做实践研究的老师有点吃惊。所幸的是，自愿参加中国传统手工艺社团的学生占 97%，自愿度极高；对中国传统手工艺感兴趣愿意坚持学习的学生占 93%，这说明学生有学习和中国传统手工艺尝试的强烈愿望，有这样的研究空间，有这样浓厚的兴趣基础，让教师们感到几分欣慰，树

立了实践研究的自信心。

（二）教师的理论与技能有待提高

很多教师对中国传统手工艺纯属个人业余爱好，在平时的教学中，也只是对教学内容进行一个简单传授，并没有对中国传统手工艺这门古老的技艺进行一个深入的研究，更谈不上对它的人文了解和系统学习，如何组织学生进行中国传统手工艺的学习，课题研究对教师的理论知识和技能支持提出了挑战。

二、成果实施后的状况

（一）选材尝试，不断完善

因为中国传统手工艺技艺的特殊性和专业性，缺乏专业的引领，讲课老师也没有这方面的理论学习和技艺指导，只能以现有的技艺和认识进行教学活动的设定，导致中国传统手工艺教学内容变动较大，随意性较强，社团活动也没有系统的中国传统手工艺教材，大家都是零碎性的片面性的进行教与学。

以剪纸社团为例，在最开始的练习当中，都是学生自行准备用纸，五花八门，许多学生直接用自己的小草稿本，或者是带横线或田字格的作业本，还有的用折千纸鹤的小小的正方形纸，纸小限制了剪刀的行走。接着，我们统一提供纸材，用美术本和 A4 纸，都是白色，但是这样的单色不能培养学生的色感，也影响学生的学习兴趣。后来在专家指导下，我们又在网上购买了安徽泾县的单面单色宣纸，无论是黑色还是红色，色泽沉稳大气，纸张厚薄均匀，比较有韧性，一次可以剪三四张，这样作品可以分开师生共同保存。为了凸显中国传统手工艺的立体感，我们还尝试了彩色绒面纸。现在学生的熟练度增加了，还能通过刀尖进行镂空表现。

（二）扫盲欣赏，特色教学

学生最开始是不了解中国传统手工艺历史的。那就先“扫盲”。在社团活动中，先后做了中国传统手工艺的欣赏尝试，从传统手工艺的精品具有历史的沉淀、地域文化内涵，精美的技艺，一件件国宝级的艺术品欣赏到传统手工艺传承人的历史传记、鲜活的历史传说，我们通过课堂欣赏、博物馆参观、研学旅行等方式，让学生对中国传统中国传统手工艺有正确的认识，最后把最精彩的部分总结凝练体现在教学用书中，让欣赏教学成为中国传统农手工艺教学中不可或缺的重要组成部分。

（三）方法引领，传承技艺

从学生认识工具材料开始，我们从最简单的技法开始教，老师们先进行自我的钻研和培训，然后把传统技法吃透了揉碎了再按照学生的学情特点，由易到难、由简到繁的一点一点教，我们还直接邀请传统技艺传承人给学生举办讲座和授课，通过两年的实践研究，我们去粗取精，把找到的中国传统手工艺技艺教学的规律和方法编写在教材中。

（四）尝试创新，贴近生活

中国传统中国传统手工艺的教学不但要有传承，还要有创新，培养学生的创造力和与生活链接的能力，在实践教学中，把传统文化和创新精神进行良好的结合，在实践研究后期，中国传统手工艺社团的同学们，将中国传统手工艺巧妙地应用到生活日常当中，如剪纸社团的图案、刺绣社团的技艺出现在扇子、伞具、笔记本、手账、碗碟上，使原本单调的物品获得了新面貌，使中国传统手工艺变成生活美化的一部分。在中国传统手工艺社团，有很多学生在课程中得到发展，从不懂到学到很多，从不会到技艺精湛、从不了解到潜移默化的在生活中使用，例如在学剪《十二生肖》的时候，有些同学因为造型和模仿能力较差，生肖画稿出现变形和扭曲，同学们笑着说“这是四不像”，教师抓住这一契机，鼓励学生展开联想，尝试创新方法引领，创作出了《我心中的小野兽》系列作品，丰富了教材内容。

（五）个案追踪，师生共发展

在剪纸社团，有一位胖胖的男同学叫王云杰，他是30个社团成员当中唯一一个非自愿进入剪纸社团的学生，也是对坚持两年学习持否定态度的学生之一。

初进社团的几次活动，他什么都不带，就沉着脸嘟着嘴坐在角落，每次都是我们借纸借剪刀给他用，但是他就是不动手，也不做其他作业，干坐一个半小时后离开。几次过后，我们社团老师就和他沟通，问他还有什么感兴趣的，看能不能转到其他感兴趣的社团，但是他说他什么都不想学，哪个社团都不愿去。不愿意进其他社团，还要坐在剪纸教室里，时间那么长，就跟着学一学吧，于是授课教师每次上完课，专门留一个老师辅导他剪纸，就坐在他旁边，陪着他，教他学，几次后，他无奈地拿起了剪刀，开始学习剪纸。王云杰同学最开始用剪刀非常笨拙，开合都很费劲，老师要是不注意盯着他，他就随时可能戳到手，有时方法教给他了，让他剪一个圆形，纸的旋转和剪刀的配合很不协调，边转边剪，越剪越小，最后一张纸就报废了。而且因为起步太晚，跟不上其他学生的进度，所以当同学们都能熟练地剪组合窗花的时候，他还在练习单体的纹样。就这样，连推带拉走了一年，王云杰同学开始慢慢地有所进步，现在使用剪刀已经熟练多了，不但可以曲直折转，还可以在图案中进行局部剪刻，最后还能用刻刀进行镂空表现，他的进步虽然缓慢，却比较稳当。王云杰同学进社团两年后，在实验二小六一“素质活动周”艺术展演中，经过老师和同伴们的鼓励，他穿上古装，拿着自己的剪纸作品进行了现场展示，总阴着脸的他露出了开心的笑容，全体剪纸社团学生持作品参加展示，获得了热烈的掌声和师生们的称赞。王云杰一直继续坚持剪纸学习，成为变化最大、发展最好的一个学生。

因为课题的开展，教师的各方面能力得到了锻炼和提升，开始从一位普通的手工艺爱好者向研究型教师发展。进行中国传统剪纸教学研究的蒋静老师、刺绣教学的黄华娜老师等专业迅速成长，蒋静老师收到云岩区教研室的邀请，以《基于美术学科核心素养下的——民间剪纸艺术欣赏与制作》为主题，面向全区小学美术教师进行培训讲座；把观摩课《剪纸艺术欣赏与实践操作》带到开阳六小，得到了听课师生和领专家的好评；对22名“国培计划”小学美术新入职特岗教师进行题为《剪纸欣赏与社团活动分享》的跟岗培训。黄华娜老师把《绣在服装上的故事》带到了面向全省播放的空中黔课，《信息技术下的刺绣教学促进学生发展》荣获贵阳市论文二等奖。

通过两年的课题实践研究，课题组教师取得了非常优秀的成绩，8名课题研究教师共计成绩荣誉87项。其中撰写相关论文23篇，12篇省级一等奖；辅导学生荣获各种奖项47人次，一等奖32人次；其他各种奖项和荣誉17项。这些荣誉，浸透了老师们实践研究的汗水。一分耕耘一分收获，课题实践研究给老师们带来了思考，带来了经验，也带来了累累硕果。

第五部分　成果反思

课题的研究成果并不是中国传统手工艺社团课程的结束，而是中国传统手工艺社团课程的开始。中国传统手工艺社团课程指向学生核心素养的发展，是学校课程有益的补充形式，充分发挥社团课程的作用，促进学生核心素养的发展，达到“立德树人”的最终目标。

虽然运用“四路径三体系”模式让我校的中国传统手工艺系列社团活动开展得有声有色，成为明星社团，在学生选择社团课时，招生一开放即被抢课秒光，但是如何让学生持续性的学习手工艺课程？在学习的过程中虽然对历史和传统文化有了基本了解，也学习到了一些传统手工艺的技法技能，但是要深入进行创作，把深厚的传统变成自己的语言，变成自己的想法，变成自己的构图，这个是需要长期积累，沉淀才可以推陈出新的，所以创新能力这一块儿还需要持续不断地去学习巩固和钻研，虽然实践研究有一定成效，但实际上这样的研究活动，还可以持续开展下去。

一、期待有更多的传统手工艺门类进入学校社团

中国传统手工艺社团课程不仅有教学用书，与课程相关的研究如珍珠般散落在身边，实践研究进一步深入，可以对课程开发其他的资源进行研究和梳理，如建立传统手工艺传承人专家库；建立传统手工艺图片、视频、网站链接资源库；创建传统手工艺工具材料；建立到传统手工艺的发源研学……这些是多么有意义的研究啊，它会让中国传统手工艺社团课程更加丰富和完整。

随着工业时代和信息时代的发展，快捷的生活方式导致很多中国传统的手工艺濒临消失，新时代如何让这些艺术重获生机，不仅仅是传统手工艺面临的问题，也是文化如何传承的问题。这方面还需学校和专家们持续的扶助，让我们将实践研究上升到理论的高度，并继续落实到学校美术教育的各个方面。

在美术课标中，还有一个在广泛的文化情境中认识美术表现的多样性及美术对社会生活的独特贡献，以及逐步形成尊重世界文化多样性的价值观，这一点，是我们下一步的研究方向和目标。

二、期待不仅是美术学科而是创建更多学科社团

学校社团课程指向的是培养学生的核心素养，最终达到“立德树人”的育人目标。社团课程的开设，不仅可以开设中国传统手工艺，还可以针对各个学科的核心素养，并结合本地本校特点开设更多的社团，丰富学校课程，充实校园文化内涵，促进学生核心素养的整体发展。

参考文献：

[1] 教育部．关于全面深化课程改革落实立德树人根本任务的意见．教基二〔2014〕4 号．

[2] 国务院办公厅．关于全面加强和改进学校美育工作的意见．国办发〔2015〕71 号．

[3] 林崇德．21 世纪学生发展核心素养研究 [M]．北京：北京师范大学出版

社，2016：03.

[4] 兰岗．中小学民族民间美术文化保护传承教育途径与方法的探寻 [M]．南昌：江西美术出版社，2010：09.

贵阳市教育科学规划课题：学校开展中国传统手工艺社团活动促进学生美术核心素养的实践研究

立项编号：GYJY（17004）　　结题编号：GYKTJ（2019）38

课题主持人：龙　蓓

研究报告执笔：龙　蓓

主要参与人员：刘　文、刘　莹、宋红蕾、宋　杨、王晓翊、黄华娜、蒋　静、高安训

贵州省中考改革背景下信息技术学科学业水平体系建构的行动研究

贵阳市教育科学研究所　俞　晓

为贯彻落实《国务院关于深化考试招生制度改革的实施意见》《教育部关于进一步推进高中阶段学校考试招生制度改革的指导意见》文件精神，推进贵州省考试招生制度改革，贵州省教育厅颁布了《贵州省教育厅关于进一步推进高中阶段学校考试招生制度改革的实施意见》，规定全部科目纳入初中学业水平考试，2018 年以贵阳市、遵义市作为中考改革试点，初中信息技术学科纳入学业水平考试。目前初中信息技术学科存在没有课程标准以及贵阳市教材版本差异大，课堂教学水平参差不齐，缺乏统一的教学评价标准等问题。为了促进学科教学的规范，公平公正地对学生进行评价，亟须研究制定统一的学业水平等级标准和探索符合现状的评价方法，助推“新中考”的顺利实施。

课题研究围绕“立德树人”的根本任务，聚焦初中信息技术学业水平测试，研究整合贵阳市两个版本的教材差异，立足于发现问题—提出问题—分析问题—解决问题的思路。以全面提升学生的信息素养为目标，着力发展学生核心素养，以行动研究为主，按照计划、实施、观察、反思多个循环边实践、边修正，构建初中信息技术学业水平等级体系和测试体系，形成符合本地教学实际的系列评价标准，并通过试点区（县）、校的验证，呈现信息技术学科学业水平体系的有效性正向功能，实施初中学业水平测试的标准，促进学科核心素养的落实；引导教师关注学生学习评价，进而开展高效的信息技术课堂教学。

第一部分　研究基础

一、研究背景

为贯彻落实《国务院关于深化考试招生制度改革的实施意见》《教育部关于进一步推进高中阶段学校考试招生制度改革的指导意见》（教基二〔2016〕4号）精神，进一步推进我省高中阶段学校考试招生制度改革，促进学生全面发展健康成长，结合我省实际，贵州省教育厅颁布了《贵州省教育厅关于进一步推进高中阶段学校考试招生制度改革的实施意见》（黔教基发〔2017〕214号），指出初中学业水平考试主要衡量学生达到国家规定学习要求的程度，考试成绩是学生毕业和升学的基本依据。

贵阳市2018年已经全面启动中考改革工作，制定了《贵阳市教育局关于高中阶段学校考试招生制度综合改革试点工作的实施意见》《贵阳市市初中学业水平考试实施方案（试行）》系列文件，2018年秋季入学的七年级学生开始实施新的考试评价及普通高中学校考试招生录取方案，目标就是要转变“不考不教、不考不学”和“群体性偏科”的倾向，使“学、考、招”与初高中教育有机衔接，确保初中教育的基本质量。我市改革方案的计分科目设置与省教育厅规定一致，并按要求地理、生物、信息技术、音乐、美术科目纳入等级考试。信息技术、音乐、美术采取计算机测试。由于初中信息技术学科没有课标，对初中毕业生信息技术学科应该达到的能力水平没有统一要求，目前大部分初中学校的信息技术测试是作为非统考科目，期末由信息技术老师自行进行测试，随意性较大。因此对于本市、本省，研究及构建信息技术学业等级体系和学业水平测试体系，将有益于信息技术学业水平测试、信息技术教学的引导和学生信息素养能力提高。

二、问题现状

1. 初中信息技术没有课标。2000年颁布了中小学信息技术基本纲要，但是随着时代的进步，纲要的内容亟须更新。

2．贵阳市初中信息技术学科教材版本不统一。贵阳市初中信息技术教学使用两个教材版本：一是上教版；二是清华版。上教版的内容相对较基础，清华版的教材是小学、初中一条龙教材，初中的内容是在小学基础上的提升，内容稍偏难。

3．硬件环境、课堂教学参差不齐。贵阳市包含 10 个区（市）、县，贵阳市城区的硬件建设较完善，部分区的学校无法正常开展教学。

4．师资配备不齐。各区县师资存在不齐备，课堂教学无法保质保量完成。

因此要综合以上问题，两个版本教材内容出具统一考查内容，并根据不同地区、不同层次制定学生能力层次划分标准，因此研究开发初中信息技术学业水平测试相关标准是刻不容缓之事。

三、文献综述

（一）国外相关研究与述评

从历史上看，国外在信息技术的研究远远早于我国。把视角放到发达国家实践研究为例。英国在 1988 年的教育改革中就将信息技术作为一门新的附加课程列入全国统一课程中。英国认为信息技术要求能够循序渐进，其课程内容包括了学习计划和技能理解，认为通过信息技术的培养，学生要能够学会获取知识，发展思维，回顾和评价修改自己的不足。

可以看出，各个国家都将信息技术作为信息素养的重点，同时强调了信息伦理道德、信息意识和情感，随着信息技术的普及，信息技术课程日益大众化，也日益贴近人们的生活。

（二）国内文献综述

本研究中以国知网（CNKI）为数据来源，以关键词“信息技术课程”进行检索，共检索到 753 篇文献。从研究的趋势来看，1998 年有两篇文献，到 2002 年有 56 篇文献，与最高峰 2012 年的 60 篇仅仅少了 4 篇。回顾我国对信息技术的政策可知，在2000年，教育部颁布了《中小学信息技术课程指导纲要（试行）》，纲要的颁布与实施引起了研究热潮。2012年之后呈现下降的特点。但从对该研究的总量看，理论研究相对薄弱的。阅览这些文献，与本课题相关的文献则少之又少。

纵观国内外研究，国外对于学生的信息技术能力有评价体系，我国目前基本所有的中学和大部分城镇小学虽都开设信息技术课程，但大多数省市没有将信息技术课程纳入中考和高考科目，也还没有针对信息技术课程的特殊性制定比较科学的评价体系，我国的研究者主要聚焦于信息技术教学、教材、课程等方面，没有深入研究在中考背景下如何进行信息技术核心素养教学。进行《新中考背景下贵阳市初中信息技术学业水平测试标准开发研究》，将为本市初中信息技术学科水平等级标准提供一些经验和基础，发挥考核对信息技术课教学中的调控作用，有利于提高信息技术教师落实学科核心素养的能力，最终提高学生的信息素养。

四、研究意义

（一）理论意义

构建符合我省特点的初中信息技术学业等级体系和学业水平测试体系。

1. 理论贡献：为我省初中信息技术学科的发展提供一定理论依据；
2. 学科贡献：对信息技术学科的评价及可操作性提供理论依据；
3. 知识贡献：为初中信息技术学科的教学策略指导提供基础知识。

（二）实践意义

优化初中信息技术专职教师队伍，提升教师专业化水平；促进学生信息素养提高，为未来人生发展奠定信息能力基础。

1. 实践参考：建立初中信息技术学业等级和学业水平测试实验区及学校；
2. 学术意见：提升初中信息技术课程规范化水平；
3. 提供观点：为我省信息技术学业水平考试改革提供借鉴。

第二部分　研究设计

本课题确定问卷调查法、行动研究法、访谈法等为主要研究方法，开展调查研究，为课题明确研究内容及方向；在此基础上进行信息技术学业水平评价体系的构建和实施策略研究，再付诸实践进行验证研究；通过案例研究把课题引向深入；最后进行经验总结。在此基础上提出并研制一系列解决问题的方案、策略及操作模式，并通过实践加以验证和调整完善。

一、核心概念

（一）贵州省新中考

根据《教育部关于进一步推进高中阶段学校考试招生制度改革的指导意见》，我省出台《关于进一步推进高中阶段学校考试招生制度改革的实施意见》。

此次改革从 2018 年秋季入学的七年级学生开始实施。语文、数学、英语、体育与健康、物理、化学、历史、道德与法治 8 科考试成绩计入中考总分，地理、生物、信息技术、音乐、美术考试以等级呈现。

（二）初中毕业生学业水平考试

初中毕业生学业水平考试是义务教育阶段终结性考试，是连接初中和高中的关键性测试，也是普通高中和职业学校录取新生的重要依据。实行初中学业水平测试是为加强对初中的课程管理和质量监控，是加强初中学校对学生的素质培养。

（三）初中信息技术学业水平体系

本文中的初中信息技术学业水平体系是指初中信息技术学业水平等级体系和学业水平测试两个体系，初中信息技术学业等级体系指导老师们开展教学的，学业水平测试体系是具体考评的量表式的内容，是指导测试用的。

二、研究目标和研究内容

（一）研究目标

1. 贵阳市初中信息技术学科中考改革理论和实践的研究，对初中信息技术学业水平测试及教育教学的策略定位；

2. 构建初中信息技术学业水平等级体系和测试体系，形成符合本地教学实际的系列评价标准；

3. 通过试点区试点校的验证，呈现信息技术学科学业水平体系的有效性正向功能，实施初中学业水平测试的标准，促进学科核心素养的落实；引导教师关注学生学习评价，进而开展高效的信息技术课堂教学。

（二）研究内容

1. 初中信息技术学业水平等级标准的开发研究：主要研究初中信息技术课程纲要、高中信息技术课标、教材教学内容，学业水平分级研究；研制贵阳市初中信息技术学业水平测试指南；

2. 初中信息技术学业水平测试体系的研究：研究考试命题框架和试题，评价量表开发，搭建初中信息技术学业水平考试题库等；

3. 初中信息技术课程评价解决的策略研究：对比初中信息技术学科地位的变化及教学方式的变化，初步构建等级标准实施后的课堂教学模式，为学生信息素养的提高奠定良好的基础。

三、研究方法和研究对象

（一）研究方法

1. 问卷调查法

本课题通过问卷对试点学校的学生和全市信息技术教师进行调查，了解初中信息技术教学现状，形成前测数据分析和报告；中期阶段对试点学校的学生和全市信息技术教师再次进行问卷，分析形成中期数据报告，为课题每一步的研究提供有针对性的问题导向；后期为了解信息技术教师对指南的认知情况以及教师在教学实践中教学观念、教学实践的现状进行了问卷后测。

2. 行动研究法

行动研究是指在自然、真实的教育环境中，综合运用多种研究方法与技术，以解决教育实际问题为首要目标的一种研究模式。本课题根据研究中遇到的问题按照计划、实施、观察、反思多个循环边实践、边修正，在行动中寻找符合本市的初中信息技术学业水平等级体系和测试体系的建立，以顺利实施学业水平测试及其对教学的指导，及进一步促进学生信息素养提高的对策。

3. 案例研究法

研究者选择一个或几个场景为对象，系统地收集数据和资料，进行深入研究，用以探讨某一现象在实际生活环境下的状况。以试点区、试点学校出现的问题作为案例，对《初中信息技术测试等级体系及测试体系》对教学和学生的影响，进行分析、探讨、研究。

4. 访谈法

本课题利用访谈法对试点学校的学生和全市信息技术教师进行访谈调查，了解初中信息技术中改革后，教师学生在应试方面遇到的困难，和需要解决的问题，为课题每一步的研究提供有针对性的问题研究方向。

（二）研究对象

花溪区、开阳县、云岩区，以及南明区的初中学生、信息技术教师。主要研究对象为学生、教师、课堂形式和教学效果。

四、技术路线和研究步骤

（一）技术路线

开展文献研究，为课题研究奠基；开展调查研究，为课题明确研究方向；在此基础上进行信息技术学业水平评价体系的构建和实施策略研究，再付诸实践进行验证研究；通过案例研究把课题引向深入；最后进行经验总结。在此基础上提出并研制一系列解决问题的方案、策略及操作模式，并通过实践加以验证和调整完善。

（二）研究步骤

1. 准备阶段（2018 年 08 月—2019 年 04 月）

（1）文献研究。根据文献学习，了解信息技术学科学业水平体系建构的研究现状，从而找准本课题的研究方向，确定课题研究内容及目标。

（2）访谈观察。通过对学校教师、区县教研员的访谈，了解目前信息技术学科教学的现状及对学业水平测试的态度、建议，记录访谈内容，形成访谈分析报告。

（3）问卷调查。设计《贵阳市信息技术学科基本情况调查问卷》，在全市开展调查，对调查的结果进行分析，形成调查研究报告。

2. 实施阶段

（1）第一阶段（2019 年 04 月—2019 年 9 月）

开展学业水平考试的方案、测试内容的研究，完成《初中信息技术学业水平考试的实施方案》、编制《初中信息技术学业水平测试等级标准》；对学业水平等级体系进行研讨、研究，初步形成学业水平等级体系的划分。

（2）第二阶段（2019 年 10 月—2020 年 03 月）

编制完成《贵阳市初中信息技术学业水平测试等级标准》及《贵阳市初中信息技术学业水平测试指南》。

（3）第三阶段（2020 年 04 月—2020 年 08 月）

编制完成初中信息技术学业水平测试样卷；选取实验区、实验校组织检测；对体系进行修正。

3. 总结阶段（2020 年 09 月—2020 年 12 月）

课题总结，撰写结题报告。提炼出可以推广的经验和方法。建立试题库、教学课例、教学设计等课题成果。

第三部分 研究过程

研究在总课题的引领下，通过 3 个子课题进行实践研究，围绕课题研究内容，根据研究步骤有序开展。在研究过程中遇到的问题按照计划、实施、观察、反思多个循环边实践、边修正，在行动中寻找符合本市的初中信息技术学业水平等级体系和测试体系的建立，以顺利实施学业水平测试及其对教学的指导，及进一步促进学生信息素养提高的对策。

一、组织管理

（一）课题研究组织机构

课题负责人单位所领导、分管的主任支持和指导课题的研究。

（二）专家组

由课题领域及所在学科领域的专家组成，对课题的研究方案和研究方法、研究内容等提供咨询。

（三）成员分工

课题总负责、策划：课题负责人。

课题组所有成员参与课题的研究，按研究工作对成员进行分工，课题组成员制订个人研究方案。

成立课题领导小组，对课题进行统筹的管理，对课题的研究过程进行追踪。领导小组均为贵阳市教科所成员，正高级、副高级以上职称，能够为课题的研究提供指导，具有丰富的教学和课题研究经验。

课题研究小组由俞晓作为课题负责人，俞晓长期以来从事信息技术教研，职称副高，整个课题小组职称结构合理，年龄合理，涉及贵阳多所中学的教师，具有丰富的教研改革经验，能够为课题的顺利开展提供技术支持。

二、学习培训

研究者在开展研究之前首先要用先进的理念来武装自己，研究者除了参加省、市、区各级各类培训及自身理论学习外，还出省外进行研修。

（一）课题理论学习培训

为提升课题研究成员的课题研究能力，组织研究成员参加“课题申报培育培训”“教育科研方法培训”“一线教师运用 CNKI 检索高效备课”等学习培训。

（二）专业技术能力培训

研究成员还不断提升自己的专业技术能力，比如参加“贵阳市信息技术骨干教师培训”“核心素养下教师能力提升”培训等。

三、初中信息技术学业水平等级标准的开发研究

（一）初中信息技术课程改革的现状调查研究

1. 对《中小学信息技术课程指导纲要（试行）》（简称《纲要》）的研究

学业水平测试标准的开发首先需要制定内容框架结构，但是目前可借鉴的资料比较少，初中信息技术没有出台课程标准，只在 2000 年出台了《中小学信息技术课程指导纲要》，为此我们对《纲要》进行了研究，制定测试标准框架结构。

（1）《纲要》中的初中信息技术课程的主要任务及目标研究

《纲要》显示，初中阶段的目标是：增强学生的信息意识，了解信息技术的发展变化及其对工作和社会的影响；初步了解计算机基本工作原理，学会使用与学习和实际生活直接相关的工具和软件；学会应用多媒体工具、相关设备和技术资源来支持其他课程的学习，能够与他人协作或独立解决与课程相关的问题，完成各种任务；在他人帮助下学会评价和识别电子信息来源的真实性、准确性和相关性；树立正确的知识产权意识，能够遵照法律和道德行为负责任地使用信息技术。

结合《纲要》，我们制定了本课题研究中的测试标准要达到的目标为：以体现实践性、基础性的知识内容为主，引导学生学习信息技术的基础知识与技能，感悟学科方法与学科思想。

（2）《纲要》中的初中信息技术课程结构研究

《纲要》中初中信息技术有 7 个模块，32 个知识点，详细内容见下表。

表 11–1　信息技术的 7 个模块

模　块	知识点
模块一 信息技术简介	（1）信息与信息社会
	（2）信息技术应用初步
	（3）信息技术发展趋势
	（4）信息技术相关的文化、道德和法律问题
	（5）计算机在信息社会中的地位和作用
	（6）计算机的基本结构和软件简介
模块二 操作系统简介	（1）汉字输入
	（2）操作系统的基本概念及发展
	（3）用户界面的基本概念和操作
	（4）文件和文件夹（目录）的组织结构及基本操作
	（5）操作系统简单工作原理
模块三 文字处理的基本方法	（1）文本的编辑、修改
	（2）版式的设计
模块四 用计算机处理数据	（1）电子表格的基本知识
	（2）表格数据的输入和编辑
	（3）数据的表格处理
	（4）数据图表的创建
模块五 网络基础及其应用	（1）网络的基本概念
	（2）因特网及其提供的信息服务
	（3）因特网上信息的搜索、浏览及下载
	（4）电子邮件的使用
	（5）网页制作

续 表

模　块	知识点
模块六 用计算机制作多媒体作品	（1）多媒体介绍
	（2）多媒体作品文字的编辑
	（3）作品中各种媒体资料的使用
	（4）作品的组织和展示
模块七 计算机系统的硬件和软件	（1）数据在计算机中的表示
	（2）计算机硬件及基本工作原理
	（3）计算机的软件系统
	（4）计算机安全
	（5）计算机使用的道德规范
	（6）计算机的过去、现在和未来

中小学信息技术课程指导纲要属于信息技术纲领性文件，因此我们的测试标准框架参照《纲要》，按分模块进行测试内容及要求研究。内容体现基础性，关注综合性，体现适度的创新性。

2. 对教材的研究

教材研究思路：先对全市初中信息技术学科基本情况进行调查研究，再根据调查的情况进行教材分析研究。

（1）问卷调查及其分析

课题研究之初对贵阳市初中信息技术学科基本情况进行了调查研究。全市87所学校的126位老师参与了问卷调查，有效问卷126份，有效率100%。调查结果显示，贵阳市10个区、县、市均有老师参加调查，调查具有全面性。87所学校共计126名信息技术教师；2018年入学的初一年级在校就读学生人数为30800人。根据问卷调查结果进行分析：目前贵阳市信息技术教材是两个版本，这增加了学业水平测试的难度，而初中信息技术又没有课程标准，因此确定信息技术学业水平测试的考查内容是必须的，对教材的对比研究是本研究的一个重点内容。

（2）教材知识点比对研究

通过对两个教材版本的对比研究，结合当前信息技术发展趋势，制定出学业水平考查内容。

3. 对《普通高中信息技术课程标准（2017 年版）》进行研究

对高中信息技术核心素养的研究确定了我们初中信息技术测试标准的核心素养目标为：逐步增强学生的社会参与意识与责任感，将核心价值观、学科素养、关键能力、必备知识相融合，促进初中学生在信息意识、数字化资源和学习、计算思维、信息社会责任 4 个维度学科核心素养能力的发展和提高。

（二）初中信息技术学业水平等级标准的研发

1. 贵阳市初中信息技术教学基础情况的研究

依据贵阳市信息技术考试内容、学习目标分类，对等级标准进行开发研究，聘请专家把握方向，在研究过程中不断进行评议、实践验证，最后形成测试等级标准。

为了了解学生对教材的掌握情况以及不同地区使用不同教材版本的教学情况，特此进行了学生信息技术基础情况问卷调查分析。

本次调查样本为云岩区、南明区、花溪区、开阳县、观山湖区的部分学校的八年级部分学生，样本涵盖市区、郊区、县的各个层次的学生，样本具有代表性。共 487 名学生参加了调查，有效问卷 487 份，有效率 100%。

学生问卷调查结果分析：由于教材版本的不同，学生对知识点的掌握层次不一，因此很有必要对两个教材版本进行内容分析，制定共同的、相对统一的考核内容标准；因为地区差异学生的能力层次不同，因此需要建立学业水平测试等级标准。

2. 初中信息技术学业水平学习目标分类研究

高中课标学习目标要求研究：新课改从 2018 年开始在高中实施，因此，高中新课改理念和新课标应是还没进行新课改的义务教育学段的风向标。

根据对高中课标及布鲁姆教育目标分类的研究，结合本市信息技术学科实际情况，信息技术是操作性较强的学科，经过反复的调研、研究、实践论证、修正后，确定把初中信息技术学业水平等级划分为三个等级、三个层次，每个层次又包含有不同目标。从低到高分为理解、操作运用、分析和解决问题。具体表述如下。

表 11–2　信息技术学业水平测试目标分类及要求

等级标准	层次	各层次要求
理解能力	A	了解和领会：描述对象的基本特征，进行解释、说明、分类；领会事物之间的内在逻辑联系；在新旧知识之间建立联系
操作运用	B	联系已学过的方法、技能，把学到的原理、方法、技术应用于不同情境中，完成实际任务，根据需要对信息、活动过程和结果进行判定，选择并熟练应用技术和独立操作相应工具
分析解决问题	C	收集、整理信息并进行分析、比较、推论、判断，经历和感受运用所学的信息技术学科知识与方法、经历解决实际问题的全过程，恰当地选择适当的工具创新性的解决实际问题，并正确表述和呈现解决过程和意图

3．初中信息技术学业水平测试等级标准

经过以上几轮的反复研究，课题组按统一要求和格式，将各模块的研发结果汇总、修订，完成了初中信息技术学业水平测试等级标准完整稿。

4．测试标准论证研究专家论证

（1）特邀华南师范大学教授穆肃在课题研究中进行指导

每一阶段出来的稿子都请教授提出意见，我们在此意见基础上进行修改，最后穆教授对《贵阳市初中信息技术学业水平等级标准》进行终评。

（2）教师实践论证

教师实践论证结果分析：此标准的设置从能力层次划分、模块内容的设置都是合理的，也符合贵阳市信息技术教学实际。

（3）学生实践测试

根据《贵阳市初中信息技术学业水平测试等级标准》，制作双向细目表，出具题目，对学生进行测试，检验“标准”的合理性。测试在云岩区、南明区、开阳县、花溪区部分学校进行。

学生检测结论分析：依据标准确定的测试题目具有一定的信度，不同地区的学生体现了差异性，农村地区学生信息计算基础较差，操作题得分比较低，零分教多；四城区学生信息技术能力较强，农村地区学生信息技术教学还要加强；学生使用计算机图表统计数据操作较少。

四、贵阳市初中信息技术学业水平测试指南的研究和编制

在经过大量的文献研究及贵阳市信息技术教学实际基础上，确定指南的主要框架及内容，聘请本专业领域具有丰富经验和知名度专家教授进行指导后，选择点（学校）和面（区、县）的实践调查、测试论证，分析修正结论，反复进行，研究出符合本市初中信息技术实际的成果，最后在全市范围内使用指南指导教学和作为测试标准。

（一）研制《指南》编写的方案

为规范全市初中信息技术教师教学活动，把握贵阳市初中信息技术学业水平测试的要求，全面反映初中毕业生在信息技术学科学习目标所达到的水平需研制《贵阳市初中信息技术学业水平测试指南》（以下简称指南）。研制的指南方案，经过课题负责人所在单位——贵阳市教育科学研究所的各级领导审核、指导，最终所办公会通过研制的指南在全市应用，作为教学和学业水平测试的标准。

（二）《指南》的研制过程

研制《指南》整个过程由 4 个小组构成，每个小组考虑了不同区域的学校研究成员组成，在查阅国内外大量资料调查后，确定指南的主要框架及内容，每一步课题组研究出的内容，聘请本专业领域具有丰富经验和知名度的中南师大信息技术博士生导师穆肃，及具有深厚教育教学理论基础并长期指导中小学课题的贵州师大、贵阳学院教授进行指导后，选择点和面的实践点调查、测试的论证，分析结论修正，反复进行，直到研究出符合本市初中信息技术实际的成果。

（三）《指南》的下发

《指南》研制完成后由贵阳市教育局办公室发文（筑教办函〔2020〕42 号），

要求各区、市、县教育局，双龙航空港经济区社会事业发展局遵照执行，共分7部分内容。

五、初中信息技术学业水平测试体系的研究

课题组开展调查研究，为研究提供有针对性的问题导向；研究过程中进行阶段性调查检测，为研究成果提供有价值的实证。利用行动研究法，在实践中研究，在研究中实践，根据研究中遇到的具体问题边探索、边实践、边修正、边完善，在行动中寻找顺利实施的对策；在研究的过程中对初步研究成果进行试验，提高研究成果的科学性、操作性。

（一）信息技术现有测试体系的现状调查研究

课题组在准备阶段对贵阳市的部分2021届学生和初中信息技术教师进行了调研，结果如下：30.95%的学生入学零基础，64.05%的学生入学有一点基础，基础好的学生为零。82%在小学阶段都开了课，说明现阶段信息技术在小学得到了重视，而不开课比例达到40人，占比18%，占比相对较大，对零基础学生如何开展教学值得思考。教材不一致。调查结果显示，53%的学校使用清华版的教材，44%的学校使用上科教版的教材。因为教材不一致，导致教授的软件及版本也不一致。

（二）制定评价指标

命题需要科学设计，周密安排，命题老师在命题前要做到心中有数，避免命题时出现东拼西凑，敷衍塞责的情况，影响试题质量。首先要明确考试的性质，命题老师要掌握考试对象的特点与水平，学生的学习与心理特点，阶段知识掌握的水平等，根据双向细目表进行命题。

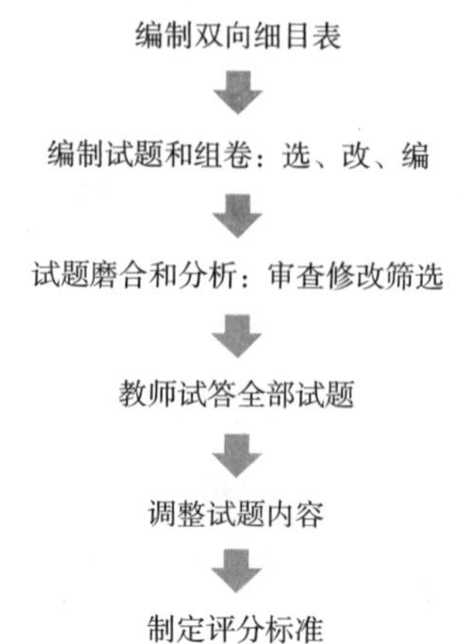

图 11-1　命题步骤流程图

2. 开展初中信息技术学业水平考试题库开发的研究

根据课题的研究目标，课题组针对题库的开始进行了研究，研究流程图如下：

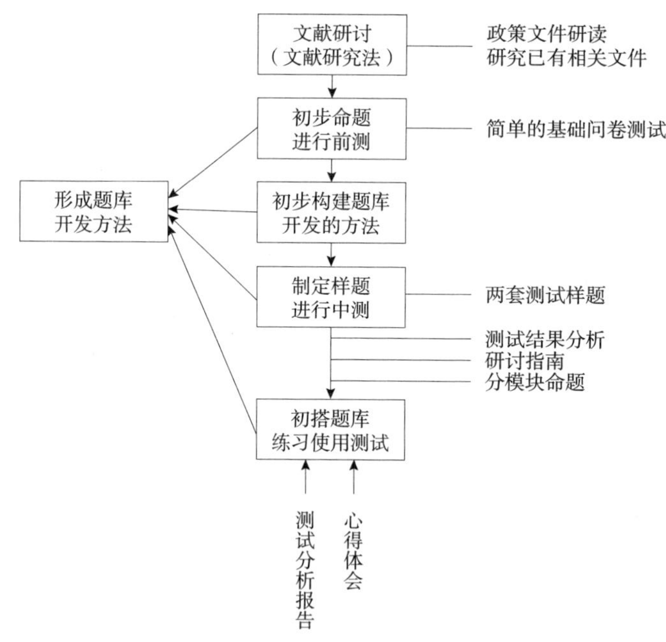

图 11-2　题库开发行动研究流程图

3. 形成题库开发的方法

2020 年 8 月 26 日贵阳市下发了《贵阳市初中信息技术学业水平测试指南》筑教办函〔2020〕42 号,《指南》建议分知识点模块给学生进行复习指导。课题组成员决定对《指南》中的指出的六大知识点模块进行点对点的研究，同时研读《教育部关于加强初中学业水平考试命题工作的意见》(教基〔2019〕15)、《中小学信息技术课程指导纲要（试行)》(基教〔2000〕35 号)，结合贵阳市初中信息技术学科现行使用的清华版和上科教版教材，进行题目制定，搭建分模块题库，最终搭建出贵阳市初中信息技术学业水平测试的练习题库。

六、初中信息技术课程评价解决的策略研究

在本课题研究过程中，遇到了各种各样的问题。为了科学的研究初中信息技术的课程评价，在具体实施的过程中，从理论和实践两个方面不断完善等级体系和测评体系，研制出适合本市初中信息技术课程的评价体系。本文从以下几个方面总结了初中信息技术课程评价解决的具体方法和策略。

（一）实事求是、立足调研真实数据

为了准确地了解贵州省初中信息技术课程的具体情况，本课题组进行了深入的调研，力求实事求是将调研的真实数据进行归纳分析、认真总结，从而获得初中信息技术课程实施的一手资料，真正了解一线教师和学生们在学习过程中遇到的困难和问题，从而为整个课程考核评价提供数据支持。

（二）理论引导、实践探索测评体系

通过中国知网、万方数据库了解到初中信息技术课程发展的现状，深入了解了其他地区初中信息技术课程的评价方法与评价标准，并积极参与初中信息技术的课程培训。在考核评价标准的基础上，立足于当前初中学生的认知特点和教师教学的实际情况，探索了初中信息技术评价解决的具体考评体系。

（三）动态管理、不断完善测评体系

为了验证课题组开发的测评体系是否能够满足当前教学目标和课程标准的需要，课题组采用动态管理的方法不断修正完善测评体系。对测评体系不完善的地方，及时进行修正、总结，不断完善测评体系。

第四部分　研究成果

一、理论成果

研究中确定了贵阳市初中信息技术学业水平测试标准研究的思路：文献研究确定测试标准框架及目标分类，教材分析研究确定考查内容，分模块研究制定测试标准，论证研究确定标准的可实践性。

1．构建《初中信息技术学业水平测试等级标准》体系。

2．构建《初中信息技术学业水平测试评价》体系。学业水平测试命题规范和题库开发的行动研究。主要研究国家相关政策、信息技术学业水平考试的理论与实践支撑等；考试试题库和习题的研制，考试命题框架和命题，评价量表开发等；研制贵州省中考改革背景下贵阳市信息技术学业水平考试实施方案和策略。

3．构建初中信息技术学业水平考试命题规范及细目表。

二、实践成果

（一）撰写了课题研究报告

课题结题报告是两年的研究成果，报告中详细叙述了课题的背景及问题的提出，确定了研究的方向，采用相应的研究的方法解决问题。报告体现了研究的过程及取得的成果，具有一定的实践意义。

（二）制定了《贵阳市初中信息技术学业水平测试等级标准》

通过学业水平测试标准开发研究，形成学业水平测试等级标准。等级标准涵盖 6 个模块，29 个知识点，每个知识点划分为不同的能力层次目标。本测试标准作为贵阳市初中信息技术学业水平测试指南的一项重要内容，被列为文件向全市发布。

（三）编制贵阳市初中信息技术学业水平测试指南

贵阳市初中信息技术学业水平测试指南确定了测试的指导思想，指出了测试的范围，详细列出初中信息技术学业水平等级标准，确定采用局域网环境下的上机测试，试题类型为单项选择题及综合应用题。研制完成后由贵阳市教育局办公室发文（筑教办函〔2020〕42 号），要求各区、市、县教育局，双龙航空港经济区社会事业发展局遵照执行。

（四）构建了初中信息技术学业水平测试体系

初步形成贵阳市初中信息技术学业水平考试命题规范及细目表。结合考试内容、知识点、分值题型、核心素养的落实、考查能力层次要求、难易程度等开发适合信息技术学科的命题双向细目表。

三、教育行政部门采纳

1. 贵阳市初中学业水平考试信息技术基本素养测试实施方案被市教育局采纳形成文件筑教办发〔2020〕5 号《贵阳市初中学业水平考试实施方案（试行）》。

2. 贵阳市初中信息技术学业水平测试样卷被市教育局教学研究室采用颁布在筑教办函〔2020〕42 号文件《关于下发贵阳市初中信息技术学业水平测试指南的通知》。

3. 贵阳市初中信息技术学业水平测试样卷被市教育局教学研究室采用并颁布在筑教研通〔2020〕82 号文件《关于印发〈贵阳市 2021 届初中学业水平考试

英语听说能力、信息技术、音乐、美术考（测）试样卷〉的通知》。

五、研究取得的成效

通过研究，课题组成员得到了成长，研究员多篇论文获奖或发表；学生信息技术能力得到提升，学生在贵阳市的电脑制作活动中多人次获得市级一、二、三等奖；通过学生信息技术能力考核及教师课堂观察，学生的信息技术知识的掌握和能力都得到提升，学生在信息技术课堂中发生了很大的变化。

（一）教师成效

通过研究，课题组成员都得到了极大的锻炼和提高，课题负责人撰写专著，发表含核心期刊多篇论文，其中一篇获省市级论文评比一等奖，担任国培培训讲师及省市级评审，指导的教师获省级优质课评比一等奖五名中第一、三名；课题组近乎一半的教师近两年晋升为高级职称，四位教师参加市级教学设计评比全部获一等奖。

（二）学生发展

1. 促进学生信息化专业化成长

课题组的老师通过参与课题研究后，自己的专业能力得到提高，体现在课堂教学中，学生信息技术能力得到提升，学生在贵阳市的电脑制作活动中多人次获得市级一、二、三等奖。

2. 提高信息技术课堂教学效果

通过学生信息技术能力考核及教师课堂观察，学生的信息技术知识的掌握和能力都得到提升，学生在信息技术课堂中发生了很大的变化。

第五部分　研究反思

本课题研究以《中小学信息技术课程指导纲要》《普通高中信息技术课程标

准》为依据，立足信息技术学科核心素养，对测试标准进行开发研究，完成了课题研究的预定目标。

一、研究存在的问题

1. 课题研究过程中，由于信息技术课程长期处于边缘化状态，推进课程教学质量还需要一个过程；

2. 由于本市初中信息技术教学所用的两个版本内容差异大，一直以来从来没有统一测试、评价过，要在同一起跑线上开始起跑，难度较大；

3. 指南中的学业水平等级标准虽然已作为全市初中信息技术教学的统一要求，但对标准蕴含的新理念还有待进一步推进；

4. 研究过程中测试平台未建，对试题的采集与组卷只能通过教师用教师机来实现，对于学生的试题练习还是继续停留在问卷星测试选择题，传统上传作业人工检测的方式测试综合运用题，完成效率不高；

5. 在分模块开发题库试题的过程中，因研究人员有限，题库开发只是初具规模，试题难度系数根据不同老师的理解还存有差异，试题质和量的把握需要进一步培训。

二、课题研究工作反思

1. 加强理论，细化研究。自本课题研究以来，我们遵循研究的准则，对课题的 3 个方面进行了研究，在实践层面进行了认真的尝试。但是由于可借鉴的资料较少，对课题研究的理解不够透彻，在研究中走了一些弯路。在今后的研究中我们要进一步加强课题研究的理论学习，把研究做得更细致。

2. 提高教学，提升素养。在课题探索过程中，我们重点放在了对整个初中信息技术学科的考查和考核内容的改革上，下一步将加强提高教学效益、教学质量的研究，通过信息技术的教学方法和教学策略的改革，提高学生的信息技术素养，让同学们和老师们真正地在课题研究推进中受益。

3. 增强科研能力。切实提高教师的科研能力，以旧带新，提高年轻老师的科研水平和科研能力，通过课堂研究，锻炼青年教师的搜集资料能力、科研写作能力、科研归纳能力、调查实践能力等，促进教师的专业发展。

三、未来研究方向展望

1．随着时代的发展，信息技术也在悄然发生着变化，目前书本上的内容更新不快，很多新的技术在教材中未有体现；我们在信息技术测试指南的指导下，引导师生重视信息技术课程，促进课程正常开展。

2．随着《高中信息技术课程标准（2017 版）》的出台，《初中信息技术课程标准》也将随之而来，教材会更新，在这样的情况下，我们的测试等级标准也将会加入新的内容，我们课题组也将继续开展研究。

3．2021 年 1 月贵阳市初中信息技术学业水平测试完成后，将利用测试结果引导教师进行分析、反思，利用测评结果对教学进行指导，提高教学针对性，促进教学的有效性。

4．对于初中信息技术课程的研究，未来的发展方向必然是立德树人，培养学科核心素养，重点强调初中学生信息素养、信息意识、信息思维、创新思想，在完成初中教学目标的同时，重视学生的学以致用的能力，不断培养学生的实践能力，用信息技术解决生活和学习中的问题的能力。

参考文献：

[1] 孙沧桑．浅谈初中信息技术课程的教学改革 [J]．科普童话，2020（07）：104.

[2] 胡成艳．项目化教学在初中信息技术编程教学中的应用 [J]．科学咨询（教育科研），2020（11）：209.

[3] 闫巍．论翻转课堂在初中信息技术教学中的研究与应用 [J]．科学咨询（科技・管理），2020（11）：229.

[4] 李慎芝．新课程改革下的初中信息技术分层教学思考 [J]．科学咨询（科技・管理），2020（11）：208.

[5] 刘静. 信息技术课堂教学模式改革 [J]. 求知导刊，2020（42）：39–40.

[6] 王盼盼. 初中信息技术课程实施模块化教学的研究与实践 [D]. 湖南科技大学，2017.

[7] 2020 年中小学素质教育创新研究大会论文集 [C]. 教育部基础教育课程改革研究中心：教育部基础教育课程改革研究中心，2020：1.

[8] 陆俊. 初中信息技术课程改革与课程建设的认识及实践 [J]. 新课程，2020（41）：38.

贵阳市教育科学规划课题：贵州省中考改革背景下信息技术学科学业水平体系建构的行动研究

立项编号：GYZX 19019　　结题编号：GYKTJ（2020）66

课题主持人：俞　晓

研究报告执笔：俞　晓

主要参研人员：周　琼、朱友莲、何雪松、杨　臻、申劲红、杨　斌、谭天丽、杨　静、刁顺军、谢小玥雯、代寿洪

提升云岩区教研员专业发展的实践研究

贵阳市云岩区教师进修学校　罗江华

在新时代大背景下，我们要坚持改革创新，增强教研工作的动力；坚持开放包容，增强教研队伍自身活力；坚持共享发展，不断提高教研工作的整体能力；坚持协调合作，促进教研工作形成合力。本研究运用了文献研究法、行动研究法、调查研究法和案例研究法。将教研员的专业发展分解为4个方面能力的成长，即教研员的学习力、课程指导力、教育科研能力、现代信息技术应用能力。

初步形成了三项理论成果、四个方面的实践成果、建立了相关的20余项管理机制，提升了教研员专业成长策略和路径。教研员在研究中独立承担了课题研究，论文获奖及发表，出版专著等共计256人次获奖的喜人成绩。取得了良好的成效，培养了一批在社会上有影响力的教研员，促进了教研员专业队伍的发展和成长，同时也使各学科的教师在教育教学中获得了更多的专业引领和指导。

2016年全国教研工作会议召开，教育部领导在讲话中充分肯定了教研系统在服务教育行政部门决策、推动基础教育课程改革实施、整体促进教师专业发展、为师生提供优质丰富的课程教学资源等方面发挥的重要作用。2019年2月，中共中央国务院印发《中国教育现代化2035年》，6月印发《中共中央国务院关于深化教育教学改革全面提高义务教育质量的意见》，再次强调面对基础教育改革发展的新形势，教研系统要坚持改革创新，增强教研工作的动力；坚持开放包容，增强教研队伍自身活力；坚持共享发展，不断提高教研工作的整体能力；坚持协调合作，促进教研工作形成合力。

第一部分　问题提出

为了顺应时代的发展，党和国家的要求、人民群众的需要，作为区县一级的教研部门，加强自身队伍建设，坚持开放、坚持包容，坚持创新，坚持共享不断提升教研队伍的整体专业水平和能力。在前进中如何更好地顺应时代变革、把握方向是我们要研究的问题。

一、研究背景

2019 年 6 月《中共中央国务院关于深化教育教学改革全面提高义务教育质量的意见》，再次强调面对基础教育改革发展的新形势，教研系统要坚持改革创新，增强教研工作的动力；从国家的大政方针到我校的实际情况，我们发现，对教研员提出的新要求大致分为以下 3 点。

（一）教育改革对教研员这一职业提出新的要求

中华人民共和国成立至今，我国省、市、县三级教研工作制度越发完善，“教研员”作为中国特色的中国教育“秘密武器”在深化基础课程改革、落实立德树人根本任务中，重要性更加突出，同时也面临诸多严峻挑战。教育部文件教基〔2019〕14 号文《教育部关于加强和改进新时代基础教育教研工作的意见》提出了将研究制定教研员职业标准及教研员队伍的准入、流动和退出机制，建设教研员培训基地，启动教研员专业素质提升计划，提升教研员队伍整体素质迫在眉睫。

（二）教师发展的内在需求对教研员提出新的要求

新的课程改革以来，教研员是课程教学的研究者，也是课堂教学的指导者，还是教师专业成长的服务者。因此，教研员的专业发展推进课程教学改革，推动教师的理念更新和教学行为改变，促进各学科的建设和发展，全面提高区域内的基础教育教学质量。教研员作为教师专业化发展的引领者，在教师教育过程中有着举足轻重的作用。

（三）云岩区教师进修学校发展所必需的新要求

云岩区教师进修学校以“进德修业，臻于至善”为校训，坚持“服务于教师专业发展、服务于教育教学研修、服务于教育改革发展”为办学宗旨，肩负着全区教育教学改革的重任。激发教研员工作的热情，加大对学科教师的指导力度，保证全区顺利实施新的国家教育发展纲要。

二、问题现状

我国基础教育迈入全面提高育人质量的新阶段，基础教育教学改革对教研提出新要求，在如何坚守教研优良传统的同时，教研员要努力创新，加大自主学习的主动性，促进专业能力和水平的发展，不断在提升基础教育质量中发挥应有的作用。结合以上分析，我区教研员还有着以下的问题。

（一）教研员的管理标准待完善

目前，我国将研制教研员专业标准和准入制度、退出制度等，这说明国家层面已经开始重视教研员的规范管理与素质要求。同样，作为区域教研部门，与市级教研部门和校级教研组有着上下三级联动的关系，作为上下关联的纽带，完善的管理机制对教研员队伍的建设起着必不可少的重要作用。从准入制度到日常工作规范，从奖励制度到退出机制，从教研常规到各学科个性化特色教研等，与时代接轨，沿着国家政策的变化予以修订和完善，才能更加调动各位教研员的工作动能。

（二）教研员的专业发展待提升

随着课程标准的改革，新高考、新中考的实施，都要求教师“先培训，后上岗”。虽然多数教研员是从学校的优秀教师里选拔出来的，在各方面虽然非常优秀，但没有经过充分必要的教研训方面的岗位培训，主管部门对教研员的培训也没有明确的要求，仅仅是靠教研员自身。教研员没有接受过系统的教研员相关专业培训学习，存在盲区，从某种程度上说，它制约着新课程的持续推进，制约着素质教育的全面落实。

（三）教研员的创新意识有待提升

教研员作为教学研究的先行者、教育科研的引领者、一线教师的培训者，是中小学教师教育教学的合作者和带头人，教师的专业发展中一个最重要的方面是取决于教师的教师——教研员的专业素质。教研员如果只依靠自己的“老本”，不主动去研究去学习，在教研工作中就不可能创新发展，教师的成长就会停滞不前，从而影响教师的教育教学质量无法提高。

三、文献综述

我们从网络和纸质印刷品上对相关文章的进行检索，通过学习了解教研员是比较有中国特色的一种称谓，从国内研究综述来看教研员的专业发展总体的情况有一定的表述。

（一）国内研究综述

在 CNKI 上检索了“教研员”与“教研员专业发展”两个主题内容，情况分析如下。

1. 关于“教研员”研究的总体情况

在 CNKI 上以篇名中含有“教研员”为主题进行检索（如图 1）。

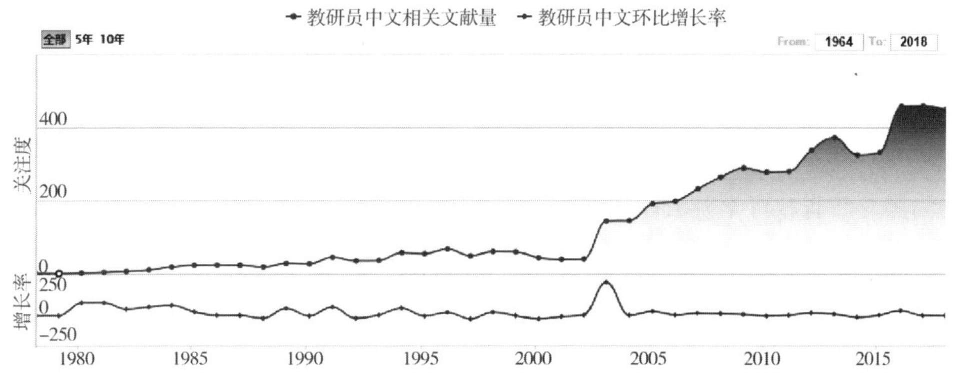

图 12-1　1964—2018 年“教研员”文献量与环比增长率变化图

从 1964 年开始就有了对“教研员”这一主题的 1 篇研究：青岛市教育局教研室《组织教研员适当兼课》，之后 15 年一直处于空窗期，直到 1979 年开始才每年都有了关于“教研员”的相关文献。从 2001 年新课程改革开始，仅部分地区进入课程改革实验区，通过两年的实验，2003 年我国进入了大面积的新课程实验，1000 多个县区、同年级学生数的 35% 进入新课程实验，重视教师的培训、专家的指导才被提上的新高度，因此，在 2003 年的含有“教研员”主题的文献与 2002 年相比，环比增长率为 260%。而在 2009—2015 年“互联网 + 教育”的发展达到一个高峰，因此这段时间的文献中与“网络教研”有关的“教研员”话题较多。

2. 在 CNKI 上以篇名中含有“教研员专业发展”为主题进行检索（如图 12–2）

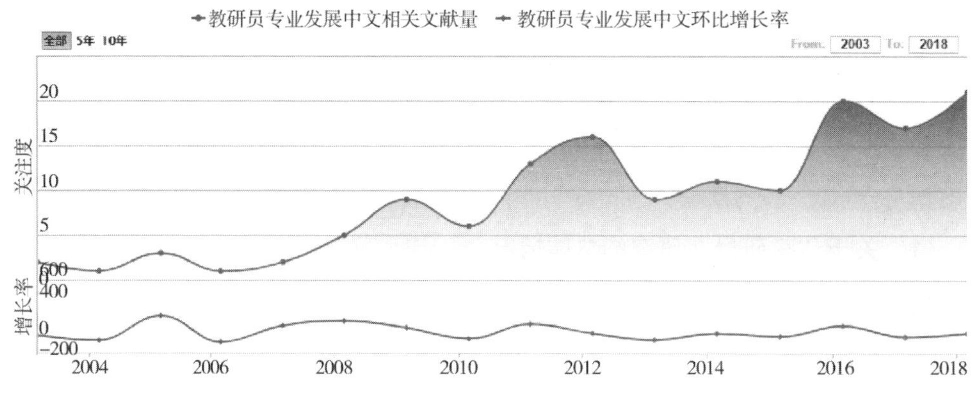

图 12–2　2003—2018 年“教研员专业发展”文献量和环比增长率变化图

对“教研员专业发展”直到 2003 年才开始有人注意到。2003 年的两篇文献均为黑龙江省教育学院敖国儒所著，也仅仅是在以“校本教研”为主题的文章中略有提及教研员的专业发展。到 2004 年，成都市金牛区教育研究培训中心的梁芹和蒋丰两位所著的《对教研员专业发展的思考》才真正提到教研员专业发展的内涵、存在的问题、影响专业发展的主要因素以及需要注意的问题。在接下来 7 年后的 2011 年，关注“教研员专业发展”的文献才突破个位数，达到 13 篇。

（二）国外研究综述

通过对国外文献进行分析发现教研员这一称谓是苏联的舶来品，是我国学习苏联教育经验的产物，目前，国外虽然没有教研员这一称谓，但是有与教研员类似的职业，例如美国教育督导队伍中的学科督导员，目前了解的有“临床督导”“区分性教师督导”，其职能就是促进教师的专业发展。

1. 临床督导技术

应用于教师课堂教学督导，它直接以问题为中心，以帮助教师理解教学和提高教学为主要目标，该督导技术的创始人是美国哈佛大学的学者莫里斯·科根（Morris Cogan）和罗伯特·戈德哈默（Robert Goldhammer）。他们自20世纪60年代开始研究，80年代成为美国最为流行的一种课堂督导技术。所谓“临床督导”即督导人员深入到教室中去，诊断教师教学中的困难、评价教师的教学工作，以帮助教师改进和提高教学质量，并促进教师的专业发展。

2. 区分性教师督导

该体系有多种理论模式，目前较有代表性的有格莱索恩（Glatthorn）模式、丹尼尔森和麦格里（Danielson 和 McGreal）模式、格拉夫和威利尼奇（Graf & Werlinich）模式3种。格莱索恩模式从专业教学的重要性、组织机构对督导模式的影响、督学、教师本身等4个不同视角探求区分性督导的建构，为教师之间平等互助与合作提供良好的、饶有意义的机会。督导员在督导过程中，鼓励教师主动选择适合自己的发展目标和督导活动，实现自我发展，主动发展。

四、研究意义

通过该课题的研究能够让教研员明确自己的责任，并通过他们的先进理念、思想方法和先进经验，去引导和带领一线的学科教师进行教育实践的探索，在研究中促进教研员自身的专业成长，同时辐射影响学科教师的专业发展。

（一）理论意义

1. 专业引领通常指具有教育研究专长的人员通过他们的先进理念、思想方法和先进经验引导和带领第一线教育工作者开展教育实践探索和研究，促进教师专业发展，促进学校内涵发展的活动形态。

2. 专业引领是中小学教师专业成长的重要途径之一，是教师专业化发展的最佳途径之一，也是学校教育科研持续发展的重要条件和保障。

3. 依据需要层次理论，教研员在满足了生理需要、安全需要、社交的需要后，也希望得到尊重和自我实现：希望有地位、有威望，受到别人的尊重、信赖以及高度评价等；表现自己的才能，成为有成就的人物。

因此，教研员需要在教科研上取得实效、在课程指导力上有所突破、在专业上得到发展。

（二）实践意义

教研员要胜任本职工作，成为一名合格乃至优秀的教研工作者，必须在以下3个方面获得专业发展。

1. 专业知识方面，包括教育学心理学等理论知识、系统全面的学科知识、经验性操作性知识等。

2. 专业技能方面，包括教育教学技能、组织协调能力、运用现代教育技术的能力、管理能力、教育研究的能力和方法等，其中包括教研员专业智慧，在实际工作中，基于不断思考和认真研究而形成的教育灵感、教育机制、教育艺术和个性品质等。

3. 通过逐渐形成区别于一线教师的独特而稳定的专业素质结构，成长为兼具理论水平、实践经验、研究能力、管理艺术的研究型、专家型人才。

第二部分　研究设计

在新时代大背景下，首先我们要清楚教研员是我国具有中国特色的“老师中的老师”，教研工作的动力是坚持改革创新，增强教研队伍自身的活力，不断提高教研工作的整体能力，促进教研工作形成合力。

一、核心概念

本次研究的核心概念是教研员专业发展策略、专业发展策略以及教研员等概念。

（一）教研员专业发展策略

2010 年教育部《关于基础教育教研工作的意见（征求意见稿）》中指出，要探索建立符合教研工作特点、有利于提高教研员专业水平的培养和评价制度，加强教研人员的学习与进修，不断提高其专业水平和能力。

本研究将教研员的专业发展策略分解为 4 个方面能力的成长，即教研员的学习力、课程指导力、教育科研能力、现代信息技术应用能力。教研员在教学指导中，不断增强自己的学习力，增强自我学习的意识。在课堂教学中，自觉地把教学中的现象和出现的问题提炼成为研究的课题，指导老师把解决问题看成是对教学规律的重新认识。增强教研员的课程指导力。在教学指导过程中，不仅要提高自己的教育科研的能力，而且还要善于发现问题，指导教师进行科研研究。在现代信息技术应用方面，如何在信息技术平台下，指导教师开展线上教研，缩短地域之间的差距，提高教师培训的力度。希望通过课题的开展，使得各学科教研员善于学习、勤于总结、敢于创新、乐于教研。

（二）专业发展策略

专业化发展策略，是指教师在整个职业生涯中通过专门训练和终身学习，逐步形成的教育专业的知识与技能，并在教育专业实践中不断提高自身的重教素质，从而成为一名合格的专业教育工作者的过程。

高素质的教师队伍是高质量教育的一个基本条件，培养和造就一支适应现代化教育发展需要的高质量教师队伍，是教育改革和发展的根本大计，而教师的成长离不开教研员的指导而引领，因此，专业发展策略至关重要，只有不断地改变知识结构老化、观念陈旧，自我发展意识差，才能促进专业的成长与发展。我们通过研究制定出适合专业发展的策略，从学习力、课程指导能力、教研科研能力、现代信息技术应用能力等方面促进专业发展。

（三）教研员

教研员是我国具有中国特色的“老师的老师”，张焕庭主编的《教育辞典》中指出，教研员是区域教研室负责教学研究的专业人员，是由知识和能力特别丰富的优秀教师来担任的。朱志平的《教研员何以异化为“考研员”》中认为，教研员就是从中小学教师中抽调的一批教学能力和协调能力强，水平比较高的优秀教师。刘旭东，花文凤的《迈向承认：教研员的行动旨归》中认为，教研员是省级及省级以下教育行政部门管辖的教科研机构中专门从事基础教育科学研究和教育教学研究工作，发挥教学研究、指导、服务、咨询等职能作用的专业技术人员。

在本研究中，教研员除了具有以上属性外，特指贵阳市云岩区基础教育阶段的教研员，均是一线教师出身，具有十年以上一线教学工作的经历，担任过教研组长、教务主任等职务，还是多年的班主任，转职担任教研员均有四年以上的时间，在教研活动的开展中均偏重于行动、实践派。

二、研究目标和研究内容

（一）研究目标

1. 通过调查问卷分析各学科教研员专业化成长的不同需求及存在的困难。
2. 通过研究形成切实可行的促进教研员专业发展的方向与获得理论策略。
3. 通过实践提升学科教研员教研工作水平，引领全区教师职业生涯发展。

（二）研究内容

1. 通过教研员专业发展现状调查分析，获得学科教研员专业成长的不同需求及目前存在的主要困难，科学客观的设计学科教研员的发展方向，待解决的问题现状。

2. 通过行动研究和案例研究从 4 个方面提高教研员的专业发展。

①提高教研员的学习力研究。

②提高教研员的课程指导力研究。

③提高教研员的教育科研能力研究。

④提高教研员现代信息技术的应用能力研究。

3. 通过教研员专业能力的提高，对教研活动、教学视导、听评课等形式进行创新性的实践探索，使每一次活动和指导更具有针对性地为一线教师服务，通过各方面的研究和探索，引领全区教师的职业生涯发展。

（三）研究重点

提高教研员专业发展的策略实践研究。

三、研究方法、原则和对象

（一）研究的方法

1. 文献研究法

大量的文献资料，为本课题提供了理论基础，使本课题能够在已有的文献基础上进行拓展和升华。

2. 行动研究法（如图 12–3）

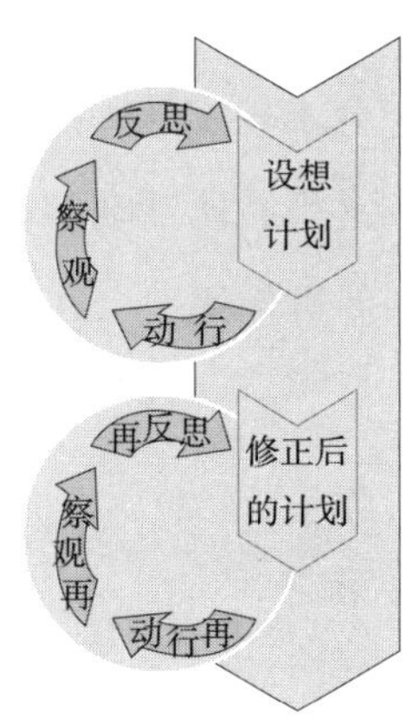

图 12–3　行动研究法示意图

把研究问题和解决问题相结合，教研员在自身开展教研行动中分析问题、研究问题、解决问题，从而改进自身教研工作，促进专业发展。

3. 调查研究法

有目的、有计划、有系统地搜集、了解学科教研员的材料，通过设计问卷进行调查获得结果，分析处理，从而发现问题、探索规律、寻求提高教研员专业发展的策略。

4. 案例研究法

选取各个不同学科的教研员的工作、学习方面进行研究前、后的观察、对比、调查研究，为研究提供具体事实依据，反馈可行的具体指导建议。

（二）研究的原则

1. 科学性原则

注意顶层设计，关注教研员实际，遵循发展规律，目标明确、方案齐全、步骤清晰、要求具体、反馈及时。

2. 实用性原则

设计目标和设计结果能满足需求并且行之有效，有很强的操作性和实践性，成果值得推广与借鉴。

3. 可行性原则

配合当前国家意志，选题结合本校实际，能够让教研员找准定位，发挥自身工作的优势，将课题的研究融入常规教研活动中，不仅对自身专业发展起到提升作用，也对一线教师的发展起到促进作用。

（三）研究的对象

提升云岩区教研员专业发展策略。

云岩区中小幼学科教研员共 31 人在职在岗，各学科均配齐配足，参加课题研究的有 18 位中小学教研员。

四、技术路线和研究步骤

（一）技术路线

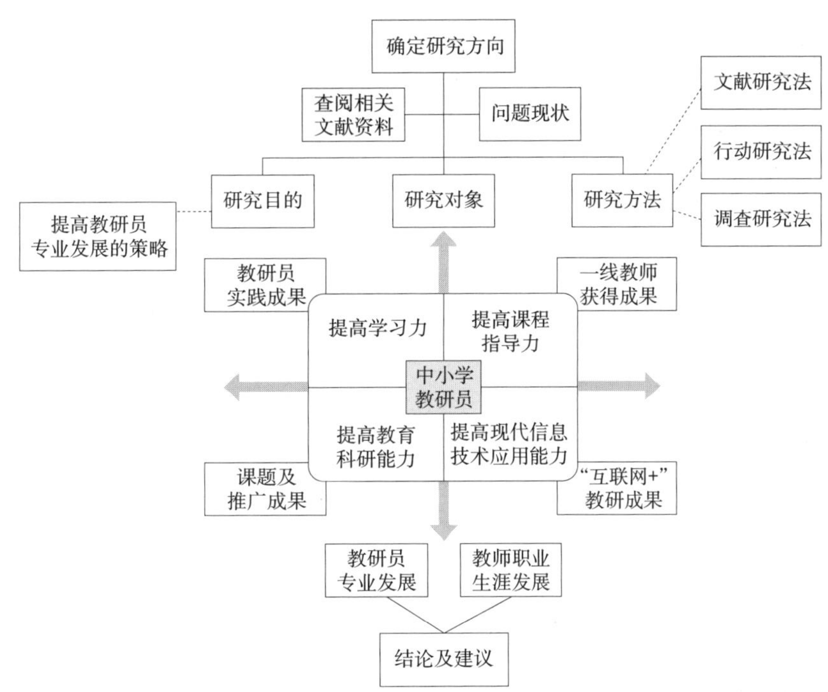

图 12-4　中小学教研员技术路线图

通过确定研究方向、研究对象、研究目标、研究方法，从 4 个维度提高云岩区教研员的专业发展策略。影响和辐射带动区域内教师的专业成长，具有很强的可操作性。

（二）研究步骤（如图 12-5）

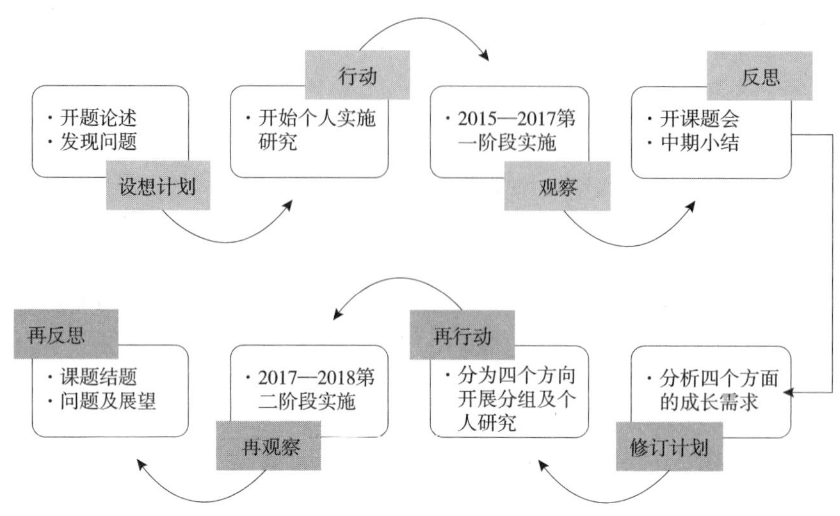

图 12-5 中小学教研员的研究步骤

1. 启动阶段

2015 年 3 月—2015 年 8 月，成立课题研究小组并确定主要研究人员。

2. 准备阶段

2015 年 9 月—2016 年 2 月，通过课题组队伍建设及研究工作的各项起步，制定课题研究制度，建立课题组 QQ 群和微信群，不定期组织理论和业务学习。

3. 实施阶段

2016 年 3 月—2017 年 2 月，本阶段我们将在理论指导下进行第一轮实践，并在实践中进行提炼、分析完成课题任务。

2017 年 3 月—2018 年 12 月，通过第一轮的实施总结，修正阶段的研究方向，进行第二轮实践。

4. 结题总结阶段

2019 年 1 月—2019 年 6 月，整理、梳理课题研究中获得的提升及取得的成绩，分析、整理课题研究的阶段性资料，撰写结题报告，获得课题成果。

第三部分　研究过程

在研究中，我们运用科学的研究方法，一边实践，一边反思，从个别的案例到典型的案例，然后再到共性的案例，对案例的对比，然后再形成阶段性的成果。从萌芽阶段到发展阶段再到提炼阶段，通过组织管理、学习培训交流有序地开展相关的研究工作。

一、科学的研究方法在课题中的运用

在课题研究时，我们主要采用的是经验总结和行动研究法，通过再实践—再反思—再改进，课题的研究活动，归纳起来经历了以下 3 个阶段。

（一）萌芽阶段

萌芽阶段初，我们通过文献法查阅资料，组织教研员学习统一思想、统一认识。通过问卷调查，了解目前的教研员队伍的现状和困难，然后开始行动研究，在实践中研究教研员专业发展的各个方面，如如何提高专业知识、专业能力，专业素质、专业阅读、专业能力等方面。

（二）发展阶段

通过一年的实践研究，我们发现教研员的专业发展涉及的面广，内容比较杂、不够聚焦。经过认真的梳理和研讨，研究小组决定从 4 个方向进行研究。

1. 提高教研员的学习力策略的研究。
2. 提高教研员的课程指导力策略的研究。
3. 提高教研员的教育科研能力策略的研究。
4. 提高教研员现代信息技术应用能力策略的研究。

（三）提炼阶段

在经过一年的实践，我们在 4 个方向不断地探索、实践、反思、总结，初步提炼出提高教研员专业发展的策略，并将课题名称修改为《提升云岩区教研员专业发展的实践研究》。

二、组织管理

为了保障课题顺利实施，课题组建立了一个职责明确的管理制度、学习制度、研修制度等，让每位课题组成员都明确自己的研究分工与职责。课题组由罗江华总领导，中学研修室和小学研修室所有学科教研员共同参与，并在研究的过程中扩大辐射面，形成各学科兼职教研员与各学科中心组成员的研究团队。

三、学习培训活动

本研究需要理论研究和实践研究相结合，所以课题组首先重视加强课题研究人员的理论学习，力求每一个参与研究的教研员能充分理解学习的重要性，并掌握一定的先进教育理论和技术。形成“制定发展规划—加强终身学习—参加学术活动—立足行动研究—拓展交流平台—积累教育智慧”的流程，同时充分利用网络资源查阅与课题研究相关的网络信息。撰写读书笔记、心得，定期进行交流、讨论、总结。

四、前测问卷的调查及分析

本课题于 2015 年立项为市级课题，为更好地进行本课题研究问卷从学校教研员学历、专业成长需要及途径、教研活动有效性、开展网络教研情况等方面了解教研员自身情况，特进行课题前测。本次参加调研人数 27 人，发放问卷 27 份，回收 27 份。有效卷 100%。

我校教研员样本情况分析如图 12–6。

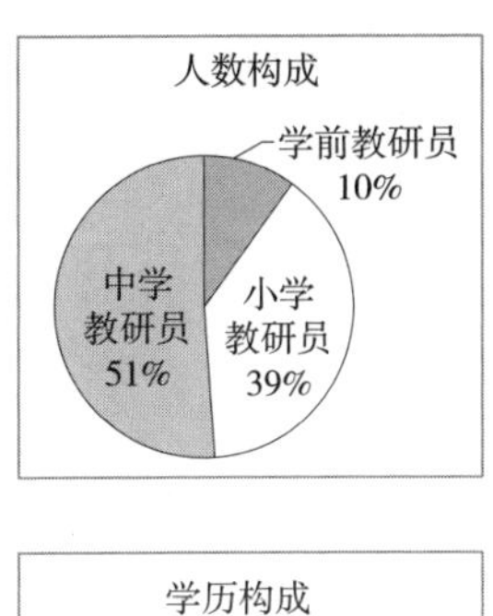

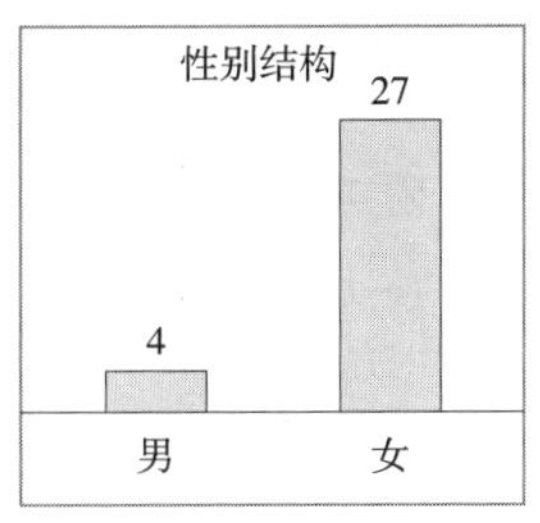

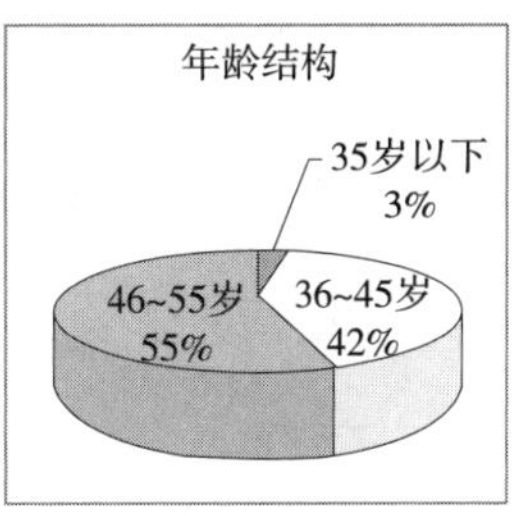

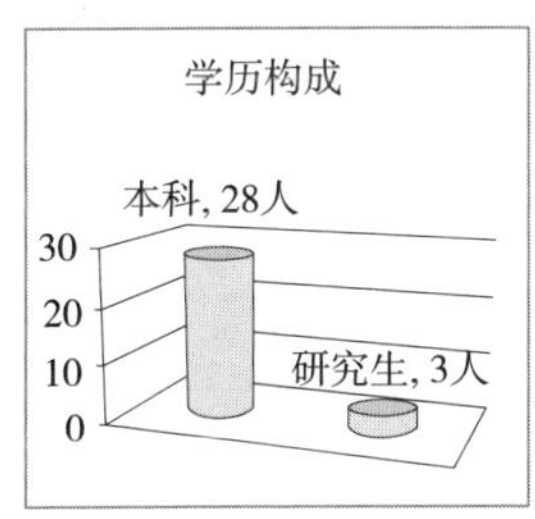

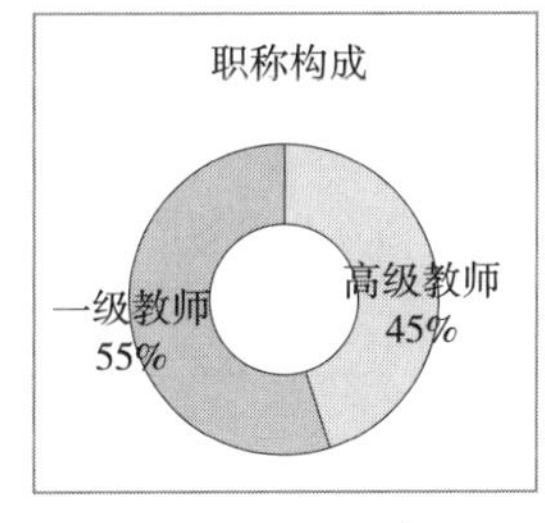

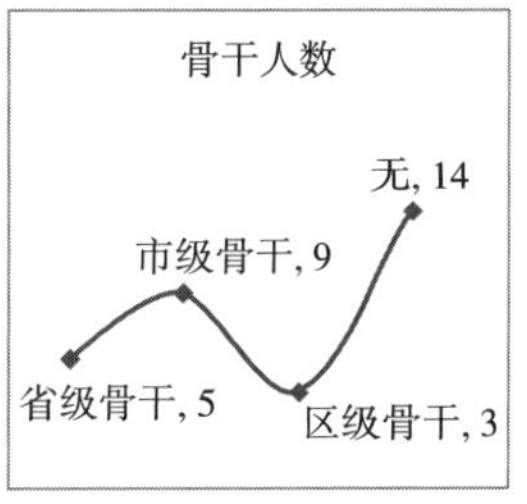

图 12-6　本校教研员的样本情况分析图

由数据分析可知，我校专职教研员均从一线优秀教师中选拔，学历情况全部达到教研员准入标准，一线的教学经验丰富，教研经验也在不断积累中。从职称与骨干方面来看，我校教研员们还有继续成长的空间，而以课题为指引的专业发展是必备条件；从入职时间来看“年轻”教研员还占较大比例，面临着从教师到教研员的转型期，但是教研员的转型不是一蹴而就的，教研员的特殊身份要求了教研员在专业发展上必须兼程前进，“怎么做”和“为什么这么做”就成了进修学校必须解决的重点课题。

在前测调查中发现，“关于你认为阻碍自己专业发展的主要因素有哪些？”，如表 12-1，教研员在自我学习、研究意识、理论修养、应用信息技术的能力方面不足，制约了教研员专业发展，但从内因上也表现为有积极改进的需求。同时也发现“教研员专业成长途径相对狭窄”占比达到 35.2%，我们再次通过访谈的方式了解到，教研员们很关注社会的评价，如对评优、评先、职称晋升评选等方面有较高的期望。这些外部因素也会影响教研员的工作热情和积极性，我们应更多关心教师，做好心理和情感的疏导，给教研员搭建更多平台，通过与各职能部门的沟通对接，打通向上晋升的渠道。同时更多鼓励教研员立足于自我发展，自我提高的内在需求，强化教研员的专业发展要依靠内因起决定作用。

表 12–1　阻碍自己专业发展的主要因素

自我学习不够	研究意识不强	教研工作理论修养不高	信息技术应用不充分	专业成长途径相对狭窄
29.60%	35.20%	38.30%	33%	35.2%

表 12–2　教研员专业成长最需要的方面

提高教研员专业素质	储备教研员专业理论知识	培养教研员专业情感	成为本学科专家	以上四方面都很重要
44.4%	37.00%	25.90%	29.60%	48.10%

在调查中，“关于你认为自己的专业成长最需要的是什么？”，经统计如表 12–2，从调研中我们发现教研员对提高专业素质、专业知识、专业能力、专业伦理和专业道德等方面有积极的需求，对自身角色定位较准确，希望能从这些方面得到更多的提升和发展。

五、探索提升云岩区教研员专业发展策略的第一轮实践研究

2015 年课题立项后在第一轮实践阶段中，开始我们先通过文献法查阅资料，组织教研员请进来送出去集中培训和自主学习等方式，学习统一思想、统一认识。通过问卷调查，了解目前的教研员队伍的现状和困难，然后开始行动研究，在实践中研究教研员专业发展的各个方面，如何提高专业知识、专业能力，专业素质、专业阅读、专业领导、专业学习等方面。

通过一年的实践研究，研究小组决定从四个方向进行研究。

1. 提高教研员的学习力策略的研究，通过制订机制、标准、制订专业知识与专业技能发展规划、激发动力、终身学习等提高教研员的学习力。

2. 提高教研员的课程指导力策略的研究，通过学习理念诠释、课程培训、教材解读、课堂评价、质量评估与命题，教育前沿读书笔记拟定，参加各类学术活动、拓展交流平台等提高教研员的课程指导力。

3. 提高教研员的教育科研能力策略的研究，鼓励教研员人人做课题、教研与科研结合、开展教研工作反思、每年有成果、交流与分享等提高教研员的教育科研能力研究。

4. 提高教研员现代信息技术应用能力策略的研究，通过学习和了解教育信息化发展前沿知识、使用多媒体教研、开展线上线下网络教研、指导课堂多媒体有效使用等提高教研员现代信息技术的应用能力研究。

六、探索提升云岩区教研员专业发展策略的第二轮实践研究

从 2018 年开始，我们在第一轮实践研究的基础上进行第二轮的实践研究，修正第一阶段的研究方向，分为 4 个内容：提高教研员的学习力研究；提高教研员的课程指导力研究；提高教研员的教育科研能力研究；提高教研员现代化信息技术的应用能力。再次实施课题研究，通过提高理论与实践结合的学习，清晰不同学科专业教研员提升的方向和研修的目标。

（一）提高教研员的学习力策略

教研员学习力构成要素包括学习的自觉性、学习的灵活性、学习的合作性、学习的创新性等。需要注意的是，教研员学习自觉性、学习灵活性、学习合作性和学习创新性 4 者之间是递进的关系，正是由于受自我内心强大的学习意愿激发与外界竞争压力的驱使，教研员才会灵活吸收知识并把其运用于实践；在此基础上，教研员才更愿意与其他教师交流，并把所学知识运用到社会化、行业化等生活场景中，最终创新自身知识体系，把自身知识体系的创新用于解决教研实践问题。

1. 践行学校的常规机制

根据学校实际，每一位教研员学年段的不同、学科特点的不同、岗位职责的不同，因此需要对每一位教研员制定一份量体裁衣的“岗位说明书”，通过“一人一岗”的个性化特色常规机制，并且每三年签署一次，在岗位说明书中明确了岗位职责要完成的相关工作，让每位教研员都清楚自己的岗位职责。同时，以此

为蓝本的竞争机制、考核机制与激励机制：《云岩区教师进修学校绩效目标考核办法》《云岩区选调教研员的管理办法》《云岩区兼职教研员管理办法》《云岩区中心组成员管理办法》《云岩区学科基地管理办法》《云岩区教师进修学校“老带新”方案》等相应出台。通过这些管理办法的实施，对应每年的目标考核与绩效考核制度，并作为职称晋岗和晋升的依据。2015 年至今已选调教研员 13 人，已配齐配足各学科教研员。

2. 制定专业发展的规划

一个完美的长期专业发展规划可以帮助教研员清楚地知道自己是向哪个方向发展、应采取什么策略、制定什么措施、开始什么行动、如何安排时间、动用什么资源等，从而减少盲目性和随意性，使得专业发展规划变得张弛有序和具有实效。在专业发展规划中，教研员自主学习是提升自身专业发展的必备策略之一。学习越深入，自主学习就越重要。一个人不会自主学习，就相当于一个孩子不会走路，始终不能成为一个独立的学习者。只有自主学习，加强自身自主修炼。一是学校要采取措施提升教师的学习自觉性；二是学校督促教研员根据教研员的职业特点，制定学习计划，完善学习内容。

3. 形成学习共同体团队

教研员不仅要激发自身的学习自觉性，还应该在共享知识的氛围中构建教研员学习共同体，只有在这样的氛围中，教研员才能把握时代脉搏，把握科技脉搏，关注时代前沿知识，完成自身学习力的创新和升华。教研员学习能力的提升离不开教研员之间的知识共享，知识共享不但可以让教研员构建学习共同体，还能在相互学习和交流中促进知识的汲取，丰富和完善自身的知识体系。教研员应建立“学习共同体”，做学生的引路人。教研员学习共同体即通过协作性的“反思—实践”循环的学习方式达到知识共享和创生。利用教研员学习共同体不仅能促进教研员的知识共享和交流，还能提高教研员知识的实践运用和解决问题能力。

（二）提高教研员的课程指导力策略

2012年学校作为贵州省首批获得国家级示范性县级教师培训机构，肩负着全区教育教学改革的重任。教研员的课程指导力就具体化为了教研员各项工作能力，主要体现在：理论、理念的诠释力，课程的培训力，教材的解读力，教学的示范力，课堂评价力，练习的设计力，质量评估力，活动的组织力，问题的洞察力和研究力，甚至包括品行的感召力，等等。

1. 以常规教研为载体

长期以来，教材分析、备课上课、听课评课、组织公开教学是教研员的常态工作内容和方式。评课是对上课教师的课堂教学是否体现现代教学观，和对其课堂教学的得失、成败进行评议的一种活动。教研员通过常规教研活动的开展，指导教师的教育教学水平，提升教师的教育教学素养，促进教师改进教学实践，深化课堂教学改革。教研员准确、客观地、平等的和老师进行课堂教学交流，帮助教师总结、提炼经验，扬长避短。

2. 以学科活动为载体

自2018年起，将我区各类学科比赛进一步规范，有云岩区“园丁奖”“新秀奖”学前教育、中小学、特殊教育学校优质课竞赛；云岩区学前教育、中小学、特殊教育学校教师技能比赛；云岩区教育教学科研论文、教学（活动）设计评选等学科比赛纳入学科教研活动中，各项评比活动力足重在参与、重在研讨、以赛代训、以赛促学，提高教学水平，促进教师专业发展为目的，赛后各学科教研员做好总结工作，并在区级教研活动中进行有针对性的详细的指导，从“课堂教学中发现的问题”到“点评指导下进行修改”，再到“二次备课后再次展示”“从课堂中来——到课堂中去”，学科比赛作为课堂指导的载体，发挥了良好的示范性作用。

3. 以带教手册为载体

带教活动是一种发挥教研员或其他骨干教师的优势，指导帮助广大青年教师尽快提高教育教学水平，由特色教师有目的地在形成带班风格、教学风格上的全面带教。它可以建立在一师一徒、一师多徒、多师一徒多种带教关系上，在双向选择的基础上确保两者能够互助共勉、共同成长。

（三）提高教研员的教育科研能力策略

教研员要顺应时代的发展，素质教育对我们老师提出了新要求：教育、教学工作的模式由“经验型”转向“科研型”。实践表明，一线教师在教育教学上能积极参加教科研的实践，自学学习理论，更新教育观念，以科研带教研，以教研促教改，对提高教师自身的素质大有裨益。而一线教师在课题的研究上只注重行动研究，在理论提升方面比较薄弱，这就需要教研员的引领，将教育科研变成一线教师的工作方式之一，也是一线教师的学习方式之一，以课题为驱动力，促进一线教师同时也是促进教研员的教育教学工作更加科学化与系统化。与此同时，作为教育教学成果的推广者，教研员通过设计推广新经验和先进典型的方案，设计科学的教育评价体系，引导教师参与深化教育教学改革实验，推动教育科研成果向实践转化，由“点”向“面”转化运用，反之，以“面”促“点”让一线教师扎实成长。

1. 形成教研与科研合力

课题研究能力是教研员专业成长的基本能力和优势，在教研活动中把课题研究的经验交流作为主题、把课题研究成果进行推广，将教研员的工作、学习和研究三者有机地融合在一起，在这一过程中形成的“研训一体”策略，既不增加教研员的工作负担，又提高了教研员的教育科研能力；既让科研课题拓展了教研活动的深度，又让教研活动扩大了科研课题的广度；既提升了教研员的专业成长，又解决了教育教学中的“真”问题；既提炼了一线教师的实践成果，又加强了一线教师的理论学习。作为教育教学成果的推广者，教研员通过设计推广新经验和先进典型的方案，设计科学的教育评价体系，引导教师参与深化教育教学改革实验，推动教育科研成果向实践转化，在更大范围内对教师的教育教学水平发展进行教科研专业引领。

2. 引领校本教研的开展

《教育部关于加强和改进新时代基础教育教研工作的意见》中指出：校本教研要立足学校实际，以实施新课程新教材、探索新方法新技术、提高教师专业能力为重点，着力增强教学设计的整体性、系统化，不断提高基于课程标准的教学水平。学校要健全校本教研制度，开展经常性教研活动，充分发挥教研组、备课组、年级组在研究学生学习、改进教学方法、优化作业设计、解决教学问题、指导家庭教育等方面的作用。因此，学校对每一位教研员提出要求：教研员要根据自己的工作职责，适应学校的需要，增强服务意识，加强教育研究，不断提高校本教研指导的有效性，促进教师乃至学校的发展。

3. 科研成果应用和推广

课题研究是为了解决教师教育教学中的“真”问题，老师们所遇到的“真”问题绝不是个别存在的，有可能会广泛性的存在，所以课题研究不能只有问题的提出而没有结果的应用和成果的推广，优秀的课题成果是具有普适性的，因此，每一个优质的课题成果的应用和推广都能够从面上去解决提高教育教学质量的“真”问题。“实践操作—理论提升—成果提炼—再实践应用”的科研之路上，让教研员与一线教师都感受到了研究的力量、收获的喜悦、成长的快乐、成功的满足。

（四）提高教研员现代信息技术应用能力的策略

《教育信息化十年发展规划（2011—2020年）》提出要“推动信息技术与教育深度融合，创新信息化教学与学习方式，提升个性化互动教学水平，创新人才培养模式，提高人才培养质量”。党的十八届五中全会公报指出：“实施网络强国战略，实施‘互联网+’行动计划，发展分享经济，实施国家大数据战略。”目前，我们正处于信息化建设的第三次浪潮，对网络、大数据、计算机软件、多媒体交互设备等手段的使用，早已进入一线课堂教学，因此，教研员必须紧跟时代步伐，在日常下校、指导、教研等工作当中与时俱进，走在一线教师的前列，使我区教育现代化的建设具备鲜明的时代特征。充分利用数据，萃取知识，在教育中充分利用互联网技术，全面推进我区义务教育的发展、转型。

1. 学习教育信息化的前沿知识

当今时代，教研员提高自身学习力，尤其是提高学习创新力，不仅是关乎自身的事情，也关乎教育兴邦。这是因为，现阶段世界局势变化莫测，时代发展的脚步越来越快，再加上信息的爆炸和知识的倍增，这些都迫切需要教师紧跟时代，发挥自身学习创新力。

2. 搭建信息技术平台促教促研

社会的发展要求现代教研员具有不断更新自己教育技术的意识，不断追求新知，并有意识地运用于教育教学活动，教研员作为教师专业化发展的引领者，其现代信息技术水平直接影响着整个教师队伍的现代信息技术水平。在教育信息化2.0时代，教研员更需要能够通过线上线下网络教研的便利，突破了地域的界线，发挥网络教研在学科教研中的补充和超越作用。学校要求各学科在网络教研平台上建立学科微信群或QQ群等，用于补充线下教研的不足，通过网络教研实现了对线下教研的补充。有学科制定了“三定”的措施，定时间、定人员、定研讨的话题，利用教研活动或其他时间开展网络教研，进行网络研讨。克服了区域和时间上的不统一的困难，实现网络教研对常规教研的互补和超越。

3. 基于学习平台辅助专业成长

随着教育信息化2.0时代的到来，教育大数据、学习分析、人工智能等技术的迅猛发展，教育形态将会发生深刻改变，促进学生个性化发展也成为核心诉求。实现学生个性化发展，离不开个性化学习的支持。然而，我国教育目前仍然以传统班级授课制为主，由于学生人数众多，教师很难凭借个人能力做到“因材施教”，结果是难以满足学习者个性化的学习需求，阻碍了学生的个性化发展。教师可以利用互联网技术，依托移动App平台，丰富个性化学习的形式，让学生利用丰富的资源进行自主学习，以达到查漏补缺、拓展延伸的效果。随着互联网与教育教学的不断融合，教育App成为当今信息化教学的主要手段之一，在所有的App中教育类App使用量最多，使用率达到了76.1%。这种新教学模式是一种现代化、科技化和混合式教学模式，精准地落实了教学任务，手机App

的广泛使用使学习变得移动化、智能化、广泛化、个性化、游戏化。

七、后测问卷调查及分析

（一）基本情况

前测问卷运用的是传统纸质问卷的形式，手工统计，统计过程比较复杂、且慢、容易出错；后测问卷我们运用了“问卷星”App，在互联网手机端或电脑端上直接填写，由App软件直接统计方面、快捷、准确。通过App小程序的使用让我们在课题研究中也提升对信息技术运用的能力。

参加调研人数23人（有课题教师退休），发放问卷23份，回收23份。后测问题11个。

（二）后测问题情况及分析

1．通过课题研究，你认为之前阻碍自己专业发展的主要因素有哪些方面得以改善？［多选题］

通过课题研究，发现研究意识不强、信息技术在教研工作中没有充分应用、教研员专业成长途径相对狭窄等方面得以明显改善；教研工作理论修养不高方面也有较好的提升。特别突出的是前后测对比数据：研究意识明显增强提高30.02%；信息技术的运用提高40.91%，专业成长途径有明显改善提高43.06%。说明我们的研究是有针对性和实效性的，效果显著。

表12–3　前后测对比表

项目	自我学习不够	研究意识不强	教研工作理论修养不高	信息技术应用不充分	专业成长途径相对狭窄
前侧	29.60%	35.20%	38.30%	33%	35.2%
后测	34.78%	65.22%	47.8%	73.91%	78.26%

2. 通过课题研究，你认为能促进自己专业成长的因素有？［多选题］

通过课题研究，86.96% 认为提高教研员专业素质、储备教研员专业理论知识、培养教研员专业情感、成为本学科专家等因素能促进自己专业成长，比例提高 38.86%，说明通过本课题的研究以上四个方面的能促进教研员的专业成长，我们研究的方向是正确的。

表 12–4　前后测对比表

前测： 1. 提高教研员专业素质 2. 储备教研员专业理论知识 3. 培养教研员专业情感 4. 成为本学科专家以上四方面都很重要	后测： 1. 提高教研员专业素质 2. 储备教研员专业理论知识 3. 培养教研员专业情感 4. 成为本学科专家以上四方面都很重要
48.10%	86.96%

3. 请你对自己开展的教研活动进行评价。［多选题］

通过课题研究，老师们在教研活动中从 4 个方面调查：有合理制定的教学研究计划占比 43.48%；能合理运用先进的教育科学研究方法占比 26.09%；设计与主持主题鲜明占比 34.78%；教学研究活动丰富多彩占比 39.13%，以上 4 个方面都有占比 56.52%。前后对比在 4 个方面关注大幅度提高，特别是有合理制定的教学研究计划、教学研究活动丰富多彩比例较高。

4. 教研活动中以下哪些方面得到培训教师的认可？［多选题］

通过课题研究，发现教研活动中得到培训教师认可度最高的是为教师提供适合的服务和指导，占比 100%；尊重教师的教学经验和智慧占比 86.96%；总结和提炼教师的教学经验占比 82，61%。我们自己在准备教研活动的过程中，学习力和指导力有明显的提升，在教研活动中给予教师的帮助和指导更有针对性和实效性。

5. 通过课题研究，提升了你的哪些方面教学研究能力？［多选题］

通过课题研究，发现提升了学习和借鉴促进基础教育教学改革成功经验占 73.91%；掌握教育教学基本理论，熟悉教育科学研究方法和观课、议课技术占

86，96%；掌握学科课程标准和教学法知识占73.91%，以上3方面的教学研究能力提升明显，教研员在工作中更自信和有激情。在把握国内外教育教学改革的动态和趋势、掌握课程资源开发的方法等研究能力上还要加强。

6. 通过课题研究，你认为哪些学科能力得以提升？[多选题]

通过课题研究，发现老师们认为学科的育人价值和功能占73.91%；学科专业知识体系、基本思想与方法占78.26%；不同学科之间的相互联系占69.57%；学科知识与社会生活的联系占78.26%，以上4个方面的学科能力得以提升明显，让教研员更聚焦关注不同学科的能力。但在学科专业知识发展史的关注和学习有待提高。

7. 通过课题研究，你储备了哪些有关教师专业发展的知识？[多选题]

通过课题研究，发现老师们储备了掌握不同阶段教师专业发展的特点、规律和促进教师专业发展的策略与方法占91.3%；了解教师专业发展需求的方法，掌握设计教师专业发展的知识占91.3%，这两个方面的知识储备很好，说明在教研员自身专业发展的同时储备一定的方法和策略，对学科教师的专业发展有了很好的思考。但在了解关于教师发展和保护的有关法律法规以及政策规定等方面要加强。

8. 在课题研究中，你着重进行了哪方面的研究工作？[多选题]

在课题研究中，发现老师们在研究学生的身心发展，帮助教师在教学实践中促进学生的全面发展占73.91%；研究教材编写意图，帮助教师理解和把握教材，合理设计课堂教学占69.57%；开展教师教学和学生学业评价研究，积极探索符合课程标准理念的评价方式占69.57%；研究基础教育课程改革的发展趋势和特点，把握基础教育课程改革的方向占65.22%等4个方面的研究工作，教研员在四个方向都有重点关注，并在实践中不断探索和研究，以提高自身的科研能力。

9. 在课题研究中，你有哪些改变？[多选题]

近三年参与出版教学专著有7人次8本，发表论文39篇；主持省、市、区级课题14项，参与课题研究58项，获荣誉称号8人次、获奖16人次，参与课题有关的培训125人次，能经常和熟练应用网络进行学科教研，较研究前参与人数、获奖人次有明显提高。

10. 你对云岩区教师进修学校在教研员专业发展方面所做的工作？[单选题]

对学校在教研员专业发展方面所做的工作达到满意以上的比例为 73.92%，一般满意 26.08%，没有不满意的，大多数老师对学校工作是很认可的、也很支持和了解；我们还因关注到每个教师的个性需求，给老师们搭建平台，促进发展。

11. 通过参与课题研究，你对教研员专业发展有哪些好的建议？

老师们建议：加强同伴互助，开展“老带新”的活动，相互学习，相互借鉴，共同进步；多些有实效的有针对性、系统学习培训；搭建到国外学习的平台，拓宽教研员的视野，不断提升教研员的专业能力；重视科研、教学等成果转化和应用；减少行政的事务工作。

通过课题前后测我们采用一定的统计分析技术，对比数据统计从数量变化中揭示出所教研员专业发展的需求、困难，课题研究中提供 4 个方面的策略研究，为研究者搭建了更多的平台，教研员在专业发展方面与过去相比，更注重从学习力、课程指导力、教科研能力、信息技术运用能力等方面学习和实践，反映研究的成效是明显的。教研员专业发展要以时代发展相契合，结合社会发展的客观现实，以立德树人为指导，将新理念，新思想、新技术充分应用于教育教学改革实践中，做好学科发展的领头雁。

第四部分　主要成果

一、研究的理论成果

（一）有效的技术路线（如图 12-7）

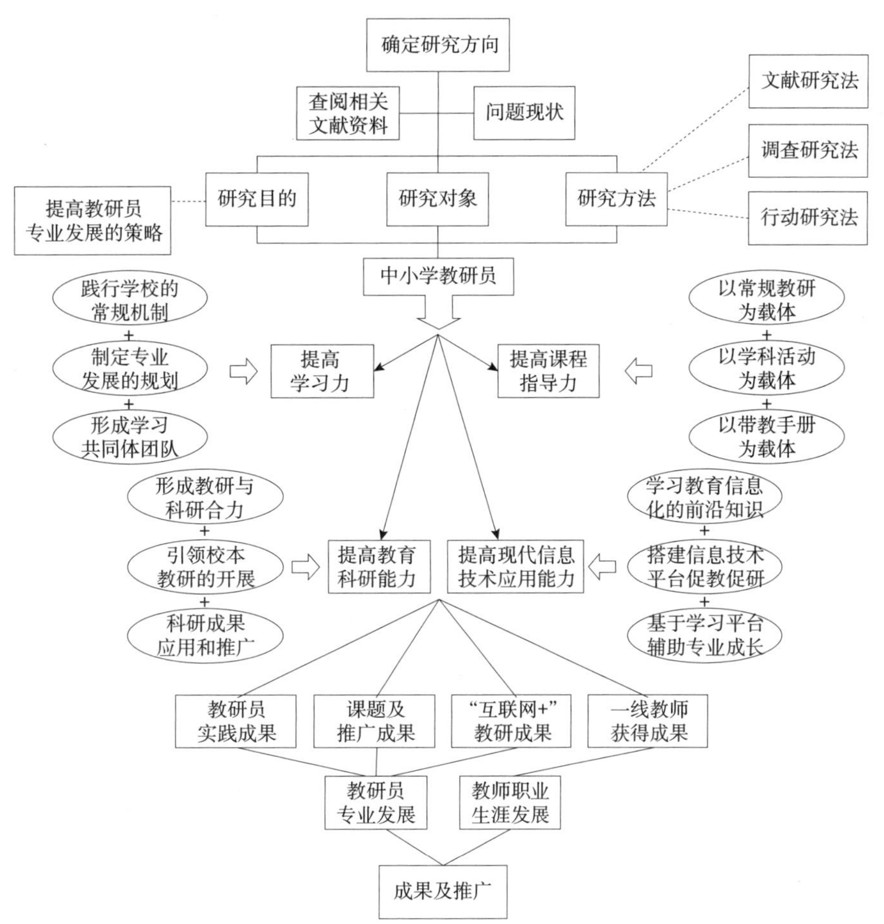

图 12-7　中小学教研员有效的技术路线

（二）云岩区教研员专业发展的策略（如图 12-8）

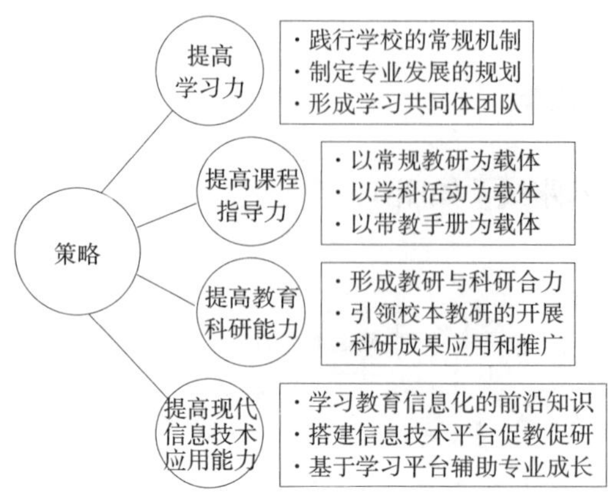

图 12-8　云岩区教研员专业发展的策略

教研员的专业发展策略为 4 个方面能力的成长，即提高教研员的学习力、提高教研员课程指导力、提高教研员教育科研能力、提高教研员现代信息技术应用能力。研究工作的开展，使得各学科教研员善于学习、勤于总结、敢于创新、乐于教研。

二、课题研究形成的管理机制

制定《云岩区教师进修学校绩效目标考核办法》《“一人一岗”岗位说明书》《云岩区选聘教研员的管理办法》《云岩区兼职教研员管理办法》《云岩区中心组成员管理办法》《云岩区学科基地管理办法》《云岩区教师进修学校“老带新”方案》等共 20 余项。特别是根据教研员队伍的特殊性，我们针对每一个学科每一个教研员专门制定了《“一人一岗”岗位说明书》，并且每三年签署一次，在岗位说明书中明确了岗位职责要完成的相关工作，让每位教研员的都清楚自己的岗位职责，并作为每年绩效目标考核的依据。2015 年至今已选聘教研员 13 人，已配齐配足各学科教研员。

三、教研员专业发展成果

（一）学习力提升成果

在课题研究中，各学科的教研员在研究中所形成的论文和调研报告，所包含的内容囊括对教研员本专业的论述；专业成长的论述；对教师的指导；学习力研究策略研究；课程指导力策略研究，教科研能力提升的策略研究；信息技术能力的策略研究。较全面地对教师的学科、专业、策略等方面进行的梳理。论文参与省、市是论文评比，并获得了一等奖、二等奖，其他各类获奖共计 134 人次。

在课题研究中还形成了本学科的专著、参与编写了本学科的相关的教学指导用书、学生学习指导用书、学科的校本教程等，并由相关出版社给予出版、文章发表、专著、参编等合计 88 人次。在优质课评比中指导教师形成的教学案例、教学说课案例，并以汇集成《云岩教研》上内部交流。西南交通大学出版社《公共安全教育读本（一套 9 册）》系列丛书、贵州人民出版社《四季流韵映华荫》文集、内部资料《云岩教研》2015—2019 年季刊。

（二）课程指导力提升成果

各学科教研员在优质课评比中形成的评比标准，学段包含小学到初中，涉及的学科有语文数学、英语、科学、信息技术、道德与法治、政治、历史、物理、化学、音乐、美术等。内容涉及导入、教学重点难点、教学目标，教学过程教学的五个基本环节，形成量化表，并结集成册。

（三）教育科研能力提升成果

作为教育教学成果的推广者，教研员通过设计推广新经验和先进典型的方案，设计科学的教育评价体系，引导教师参与深化教育教学改革实验，推动教育科研成果向实践转化，由“点”向“面”转化运用。在更大范围内对教师的教育教学水平发展进行教科研专业引领。2015 年以来部分教研员已成为省市区级骨干教师、省市兼职教研员、独立承担省市区课题负责人（见表 12–5）。

表 12–5　教研员教学水平发展统计表

省、市、区骨干人数	省、市级兼职教研员人数	独立省、市、区承担课题负责人数	参与课题研究人数	省市区专题讲座
17 人次	5 人次	17 人次	58 人次	99 人次

（四）现代化信息技术应用能力提升成果

各学科在网络教研平台上所建立的微信群 QQ 群等，用于补充线下教研的不足，通过网络教研实现了对线下教研的补充。有学科制定了“三定”的措施，定时间、定人员、定研讨的话题。利用教研活动或其他时间开展网络教研，进行网络研讨。克服了区域和时间上的不统一的困难，实现网络教研对常规教研的互补和超越。

（五）课题研究报告

按照课题的结题要求，课题组各成员认真进行研究，按照技术路线，确定自己的研究目标和方向形成个人的结题报告，在个人结题报告的基础上，课题组形成总的结题研究报告。本研究运用了文献研究法、行动研究法、调查研究法和案例研究法。将教研员的专业发展分解为 4 个方面能力的成长，即教研员的学习力、课程指导力、教育科研能力、现代信息技术应用能力。

通过本课题讲究初步形成了 3 项理论成果、4 个方面的实践成果，建立了相关的 20 余项管理机制，提升了教研员专业成长策略和路径。教研员在研究中取得了独立承担课题研究，论文获奖及发表，出版专著等共计 256 人次获奖的喜人的成绩。研究取得了良好的成效，培养了一批在社会上有影响力的教研员，促进教研员专业队伍的发展和成长，同时也使各学科的教师在教育教学中获得了更多的专业引领和指导。研究报告在基层的学校和教研部门进行实践探索；在实践和推广应用中得到了一致的好评，取得了良好的效果。该研究成果还获得 2020 年贵州省教育厅教师专业成长优秀案例、贵阳市第十一届（2021）教育科研优秀成果一等奖。

四、教师职业生涯发展成果

通过教研员专业能力的提高，对教研活动的形式进行创新性的实践探索，使每一次教研活动更具针对性地为一线教师服务，通过各方面的指导引领了全区教师的职业生涯发展。指导了各学科教师近五年获奖在各级评比中获奖 11055 人次（表略），组建了学科教科研团体。

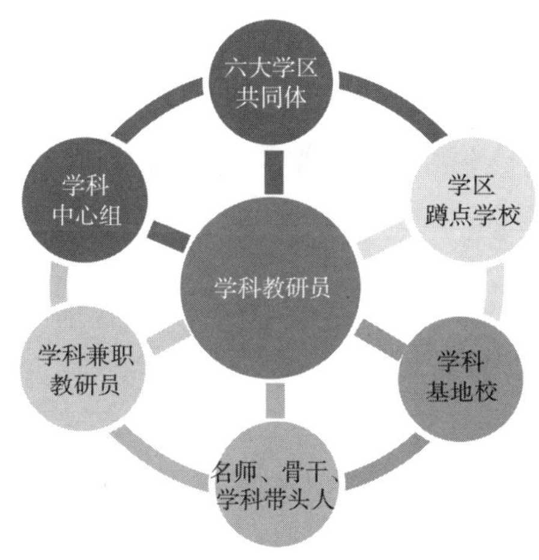

图 12–9　学科教科研团体

构建学科教科研团队，教研员不仅要激发自身的学习自觉性，还应该在共享知识的氛围中构建学科教科研团队。教研员学习能力的提升，可以辐射到学区教育共同体、蹲点学校、学科基地校、名师骨干学科带头人、学科兼职教研员、学科中心组成员的共同成长，在相互学习和交流中促进知识的汲取，丰富和完善自身的知识体系。

五、课题研究在技术层面目标的实现

（一）成果的价值性

通过研究总结出来的方法和策略真能有效解决教研员的问题和困惑，教研员更关注自身的专业发展，并在专业发展中找到方法和策略，对自身的职责有了更好的理解。具有现实指导意义和普遍适用性，是值得借鉴和推广的。

（二）成果的实践性

研究成果是产生于教师真实的教育教学实践，而不是通过理论的检索演绎推理出来的，更不是凭经验、想象虚构出来。课题研究的成果是不断反复实践的结果，有一定的可复制性，可以有较强的借鉴性。

（三）成果的学术性

在研究中我们运用了文献法、调查法、行动研究法、统计法等科学的方法，也关注新课改、新中考、高考改革、学科核心素养等新理念的引领，遵循科学的研究方法，有技术创新。

（四）成果的完整性

课题研究的操作体系完整，能比较全面、完整地把自己的操作框架总结归纳出来。有清晰的研究目标、研究内容、研究过程、研究方法、研究策略，形成很好的研究成果，有一定的推广和借鉴价值，可以继续研究和推广。

第五部分　问题及展望

通过课题研究发现任何事都要通过实践，将教研活动做起来、课题搞起来、课堂走进来、学习动起来，万事开头难，只要与一线教师交流互动，三人行必有我师焉，总会给每一位教研员带来成长。增强教研员的学习力、课程指导力、教科研能力、运用信息技术的能力，不仅关系教研员自身也关乎国家教育质量和民族的长期发展。可以说，教研员专业发展的提高，不但是一种外在的力量介入，也是一种内在力量的驱动，正是在内外力量的推动和促成下，教研员才能通过持续学习发现和认识自身不足，而自觉、自愿地进行自我关照和批判，并通过行为动力和自觉意识持续学习，整合自身知识系统。而只有教研员学习力得到整合，才能担负起区域教研的重任。

作为教育教学工作的研究者、服务者和指导者，还需要加强理论联系实际，以“立德树人”为目标，以“培养什么人、怎样培养人、为谁培养人”为抓手，将教研活动置于国家指导思想、教育教学理论、课程标准、教材和评价一体化的视域下来进行理解、研究和实践。这种理论上的思考还需要进一步的归纳、总结，所以还需要在专家的指导下反复论证，从而得到更具理论高度与实操效果的提升。

教研员的成长需要一个漫长的过程，并不是一蹴而就的，想要成为一个全能型的教研员还有一段很长的路要走，所以这个课题的后续研究会一直继续下去。探究优化教研员专业发展的路径，我们进行的初步研究，提出了提升教教研员发展的四个方面的策略，还需要不断地优化是使之有更强的时效性。只有让自己的专业发展不止步，才能够引领全区教师迅速成长。在知识经济时代，终身学习、持续学习是这个时代每个人都必须具备的能力。

参考文献：

[1] 江滢．教研员如何高效开展网络教研 [J]．黑龙江教育学院学报，2016，35（08）：35–36.

[2] 郝琦蕾，王丽．新世纪网络教研研究的回顾与反思 [J]．天津师范大学学报（基础教育版），2017，18（02）：16–20.

[3] 石林．“互联网 +”背景下网络教研的设计与高效开展 [J]．中国信息技术教育，2018（02）：109–110.

[4] 游一．浅析初中数学微课的制作方法和实践 [J]．数学教学通讯，2018（23）：40–41.

[5] 葛建华．关注考试评价 促进课堂教学——2015 年宁夏中考数学学科质量分析 [J]．宁夏教育，2015（03）：36–37.

[6] 黄维．区县教研员专业引领的现状、问题及对策研究 [D]．湖南科技大学，2017.

[7] 肖敏敏．课程领导理论视野下教研员准入标准研究 [D]．华东师范大学，2019.

[8] 温晶晶. 建构主义视域下小学器乐教学的实践研究 [D]. 内蒙古师范大学，2019.

[9] 李延旭. “互联网 +”时代农村教师信息素养提升研究 [D]. 山东师范大学，2019.

[10] 郭龙飞. 教研员资格认证制度研究 [D]. 华东师范大学，2015.

[11] 罗滨. 教研员十大素养促教研升级 [J]. 人民教育，2016（20）：28–31.

[12] 张伟. 论教研员的专业素养及发展策略 [J]. 辽宁教育行政学院学报，2016，33（05）：52–55.

贵阳市教育科学规划课题：提升云岩区教研员专业发展的实践研究

立项编号：GYJY（15002）　　结题编号：GYKTJ（2019）31

课题主持人：罗江华

研究报告执笔：罗江华　尹　媛

主要参研人员：王佳莉、尹　媛、李亚林、施　娟、高　燕、杨　静、于　洁、彭　军、赵祖绘、刘　方、陈　翎、王治强、姚南燕、蒲　素、李健萍、何欢欢、彭　利

“初中地理复习课思维导图导学案的编制与使用研究”研究报告

贵阳市第三中学　林科丽

2016 年 9 月，课题组成员经过认真仔细的思考讨论，结合教学中发现的问题，通过前期针对学生的问卷调查和对观山湖区部分地理教师的访谈，进行课题研究的初步设计并撰写立项申请，向观山湖区教育局教培中心申报了区级课题《初中地理思维导图导学案的编制与使用研究》（编号 GSHKY〔2016〕014 号），经专家评审，于 2016 年 11 月获得立项。在开展研究后，经课题组成员充分商议，认为将课题研究的重点落实到地理复习课上，更有针对性，因此将本课题研究的题目确定变更为《初中地理复习课思维导图导学案的编制与使用研究》。

2016—2019 年，我们认真做好课题研究方案，并按计划完成各项研究，在理论和实践方面都取得了较好的成果。2020 年初计划申请结题时适逢新冠肺炎疫情影响，未能按时结题，进行了延期研究。现将课题相关研究情况总结如下。

第一部分　课题的提出

一、课题提出的背景

（一）思维导图导学案研究现状

1.“学案导学”教学模式的相关研究

在国外有奥苏伯尔（D.P.Ausubel）的接受学习模式、杰罗姆·布鲁纳（Jerome

Seymour Bruner）的发现教学模式、罗伯特·加涅（Robert M.Gagne）教学模式等，这些理论和模式都强调“教师的主导作用”和“学生的主体地位”的有机结合，强调充分发挥学生的主体，教师的主导作用，都主张调动学生学习的主动性，培养学生的自学能力，让学生最终学会学习，这与学案导学教学模式的主张是一致的。此外，建构主义理论指导下的支架式教学模式的定义为：“支架式教学应当为学习者建构对知识的理解提供一种概念框架。这种框架中的概念是为发展学习者对问题的进一步理解所需要的，为此，事先要把复杂的学习任务加以分解，以便于把学习者的理解逐步引向深入。”而学案导学教学模式也类似于这种支架式教学模式，目的是引导学生学得更好、更深入，帮助学生向更高水平发展。

在国内以学生为中心的学案导学教学模式逐渐发展起来。随着教育教学理论的逐渐更新以及新课程改革的不断推进，学案导学教学模式开始成为教育工作者研究和实践的对象。截至 2020 年 8 月，中国知网中收录的以导学案为标题的文献就达 1436 条之多；而关于“导学案”的文献也有超过 4600 篇，以地理学科为主的文献约 128 篇。可以说，目前对于导学案的研究和使用已经很普遍。

2. “思维导图”学习工具的相关研究

思维导图的概念最早是由英国著名心理学家、教育学家东尼·博赞（Tony Buzan）提出的，他在 1974 年出版的《启动大脑》一书中将思维导图又称“心智图”或者“脑图”。对思维导图的内涵，目前大家较统一的观点是：思维导图是人类发散性思维的表达。

发散思维是人类创新的源泉，借助于思维导图的发散性特点呈现学习者思考的过程，将学习者头脑中丰富的素材进行综合加工，从一个中心点出发借助事物的关系进行联想、拓展、创造、组合形成知识的网络，进而表达。

知网搜索“思维导图”和“教学”，可搜索到超过 6400 篇各类文献，且论文数量呈现逐年上升的趋势。其中以地理学科为主分组有高中地理（87 篇）、地理教学（76 篇）、初中地理（63 篇）、地理知识（51 篇），地理复习（31 篇）。在将思维导图运用于地理复习的文献中，有 19 篇发表于《中学地理教学参考》《地理教学》《地理教育》等杂志的期刊文献和 12 篇硕士研究生毕业论文。其中，杭州师范大学成军的硕士论文《导图在中考地理复习中四维应用研究》总结和介绍了思维导图的相关知识，而且结合学科特点，分析了绘制思维导图的策略，研究了思维导图在中考地理复习中四个维度的应用；华中师范大学刘欣的硕士论文《思维导图在初中地理复习中的应用研究》以基础知识复习、专题归纳复习和现实热点复习为教学过程，探究思维导图在初中地理复习应用中的可行性；内蒙古师范大学蔚晓艳的硕士论文《思维导图在初中地理教学中的实践研究》认为思维导图将知识从中心主题出发向四周扩散，与地理学的综合性和区域性特征十分相似。在地理教学中，教师可以利用思维导图，对影响地理环境的各要素进行综合分析，理清各要素之间的关系，帮助学生形成知识网络。

3. “思维导图导学案”在初中地理教学中的研究现状

目前，我国对于导学案和思维导图在教学中的应用研究已经取得了显著的成果，但是关于复习课思维导图导学案的研究成果并不多见。截至 2020 年 8 月，在“中国知网”以“思维导图导学案”为篇名进行检索，共检索到相关文献 10 篇，而篇名中包含“复习课思维导图导学案”的论文仅 1 篇，该篇论文是由李丹（2018）发表的《思维导图式复习学案在九年级化学复习课中的应用研究——以涟源岛石中学为例》。复习课思维导图导学案在地理学科领域的研究尚处于空缺阶段，能否将“学案导学”和“思维导图”这两种先进的教育方法进行有效的结合，填补思维导图式导学案在教学中实践研究的空缺，提高初中地理复习课效率呢?

（二）国家、省市相关指导思想

2011 年发布的义务教育地理新课程基本理念提到，学习对生活有用的地理，学习对终身发展有用的地理，构建开放的地理课程。在“构建开放的地理课程”一项强调“地理课程着眼于学生创新意识和实践能力的培养，充分重视校内外课程资源的开发利用，着力拓宽学习空间，倡导多样的地理学习方式，鼓励学生自主学习、合作交流、积极探究”。思维导图提供了通过中心关键词引导学生思考的思维途径，在教师的有效引导下，避免思维的过度扩散，目标指向地理思维，出现的思维碰撞、合作交流对于发展和提高学生的地理思维能力有较大帮助，在此基础上学生进行的探究是有效的。

课程标准还说明了义务教育地理课程的性质：区域性、综合性、思想性、生活性、实践性。就其综合性而言，揭示自然环境各要素之间、自然环境与人类活动之间的复杂关系，若使用思维导图的形式，能够对学生有所帮助；就其实践性而言，思维导图是将实践活动有效进行整理和分类，并辨析其实践成果的有效方式之一，编制思维导图导学案可以帮助学生对所学习的实践及理论知识进行有效的整理，结合生活实际进行分析。

《贵阳市教育局办公室关于印发〈贵阳市初中学业水平考试实施方案（实行）〉》（筑教办发〔2018〕309号）的通知中要求：以分数呈现科目着重考察学科核心素养，呈现学科育人价值，加强考试内容与学生生活、社会实际的联系，着重考查学生综合运用所学知识在真实情景中分析问题和解决问题的能力。

综合地理学科的基本理念、学科性质和贵阳市初中学业水平考试实施方案等政策，无论是学习过程还是学业考试，都要求初中生要有综合运用所学知识在真实情景中分析问题和解决问题的能力，编制思维导图导学案可以帮助学生建立发散、综合分析的地理思维，对于应对学生考试而言，复习课思维导图导学案将章节内容进行有机整合，展示知识点之间的联系，将典型地理问题、地理试题展现给学生，帮助学生较好完成地理学科考试，取得较好成绩。

二、课题研究的价值和意义

（一）理论价值

1. 本课题研究有利于树立“以人为本”的课堂新观念，体现学生主体性的要求

传统的教学方法不能使学生成为教学的主体，学生总是处于被动、消极的接受学习，学生的主动性、积极性不能充分发挥。本文研究的“思维导图学案导学”教学模式，强调了学习的过程就是学生主动建构知识的过程，教育工作者的

教学应尊重学生的主体性，充分发挥学生的主观能动性，使学生逐渐由“学会”转化为“会学”。通过平时的练习，学生在复习时能通过思维导图来自主总结，提炼知识点、重难点，达到会学、会复习的目标。因此，通过本文对“思维导图学案导学”教学模式理论与实践的深入研究，有利于树立“以人为本”的课堂新观念，体现学生主体性的要求。

2. 本课题研究有利于丰富和发展“学案导学”教学模式

在初中地理的教学实践中，教育工作者对“导学式”教学方法的研究较多，对“学案导学”教学模式的研究较少，而且有关研究主要以教师为调查研究对象，很少从学生的角度出发来研究“导学模式”的地理教学；研究新课的导学案较多，而研究复习课导学案的较少。

本课题紧密联系初中地理教学实际，将思维导图这种近几年在教育领域应用较广的高效能学习工具引入复习课导学案的编制与应用过程，以帮助学生构建地理知识框架，体会地理环境各要素之间以及地理环境与人类活动之间的联系，丰富和发展“学案导学”教学模式。

（二）实践意义

1. 培养学生的发散思维，促进学生地理思维发展

在教学实践中，不难发现传统复习课存在如下的问题：

（1）传统复习课基本是单纯的知识重复、机械记忆，课堂单调乏味，缺乏趣味；

（2）传统复习课主要是以教师讲解为主，学生被动接受，课堂教学又回到了师传生接、师授生受、师讲生听的尴尬境地；

（3）传统复习课往往强调学生大量的练习，搞题海战术，缺乏对地理学习的系统性知识和学习方法的指导。

思维导图运用图文并重的技巧，充分发挥左右脑的功能，对颜色、图像、符号的使用，既可以协助记忆、增进创造力，还能开展人人生而具有的发散思维能力。所以将思维导图运用到复习课导学案中无疑是解决以上问题较好的方式。

这种学习模式体现了对人脑的发散性思维能力的开发，极大地提高了学生分析问题、解决问题的能力。“复习课思维导图学案导学”的教学应用，在培养学生的地理思维中具有独特的优势，学生由中心关键词展开，将与之相联系的地理概念、地理现象、地理问题与措施展示出来，既扩展了学生的地理思维，也促进学生整体思维能力的提高。

2. 提高初中地理教学质量，提高课堂学习效率

通过“思维导图学案导学”教学模式的实施，培养初中生主动学习地理、自主学习地理的习惯和能力，有利于全体学生从过去的被动听课转向主动学习，极大地提高学生学习主动性，强化探究意识，最大限度地让各类学生在知识上能力上都学有所得、学有所长，编制复习课思维导图导学案，有利于帮助学生总结复习，构建初中地理学业知识体系，巩固学生学习基础，提高初中地理教学质量和课堂学习效率。

3. 提高教师的个人业务素质，改进教学方法

本课题研究的“复习课思维导图学案导学”要求教师结合课程标准、考试建议和学生实际编写“复习课思维导图导学案”，用导学案帮助学生高效率完成课程复习要求，琢磨如何恰到好处地对学生进行引导，启发，加强师生间、教师间的联系。进而促进在教师中形成钻研教材、探讨教法的良好风气。

三、课题提出的现实依据

1. 学校地理教学中的实际情况。一直以来，受中考指挥棒的影响，地理课在初中学校虽受学生喜爱但并不受学生及家长重视，主要原因是地理学科考试分数未计入中考总分，且学习难点多，占用时间学习地理对中考升学并无多大作用。

课题组成员一致认为，依靠思维导图可以帮助学生在地理课堂上提高学习的效率，尤其在期末复习课上，使用复习课思维导图导学案，可以引导学生逐步回忆，高效总结一学期的知识点，减轻学生学习负担。

2. 初中学生对地理学科的喜爱与地理学科难度之间的矛盾。就学科特点而言，地理是初中学生喜爱的学科之一，在地理课堂上，学生可以认识、了解世界上一些国家的人文风情、地质地貌特点等，感受不一样的生活。但就地理学科的知识难度而言，因为涉及地理空间概念的建立、相关的数学、物理学、化学生物学等知识，相对于初中年级十几岁的学生而言，一些知识抽象又枯燥难懂，难度较大，这样的矛盾导致部分学生对地理是又爱又怕，以至于在地理考试中，学生取得的成绩总是不够理想。

结合思维导图的特点和运用，课题组认为根据课标要求、考试要求、难易程度等方面综合编制复习课思维导图导学案，可以帮助学生有效地对所学的地理知识进行整合归纳，理清知识点之间、知识与生活之间的联系，帮助学生更好地分析地理问题，发展学生地理思维，更好的达成“学习对生活有用的地理”的课程目标，同时，有效的知识整合对于提高学生考试成绩应有较大帮助。

3. 可以促进地理教师专业成长。对于新教师而言，利用思维导图开展课题研究，可以帮助新教师在编制导学案的过程中理清初中地理知识体系，从整体上对学科知识进行把握，尽快熟悉教学内容，体会教学中的重点和难点，有效的提升自己的教学理论及实践能力。

对于老教师而言，通过思维导图导学案的编制、审核与使用，对自己的教学思路、教学策略方法等进行梳理，可以将自己的经验成果进行总结，对新教师起到一定的示范带动作用，促进新老教师共同成长。

第二部分　课题的设计

一、课题的界定

导学案，又称“学案导学”，是指以学案为载体，以导学为方法，教师的指导为主导，学生的自主学习为主体，师生共同合作完成教学任务的一种教学模式。学案导学把教师的“导”和学生的“学”有机地统一起来，最大限度地调动学生的主动性、积极性和创造性，通过以学案为依托的充分训练，提高学生综合运用地理知识的能力，更好地培养学生的学习能力、运用能力和创新能力，这不仅是教法改革，更重要的是学法改革。

思维导图，又叫心智图，是表达发散性思维有效的图形思维工具，它简单却极其有效，是一种革命性的思维工具。思维导图运用图文并重的技巧，把各级主题的关系用相互隶属与相关的层级图表现出来，把主题关键词与图像、颜色等建立记忆链接。思维导图充分运用左右脑的机能，利用记忆、阅读、思维的规律，协助人们在科学与艺术、逻辑与想象之间平衡发展，从而开启人类大脑的无限潜能。

初中地理复习课思维导图导学案，是将思维导图和导学案两种学习工具有机地结合起来的一种复习工具，其将传统文字排版的导学案用思维导图的形式呈现，主要使用在章节复习课中。在课堂教学中既能激起学生的学习兴趣又能达到事半功倍的效果，课后也能通过导图逐一回忆教材中所学习的重要内容，从而减轻复习的压力。经过一段时间的应用后，鼓励学生发挥各自想象力完成某一内容的思维导图在全班进行评比，互相取长补短，这样对所学知识就会更扎实，能更加灵活地运用。

合理复习能作用于学习、思维和记忆等各方面的累计效应，对现有知识掌握得越多，能吸收和掌握的知识就越多，这一过程很像滚雪球：雪球越大，滚得越快，最后它能在自身冲力的作用下继续滚动。可在平时的教学过程中，引导学生自己绘制思维导图，激发学生自主学习、创新学习的能力，尽量不限制学生的思维发展，逐渐积累各章节基础知识，为后期的复习课思维导图导学案的学习奠定了基础。在复习课上使用思维导图导学案，更能快速唤起学生对各章节基础知识的回忆，轻松构建地理知识体系，达到高效复习的效果，减轻学生的学习负担。

二、思维导图导学案运用到初中地理复习课中的优势

把思维导图导学案运用到地理复习课，能提高学生复习效率，有如下的作用或特点。

1. 图文并茂，体现地理学科特色

地图是地理知识的一种形象、综合的表达，它包藏了众多的显性和隐性地理

知识，许多地理特点、规律都可以通过观察、分析地图得出，是任何工具无法取代的。

思维导读图文并茂，能够理清地理知识的重难点，了解地理知识要点和知识点之间的联系，能够培养学生的发散思维，促进学生地理思维发展和地理知识体系的形成。

2. 乐学活学，提高地理学习兴趣

现代认知心理学认为，提高记忆效果的关键在于强化知识的生成过程。学生在绘制、使用思维导读的方式来复习地理的过程中，知识就逐渐内化生成，学得越多越有兴趣。思维导图导学案能培养初中生主动学习地理、自主学习地理的习惯和能力，有利于全体学生从过去的被动听课转向主动学习，极大地提高学生主动性，强化探究意识。

3. 精准复习，减轻学生学业负担

基于目前初中地理的尴尬地位，即要求闭卷考试又不算分，思维导图导学使用到复习课中，能够帮助学生系统复习本章节、本学期学习的地理知识内容，理清地理知识点之间的联系并能利用所学的地理知识分析和解决一些问题。最终效果应是不增加更多的复习时间，而促进学生考试成绩的提高。

三、研究目标和研究内容

（一）研究目标

1. 通过课题研究，探索在初中地理教学中落实复习课思维导图导学案的方法和策略，编制地理复习课思维导图导学案模板，并编写一套比较适用的初中地理复习课思维导图章节导学案。

2. 利用地理复习课思维导图的绘制、编制，结合导学案引导学生有目的、有方向性地进行活动、创建有思考及有效的课堂交流，培养和促进初中学生地理思维的发展，构建地理空间概念、知识体系，促进学生地理学科核心素养的形成。

3．通过课题研究促使教师掌握和利用现代化的教育教学方式和理念，顺应现代教育发展的需要实施教学，帮助教师克服职业倦怠，充分认识和发掘自身教学的特色，反思教学中的不足，促进教师的专业成长。

（二）研究内容

1．确定复习课导学案模板中的主要要素和呈现方式。

2．学习思维导图软件的操作与使用方法。

3．复习课思维导图导学案的编撰、课堂实施等方法。

4．课堂观察和课例研究：以人教版初中地理教材每一章节为基本编写章节复习课思维导图导学案，分配到课题研究教师并实施上课前研讨—课中观察—课后反思—修改—再实践。

5．撰写个人研究报告及课题组研究报告。

四、研究方法和研究对象

（一）研究方法

1．文献资料法

通过相关文献的查阅、学习与交流，撰写读书笔记、随笔、摘要等，结合自身的教学工作进行思考，对自身的教学行为进行反思。

2．行动研究法

在研究过程中，对导学案模板、每个章节的复习课思维导图导学案的“编制—实践—反思—修正—再实践—再研讨”等都是行动研究法的体现。

3．调查研究法

调查的具体目标：导学案在各学校初中地理教学中运用的现状调查与分析；初中学生学习地理热情、自学能力现状调查与分析。

根据以上目标，调查的具体方法有问卷调查法和访谈法。问卷调查法侧重横向的不同学校的对比，分析学生学情的共性和差异；访谈法侧重分析学生纵向的学习状态变化，两种方法有机结合，多角度地了解学生对导学案的了解情况以及学习地理热情、自学能力等情况。所获取的有效数据和学生学习实际情况作为研究的实际依据，制定相应的研究计划，并能够根据学情的特点，有计划、有步骤、有方法、有目标地实施教学与研究，及时总结每一个阶段的研究成果。

4. 案例研究法

在做成导学案的基础上，课题组同时开始进行课例观察。

首先，课题组经研讨，商议课例观察的重点落脚于导学案目标的设定是否恰当；思维导图是否体现了重难点，是否结构清晰，以及能否帮助学生构建知识网络等；知识导练的难度以及复习的效果评价，最后观课教师发现在这节课中值得借鉴的地方和建议改进的地方等。按照这些要点设计了课堂观察记录表。

其次，利用观察记录表听课，在听课的过程中注重观察学生使用导学案过程中有没有什么问题，能不能让学生顺利地回忆和再现学习的知识，复习的目标是否达到等，并认真发现授课教师的闪光点和不足，听课后与授课教师进行充分的交流。

最后，授课教师授课后认真进行反思，对课上发生的问题和生成的情景，思索发生的原因，回顾在使用导学案过程中，学生的反应，等等，做好再次教学的准备。

（二）研究对象

本课题研究的主要对象是本校 2019—2021 年的七、八年级的学生，同时选取了观山湖区两个二类学校（乡村学校）进行实验推广。拟通过课题研究，帮助学生通过使用复习课思维导图导学案，在学习方法、习惯和地理思维方面的发展和变化。

五、研究步骤和技术路线

（一）研究步骤

1. 第一阶段（课题准备）（2016 年 9 月—2017 年 1 月）

本阶段研究目标为：学习和建模。

研究内容：

（1）完成相关的问卷调查及统计，并整理撰写问卷调查的分析报告。

（2）查阅“导学案”“思维导图”的相关理论，学习有关“复习课”的文献资料，加深对本课题研究内容的认识。

（3）参加开题报告会议，了解本课题研究的相关内容；安装绘制思维导图的软件 iMind Map，学习该软件的使用。

（4）建立地理复习课思维导图导学案模板（确定主题、主要内容呈现）

同一年级的教师通过交流协作，编制章节复习课思维导图导学案，本课题所有研究者共同交流讨论，建立地理复习课思维导图导学案模板。

2. 第二阶段（课题实施）（2017 年 2 月—2018 年 1 月）

本阶段研究目标：章节复习课思维导图导学案的编制和使用。

研究内容：

（1）对前一阶段形成的地理复习课思维导图导学案模板进行讨论，细化模板内容；

（2）按每章节分工到教师，利用模板编制导学案；

（3）通过课堂观察学生使用复习课导学案的情况及教师运用中的问题困惑等的商讨，对章节导学案进行使用—反思—修改—再使用—再反思—再修改，形成导学案定稿。

3. 第三阶段（课题总结和结题）（2018 年 2 月—2019 年 6 月）

本阶段研究目标：课题总结和结题。

研究内容：

（1）课题研究人员对自己各学期的研究资料（教师个人研究资料和学生学习成长资料）进行整理归档，总结并撰写个人课题结题报告；

（2）课题研究人员每人撰写一篇与本课题相关的论文；

（3）课题负责人和学术秘书撰写课题组结题报告；

（4）制作课题成果，包括各年级章节复习课思维导图导学案编印成册和部分课堂实录；

（5）申请结题和结题（2018 年 6—2019 年 6 月）。

在课题各项研究工作完成的情况下向区教培中心提出结题申请，接受专家对课题的评审。

（二）研究技术路线

首先通过文献研究和培训学习，了解思维导图导学案的特点和编制，根据调查问卷分析，确定适用本校学生思维导图导学案的结构、编制的原则。然后，教师将编制好的导学案投入教学实践，教会学生绘制、使用思维导图，并不断反思、修改。最后通过问卷调查和成绩分析进行总结，反思思维导图导学案的优点、不足和再研究策略。

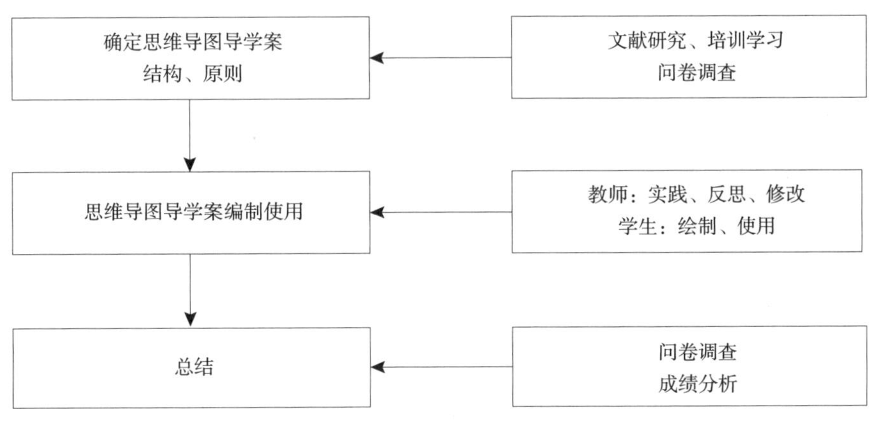

图 13–1　研究的技术路线

六、研究的重点难点

1. 着重研究复习课思维导图导学案应呈现的要素、导学案的结构和导学案的使用等内容，撰写一套可操作性强的初中地理复习课思维导图导学案集。

2. 探索如何在初中地理教学中落实复习课思维导图导学案应用的方法和策略。

七、研究原则

科学性：符合学生认知规律和地理课程等相关要求。

实用性：服务教学，提高复习效率和考核成绩。

可行性：课堂教学活动与课题研究紧密联系，提供了一定的研究时间和平台。

创新性：形成复习课上使用的思维导图导学案的框架，摸索出复习导学案中师生对思维导图的使用策略。

第三部分　课题的实施

一、组织管理

（一）建立课题研究团队

在观山湖区教研员韩丽薇老师的指导下，建立了课题研究团队：林科丽担任课题负责人，刘丽担任课题秘书，负责课题各项工作的开展。各位成员在课题组中充分发挥自己的优势，全组人员在地理教学、读书交流、课题研究等方面相互学习、相互促进。

（二）搭建网络联系平台

为了课题的顺利开展，我们第一时间建立了QQ联系群，可以及时、高效开展网络研讨，辅助课题的开展。同时，课题成员都加入了观山湖区地理教研微信群、QQ群，及时了解区内地理教学动态，课题相关信息等。

二、学习培训

1. 专题文献学习

在课题开展中，我们课题组成员自学了“思维导图导学案”的相关文献资料，主要文献有:《启动大脑》《初中地理“学案导学教学模式”的探索与思考》《初中地理导学案教学设计》《初中地理导学案设计的几点思考》等。基于前人研究的基础上，结合本课题实际，不断思考导学案的框架和内容，如何让复习课思维导图导学案起到引导“复习”的作用。

自学后，各位研究教师根据自己学习的内容撰写学习笔记、读书心得等并与课题组成员进行分享。

2. 集中研讨，思维碰撞

课题立项、课题研究计划制定、课题研究总结过程中，我们都结合学校教学任务、个人课题研究的情况进行网络的或是集中研讨，研讨过程中提出自己的意见和看法，经大家商议后形成一致意见，展开课题研究。

2016 年 10 月，课题组酝酿课题研究，初步确定课题研究的题目为《初中地理思维导图导学案的编制与使用研究》并撰写课题立项申报书，向教育局提出课题立项申请。

2016 年 11 月 29 日，在课题开题会上，课题负责人林科丽向专家汇报了本课题课题名称、“研究什么？”“为什么研究？”“怎么研究？”等问题。郑健、万启桂、韩丽薇等专家对课题研究的思路和研究方式等进行了详细的指导，专家的鼓励和建议增强了我们开展本研究课题的信心。

3. 参加市、区组织的专题培训

2016 年 12 月 21 日，教育局教培中心在外国语中学召开课题培训会，进行了“读书笔记”撰写心得的交流，课题组成员听取金华中学张磊分享的心得体会，了解读书笔记的分类，以及做好读书笔记的要点“重质量、重内涵、读到心到”等。

2017 年 3 月 23 日，课题组成员参加教培中心韩丽薇主持的“课题立项培训会”，学习了教学科研的作用，明确了课题研究的目标“落脚点是学生”、再者是教师的方法与策略。对课题研究的进一步开展提供了思路。

2017 年 4 月 12 日，参加教培中心组织的课题研讨会，韩丽薇老师介绍了导学案的框架要素、重点、评价及效果测评等。据此课题组成员经商讨，形成“贵阳三中复习课思维导图导学案”的基本框架。

4. 工具软件的学习

在课题研究中，结合贵阳市电教馆微课平台的工作要求及课题研究需要，课题组教师一起学习了思维导图制作软件 ImindMap，使用软件对地理课时章节进行归纳、撰写教学设计等，并能熟练地将相关地图、文字等插入思维导图中，丰富思维导图的内容和形式。

三、思维导图导学案调查研究

（一）调查目的

为摸清学生对导学案和地理学习的实际情况，获取有效数据，制定相应的研究计划，并能够根据学情的特点，有计划、有步骤、有方法、有目标地编制和使用导学案，课题组于 2016 年 12 月在观山湖区进行了抽样调查。

（二）调查对象

为研究思维导图式导学案在不同类型学校的使用情况，除了本校一类学校（城镇学校）参与实验研究，还选取了观山湖区两个二类学校（乡村学校）进行实验推广，在各校地理教师的帮助下进行问卷调查、对比分析。

一类学校：贵阳市第三中学七年级（随机）1 个班 44 人和八年级（随机）1 个班 44 人，共发放问卷 88 份，回收问卷 88 份，其中有效问卷有 88 份，有效率达到 100%。

来自城镇学校的学生：大多数家长比较关心孩子教育问题，但因自身工作因素影响，有部分学生是由爷爷奶奶等亲戚托管，家长没有能力管教孩子或疏忽管教。

来自观山湖区上、下麦村村民拆迁户的学生：家庭经济富裕但没有能力管教孩子或疏忽管教，导致学生没有良好的行为习惯和学习习惯。

二类学校：金华中学八年级（随机）1 个班 42 人，共发放问卷 42 份，回收问卷 42 份，其中有效问卷有 42 份，有效率达到 100%。

朱昌中学七、八年级各 1 个班（随机）共 90 人，共发放问卷 90 份，回收问卷 90 份，其中有效问卷有 90 份，有效率达到 100%。

来自金华、朱昌等郊区乡村乡镇的学生：随城市开发的发展，本地区农民在经济状况上发生了极大变化，这种变化既是指一部分在土地征拨中经济上的迅速富裕的失地农民，也是指一部分还停留在经济仍旧处于落后状况的家庭。同时还包括大量散落居住于本地的外来进城务工人员。无论哪一种情况，都必然出现了一种共同结果。即落后的农村思想观念意识的普遍存在和新兴城市所必需的先进文化素质要求的矛盾。

综上，两类学校学生学情既有区别，也有共性，如留守儿童，由于父母外出务工、经商等原因，其子女多借助亲戚或交由家中老人托管；父母离异或单亲家庭子女，有些学生从小养成习惯不好，导致自己学习方面感到困难。由于以上种种因素，学生在学校的学习生活中呈现各种学习行为问题。加上进入初中后学习科目多、知识面广、难度大，致使相当部分学生对学习产生畏难情绪，学习信心不足。学生存在的这些不良学习习惯，已成为制约学校教学质量的提高和持续发展的一个主要因素，而学生不良学习习惯并非一朝一夕就可以改变，需要持之以恒的、艰苦的努力。

（三）调查内容

1. 思维导图导学案在各学校初中地理教学中运用的现状调查与分析；
2. 初中学生学习地理热情、自学能力现状调查与分析。

（四）调查过程

首先，在课堂上把调查问卷发给学生，填完后就回收，可确保问卷有效性。然后用 Excel 表格统计数据，收齐 3 所学校的数据后，在 Word 文档里列表进行对比分析。

（五）问卷调查结果与分析

1. 前测

依据学生反馈的问卷情况（调查问卷参照陈亚伟《初中地理导学案在课堂教学中的应用研究——以六合区龙池初级中学为例》），学生使用导学案能促进学生的地理学习，其优势主要有两点：一是大多数学生对地理学科比较感兴趣；二是在其他学科或是小学使用过导学案，感受到导学案带来的好处。

同时也发现了不足之处：一是由于地理学科在学生考试中所占的地位原因，课下学生对地理的关注度不够，二类学校学生表现更明显；二是学生生活经验不足，生活与学习联系不够；三是学生学习的自信心需要加强。

依据所分析的优势与不足，课题组提出相应的建议，将课题研究的主要方向确定为：精心设计导学案，提高学生学习地理的兴趣，有效引导学生主动参与学习，学会分享，学会思考，学会总结。

2. 后测

在课题研究中后期，使用复习课思维导图导学案一段时间以后，课题组对学生进行了追踪调查，问卷设计了 10 道单选题，问题涉及学生使用思维导图导学案的感受、对导学案内容设计的评价以及使用导学案复习效果的评价。调查结果显示，学生认为思维导图导学案对学生的复习真正起到了“引导”作用，其中的内容——“目标导读”“思维导学”“知识导练”等，对学生复习有较大帮助，88% 以上的学生认为复习课思维导图导学案能实实在在地帮助巩固知识。

通过前期调查和后期调查对比，同时对老师和学生进行访谈，了解课堂使用效果，认为导学案对帮助学生掌握初中地理基础知识、基本技能，理清学生对所学习的知识点之间的联系、构建初中地理学科知识结构等有较大帮助。

四、基于思维导图的初中地理复习课导学案的结构组成

通过课题组在成员对复习课思维导图导学案的结构、内容等进行研讨，对导学案模板进行创建、整合、优化。形成导学案模板第一版，结构组成如下图。该

模板分为以下三大环节：（1）课前复习阶段——在此阶段，教师根据课标和考试说明，具体、清晰的说明复习目标，学生据此确定复习关键词，然后根据关键词绘制思维导图；（2）课中复习阶段——在此阶段，学生通过小组合作发现组内同学思维导图的亮点、疑点并处理疑问，在此基础上完善思维导图，然后通过“快速测评”检查复习结果；（3）课后总结反思阶段——在此阶段，学生表述自己对本章知识的掌握程度和难点。

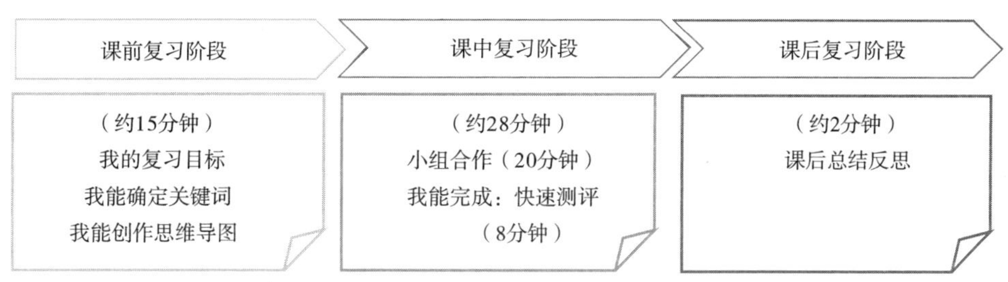

图 13–2　复习课最初的导学案

利用导学案模板第一版，在指导学生进行复习课学习的过程中，我们发现这个模板对学生的要求太高，部分学生在确定关键词这一环节有较大的难度，绘制出来的思维导图不能恰当地展示章节中知识点的内容及其联系，在教学中各环节的时间把控也不容易，课堂上完成某一章节复习课教学任务且达到预设的复习目标的难度较大，在整体情况较好的班级还行，但对于较差的班级复习的效果大打折扣。因此需要对导学案模板进行进一步修改，课题实验教师也根据自己的使用情况进行初步修改使用。

在第一版的基础上，课题组成员展开讨论，就导学案模板中复习目标的呈现形式、思维导图的展示方式进行研讨，形成一致意见：复习目标的确定按课程标准和常见的考试形式，将本章节的主要知识内容以“记住”“会绘制”“会分析”“会举例”“会运用”等罗列出来，让学生清楚知道复习以后要达到的效果和目标，复习课后能明确自己是否完成复习任务；思维导图由学生自己绘制的话，在课堂上比较耗时，让学生自己在家完成有违于课题研究的初衷，因此我们思考将章节的知识内容关键词以思维导图的形式展示来，帮助学生在课堂上结合教师的引导完善思维导图，达到复习课的目的。

2017 年 6 月 14 日上午，黄元莉老师按照大家的修改意见，制作《中国四大地理单元自然特征与农业》复习课思维导图导学案并完成授课，我们邀请了观山湖区教培中心地理教研员韩丽薇老师听课，为课题研究做指导。听课后，韩老师为课题研究及导学案的编制提出宝贵的指导意见，建议导学案由 4 部分组成：目标导读、思维导学、知识导练和自我测评。

通过专家指导、教师思考及研讨中的思维碰撞，课题组成员商定形成了最终的导学案模板，其结构组成如下：

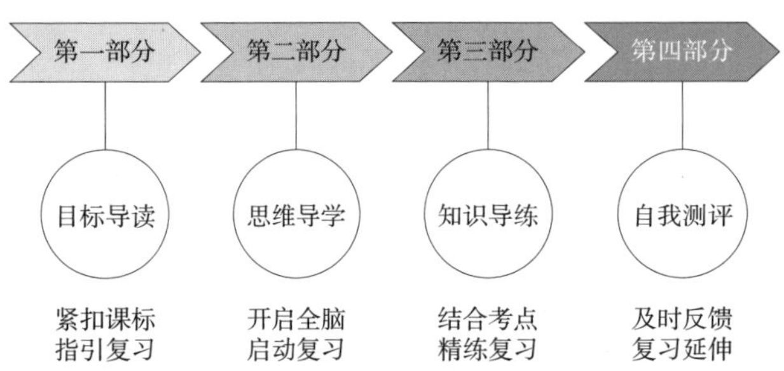

图 13–3　复习课最终的导学案模板

【目标导读】

目标导读部分是根据新课程标准制定的，将专题复习目标清楚地告诉学生，以行为动词如指出、说出、分析等词告诉学生某知识点该掌握的程度。此部分紧扣课标，指引复习方向。

【思维导学】

按照教材内容和顺序整合，主要类型有自然地理、人文地理和区域地理，图文并茂，帮助学生再现新课场景，回忆起相关知识点，通过思维导图开启全脑，启动复习。结合本课题学校学生学情，即大部分学生提取关键词的能力较弱，所以在本部分的思维导图中给出了主要关键词。

【知识导练】

结合新课程标准和贵阳市中考命题情况，精选难度和题量合适的选择题和读图题，检验学生是否掌握本专题的相关内容，是否能用所学方法进行迁移运用、举一反三。

【自我测评】

此环节让学生总结复习效果，是初中生比较喜欢的自我检测方式。“在哪些方面还有疑惑？”此部分内容的设置很大程度上促进学生查缺补漏。此部分需要教师针对学生的疑惑及时做出反馈，解决学生的疑惑，增强学生学习的信心。

五、基于思维导图的初中地理复习课导学案的编制

（一）编制软件

本课题主要使用软件 ImindMap、Word 编制导学案。

（二）编制思路和步骤

1. 使用软件 ImindMap 编制思维导图

结合课标和贵阳市考试要求，教师先理清知识点、重难点及其关联，找到合适的地图、文字等资料，使用软件 ImindMap 编制思维导图，再将其导出为图片并保存。

结合学生学情，即大部分学生提取关键词的能力较弱，所以在思维导图中给出了适当的关键词，帮助学生回忆相关知识点。通过思维导图开启全脑，启动复习。

2. 使用 Word 文档编制思维导图导学案

根据导学案模板的结构组成，将前期编制好的思维导图图片插入第二部分，使用 Word 文档编制完成思维导图导学案，调试格式大小。

按各实验教师任课的年级分配任务，设计制作各章节的复习课思维导图导学案，并将自己设计的导学案及时发到课题研究群中，大家查阅后给出意见和建议，自己再进行修改再投入使用。通过“编制—实践—反思—修正—再实践—再研讨”，最终形成导学案定稿。

课题组在一个学年完成了人教版七、八年级地理各个章节的导学案。包含七年级上册5篇、七年级下册6篇、八年级上册8篇和八年级下册7篇共计26篇人教版初中地理章节复习课思维导图导学案。

六、基于思维导图的初中地理复习课导学案的教学实践案例

导学案主要根据人教版地理教材章节顺序按“章型”编制，部分章节进行整合。根据复习课内容不同，将思维导图导学案分为三大类，即自然地理、人文地理和区域地理。当然，区域地理也涉及区域的自然地理和人文地理。3种类型的思维导图导学案结构组成差异不大，但侧重点会有不同。

如自然地理包括地形、气候、河流、植被、资源、自然灾害等自然环境要素，需要学生在理解各种地理概念、地理现象的基础上，通过各种图文资料进行观察、分析、归纳，最后能举一反三，进行知识的迁移运用，其分析方法和思路如下图：

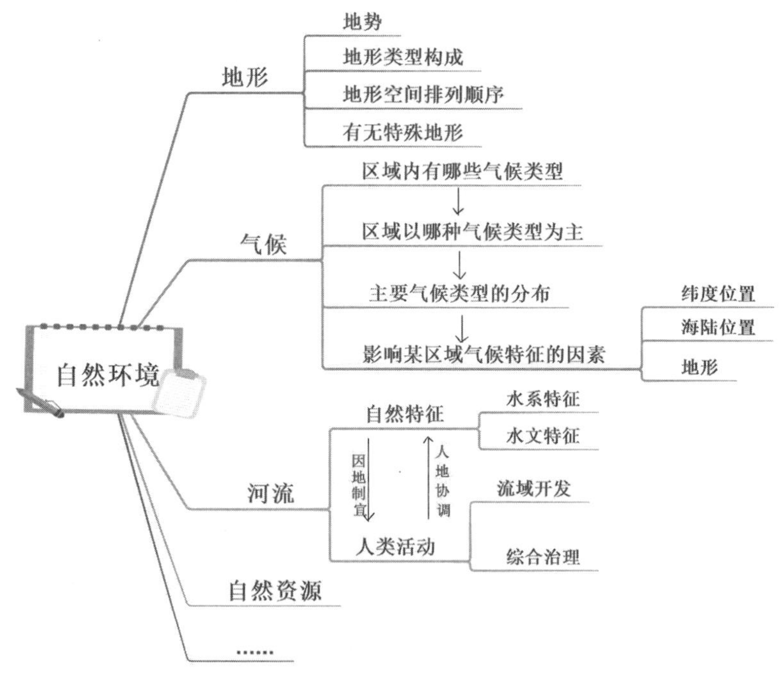

图13–4　自然环境分析方法思维导图

以此思路，课题组成员共完成自然地理类导学案 10 个，人文地理类思维导图导学案 2 个，区域地理类思维导图导学案 14 个，分别进行教学实践。

七、思维导图导学案的使用研究

（一）循序渐进向学生渗透思维导图

要想让学生利用思维导图导学案学习、复习地理学科，就必须将这一新的学习方式带入到地理教学课堂中。

从地理教材的结构上来看，“节型”知识是知识体系中，最具体、最微小的单位，字面理解是教材中某一节的知识点，但也可以是指某几个重要的具体知识点的组合。根据具体不同的内容，学生根据自己的理解可以构建不同的“节型”思维导图，通过思维导图，学生可以把凌乱的知识重新组合，增强了知识点之间的联系。“节型”知识结构思维导图的构建相比“章型”“专题型”要容易些。所以利用思维导图构建好“节型”知识体系可以为“章型”“专题型”思维导图的构建提供范例，而其他知识体系的构建可以沿用相同的方法、步骤和原则。

1. 学生绘制“节型”思维导图

先让学生认识思维导图。要给学生讲清楚什么是思维导图，怎么才能使学生感受到思维导图能够帮助自己理清知识点，构建知识体系呢？用 ppt、视频等让学生对思维导图有直观的理解，并提起学生对思维导图的兴趣。

然后，将思维导图引入地理课堂笔记。课前要求学生准备一个美术图画本作为地理笔记本，笔记将由以前传统的线性笔记改为思维导图笔记。教师在备课时全部章节都用思维导图设计课堂板书，带领学生做好“节型”思维导图。

2. 学生绘制“章型”思维导图

学生了解“节型”思维导图的基本画法后，逐渐放手让学生绘制“章型”思维导图。让学生自己先阅读教材后，在教师的引领下，画出本节主题，并以主题为中心，分散出各一级分支，再在每个曲线分支上标注上内容。经过大胆放手之后，大部分学生就可以独立绘制“章型”思维导图。

3. 学生绘制“专题型”思维导图

学习、绘制了教材案例“亚洲”后，在教师引导下，学生能完成专题“大洲”的思维导图绘制，在绘制的过程中，学生需要在教材或自己大脑里搜寻大洲的相关地理知识，对比大洲的轮廓、面积等地理元素，拔高了对基础知识的认识，说明学生能利用学习工具思维导图来进行自主复习，触类旁通，掌握地理知识体系。

教师逐步引导学生绘制“节型”－“章型”－“专题型”思维导图，从新课到复习课，遵循了由易到难的学习规律，符合学生的学习特点。

通过以上“润物细无声”的操作让学生认识思维导图，体会到思维导图的优势，使他们慢慢地接受了思维导图，愿意运用思维导图来学习地理，复习地理。复习不再是被动、枯燥的记忆，而是主动、有趣的探索。

（二）思维导图导学案在区域地理教学中运用尝试

课题组 5 位研究教师在 2019 届 11 个班 397 人，2020 届 10 个班 431 人，2021 届 9 个班 371 人中开展了思维导图导学案在地理复习课中的运用尝试，在 2021 届中设置了一个不使用思维导图导学案复习的班级（七年级 6 班 45 人）进行对比。

区域地理是初中地理中重要的内容，每个区域都涉及相关的自然地理和人文地理，所以，区域地理是地理学习的一个重点，也是一大难点，课题尝试利用思维导图这一高效的思维学习工具来帮助学生掌握区域地理的学习方法，参考申招斌主编的《初中地理思维导图》，开始编制复习课中使用的思维导图。

在人教版七年级下册世界区域地理的教学尝试中，首先由教师引导学生利用教师编制的思维导图导学案学习第六章《我们生活的大洲——亚洲》，在思维导图中将知识点、关键词进行详细归纳，引导学生从位置、自然地理特征和人文地理特特征 3 个方面描述一个大洲，如何通过对地图和相关资料的分析归纳一个大洲的区域特点，同时也为教材中地区和国家等地理区域的学习提供了基本的方法和策略。

与亚洲学习使用的思维导图不同的是，《日本》《东南亚》编制的思维导图只有三大知识要素的框架，其下一级知识点内容由教师引导可根据各区域特征进行删减、归纳，提取关键词，发挥思维导图发散思维的优势。

通过“一个大洲”“一个国家”和“一个地区”学习的案例分析后，学生可以从整体上把握分析区域地理的基本步骤：先从位置和范围入手，进而研究自然环境要素和人文环境要素。只是不同的区域在要素分析的侧重有所不同。最后引导学生借助思维导图看出各个区域具备的优势以及存在的问题，并启发学生提出区域的发展方案。通过这一系列的学习过程，学生不断思考、绘制、交流，不仅让学生掌握了区域地理的学习方法，进而让学生具备区域认知这一核心素养，还为培养学生的地理综合思维奠定了基础。

（三）使用思维导图导学案开展复习课的使用策略

按照思维导图导学案的四大部分，逐步引导学生开展地理复习。

【目标导读】

上课之前带领学生理清复习目标，通过阅读、提问等方法让学生第一时间思考“这些我还记得吗？”针对还未掌握的，提醒学生在接下来的复习中有所侧重。

【思维导学】

在复习课中使用思维导图导学案，思维导图是启动复习的重要抓手。因为学生对旧知识没有太多新奇感，什么活动能引起学生的复习兴趣，又可引导学生围绕复习主题展开思维发散呢？让初中生积极参与到主动复习中，是整节课的突破点。

以复习国家为例，在复习专题“东半球的国家”中，涉及的国家共有 4 个，教师选择对比度高的“日本”和“俄罗斯”进行示范引导，学生将复习思路和方法迁移应用到“印度”和“澳大利亚”的复习。

步骤一：“看图说话”，唤醒知识点。

“看图说话”，培养学生观察能力。即学生通过浏览相关的图片或视频等可视可听材料，说出主要知识（关键词）的一种复习方法。学生通过快速浏览相关图片，在可视图片、可听音乐的刺激下，开发学生右脑，打开发散思维的按钮，比比哪位同学记住的最多；同时左脑负责关键词、逻辑、层级等方面的收集，在全脑配合下完成思维导图。教师可适时引导学生提取关键词，填写思维导图。学生活动过程为：看图—说出—写出。当然，材料的选择要根据授课教师、学情而定。

步骤二："查书补漏"，完善思维导图。

"查书补漏"，培养学生自查自学、读图归纳能力。即学生针对自己遗忘、还未掌握的知识点，自行查阅教科书，进行查缺补漏，补充完善思维导图，培养学生养成自查自学的学习习惯。教师及时观察学生的完善状况，以便下一步"再辨难点"的开展。

步骤三："再辨难点"，优化思维导图。

培养学生合作、表述等综合能力。教师当场针对大多学生存在的问题、教学难点再次点拨，根据学情及时答疑解惑。学生进一步优化思维导图，把自己觉得重要或自己掌握不牢的知识点补充进思维导图，给学生一定空间展现学生思维的延伸、对思维导图作品的创新。不同班级可以采取多种教学手段突破难点，如生生合作、师生合作进行思维导图竞赛等。教师可随机抽取学生对自己所绘制的思维导图进行讲解，回答和分析其他学生的质疑，以生为师，相互解惑。

【知识导练】

要求学生快速完成，一般时间控制在 10 分钟，具体完成时间可根据专题内容来定。

此部分先由学生独立完成，通过现场投影、学生讲评、课后批改等方式进行评讲，学生可通过订正来巩固薄弱环节。

【自我测评】

此部分让学生对应目标导读，最后自我评价"这些我都会了吗？"，并将所有的疑惑或复习的方法经验写出。教师再次将信息反馈给学生，及时激励、帮助学生更有兴趣的学习地理。

第四部分　课题的研究成果

一、理论成果

（一）将“学案导学”和“思维导图”进行有效结合

将先进的教学模式“学案导学”和先进的学习工具“思维导图”进行有效的结合，形成新的教学手段，运用到初中地理复习课中。

（二）对思维导图的使用范畴进行了有益的补充

将思维导图应用到学生复习课，将初中地理知识要点和知识结构体系以图文方式展示出来，提高学生学习地理的兴趣，避免复习课“炒旧饭”的刻板印象，引导学生进行充分的思考与训练，提高学生综合运用地理知识的能力，更好地适应现在的考试模式，减轻复习的压力。

（三）促进了“学生主体性”课程理念的进一步深入

随着课题的开展，地理教师在课堂教学中更加尊重学生的主体性，学生充分发挥自己的主观能动性，主动在教师的引导下（图片 + 文字 + 练习）复习学习的过程中构建知识体系。

二、实践成果

（一）搭建基于思维导图的复习课导学案框架

导学案结构组成分为四大部分：

目标导读——将课标要求、考试要求整合成具体的目标，学生通过阅读能明确本章节的基本知识基本技能要求及重点、考点，学生做到心中有数；

思维导学——通过教师的引导、思维导图中主要图表的展示、关键词提示等，在复习回忆的基础上，学生将思维导图补充完整后，教师通过点评、展示、解疑等强化学生复习的效果；

知识导练——精选题目，让学生在复习后进行检验，看看本章节的复习目标是否达到；

自我测评——学生对自己复习的效果是否满意进行评价。

（二）摸索思维导图导学案的使用策略

1. 循序渐进向学生渗透思维导图

教师逐步引导学生绘制“节型”-“章型”-“专题型”思维导图，遵循了由易到难的学习规律，符合学生的学习特点。

2. 导学案中思维导图的使用策略

步骤一：“看图说话”，唤醒知识点。

步骤二：“查书补漏”，完善思维导图。

步骤三：“再辨难点”，优化思维导图。

（三）汇编学生思维导图作品集

汇编学生各类思维导图作品，由“节型”“章型”到“专题型”，说明学生能自己建立地理知识体系，已掌握学习初中地理的基本思路，具备一定的地理思维。

（四）编制《初中地理复习课思维导图导学案集》

导学案主要根据人教版地理教材章节顺序按“章型”编制，同时考虑到不同的复习内容（自然地理、人文地理和区域地理），将部分章节进行整合。共编制了人教版七、八年级地理各个章节的导学案共计 26 篇。

（五）撰写课题结题报告和相关论文

课题研究过程中，研究教师总结自己的研究所得，撰写结题报告和相关论文。论文中，老师们按照自己的课题实践进行提炼，提出自己的看法、做法，写出自己的困惑，思考解决的方法，等等。

1．林科丽：利用复习课思维导图导学案，上好复习课的实践探讨。

2．刘丽：初中地理专题复习课思维导图导学案的编制与使用策略——以人教版“东半球的国家”为例。

3．李桂琼：思维导图在初中区域地理教学中的运用尝试。

4．杨锦芝：运用思维导图建构初中区域地理知识体系的策略初探。

5．黄元莉：运用思维导图提升复习时地理知识迁移能力的策略探究。

三、研究成效

（一）教师本身得到提高

教师使用导学案进行教学，对于教师本身而言，对本章节乃至本册教材的结构内容、重点难点和学生的掌握程度有一个比较直观的认识与了解，为教师进一步开展教学活动和教学设计提供依据。

经过自我训练，教师脑子里已存下一张张思维导图模式的板书，因为脑中有“图”，对总体课程进度、每节课的重点和难点、教学内容、知识结构及相关知识点之间的联系等方面，把控得更加游刃有余，这使教师在课堂教学中更加得心应手，深切体会到思维导图的魅力，它在帮助教师在专业成长上有着不可估量的作用。

在课题研究过程中，课题研究教师撰写的相关论文、教学设计等在各级各类评比中获得奖项。

（二）学生复习能力得到提升

1．学生地理知识体系得到建立

在复习过程中通过绘制思维导图，展现复习内容之间的关联性，将自然地理各要素如地形、气候等的相互影响以及大洲、地区、国家等区域内自然环境与人类活动之间的联系，形成一个比较清晰的认识与理解，帮助学生建立地理知识体系。

2. 学生自学自查的能力得以提高

在运用思维导图导学案的过程中，学生通过思考、分析、归纳，实现了从“回忆旧知识”到“建立新体系”，知识积累不断增加，逐渐形成“滚雪球”效应。学生越学越轻松，逐渐形成自学自查的学习习惯。

3. 学生应试能力得到提高

在课堂上进行思维导图的训练和相对应的练习题的练习与讲评，帮助学生更好地阅读题目，理解考试中的问题，做出相应的解答。这一成效直接体现在学生的测试成绩上。

朱昌中学 2019 届八年级第一学期单元测试成绩，平均分从第一单元 49.5 分到第二单元 58.4 分、第三单元 63.2 分、第四单元 68.7 分，纵向对比了学生的进步。

贵阳市第三中学 2018—2019 第二学期 2021 届七年级期末成绩，同一授课教师的四个平行班（5 班、6 班、9 班、10 班）中，5 班、9 班、10 班使用了思维导图导学案进行复习，平均分、及格率、优分率、均分率略高，6 班（不使用思维导图导学案复习的对比班级）平均分、及格率、优分率、均分率较低。横向对比出使用思维导图导学案复习具有一定的效果。

（三）给其他教师带来参考价值

思维导图导学案的推广：我们将课题研究初步成果《思维导图导学案模板》提供给朱昌中学、金华中学，老师按导学案模板自己设计导学案，在课堂上使用。同时对老师和学生进行访谈并发放相应的问卷，观察课堂使用的情况，了解使用的效果，得到师生的一致肯定，认为导学案对帮助学生掌握初中地理基础知识、基本技能，理清学生对所学习的知识点之间的联系、构建初中地理学科知识结构等有较大帮助。

课例的推广：杨锦芝老师“专题‘地区’”的复习观摩课收到了较好的效果，给全区老师在区域地理复习中提供了一些参考和启发，课后有老师希望我把复习课导学案和课件分享在观山湖区地理教研群中，方便大家参阅。后来观山湖区有位地理老师在上区域地理的复习课时，从中获得启发，也是以思维导图的方式来进行复习。综上，课题成果给其他教师带来了有效的参考。

第五部分　存在的问题和建议

一、课题研究中的问题

课题研究结束阶段，我们对本课题研究进行反思，回顾课题研究的过程，在课题研究中存在以下问题：

1. 课题研究中对于理论知识有所学习探讨，也做了一些实验探索，但是限于理论水平有限，实践经验不足，课题实验教师承担的教学班级较多，以及教师精力有限，导致课题研究有一定的效果但还需要继续深入，研究的空间还大。

2. 课题研究的过程性资料收集不够及时，导致资料比较零散，系统性不够强。

3. 在使用思维导图导学案来开展地理复习课的过程中，我们也遇到一些问题。

（1）复习的深度和广度该如何界定？

由于复习课针对的主要目的是迎接考试，当面对统考或结业考试时，复习的广度和深度以及学生复习的效率和巩固的程度都会影响考试的成绩。因此在导学案设计中目标的设定和具体要求的表述理解是关键，要求教师在进行导学案设计时要细致地思考，参照课程标准的要求将目标细化、具体。

（2）思维导图关键词要提示到什么程度？

优等生和学困生提取关键词的能力不同，导学案的设计不一定能照顾到全部的学生，“思维导图关键词要提示到什么程度”这是我们课题研究中遇到的又一问题。

这些问题将作为课题组成员今后进一步思考和探索的方向，继续展开探究。

二、建议

课题组研究教师在之后的教学中继续将本课题研究的成果《人教版初中地理复习课思维导图导学案》投入到复习当中，并且针对每个章节的要点，对照课程标准进一步细化复习目标，更准确、更具体地描述复习目标要求，使学生在使用导学案时更加明白本章节的知识点应掌握的程度；思维导学部分思维导图在绘制上要更突出学生的主体作用，启发多于记忆，展示学科知识的整体联系，突出地理思维的特点，与学生生活紧密联系；知识导练部分，要及时更新题目，与现实社会、生活、经济等紧密联系，与高年级知识实现衔接，为学生进入新的学习阶段打下基础。

本课题研究中感悟到选择课题研究题目时，选择“小”的、与教育教学工作密切相关的、结合教学工作能完成的课题非常重要，教学工作与教学研究相辅相成，良性循环，既使教师得到提高，也促进学生的进步。今后若承担课题研究，将继续选择与教育教学工作密切相关的问题逐步开展研究。

总之，复习课思维导图导学案的编制与使用还有很多需要思考和改进的地方，在以后的教学实践中，我们将继续优化思维导图导学案，为师生的共同成长继续努力。

参考文献：

[1] 刘晓宁．我国思维导图研究综述 [J]. 四川教育学院学报，2009，25（05）：109–111+116.

[2] 刘欣．思维导图在初中地理复习中的应用研究 [D]．武汉：华中师范大学，2016.

[3] 曹文婷．高中地理必修一知识体系思维导图教学应用研究 [D]．陕西师范大学，2017.

[4] 陈亚伟．初中地理导学案在课堂教学中的应用研究——以六合区龙池初级中学为例 [D]．江苏：南京师范大学，2015.

观山湖区区级课题：初中地理思维导图导学案的编制与使用研究

立项编号 GSHKY（2016）014　　结题编号 GSHKY（2020）039

课题主持人：林科丽

执笔人：刘　丽　林科丽

主要参研人员：刘　丽、李桂琼、杨锦芝、黄元莉

中学生青春期性健康教育的实践研究

北京师范大学贵阳附属中学　宋元汶

随着我国教育改革的全面推进，中学阶段的课程研究成果斐然。但由于各种因素的影响，针对中学生性健康教育领域的研究较为少见。青春期是人一生成长的重要时期，是塑造健全人格的关键期。青春期性健康教育作为人格教育的重要组成部分，不可忽视。本研究基于学生生命成长的需要、学校条件及课程优势，对我校初高中学生进行了性健康教育的深入实践研究。经过不断实践检验，总结经验，析出成果。整合形成中学阶段常规课程渗透性健康教育的结合点内容框架体系，构建了科学、系统、立体、独特的“五位一体学科融合双轨道”中学生青春期性健康教育模式。

第一部分　问题的提出

一、研究背景

（一）我国性健康教育研究的政策依据

1.《关于做好预防少年儿童遭受性侵工作的意见》

2013 年 9 月 3 日，教育部、公安部、共青团中央、全国妇联联合发布了《关于做好预防少年儿童遭受性侵工作的意见》。预防少年儿童遭受性侵各地教育部门要将预防性侵犯教育作为安全教育的重要内容。要通过课堂教学、讲座、班队会、主题活动、编发手册等多种形式开展性知识教育、预防性侵犯教育，提高师生、家长对性侵犯犯罪的认识。广泛宣传“家长保护儿童须知”及“儿童保护须知”，教育学生特别是女学生提高自我保护意识和能力。

2.《“健康中国 2030”规划纲要》

2016 年 10 月《“健康中国 2030”规划纲要》出台，规划纲要中明确指出以中小学为重点，建立学校健康教育推进机制，构建相关学科教学与教育活动相结合、课堂教育与课外实践相结合、经常性宣传教育与集中式宣传教育相结合的健康教育模式。培养健康教育师资，将健康教育纳入体育教师职前教育和职后培训内容。强化社会综合治理，以青少年、育龄妇女及流动人群为重点，开展性道德、性健康和性安全宣传教育和干预，加强对性传播高危行为人群的综合干预，减少意外妊娠和性相关疾病传播等。

3.《中华人民共和国未成年人保护法》

2019 年 10 月 21 日，《中华人民共和国未成年人保护法（修订草案）》提交第十三届全国人大常委会第十四次会议一次审议。草案一审稿首次将学校应对未成年人开展性教育纳入。2020 年 10 月 17 日，十三届全国人大常委会第二十二次会议表决通过修订后的未成年人保护法。2020 年新修订的《中华人民共和国未成年人保护法》第四十条规定：学校、幼儿园应当对未成年人开展适合其年龄的性教育，提高未成年人防范性侵害、性骚扰的自我保护意识和能力。

（二）我国青少年青春期发育提前与性教育落后

研究显示：中国男孩青春期发育年龄提前到了 10.5 岁，女孩的青春期发育年龄提前为 9.2 岁。学生青春期生理发育方面有早熟趋向，性心理也日趋早熟，性意识早醒，性萌动提前。青少年学生青春期性发育需要与之相适应的性教育，但是，我国学校的性健康教育落后。因为没有国家相关文件支持的具体课程设置规定，没有统一的性教育大纲，没有专门的性教育教材，很多学校就避开这个敏感的课程，不重视，也不去触碰。家长受传统性观念影响，缺乏性健康教育的意识。很多家长在自身成长过程中没有接受过科学的性教育，简单地把“性教育”等同于“性行为教育”，甚至是“谈性色变”，认为这是不能拿出来公开讨论的敏感话题，羞于启齿。从本校家长访谈调查结果看，很大一部分家长有对孩子进行性健康教育的意识，很想对孩子进行引导教育，却苦于没有方法。

（三）生物和政治新课程标准对中学生性教育的要求

深入研读初中《义务教育生物学课程标准》（2011 版）、《普通高中生物学课程标准》（2017 版）、初中《义务教务思想品德课程标准》（2011 版）及《普通高中政治课程标准》（2017 版），两门学科两个学段的课程标准有一个共同的要求：在常规的教学中不但要教会学生基本的知识，还要关注学生青春期在生理和心理方面的发展，培养学生的法治意识，增强学生的道德感，学会珍爱生命，健康快乐度过青春期。

二、本校性健康教育现状及存在的问题

（一）本校青春期性健康教育的现状

我校从 2011 年建校以来，从未开展过任何形式的青春期的性教育。教师调查问卷及访谈显示，我校初高中生物、高中思想政治和初中道德与法治学科教师，对于本学科课程的育人价值认识具有局限性，受学科认识刻板印象及性健康教育意识滞后的影响，老师们认为生物学科和政治学科进行性健康教育很别扭，认为性健康教育应该是由专门的必修或选修课程讲解。教材中有涉及课渗透性教育的内容点，但是老师们没有觉察，根本原因是没有对学生进行性健康教育的意识。我校性教育处于空白的现状，没有引起重视。

（二）本校青春期性健康教育存在的问题

本校在青春期性健康教育中主要存在以下问题：

1. 学校不重视性健康教育，没有对教师明确提出有关性教育方面的责任要求。

2. 心理辅导教师的系统性，没有针对性地进行性心理健康教育。

3. 学校选修课缺乏性健康教育类课程。学校每一学年均推出选修课程，但

是从来没有尝试开设性健康教育类课程。

4. 学校营造的育人文化环境还有所欠缺，没有看到性健康教育的主题。

5. 学校生物课的性教育内容碎片化，教师缺乏性健康教育的责任意识，没有形成系统性、整体性的点面结合的性健康教育思维模式。

三、文献综述

（一）国外研究综述

1. 国外性教育发达国家的性教育发展梳理

（1）瑞典青春期性教育

瑞典是世界上比较早推行青春期性教育的国家，在学校性教育领域也取得了诸多成就。1933 年在瑞典的民间创办了第一个非政府的全国性性教育组织——瑞典性教育协会，这一组织首次提出了对青少年性教育的新颖看法。随后的几年，瑞典颁布了一系列的政策和法律来认可青春期性教育，如 1942 年在义务制学校中对 7 岁以上的少年儿童进行性教育，1944 年同性恋从犯罪的条款中删除，1955 年性教育课被列为必修课，1956 年制定了全国九年一贯制学校性教育教学大纲，1957 年国家教委制订了性教育指导要领，1970 年性教育范围扩大到所有学校。1975 年之前，他们偏重于生理教育，此后逐步增加了性道德、性评价等内容，将知识教育与道德教育有机结合起来，更将道德教育渗透到知识教育之中，教师在授课时采用启发式和参与式极大地调动了学生参与的积极性。瑞典性教育很有成效，大大降低了少女妊娠和人工流产数，性病性犯罪比例也有所下降。

瑞典从政府政策和法律支持到民间教育组织，设置各学段必修课。从偏重于性生理教育，逐步增加了性道德、性评价等内容。将知识教育与道德教育有机结合起来，更将道德教育渗透到知识教育之中。

（2）美国青春期性教育

美国是国际上比较重视青少年性教育的国家之一，从 20 世纪 60 年代开始受到越来越多的人关注。美国的性教育发展基于时代背景，分为 3 个阶段：第一阶段为无指导的性教育，由于西方“性解放”“性自由”思想对青少年的冲击，导致美国少女早孕现象增多，性病蔓延。为了减少不良性行为的发生，美国学校开始向学生传授性健康知识，但是并没有道德价值观和法律层面的教育，这种教育是脱离学生生理和心理成长实际的；第二阶段为“安全性行为”综合性教育，学校依然主张学生保持婚前性纯洁的态度，但同时也给学生介绍避孕知识，让学生在进行性行为时，使用安全套进行安全性行为，以此减少少女早孕和性病的传播；第三阶段为禁欲式性教育，从 20 世纪 80 年代开始，美国民间开始兴起一批反对性自由的教育者，他们提倡学校性教育要让学生保持童贞，保持婚前性纯洁，性教育要以品德教育为核心，重视学生的人格教育，用自尊自爱、责任感来控制自我。

（3）日本青春期性教育

日本的性教育受西方美国性教育思想的影响，发展过程和西方教育有相似的地方。20 世纪 60 年代日本提倡在学校开展“纯洁教育”，在给学生传授基本的性健康生理知识的基础之上，使学生在婚前保持身与心的纯洁。20 世纪 60 年代至 70 年代之间，由于受到西方“性解放”“性自由”思想的冲击，日本开始给学生传授性科学知识。20 世纪 70 年代以后，日本的性教育与“性指导”相结合，不但传授性科学知识，而且把性道德教育、文明教育、伦理教育放在性教育的首位，希望学生能从精神上富足，摒弃不良性行为，另外还提倡男女平等的观念，把性生理卫生知识则放在了次要地位。

（4）荷兰青春期性教育

荷兰是性教育比较成功的国家之一。荷兰政府规定了具体的青少年性教育政策，确保了青少年性教育的权利，并要求对青少年的性教育做好保密服务，尊重青少年的想法，以青少年心理发展规律来进行教育。荷兰性教育的目标是给学生提供必要的性健康生理知识和医学知识，教他们正确面对青少年的异性情感，学会理智处理两性关系和性问题的能力，尊重生命、热爱生命。荷兰提倡向全体学生进行性教育，虽然他们没有统一的教学大纲，但是不同的学校会根据学校自身的情况制定详细的教学内容、教学课时和教学方式。在进行性健康生理知识的教育时，注重避孕、性疾病传播等方面知识的介绍，还邀请生殖医生和父母来学校和学生交流他们感兴趣的话题。

荷兰性教育的目标是给学生提供必要的性健康生理知识和医学知识，教会他们正确面对青少年的异性情感，学会理智处理两性关系和性问题的能力，尊重生命、热爱生命。

（5）其他国家

其他国家也有开展各具特色的性教育，如芬兰的性教育成为中小学教学大纲的一部分，在中小学中是必修课，《我们的身体》这本书在芬兰相当受欢迎。在法国，孩子很小的时候，就让他们懂得男女两性的差别、人的发育、成熟以及妊娠分娩等生理科学知识，而且还会让他们知道男女性爱的重要性和生命的可贵。英国的性教育比较民主自由，他们将性教育列入中学课程，但并未设置为必修课程，由学校和家长协商，确定性教育课程的开展，学生家长根据需要让他们的孩子参与这样的课程学习。

2. 综述国外性教育共同特征及理论

纵观以上各国性教育发展，我们不难看出，尽管各国和地区存在着文化背景、历史传统、观念习俗等方面的明显差异。但是，在确定学校青春期性教育目标、任务和功能上，还是表现出大致相同的趋势，具体表现为：以人文本、面向全体学生、全程教育和阶段教育相结合、以德为核心、功能的全面化等共同特征。各国根据本国的民族、信仰、文化、经济等具体情况，针对青少年青春期特点，研究适合本国的性教育策略。同时，我们还看到发达国家皆重视性道德、性伦理、性文明的教育及人格教育。英国性心理学家哈夫洛克·霭理士（Havelock Ellis）提出“The best sex education is to fully satisfy children’s curiosity. Adults should follow the formula of ‘sexual respect + sexual guidance = sexual care’ when dealing with children’s sexual impulse.”（最好的性教育，就是充分满足孩子的好奇心。成人在对待孩子的性冲动时，应遵守“性尊重 + 性引导 = 性关怀”的公式）的观点。国外性教育发展及相关学者的性教育观点和理论为本课题研究提供了重要的理论依据。

（二）国内研究综述

1. 我国青春期性教育的发展及先行研究分析

我国的性教育 21 世纪初开始进入启蒙阶段。到 21 世纪初，我国大陆地区性教育才真正进入发展的正轨。性教育的发展大概可以分为 4 个阶段：启蒙阶段、禁欲阶段、性教育的崛起阶段、性教育的发展阶段。经历了几十年的发展，我国性教育事业取得一定程度的进步。笔者在中国知网以“青春期性教育”为主题进行检索，检索年限从 2008 年到 2018 年。检索结果如下：文献总数为 422 篇；检索条件为（主题 %= ‘青春期性教育’ or v_subject=xls ‘青春期性教育’）AND（发表时间 Between（'2008-01-01'，'2018-01-01'））。文献总体趋势如图 14-1。

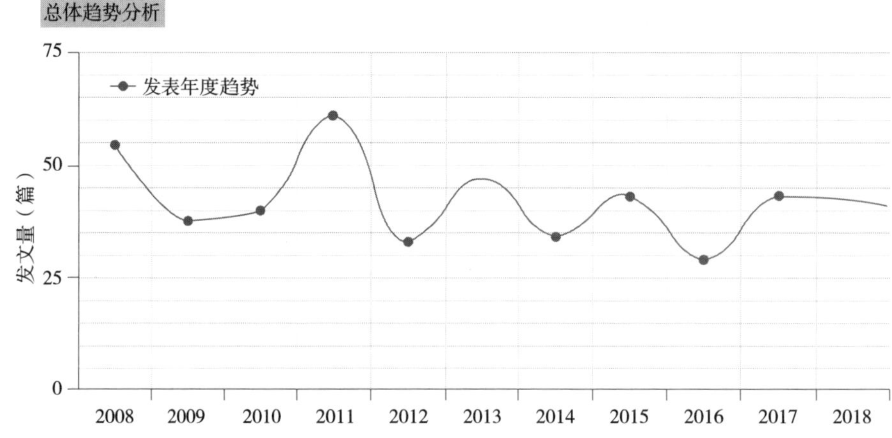

图 14-1　2008—2018 年以“青春期性教育”为主题的文献发布量趋势图

共有 422 篇相关文献，根据文献检索的结果，对文献研究的领域进行了统计，统计数据制作如柱形图 14-2。

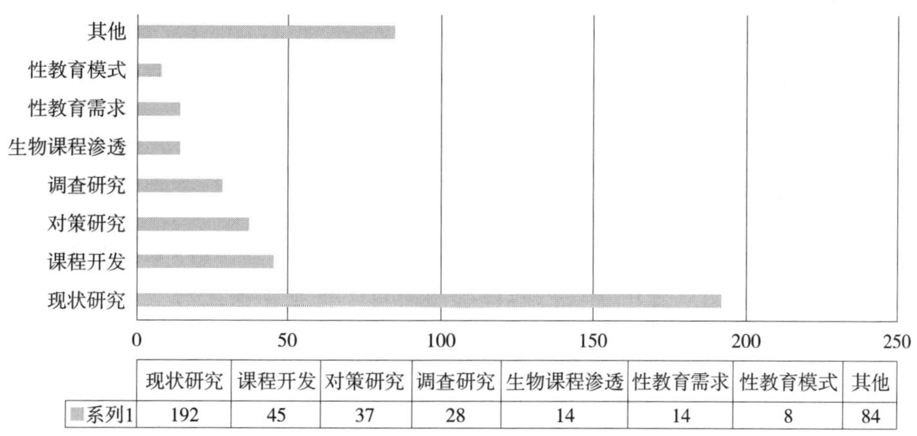

	现状研究	课程开发	对策研究	调查研究	生物课程渗透	性教育需求	性教育模式	其他
系列1	192	45	37	28	14	14	8	84

图 14–2　中学生青春期性教育研究领域文献统计

2. 我国中学性健康教育研究的现状

从文献研究领域统计的分布来看，我国目前对中学生性健康教育的研究集中在“现状研究”领域，“对策研究、调查研究、课程开发研究”等领域逐渐发展，而在“性健康教育需求、性教育模式及生物课程的渗透研究”方面发展缓慢。综合相关文献，目前我国初中生性健康教育还未构建起统一的课程教育模式，没有形成普遍适用的中学生性健康教育教材。政策层面并没有统一的教学大纲，大多数学校也没有统一的课时保证。

3. 综述我国性教育专家的性教育理论

我国性教育学者方刚在《家庭性教育 16 讲》中提出了“性教育是人格成长的教育”的观点，性教育是一个人的人生观、价值观、责任感全面成长的教育。我国性教育专家胡萍在《善解童贞 4：孩子的爱情》中提出了“孩子的爱情理论”，用爱与科学来解读孩子的性。爱情是孩子生命绽放的花朵，接纳孩子的爱情，就是接纳孩子的生命。懂得孩子爱情对于孩子生命成长的意义，懂得孩子爱情的发展规律，这是孩子爱情发展之“道”，爱情教育要按照孩子生命成长节律和爱情成长规律来告诉孩子在爱情中的权利和责任。这些观点为本研究提供了理论支撑。

（三）文献综述启示

综合国内外文献综述，国外发达国家均很重视性教育，从萌芽到发展，取得了很多值得借鉴的经验、理论和思想。我国性教育虽然起步较晚，但随着社会的发展和时代的呼唤，性教育逐步走进人们的视野，越来越受到国家、社会及家庭的重视。性教育不仅关乎一个人的健康成长和幸福生活，更关乎家庭幸福和国家的发展，生育健康、性生理、性心理健康可见，性道德素养好，具有性法制底线，这些都关乎着社会和谐与国家发展。因此，性健康教育已成为社会共识，既符合学生成长需要，又是顺应社会发展之举。我校尝试对学生进行性健康教育，既帮助学生解决性成长中的问题和困惑，又为推动学校落实性健康教育尽绵薄之力。

第二部分　课题研究的理论基础及实践依据

一、核心概念界定

（一）青春期

“青春期”一词最早来源于拉丁文“Puberty”，表示“成熟年龄”或“具有生殖能力”。汉语百科词典中解释为：指以生殖器官发育成熟、第二性征迅速发育为标志的初次有繁殖能力的时期。世界卫生组织（WHO），根据世界各国情况的不同，把青春期的年龄范围统一确定为10至20岁。根据对我校学生的调查摸底，我校现在从七年级到高三的学生都处于青春期阶段。

（二）性健康教育

青春期性教育在广义上是对青少年进行的一系列的人格教育，特别是性生理讲解、性心理保健、性道德教育、性法制教育、性美学指引等五大方面，因此性教育是一个综合性教育。通过性教育使青少年接受科学的性知识，纠正与性有关的认识和行为偏差，保持性卫生和性心理健康，树立健康的性意识与正确的性观念，培养良好的性道德，促进青少年在生理、心理及社会三方面的发展与成熟。因此，它横跨自然科学和社会科学两大基础学科，涉及德、智、体、美、心等教育。

根据性健康教育专家闵乐夫的观点，青春期性健康教育内容主要包括性生理教育，性心理及卫生教育，性道德、法制与社会教育，性审美教育。

性生理教育：男女两性生殖器官的形态结构知识（第一性征）；男女两性生殖器官的功能及正常的生理活动；生命孕育的过程，即受精与胎儿的发育过程；青春期性生理发育过程和特点；第二性征的出现及生殖器官保健方法；青春期的营养与健美知识；生育与优生优育；青少年性行为对身体健康的影响；人工流产的机理及危害；性疾病及其预防。

性心理及卫生教育：性意识及性意识的产生、发展，正确对待自己的性意识；性角色差异，第二性征的主要表现，社会行为规范对不同性别角色的期待和要求，悦纳自己性别；月经和遗精的心理准备和心理调适；正确对待性需求，调节和控制情绪的方法；青少年性行为对心理发展的影响；友谊与爱情。

性道德、法制与社会教育：性别角色；性的社会属性；社会的性道德原则和行为规范；友谊友爱的意义；恋爱的道德；与异性交往的方法，尊重异性、他人和自我；个人、家庭和社会的含义和关系；个人在家庭和社会中的责任；性伤害和性骚扰；正确辨别媒体有关性的信息方法；性行为的责任和后果；性行为的法律规范；热爱生活、热爱生命；男女平等；性权利意识和法制观念；性骚扰、性侵犯及自我保护；鉴别和抵制不良的性信息。

性审美教育：审美价值观；异性交往的动机、礼仪和态度；主体美的内涵和塑造（心灵美、性别美、体态美、语言美、气质美等）。

结合我校实际情况，在学科渗透和选修课程的教学中，将教材内容的性教育也划分为性生理、性心理、性道德、性法制与社会，性审美教育的渗透。

二、课题研究的理论基础

（一）人本主义理论

人本主义理论是由美国心理学家马斯洛和罗杰斯首先提出的。马斯洛对人的基本需求进行了分类，将人的需求与动物进行了区别，提出人的需求是分层次发展的，一共分为 7 个层次，好像一个金字塔，从下而上依次是：生理的需要、安全的需要、归属与爱的需要、尊重的需要、认识的需要、审美的需要、自我实现的需要。每个层次的需求不同，只有满足了低一层次需求，人们才有可能通过自身努力去实现更高层次的需求。罗杰斯创立了“以学生为中心”的教育教学理论，强调应该把教学的重心从教师引向学生，教师应充分尊重学生，把学生的思想、体验、情感和行为看作是教学的主体，挖掘适合学生学习的知识传授，促进个别化教学的发展。教学应该针对不同阶段学生的需求进行，并且激发他们学习和自我发展的欲望。因此，教师对于中学生青春期性健康教育教学内容的选择，应充分考虑中学阶段学生的认知发展水平，尊重学生心理发展规律，以学生需求选择相应合适的青春期性健康知识的教学内容；在教学活动设计中，以大方自然的态度对学生常见问题进行分析，尊重学生的隐私，鼓励学生提出问题，引导他们用科学、健康的方式解决青春期问题。

（二）人的全面发展理论

人的全面发展是马克思主义基本理论之一，也是我国基本教育方针的理论基石。人的全面发展，指的是人的体力和智力的充分、自由、和谐的发展，人的各种最基本的或者最基础的素质必须得到完整的发展，即使人在德、智、体、美、劳等方面获得完整的发展。青春期性教育从生理、心理等方面对学生产生影响，皆在让学生了解生理发育知识的同时，还使学生建立积极健康的青春期心态，增强学生的道德感，提升学生的责任意识，进行的是一种人格教育。所以，青春期性教育是人的全面发展教育的一部分，符合人的全面发展理论。

（三）性力升华说理论

弗洛伊德认为人类应当凭借理性的力量来控制本能欲望，以比较满意的方式来抑制它的原始目的，走向升华。所谓升华，其本质是个体舍弃潜意识中的性本能愿望，追寻更具有社会意义的普遍价值和理想。基于这个理论，对中学生进行青春期性健康教育，要引导学生树立远大的人生理想，积极参加有意义的校园活动和社会实践活动。帮助排解由于性生理发育所带来的生理欲望的紧张压力，能够阳光轻松地学习生活。

三、课题研究的实践依据

（一）国家性教育政策的不断发展与推进

近年来我国学校性教育一直受到国务院、教育和卫生等部门的高度重视，自从 1984 年以来，国家和政府颁布的多项法律、纲要、标准和条例支持学校性教育的开展。如 2014 年 11 月，国务院防治艾滋病工作委员会办公室发文要求学校广泛开展预防艾滋病宣传教育活动，通过主题班会、读书活动、知识竞赛、图片展览等多种形式，全面普及艾滋病综合防治知识，树立正确的人生观、价值观，养成健康的生活方式，提高自我防范能力。充分调动学生参与艾滋病防治工作的积极性，鼓励他们作为青年志愿者，参与社区预防艾滋病宣传教育活动；2016 年 10 月，中共中央国务院发布的《“健康中国 2030”规划纲要》中明确指出以中小学为重点，建立学校健康教育推进机制，构建相关学科教学与教育活动相结合、课堂教育与课外实践相结合、经常性宣传教育与集中式宣传教育相结合的健康教育模式。培养健康教育师资，将健康教育纳入体育教师职前教育和职后培训内容。

（二）基于中学生性健康教育模式研究的不足

从研究领域分布来看，目前我国在中学生性健康教育模式上的研究还相对较少。针对性健康教育模式研究的文献只有 8 篇。关于教育模式的研究在其他学科领域的成果比较突出，因此我们在先行研究的基础上，借鉴他人研究成果，构建适合本校学生的性教育模式。罗念慈、林文婕等在《深圳市坪山新区中学生性生理、性心理健康状况分析及健康教育模式探讨》中得出结论：青少年性健康教育可采取“以加强性道德为核心的学校、家庭、社会三联一体”的健康教育模式，应以学校为主导，社会参与，家长配合，为中学生性健康教育营造健康和谐的环境。这一性教育模式强调以学校为主导，学校、家庭、社会三联一体，这一比较宽泛的模式，对于如何发挥学校性教育主导功能的实施策略及操作性指导还不够具体。综合相关学校性健康教育存在的不足，本研究力图解决学校如何发挥主导性，将这一问题具体化，可操作化。

四、课题研究价值

构建起具有普遍适性的、可操作的中学阶段常规课程渗透性健康教育的结合点内容框架和教育教学模式。经由结合点内容框架及教育教学模式的构建，着力为中学阶段进行性健康教育提供“模型”启发。

（一）理论价值

1. 课题研究成果能落实国家性健康教育的政策要求

本研究根据国家相关性健康教育的政策要求，借鉴现行研究的成果，结合学校，学生的实际情况。进行创造性的研究，在避而不谈和露骨教育之间找到了性健康教育的一种平衡。学生家长接受，并且能够很好地进行渗透教育，从而有效地落实了国家对学校开展性健康教育的相关政策要求。

2. “五位一体学科融合双轨道”模式成果能丰富学校性教育理论

本研究所形成的生物和道德与法治两门学科融合渗透性教育的理论丰富了闵乐夫单一学科渗透性健康教育的理论。五位一体、课程渗透和课外活动双轨道对学生进行性健康教育，形成互补、全面、灵动的教育模式，丰富了先行研究的学校性教育理论。在“道德与法治”课程中渗透性健康教育，拓展了“道德与法治”学科育人的价值理论。

3. 研究成果为学校可持续开展性教育提供内容和经验依据

研究中所构建的《中学阶段常规课程渗透性健康教育的结合点内容框架体系》，生物和初中道德与法治学科性教育的教学设计，选修课教学设计，《青春萌动》和《人的性别遗传》典型性教学案例，“青春期悄悄话”主题系列活动，个案咨询等研究成果，都能为学校可持续地开展性健康教育提供内容和经验依据。

（二）实践价值

1. 课题研究可更好地服务于中学生青春期性健康成长

经过三年多的学校性健康教育实践研究，学生对“青春期”“性健康成长”“早恋（练）”等概念有了一定程度的认识，引发学生对自身青春期性健康成长问题的关注，学生在性发育中遇到的问题和困扰得到了有效疏导。学生获取性知识的途径，性认识、性观念偏差等都获得矫正和发展。

2. 课题研究增强了学校对性健康教育的重视程度

本研究提高了学校领导对学校开展性健康教育的重视程度。学校图书室购买了性健康教育类书籍，设置图书专柜供学生阅读。学校领导积极支持生物和道德与法治学科组开展性健康教育主题活动。

3. 课题研究可为学校落实性健康教育提供操作指导

课题组成员在我校主办的区级教学活动交流周，博雅集团校优质课比赛及校际交流活动中积极推广课题研究成果。一方面积极传播在学校教育教学中落实性健康教育的理念，增强一线教师对在学校进行性健康教育对于学生成长意义的意识，增强教育责任感和使命感；另一方面，积极分享本研究的成果，让老师们有方向，有方法。本课题研究成果的性教育模式和学科渗透教学模式接地气、可操作，能够给兄弟学校进行性健康教育提供实操性指导。

第三部分　课题研究的设计

一、研究目标

1．探索学校进行性健康教育的有效方式

2．为学生成长提供服务。通过学校性健康教育，引导学生学会通过正确的途径和方式学习性知识，培养健康的性心理，形成正确的性观念和性道德，增强性法律意识和性保护意识。形成善待生命，珍惜青春的价值观念。

3．构建两个学科渗透性健康教育的结合点、内容框架和学校性健康教育的模式，为学校可持续地进行性健康教育提内容、方法和模式等经验及理论支持；

4．以成果推广带动区域内生物和政治学科教师重视学校性健康教育，增强性健康教育的责任感。共同推进中学阶段性健康教育的发展。

二、研究内容

1．学生青春期性健康知识和性教育现状的调查研究

通过问卷调查及访谈，了解我校学生性健康知识储备及性教育的现状，分析学生在性发育和成长过程中遇到的问题以及学生在性健康教育方面的需求。

2．学科课程中性教育内容结合点及选修课程内容的研究

根据学科课程的课标要求，对照闵乐夫的性教育内容大纲，研读初高中生物、初中道德与法治教材内容，提取出可以渗透性教育的知识点，并整合形成中学阶段常规课程渗透性健康教育的结合点内容框架和选修课程内容。

3．性教育课程设计研究和学科渗透教学模式研究

进行性教育的课程设计、学科渗透教学设计，并进行教学实践，对实践效果的反馈进行分析、总结、提炼，析出性教育模式和渗透教学模式。

三、研究对象

表 14–1 课题研究对象及范围

研究对象	涉及范围
学生	七、八、九年级　高一、高二、高三年级
教材	高中政治
	初高中生物
	初中道德与法治
课堂教学	学科课程、选修课、班会课
课外活动	学生活动、个体咨询

四、研究方法

1. 文献法

通过中外文期刊网站查找有关“性健康教育”“青春期性教育”等内容。梳理国内外相关研究文献，分析国内外的研究新动态，将先行研究的成果和经验运用到本研究中来。明确研究问题、方向和思路。

2. 调查法

利用问卷调查收集数据，了解学情，明确问题；通过访谈法深入摸清学生的突出问题和教育需求。利用问卷和访谈收集研究成果评价信息。

3. 行动研究法

制定方案和具体计划，明确各阶段的研究内容、目标和任务。以学科组教研活动的形式开展教材教法、课堂教学及课外活动研究。不断总结经验，提炼讲解方法和性教育的有效模式。

4. 案例法

打造课堂渗透模式和个体咨询的典型案例，设计“解忧杂货店”个案咨询模式，记录、分析个案咨询的运用效果，探索有效的性健康教育个体咨询模式。

第四部分　课题研究的主要成果

一、形成的主要结论

1. 学校开展青春期性健康教育能够有效矫正学生获取性知识的途径

从后测问卷的统计分析结果来看，本校学生通过学校途径获取性知识的比例较之前提高 56.1%，通过网络进行性知识查询的比例降低 17.3%。大部分同学们开始选择书籍报刊、父母、学校教育、同学交流等途径获取性知识。

2. 学校开展性健康教育能有效矫正学生的性认知、性观念偏差，形成正确性观念

从后侧问卷统计分析结果来看，大部分学生对性行为底线、性骚扰和手淫等问题的认识更趋于科学和理性。97.7% 以上的学生认为青春期谈爱不能发生性行为，86% 以上的学生能辨别身边的性骚扰行为，31.8% 的学生能接受手淫方式排解性压力，同时能够控制自己的行为。

3. 生物和道德与法治学科融合渗透模式具有可行性、有效性

贵阳市初高中人教版生物教材内容渗透点侧重于生殖结构、功能以及卫生保健知识、性生理和性心理的健康发展等方面的教育。初中道德与法治教材内渗透点侧重于性道德观念、性法治、性审美等层面的教育。两门课程各有侧重，优势互补，形成教育合力。帮助学生健康快乐度过青春期。

4. “青春期悄悄话”系列主题性教育活动与社团活动相结合，相得益彰

“青春期悄悄话”系列主题活动由生物组和初中道德与法治组主办，更加适合活动主题需要，交给相应的学生社团承办，既起到了引起学生关注的作用，又能充分调动更多学生的参与，在一定程度上扩大活动的影响力。

5. “读书活动”及“个案咨询”是性教育的有效方式

“读书活动”弥补了很多学生家庭教育的缺失，很多家庭父母没有购置性教育的相关书籍。个案咨询深受学生欢迎，能有效解决了部分学生性心理问题。很

多孩子面对性发育所带来的生理和心理压力，不知道怎样去调整。也不好意思和父母、同学、老师说。我们为学生搭建沟通平台，引导他们解决成长带来的困扰，放松身心，以积极阳光的心态投入学习和生活。

二、构建的主要模式

（一）整合维度，形成合力，构建了“五位一体学科融合双轨道”性教育模式

1. 五位一体

即整合“学科渗透—校本选修课—主题班会教育—个案咨询辅导—青春悄悄话主题系列活动”5个方面的教育资源，充分发挥每一个方面的教育教学资源优势，点面结合，形成一个全面、互补、灵动的教育合力。

2. 学科融合

学科融合指生物和初中道德与法治两门学科的融合。充分挖掘这两门课程中的性教育内容结合点，发现两门课程各有侧重，可以进行性教育内容的具体划分，避免两门学科的重复渗透性教育，造成教学时间的浪费。认真解读研究初高中生物和初中道德与法治教材，对照闵乐夫的《青春期性教育教师实用手册》中的性教育内容，经过课题组讨论分析，归纳，整合形成生物与道德与法治学科融合性教育内容结合点划分表（见表14–2）。划分表明确了生物和道德与法治学科进行性健康教育的具体内容及教学目标。教师在使用时一目了然，内容清楚，目标明确。（性教育内容来源：闵乐夫的《青春期性教育教师实用手册》）

表14–2　生物与道德与法治学科融合性教育内容结合点划分表

课程分类性教育内容	生物	道德与法治
性生理	1. 生殖器官发育过程，形态、结构、功能、发育特点 2. 孕育过程，生育与优生；月经、遗精及第二性征	1. 青春期性生理发育特点 2. 青春期生理保健

续　表

课程分类性教育内容	生物	道德与法治
性心理	1. 月经、遗精的心理准备及心理调适 2. 正确对待性需求，调节和控制情绪	1. 性意识萌动 2. 悦纳自己的性别 3. 调节和控制情绪的方法 4. 异性交往的心理特点
性审美	1. 青春期的营养与健美知识 2. 感受生命、生活之美，热爱生活，热爱生命	1. 青春期的营养与健美知识 2. 青少年良好形象塑造 3. 塑造性别美 4. 异性交往的方法，欣赏，赞美 5. 热爱生活，热爱生命
性社会行为及道德	1. 第二性征出现的主要表现 2. 青少年性行为对健康的影响 3. 人工流产的生理危害及生活影响	1. 性别角色差异，男女平等的性别观 2. 性别角色社会属性，角色责任认识 3. 青少年性行为对身心健康的影响 4. 友谊与爱情 5. 社会的性道德原则和行为规范：礼仪、尊重、诚信 6. 友谊友爱的意义，恋爱的道德及责任 7. 鉴别和抵制不良信息 8. 正确辨别媒体有关性的信息和方法
性法制	1. 生育中的性别鉴定禁止 2. 男女平等的权利意识	1. 性伤害、性骚扰，性侵犯防范及自我保护 2. 性权利意识和法治观念 3. 性行为的责任后果，性行为的法律后果

3. 双轨道

即课堂教学和课外活动双轨道对学生进行青春期性健康教育。课堂教学以学科课程渗透教育为主，辅以校本选修课和主题班会教育。学科课程采用生物和道德与法治学科融合渗透教育，两门学科相互补充，共同促进学生健康成长。

（二）夯实课程渗透，形成有效课堂教学模式

学科课程渗透教学模式是我们进行性健康教育研究的重点。经不断研究打

磨，我们构建了“情景引入—活动设计—问题暴露—故事碰撞—观点表达—形成共识”的教学模式，该模式适用于学科课程、校本选修课及主题班会。形成了各种课程的典型性成果案例：《青春萌动》《人的性别遗传》《你的事业是父亲》《保护自己是头等大事》《青春期早恋》等。

1. 道德与法治学科课程渗透性教育模式

初中“道德与法治”课程七年级和八年级有较多适合性健康教育的内容点。根据本学科特点和学生认知特征，性发育特性。运用“情景引入—活动设计—问题暴露—故事碰撞—观点表达—形成共识”的教学模式，具体以“情景式 + 活动式 + 议题式 + 案例式 + 观点分享”的方式进行性健康教育。学生在真实的情景里进行自我观察和反思，寻找自身问题，在问题的讨论中解决问题。

2. 生物学科课程渗透性教育模式

生物课程运作“情景引入—活动设计—问题暴露—故事碰撞—观点表达—形成共识”的教学模式，结合学科特色，具体化为“问题 + 研究 + 体验”等方式进行性教育。收到了非常好的教学效果。

3. 特色主题班会渗透性教育模式

主题班会作为一种学校教育机制，由于其倡导的以学生为中心，以情景为中心，以活动为中心的活动理念，无形中使其成为一种十分重要的道德教育载体。性健康教育是系统和终生的教育，青春期的性健康教育则是性健康教育的重要组成部分。班主任们应该更新性观念，丰富性教育方式，科学、自然、大方地对青春期的学生进行相关教育，普及性健康知识，促进学生身心健康成长。

班主任组织主题班会教育班会，在班会上班主任再统一进行性健康教育，介绍注意私密器官卫生的方法，比如勤洗澡、勤换内裤、勤晒床被等，并且要学会保护自己，比如不在夜晚独自外出、不单独和异性外出、遇到意外呼救等。在班会上可以鼓励学生互动参与，相互讨论交流，教导学生对这一问题不必害羞和逃避，大方地交流自己的疑问和困惑，班会是班主任与学生重要的沟通环节，可以及时发现问题并引导学生树立正确的价值观念，正确认识性健康教育，积极学习性健康知识。经研究，形成了“一学期一主题、男生女生分段开”的特色主题班会性教育模式。

4. 打造特色课外活动性教育模式

课外活动模式为："解忧杂货店"个案咨询 +"青春期悄悄话"系列主题活动。

社团承办"青春期悄悄话"主题系列活动。依托"青春期悄悄话"主题线开展活动，发挥学校社团的校园文化建设功能。课题组在学校工作的统一安排下，制定系列主题活动计划，再交由相应的社团组织活动。每个活动都有教师负责人进行对接，并负责指导社团组织好每一次活动。系列主题活动设计了"讲座、手抄报、学报专栏、辩论赛、读书分享会等"。已形成了良好的校园文化氛围，深受学生欢迎。该主题活动作为常规学科组活动持续开展，长期为学生的健康成长提供教育服务。

"解忧杂货店个体咨询"平台性教育效果好。采用"线下书信写 + 线上 QQ、微信、邮箱"的互动交流模式。解忧杂货店深受学生青睐。这种个体咨询的性健康教育不仅仅能够帮助学生解决性健康成长中遇到的问题，还能获得大量真实的生活素材，为设计生活化的教学提供了很好的素材。

通过不断实践研究，我们已形成了科学的、系统的、立体的、点面结合的可操作性的中学生青春期性健康教育新模式（如图 14–3）。

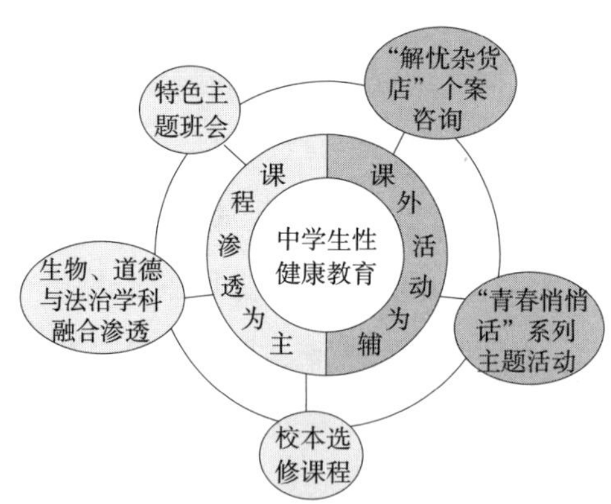

图 14–3　中学生青春期性健康教育模式图

（三）整合形成《中学阶段常规课程渗透性健康教育的结合点内容框架体系》

内容框架体系由《初高中生物课程渗透性健康教育的结合点内容框架》《初道德与法治课程渗透性健康教育的结合点内容框架》及《初高中校本选修课程内容框架》3 部分组成。对照初高中生物和初中道德与法治教材及闵乐夫的性教育内容大纲，提取两门课程中渗透性教育的知识点，形成渗透性健康教育的结合点内容框架。学科框架由“所属教材、教材课题、教材渗透点、性教育内容、教学目标、教学建议”6 部分组成（见表 14–3）。

表 14–3　道德与法治渗透性健康教育的结合点内容框架

所属教材	教材课题	教材渗透点	性教育内容	教学目标	教学建议
七年级（下）	青春萌动	1. 异性朋友 2. 异性情感	1. 异性交往的心理特点 2. 异性交往的方法 3. 友谊与爱情	1. 正确认识并接受对异性的爱慕心理 2. 把握交往方式和尺度 3. 会正确处理异性情感	情景设置 匿名活动 采访调查 交流讨论

三、研究的物化成果

物化成果有：研究报告、成果论文、教学案例录像课、获奖证书、课程教学设计集册、个案咨询优秀案例等。

第五部分　成果在实施前后的状况比较和分析

一、前侧问卷调查研究

（一）问卷调查的对象与方法

1. 对象：北京师范大学贵阳附属中学七年级至高三的在读学生。

2. 方法：问卷分为两部分，第一部分为学生基本情况、性生理知识和性识的来源途径等问题，第二部分采用西南大学骆一编制的《青春期性心理健康问卷》，共分为性知识、性价值观和性适应力三个维度，通过李克特5级计分方式，中位数为3，测试被试的性心理健康水平。问卷采用分层随机抽样的方法，课题组成员在发放问卷时，对学生做了统一解释说明，问卷不记名并保护学生隐私，以此来保证问卷填写的真实有效。

（二）问卷统计数据分析

将数据录入问卷星系统得出原始数据，根据量表的测谎题删除废卷，利用SPSS22.0进行统计与分析。

表 14-4 青春期性心理健康调查问卷量表得分情况

描述性资料	所属维度	N	平均数	标准偏差
1. 我了解人体的生理结构	性生理知识	1342	4.12	0.25
7. 我了解生殖器官的构造和功能		1342	3.85	0.05
3. 我了解人体的各种生理功能		1342	4	0.16
12. 我了解什么是月经和遗精		1342	4.12	0.24
25. 我了解自己的身体会出现哪些变化		1342	4.01	0.17
17. 我了解性心理的内容和结构	性意识和性保护	1342	3.77	0.00
20. 我了解避孕的知识		1342	2.21	1.11
23. 我了解什么是性骚扰和性伤害		1342	3.86	0.06
27. 我了解性病的各种知识		1342	3.26	0.36
9. 我认为性是万恶之源	性价值观之性观念	1342	3.96	0.13
15. 我认为性是肮脏的、羞耻的，是见不得人的事		1342	3.97	0.14
22. 我认为手淫是病态的、下流的		1342	2.83	0.67
36. 我认为性幻想、性梦是一种不道德的现象，是值得羞愧的		1342	3.58	0.14
43. 我认为应该坚守我国传统的性禁锢、性压抑的观念		1342	3.47	0.22

续 表

描述性资料	所属维度	N	平均数	标准偏差
18. 我认为周围的人都谈恋爱了，而自己没有谈恋爱就很没有面子，会被别人看不起	性价值观之性态度	1342	4.32	0.39
32. 我认为有关性的事情可以作为换取自身利益的一种手段		1342	3.87	0.07
39. 我认为谈恋爱是寻求刺激或摆脱孤独		1342	3.64	0.42
33. 我认为应该崇尚现代西方文化中的性解放、性自由		1342	3.23	0.39
26. 当出现有关性的冲动、性的欲望的时候，我能控制	性适应之社会适应	1342	3.96	0.13
29. 我能按社会道德规范约束自己的与性有关的言行举止		1342	4.21	0.31
31. 我能通过恰当的方式排解有关性的欲望和冲动		1342	2.78	0.70
37. 我所表现出的与性有关的行为举止都符合自己所处的环境要求		1342	3.54	0.17
38. 我能主动并有效地利用社会、家庭、学校提供的资源获取性知识		1342	3.73	0.03
40. 我所表现出的与性有关的行为举止都符合自己所处的社会文化背景		1342	3.57	0.14
42. 我表达情感的方式与其他同龄人相似		1342	3.57	0.14
44. 引起我性欲望的原因是符合社会道德规范的		1342	3.38	0.28
45. 我得到有关性的满足的途径是符合社会道德规范		1342	3.58	0.14
4. 我对有关青春期性方面的事情话题很感兴趣	性适应之控制力	1342	3.24	0.38
8. 我会情不自禁地去看一些不健康刊物、节目等		1342	4.58	0.57
13. 当我出现性冲动的时候，我感到自己没有办法控制		1342	4.63	0.60
19. 我总是抑制不住地陷入有关性的幻想中去		1342	4.89	0.79
21. 我渴望深入了解异性		1342	2.65	0.80
34. 有关性方面的事情很容易分散我的注意力		1342	3.81	0.03

续 表

描述性资料	所属维度	N	平均数	标准偏差
2. 我的行为方式符合自己的性别角色	性适应之角色适应	1342	4.39	0.44
5. 我能和谐自然地与异性相处		1342	4.05	0.19
10. 我很认同自己的性别角色		1342	4.34	0.40
11. 我很欣赏自己身体的特征		1342	4.09	0.22
16. 我很满意自己的性别		1342	4.24	0.33
	总均值:		3.774594595	

（三）量表统计结果分析

问卷的结构化量表为李克特 5 点计分方式，调查显示：我校学生性心理水平得分为 3.7 分，性心理健康总体处于中等水平。各项数据统计数据如表 14–4，通过数据分析可以清晰了解我校学生青春期性健康的现状，分析如下。

1. 性知识

①从性生理知识维度中，项目 1，3，7，12，25 的平均值和标准偏差来看，我校学生对于青春期的身体构造认识很清楚，并且对青春期性发育期的生理变化是认同并接纳的；②从性意识和性保护维度的平均值和标准偏差看，20 题“我了解避孕的知识”均值为 2.21，标准偏差为 1.11，65% 的学生不了解“性病的各种知识”，35% 的学生不了解“什么是性骚扰和性伤害”。这暴露出我校学生对于避孕知识及性侵害的知识了解非常欠缺；27 题数据显示，我校学生对性疾病知识也缺乏了解。对于性知识的知晓情况，呈现年级越低生理知识越匮乏的特点。对此，在后续的实践研究中，我们要加强这方面的渗透教育。

2. 性价值观

从性价值观的性观念维度看，22 题“我认为手淫是病态的、下流的”均值为 2.83，标准偏差值为 0.67。这表明我们的孩子对解决青春期性冲动问题有很大的认知偏差，形成了一些错误的性观念，这是需要教师在实践过程中予以引导矫正的。

从性价值观的性态度维度看，18 题和 33 题的均值和标准偏差表现出青春期的孩子性意识萌动，渴望体验爱情，但是对于爱情又缺乏理性的认知，而是受这个年龄阶段身边同年人行为的影响，往往错把喜欢理解为爱情。他们在渴望用成人禁止的成人方式谈恋爱，往往把握不了行为尺度。这是本研究需要重点引导的一大问题。

此外，男女学生的性价值观念存在显著性差异（P<0.01）见表 14–5。这为本研究开发选修课程提供了方法依据，设置男生班和女生班。

表 14–5　男女学生性价值观差异（N=1342）【题号对应项见表 14–4】

性别 / 题号	9 题	18 题	15 题	22 题	32 题	33 题	36 题	39 题
男生（N=669）	3.88	3.87	4.23	2.85	3.74	3.13	3.55	3.59
女生（N=673）	4.05	4.08	4.41	2.81	4.00	3.32	3.60	3.70

3. 性适应力

性适应力分为 3 个维度：性的社会适应、性的控制力、性的自身适应，3 个维度的均值分别为 3.70、3.70、4.22，说明我校学生的性适应能力较好（见表 14–4）。

从性的社会适应中各项目均分表中，可以看出我校学生的性适应能力处于中等水平。大部分学生都能以合适的方式排解性欲望和性冲动，举止行为比较符合社会的道德规范的约束。但在本课题研究中，仍然不能忽略对学生进行性道德意识和性法律意识的教育。

性的控制能力同样处于中等水平。项目“我会情不自禁地去看一些色情刊物、节目等”和“我总是抑制不住地陷入有关性的幻想中去”得分分别为 4.31 和 4.19，说明大部分学生能控制自己不去接触不健康的读物和视频，且呈现年级越低控制能力越好的情况，这是否跟低年级部分同学还未进入青春期有关，还有待查证。对性方面的知识和现象最感兴趣，最渴望了解异性的为八年级学生，这也许是由于八年级学生基本都已经进入青春期，对青春期生理发育现象和异性同学的生理差异比较好奇。因此，教师要在八年级以及七年级对学生进行青春期相关性教育，提前为学生做好知识储备，满足学生的好奇心理。（见表 14–6）

表 14–6 学生的性社会适应情况（N=1342）

项目 年级	我会情不自禁地去看一些色情刊物、节目等	我总是抑制不住地陷入有关性的幻想中去	我对有关性方面的事情很有兴趣	当我出现性冲动的时候，我感到自己没有办法控制	我渴望深入了解异性	有关性方面的事情很容易分散我的注意力
七年级（N=436）	4.54	4.32	3.14	4.18	2.44	4.01
八年级（N=286）	4.37	4.31	3.59	3.99	2.92	3.91
九年级（N=267）	4.17	4.07	3.05	3.97	2.73	3.63
高一（N=143））	4.12	4.08	2.92	3.96	2.62	3.54
高二（N=180）	4.06	4	3.44	3.95	2.64	3.66
高三（N=30）	3.93	4.07	3.37	4.2	2.77	3.7

从表中可以看出，性自身适应均分为 4.22，说明我校学生对自我性别的生理特征和心理特征适应良好。从各年级对性自身适应每个项目的得分（图 14–4）可以看出，从低年级到高年级呈现倒“U”型的特点，即低年级学生对自我性适应力高，中段年级适应力较弱，高段年级适应力较高，呈现高低高的发展规律。低段年级学生处于青春发展初期，注意力主要集中在自己性别特征上，对自己身体及性别特征处于好奇阶段；中段年级学生进入青春发展中期，受社会媒体、环境舆论的影响，对自我性别状态进行自我探索，处于自我适应和调整状态；高段年级经过自我调整后，逐渐适应了自我的性别状态。“道德与法治”七年级下册就有性别适应内容。因此，在低年级段，就要开始对学生进行性别认同的相关教育。

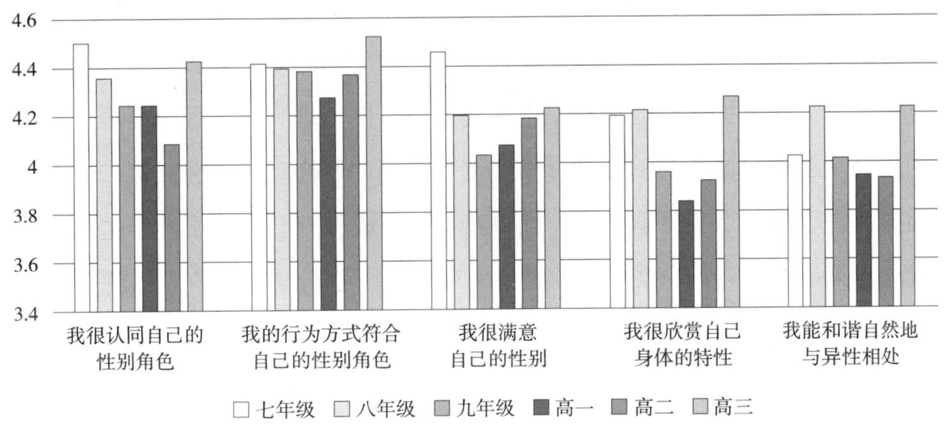

图 14-4　各年级的性自身适应力

通过问卷调查研究发现，无论是基本情况了解，还是量表题调查，都表明学生具备一定的性健康教育知识，但是这些知识有对错之分，并不是准确的认识；在青春期阶段，学生无论是身体、还是心理都已经发生很大的变化，逐渐褪去儿童的幼稚，朝着成年人的心智发展，但是在此过程中，学生往往是矛盾的，既有儿童特征又兼具成年人某些特征，所以存在很多困惑，急需要得到帮助。

二、后测问卷研究效果评价及分析

为了充分检测本研究的效果，课题组通过后测问卷和访谈两种方式进行了研究检测，制定后测问卷、进行师生访谈。后测问卷针对前测中学生比较突出的问题进行问卷设计，采取抽样调查的方式进行检测。检测经过本研究之后，学情是否得到改善。电子调查问卷收到有效问卷 264 份，其中男生 127 份、女生 137 份，对问卷进行初步统计分析，得出相关数据。通过数据进行如下分析。

从问卷数据统计分析结果来看，学生通过学校途径获取性知识的比例较之前提高 56.1%，通过网络进行性知识查询的比例降低 17.3%。大部分同学们开始选择书籍报刊、父母、学校教育、同学交流等途径获取性知识。大部分学生对性行为底线、性骚扰和手淫等问题的认识更趋于科学和理性。97.7% 以上的学生认为青春期谈爱不能发生性行为，86% 以上的学生能辨别身边的性骚扰行为，31.8%

的学生能接受手淫方式排解性压力，同时能够控制自己的行为。生物和道德与法治学科融合渗透模式具有可行性、有效性。贵阳市初高中人教版生物教材内容渗透点侧重于生殖结构、功能以及卫生保健知识、性生理和性心理的健康发展等方面的教育。初中道德与法治教材内渗透点侧重于性道德观念、性法治，性审美等层面的教育。两门课程各有侧重，优势互补，形成教育合力。帮助学生健康快乐度过青春期。个案咨询深受学生欢迎，有效解决了部分学生性心理问题。

三、前后测比较分析

经过前后测问卷数据的统计分析，研究对象经过 3 年的性健康教育，不同程度地在性健康教育实践研究中受益。实践研究收到了预期的效果，达成预期目标。同时也证明了“五位一体学科融合双轨道”性教育模式使一种适合于在初中阶段进行性健康教育的有效模式，可以进行推广。这一模式整合维度，形成了学校性健康教育的合力。

第六部分　研究存在的问题及研究展望

一、研究存在的问题

本次研究基本顺利完成，但是由于笔者自身和学生等主观因素以及外部教学环境等客观因素的综合影响，仍存在以下问题：各学段教学内容渗透点框架搭建还很粗略，没有细致到渗透点的目标设置与教学活动的建议；青春期悄悄话主题系列活动开展的量和规模还不够，导致教育覆盖面小；某些学科在教学实践研究中还没有构建起明确的具有操作性和指导意义的教学活动模型；选修课程最大的问题是还没有形成选修教材，只有教学设计；班会形式覆盖面小。“解忧杂货点”还是基于教师各自单干。

二、研究展望

针对本课题研究中存在的问题，下一步研究拟订从以下几个方面努力：继续进行教材研究，把各学科进行渗透教育的内容框架做得更扎实，更有用；主题学生活动扩展，推出青春期悄悄话公众号；继续进行课堂渗透教学研究，凝练出具有实践指导意义的教学策略；开发有趣、有效、可读性强的青春期悄悄话选修课程。组建性健康教育个体咨询团队模式，更好地为解决学生性健康问题服务。

参考文献：

[1] 中华人民共和国教育部．义务教育生物学课程标准 [S]．北京：北京师范大学出版社，2011：2–4.

[2] 中华人民共和国教育部．普通高中生物学课程标准 [S]．北京：人民教育出版社，2017：4.

[3] 中华人民共和国教育部．义务教育思想品德课程标准 [S]．北京：北京师范大学出版社，2011：8.

[4] 中华人民共和国教育部．普通高中政治课程标准 [S]．北京：人民教育出版社，2017：5.

[5] 靳琰．中国与瑞典、美国学校性教育比较研究 [D]．上海：华东师范大学硕士学位论文，2007.

[6] 闵乐夫，王大凯．国际青春期性教育现状、发展趋势及其对我国的启示 [J]．教育科学研究，2001（11）：56.

[7] 刘文利．荷兰学校学校性教育模式及对我们的启示 [J]．生物学通报，2008，43（1）：55–57.

[8]［英］霭理士．性心理学 [M]．潘光但译．北京：台海出版社，2019：1.

[9] 李鹰．关于青春期教育若干理论问题的探讨 [J]．教育研究，2006（5）：57–59.

[10] 闵乐夫．青春期性教育教师实用手册 [M]．重庆：西南大学出版社，

2010：32–34.

[11] 孙宇. 马克思人的全面发展理论研究 [D]. 辽宁师范大学，2013.

[12] 中共中央，国务院. "健康中国 2030" 规划纲要 [EB/OL]. https://baike.baidu.com/item/.2016–10–26

[13] 罗念慈，林文婕，史俊霞，等. 深圳市坪山新区中学生性生理、性心理健康状况分析及健康教育模式探讨 [J]. 中国健康教育，2013（1）：76–78.

[14] 骆一. 青春期性心理健康问卷的初步编制 [D]. 西南师范大学，2005.

贵阳市观山湖区区级教育科研课题：中学生青春期性健康教育的实践研究

立项编号：GSHKY（2017）005　　结题编号：GSHKY（2020）048

课题主持人：宋元汶

研究报告执笔：宋元汶

主要参研人员：袁佳艳、田　野、贺华丽、张远芝、刘锦蓉、吴　倩、钱林庆、袁晓丽

《基于文本体式的初中语文阅读教学策略应用研究》研究报告

贵阳市乌当区新天九年制学校　穆天学

随着教育改革的不断深化，基础教育阶段语文教师迎来了新挑战和新机遇。一些长期影响语文教育教学、影响教师发展的问题已经到了不得不解决的时候，而随着课程改革改的不断深入也使得解决这些问题成为可能。市级教育科研课题《基于文本体式的初中语文阅读教学策略应用研究》结合学校教育教学实践，尝试对基于文本体式的初中语文阅读教学方法策略进行探究，并取得了突出成效。

课题组针对语文阅读教学中存在的问题进行调查研究，深入学习理论知识，对语文阅读教学中的问题碎片进行整合，结合现当代语文教学理论研究成果、阅读教学实践经验，聚焦初中语文阅读教学难点问题，从文本体式的角度观察和探究解决初中语文阅读教学中存在的一系列问题。研究过程中采用调查研究法、观察法、课例研究法等研究方法，主要以上海师范大学教育学院王荣生教授有关文本体式的教学策略论述为依据，系统性地对现行部编版初中语文教材进行文本体式归类分析，分别对纯文学、散文、文言文、实用文阅读进行教学方法探究及策略应用研究。通过一系列研究活动，提炼、总结出与各类文本体式相适应的阅读教学方法和阅读教学实施策略，促进了语文学科阅读教学创新发展，促进了学校教育教学质量的提升，促进了本地区语文学科健康发展。

课题组务实、科学的研究活动，积累了中小学课题研究经验，对探索阅读教学理论与阅读教学实践的深度融合，语文教师专业化成长和中小学教育教学科研具有一定的借鉴作用。

第一部分　课题的提出

一、研究背景

随着新时代中国特色社会主义建设的快速推进，基础教育改革也迎来了百花齐放的春天。

2011版《义务教育语文课程标准》颁布，触发了语文教育界新一轮的课改，以于漪为代表的现当代语文教育家的教育思想及有关阅读教学理念在教学实践中得到广泛应用。一大批教育理论专家纷纷深入基层学校开展科研工作，有力地推动了中学教育教学科研工作。然而，长期以来语文阅读教学中诸多不利于阅读教学的问题没有得到很好地解决，尤其是阅读课上学生被动学习、阅读能力得不到发展、阅读课缺乏特色个性的问题已经成为影响学生健康发展的主要原因之一。不少教师被各种“繁忙事务”缠身，缺乏对新理念新知识的系统学习，对教学中出现的新问题缺乏有效的研究，自我改进教学的能力长期得不到提升。由于文本体式观念不强，对文本功能作用认识还不够清晰，教学中“乱发挥”、对文本作“过深”或“过浅”的不合适解读的情况仍然存在。因此，很有必要针对阅读教学方法及相关策略应用进行专项研究，从而探索根治语文阅读教学中的“顽疾”的途径。

二、文献综述

（一）古代文献研究

早在春秋时期就有关于阅读学习的论述。至圣孔子说：“学而不思则罔，思而不学则殆”“温故而知新，可以为师矣”阐明了学与思的关系、巩固旧知识与学习新知识的关系。宋代朱熹强调读书要循序渐进，体现了古人对读书思维规律的重视。近代不少儒学大师也对读书有独到见解。曾国藩主张“猛攻”和“慢温”的读书方法。“猛攻”强调一字一句加紧的读，务求读懂。“慢温”强调读书要有延续性，在思考中逐步揣摩问题。近代梁启超主张采用“录抄或笔记”的读书方法在今天仍是读书的主要方法。此外古人还摸索出了“不求甚解等”“涵泳法”等有效的读书法。“不求甚解法”强调读书的目的在于“会意”，抓住要义进行解读，反对拘泥于字词。“涵泳法”以春雨润花比喻阅读活动，反对先入为主，强调对文本的反复揣摩，细细品味。“五四”以来，语文教育界对阅读教学的研究在继承古代阅读理论都同时，吸收了国外阅读教学理论，更加贴近教学实际。叶圣陶先生在论述阅读问题时强调：“专用逐句讲解的办法达不到国文教学的目标。”“教师自己，在可省的时候不妨省一点讲解的辛劳，腾出工夫来给学生指导，与学生讨论。也就绰有余裕了”。

（二）国内研究现状

当代语文教育界的研究一大特色就是紧扣学校语文教育需要，更加深入，更贴近教师发展和教学实际，逐步形成了具有中国特色的阅读教学理论体系。一辈子做教师，一辈子学做教师的人民教育家于漪说：“离开了‘人’的培养去讲‘文’，就失去了教师工作的制高点，也就失去了教学的真正价值”。钱梦龙创立的“三主四式导读法”，强调了学生是教学活动的主体。李镇西强调要培养学生思维的批判性、独创性、造就其良好的道德情操。《阅读方法指导论》的作者乔桂英指出“……阅读学习主体的需要是阅读学习方法发展的最根本、最活跃的因素”。上海师范大学教育学院王荣生认为“把小说当小说读，把诗歌当诗歌读，把散文当散文读，不仅是阅读取向，而且预示着各自不同的阅读方法”，指出“阅读教学往往基于合适的文本解读”。

（三）国外研究现状

苏联教育家苏霍姆林斯基曾经说过：“让学生变聪明的方法，不是补课，不是增加作业量，还是阅读、阅读、再阅读。”。当代学者周美娟认为：“阅读能力不是一般的读写能力，实际上那是一种信息素养，即：获取信息、分析信息、评价信息、综合信息和表达信息的能力”。

综上所述，古今文献、学界对阅读行为、阅读教学均有所关注和研究。其中针对初中语文教学中的阅读教学问题，仅在当代学界有所涉及，如于漪、钱梦龙、魏书生、李镇西、王荣生等，分别对中小学阅读教学进行研究，也取得了丰硕的成果。但针对教师在具体的阅读教学中如何对教材（文本）进行归类梳理、如何进行合适的教学设计、如何克服教学的“乱言说”、随意发挥、以偏概全等问题，目前学界研究得还很不够，有待进一步探究。

三、研究的意义

（一）理论意义

通过开展《基于文本体式的初中语文阅读教学策略与应用研究》课题研究，丰富了我国基础教育的理论体系，为国家语文课程改革提供了依据。

（二）实践意义

《基于文本体式的初中语文阅读策略与应用研究》课题研究，着力于阅读教学策略与方法的探究，聚焦克服阅读教学中的随意发挥、目标过高、忽略学生认知特点、教学方法不当、教学活动聚焦性不强、缺乏教材整体观念等问题，对促进了本校阅读教学向科学合理、优质高效方向转化、促进教师专业发展具有重要意义。本课题研究成果在语文学科减负提质、发挥阅读教学育人功能、学校“书香文化”建设等方面，对更多的同级同类学校起到的借鉴作用也将日益明显。

四、研究重点

（一）对文本进行归类梳理

依据王荣生文本体式理念对部编版初中语文教材进行归类梳理，为阅读教学研究对文本的科学处理提供依据。

（二）研究教学方法及策略应用

以文献理论做指导，针对阅读教学中存在的问题和研究中发现的问题，积极探究合适于教学需要的科学的教学设计理念，提炼出基于文本体式、符合教学实际要求的阅读教学策略及方法。

五、研究难点

运用文献理论解决阅读教学中存在问题，探索改进教学现状的途径，促进教师教学观念转变，提炼出适合于教学活动要求的科学的阅读教学理念。

六、研究创新点

针对解决阅读教学中存在的弊端、问题的系列教学理念，提出基于文本体式的阅读教学策略，总结出适合于学生认知特点、充分兼顾文本特点、克服低效或无效阅读教学的方法。

第二部分　研究设计

一、核心概念

（一）语文

“语文”在此指中国通用语言文字（即汉语文），通常作为语言文字、语言文学、语言文化的简称。在本课题研究中，指的是初中学段的语文课程。

（二）文本体式

“文本体式”指阅读对象（文本）的体裁和格式。本课题研究中涉及的文本体式主要针对现行部编版初中语文教材中的篇目。

（三）阅读教学

阅读教学是学生、教师、文本之间的对话过程，是学生在教师指导下的学生自主的阅读实践活动。本课题中所指阅读教学是针对初中学段通过教学活动帮助学生获得阅读能力的过程。

二、研究目标及内容

（一）研究目标

1. 通过对编版初中语文教材的归类梳理，增强整体驾驭教材、在阅读教学中对文本精准施策的教学意识。

2. 结合现行部编版初中语文教材具体教学设计案例的探究、课题组结合理论学习展开的研讨活动，提炼出基于文本体式的合适的阅读教学方法。

3. 通过探究文本体式与阅读教学方法选择的关系，总结阅读教学应遵循的基本策略。

（二）研究内容

1. 研究文献资料

在前期文献研究的基础上，课题组重点选读、研究叶圣陶的《阅读与理解》（三联书店出版）、乔桂英的《阅读教学指导论》（语文出版社出版）、李镇西的《我的语文课堂》（上、下册）（光明日报出版社出版）以及王荣生阅读教学系列丛书中的以下书籍：《阅读教学设计要诀》《阅读教学教什么》《散文教学教什么》《文言文教学教什么》《实用文教学教什么》《小说教学教什么》。

2. 文本体式归类梳理

依据文本体式理念对现行部编版初中语文教材中的阅读教学文本进行归类梳理，为有效推进研究活动，深入探究阅读教学问题奠定基础。

3. 针对阅读教学问题开展研讨活动

针对阅读教学中存在的问题，按照文本体式归类梳理结果，结合教学设计研讨、赛课磨课等，通过寻找合适的阅读教学策略和方法，为解决多年来阅读教学诸多“顽疾”问题提供支持。

三、研究方法

1. 调查研究法
2. 文献法
3. 行动研究法

四、研究步骤

前期准备：2014 年 3 月—2014 年 5 月。

主要研究过程：2014 年 6 月—2018 年 5 月。

深入研究和结题准备：2018 年 6 月—2020 年 6 月。

五、研究对象

研究对象：教师。

第三部分　研究过程

一、研究思路

课题研究采取调查研究法、文献法、行动研究法作为研究活动的基本方法。

从调查研究入手，以解决“教师上阅读课难”这一问题切入课题，聚焦阅读教学中存在的普遍问题和困难，对现行部编版初中语文教材进行文本体式归类梳理。

整个研究活动始终是一个循环发展螺旋式上升的过程。首先抽取不同类体式的代表性文本（也是老师们感觉不好处理的文本）分别进行教学设计研讨、课堂教学反思、问题集中研讨、参与教研组磨课赛课、借助学校和上级教育部门示范课等平台检验研究效果、对研究成效进行评估、问卷调查发现新问题以及落实改进措施、开展有针对性的研讨活动。

最后对研究成果进行整理，总结出一系列适合于具体文本体式的可推广可复制的教学方法，提炼出对同行具有一定参考价值的教学策略。

二、课题研究开展情况

（一）开展调查研究

1．前期问卷调查

调查对象为初中各年级分别随机抽 150 名学生。调查提纲如下：a. 你喜欢阅读吗？ b. 选择你阅读书籍类型有哪些？ c. 你的业余时间如何安排？ d. 你每天有固定的阅读时间吗？ e. 你阅读的主要途径主要有哪些？ f. 是否有做读书笔记的习惯？ g. 列举你得到经典名著的主要途径。h. 老师是否经常进行课外阅读指导？ i. 你认为阅读学习的目的是什么？

通过对问卷分析发现学生阅读学习中以下问题突出：a. 学生缺乏阅读学习方面的有效指导。b. 学生对阅读学习的需求没有得到教师、家长的关注。c. 学生的“常态”阅读受到充分重视，但“异态”阅读没有引起重视，更谈不上对其进行引导，这也直接导致“经典阅读进校园”难，个性化阅读成分不高。

2．前期访谈活动

访谈对象：初中语文教师

访谈提纲：

（1）谈谈你阅读教学设计所偏好的设计理念以及喜欢使用的阅读教学方法。

（2）不同文本体式的文本应该如何体现课程价值？有没有必要区分文学作品和非文学作品的教学重点？

（3）谈谈古代诗词、现当代诗歌的教学策略的异同。

（4）实用文的教学最应该教给学生什么？

通过访谈发现：

第一，老师们在进行教学设计中缺乏文本体式观念，或对文本体式要求的关注不够。认为有必要对阅读教学策略及方法进行系统性研究。

第二，老师们认为针对一定学段文本体式分类很有必要，有必要区分文学性文本和非文学性文本，散文无规则性越来越明显，需对散文进行合理界定，以便针对不同文本设实施教学。

第三，实用文教学必须重视教会学生认识文本特点和读写结合训练，教会学生方法比教会学生知识重要。

第四，考试“指挥棒”对阅读教学的影响较为严重，需及时进行合理引导。

（二）理论学习构建起的阅读理念

1. 阅读主体决定阅读取向

阅读主要有 3 种姿态和取向。“常态”阅读是具有较高阅读能力经常采取的阅读取向。如把小说当小说读，把诗歌当诗歌读，把散文当散文读。“异态”是基于合理的目的、任务，与通常阅读不一致的阅读取向。学生因阅读取向多属于此类。“变态”阅读取向是学习阅读最大的陷阱，是基于某种错误的观念曲解文本。

2. 阅读方法受制于文本体式

阅读教学要体现“依文本定终点，研学情定起点”的要求。阅读课要突出文本价值，要使得学生的阅读变繁为简，直捣目标。

3. 阅读方法是深度的心理加工

阅读方法是在某一特定取向下，有意识地关注语句和语篇中与取向相一致的关键点，并对此做深度的心理加工。

（三）对部编版初中教材的归类梳理

根据王荣生关于文本体式分类的理念，课题组对部编版初中语文教材按照纯文学（诗歌、散文、戏剧）、散文（现当代）、文言文（含古代散文）、实用文

（现当代中外说明文、议论文、新闻、报告文学以及其他不属于上列3类的文本）分为4类文本。

部编版初中语文教材中纯文学128篇，散文37篇，文言文33篇，实用文26篇。

通过归类分析发现，纯文学在教材中的比重最大，实用文次之，文言文和散文最少。但教师教学中关注的重点往往和这种布局不相适应的。

1. 纯文学文本

初中纯文学文本中古诗词82篇（其中46篇是课外古诗词诵读作品），占纯文学文本的64%；现代诗有21篇（含2篇外国诗，3篇散文诗），占纯文学文本的16.4%；小说16篇（含1篇科幻小说、四篇古典小说），占纯文学文本的12.5%。其余的寓言4篇，戏剧3篇，童话、神话各1篇。

这说明在纯文学阅读指导中，必须高度重视古诗词阅读指导，大量增加学生古诗词积累，尤其要注意培养其阅读方法和鉴赏能力。纯文学文本教学策略和方法以对初中古诗词朗读教学方法探究为重点，对现代诗、小说的朗读教学的探究只是涉猎。

2. 散文文本

散文主要指现代散文，这种文体是我国初中语文教学的主导文体，在初中语文教学散文37篇，占比约为16.5%。大多分布于七、八年级。从内容形式来看，写人记事、写景抒情散文占比最大。在教学中，由于对散文文本特征认识不清晰，对其地位作用把握不准，往往导致教学重点把握不好，学生学习散文困难。依据王荣生提出的关于"文学性散文"的概念，狭义散文概念是把写人记事、写景抒情的散文称之为"文学性散文"。本课题据此针对文学性散文的阅读学习策略方法进行研究。

3. 文言文文本

文言文梳理依据不同于前两类文本，是根据文言文文本特点按照时代来分类。初中的文言文共有35篇。

从分布特点来看，先秦诸子散文、魏晋南北朝及唐宋时期的文本是文本相对集中，且分布较为均衡。明清时期作品数量较少。教学设计也必须把这些因素考虑进去，才能做到目标适合、重点突出、要点不漏。较好地体现文言文“一体四面”的要求。

4. 实用文文本

部编教材初中实用文共26篇，其中议论文15篇，占首位，新闻次之，传记和说明文再次之。

这样的分布已经明确了教学设计的导向。值得注意的九年级实用文几乎全是议论文。这就要求教师在拟定学期计划和备课时均应根据其分布特点，有所侧重地合理安排时间、合理设置教学目标。实用文重在“实用”，其工具性应该是教学设计中考虑的主要因素。

四、基于文本体式的阅读教学设计研究

阅读教学研究活动是一个基于教学实践的，发现问题、解决问题、理论提升、发现新问题的闭合式的循环过程，这样就把阅读教学中问题解决和阅读教学创新发展融合到了具体的课题研究之中。

（一）纯文学文本体式阅读教学设计研究

【研讨案例一】

问题的提出

访谈和问卷表明，在阅读教学中，尤其是纯文学阅读教学，过度解读、不合适的解读、乱发挥等倾向得不到有效纠正。阅读教学聚效率不高。

确定研究点

拟通过对具体文本体式教学案例进行探究，探索解决“过度解读、不合适的解读、乱发挥”等问题的方法。

制定研讨方案（略）

实施研讨活动

对现行部编版九年级上册《水调歌头》（苏轼）教学设计片段的研讨

文本体式归类——纯文学（诗歌类）

根据文本体式特点，确定教学重难点。

教学重点：

A. 反复诵读，把握这首诗的感情基调，读出其特有的韵律和节奏。

B. 通过自主学习和合作探究，学会用意象分析法品析诗歌，深刻理解词人所抒发的感情。

教学难点：

借助想象，感悟意境美，深刻体味作品所蕴含的哲理，理解诗人特有的情怀。

教学方法：a. 诵读法 b. 情景教学法 c. 讨论点拨法

教学时间：一课时

教学过程：

A. 激情导入，积累“月”诗。（教师和学生一起回忆读过的有关“月”的诗句、词句）

B. 走进文本，诵读诗歌。（全班诵读，教师巡视指导。要求：注意听朗诵的语速、语气、语调、重音、停顿、感情等。即读准字音、读出节奏、读出感情。）

读准字音：自由诵读后指名字读。

读出节奏：自由诵读后全班齐读。（强调透过字面，读出这首词的感情基调）。

阅读小序，走近词人。（明确：对弟弟非常浓烈的思念）

视频泛读，感受一下你的诵读与泛读的区别。请同学们带着那份浓浓的思念细品词作，读出自己的感情，全班齐读。

男女生 PK 诵读。（要求：男生齐读上阕，女生齐读下阕。读后师生进行评价。）

译读。（要求：对照课下注释，读懂词的意思。）

（补充注释：把酒：端起酒杯。今夕是何年：古代神话传说，天上只三日，世间已千年。乘风归去：驾着风，回到天上去。不胜：忍受不住。）

C. 诵读诗歌，走进词人。联系苏轼《记承天寺夜游》中“如积水空明”的情景，类比“迁移”，走进作者的世界。启发学生从词的意象入手探究词作的意境，以及词的情感流动。

自主学习：通过小组合作探究，找出这首词的意象，分析特点，品析意味。表述模式：我们小组品析的是……句（几句），选择了……（意象），描绘了一幅……画面（或创设了……意境），表达了诗人……的情感（理想、志趣）。

D. 诵读诗歌，联系实际。

E. 迁移延伸。学生阅读老师提供的作者苏轼的相关资料，教师引导学生理解苏轼坎坷的一生。

F. 诵读诗歌，升华主题。（教师引导学生探究词作主题，引领学生再次诵读）……他乐观豁达的胸襟如皎洁的月儿照亮了每个人的心胸，也照亮了整个历史的天空！让我们用最饱满的热情，最崇高的敬仰来齐诵一下：“明月几时有……”

G. 布置作业。在中国古诗词中，月是常见的意象，那么“月”在不同的古诗词中含有什么不同的情感呢？（提示：可与王维《山居秋暝》、李白《静夜思》《月下独酌》、张继的《枫桥夜泊》等比较）

……

观课之后的讨论：在讨论中，老师们对该设计提出了不同的意见。归纳起来主要有以下几种意见。

一是认为这篇宋词是典型的纯文学文本，教学就应该体现这一文本“纯”的特性，对教学设计中“走进文本，诵读诗歌”，“阅读小序，走近词人”，“诵读诗歌，走近词人”，“含英咀华，走近词人”，“诵读诗歌，升华主题”阶梯式教学结构表示赞同。

二是对教学设计中重视对阅读方法指导表示赞同，理由是要把文本作为范例，教会学生怎样去阅读诗词。

三是认为因为认识和人生体验的局限性导致学生阅读宋词必然产生的与文本的“落差”，对作者生平，做适当补充很有必要，有关“词”这一体式的知识在教学中也应该让学生了解。

备课组长做总结：观察教学设计和课堂教学，我们不难发现这个教学课例体现了文本体式对教学活动的要求，合理安排教学内容，注意到了教会学生方法这一教学要领，有效地克服了教学中存在的“乱发挥”“过度解读”等问题。充分关注了学生认知能力与文本之间客观存在的“落差”。另外，作业的布置很有特色。“延伸学习”设计抓住了学生的阅读学习延伸的“时机”，且与前面教学诸环节形成完整的统一体。

对教学设计研讨结果：总结出纯文学阅读教学方法——“心灵碰撞法”。这种教学方法强调执教纯文学文本必须走进文本与文本对话，与作者对话，发生“心灵碰撞”。

对研究结果的论证：王荣生对文本解读的论述中强调文本体式决定阅读方法。人民教育家于漪等也强调语文课的制高点在于讲“文”，要始终关注“人”的培养。这些观点从文本体式要求和教学策略的角度为“心灵碰撞法”提供了理论支撑。课例中几处“走近词人”的设计，教学中教师适当地补充了相关文学知识，没有按照传统的做法——介绍作者生平，而是把人物放到作品来理解，实现了人文合一、读者作者文本三者高度统一的教学效果。课题组的教学也实践证明“心灵碰撞法”是纯文学阅读教学的有效方法。

（二）文学性散文文本体式阅读教学设计研究

【研讨案例二】

问题的提出

前期调查和访谈表明学生阅读文学性散文感到困难，主要是把握不住散文的阅读学习要领。从调查中发现教师采用同一种方法来教授文本的现象较为普遍。

确定研究点

教师的文本体式意识不强导致教学策略及具体的方法缺少“阅读取向”意识，教学活动与文本特点关联性体现不够。因此课题组针对这类文本确定以选择合适的教学方法为研究点。

研讨活动

对现行部编教材七年级上册《散步》（作者：莫怀戚）教学设计片段的研讨。

文本体式归类：文学性散文。

方法选择："慢温"读书法。

教学过程

A. 学生朗读课文，圈出自己认为精美的词句，看这些句子好在哪里？（教师对学生划出的句子应事先预测，并对重点句进行提示）

B. 学生再读课文，体会"我"的情感。（屏显朗读要求：注意文章的感情基调、语气、语调、语速。提示："我"是个中年男子。在这个家庭中，"我"是核心人物。）

C. 升华，拥抱亲情　频显"不孝图片"，引导学生读图、讨论。

D. 让学生以一首小诗寄语作者作结。（这属于源于文本精神的与作者对话活动，教师应先做示范。）

观课之后老师们讨论激烈，形成以下共识。

第一，《散步》是一篇以亲情为载体，以孝亲文化为主旨的，反映当代社会生活现实的散文。在本案例教学中，在教师的引导下，学生通过"读"文，从字面意思去体会结构特点——在情节的推动下文本的思想意义得以一步步展开。

第二，教师设置问题的指向明确——让学生在情节的发展中一步步强化对"孝亲"这一就在我们身边，而又常常被忽略的人类文化的思考——寓思想教育于文字解读中。

第三，散文寓章法于随性而为之中。这是《散步》最突出的特点，读这样的散文应该用散文的姿态来阅读。本案中"慢温"读书法在教学中的运用让学生在反复的"读"中体会到了文本独特的语言魅力。如文中的三代人之间的精彩对话正是在教师的指导下，学生一步步悟出了"言外之音"。

备课组长总结：本案的设计以语言为抓手，通过语言的反复朗读让学生去咀嚼语言背后"其乐融融，和谐相处"的幸福一家，感受中国"孝老爱亲"的传统美德。在本案例中，强调"读"的训练外，主要抓住了一条主线——亲情。是亲情让我们一家出来散步，是亲情让我左右为难，也是亲情化解了我的“难题”。这样文章的线索就出来了，教学的推进也就围绕这条线索展开。“我”是文中的关键人物，各种矛盾问题都无不拷问着“我”心底最脆弱的内心。正是“被拷问”的不断加剧，一步步把矛盾推向顶峰，这是我们应该教会学生寻找的重点研究的地方。

对“慢温”读书法的论证：“慢温”读书法最先是清代的曾国藩提出的，是相对于“猛攻”读书法的另一种方法。其要义是针对读书的重点、难点，强调要在心中慢慢琢磨，悟透真谛。借用这一方法，在文学性散文阅读教学中，可以悟出重点词句的“言外之音”，而文学语言大多表达含蓄、意义深远，这种“言外之音”是往往成为打“开文本大门的钥匙”。“慢温”读书法也是合乎于王荣生教授提出的“把散文当散文教”的要求的。本案例中采用细读慢嚼的方法证明“慢温”读书法在现当代阅读中是有效的。

在散文教学研究中，课题组还先后以部编版教材《春》《老王》《伟大的悲剧》等教学为例探究，采用“辩体、识人、断文、定点”“移花接木”“字词定点锤炼”“图文（视频）式阅读”等文本解读方法进行实践论证。总结出了辩体阅读法、字词定点锤炼法、探寻反常规事件解读法、图文（视频）式阅读法。

（三）文言文文本体式阅读教学设计研究

【研讨案例三】

问题的提出

课题组在针对文言文阅读教学所做的专项问卷调查发现，74.40% 的学生表示学习文言文主要是依赖于课堂讲解，还不能独立学习文言文。访谈中发现教师对文言文教什么、怎样教感到把握不住。

确定研究点

课题组经过认真分析认为，造成文言文阅读学生难学、教师难教现状，除了文言文字面意识对学生有陌生感外，更重要的原因是老师的文言文教学没有处理好“一体四面”的关系，导致要么教学内容随意、要么毫无依据地肢解文本、要么以译、背、考代替阅读教学活动。

为此选定《记承天寺夜游》(作者：苏轼)最为例，通过教学设计研讨、观课、课后反思等，着重体现文言文阅读教学“一体四面”(“文言”“文章”“文学”“文化”)的要求，探究如何确定合适的教学方法。

研讨活动

问题研讨——对课题组成员《记承天寺夜游》教学设计的研讨

研讨重点和方式

目前中小学的文言文教学存在突出问题主要表现为：不是过深就是过浅。老师花了功夫，学生没有得到东西；要么过于注重翻译，忽略文化知识。文言文的“一体四面”要求我们不仅要读“文”还要读“人”。因此本次研讨重点为文言文教学如何把“一体四面”落实到位。研讨方式是以集体备课形式进行。

热身活动

教师查找资料弄清苏轼被贬黄州的原因。

集体备课

第一阶段：主备人说《记承天寺夜游》教学设计。

文本体式：文言文

教学目标：a. 朗读，读出韵味；b. 积累字词句；c. 感悟作者的人生态度。

教学设计思路：

第一步：读顺课文

a. 自由朗读。(要求：读准字音，读出停顿，读出节奏。提示：念 / 无与无为乐者，遂 / 至承天寺 / 寻 / 张怀民。怀民 / 亦未寝，相与 / 步于中庭。庭下 / 如积水空明，水中 / 藻荇交横，盖 / 竹柏影也。)

b. 学生听录音跟读。(要求：听准读音，听出停顿和节奏，试着体会作者的感情。)

c. 学生有感情地齐读课文。

第二步：读懂课文(要求：根据预习学案，检查对课文的预习情况。)

a. 小组抢答：解释下列加点字词的意思。

念无与为乐者：（思考、想到）

遂至承天寺：（于是、就）

……

b. 翻译下列重点句子。

原文：念无与为乐者

译文：想到没有可以交谈取乐的人。

原文：庭下如积水空明

译文：庭院中的月光像一泓积水一样清澈透明。

……

第三步：读透课文。（要求：引导学生从内容、结构、情感、写法等方面来深读课文，然后小组讨论交流，完成表格。）

表 15-1　小组讨论交流内容

内容（写了什么）	文章结构（分几部分）	情感（找出表达情感的句子）	从文章得到的写法启示

a. 文章讲了一件什么事？文章分为几层？（略）

b. 作者是如何描绘月色的？运用了什么修辞方法？有什么作用？从中可看出这幅月夜图有什么特点？

表 15-2　四个方面分析作者如何描绘月色

绘景	修辞	作用	特点
月色——积水空明 竹柏——藻荇交横	比喻	生动形象 如临其境	皎洁、澄清、透明

c. 哪些句子表达了作者的情感？（明确："月色入户，欣然起行。""何夜无月？何处无竹柏？但少闲人如吾两人耳。"）

d. 思考：作者为什么要夜游承天寺？（明确：一是因为作者被贬谪，心情郁闷、孤独，想出去走走；二是因为月色很美；三是还有一同病相怜的朋友张怀民。）

e. 思考：夜游期间，作者的心情都是欣喜的吗？（提示：为降低教学难度，先找关键词句，再体会作者心情。明确：欣然起行，表达欢欣、喜悦、欣喜之情。念无与为乐，表达有点遗憾低沉、失落。遂，不假思索中有点激动。亦未寝，与好友心有灵犀一点通的喜悦、兴奋、惬意。相与步于中庭，一份闲适，一份从容。何夜无月？何处无竹柏？但少闲人如吾两人者耳，有赏月的欣喜、漫步的悠闲、自我排遣的达观、被贬的悲凉。）

f. 理解“何夜无月？何处无竹柏？但少闲人如吾两人者耳”。闲人是指苏轼、张怀民吗？

【资料助读】（频显）

张怀民，名梦得。宋神宗元丰六年（1083）贬黄州，初时寓居承天寺（今湖北省黄冈县南方）。

苏轼与“乌台诗案”：元丰二月七日，御史李定等摘出苏轼有关如对王安石新法的诗句，说他以诗讪谤新法，并将他逮捕入狱，这就是“乌台诗案”。长时间的审问、折磨，苏轼差点丢了脑袋。后由于范缜、张方平等的营救，案件惊动两宫，十二月苏轼获救出狱，被贬到黄州，住团练副使，但不得“签书公事”，也就是说做着有职无权的闲客。

明确：苏轼和张怀民一样，本来都是有闲情逸致之人，也曾有过远大的政治抱负，但壮志难酬，一贬再贬，可见他们是何等的失望、无奈与悲凉。可以让同学们描述一下这是一种怎样的“闲人”？说说自己对文本的理解。

第四步：拓展延伸

阅读以下诗句，从中我们读到了一个怎样的苏轼？让我们更进一步走近苏轼以及他所生活的那个时代吧！

【资料助读】（频显）

贬官杭州：我本无家更安住，故乡无比好湖山。

贬官黄州：长江绕郭知鱼美，好竹连山觉笋香。

贬官惠州：日啖荔枝三百颗，不辞长作岭南人。

大江东去，浪淘尽，千古风流人物。

……

讨论结论及教法探究

《记承天寺夜游》教学设计的亮点：教师巧妙引领学生抓住文中“闲人”进行探究，究竟“闲人”应作何理解？在探究中一步步接近文本的主旨——闲人不“闲”，身闲心不“闲”。这一过程中，学生探究路经在教师引导下不断“校准”目标，这种带着“校准”意识的探究如同驶向彼岸的“轻舟”，快速而精准。正是这叶“轻舟”帮助阅读者打通了通向文本核心探究的路径。

对“校准阅读法”的论证：文言文中既有“文”（内容），也有“言”（字词）。近现代语文教育专家无不强调教师在教学中要切实落实文言文教学“一体四面”，即“文言”“文章”“文学”和“文化”四要素。课题组文言文“校准”阅读是受鲍善淳在《怎样阅读古文》中提到的“校读法”启发加工而成。鲍善淳的“校读法”主要是针对文言文难解之处的一种联系上下文、与其他文本比较猜测字义，逐步校准的解字方法。课题组提出的“校准”阅读强调依据文字追索文本主旨。“一体四面”要求对文本进行基于字词、主旨、文化素养的阅读学习，而“校准阅读”正是把文字、主旨、文化等语文素养集中在某一要点的研究上，是易于操作，效果明显的教学方法。

（四）实用文文本体式阅读教学设计研究

研讨之前很有必要对实用文范围做些说明。“诗歌、小说、戏剧和散文之外的所有文章，统称为实用文章”。这个定义限定了实用文的范围。

【研讨案例四】

问题的提出

经过调查研究发现，学生对实用文不感兴趣。究其原因，主要是长期以来在教学中有意无意地淡化了实用文的文体意识，甚至于无体而教，无体而学，导致了学生在文体意识模糊，阅读教学效果不理想的重要原因。

确定研究点

通过本次调查和分析和教师对实用文教学关注不够、阅读教学方法指导不够的现状。课题组以如何关注实用文的价值和学生对实用文的学习兴趣为研究点。

研讨活动

研讨本课题组成员教学片段：现行部编教材八年级上册《梦回繁华》教学过程（节选）

文本体式：实用文（说明文）

【教学过程实录】

a. 情景导入

有这样一幅画，它曾 5 次进入宫廷，4 次被盗出宫，演绎出了许多传奇故事，它是我国绘画史上的无价之宝，这幅画是……（学生回答是《清明上河图》，教师予以肯定。）下面我们来欣赏这幅画，哪位同学愿意给我们介绍一下，（请学生回答，并对其回答做评价），那么我们来看看作者是怎样介绍的呢，请大家打开书看到第二十课《梦回繁华》。（设计意图：由五进四出，说明这幅画广受人们欢迎，激发学生学习兴趣，并引入主题。）

……

b. 整体感知

整体把握《梦回繁华》的主要内容。

课前布置家庭作业，发放作业单。

预习第二十课《梦回繁华》填下表：

表 15–3　预习内容

说明对象	段落内容
第一自然段	
第二自然段	
第三自然段	
第四自然段	
第五自然段	

（设计意图：让学生带着问题预习，有的放矢，做好课前充分准备，既能培养学生主动学习的习惯，又能推进课堂的进程。）

课堂检查家庭作业，投影展示学生作业情况，通过对比，老师点拨，全班订正。

结合各段具体内容，看看全文采用了什么说明顺序？（注重文本体式要求）

学生回答逻辑顺序，教师问其依据是什么？于是教师顺势复习说明顺序知识：时间、空间、逻辑。此处使用判别方法（排除法和分析法）带领学生走进文本，分析本文的说明顺序。（此处教师适当进行了学习方法指导）

c. 深层探究

细读课文第四段，回答下列问题 .

找关键句分层次。

……

探究说明顺序。

学生谈收获。

教师小结。

d. 学以致用，现场写作。

课题组研讨

《梦回繁华》是典型的事物说明文。说明对象、说明方法、说明顺序、说明语言等要素明显，属于学生学习实用文的典型范例。从教学过程来看，教师始终关注的是学生阅读学习中体验和收获，尊重学生认知规律。

实用文中的说明文教学难点在于文本内容无情节无故事，学生理解起来比较困难。从这节课来看，几个教学环节一以贯通的。执教者抓住了说明对象——清明上河图是无价之宝这一核心概念，构建起解读文本的“骨架”，而文本中有关说明内容和说明的方法等各种语文要素就在这“骨架”的某一位置，随着核心概念的逐步解析，其他问题也就迎刃而解。清明上河图的价值从教学的开始直至结束，始终作为一条隐线在左右着整个教学的发展。这样的教学设计从过程来看是完整的。作为社科文中的事物说明文，其文本体式要求我们要告诉学生如何去把握解读文本的关键——采用什么样的说明顺序来说明。如何去发现说明顺序呢？这就要求老师教会学生读文本的哪里？教师的作为学生学习的引领，主导了阅读教学的方向和节奏。在教学过程中教师的作用体现在需要教师“教”的部分。比如关于历史知识的补充、激发学生学习的兴趣、有关说明顺序的提示及学习写作说明文的要领。这些对学生都是极有用的。教学活动中始终要有一个源于文本的核心理念在牵引着教学活动。课题组据此提炼出阅读教学中的“核心牵引法”。该方法主要适用于内容细节繁多的文本，不限于在实用文中运用。

对结果的论证：余映潮主问题式教学法就是以问题来牵引课堂活动，本课例和依据核心问题（事件）组建课堂活动的方法与之有相似之处，原则上可以作为一种有效的方法固定下来。这种方法，关键在于形成的教学内容“骨架”并局限于内容的理解，或写作方法的归纳，这个“骨架”应该包含这一文本必须掌握的知识。比如本课例中的“说明方法”“说明顺序”。这里的“核心”不一定是问题，有时就是一个概念，有时是一个中心事件，或者一句话、一个词语。

三、研究成效评估

（一）前期后期问卷调查比较

不同阶段的问卷调查提纲基本一致，具体为：a. 了解学生的阅读态度；b. 阅读习惯及环境因素；c. 阅读学习需求；d. 阅读取向等方面的情况。

1. 研究活动前、后期问卷调查开展情况

前期问卷调查在七年级学生中抽取某班 50 名学生进行问卷调查。发现在阅读态度阅读取向方面，学生大多倾向喜欢阅读，但不太喜欢经典名著。结合进一步访谈了解到学生喜欢在手机上读当代网络作品，选择科幻类、穿越类、言情类、鬼怪类居多。阅读习惯调查结果表明学生很少进行课外阅读，不太习惯做读书笔记。大多数家长不习惯给孩子购买课外书籍，与小学阶段家长经常给孩子买课外书籍的情况形成鲜明对比。这也是导致学生阅读大量从网络下载的原因之一。大多数学生认为阅读学习的目的是为了考试，少数学生认为是为了掌握阅读

方法。调查阅读学习需求结果表明，学生对老师不经常做课外阅读指导有意见。

研究活动后期，课题组跟踪前期被调查学生情况，在同一班级针对学生了解掌握研究效果进行调查。此时，调查对象已升至九年级，人员组成与前期调查对象基本一致，人数 50 人。

调查提纲与前期基本一致。调查目的为检测实施课题研究后学生的变化。

2. 研究活动前后期问卷分析

通过与前期对比分析发现，开展课题研究后，喜欢阅读课的学生比开展课题研究前有所上升，课题研究开始前喜欢阅读（阅读课）的为 75.00%，开展课题研究后，喜欢上阅读课的占比达到 86.67%。阅读经典的学生有大幅度增加，课题研究前学生选择阅读经典类作品的人数占比为 16.7%，课题研究开始后选择阅读经典的学生占比达到 60%。选择网络阅读（电子书）的学生占比有所下降，前期问卷调查为 20%，中期问卷调查为 13.33%。前期访谈了解到一些学生喜欢在手机上阅读科幻、穿越等类文本，未做统计。后调查发现选择科幻类读物的学生占比为 1.11%。

综上所述，开展课题研究扭转了学生中存在的阅读取向、阅读学习等方面的错误倾向，使“异态”阅读得到合理的引导。调查还发现，开展课题研究后，学生对阅读有了新的理解。学生对阅读课的态度发生了质的转变——从大多数不喜欢上阅读课到绝大多数喜欢上阅读课。这说明教师观念的转变、方法的更新等是改进阅读教学的主导因素。

（二）前后期教师访谈结果比较

1. 前期教师访谈概要

访谈对象为初中语文教师。

访谈提纲：

A. 谈谈你阅读教学设计所偏好的设计理念以及喜欢使用的阅读教学方法。

B. 不同文本体式的文本应该如何体现课程价值？有没有必要区分文学作品和非文学作品的教学重点？

C. 谈谈古代诗词、现当代诗歌的教学策略的异同。

D. 实用文的教学最应该教给学生什么?

通过访谈发现，老师们的主要观点如下：有必要按照文本体式来区分文学作品和非文学作品的教学策略，但对于如何区分不同文本感到困惑，特别是散文的界定问题不易把握。认为古代诗词讲究起承转合，现当代诗歌追求表达思想感情的需要，更多是分层次、长短句交替错落的形式，甚至标点符号也有特定意义。古代诗词可以用吟诵方式教学，现当代诗歌不适合用这种方法。教材中的说明文等实用类文如何教需认真研究一下。老师们对余映潮主问题板块式教学、魏书生自主探究等当代阅读教学理念比较认同。

同时还发现老师们具有一定的阅读教学理念知识积累，但对教参书依赖比较严重。如何对教材中对具体文本进行合适的处理研究的比较少。

2. 后期针对课题研究效果的访谈情况

访谈提纲：

A. 你如何理解文本体式？你认为进行《基于文本体式的初中语文阅读教学策略应用研究》对提高阅读教学质量有效果吗?

B. 结合具体的研究方向或教学课例谈谈你对深入开展课题研究的期望。

访谈对象：在本校随机抽取教师 6 人（其中 4 人为课题组成员，2 人为课题组外语文教师）

通过访谈发现老师们存在这样几种观点：

第一，认为文本体式是解读文本首先应该明确的问题，搞清楚文本归属就为确定文本解读策略迈出了第一步。

第二，对文本的界定确实对分清教学重难点，确定具体的教学方法很有帮助，但不是仅靠文本体式分类就能解决阅读教学问题。

第三，文本体式分类是对教材进行科学化精细化处理的环节，但文本体式概念对于学生来说有些抽象。

第四，认为基于文本体式的阅读教学能有效提高语文教学效益，尤其对克服阅读教学中“乱言说”“目标过大”“忽略学生认知能力”“弱化学生主体地位”

等弊端效果明显。

通过对本次问卷及访谈情况分析表明，经过课题研究和教学实践，本课题在提高学生阅读能力的对策研究中取得比较显著的成效。学生对阅读的态度和阅读能力的提高程度以及教师阅读指导方法方面都发生了明显变化。“文本体式”理念对解决阅读教学活动中的相关问题作用明显。这说明在基础教育阶段针对阅读问题开展专项研究对教师专业成长、学生阅读能力的形成、促进减负提质、促进教育教学科研及本学科教师专业成长很有必要。

第四部分　研究效果评述

一、运用文本体式理念改进教学，突破文本解读难点取得明显成效。

（一）在阅读方法探究方面取得突破

在此针对阅读教学中存在难点问题所进行的探究，以提炼的几种阅读教学方法为例进行阐述。

1. 反常规事件探寻法。这种方法关注文本中对方常规事件和现象，结合文本相关内容研究其反常规的原因，从而实现对文本的解读。在课题组进行《伟大的悲剧》（作者茨威格）一课的教学设计研讨中，遇到了文本超长、课时有限、课程核心素养不易把握等问题。主备人将问题提交课题组讨论。经过深入研究，课题组发现依据文本体式特征，难以在短时间内完成全文阅读。按照“缘学情定起点，依文本定终点”的理念，课题组提出“以其面面俱到，食而不化，不如集中力猛捶一点，撕开口子，直捣目标”的构想，并选取了文本中几个反常规事件，引导学生进行重点解读，从而探究文本主旨和语言特色、结构特点等要素。采用此法很容易就解开了阅读本文的难点，由于避开了传统的枯燥费时的依照篇章逐段阅读分析，学生解读文本的兴趣大增，在两节课的时间内较好地完成了阅读任务。

2. 核心牵引法。这种方法通过把文本中的牵动全文内容的关键词找到，让学生围绕这个字（词、句子）去提问、思考、琢磨，最后达成读懂文本的目的。如，前文中《梦回繁华》教学研讨案例。再如，课题组《石壕吏》（作者杜甫）教学设计中抓住“泣”和“怒”进行重锤敲打式的解读，把官差和老妇不同的内心世界发展线索交织起来解读，不仅可以牵动学生去主动理解内容，还可以帮助学生掌握文本写作方面的特点。

3.“心灵碰撞”法。指按照文本的特点设计教学环节，让学生和作者进行对话交流，产生心灵上的共鸣，从而进入文本的核心解读文本。如《水调歌头》（作者苏轼）教学中就可以师生沿着苏轼的引领探“月”、吟“月”，与古人对话，在教学中走进苏轼的世界，走进祖国优秀的传统文化世界。

4.“情景回归”法。根据文本内容有教师主导，让学生采用自己喜闻乐见的表演形式，表演文本的主要情节，帮助理解文本的大意。如《石壕吏》（作者杜甫）教学中可以增加学生表演文本双方矛盾冲突激烈的相关情节，帮助学生迅速走进文本。

5. 图文（视频）式阅读法。针对《春》（作者朱自清）等文本的教学，采用这种方法，通过将文字转化为画面，再将将画面转化为文文字。学生在学习中“为学而‘画’”，“为‘画’而学”，从而进入对文本的深入探究。

6. 浸润式阅读法。浸润式阅读得法于学习古典文献。做法就是创设情境，把自己沉浸在作品中，用朗读的方式理解文本。借助想象把自己当作作者，把自己融入作者的时代。在对话中读懂和解读文本，把诗歌文本体式和教学方式紧密联系，产生了意想不到的效果——在培养学生朗读技巧的潜移默化中，实现了文本育人功能目标。

此外，课题组还对不同体式文本教学方法进行探究，发现“慢温”读书法、点画评注式阅读、校准阅读法、类文比较阅读法、辩体阅读法、体验式阅读法都是十分有效的文本解读方法，但需注意具体文本采用合适的方法。

（二）对基于文本体式的阅读教学基本策略做初步总结

1. 尊重文本体式策略。只有把文本体式要求搞清楚，决不“肢解”文本，才能有效克服“乱发挥”“过度解读”等问题，才能找到教学的精准发力点，教会学生合适的阅读方法。把诗歌真正当成诗歌来教是诗歌教学的基本要求，也是纯文学文本教学的根本需要。

2. 注重阅读姿态策略。阅读教学要体现不同文本的教学特点。如，散文属于文学作品中的“另类”，它和“纯文学”的区别在于既有文学的灵性，又不受既定格式羁绊，题材多样性、个性特征鲜明；既有文章的特点，又有文学的特性。要用散文的姿态阅读散文。同样，针对实用文教学也要用“实用”的姿态来阅读实用文。诗歌、小说、文言文等教学都是这个道理。

3. “一体四面”策略。这是对文言文的要求。在文言文教学中最主要的是要落实文言文教学“一体四面”，即“文言”“文章”“文学”和“文化”要素。

4. “补白”“落差”策略。文言文尤其要关注学生认知能力和文本之间客观存在的“落差”，要重视对涉及的知识做必要的“补白”，又要注意克服对文本作不合适的解读。

5. “实用”阅读策略。实用文的教学要体现“实用”的要求，实用文阅读教学以理解为目的，要突出“工具性”，应以理解为目的。应该以教会学生如何理解性地解读文章为重点。

6. 梯度提问策略。课堂提问要有梯度，使学生每次回答起来都不觉得太难。提问要以发现新问题为首要目的，检查掌握情况次之。

二、研究活动对提高教学质量产生积极影响

（一）课题研究实验班级在本校同年级同类班级中的比较

本校 2020 届九年级参加 2020 届九年级 2019 年 11 月参加两区（县）七校联考中本校各班成绩对比分析 [数据来源：某市（地区）两区（县）七校联考质量分析会资料] 如图 15–1。

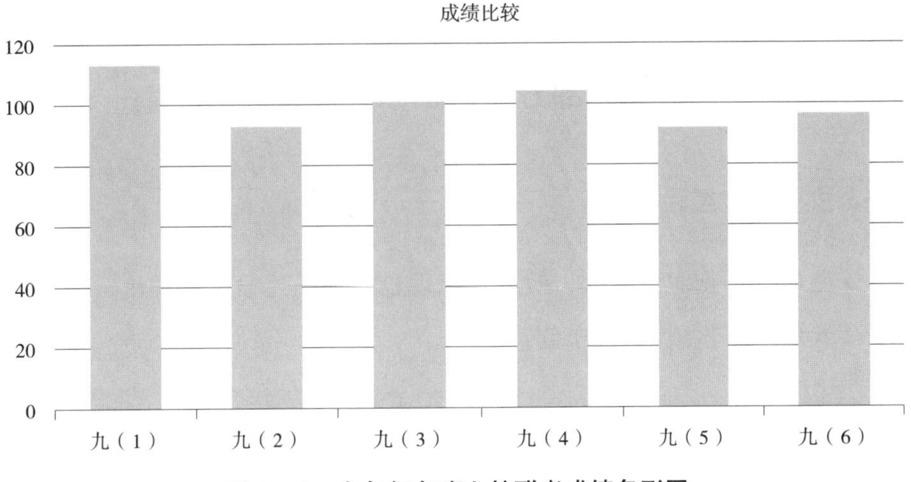

图 15–1　九年级各班七校联考成绩条形图

该年级共六个班，分层管理中九（一）班是 A 层班，与其他班无可比性。其余班级为 B 层班，本表的意义在于对其余五个班的考试成绩进行比较。九（1）班 113 分，九（二）班 92.72 分，九（三）班 100.76 分，九（四）班 104.28 分，九（五）班 92.02 分，九（六）班 96.46 分。其中九（三）班、九（四）班为课题研究重点实验班级，正在推广阅读教学研究成果。其余班级仅为一般性参加课题研究。

分析结论：在同为平行班的几个班中，九（4）平均分 104.28，平均分明显超过其他几个平行班。这说明同级同类班级中，课题研究成果运用于教育教学，语文学科教学质量优于没有推广使用的班级。

（二）本校语文学科教学质量在同级同类学校中上升较快

本校 2017 年以来连续三年语文学科中考（适应性考试）总平均分均超出本区（县）同类学校总平均分，始终保持本区内领先水平。

结论：本校强化教育教学常规管理的同时加大教学科研力度，扎实推进学科课题研究，教学效率得到提高，近年来教育教学质量呈稳步提高趋势。其中本课题组针对语文教学中阅读教学的专项研究，对提高语文学科教学质量直接起到了积极的推动作用。

第五部分 课题研究成果

一、主要研究经验

本课题研究不拘泥于形式，敬重文献理论而又不迷信文献理论，不脱离实际，实事求是，勇于探究，敢于创新。

二、研究活动产生的影响

开展课题研究对提高学校语文学科教育教学质量，推动“书香校园文化”建设起到了积极的推动作用，对克服教学实践中随心所欲的“乱言说”解读甚至“野蛮”肢解文本等行为起到了积极的示范作用，对推进阅读教学行为规范化科学化、教师专业发展、学校教学科研工作产生了积极影响。近年来多名课题组成员参加区（县）级优质课、优秀教学设计、说课活动等获奖。被推荐参加全省“春风行动”教育对口帮扶活动。一名课题组成员被选派参与全省教学名师巡讲，被派往东南亚某国参加教育援助工作。两名课题组成员在区（县）级教育活动中“同课异构”阅读教学示范课受到好评。近年来课题组成员结合课题研究成果撰写的多篇论文、教学设计等参加省教育科技成果评比获奖。

三、主要研究成果

（一）研究文献方面的收获

重构基于文本体式的阅读教学理念，坚定了从文本体式的视角探究阅读策略及方法的自信，总结出一系列合适于初中学段的基于文本体式的阅读理念。

（二）文本体式归类取得的成果

从整个初中学段的高度认识和把握教材分布情况，对教师驾驭教材，确定教法，明确重点等起到重要作用。

（三）探究阅读教学方法的主要成果

从文本体式角度系统探究了各类文本在整个初中教材中地位和作用，并针对不同类型文本所进行的探究，总结出一系列合适于教学的阅读教学方法。主要成果如：反常规事件探寻法、核心牵引法、“心灵碰撞”法、“情景回归”法、图文（视频）式阅读法、浸润式阅读法等。此外，课题组还对不同体式文本教学方法进行探究，发现“慢温”读书法、点画评注式阅读、校准阅读法、类文比较阅读法、辩体阅读法、体验式阅读法都是十分有效的文本解读方法，但需注意具体文本采用合适的方法。

（四）总结出的阅读教学基本策略

1. 尊重文本体式策略。只有把文本体式要求搞清楚，决不“肢解”文本，才能有效克服“乱发挥”“过度解读”等问题，才能找到教学的精准发力点，教会学生合适的阅读方法。把诗歌真正当成诗歌来教是诗歌教学的基本要求，也是纯文学文本教学的根本需要。

2. 注重阅读姿态策略。阅读教学要体现不同文本的教学特点。如，散文属于文学作品中的“另类”，它和“纯文学”的区别在于既有文学的灵性，又不受既定格式羁绊，题材多样性、个性特征鲜明，既有文章的特点，又有文学的特性。要用散文的姿态阅读散文。同样，针对实用文教学也要用“实用”的姿态来阅读实用文。诗歌、小说、文言文等教学都是这个道理。

3. “一体四面”策略。这是对文言文的要求。在文言文教学中最主要的是要落实文言文教学“一体四面”，即“文言”“文章”“文学”和“文化”要素。

4. “补白”“落差”策略。文言文尤其要关注学生认知能力和文本之间客观存在的“落差”，要重视对涉及的知识做必要的“补白”，又要注意克服对文本作不合适的解读。

5. “实用”阅读策略。实用文的教学要体现“实用”的要求，实用文阅读教学以理解为目的，要突出“工具性”，应以理解为目的。应该以教会学生如何理解性地解读文章为重点。

6. 梯度提问策略。课堂提问要有梯度，使学生每次回答起来都不觉得太难。提问要以发现新问题为首要目的，检查掌握情况次之。

（五）物化成果

1. 研究报告
2. 阅读教学方法及策略汇编
3. 课件及教学设计案例
4. 研究论文集
5. 听评课及教学交流活动资料
6. 课题研究影像资料
7. 学生作文集
8. 学生阅读学习手抄报集
9. 课题实践《荷枫》文学社团活动内部刊物《松溪河畔》
10. 教师成长资料集
11. 课题研究过程资料汇编
12. 相关活动资料

第六部分　存在的问题以及今后努力的方向

尽管课题组对阅读教学瓶颈有所突破，对文本体式的梳理分析也比较深入，紧盯教学顽疾锲而不舍并取得一定成效。但由于课题组水平有限，研究的覆盖面不够广，研究“切口”不够深，理论学习还不够深入，还有不少阅读教学问题还没有得到解决。所提出的阅读教学策略及方法难免存在不足，或存在较强的主观意识。这些都希望得到同行的指正和帮助，一起来在进一步的实践中验证和完善。

新时代需要具有新理念的教师，要求我们教师不断学习，今后我们将坚持以人民为中心的指导思想，牢固树立新发展理念，坚持课题研究中好的做法和经验，不断提升阅读教学科研能力，使之形成长效机制，把研究变成习惯，把课堂当成课题，为促进教师专业化发展和提高教育教学质量而努力。

参考文献：

[1] 钱梦龙．从“基本式教学法”到“语文导读法”[J]．南京师范大学文学院学报，1999（1）：11–15.

[2] 周美娟．近年来国外学者对阅读能力的研究综述 [J]．科教导刊（中旬刊），2011（12）：7–8.

贵阳市教育科学规划课题：基于文本体式的初中语文阅读教学策略与应用研究

立项编号：GYJY（2014）31　　结题编号：GYKTJ（2020）25

课题主持人：穆天学

研究报告执笔人：穆天学

主要参研人员：彭锡荣、熊建芹、邓仕萍、韩志琼

创客教育背景下的高中 3D 打印校本课程实践与研究

清镇市第一中学　陆　阳

近几年，随着扑面而来创客教育浪潮，伴着 3D 打印技术发展，3D 打印受到教育的关注，逐渐成为创客教育的重要实践途径之一，慢慢走进中小学校园。学习 3D 打印有利于提升学生的立体空间感和创造性思维，开拓学生的视野，提高学生的实践能力。因此，本研究结合学生学习需求、学校办学目标及办学条件进行 3D 打印校本课程开发与实践，希望能给学生提供更多的学习内容的选择，提供培养兴趣特长的实践途径，同时也给同行提供一些借鉴与帮助。

首先，本研究使用文献研究法，对创客教育、3D 打印、校本课程及校本课程开发等进行理论学习，为后续的研究做理论铺垫；接着，本研究以贵州省学校为例，结合校本课程开发理论和学校实际情况确定 3D 打印校本课程的开发模式；然后，本研究通过问卷调查法和访谈法，对学校办学目标、学生学习需求和学校办学条件等进行 3D 打印校本课程开发需求分析；再是，结合信息技术课程标准、3D 打印相关内容和学校的校本课程的开发需求进行课程目标的设计，将课程目标中知识点进行分解、细化、整理，根据课程目标中知识结构的不同将课程划分为 3 个章节，以此为依据构建 3D 打印校本课程框架，再进行具体的课程内容的选择与组织；最后，本研究对学校的实施条件进行分析、拟定实施教学建议和教学计划，对 3D 打印校本课程进行全面的实施，同时以评价主体多元化、评价方式多样化、借助评价量规开展评价等为评价原则，以学生学业和 3D 打印课程本身为评价对象，以邀请学校校本课程评审组采用评价量表与访谈法在课程实施前和实施过程中进行评价、对进行 3D 打印校本课程学习的学生进行 3D 打印校本课程满意度调查为对 3D 打印校本课程本身的评价，以过程性评价和总结性评价为对学生学业的评价内容，并进行具体评价与分析。

从 3D 打印的校本课程的评价结果来看，学生掌握了基本 3D 打印建模技能，了解了 3D 打印的技术原理、打印流程、3D 打印的发展和应用等知识，同时学生的空间想象力和实践操作能力都得到不同程度的提升。通过本研究，也形成了具体的 3D 打印校本课程目标、课程框架、课程内容、实施方案和评价方案，在校本课程的开发实践上做出了一些探索和实践，丰富了学校的校本课程资源，彰显了学校科技教育特色，为学校培养特长学生提供可行途径，在一定意义上可以为学校创客教育改革提供一定借鉴。通过本研究，也促进了教师对教学理论知识、学科知识的学习，提高了教师本身教学业务能力，为教师的专业成长提供了一条可行途径。

第一部分　问题的提出

一、选题背景

（一）3D 打印是创客教育中不可或缺的部分

近几年，随着扑面而来创客教育浪潮，伴着 3D 打印技术发展，3D 打印受到教育的关注，逐渐成为创客教育的重要实践途径之一，慢慢走进中小学校园。学习 3D 打印有利于提升学生的立体空间感和创造性思维，开拓学生的视野，提高学生的实践能力。

（二）《地平线报告》对 3D 打印的预测

由美国新媒体联盟发布的《地平线报告》在 2013 年版第一次将“3D 打印的教育应用”列入将来要普及的新技术列表清单上。在此后 2014—2016 连续 3 年的《地平线报告》都提到 3D 打印（3D Printing），显示其将成为教学的主要的技术，并指出未来 2—3 年内 3D 打印将走进教学。

（三）新课标对3D打印与设计提出新要求

高中信息技术新课标大幅度减少了对于基本办公软件应用的要求，而大幅度提升了在编程、计算思维、算法方面的思维要求，以及人工智能、开源硬件、网络空间安全等知识面要求，当前创客教育中的3D打印与设计、开源硬件设计、移动应用设计等将逐步走进高中课堂。其中“三维设计与创意”直接作为选择性必修课程的模块之一，强调激发学生创新兴趣，培养学生动手实践能力，以信息技术解决问题，提升计算思维与创新设计能力。

（四）青少年3D打印创意设计大赛促进了3D打印设计的在中小学的普及

2016年4月“贵州省首届青少年3D打印创意设计大赛”启动，此举系首次在全省范围内举行的3D打印知识普及、推广，比赛在全省各地96所大、中、小学校紧锣密鼓地展开；2017年贵州省第二届“贵安杯”青少年3D打印创意设计大赛参赛学校增加到176所学校；目前“贵州省第六届届青少年3D打印创意设计大赛”正在进行中。

（五）学校以学生社团的形式开展着创客教育

学校也成立了创客学生社团，我们团队老师担任社团指导老师，定期举行相应的创客教育活动，我们也多次指导学生参加贵州省中小学生3D打印创意设计大赛等各种3D打印设计比赛、创客作品比赛，取得一定的成绩。

二、存在的问题

从我们通过文献研究和我们周边学校所了解到的情况来看，3D打印虽然近几年在教学领域慢慢地发展起来，国内也有许多学校建设创客空间、开展3D打印等创客教育，但由于3D打印教育在我国起步较晚，所以从目前来看，依然存在一些问题，比如多数学校没有专门开设3D打印课程；建模软件复杂，不适宜中小学初学者使用；大多数3D打印课程研究没有课程标准的具体指导；课程内容较为单一，3D 打印课程变成 3D 建模课程；教学资源过于单一，仅有文字和图片；仅仅是罗列学习内容，没有实施、评价的方案。

我们所在的学校之前的 3D 打印教育就是通过社团形式开展，而且也没有统一的教材和实施评价方案等。于此，我们想借此机会，尝试以我们所在学校为例，借鉴其他学者已有的关于 3D 打印校本课程研究经验，从我们所在学校的办学目标、学生学习需求和学校办学条件等出发，进行 3D 打印校本课程的开发与实践，开发出适合我们所在学校的 3D 打印校本课程并实施与评价，以改善学校的 3D 打印教学现状，也为同行提供一些借鉴。

三、研究的意义

校本课程开发的过程是学校内涵发展、教师专业成长、学生个性化发展的有效途径。因此，3D 打印校本课程的开发对学校、教师、学生都有十分重要的意义。主要体现为以下两方面。

（一）理论意义

形成创客教育背景下的高中 3D 打印校本课程的开发策略与方法和课程方案（包含课程目标、课程内容、课程评价方案等），以提升学校学生创新能力，具体而言形成促进学校学生培养创新能力的教育策略和方法，为学校新一轮信息技术课程改革实施提供借鉴。

（二）实践意义

以创客教育为手段，为学校拓展实践模式和学生发展提供学习模式，为学生提供更多学习内容的选择，促进学校学生提升创新能力与空间想象力，丰富学校校本课程的开设，促进学校形成办学特色，同时也促进教师的专业成长。

四、核心概念界定

（一）创客教育

创客是指利用3D打印技术和开源硬件平台，迅速地通过互联网进行学习和创造，将自己的想法（创意）转化为现实并勇于创新的人，《创客：新工业革命》的作者克里斯·安德森认为创新、实践与分享是创客的核心精神。

对于创客教育的定义，众说纷纭，目前尚未有统一的认识。国内学者也从教育理念和教育模式两个方面对创客教育开展了相关的研究。祝智庭认为创客教育是一种以信息技术融合为前提、项目学习法、创新教育、DIY思想为理论基础，以学生为中心，并与实践相结合的新兴的教育理念；而杨现民、李翼红认为创客教育就是创客运动与传统教育相互碰撞所产生的一种融合信息技术，秉承“开放创新、探究体验”教育理念，以“创造中学”为主要学习方式，以培养创新型人才为目的的新型教育模式。

综上所述，本研究中的创客教育是一种以信息技术为手段，以项目实践为载体，以建构主义理论、做中学思想为指导理念，以培养学生创新能力和实践能力为目的教学形式。

（二）3D打印

3D打印（3D Printing）是快速成型技术的一种，它是一种以三维数字模型为基础，通过相应软件将三维数字模型分解成若干层平面切片，然后由3D打印机把可黏合材料按切片图形逐层打印叠加，最终堆积成完整物体的技术，它使用的材料一般有粉末状、液状或丝状塑料、金属、陶瓷或砂等。3D打印属于“增材制造”，相对传统打印而言，它不需要机械加工或模具，能直接从三维数字模型中生成任何形状的零部件，降低生产成本，缩短研制周期，提高生产效率。

同时，作为创客教育的重要实施途径，3D打印以其特有的优势，在国家相关政策的推动下，迅速地加入中小学的创客教育中，在中小学的创客教育中占据一席之地。本研究即以校本课程开发相关理论为基础，结合我们所在学校具体的实际情况，开展创客教育背景下高中 3D 打印校本课程的开发与实践研究，探索创客教育背景下 3D 打印在高中学校的校本课程开发和实践的有效策略与方法。

（三）校本课程

关于校本课程为定义众说纷纭，尚未形成定论。王纬和王妍莉认为校本课程是“以学校为基地而开发的课程”，即学校在具体实施国家课程、地方课程的前提下，通过对本校学生的需求进行科学的评估，充分利用当地社区和学校的课程资源，由学校教师编制、实施和评价的多样性、可供学生选择的课程，也称之为“学校本位课程”或“学校自编课程”。

本研究中，校本课程具体指我们根据自己所在学校的教育理念，对该校学生的需求进行科学的调研和评估，并充分考虑学校课程资源的基础上，以学校和学生为主体，开发旨在发展学生个性特长的、多样的、可供学生选择的课程。

（四）校本课程开发

“校本课程开发”一词最早是在 1973 年爱尔兰阿尔斯特大学召开的国际课程研讨会上由菲吕马克和麦克来伦两位学者提出，他们认为，校本课程开发指参与学校教育工作的有关人员，如教师、行政人员、家长和学生，为改善学校教育品质所计划、开发的各种活动。

校本课程开发的类型因为选取角度、划分范围的不同而有所差异，并进而影响到校本课程开发的方向。根据课程开发主体参与程度的变化，可以把校本课程开发类型分为选用、改编、拓展、新编。本研究中的校本课程开发属于新编，即为凸现学校科技教育办学特色而进行 3D 打印校本课程开发。

五、国内外研究现状

从我们检索到的文献来分析，目前国内关于 3D 打印的研究大概可分为 3 类，一类是关于 3D 打印的打印技术与材料的研究；一类是将 3D 打印运用在各个领域的研究；还有一类是关于 3D 打印的教育的研究，这类研究在国内处于起步阶段，研究的数量并不多。

聚焦教育领域，关于3D打印教育相关的研究也可分为两类，一类是将3D打印作为教学工具去辅助其他学科教学，如内蒙古医科大学附属医院骨科A区的刘刚在2018年发表的《3D打印技术在复杂创伤骨科教学中的应用》中通过本科教学对比试验得出结论，在复杂创伤骨科教学中，采用3D打印技术有助于教学的顺利开展，提高学生的动手操作能力，更好地掌握相关的知识，值得进行大力推广与应用，目前这类研究是相对较多的；另一类是将3D打印作为课程本身开展的研究，这类研究正在逐步发展起来，但相对于前者而言研究数量还是较少，如童宇阳在2013年发表的《3D打印技术在中小学教学中的应用研究》中认为3D打印技术在本质上是多媒体技术的延伸，是虚拟现实技术的延伸，它拓展了人的感觉和知觉，促进了人的思维能力的进一步发展，他还列举了3D打印技术在中小学学科教学中应用的一些案例。

虽然在北京、上海、浙江、广东等教育发达地区，3D打印从2012年左右开始进入到中小学，但是从我们检索到文献来看，目前关于3D打印校本课程的研究并不多见，截至2018年，仅有24篇文献。2014年，上海师范大学王正玉借鉴“设计思维”的方法和教学实践，设计对小学3D打印课程具有可行性的“交叉演进”教学模型，进行《小学3D打印课程的设计与开发研究》研究。2015年，在福建师范大学何强的《3D打印技术在高中校本课程的开发与实施》中，他根据学校现有资源和学生的实际情况，进行了3D打印技术在高中校本课程方案的开发和教学实践，并在教学过程中收集大量的数据，通过这些反馈对课程方案进行合理的改进。2016年，广东省中山纪念中学的冯庆在《高中校本课程“3D造型与表达”的实践与反思》中从有效提升学生技术素养的角度介绍3D校本课程《3D造型与表达》的课程理念、课程内容设置、教学技巧及反思等。2017年，广西师范大学的张陈燕针对欠发达地区在《小学3D打印校本课程的开发与实践研究》中，借助SWOT分析法构建特色开发模式，立足本地特色、地域文化进行3D打印校本课程的开发与实践研究。2018年，内蒙古师范大学的王春雪在《突泉一中3D打印校本课程设计研究》，将3D打印与STEAM教育相结合，开发高中 3D 打印校本课程，并在兴趣小组内实施。

3D 打印技术本身就是起源国外，所以国外的 3D 打印技术发展速度较快，关于 3D 打印的研究同样分为两类：一类是关于 3D 打印技术本身的研究，包括打印工艺、材料等；一类是关于 3D 打印在各行各业的应用，如医疗、建筑、工业、服饰等。在很多发达国家，如美国、英国等，3D 打印在政府的支持下，大部分学校都配有 3D 打印机，基本大中小学都开设了 3D 打印的课程，也有很多的课堂将 3D 打印技术作为一种教学辅助工具在应用。

通过以上分析，我们了解到，目前关于 3D 打印校本课程的研究正处于萌芽发展阶段，虽然也取得一些效果，但是也存在一些问题。

1. 建模软件复杂，不适宜中小学初学者使用。有的使用的是 3DMax，有的是 SketchUp，有的是 123Ddesign。其中 3DMax 是专业 3D 设计软件，对电脑配置要求高，操作复杂；SketchUp 虽然界面设计友好，适用范围广，但是学习难度较大，尤其是对中小学初学者而言，同时全为英文操作界面，更适合专业人士设计使用；123Ddesign 虽然相比 SketchUp 而言，学习难度小了很多，但也是英文界面，且研发时间较早，更新缓慢，难以与时俱进。

2. 没有研究借鉴 2017 年发布的普通高中信息技术学科课程标准（2017 年版）进行研究，仅有少数以《基础教育课程改革纲要（试行）》和《中国学生发展核心素养》为依据，但《基础教育课程改革纲要（试行）》是 2001 年颁布，时间间隔久远，《中国学生发展核心素养》虽然颁布不久，但是较为笼统不够详细，可操作性不强。

3. 多数研究的课程学习资源单一，只有文字和图片组成的学习资源，如陕西师范大学王莉的《中学 3D 打印校本课程开发研究——以西安铁一中滨河学校为例》。

4. 有的研究课程评价不够完整，评价形式和评价主体过于单一，如上海师范大学王正玉的《小学 3D 打印课程的设计与开发研究》中课程评价仅有对学生课程学习的评价，且方式较为单一，仅通过评价量化实施评价。

第二部分　研究的设计

一、研究目标

本研究的目标是创客教育背景下3D打印校本课程开发与实践；通过本研究为学生提供更多学习内容的选择，培养提升学生的空间想象力和创新能力；丰富学校校本课程的开设，促进学校科技办学特色的形成；为教师专业化发展提供可实践的路径。

二、研究内容

本研究对创客教育背景下高中3D打印校本课程的开发与实践做了深入研究，具体研究内容有：

1．阅读文献，了解3D打印校本课程的开发国内外现状，确定研究目标，改进3D打印校本课程开发模式；

2．研究创客教育背景下高中3D打印校本课程的开发，包括需求分析、课程目标设计、课程框架建构和课程内容的选择与组织；

3．研究创客教育背景下高中3D打印校本课程的课程实施与评价等方案；并进行实践验证，总结分析，得出结论。

三、研究方法

在研究方法上，主要采用了以下3种研究方法。

1．行动研究法。这是本研究采用最主要研究方法，在实际的教学环境中，通过对创客教育背景下的高中校本课程的目标、内容、教学实践、师生教学行为、教学效果及评价等开展研究，以解决教育中遇到的实际问题。

2．文献研究法。本研究利用中国知网、超星电子图书及学校图书馆等多种资源库，搜索对创客、创客教育的相关理论与研究现状，还收集校本课程开发方面的理论和实践资料，参阅 3D 设计与打印方面的专著，为课题的研究提供了理论基础。

3. 调查法。本研究采用问卷及访谈这两种调查方法，对 3D 打印校本课程开发前期对学生需求、学校办学目标及办学条件等进行调查与分析，在 3D 打印校本课程实践过程中对校本课程进行评价，对参与 3D 打印校本课程的学生进行调查，为本研究提供必要的数据和文字资料。

四、研究思路

本研究的研究思路是以目前 3D 打印校本课程存在的问题为基础，适当借鉴已有的研究，从以下几个方面开展研究工作。

1. 在 3D 建模的软件选择上，选择合适我国中小学生初学使用的建模软件 3D One，3D One 是国内专门针对我国中小学开展创客教育使用进行自主设计的一款建模软件，具有操作简洁，容易上手等特点。

2. 对于课程标准，本研究将参照 2017 年发布的普通高中信息技术学科课程标准（2017 年版）中的关于“三维创意与设计”部分内容开展研究，将 3D 打印的原理、发展、应用及 3D 建模、3D 打印机的操作使用等作为课程内容。

3. 在课程内容的组织和教学实施中，将借助实施学校的智慧教育平台，针对教学内容进行微视频的设计制作以辅助教学开展，并借鉴创客教育核心精神“创新、实践和分享”设计相应的实施方案和课程评价方案。

具体做法为：首先，使用文献研究法学习创客教育、3D 打印和校本课程开发相关理论，结合学校实际情况与结合创客教育的特点，对 SCS 创客教学法进行改进，将 2017 版新课标、创客教育理念和改进后的 SCS 创客教学法等元素有机融入开发模式中，以实现对环境模式、实践模式进行改进、整合，得到基于 SCS 创客教学法的 3D 打印校本课程开发模式；接着，通过问卷调查法和访谈法，对学校办学目标、学生学习需求和学校办学条件等进行 3D 打印校本课程开发需求分析；最后，再对 3D 打印校本课程的课程目标、课程框架及内容、课程实施方案和评价方案等进行研究，形成相应的策略与方法，并在实践中检验其实效性。

五、研究对象

清镇市第一中学 2019 年入学的高一学生。

六、研究步骤

1. 准备阶段：2018 年 4 月—2018 年 5 月

研讨选题方向和实施方案；收集和整理相关的研究资料。

2. 实施阶段：2018 年 5 月—2019 年 12 月

第一阶段：2018 年 5 月—2018 年 8 月，研究创客教育背景下高中 3D 打印校本课程开发模式。

第二阶段：2018 年 9 月—2018 年 11 月，研究创客教育背景下高中 3D 打印校本课程的课程目标、课程框架。

第三阶段：2018 年 12 月—2019 年 2 月，研究创客教育背景下高中 3D 打印校本课程的内容组织、教学设计。

第四阶段：2019 年 3 月—2019 年 6 月，进行校本课程 3D 打印的教学实施、评价，分析实践结果，及时解决研究中存在的问题，并完成研究报告初稿。

3. 总结阶段：2019 年 7 月—2019 年 12 月，进行 3D 打印校本课程实践效果分析，并修改研究报告，准备结题。

第三部分　研究的实施

一、3D 打印校本课程的开发

（一）3D 打印校本课程的开发模式

1. 开发模式的改进

3D 打印校本课程开发中因为每个研究中的学校、学生、教师各异，所以在进行 3D 打印校本课程开发时并不能完全照搬任何一种开发模式。在已有的几种校本课程开发模式中，传统的目标模式与过程模式各有利弊，只有环境模式表现出它特有的优势，它融合了目标模式、过程模式的合理部分，展现出较为灵活、全面、适应强的特点，而实践模式中的以“实践兴趣”为价值为取向也对本研究有很大的借鉴意义。

因此，本研究结合创客教育的特点，对 SCS 创客教学法进行改进，将 2017 版新课标、创客教育理念和改进后的 SCS 创客教学法等元素有机融入开发模式中，以实现对环境模式、实践模式进行改进、整合，得到基于 SCS 创客教学法的 3D 打印校本课程开发模式，具体如图。

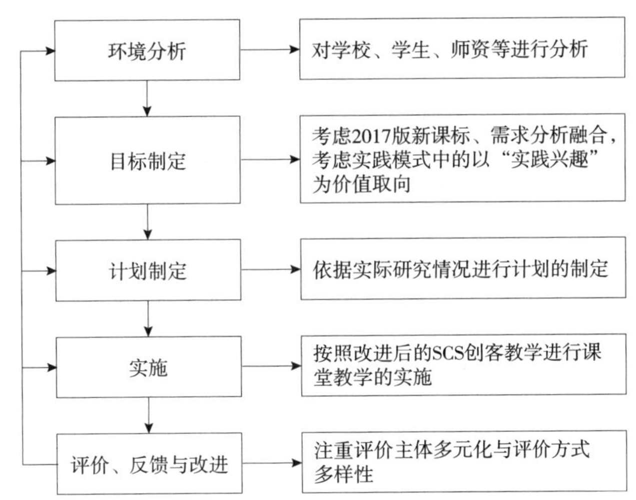

图 16-1　基于 SCS 创客教学法的 3D 打印校本课程开发模式

在环境分析时，对学校、学生和师资等进行合理的分析；

在目标制定时，充分考虑环境分析中的结论，注意以“实践兴趣”为导向，并将 2017 版新课标与需求分析融合以确定 3D 打印校本课程目标；

在计划制定时，依据本研究中的具体情况进行制定；

在实施时，包括选择与组织学习经验时，根据 2017 年版新课标及已确定的 3D 打印校本课程目标进行学习经验的选择，然后将以创客教育理念中做中学思想、项目学习等为核心指导思想，对 SCS 创客教学法进行改进，并将其作为具体教学实践指导进行学习经验的组织，注重学生的创新、实践、分享能力的培养与提升；

在评价时，注重考虑评价主体的多元化和评价方式的多样化，拟定好评价方案。

2. SCS 创客教学法的改进

北师大傅骞提出的SCS创客教学法分为如下7个步骤

第一，情怀故事引入，即创设贴近学生生活的真实情境以激发学生的学习兴趣；第二，简单任务模仿，即通过模仿一个简单任务强化学生的学习热情，以增加自我效能感，从而增强学习效果；第三，知识要点讲解，即当完成简单任务后，学生思考其中的知识原理，通过教师的讲解们，更深入的理解知识原理；第四，拓展任务模仿，即在简单任务模仿之上进行功能的增加，这是一个可选步骤，如果本次活动的新引入的知识点并不复杂，则可跳过；第五，创新激发引导，当完成两次任务模仿以后，学生在教师的激发和引导下进行创新和实践；第六，协同任务完成，即完成上一步骤中学生讨论得出的可完成的作品设计或创意，对此进行协同合作，共同完成作品的开发；第七，成功作品分享，即通过学生对自己的创意作品的分析让学生体会创新和快乐。

我们经过自己教学实践之后，在结经验总结时，发现SCS创客教学法简化了创客教育活动的开展，能让师生享受创新、实践和分享的快乐，但也存在一些问题，如在“知识要点讲解”环节，主要由教师讲解，而没有学生的提出在简单任务中疑惑，也没有优生进行经验分享；在“成功作品分享”环节，只分享“成功”作品的惊喜，而忽略了“失败”作品的经验教训的总结；在整个教学环节中缺少对学生创意作品的评价，也缺少对当前学习内容的总结。基于此，我们根据查阅到的文献，提出一些改进。

改进1：将“知识要点讲解”改为“知识点拨分享”。原做法是主要是教师讲解，改进后则加入学生自己讲解分享，并且是先由学困生提出简单任务中存在疑惑，然后是学优生进行分享解惑，最后是教师进行知识点拨。这样改进的依据是建构主义，实际上学生之间提出疑惑然后再去解决疑惑就是建构主义的四大要素中的“会话”，学生在此过程中将进行思维的碰撞和经验的分享，分享则是创客教育的核心精神之一，这样也更能体现创客教育的分享、协作、互助的理念。

改进 2：将“成功作品分享”改为“分享评价总结”，原做法主要是学生分享成功的做法，而失败的经验教训总结并未体现，但这却是学习过程中最为宝贵的内容，而且整个 SCS 创客教学法缺乏对学生最终作品的评价和对课程学习的总结。西方普遍认为教学评价可以帮助教师提升教学质量和教学效率。而课堂总结有其作为课堂最后一环节不可替代的作用与功能，能促进学生对本节课的总结、巩固、反思、扩展、延伸、迁移与应用，从而使课堂知识有效地纳入学生已有的知识结构中去，并对本节知识进行升华，是课堂不可或缺的一个环节。所以，我们认为分享除了成功之处，教师也应挑选一些典型的失败的经验教训也要进行分享，并且对作品的评价必不可少，这是对学生学习的认可和激励，学生对自行自己学习经验的总结就是自己对知识体系构建的过程，也是建构主义的体现，同样不可或缺。

（二）3D 打印校本课程的需求分析

1. 学校办学目标分析

贵州省清镇市第一中学，是贵州省省级示范性高中、大型公办寄宿制高中，该校在 2008 年被评为贵阳市青少年科技教育特色学校。该校注重学生的科技教育，注重学生实践能力、创新能力的培养，该校的教育理念为创客背景下的 3D 打印校本课程开发指明了方向，3D 打印校本课程的开发与实践也正是该校教育理念践行的重要途径。

2. 学校学生的学习需求分析

校本课程的开发，应当立足学生实际，满足学生需求。为深入了解学校学生的学习特征、对 3D 打印的学习态度、对课程内容的选择和组织以及对课程的学习方式等相关需求，我们设计了“关于学校‘3D 打印’校本课程开发的问卷调查”问卷对学生进行调查，以为后期课程的开发和实践提供参考。

我们在高一年级发放“关于学校‘3D 打印’校本课程开发的问卷调查”问卷 126 份，回收 126 份，回收率为 100%，调查问卷有效数为 126 份，有效率为

100%。我们对问卷结果进行分析，得出如下结论。

（1）学生的学习特征情况

调查结果显示，绝大多数学生听过或看过 3D 打印，但是几乎都没有自己设计过，而且学校大多数学生对 3D 打印是感兴趣的。因此，3D 打印校本课程的开设是很有必要的。

（2）学生对 3D 打印的学习态度

调查结果显示，很大一部分学生很期待学校开设 3D 打印校本课程，自己愿意投入 3D 打印的学习中，而且绝大多数学生选择学习 3D 打印校本课程的原因是想设计自己喜欢的东西并打印出来，是从本质上对 3D 打印感兴趣，而不是因为 3D 打印很新颖而盲目的选择。由此可见，3D 打印校本课程深受学生欢迎。

（3）学生对课程内容的选择和组织的需求

由调查情况分析可知，绝大多数学生最希望学习到 3D 建模设计，仅有少数学生最希望学习到其他内容；大多数学生也希望将知识融入一个个小项目当中，通过项目的实践与掌握知识点；绝大多数学生都希望使用到图文并茂的 3D 打印校本教材。在后续的 3D 打印校本课程开发应以 3D 建模为主，辅以其他内容，同时尽可能将建模的知识融入一个个小的项目中，以项目为载体，进行课程内容的组织，教材应注重图文并茂，避免文字过多而让学生感到学习枯燥无味，也避免尽是图片，而缺失具体教学内容。以上结果都将为后期课程的开发提供有力支撑。

（4）学生对课程的学习方式的需求

调查结果显示，在 3D 打印校本课程的学习方式上，大多数学生希望尽可能多的动手操作，再在操作的过程中去建构知识，同时，兴趣是最好的老师，教师在 3D 打印的实施过程中，一定要合理取材，培养学生的学习兴趣，教师也要组织好课堂，及时的选取典型的优秀作品，邀请学生进行展示、分享和评价，多以小组合作探究的方式开展教学。

3. 学校办学条件分析

我们在学校根据教师个人意愿组建了 3D 打印校本课程开发教师团队，团队共 4 位老师。为深入了解学校办学硬件、师资条件等信息，使得 3D 打印校本课程的开发更加符合学校学校的实情与需求，由我们拟定访谈提纲，对团队的另外三名老师进行访谈。最终，确定访谈提纲为：

您认为学校是否有开发 3D 打印校本课程的必要？

您认为学校具备 3D 打印校本课程开发与实施的条件吗？

您认为如果进行 3D 打印校本课程开发与实施，最大的困难是什么？怎样去克服？

您觉得 3D 打印校本课程中，选取什么建模软件较为合适？

您对 3D 打印校本课程的开发与实施有什么建议？

通过对 3D 打印校本课程开发教师团队进行访谈，得出结论：学校在 2008 年被贵阳市教育局评为贵阳市青少年科技教育特色学校，有先进的信息技术专用教室三间。该校从 2015 年开始开展创客教育，购置 3D 打印机、开源硬件编程套件、无人机、水火箭、人形机器人等教学设备等建设学校创客空间，供学校 STEAM 创客社团教学活动使用。自开展创客教育以来，学校的学生在 3D 打印校本课程开发教师团队的指导下参加贵州省中小学 3D 打印设计比赛、贵州省创客大赛、贵阳市中小学生电脑制作活动、贵阳市中小学生机器人比赛多次获得省、市级奖项。

由此可见，该校的办学硬件、师资力量等为创客教育背景下 3D 打印校本课程的开发和实践提供了有力保障，奠定了良好的基础。教师团队认为在 3D 打印校本课程开发与实践过程中预见的困难及给出的解决方案和建议，都将为我们后续的研究提供重要的参考和借鉴。本研究也将采纳教师团队给予的建议，以 3D One 为 3D 打印校本课程中的建模工具。

（三）“3D 打印校本课程”的目标设计

“3D 打印校本课程”的课程总体目标是：通过学习 3D 打印校本课程，能掌握 3D 打印技术的基础知识和技能，培养兴趣和 3D 设计思维习惯；能将 3D 打印技术实践于平时的生活学习中，解决生活学习中存在的问题；养成合作学习、乐于分享的学习习惯。具体目标如下。

1. 了解 3D 打印技术的基础知识。知道 3D 打印技术的起源、发展；知道 3D 打印技术的 3 种技术原理；了解 3D 打印在当前各行各业的应用情况；了解不同打印机的应用范围，预测未来该技术的发展趋势。

2. 掌握 3D 打印建模技术。知道 3D 打印的基本流程和步骤；熟练掌握一个 3D 建模软件，能使用建模软件设计想要的 3D 模型；能使用渲染软件对所设计的模型进行渲染美化；能正确地使用切片软件进行切片；能独立使用桌面级别的 3D 打印机打印模型。

3. 创意表达与分享。能使用建模软件结合学科知识和学习生活设计创意作品，分组学习讨论交流，并将所设计作品进行分享交流，对自己的创意作品进行介绍说明。

（四）3D 打印校本课程的框架构建

第一章　走近 3D 打印世界。本章共 2 节，主要介绍 3D 打印的基本知识及其来龙去脉，为后面的课程内容做理论铺垫。内容涉及 3D 打印技术起源、发展历程、技术类型、3D 打印机的类别和 3D 打印的基本流程等内容。

第二章　3D 建模初步。本章共 6 节，涉及 3D 打印基础建模操作，内容较多且重要，是本课程的核心内容，偏操作，需要学生在实践之中去掌握的技能。因此，本研究合理地将这些细碎的知识点进行分解再融合，最后有机地融入一个个的小项目中，让学生通过学习这些小项目的建模设计，来掌握建模的基本方法技巧及建模软件 3D One 的基本操作。

第三章　作品美化渲染。本章共 2 节，涉及对 3D 数字模型进行美化、渲染。在建模软件 3D One 中也可以进行简单的 3D 数字模型美化，但是效果并没有专业的渲染效果好，因此，3D 打印校本课程欲通过本章对 3D One 中简单的作品美化及使用专业软件 KeyShot 进行美化渲染的内容，打开学生思维、开阔学生视野。

第四章　3D 建模综合应用。本章共 3 节，学生在通过学习前面的 3D 打印理论知识、3D 建模基础和 3D 模型美化渲染后，已经具备了一定的独立 3D 设计能力，但缺乏一些大型项目的实践。因此，本章通过对未来汽车、未来航空航天器和水上交通工具等较为复杂项目设计学习，对学生建模知识的综合进行训练。学习本章之时，学生就可以思考自己的课程综合作品的设计了。

第五章　作品打印、展示与评价。本章共 3 节，主要内容是 3D 模型的切片，3D 打印机的调平、材料更换、作品打印，以及学生综合作品的展示评价等。

（五）3D 打印校本课程的内容组织

在课程目标和课程框架确定以后，接着就是对课程内容进一步进行选择和组织了，课程内容是师生具体接触到部分，是课程的具体呈现，也是课程实践的重要载体和依据，是能否达成课程目标的重要影响因素。因此，我们通过课程开发团队教师进行交流讨论，总结出 3D 打印校本课程内容的组织策略，对 3D 打印校本课程的内容组织进行理论与实践的指导。

1. 考虑开发需求，注重科学性

3D 打印校本课程内容组织，应强调科学本身的价值和力量，充分考虑学生学习特点、学习基础，要符合学生的知识观、认知水平和心理发展水平，内容要体现循序渐进的原则，由易到难，由简单到复杂过度，同时也要注意图文并茂，搭配得当，避免满是文字或尽是图片的两种极端。

2. 与创客教育相结合

3D 打印是创客教育的重要实践途径之一，因此，其课程内容组织应充分考虑创客教育理念，如项目学习、做中学思想，鼓励学生多动手实践，在实践中总结学习经验形成理论方法，再用理论方法去指导实践，如此反复进行 3D 打印相关知识的构建。

3. 创情境，挖兴趣

兴趣是最好的老师，如果学习的课程本身能吸引学生的注意力，那么课程的教学实施一定会事半功倍。因此，组织内容时，还要尽可能创设与学生学习生活相关的情境，提供趣味性较强案例，也可以组织学生对要创设的作品进行思路分享，进行彼此思维的碰撞。

二、3D 打印校本课程的实施与评价

（一）3D 打印校本课程的实施

校本课程开发完成后，接着就是校本课程的实施了，在实施前必须就对实施硬件条件、实施人员进行评估，再结合课程的实施建议，进行具体的实施。

1. 3D 打印校本课程实施条件概述

3D 打印校本课程的实施对象为学校高一年级 3D 打印选修课的学生，共有 48 人，总体来看，该校学生多数来自农村，对计算机的操作相对于城里的学生稍弱，但是比较朴实好学，从对学生的问卷调查看，学生对 3D 打印技术和 3D 打印校本课程非常感兴趣。此外，3D 打印校本课程开发团队老师都是专职信息技术教师，都是计算机专业毕业，都有指导学生参加过 3D 打印、创客活动、中小学生电脑制作活动等比赛并获奖的经历，其中年龄最小的也有 5 年的教龄，年龄最大的 36 岁，因此团队老师都有丰富的教学经验，其中有两位老师还是硕士研究生学历。与此同时，团队教师还利用学校的教研活动多次开展 3D 打印教学为主题的教研活动。所以，不管是从学科背景、学历背景还是教学经验看，该校 3D 打印校本课程的教师团队都是一个非常有活力的团队，具备了很好的 3D 打印校本课程实施条件。

硬件是 3D 打印校本课程实施的基础。目前，学校作为一个大型的省级示范性高中，有信息技术教室 3 间，每间教室均有 60 台以上的计算机可以正常连接互联网，操作系统都是 Windows 7，每台计算机都安装基本的办公软件和高中信息技术学习需要使用到的软件，也都安装了 3D One 作为 3D 建模教学软件。计算机教室使用极域教学系统软件，教师机可对学生机进行同屏、分发教学资源文件、收取作业等操作，已提高教学效率。学校目前有 3 台打印机，正计划采购更多的 3D 打印机和其他创客教育教学设备筹建学校创客空间。此外，学校已于 2016 年开始实施智慧课堂教学，实现师生人人有平板，师生可利用平板进行学习交流讨论和教学资源共享。

综上所述，学校不管是课程实施人员还是学校的教学硬件，都具备了很好的

3D 打印校本课程实施条件。

2. 3D 打印校本课程教学建议

在进行 3D 打印校本课程教学的过程中，一定以学生为中心，教师为主导，教师通过创设情境联系学生学习生活实际，进而引出教学课题展开教学。同时注重小组合作探究的教学方式，引导学生就学习的重难点进行谈论交流，相互协作，提升学生的表达能力。具体 3D 打印校本课程实施教学建议如下。

（1）根据改进后的 SCS 创客教学法进行教学活动的设计和实施，即完成情怀故事引入、简单任务模仿、知识点拨分享、拓展任务模仿、创新激发引导、协同任务完成、分享评价总结等教学步骤的具体安排与实施。

（2）创设情境，小组合作，培养学生的协作、表达能力。在具体的教学实践中，提前进行学习小组分配，鼓励学生进行小组合作，培养学生的协作、表达能力。

（3）注重发散思维的引导和培养学生创新思维。在教学过程中，践行做中学思想，通过学生制作设计作品的过程，注重学生发散思维的培养进而培养学生的创新能力，引导学生在学习中进行自我反思总结，只有学生不断的进行总结和反思，累积经验，才能更好地让学习投入一个良性循环。

（4）借助学校的智慧课堂平台，充分利用微视频、素材、课件等课程资源，提高教学效率。如，教师可以将具体某课的教学案例设计的视频、课件和教材等发布在学生的班级空间，学生即在操作不明时，反复观看学习视频，最终达到教学目标。

（5）充分利用 3D One 青少年创意社区网站，为学生提供作品分享、展示、评价的平台，即让学生将自己设计好的作品发布到社区网站，引导学生之间相互进行评价和交流。同时也作为学生 3D 打印校本课程的课外资源，学生可以在社区网站进行其他学习资源的查阅和学习，为本课程不足之处提供补充和说明。

3. 基于改进后的 SCS 创客教学法的 3D 打印校本课程具体实施

我们在 2019 年 9 月到 2019 年 12 月以学校为例进行 3D 打印校本课程的实践，具体步骤如下。

（1）在开学初向学校提交3D打印校本课程开设的申请。即填写《清镇市第一中学校本课程开发立项申请书》，说明3D打印校本课程的课程基本信息、课程开设的必要性、课程开设的可行性、课程目标、课程内容、课程实施计划、课程评价规划等信息。

（2）学生选课，确定3D打印校本课程的授课对象和上课时间。最终，通过学生选课以后，确定3D打印选修课的高一（4）班学生为授课对象；确定每周一下午第四节课为3D打印校本课程的上课时间，每节课时间40分钟；确定以计算机教室（2）为3D打印校本课程的上课地点。

（3）根据学校的总体安排，进行3D打印校本课程的具体实施。我们在每节课前先使用平板电脑借助学校智慧课堂平台发向授课学生发布3D打印校本课程微视频、电子教材等学习资源，学生即可在课前通过平板电脑学习微视频、电子教材等内容，教师再在课堂上以改进后的SCS创客教学法为主要教学法、以3D One为建模学习软件进行3D打印校本课程的教学。

（4）根据拟定的课程评价体系进行3D打印校本课程的评价。在实施过程中，我们以使用改进后的SCS创客教学法对每节课进行教学设计，并在每节课实施后进行教学反思，以下图片是我们进行教学时的一些场景，以及学生设计的部分作品。

（二）3D打印校本课程的评价

1. 3D打印校本课程的评价流程

通过我们查阅文献并与校本课程开发团队教师讨论，确定3D打印校本课程的评价流程如下。

（1）制定评价原则

评价主体多元化：在3D打印校本课程的实践过程中，评价采用学生自评、学生互评、教师评价、校本课程评审组评价等多元化主体的评价。

评价方式多样化：进行校本课程评价时，不仅要注重结果，还有从学生全面发展的需求出发，还要注重学生的学习状况和情感体验。学习多样化的评价方式能增进教学生机，促进学生发展。因此，3D 打印课程注重评价方式的多样化。

借助评价量规开展评价：使用量规具有很多的好处，在 3D 打印校本课程的实践过程中，我们将提前制定好每一项评价的评价项目、评价标准和评价分值。

（2）确定评价对象

3D 打印校本课程的主要评价对象是 3D 打印校本课程本身和学生学业。对课程的评价可以从课程目标的设置、内容的选择与组织、课程实施的过程等方面进行。对学生学业的评价由过程性评价和总结性评价组成。

（3）设计评价内容

对 3D 打印校本课程本身的评价包括：邀请学校校本课程评审组采用评价量表与访谈法在课程实施前和实施过程中进行评价；对进行 3D 打印校本课程学习的学生进行 3D 打印校本课程满意度调查。

对学生学业的评价包括：过程性评价和总结性评价。过程性评价分为两部分。其中一部分采用评价量表对学生的课堂表现进行自评、他评和师评；另外一部分则是老师根据学生平时课堂作业完成情况与学生出勤情况进行评价。总结性评价分为两部分。其中一部分在课程结束后通过纸笔测验进行，另外一部分则是通过对学生的课程综合作品进行评价。

（4）评价结果分析

在评价结束后，我们对评价结果进行分析得出结论，对 3D 打印校本课程开发与实践进行总结。

2. 3D 打印校本课程评价的实施

（1）对 3D 打印校本课程的评价

一是学校校本课程评审组对 3D 打印课程的评价。

课程实施前的评价：在 3D 打印校本课程的实施前，我们邀请由学校领导、教科处人员和信息技术组备课组成员组成评审小组，对 3D 打印校本课程的开发进行评价，评价从校本课程开发的价值、课程目标、课程内容、课程实施和课程评价等五个方面进行，通过课程评审组进行评审，3D 打印校本课程平均得分 91.75 分（满分 100 分）。评审组认为 3D 打印校本课程开发是合理的，课程实施的可行性高。但美中不足的是，在3D打印的课程内容组织上缺乏一定的科学性，如在课程开发前期能获取课程方面相关专家的指导，那么在课程内容的组织上会更加的科学。

课程实施的评价：对课程实施的评价，我们也邀请了课程评审小组听课并进行评价。课堂教学评价从教学目标、教学内容、教师教学和学生学习等4个方面进行。评审小组对3D打印校本课程的课堂教学进行了评课，3D打印校本课程课堂教学平均得分94分（满分100）。评审小组认为3D打印校本课程教学实施过程中，教学目标明确、可操作性强；教学内容的选择考虑到教育目标和学生的实际情况；教学过程深入浅出，符合学生认知规律，同时注重引导学生在实际的操作中进行尝试和总结，接着进行知识体系的建构，对于学生的学习过程能及时作出反馈；学生在学习过程中积极主动，基本能达成教学目标。但是评审小组也提出一些建议，如对于智慧课堂和网络社区资源辅助教学，什么时候要用，什么时候不用，应根据具体教学内容进行合适的选择，不能一概而论；对于整个课堂教学过程中多组织学生就一些关键性问题进行讨论和尝试，拓展学生思维，促进学生进行深度学习。

二是学生对课程的评价。

3D打印校本课程开发与实践的目的是为了让学生去体验和受益，促进学生的发展是课程最终目标。因此，学生对课程有最大的发言权进行评价。我们制定了问卷在课程结束后对选择3D打印校本课程的55名学生进行3D打印校本课程满意度调查。

总体而言，学生对3D打印校本课程持肯定态度，对于学生学习中遇到的"没有设计思路"这个最大困难点，我们在后续的实施过程中，将通过尽量多的给学生展示其他优秀作品，并进行分析，以拓展学生创作思路；同时，也会考虑学生提出的建议在课堂实施环节，尽可能预留足够多的操作时间给学生。

（2）对学生学业的评价

过程性评价：对于学生的学业评价来说，平时课堂的表现影响着学生对3D打印的学习效果，在3D打印校本实施的过程中，我们制定了"学生课堂表现评价表”。因为考虑到定量评价虽具有客观、量化等鲜明特征，但对于难以评价的品质及行为而言定量评价不能恰如其分地反映出学生的表现，所以我们在制定评价的时候增加了定性评价。其中定量评价包括“听课情况”“课堂发言”“小组合作”和“思维创造性”等 4 个方面，各 25 分，分别由自评、小组内成员进行他评和师评得到，定性评价由被评价者本人、小组内成员和老师对被评价者做概况性描述和建议，以帮助被评价学生在以后学习过程中进行改进和提升。

学生的过程性评价除了课程实施过程中学生的课堂表现以外，学生的每堂课的出勤率及平时的作业完成情况也是非常重要的部分。因此，在 3D 打印校本课程的实施过程中，教师每节课都会对学生进行考勤，也会对学生的课堂作业的完成情况进行打分评价，并将这些信息记录在“学生考勤记录表”和“学生作业记录表”上。若学生出勤率低于 90% 且属于无故缺勤或者学生作业完成低于 70% 则无法获得 3D 打印校本课程学分。

总结性评价：3D 打印校本课程既有理论部分的学科知识，也有涉及计算机操作的技能，因此，我们设计对学生学业的总结性评价时，将评价课程综合作品评价和纸笔测验相结合，既考查学生对 3D 数字建模技能的运用情况，又测试学生对 3D 打印理论知识的掌握情况。

①课程综合作品评价及结果分析

在 3D 打印课程即将结束之前，我们提前公布课程综合作品的相关要求，即不限定主题，让学生使用课程所学的建模工具运用所学知识进行三维作品的设计，并制定“学生课程综合作品评价表”，让学生在规定的时间内完成并提交综合作品，作品评价将从“创新性”“结构合理”“造型美观”和“技术应用”等四个方面进行。

从评价结果来看，总体而言，学生作品在创新性、结构合理、造型美观和技术应用方面都比较均衡，表现最突出的是作品的结构合理方面，稍显弱势的是作品的造型美观方面。从学生的个人情况来看，因为学生天生的领悟力和学习能力不一，导致每个学生的情况不一样，但每个学生都能完成综合作品的设计，最高 94 分，最低分 73 分，平局分 80.92 分。有同学的作品非常有创意，但在实践上有所欠缺，也有同学的作品是技术层面无可挑剔，但创意方面尚有不足。因此，可以在后续的课程实践中，考虑分小组完成作品，这样就可以在小组协作交流的过程中各取所长，相互弥补了。

②纸笔测试及结果分析

为检验学生通过学习3D打印校本课程后对相关理论知识的掌握情况，我们结合3D打印校本课程目标，编制了纸笔测试卷。测试卷分为13个选择题和1个简答题，共60分，测试时间30分钟。测试主要内容为3D建模软件基本操作要点、3D打印技术、3D打印文件格式和3D打印流程等。

学生在闭卷的情况独立完成测试内容。通过测试，学生获得最高分60分满分，最低分52分，平均分58.56分。其中获得优分，即54分及以上的同学有50人，占比91%；获得良分，即48分到54分的（包括48分）的同学有5人，占比9%；及格率100%，优良率100%。由此可见，学生在学习3D打印校本课程的过程中，基本上所有同学都比较认真，对3D打印数字建模、3D打印技术种类、3D打印流程等理论知识基本掌握，也基本达成3D打印校本课程的课程目标。

第四部分　研究的成效

我们对课程的实施效果和评价结果进行分析，总结得出本研究取得如下成效。

一、3D打印校本课程的开发与实践促进了学校的办学发展

通过本研究，形成了具体的3D打印校本课程目标、课程框架、课程内容、实施方案和评价方案，在校本课程的开发实践上做出了一些探索和实践，丰富了学校的校本课程资源，彰显了学校科技教育特色，为学校培养特长学生提供可行途径，在一定意义上可以为学校新一轮的信息技术课程改革提供借鉴。同时，3D打印校本课程的开发与实践也是学校在创客教育方面的一个尝试，而3D打印

只是创客教育的重要实践途径之一，创客教育还有创意编程、开源电子等重要实践途径，因此 3D 打印校本课程的开发与实践也可以为学校创客教育其他实践途径提供重要借鉴。

二、3D 打印校本课程的开发与实践促进了学生的学习发展

从做课程开发的需求分析开始，本研究在课程开发与实践过程中就将学生的学习需求放在了不可或缺的位置。本研究为学生提供了更多学习内容的选择，为学生培养自己兴趣爱好和学科特长提供可行途径。从课程的实施效果和评价效果来看，通过对 3D 打印校本课程的学习，学生掌握了基本 3D 打印建模技能，了解了 3D 打印的技术原理、打印流程、3D 打印的发展和应用等知识，同时学生的空间想象力和实践操作能力都得到不同程度的提升。

三、3D 打印校本课程的开发与实践促进了教师的专业成长

我们作为 3D 打印校本课程的开发者与实施者，在此过程中受益匪浅。通过对 3D 打印校本课程进行开发和实践，我们对校本课程的开发有了更深层次的了解，了解了校本课程开发的相关理论知识并进行了实践运用；我们加深了对创客教育理念理解，提高了 3D 打印的相关建模技能；我们的课堂教学设计能力、组织能力及评价能力等教学技能都得以提升。可见，3D 打印校本课程的开发与实践促进了教师对教学理论知识、学科知识的学习，提高了教师本身教学业务能力，为教师的专业成长提供了一条可行途径。

综上所述，3D 打印校本课程的开发与实践，经过实践验证，能有效促进学校办学发展、学生学习发展和教师专业发展，有效说明在 3D 打印校本课程开发与实施的过程中方法策略的正确性和有效性，也可为学校其他校本课程的开发提供借鉴。

第五部分 研究结论

一、研究创新点

本研究首先依据我们所处教学环境进行选题，再借助知网、超星图书网及学校图书馆等资源对 3D 打印、创客教育、校本课程、校本课程开发等相关概念和相关理论进行文献研究，再结合学校实际情况制确定了创客教育背景下的 3D 打印校本课程的开发模式。然后通过问卷调查和访谈等方式，收集学校办学目标、办学特色等信息；了解了学校信息技术教师对 3D 打印校本课程开发的态度、建议；也掌握了学校具备的 3D 打印校本课程的教学硬件、设施设备和师资力量等信息；也对学校学生的学习特征、对 3D 打印及 3D 打印校本课程的态度、对 3D 打印校本课程的内容选择与组织和课程实施教学方式等信息进行了整理分析，等等，进行了全面的 3D 打印校本课程开发需求分析。接下来，我们对 3D 打印校本课程进行全面设计、开发，即对课程目标进行设计、对课程框架进行建构、对课程内容进行选择和组织。最后，再依据学校实际情况设计 3D 打印校本课程的实施方案，借助具体的教学案例阐述了 3D 打印校本课程的实施过程，并采用了评价量表、纸笔测验、问卷调查和综合作品评价等方式进行整个 3D 打印校本课程的开发。

本研究在借鉴其他研究经验的基础上也有自己的一些创新点，具体如下。

1. 以创客教育为背景，以创客精神“创新、实践、分享”为核心，以创客教育中的项目学习法、做中学等教学理论为基础，对 SCS 创客教学法进行改进，并以其为具体教学法进行教学设计和实施；

2. 课程内容的选择与组织，既以《普通高中信息技术学科课程标准（2017 年版）》为依据，结合学校的具体情况进行整合，做到校本课程既与国家课程相协调的前提习，又对本校学生的需求进行科学的评估；

3. 在建模软件的选择上，选择了国内专门针对中小学创客教育自主研发 3D

One，通俗易懂，易于初学者掌握相应的建模技能；

4. 在课程资源上，充分利用学校的智慧课堂平台，设计制作课程微视频供学生自学使用；

5. 形成较为完整的课程评价体系，评价形式多样化且评价主体多元化。

二、不足与展望

由于时间的限制，本研究仅对创客教育背景下的 3D 打印校本课程开发与实践进行初步尝试。我们对整个研究过程进行的思考和总结，发现了本研究的一些不足之处，并提出了相应的改进方法，便于下一步研究中进行改进。

1. 课程的评价形式较为单一，多采用评价量表，且没有进行前后测的对比分析，不能更加充分有力的说明课程的实施效果。在下一步的研究中，可以增加评价量表以外的评价形式，同时设置前测和后测的对比分析，更好地检测课程的实施效果。

2. 本研究样本少。我们仅对 55 名学生进行 3D 打印校本课程的实施和评价，实施结果的评测难以避免片面性。后续，可以增加相应的测试样本进行实践和评价，使得评测结果更具客观性。

3. 3D 打印设计，其实是一件艺术设计工作，在设计的过程中需要一定的美术功底，我们毕竟不具备相应的专业知识储备。因此，如果在课堂的开发与实践过程中，能邀请美术老师参与进行指导，那一定会课程的实施效果增加光彩。

4. 课程内容还不够完善。根据 3D 打印流程来看，最后一步是后期处理，包括上色、打磨、抛光、修复等操作，可在后续的研究中进一步完善。

参考文献：

[1] 张铁道，殷丙山，殷蕾，白晓晶. 国际教育信息化 2013 地平线报告（高等教育版）[J]. 北京广播电视大学学报，2013（02）：7-29.

[2] 中华人民共和国教育部. 普通高中信息技术课程标准（2017 年版）[M]. 北京：人民教育出版社，2018.

[3] 郭乐静．基于特色学校建设的校本课程开发 [J]．教育理论与实践，2018，38（35）：41–42.

[4] 祝智庭，孙妍妍．创客教育：信息技术使能的创新教育实践场 [J]．中国电化教育，2015（1）：14–21.

[5] 杨现民，李冀红．创客教育的价值潜能及其争议 [J]．现代远程教育研究，2015（2）：23–34

[6] 牛一帆．3D 打印技术探究 [J]．印刷质量与标准化，2014（2）：8–11.

[7] 古丽萍．蓄势待发的 3D 打印机及其发展 [J]．数码印刷，2011（10）：64–67.

[8] 陈月新．当 3D 打印技术遇上创客教育 [J]．中小学信息技术教育，2016（09）：60–61.

[9] 刘刚．3D 打印技术在复杂创伤骨科教学中的应用 [J]．课程教育研究，2018（47）：223.

[10] 童宇阳．3D 打印技术在中小学教学中的应用研究 [J]．现代教育技，2013，23（12）：16–19.

[11] 王正玉．小学 3D 打印课程的设计与开发研究 [D]．上海师范大学，2014.

[12] 何强．3D 打印技术在高中校本课程的开发与实施 [D]．福建师范大学，2015.

[13] 冯庆．高中校本课程“3D 造型与表达”的实践与反思 [J]．课程教育研究，2016（28）：126–127.

[14] 张陈燕．小学 3D 打印校本课程的开发与实践研究 [D]．广西师范大学，2017.

[15] 王春雪．突泉一中 3D 打印校本课程设计研究 [D]．内蒙古师范大学，2018.

[16] 姚远．基于物理核心素养的高中物理课堂教学与评价研究 [D]．贵州师范大学，2019.

[17] 王冉冉．高中地理课堂总结设计及有效性评价 [D]．山东师范大学，2017.

[18] 李文杰．核心素养视阈下校本课程的价值追求及设计策略 [J]．甘肃教育，2019（11）：71.

[19] 上官柳．高中信息技术选修模块微课程的设计与应用研究 [D]．浙江师范大学，2014.

[20] 杨念鲁．构建以学生发展为本的高校课程 [J]．中国教育学刊，2010（12）：3.

[21] 刘兆瑞．校本课程评价的实践与思考 [J]．当代教育科学，2017（19）：43–43.

清镇市第一中学校级课题：创客教育背景下的高中 3D 打印校本课程实践与研究

立项编号：YZ2018027　　结题编号：YZJT2020001

课题主持人：陆　阳

研究报告执笔：陆　阳

主要参研人员：石进昌、郑仕旭、王娅娟

办学理念促进高原期教师专业自主发展的行动研究

贵阳市第二中学　段丽英

第一部分　问题的提出

培养造就专业素质高、党和人民满意的教师队伍，以落实“立德树人”的根本任务是贵阳二中的办学宗旨。自2016年起，学校致力于“办学理念促进高原期教师专业自主发展的行动研究”，主要原因有以下3点：

一、国家政策对教师专业自主发展的要求

2018年1月中共中央国务院颁布的《中共中央国务院关于全面深化新时代教师队伍建设改革的意见》中提出“落实立德树人根本任务，遵循教育规律和教师成长发展规律，培养高素质教师队伍”。

教育部、国家发展改革委编发的《教师教育振兴行动计划》中指出“从源头上加强教师队伍建设，着力培养造就党和人民满意的师德高尚、业务精湛、结构合理、充满活力的教师队伍，用优秀的人去培养更优秀的人”。

综合两大文件来看，培养造就一批教育情怀深厚、专业基础扎实、勇于创新教学、善于综合育人和具有终身学习发展能力的高素质专业化创新型教师，是国家对现今教师队伍建设与发展的要求。

二、新课改对教师专业自主发展的要求

新考改、新课标、新教材、新课程等的实施，对高中教师应具备的素养及专业素质提出了新的要求。教师是连接教育理念、培养目标与具体育人教学实践的

中间桥梁。党的教育方针通过教师这一具体桥梁，落实高中生六大核心素养的培养，助力学生具备必备品格和关键能力以推动社会的发展，教师具体解决“立什么德、树什么人”的根本问题，落实课程改革和育人模式变革。2018 年习近平总书记提出“有理想信念、有道德情操、有扎实学识、有仁爱之心的‘四有’好教师标准”。他希望每个教师都能成为符合党和人民要求、学生喜欢和敬佩的好老师，希望每个孩子都能遇到好老师。此外，习近平总书记还指出，当今的学生是未来复兴中国的主力军，而教师正是这支主力军的筑梦人。

推动教师专业自主发展，对学生、学校、地区、国家的发展至关重要，是我国教师教育发展的趋势与教育改革发展的必然方向。因此，教师的专业自主发展既是个人成长与职业的需要，也是学生健康全面成长的需要，更是国家教育发展、时代发展的需要。

三、学校办学实际对教师专业自主发展的需求

各种压力让教师产生价值认同危机、专业技能危机、心理压力危机，步入以情感高原、技能高原、发展高原为主的职业发展高原期。教师成长迟滞，极大地影响育人工作。帮助教师走出职业发展的“高原期”对教师个人的生活及职业生涯、学生未来发展、学校的发展具有重要价值和意义。

高原期教师的专业发展迟滞状态难以适应国家发展和新课改的要求，难以满足学生发展的需要，寻求解决势所必然。办学理念是一所学校核心价值、教育思想、制度体系、教学特色的集中表达，可以对师生产生根本影响。我们用了 5 年时间进行“唤醒・陪伴・引领”办学理念促进职业高原期教师主动发展的实践研究，通过“唤醒内驱、陪伴成长、引领发展”，让职业高原期的教师重新发现自我、提升自我与完善自我，从而更好地自我构建、自我实现。

四、办学理念对教师专业自主发展的重要影响

办学理念是一所学校核心价值的集中表达，既反映了学校的办学目标，也反映了学校的办学品质和教育追求。办学理念是学校发展的指挥棒，学校的所有办

学实践都应该围绕办学理念展开，理念指导实践，理念化为行动，理念指引达成办学目标。

贵阳市第二中学的办学理念是“教育：唤醒·陪伴·引领”。从教育目的来看，“唤醒·陪伴·引领”追求的是一种有温度、有深度、有梯度的教育，强调人的个性化和差异化，最终实现尊重人、理解人、成就人、成全人的目的。“唤醒”“陪伴”“引领”三者间既具有教育过程中的递进性，又是相互交融的一个整体。它们之间既有逻辑的连续性，又有相互的交融性，并且还在成长中衍生出螺旋上升的生长性，从而实现了师生之间、生生之间、教师与教师之间生命对生命的影响，成长对成长的陪伴。

“教育：唤醒·陪伴·引领”办学理念促进“职业高原期”教师主动发展研究在办学中起到极为重要的作用。它唤醒“职业高原期”教师的思考，再次激发内驱、引发改变的动力，让“职业高原期”的教师重新发现自我、提升自我与完善自我，从而更好地自我构建、自我实现，呈现共同成长的业态，更好地发挥教育者的示范与指导作用。

第二部分　解决问题的过程与方法

本行动研究计划共历时 4 年，首先，确定研究对象并与研究对象学校建立良好的合作关系，其次，利用 3 周的时间进行问卷调查及访谈，发现职业高原教师自主专业发展的问题并据此提出假设，为行动研究做好充分的准备。在此基础上拟开展“三轮递进式”行动研究。基于“调研—计划—行动—评价—反思—总结”的行动研究思路，每一轮行动在前一轮基础上调整详细的行动目标和任务安排，最后通过问卷调查的数据对比，分析行动前后的数据变化，根据行动实际得出结论，深入探讨找到启思、方法、反思研究的不足并做出展望。

一、解决问题的具体过程

（一）前期调查阶段（2016.3—2016.9）

课题组梳理文献与研究的基础上，研制了一套测评工具，包含测评量表、访谈提纲、调查问卷，在贵州省抽取了 9 个地区 27 所学校 3456 名、四川抽取了 237 名、云南抽取了 148 名共 3841 名教师进行了调研，结果展示高原期教师与性别、年龄、家庭成正相关，为进一步的研究提供了依据。

运用测评量表做数据分析，研究高原期教师职业发展的现状及成因，并梳理行动研究方案。

（二）实践检验阶段（2016.9—2019.7）

明确教师培养目标，实施培训、培养、培育 3 项研究，以理念的落地促进高原期教师专业自主发展的探索与实践，分 3 轮推进。

1. 第一轮行动研究（2016.9—2017.7）

针对教师的情感高原，即在职业、工作、学生和自我认同上的 4 个危机，课题组通过开发课程，解决高原期教师的情感高原问题，即思想问题。只有教师思想意识改变才能有行动的跟进，所以本研究拟通过开发思政辅导、心理健康、师生共情、生涯规划这 4 类“唤醒”系列课程，分别突破高原期情感高原的职业认同危机、情感认同危机、学生认同危机、自我认同危机，帮助高原教师走向“愿为”，唤醒职业高原教师再出发的动力。

2. 第二轮行动研究（2017.9—2018.7）

针对教师的技能高原，即在教学方式、课堂管理、沟通协调、研学反思方面步入困境，课题组通过构建教研共同体，解决高原期教师的技能高原问题，即专业能力问题。在教师思想意识改变的问题解决后，需要行动的跟进，而这其中最重要的就是教师的专业能力，所以本研究拟通过优化校本教研方式、构建高效课堂模式、实施“双导师制”、构建研修共同体分别突破高原期技能高原的教学方式困境、课堂管理困境、沟通协调困境、研学反思困境，帮助高原教师走向“能为”，陪伴职业高原教师提升再出发的能力。

3. 第三轮行动研究（2018.9—2019.7）

针对教师的发展高原，即自我诊断缺失、资源平台匮乏、制度建设滞后、评价体系单一，课题组通过搭建资源平台，解决高原期教师的发展高原问题，即外部环境问题。在教师思想意识改变、专业能力提升的问题解决后，需要外部大环境的配套，所以本研究拟通过前后测对比、搭建发展平台、建立健全制度、完善评价机制分别突破高原期发展高原的自我诊断缺失、资源平台匮乏、制度建设落后、评价体系单一问题，帮助高原教师走向“乐为”，改善教师生态环境，打造促进高原期教师发展良性生态圈，最终实现教师专业自主发展。

三轮行动最终形成了一个“训·养·育一体化”的教师专业发展课程开发范式，生成了由办学思想统领的3类教师专业自主发展研修课程，即内驱课程、能力素养课程、共建共享课程，为办学理念的落地和育人方式的改革夯实了基础。

（三）提炼推广提升阶段（2019.8—2020.5）

总结反思，提出突破高原期的建议及策略，汇总研究成果，丰富“唤醒 陪伴 引领”的理念内涵，进一步完善“115”研修体系，并在省内外推广应用。

二、解决问题的方法

（一）开发课程，突破教师情感高原，唤醒教师自主发展

课题组在本轮行动研究中采取的主要措施是以办学理念中的“唤醒”为主，根据教育部印发的《中小学教师培训课程指导标准（师德修养）》以政策依据，聚焦高原期教师的思想、情感问题，以校本课程开发为载体，开发突破高原期教师情感高原的“唤醒”系列课程，开发思政辅导课程，化解高原期教师职业认同危机；开发心理健康课程，化解高原期教师情感认同危机；开发师生共情课程，化解高原期教师学生认同危机；开发生涯规划课程，化解高原期教师自我认同危机。四项行动的实施使教师在由培识己中确立了自身的价值引领，增强了职业的

认同感、责任感和方向感，从而在职业情感上产生新的认知、新的需求，初步实现了唤醒的目标。

（二）构建教研共同体，突破教师技能高原，陪伴教师自主发展

本轮研究的目标是以“培养”为主线构建教研共同体，陪伴提升教师自我发展的专业技能。

养是指有目的、有目标地对教师开展培养工作，它通常需要一群人的陪伴，需要专家的指引，需要学校创设的载体去实现。它可以是活动，也可以是讲座；它可以是有组织地学习，也可以是自发地相互感染。这里的养还是一个过程，不求立竿见影，不求人人同步，它是一种基于个人现状与需求的大课程概念，是学校作为组织者的一种有统筹、有规划、有步骤、有类别的专业成长方式，指向专业成长课程的建设，并且具有可选择性和菜单式特点。

针对教师职业发展的 4 个困境，即教学方式困境、课堂管理困境、沟通协调困境、研学反思困境，课题组设计了“优化校本教研方式、构建高效课堂模式、实施双导师制、构建研修共同体”4 种主题研修方式，从课堂教学方式的改进、课堂管理的效能、沟通协调的技巧、反思能力的培养上，帮助教师提高了专业素养和教育教学能力。

（三）搭建教师专业自主发展平台，突破教师发展高原，引领教师自主发展

造成教师高原现象是内外两个因素共同作用的结果，前两轮的研究主要集中在对高原期教师个人的情感高原和技能高原问题，如果外部因素不解决，研究目标的达成就非常困难。所以，第三轮行动研究的目标是通过前后测对比、制度建设、平台搭建、机制创新，解决自我诊断缺失、资源平台匮乏、制度建设滞后、评价体系单一的问题，助力教师走出发展高原。

第三部分　成果的主要内容

成果聚焦高原期教师情感危机、技能危机、发展危机等问题，通过五年的不断研究与实践，形成了具有可操作性的办学理念促进高原期教师专业自主发展的“115”体系，即“即一套诊断测量工具、一个课程开发范式、五个促进教师高原期专业自主发展的策略”，实现了教师专业水平的显著提升。

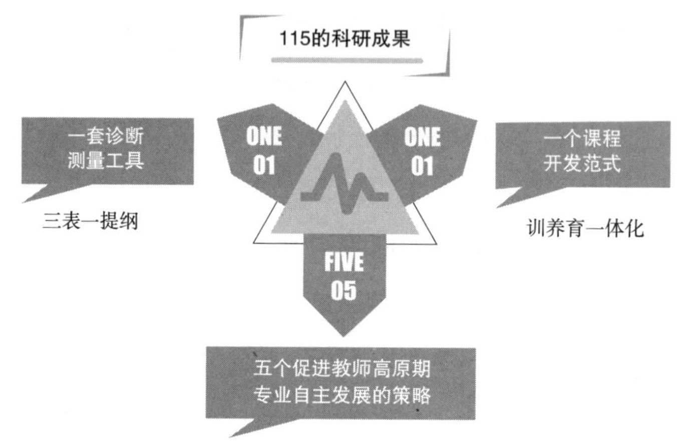

图 17–1　115 科研成果的具体内容

一、开发应用一套测评工具，把脉教师职业高原期症状

提升所有教师的专业水平，促进优质教育资源公平。课题组以职业高原期研究为切入点，诊断教师专业发展迟滞原因，开发了一套由“三表一提纲”组成诊断测量工具（含调研和测量工具），包含《普通高中教师职业现状调查问卷》《普通高中教师职业高原期专业自主发展状况测评量表》《普通高中教师专业发展水平对标对表自我检测表》和《普通高中教师专业自主发展分类访谈提纲》，定性与定量相结合，分析了教师职业高原期的表现、特点、归因，为研究提供了一套科学的诊断测量工具。

运用该套测量工具，可以测评：学校教师群体高原期教师比例，教师专业发展程度的相关因素，教师在职业情感、职业技能、专业发展等 3 个维度方面是否存在高原期现象，教师专业发展高原期的社会、个人、家庭等层面的原因等。

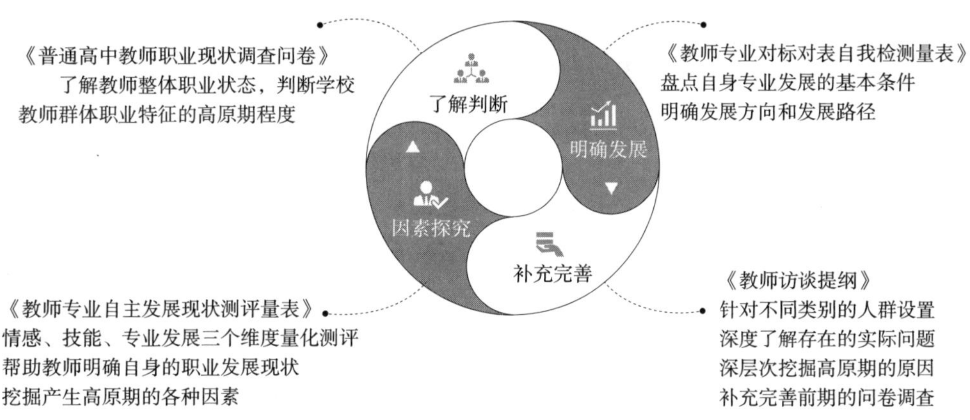

图 17-2 “三表一提纲”组成的诊断测量工具

二、一个课程开发范式

课程开发范式是指一个“训・养・育一体化”的教师专业自主发展课程开发范式。

图 17-3 一个课程开发范式的具体内容

1. 训：即培训，是指通过外界的影响和干预，使教师在职业认同、职业情怀、职业定位和专业发展上产生新的认知、新的需求，这是一种由培识己的唤醒，意在激发活力、激发潜力产生内驱力。

2. 养：是有目的、有目标地对教师开展培养工作，它通常需要一群人的陪伴、需要专家的指引，需要学校创设的载体去实现，它可以是活动、也可以是讲座，它可以是有组织的学习，也可以是自发的相互感染，这里的养还是一个过程，不求立竿见影、不求人人同步，它是一种基于个人现状与需求的大课程概念，是学校作为组织者的一种有统筹、有规划、有步骤、有类别的专业成长方式，指向专业成长课程的建设，并且具有可选择性和菜单式特点。

3. 育：即培育，与养不同的是，这里的育更注重的是思想上、理念上的培育，它比养更多了一份主动、一份尊重、一份个性。通过培育，外界的影响走向内化，教师专业自主发展意识逐渐走向常态、走向自觉，育是有体系、有温度的成长。

“训·养·育一体化”的课程开发范式是对“教育：唤醒·陪伴·引领”的另一种诠释，这种课程开发与建设的范式应该是基于目标、基于问题、基于需求、基于个体的，它也应该是开放的、组合的和自主的，这种研修课程必然是分门别类、分期分批的，这种范式开发的课程，为高原期教师走出迷茫、滞留提供了不同的菜单，是贵阳市第二中学在长期的校本研修与教师队伍建设中取得的经验，在推进教师队伍专为业建设产生了巨大的促进作用。

三、五个促进教师高原期专业自主发展的策略

五个促进教师高原期专业自主发展的策略分别是：即价值引领的自我诊断策略、目标导向的自我激励策略、“研训一体”的自我发展策略、制度保障中自我实现策略、不断完善的自我反思策略。

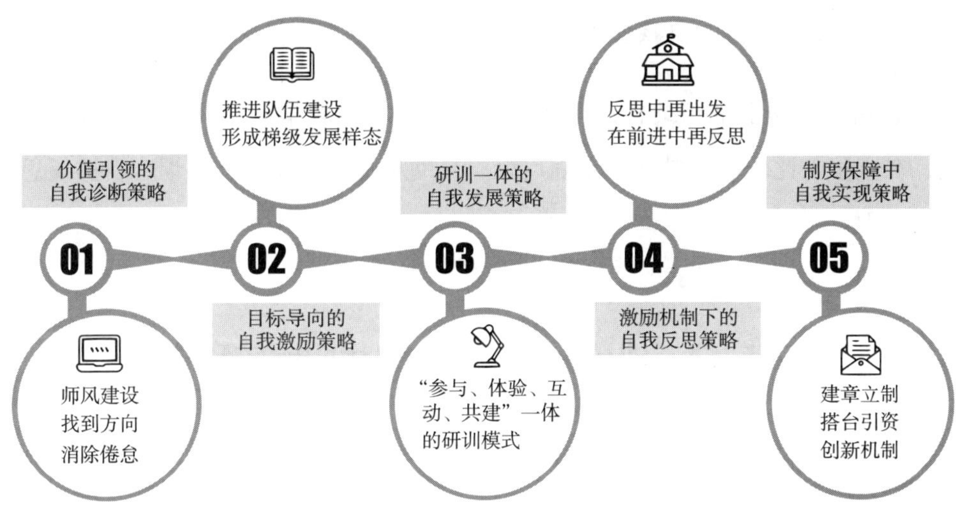

图 17–4　五个促进教师高原期专业自主发展的策略

（一）价值引领的自我诊断策略

以办学理念为载体、职业认同为目标，通过自我诊断帮助老师认识自我、确立价值导向，激发教师在自我诊断中强化使命感和责任动感。

（二）目标导向的自我激励策略

以专业技能，专业荣誉、专业目标的梯级设置为抓手，制定各级目标的专业标准和考核办法，激发教师专业发展的愿望，指引教师自主发展。

（三）“研训一体”的自我发展策略

以“参与、体验、共建、反思”为基本环节，按“目标、路径、考核、评价”的标准，整合校内外资源、构建共建共享的校本研修体系，为教师的专业自主发展提供技术支持和能力支撑。

（四）制度保障中自我实现策略

以建章立制、搭台引资、创新机制为主要方式，健全教师专业自主发展的保障体系，营造公平公开公正的学校生态，促成教师的自我实现。

（五）不断完善的自我反思策略

建立定性和定量相结合的考评制度，优化教育教学质量及教师绩效考核制度，在竞争与比较中引导教师正确反思、帮助教师养成反思的习惯、营造反思的成长氛围。

第四部分　成果在实施前后的状况比较和分析

课题实施后，贵阳市第二中学的教师专业发展高原状态得到极大缓解，教师专业自主发展获得巨大进步，课题实施的效果十分显著，表现在以下几个方面：

一、教师专业发展高原状态得到极大缓解

（一）情感高原状态得到极大改善

调查问卷前测统计显示，近 3 成教师职业认同感低，对教师职业兴趣不高。对 141 位教师进行的调查问卷前后测数据统计显示，贵阳市第二中学教师的情感高原状态得到极大改善，表现在 3 个方面：一是教师职业认同感增强，对工作保有激情的教师增加到 87.66%，对教育教学保有兴趣的教师增加到 87.56%，能够全身心投入工作的教师增加到 84.41%，状态的改变源自对职业的情感认同；二是教师职业责任感突显，工作中愿意承担更多责任的教师增加到 89.7%，愿意关爱学生对学生保有爱心耐心的教师达到 92.28%，走出习惯性工作状态，愿意自觉更新教学理念的教师接近 90%；三是教师心理压力得到减轻。95.75% 的教师相信通过自身努力能够将教育工作做好。

（二）技能高原现象得到彻底改观

对 141 位教师进行的调查问卷前后测数据统计显示，贵阳市第二中学教师的技能高原现象得到彻底改观，表现在 3 个方面：一是专业技能提升意识被唤醒，近 90% 的教师改变了自我固化的观念，不再认为自己的教学技能和教学水平达

到了顶峰状态，意识到过去的教育教学工作中还有很多值得改进的地方，愿意接受新的教学理念和技能；二是专业技能提升自信被激活，面对新时代、新考改的要求，90% 的教师认为自己可以适应；三是专业技能提升路径得到引领，超过 90% 的教师愿意积极探索教学新方法，通过自主学习来提高自己的专业素质，积极参加各种教育教学培训，84% 的教师选择经常主动参与所任教学科的教研或课题研究来提升自己的专业技能。课题实施前的自满、自卑和找不到提升途径的迷茫状态得到彻底改观。

（三）发展高原危机得到根本缓解

对 141 位教师进行的调查问卷前后测数据统计显示，贵阳市第二中学教师的发展高原危机得到根本缓解，表现在以下 3 个方面：一是专业发展空间得以扩展，88.87% 的教师不再认为晋升空间非常有限，90.81% 的教师认为职称晋升有希望，87.29% 的教师认为已经走出职业发展停滞状态，教师的回答表明，学校在课题实施后教师的专业发展空间得到扩展，并已成为一种受制度保护的常态；二是教师的专业发展意愿增强，86.46% 的教师认识到专业自主发展的必要性，84.06% 的教师有了自己明确的专业发展方向；三是专业发展规划已成自觉常态，近 90% 的教师有了自己的专业发展规划，并具体落实到每个学期。课题实施前的认为自己工作被动、缺乏上进心和进取意识、缺乏明确的专业发展方向、专业发展规划的状态得以改变。

二、教师专业发展成效明显

1. 省市名师及骨干教师数量激增：产生全国名校长领航学员、省级名校长 1 名，特级 4 名、正高 5 名，省级名师 4 名，市级名师 8 名、名班主任 2 名，市管专家 1 名，省市级名校长、名师工作室 10 个，省级骨干教师 5 名、市级骨干 22 名，市级创新人才 5 名，教坛新秀 15 名，位居同类学校前列。

2. 专业发展提速增效、研学并举：研究前测中，141 位教师的调查问卷显示，37.23% 的老师认为缺乏自主学习的意识，自主研修缺乏章法，35.04% 的老师认为教育教学管理方法单一，效果不佳，欠缺研究意识。

对比现状，至少有 3 个突出变化：一是参与研究的人由少到多，截至 2019 年 12 月，每个教研组均有市级以上立项课题，仅数学组就有 3 个课题；二是由“纸上”研究走向行动，现在的研究基于教学用于教学已成为常态，如“思维导图在学习中的运用”“学习力促进教学目标达成”等研究成果已转化为教学生产力，对教学质量提升发挥了较好的作用；三是研究由表面走向深入，由课题研究衍生出的物化成果日益丰富，教师获奖在同类学校中位居前列。据统计，2017—2019 年我校教师优质课评比获一等奖 18 人次，论文获省级一等奖 35 项，二等奖 74 项，三等奖 62 项，获省市科研成果一等奖 26 人次，市级以上相关课题结题 25 项，学校被评选为贵州省首批校本研修示范校。2020 年，教师专业获奖井喷，获各类一等奖 40 余项。

3. 成果丰富，在区域内产生较大影响。本成果在西部乃至全国具有一定学术影响力，在省内外交流推广 26 次，中国教育报、人民网等各大媒体的相关报道累计 14 次，贵州电视台、《贵阳晚报》《当代贵州》《青年时代》进行了专版报道。本成果领有论著 8 本，教材 2 本，导学案 13 本，论文 42 篇，得到省级领导的重要批示与肯定，学校现是“教育部中学校长培训中心省外专家工作站”，承接全国知名专家、校长到访 15 场。

面向全国推广 4 次：2017 年 8 月在教育部中学校长培训中心组织的第 20 届国际校长论坛做主旨报告；2019 年 4 月 13 日在全国领航校长段丽英工作室揭牌仪式上做专题报告；2019 年 5 月 7 日在全国领航班第二期名校长卓越发展交流大会上做主旨报告。2020 年 10 月 19 日，在全国优秀校长教育思想论坛上做主题报告。

省内外交流推广 26 次：2016—2019 年，受教育部中学校长培训中心安排先后在北京、上海、广州、克拉玛依、曲靖、西宁、西昌等 7 个省市就办学思想和实践成果进行分享交流，此外还受教育厅名管办邀请到凯里、遵义、六盘水、安顺、黄平、镇宁、德江等地宣讲推广 19 次，得到专家学者的一致好评，主持人也因此被遵义市、罗甸县、六盘水、望谟等地教育局聘为指导专家。

为同行编写《“职业高原期”教师专业自主发展行动方案》：受四川宜宾市兴

文第二中学、云南省富源县第七中学及贵州铜仁市教育委托，为他们编写《“职业高原期”教师专业自主发展行动方案》，行动方案中目标设置、三轮行动设计到具体的行动方案和实施建议具体、可操作性强，得到一致认可和好评。

出版《“唤醒·陪伴·引领”教育实践系列丛书》8 本：

《语文契合式教学》（段丽英，谢基祥著，贵州教育出版社出版）；

《改变从课堂开始》（卢焱尧著，贵州教育出版社出版）

《赢在学习力》（张霞著，贵州教育出版社出版）

《综合实践活动课程的开发》（景季萍著，贵州教育出版社出版）

《班级文化构建》（谢基祥、罗静著，贵州教育出版社出版）

《我们的青春正当时》（曾拥著，贵州教育出版社出版）

《研究成果集》（段丽英，张霞著，贵州教育出版社出版）

《综合实践课程》（冷枫著，贵州教育出版社出版）

个人专著 4 本：

《中学语文契合教学的实践与思考》（谢基祥著，吉林大学出版社出版）

《且教且研：一个中学特级教师的自主研修之路》（卢焱尧著，哈尔滨工业大学出版社出版）

《生物教师课堂指导技巧》（冷枫著，贵州教育出版社）

《教育：唤醒·陪伴·引领》（段丽英著，贵州人民出版社出版）

参编教材 2 本：

张霞，景季萍：《贵阳市中小学研学旅行读本》（贵州人民出版社出版）

游慧明：《生态文明读本》（贵州人民出版社出版）

研发导学案 13 本：

冷枫、景季萍、罗静、杨开珍、罗文攀、刘红松、吴小凤、陈运、代惠丽、游慧明、罗凌等老师参与金太阳集团组织的《高中同步创新课堂优化方案》编写，涵盖高中九大学科三个年级，为“1+5+1”课堂的实施打下了坚实的基础。

冷枫编写《师生共同导学案设计与训练》4 本（必修 1–3）。

发表论文类：相关论文发表 42 篇，以课题主持人近 3 年为例：

《课堂，校长领导力发力点》发表于《中国教育报》2016 年 10 月 12 日

《教育：唤醒 陪伴 引领》发表于《贵州教育》2017 年第 22 期

《学校管理中的人文思想》发表于《贵州教育》2018 年 1 月

《让教育理念照亮教学的每一个细节》发表于《贵阳教育》2016 年 12 月

《中学校长的办学理念与课程领导力》2017 年 7 月获省级教科研论文二等奖

《语文教育改革“国学热”》发表于《贵州教育》2017 年 11 月

《同伴互助中智慧成长，专业引领中成就师生》2019 年《贵阳教育》第 3 期

《三看魏书生》发表在《贵州师范大学报》2017 年 9 月

三、教育教学业绩提升显著

（一）教学质量提升明显，高考成绩逐年攀升

从 2016 年至 2020 年的数据看，学业水平考试一次性合格率呈递增趋势。以 2017、2018、2019 三届学生为例，合格率为 100% 的学科，2017 年 8 科，2018 年 9 科，2019 年上升为 10 科，三年的优良率均为 90% 以上。2020 年，2021 届学考全部学科 100% 合格，2022 届第一轮学考全优良率达到 84%。高考成绩连续三年荣获贵阳市“入出口”评估一等奖，2019 年一本上线率较 2015 年提升 25.55%，二本上线率提升 40.33%。

（二）育人业绩喜人

1．学生快乐成长、特色彰显：教师的专业发展有效促进了学生的自主发展。据不完全统计，近 5 年教师辅导学生各类比赛获奖 352 项，其中国家级获奖 23 人次，省级一等奖 88 人次，科技类占比最大，共计 152 项。其中，2017 年全国首届少年星创客马拉松比赛中，焦成、崔俊杰设计的“原样星”获全国金奖，被人民网、新华网等各大媒体广泛报道，两位“上星少年”得到中科院院士高度肯定，学校被授予“少年星”原型样星共同研制单位。

2．自主意识增强，持续发展态势良好：从统计数据看，我校毕业生升入大

学、踏上工作岗位后，综合素质高，表现优异，这离不开优秀教师的教育。如：现任德国跨国软件公司SAP全球专家中心数据科学家吴诗伟、作品《行走的局外人》入围欧洲“圣丹斯”第16届欧洲独立电影节的青年导演杨恬子杰、中科院博士郭新艳等同学都是我校近年来的优秀毕业生。

3. 组织能力增强，谋划搭台彰显特长：近3年教师辅导学生积极参与活动课程的开发和建设，创建社团38个，创办文学期刊《悦读者》，组织策划校园之星评比、双十佳评选等多项校园文体活动。我校研学旅行的学生案例、成果编入中学、小学教材《贵阳市中小学研学旅行读本》。

学校先后获得全国综合实践活动先进学校、全国篮球特色示范校、中国水学校、省青少年科技教育特色学校、省科技创新体验示范校、西南军区国防生源基地学校等称号。

第五部分 成果反思

反思教师培养工作，坚持党的教育方针、坚持“立德树人”育人宗旨，牢记习总书记“希望每个教师都能成为符合党和人民要求、学生喜欢和敬佩的好老师，希望每个孩子都能遇到好老师”的要求，打造教师教育这台教育事业的工作母机，深掘提升教育质量的动力源泉，是我们教育工作的担当。为此我们有以下几点反思：

一、理念是教师专业自主发展的动力

办学理念以教育理论为引，以学校实情为基，是一所学校核心价值的集中表达，既反映了学校的办学目标，也反映了学校的办学品质和教育追求，理念与教学实践的深度结合是教师可持续发展的动力。

理念可以为教师的专业发展指引方向，提供技能，培育情怀，帮助教师保持工作的长效动力。教师参与理念的提炼创造，主动接受融入办学理念，可以更深层次的觉解教育工作的意义，获得专业技能提升的指引，升华职业工作情感，专业发展由他律变为自觉。理念又因为教师们的推行应用，而变得更为丰富具体，具备更强的影响力。

二、研修是教师专业自主发展的路径

研修是教师专业发展的主要路径，专业测评，让教师找准出发或再出发的起点，课程引领，是促进教师专业发展的具体手段。教师研修教育理论，以掌握教育科学规律；研修国家教育政策，以明晰教育工作的使命与担当；研修管理技能，以提升教育工作的效率；研修教学技能，以提高课堂教学的水平；研修名师成长案例，以获取教师专业成长的途径和升华职业情感。研修是教师滚滚向前的车轮，承载着教师的思想、情感、责任、技能与素养。

研修，既有教师的自觉，也需学校的组织与引领。学校需为教师的研修与发展提供资源平台、制定保障制度，通过评价手段，最大范围促使教师参与研修、主动研修，提升专业水平。

三、育人是教师专业自主发展的远方

教师专业发展的根本目的，是践行“立德树人”根本任务，为党育人，为国育才，是教师的责任担当。培育学生就是在培育未来。因而，育人是教师专业发展的目标。专业发展是教师完成育人使命的必需。教师明确自己的育人责任，专业发展才会成为自主行为。教师提升思想觉悟，才能培育思想高尚的人；教师更新教育观念，才能培育全面发展的人；教师提升教学水平，才能培育精英之才；升华职业情感，才能有教无类，大爱无疆。

国家的希望在教育，教育的希望在教师。培养一支专业过硬的教师队伍，是学校的责任与刚需。然而，教师又是公民的组成部分，有思想追求，也有生活压力，有育人使命，也有家庭责任，有教育人的情怀，也有普通人的情感。总结课题研究成果，我们喜有收获，但如何让每一位教师都远离职业高原，自主发展，我们任重而道远……

新课程下高中数学学习目标达成的实践研究

贵阳市第二中学　吴小凤

高中数学课堂普遍存在着课堂学习目标缺失，目标定位缺准，目标监控缺位的现象，本课题以案例研究为主要研究手段，以课堂观察为抓手，以目标达成为核心，从基于课程标准的学习目标的确定入手，以教师、学生的课堂教学行为为主要研究方向，立足于研究课堂学习目标确立的依据，学习目标是否达成的评价方法及补救措施，教师课堂教学行为的有效监控等核心问题，通过研究达到了一定的效果。

第一部分　绪　论

一、研究背景

（一）关于课程改革

普通高中数学新课程改革顺应时代的要求，以促进学生的全面发展为目标，并提出了新的评价目标完成度的理念，新的评价理念更关注数学学习评价的过程性。建立基于学习目标达成的数学学习评价体系，就会有基于目标达成的数学课堂教学，所以数学学习评价关系到数学课程改革的成效。为了使课程改革不断深入的发展，我们有必要对数学学习目标的确定与评价做一定的探索。

（二）关于我校教学现状

走进我校的数学课堂，发现存在着以下问题。

1. 学习目标的确立缺乏依据，过多关注教师自身的感受，将教学目标混同为学习目标，忽略学生的认知经验。

2. 单一的教师教学行为制约着学习目标的有效达成。例如：提问形式的单一（一对多的提问）、评价形式的单一（只有教师评价学生）、课堂反馈的单一（练习、板演）等；忽略学生学习行为对学习目标达成的影响。例如对学优生的归因，多为勤奋、认真，学困生的归因，多为懒惰、意志不顽强，较少从两者课堂学习行为的角度进行对比分析，从而缺乏给学生促进学习目标达成提出可操作的建议。

3. 学习目标达成的监控多关注知识与技能，过程与方法，忽略学生情感目标的达成，或因情感目标定位过高，因高不可攀而形式化。

4. 习目标预设有余，生成不足，课堂教学机械、沉闷，课堂氛围缺乏生机。

5. 对学习目标达成的观察缺乏有效的证据，课堂评价多基于观察者自身的经验，忽略上课教师对教材及课堂的理解和设计 .

从以上问题发现，我校教师对课堂学习目标的达成经验措施少，对比研究单一；定量分析少，微观分析缺失。为了提高我校数学课堂教学的质量和效率，以期对课堂学习目标的达成进行合理归因，亟须提高教师学习目标的确定与评价的水平。

二、研究价值

教育是一项有计划划、有目的、以育人为主的社会实践活动。数学学习目标的设计和落实是保证教学活动顺利开展，并有效运行的重要手段。学习目标规定的是学习者在哪些方面要获得哪些发展，最终能达到什么程度，它是教学活动中各要素的有机整合，决定着教学的方向，也是教学活动结果评价的依据。科学合理的设计及落实学习目标是每一位教师必须重视也必须承担的责任。高中数学课堂学习目标的应用研究主要基于以下 3 个方面：数学课堂学习目标是实施有效课堂教学的向导；是教师教学、学生学习评价的依据；是教师专业发展和学生的全面发展的基础和保障。

三、核心概念界定

（一）课程标准

《高中数学课程标准》是由教育部编写，人民教育出版社出版发行的一本数学教程。它对高中数学课程性质、课程理念、课程目标、内容标准进行了定义，并对课程实施提出建议、对教学评价给出建议，它是一本纲领性的教学文件，构建起具有中国特色的普通高中课程体系。

（二）学习目标

学习目标是期望学生经历一定时间以后所获得的结果，它是学生在教师指导下完成某项学习任务后应达到的质量标准，为教学活动设计起指导作用，并为教学评价的开发和实施提供依据。学习目标是预期的学习结果，是具体的可直接观察、测量的行为表现。它决定教学活动的方向，并确定教学评价的依据。

（三）学习评价

学习评价，又称学业评价，是学生评价的最主要部分。但是随着人们对教育目的及本质的不断深入探讨，逐渐意识到在评价学生的过程中，不能人为地隔离学业成就、品德发展及个性成就。所以，现在谈到的学生学习评价，囊括的内容不仅仅包括学生所学的基础知识与基本技能，还包括学习中的情感体验价值观、学习潜在的能力，等等。

四、文献综述

提出研究的问题后，课题组在对研究的制定实施方案前，先通过文献的阅读与整理去明晰研究的方向、研究的方法、研究的内容等。

（一）国外研究现状

1. 发文趋势图分析

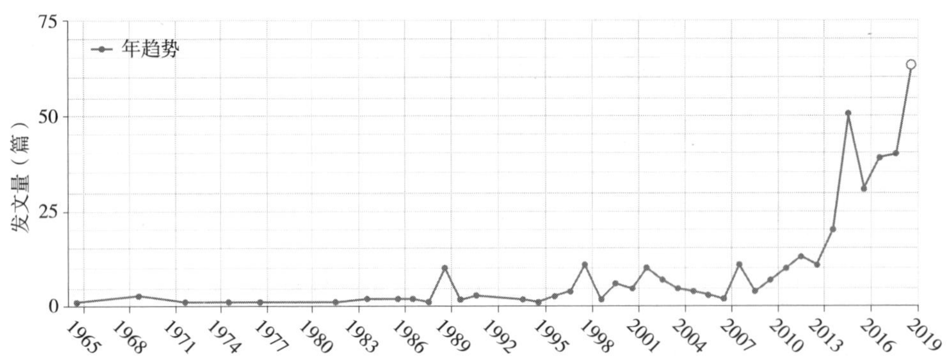

数据来源：文献总数：394篇；检索条件：[V_SUBJECT=中英文扩展（学习目标，中英文对照）或者title=中英文扩展（学习目标，中英文对照）] 并且 [V_SUBJECT=中英文扩展（评价，中英文对照）或者title=中英文扩展（评价，中英文对照）]（模糊匹配），专辑导航：全部；数据库：外文期刊单库检索

图 18–1　1965—2019 年文献发布随时间的数量变化

由图可知，国外学习目标与评价的研究发端与 20 世纪 60 年代中期，共检索出 394 篇论文；前面斜率不大但稳步前行；从 2010 年开始斜率陡增，2019 年达到曲线的最高点。从这幅图可以看出，国外对于学习目标的达成与研究在近几年逐年增快，这也体现国外对于学习目标的制定评价的迫切性。

2. 布卢姆的教学目标分类理论

美国教育家布卢姆长期从事教学目标研究，他和同事一道对教学目标分类体系的课题展开了大规模的研究，把教学目标分为 3 个方面，分别是认识领域、情感领域和动作技能领域。1956 年布卢姆出版了《教育目标分类学》第一分册《认知领域》。布卢姆总的思想可以概括为：复杂行为可以分解为比较简单的行为，教学目标可以用可见的行为来表示，这样可以使教学效果清楚、可鉴别，可测量，从而便于把握教学目标的达成度。1956 年布卢姆发表了《教育目标分类学：第一分册：认知学习领域》，该书把认知领域分为知识、理解、应用、分析、综合、评价等六类目标。

3. 奥苏贝尔的运用教学评价的论述优化教学评估体系

奥苏贝尔在他的理论中谈到科学、合理的评价不仅对教师的教学有利，还能激发学生的求知欲。在肯定评价的基础上，奥苏贝尔进一步指出有效测验应兼具几种特性，即信度、效度、代表性、可行性、辨别力，为优化教学评估体系提供了理论上的指导。科学的考查不应该考学生的死记硬背、机械学习的功夫，而要更多考查学生对教材的理解程度，因为创新时代要求的是具有较强理解力，能有效地创造性地使用知识、不断阐明未被前人识别的问题的人才，而不是机械记忆的“书呆子”。科学的考查应是在教学过程中向学生提出启发性的问题，组织学生展开民主的讨论，使学生有机会各抒己见，畅所欲言。

佩里（P.Perry）认为：“教师的成长意味着教师个人在专业生活中的成长，包括信心的增强、技能的提高、对所任教学科知识的不断更新拓宽和深化，以及对教学理念的熟练把握与运用。”一方面，学习目标的制定，蕴含着教师对教学结果的信念，折射出教师个人对教学结果的期望。另一方面，学习目标的实施体现出教师对自我教学的要求，指导为学生发展所做的努力方向，指导完成教学内容及教学结果的途径和手段。这样，在教学活动结束后，教师能客观地、直接地指向教学评价所需的依据与范围。

（二）国内研究现状

1. 发文趋势图分析

为了研究国内对于学习目标的确定与评价的文献，通过主题词“学习目标”不限年限检索有关文献，共检索出 23358 条文献，对这些全部文献进行可视化分析可得若干图片，该图即该主题多年以来的发文趋势图。

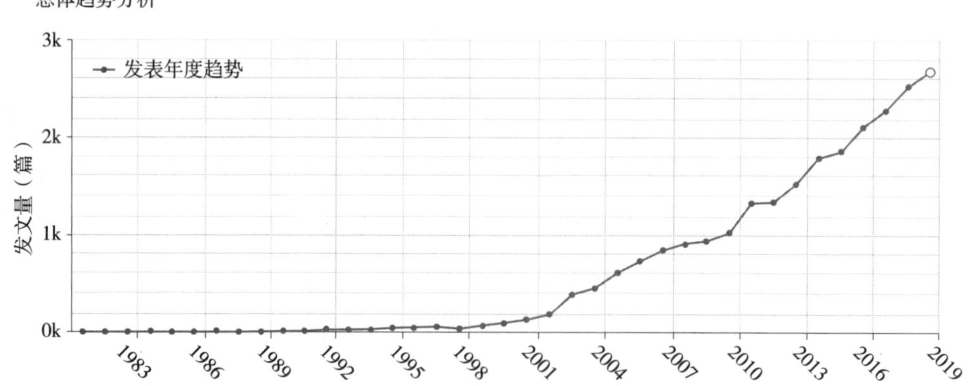

数据来源：文献总数：23358篇；检索条件：（主题=学习目标或者题名=学习目标）（模糊匹配），全部；数据库：文献 跨库检索

图 18–2　1980—2019 年以“学习目标”为主题词的发文趋势图

由图通过以上的文献搜索结果可知，学习目标的研究始于 20 世纪 80 年代，前期曲线斜率不大但稳步前行，自 2000 年起，斜率陡增 2019 年达到最高点。

2. 主题文献可视化分析

对该主题的全部文献进行可视化分析可知，国内多年以来有关学习目标的研究，主要集中于学习者、自主学习、学习目标、中学生、教学设计、教学模式、学习动机、学习策略等。一方面，经过文献对比可以明显看出尽管对学习目标的设计与实施、三维教学目标研究比较多，但是具体到数学学习目标研究及数学学习目标的评价相对较少。另一方面，对“学习目标”领域研究的各种文献资料非常丰富，说明“学习目标”的研究备受学者的重视，它是值得进行研究与关注的问题。已查阅的文献资源主要关注“学习目标”的设计、评价等在课堂教学中的应用，这为该研究提供丰富的文献资源，便于该项研究顺利开展。

人教版高中数学主编章建跃在《数学教学目标再思考》谈到，数学课堂教学目标要强调具体性、可操作性，而且是可检测的。课堂教学目标应以数学知识和技能为载体，在教学过程中开展数学思想方法的教学，促使学生的数学思维能力、理性精神得到潜移默化的发展。只有在了解学生的认知准备状况，正确理解教学内容、深入挖掘数学知识蕴含的价值观资源的基础上，才能制定出恰当的课堂学习目标。

华东师范大学崔永漷教授在《试论基于课程标准的学生学业成就评价》一文中对写到，基于标准的学生学业成就评价需要清晰的表现标准、才不至于在设计评价或者制定评分量规时引起歧义，如“能灵活运用不同的方法解决生活中的简单问题并能对结果的合理进行判断”，对这些表述，是很难达成共识的，什么程度算“熟练”，怎样才是“灵活”，都需要老师进一步细化和明确，教师在课程标准下建立的评价标准应该清楚、具体、可测的。

（三）文献评价

结合国内外研究现状可以发现国内外的学者都认识到学习目标研究重要性，学习目标评价的可操作性，但对学习目标研究的重点放在学习目标确定的案例上，对于学习目标确定的模式与策略研究少，对一线老师教学的参照性不强。对学习目标达成的评价形式研究的多，定量研究少，更多的是宏观的评价，缺少微观的分析。

第二部分　行动研究的设计

一、研究目标

1. 通过高中数学课程标准的集中学习及文献研究，构建叙写学习目标的基本模式和具体的分解方法；

2. 构建基于目标导向的教学设计框架；

3. 研制学习目标达成的课堂评价方案；

4. 构建不同课型的校本研修方法；

5. 构建基于学习目标达成的高中数学教学模式。

二、研究内容

（一）课堂学习目标的确立的依据和方法

1．通过《普通高中课程标准》的学习、结合教材及教学参考确立课堂教学中的学习目标（文献研究及问卷）。

2．通过组内学习研究学习目标与教学目标的区别和联系（文献研究）。

3．通过数学模块的整合，把人教 A 版中具有代表性的适用于课题研究的板块划分出来。

4．通过研究近几年高考真题研究，将学生在高考中的重点题型、易错题、难题列出，在课题组中开展基于目标导向的说题活动。

5．通过高三专题复习的研究，将专题中涉及的考标进行目标分解，在课题组中打造基于目标导向的数学微专题复习。

6．通过高中课本习题的研究，研究一题多解，一题多变，在课题组中开展“一题一课”习题讲评课活动。

（二）适用于新课标理念的评价方法和策略

1. 通过文献，研究课堂教学中教师常见的评价方法，并结合国内外学习评价的一些要求和原则，明确数学学习评价的本质、目的以及过程与方法，弄清楚对数学课堂而言，该评什么、如何评。

2. 通过课堂观察，研究教师在课堂教学对学生数学学习评价的现状，开发关于学习目标达成评价的课堂观察量表，根据观察数据，提出一些可操作性的评价建议。

（三）学习目标达成自我监控系统的研究

1. 学习目标达成教师自我监控系统的研究（课堂观察及案例研究）。

2. 学习目标达成学生自我监控系统的研究（课堂观察及案例研究）。

（四）学习目标达成相关课堂观察量表的开发与制作

（五）学习目标达成的教学模式的构建

将学习目标的确定与评价转化为教师具体的教学行为，搭建学习目标理论与实践之间的桥梁。

三、研究思路

本课题以案例研究为主要研究手段，以校本研修为抓手，以“目标达成”为核心，从课堂教学入手，以教师、学生的课堂教学行为为主要研究方向，立足于解决优化师生教学行为促进课堂学习目标的达成，综合运用行动研究等多种研究方法，坚持理论构建与实践探索相结合，实证与个案研究相结合。

四、研究方法

1. 文献法

通过文献法研究前期通过期刊、学术论文、学位论文和专著等文献的查阅、分析、整理，进一步对研究的核心名词进行界定，了解该问题过去的研究状态和当前研究状态，明确所要研究的问题的范围和研究实施的程度、确定研究的课题、研究的方向及研究的进展，了解学习目标设计的已有技术、步骤。文献法在课题研究中起到奠基的作用。

2. 调查法

教育调查研究作为一种调查研究活动，主要是以现有的教育问题及其表现形式为研究对象，通过调查、访问的形式进行的研究。按照调查的手段分为问卷调查、访谈调查、测量调查、调查表法四种形式。本课题研究主要采用问卷调查把研究问题细化成若干个具体的问题，编写成书面问卷，由被调查者进行书面回答，然后对问卷进行统计分析，从而得出结论的调查方法。

3. 课堂观察法

本课题主要通过成员参与校级同课异构，兄弟学校同课异构，课题组同课异构，送课下乡等活动，通过观课、议课，课后反思在课堂中对数学学习目标的落实情况进行观察、记录，从课堂中收集研究所需要的资料。

4. 案例分析法

案例分析是关于一次教学的研究，围绕一堂课的教学课前、课中、课后所进行的一切活动的展示，主要以书面形式为主，且一个完整的案例通常包括：真实而复杂的情境、典型的事件、问题的呈现和问题的解决方法 4 个方面。本课题研究将选取多个教学案例，对优质课与常态课中学习目标的设计与学习目标在课堂中落实情况进行剖析。

5. 行动研究法

本课题通过明确问题、收集信息、分析问题、提出假设并制定行动计划，总共分成 3 轮完成研究过程。具体按照“拟定行动方案→行动实施→行动评价→行动反思”来开展，每一轮将研究获得的成果运用到教育教学实践中，发现问题进行修正以调整下一步的行动计划和工作构想。

五、研究对象

实验学校的教师和学生，主体是贵阳二中的学生。主要研究基于课程标准的学习目标的制定和评价方法。

六、研究工具

本课题首先是调查高中数学教学中学习目标的确定与评价的现状，对该项研究的核心内容有整体的感官认识，为此制定了教师的调查问卷与访谈提纲以及课堂观察量表。随着研究内容的深化，以期实现研究的目的，选取了课题组老师的优秀案例。本课题主要通过问卷调查、教师访谈、观察量表的分析、教学案例的剖析方式呈现高中数学学习目标的确定与评价。

七、技术路线

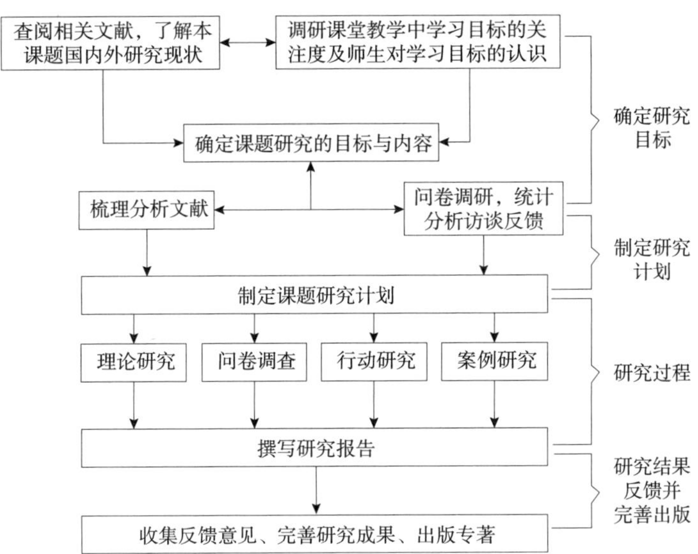

图 18–4　课题研究计划的技术路线

八、前期调查

“基于课程标准的学习目标的制定与评价”现状研究。

1. 问卷调查

问卷调查对象：实验学校部分数学教师。

问卷调查时间：2016 年 3 月。

问卷形式：客观选择题，不记名式。

利用问卷星平台制作问卷调查表。

2. 访谈调查

访谈对象：实验学校 6 名数学教师，其中职称包括高级、中级、初级教师。

访谈时间：2016 年 10 月。

九、提出研究问题与假设

（一）研究问题

1. 针对高中数学学习目标缺失的问题，如何根据课程标准叙写高中数学学习目标？具体的策略是什么？

2. 针对基于学习目标达成的教学设计标准不统一，内容杂乱的现状，能否搭建基于目标导向的教学设计模式，给实施目标教学的高中数学教师提供借鉴？

3. 基于目标导向的教学环节如何设置，如何落实到具体的教学实践？

4. 学习目标的达成在课堂教学中如何评价与监测，完成度不高的学习目标如何补救？

（二）研究假设

1. 学习目标的确定能提高教师教学设计能力，提高教材的理解与应用。

2. 基于目标导向教学环节的设置，能提高课堂效率，让教师的课堂实践能力得到提升。

3. 课堂观察量表的应用，评价方案的实施让学生学习数学的兴趣比实践前有显著性提高。

4. 基于学习目标达成的评价可以让学生的学业成绩显著进步，提升学生用数学思维解决问题的能力。

十、行动研究计划

表 18–2　行动研究计划

时间	工作任务	行动目标
第一轮	（1）根据研究的问题与现状进行问卷调查与访谈，进行课题前测 （2）集体研究高中数学典型模块学习目标的确定	集体培训与个人研修相结合，形成叙写高中数学学习目标的基本模式与策略

续 表

时间	工作任务	行动目标
第二轮	(1)通过六环节教研，打造基于目标导向的课堂构建 (2)通过课堂观察研究学习目标的制定对学习目标达成的影响	形成基于目标导向的教学设计框架，提升驾驭课堂能力，推动教学质量稳步提升
第三轮	(1)通过课堂观察分析有利于学习目标达成的评价方案 (2)总结和提炼基于目标导向的课堂教学方法，并用于课堂实践	形成监控学习目标达成的具体策略，激发学生学习数学的兴趣，总结和推广研究成果

第三部分　行动研究实施过程

一、第一轮行动：梳理课标与教材，形成叙写高中数学学习目标的基本模式与策略

(一)第一轮行动方案

1. 邀请专家对课标、教材进行深入解读，确定课题研究主要内容，解答老师研究的困惑，为课题顺利开展做好准备。

2. 通过调查访谈梳理出高中数学各模块具有研究价值的教学内容，将研究内容进行细分。

3. 课题组老师通过课标与教材的深入学习、探讨，将课时内容的教学目标进行解构，结合教材材分析与学情分析确定课堂学习目标的依据与方法。

4. 依托名师工作室搭建的网络交流平台，并围绕课题研究的目标和内容，教师们围绕主题及中心发言人的内容并结合自己的工作实际开展网上交流。逐步形成叙写高中数学学习目标的基本模式与策略。

（二）行动实施

1. 邀请专家进行指导

2015 年 12 月 13 日，受贵阳市第二中学卢焱尧名师工作室邀请，高中数学课程标准制定组负责人，首都师大王尚志教授与课题组老师就“学习目标达成”问题进行了交流。王教授主张抛开以往研究的方式，以积极的态度教会学生怎样做才能实现目标。课题组老师认真聆听专家的讲座，对“目标达成”这一问题有了新的认识和体会。在会后教师们将课题研究中数学学科方面以及课题推进中存在的困惑与专家进行交流

2. 梳理出具有研究价值的教学内容

课题研究的教材为高中数学教材：人教 A 版必修 1—5，选修 2–1 至选修 2–3 和选修 4–4，为了更好地了解教材，先对教材内容的各模块的内容进行重难点进行划分，梳理出各模块具有研究价值的教学内容，涵盖了必修全内容及选修两个模块。确立了课型以概念课教学为主，同时对习题课、高三专题课、实践课进行研究，最终确立了课题研究的具体内容。

表 18–3　教材内容与执笔教师

模块	教材内容	执笔教师
必修 1	幂函数	罗德颂
	方程的根与函数的零点	李　青
	分数指数幂	陆思梅
必修 2	圆的标准方程	艾云鹏
	圆与直线的位置关系	艾云鹏
	空间中直线与直线的位置关系	何睿洁
	直线与平面垂直的判定	李远凤
必修 3	随机事件的概率	陆思梅
	古典概型	赵　勇
	均匀随机数的产生	罗德颂
	变量间的相关关系	陆思梅

续 表

模块	教材内容	执笔教师
必修 4	任意角	卢焱尧
	任意角的三角函数	吴小凤
	正切函数	陈 虹
	两角和与差的余弦公式	郭成林
	正弦定理	赵 勇
必修 5	等差数列	黄 毅
	均值不等式	李 青
选修 2-1	充要条件	黄 毅
	双曲线的标准方程	李远凤
	全称量词与存在量词	郭成林
	曲线与方程	黄 毅
	抛物线的简单几何性质	何睿洁
选修 2-2	复数的概念	吴小凤
习题课	过圆外一点作圆的切线问题	吕 欢
	双变量求最值问题	罗德颂
高三专题课	$f(x)=A\sin(\omega x+\varphi)$ 图象变换	黄 毅
说题设计课	高三高考真题说题	吕 欢
实践课	图形计算器辅助下建模问题	陈 虹

3. 开展了课时学习目标设计步骤的研究

课题组确立内容后就着手课时内容目标的设计，将学习目标确定的步骤为：解读课标→解构教学目标→教材分析、学情分析→确定、陈述学习目标。

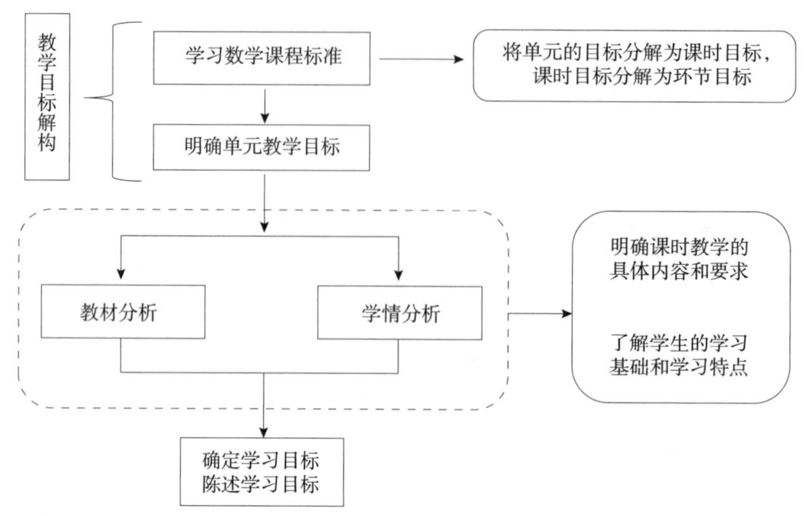

图 18–5　课时学习目标设计步骤图

4. 课题组开展移动教研—论坛沙龙式

为了加强课题组成员的沟通，尽可能利用信息资源碰撞智慧，课题组开展了网上论坛交流活动。课题组依托贵州省卢焱尧名师工作室搭建的网络交流平台，并围绕课题研究的目标和内容，教师们围绕主题及中心发言人的内容结合自己的工作实际开展网上交流。

网上沙龙有具体的讨论主题和中心发言，并指定教师整理讨论记录，并撰写简报。

2016 年 9 月 20 日 9：30—10：30 开展了以“学习目标达成之学习目标的拟定”为主题的交流活动。交流活动由葛磊老师主持，主讲老师为贵阳二中的卢焱尧老师，课题组老师参加了讨论。

研讨活动分为 4 个部分：一是再温课标要求；二是展示老师们的案例；三是学员分享关于学习目标确定的学习体会；四是围绕“等差数列”研讨，学习目标怎么确定？

在卢炎尧老师向大家展示《等差数列》第一课时的课标要求后，提出了教师如何在理解课标的前提下来拟定学习目标的确定，学员们纷纷展示了自己的教学案例。如，通过 4 个生活实例的引入让学生理解等差数列的概念；通过对日常生活中实际问题的分析，建立等差数列模型；理解等差数列的概念，能通过递推找出等差数列的通项；通过实例抽象出数列，观察它们的共同特征，发现等差数列的公差，从特殊到一般形成等差数列的概念；类比物理上匀加速直线运动物体的末速度与初速度、加速度之间的关系展开讨论，着重分析物理上时间 t 与等差数列中变量 n 之间的异同，等等。大家在讨论中交流自己在拟定过程中的学习体会。学习目标是学校教育目的范畴的一个具体概念，它既是教学的出发点，也是归宿，或者说他是教学的灵魂，支配着教学的全过程。因此，教师准备教学时，首先必须弄清楚学生将获得什么，为什么要学这些内容，学到什么程度，也就是说，必须弄清楚目标问题。

（三）第一轮行动的评价

1. 发现了叙写高中数学学习目标的基本元素

课题组的老师们掌握了如何根据课程标准叙写学习目标，即行为主体 + 行为动词 + 行为条件 + 行为程度。

2. 课题组提出了分解学习目标的新策略

发现了学习目标的分解常见的对应是一对一，一对多，多对一，具体的策略是分解、组合、替代、联结。

（四）第一轮研究的反思

1. 第一轮研究重点放在学习目标理论的研究上，但理论化的结论还需要后期进行提炼。

2. 课堂实践少，如何根据学习目标设计导学活动并进行相应的目标监控是后期研究的重点

3. 通过一轮研究老师们认真研究课标和教材，对教材与课标的应用更加熟练，这为后面课题的研究打下了坚实的基础。

二、第二轮行动：通过六环节教研，打造基于目标导向的课堂构建

（一）第二轮研究目标

1. 搭建基于学习目标达成新授课教学设计框架。
2. 打造基于目标导向的课堂构建。
3. 搭建基于目标导向“一题一课”教学设计框架。
4. 对一轮研究成果进行课堂实践，对理论进行再提炼。

（二）行动实施

1. 对一轮行动研究结论进一步提炼、开展课堂实践

2017 年 5 月 23 日 9：30—10：30“基于课程标准的学习目标的确定与评价”在课题专家卢焱尧的带领下，课题组成员开展了讨论“学习目标达成之学习目标的拟定”研讨活动。在沙龙活动中，成员们再温课标要求、展示老师们的案例、学员分享关于学习目标确定的学习体会、围绕“基本不等式”进行研讨具体学习目标怎么确定并形成了学习目标分解的基本策略。

2017 年 4 月 17 日课题组举行了课题组示范课展示交流，课后执教老师对自己的教学进行了反思，成员根据自己填写的观察量表对课堂学习目标的拟定和评价进行了积极的讨论。

2018 年 3 月 6 日“基于课程标准下的高中数学课堂学习目标的确定和评价”课题小组进行了期中示范课展示和交流。贵阳二中的吴小凤老师就人教版普通高中数学实验教材必修 4 第一章第二节新授课“1.2.1 任意角的三角函数”进行授课。徐涛老师就人教版普通高中数学实验教材选修 2–1 第三章第一节新授课“3.1.2 空间向量的数乘运算”进行授课。

2. 课题组研究教学设计的框架如何搭建

在课题专家卢焱尧的指导下，课题组研究了基于目标的教学设计。学习目标的设计是课堂教学设计的关键所在，是有效教学的必要保障，现代教学理论和实践证明：有效的学习目标，是实现高效的数学课堂教学的要素。那么良好的数学

学习目标具有哪些特点？使用怎样的设计技术。经历哪些设计步骤，能实现有效的数学学习目标的设计？课题组根据学习目标设计教学环节，最后通过课堂检测对学习目标是否达成进行监控，即课标呈示→目标分解→导学活动→目标监控。以“数系的扩充和复数的概念”教学设计为例。

表 18–4　数系的扩充和复数的概念

课标	学习目标	导学活动	学习目标达成的评价
①在问题情境中了解数系的扩充过程，体会实际需求与数学内部的矛盾（数的运算规则，方程求根）在数系扩充过程中的作用，感受人类理性思维在数系扩充中的作用	1. 通过解方程，让学生体会方程是否有解与人的认识程度有关，同时与数集有关，在原数集无解的方程到了新数集中也可以变得有解 2. 让学生在问题情景中了解数系扩充的过程，体会到数系的扩充既是生产实践的需要，也是数学学科自身发展的需要	活动一	问题 1 问题 2
②理解复数的基本概念以及复数相等的充要条件	3. 通过对数与数之间的运算特征的研究与归纳，能说出复数的基本概念 4. 通过实数系向复数系的扩充过程，能建立复数相等的充要条件	活动二 活动四	问题 3，4，5，9 例 1 例 4 巩固练习 2
③了解复数的代数表示法	5. 通过复数的代数表示法能说出具体复数的实部与虚部 6. 能对复数进行分类并能根据分类求出参数的值	活动二 活动三	例 2 例 3 问题 6，7，8 巩固练习 1，3

为了监测学习目标的达成情况，整节课的例题，巩固练习及课后作业均围绕目标进行设计，体现了目标的层次性。设计了课后拓展，这可以拓展学生的思维，培养学生对数学的兴趣。

3．课题组开展基于问题和需求的六环节教研模式

“提出问题—拟订方案—展开讨论—制定措施—尝试实践—总结反思”。“提出问题”，即在开展每一次课题研究之前，充分收集、了解组员在教学活动中存在的问题或困惑，每位组员根据自己的教学实践每月至少提出一个问题或困惑，以书面方式上交课题组，备课组负责信息收集的教师进行梳理和提炼。“拟定方案”即研修团队负责人根据老师们提出的问题拟定活动方案，活动严格按照方案的操作程序执行。“展开讨论”即研修团队围绕方案和问题讨论并形成解决问题的措施。“尝试实践”即老师们将措施用于实践，检验其解决问题的效果，并对此进行总结反思，同时在下一次活动中进行交流研讨。将课题研究与学校校本研修结合，探讨基于目标导向的课堂教学模式。

回归“教·研”并行的校本研修常态的案例：

贵阳市第二中学教学月基于目标导向的课堂构建

教研沙龙研讨

活动时间：2016 年 12 月 20 日下午 2：00—5：00

活动主题：基于目标导向的课堂模式研讨——以必修五《基本不等式》为例

活动形式：自我剖析、主题发言、教学片段设计交流

参加人员：贵阳市第二中学数学组全体教师，外请专家：项昭

活动主持：卢焱尧、徐　涛

活动协调：黄毅、吴小凤

活动助理：何睿洁、李远凤（简报）

活动照相：郭成林、沈廷权

活动议程：

自我剖析：2：00—2：30（围绕课堂教学中“预习反馈、问题探究、精讲点拨、达标检测、总结提炼”环节，结合平时的教学情况进行自我剖析，每人 5—8 分钟）

发言教师：沈廷权、李青、黄新龙、何睿洁

主题发言：2：30—4：30（以“基本不等式”为例，围绕如下问题进行专题发言，每人 10—15 分钟）

吴小凤：“基本不等式”课标是如何描述的？你准备采取什么策略分解课标？

徐　涛：“基本不等式”的学习目标如何设定？教学活动如何围绕学习目标进行设计？

陆思梅：如何根据学习目标设计导学活动，安排教学环节？

李　青：如果基本不等式需要安排学生预习，你如何设计预习内容？并通过什么方式检测并反馈学生预习的情况？

陈　虹：你准备设计哪些问题在课堂上供学生探究？采取什么方式组织学生探究？如何监控学生都参与了相关问题的探究？

黄　毅：你认为本堂课教师应该精讲的内容是什么？你如何确保不同层次的学生尽可能多的参与你的精讲？你如何在互动的过程中点拨和评价学生？

吕　欢：你认为哪些地方需要对学生的目标达成进行反馈？你打算通过什么样的方式进行反馈并具有反馈的代表性？如果你只有 5 分钟的实践，你的目标检测题目准备如何设计？

卢焱尧：你准备采取什么方法引导学生在课堂上和课后进行总结和提炼？你准备从哪些方面引导学生进行总结和提炼？如何体现总结和提炼过程中学生的差异？

赵　勇：如果只让你设计 5 道题目，你如何设计本堂课的当堂检测，能兼顾“基本不等式”的数学思想和数学方法，最好能体现不同层次学生的基础和需求？

何睿洁：对于目标检测完成度不好的题目，你准备采取什么补救措施？

综述评价（30 分钟）

项　昭：基本不等式教材解析和重难点处理以及对本次活动的综述评价。

（三）第二轮行动评价

1 . 通过新授课、习题课教学设计框架的搭建，形成了基于目标导向的教学设计框架。

2. 通过教研活动构架基于目标导向的课堂实践，教师们自我剖析、主题发言，专家点评对如何对学习目标达成进行评价有了一个初步的认识与了解，形成了基于目标导向的教学法。

3. 本轮行动研究注重课堂实践，在课堂中对于学习目标的达成情况进行监控，并对学习目标确定的策略给出具体操作方法。

（四）第二轮行动反思

1. 本轮研究重视教学实践，搭建了基于目标导向的教学设计框架，教师们教学设计的能力与课堂把控能力显著提高。基于目标导向的教学法，促进了学生的学习，但对学习目标达成具体评价方案的形成还有待研究的深入。

2. 后期研究应该以问题串的形式将学习目标细化、分解，降低学生学习的难点，进一步提高学生数学学习的兴趣。

三、第三轮行动：研究课堂评价方案，开发课堂观察量表，形成课堂评价方案

（一）第三轮研究目标

1. 在二轮研究的基础上研究基于目标达成的问题的设计及适当的追问。

2. 学习目标达成自我监控系统的开发（课堂观察及案例研究）。

3. 开发与制作课堂观察量表，对学习目标的达成进行课堂观察。

4. 学习目标达成的教学方法的形成与完善。

（二）行动实施

1. 课题组研究了学习目标达成的课堂评价方案

课题组研究发现：教师根据课程方案、课程标准制定出学习目标，教师如何教学才能让学生的课堂学习增值呢？一个关键策略就是促进学生学习的课堂评价。长期课堂观察发现大多数老师很“会教”，即只关注老师对学生知识的输入量，不关注知识的输出量，这部分教师的教学效果往往不突出，只有“会评”才

是关注输出，且能反过来改变输入的质量，因此，从某种程度上说，学会评价比学会教学更重要。那如何对学习目标的达成效果进行有效监控和评价，应该基于以下几条来开展。

2. 利用当堂检测的结果评价学习目标的达成情况并及时进行补救

如“三角函数的定义”的教学设计依照本课时的学习目标，设计 3 道题检测题评价学生对课时目标的达成度。完成后由教师给出答案，学生互评，为学生创设了合作交流与评价的学习情境。最后教师统计测试情况，请学生分析典型错误原因，充分发挥评价促进学习的功能。

①已知 α 终边经过 $P(-5,12)$，求角 α 的三角函数值

②利用三角函数定义求 $\frac{7}{6}\pi$ 的三个三角函数值

③已知点 P（$\tan\alpha, \cos\alpha$）在第三象限，则角 α 在（　　）

A．第一象限　　B．第二象限　　C．第三象限　　D．第四象限

第①题设计意图：针对学习目标 4“能根据定义求当已知 α 角终边上一点的坐标求三个三角函数值”的设计，促进目标 4 的达成。如果学生能够通过任意角三角函数定义的推广求出三个三角函数值，则目标达成，如果学生出错，说明学生对用坐标表示三角函数的学习目标未达成，对于出错的学生在课后完成矫正练习，已知 α 终边经过 $M(-3,-4)$，求角 α 的三角函数值。

第②题设计意图：针对目标 4 中“能运用已知 α 角的大小求三角函数值”设计，促进目标 3 的达成。学生解题的常见障碍是写不出 $\frac{7}{6}\pi$ 的终边与单位圆的交点，对于出错的学生完成矫正练习：利用三角函数的定义求 $\frac{5}{4}\pi$ 的三个三角函数值。

第③题的设计意图：针对目标 5“通过任意角三角函数定义，能概括出三个三角函数在各象限的符号”的设计，促进目标 5 的达成。本题错误的学生建议阅读教材，并完成矫正练习：证明，角 θ 为第一或第三象限角当且仅当 $\sin\theta$，$\mathrm{con}\theta<\theta$。

若这三道题能较好地独立完成，则本节课学习目标完成较好。从本课时学习目标评价检测结果来看，全班 48 人中有 26 人满分，12 人错 1 题，绝大部分学

生能较好地独立完成评价检测题，基本达成了本课时的学习目标。

3. 评价需要教师的监控与学生的主动参与

学生参与评价意味着学生应当成为评价全过程的主体。首先是学生应当明确教师制订的学习目标的意图；教师可在课前将目标告知学生，让学生明白本节课学习的内容及基本要求。其次学生应主动参与目标达成信息或证据的收集；可让学生在课后小结环节陈诉本节课完成了哪些目标，可通过哪些学习成果去证明。三是学生应当参与评价结果的交流；通过教师评价，生生互评，在班集体创造良好的评价环境。四是学生应对教学中达成度不高的学习目标在课后主动寻找补救措施，在课后监测评价中查缺补漏。

表 18–5　基于目标导向的课堂教学课堂观察量表

观察点：课堂目标的确定　　观察者：吴小凤　　上课教师：杨通德

问题	记录并描述
本堂课的课标要求是什么？	1. 通过实例理解加法原理和乘法原理 2. 结合实例，会利用加法原理和乘法原理分析和解决一些简单的实际问题，掌握两种计数原理基本方法
课堂目标对课标要求做了怎样的分解、组合或细化？	将课标第一条细化为两条：1. 能通过具体事例抽象、概括两个原理的计算特征；2. 能说出加法原理与乘法原理在计算上的实质区别 将课标第二条细化为三条：1. 根据事例，能判断用加法原理还是乘法原理解决简单问题；2. 能说出加法原理和乘法原理的区别，体会不重复、不遗漏的计数原理；3. 对于具体事例能利用两个原理进行合理分类、分布，会解决一些简单实际问题
课堂目标是否体现可观察、可测量、易操作、可评价的特征？	课堂目标行为动词“能概括”，“能说出”“能判断”，“能利用”描述准确。体现可观察、可测量、易操作、可评价的特征
教学活动（或问题）是否紧扣目标设计？有何依据？	教学的三个环节紧扣目标设计，4 个问题的设计围绕教学目标，课堂上教师的追问紧扣教学目标
达标检测是否围绕目标设计？请具体描述。	达标检测共 5 道题，均围绕目标设计。当堂反馈 1，2，3 是围绕目标：根据事例，能判断用加法原理还是乘法原理解决简单问题设计 . 当堂反馈 3，4 是围绕目标：对于具体事例能利用两个原理进行合理分类、分布，会解决一些简单实际问题

续　表

<table>
<tr><th>问题</th><th>记录并描述</th></tr>
<tr><td>课后作业是否围绕目标设计？是否体现目标的层次性？有何体现？</td><td>课后作业围绕目标设计，体现了目标的层次性。1，2 两题围绕“会利用加法原理和乘法原理分析和解决一些简单的实际问题”。这两道题属于基础题。第三题围绕“对于具体事例能利用两个原理进行合理分类、分布，会解决一些简单实际问题”来设计，对学生的能力要求高。杨老师还设计了课后拓展，这可以拓展学生的思维，培养学生对数学的兴趣。</td></tr>
<tr><td>课堂教学中师生是否有目标意识？教师如何呈现？学生如何知晓？</td><td>课堂教学中教师的目标意识很强，教师利用问题设计，以及课堂追问来完成课堂目标。整节课课堂气氛活跃，但通过观察学生是跟着老师走，配合老师，学生的目标意识不强。</td></tr>
<tr><td colspan="2">1. 本堂课最精彩的目标设计是什么？有何理由？
本节课最精彩的教学设计是：“能通过具体事例抽象、概括两个原理的计算特征”。杨老师将课标“通过实例理解加法原理和乘法原理”用行为动词“能抽象、概括”计算特征。这样分解将目标细化，而且可以通过具体实例考查学生是否能抽象、概括计算特征。这样目标是否达成就可观察、可测量、易操作、可评价。
2. 本堂课最需要改进的目标设计是什么？为什么？如何改进？
本堂课的教学目标应将课标要求“能说出加法原理和乘法原理的区别，体会不重复、不遗漏的计数原理”这条与“能说出加法原理与乘法原理在计算上的实质区别”进行合并，这两条的意思差不多，分成两条略显重复。</td></tr>
</table>

（三）第三轮行动评价

1．第三轮行动着眼于课堂实践中学习目标达成的研究，开发了 4 种不同维度的课堂观察量表，对学生学习目标达成的行为进行了量化评价，有利于学生学习态度的转变，提高学生学习数学的兴趣。

2．对学习目标达成导学活动中问题串如何设计，课堂检测题如何安排，未完成的目标如何补救给出详细的范例及分析，完成了既定的目标，教师通过研究能对学生学习成绩的优劣进行合理归因。

3．通过研究，教师明确了学习评价的本质、目的以及方法，弄清楚对数学课堂而言，改评什么？如何评？

（四）第三轮行动反思

1．教学过程中，教师通常注重教而忽视教学的评价，评的落脚点是促使学生进行高质量的自主学习，在课堂量表的开发上除了观察评价，还应该增加师生的自我评价，实现教学相长。

2．教师在课堂调动学生参与互动与评价时会受到班上学生成绩分布不均匀、班额较大、教学媒体的使用等客观条件影响，在课堂教学实践时的调控手段上还有待进一步研究。

3．研究的成果应注重课堂实践与教学效果的分析，为教师科学确定学习目标和有效进行课堂评价提供有效借鉴。

（五）三轮行动研究的总结

1．丰富和发展了建构主义学习理论

建构主义学习理论以学习者为中心，决定了学生学习的动力与兴趣。本课题以学生作为目标确定的主体，所有的教学活动围绕学生学习目标的达成而开展，侧重对学习主体的能动激发，详细阐述了学习主体学什么，怎么学，学习的效果如何。是建构主义学习理论在高中数学课堂的实践与发展。

2．对新课程理念“一切为了学生的发展”做出了新解释

将学生作为目标确立的主体，一堂课的目标不是看老师教授了多少知识，而是看学生在教学活动中达成了多少目标，学生产生了哪些思维碰撞与学习获得感，教师从传统的传递知识的权威转变为学生学习的合作者，真正实现教师课堂角色的转变。

3．提供了开展高中数学教学活动的新方法

课堂教学围绕目标设计→实践→监测→评价开展，研究学习目标确定的教学设计模板，开发监测目标达成的观察量表及评价体系。通过教学实践，将基于课程标准的学习目标的确定与评价过程抽象、简化。打造适用于高中数学课堂科学且极易操作的新型教学活动框架。

4. 发现了叙写高中数学学习目标的新元素，提出了分解学习目标的新策略

发现了高中数学学习目标按照行为主体 + 行为动词 + 行为条件 + 行为程度四个维度可以准确地叙写，发现了学习目标的分解常见的对应是一对一，一对多，多对一的，策略是分解、组合、替代、联结。

第四部分　行动研究结果讨论

一、理论成果

（一）构建了基于目标导向的教学法

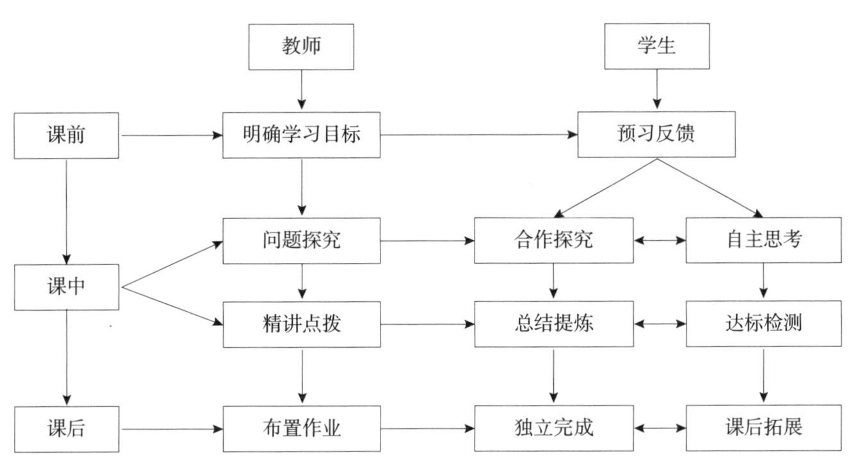

图 18–6　基于目标导向的教学法

教学方法的操作步骤是：

①课前教师根据课程标准确定课堂学习目标、布置预习作业，统计学生的预习反馈。

②课中教师根据学习目标进行问题探究式教学，并对学习目标的重难点进行精讲点拨。

③课中引导学生自主思考，合作探究。

④利用思维导图引导学生对学习目标进行总结提炼，完成达标检测。

⑤课后教师根据学习目标的达成布置相应的作业，学生独立完成，课后拓展。

（二）构建了叙写高中数学学习目标的基本模式

高中数学学习目标的确定按照行为主体 + 行为动词 + 行为条件 + 行为程度这些关键词叙写学习目标。

学习目标的制定应明确谁学、学什么、怎么学、学到什么程度，为了回答这四个问题，由此构成制定学习目标的四个必不可少的因素：“目标主体、目标条件、目标动词、目标程度”，教师要恰当表述每节课学习目标，即学习的内容是什么？学习的方式是什么，学到什么程度。这样，学习目标可以指明教学活动的方向，并对课后学生学习效果进行评价

以必修 1《幂函数》教学设计中的一条学习目标的叙写为例：“学生通过观察五个实例 $y=x,y=x^2,y=x^3,y=x^{-1},y=x^{\frac{1}{2}}$，分析归纳这些函数的共同特征，能准确概括出幂函数的概念”。

行为主体	学　生
行为动词	观察、分析归纳
行为条件	观察具体的五个实例 $y=x,y=x^2,y=x^3,y=x^{-1},y=x^{\frac{1}{2}}$
行为程度	准确概括幂函数的概念

对于不同的学习目标，教师只需要改变行为动词、行为条件、行为程度按照这样的叙写模式，能准确确定本节课的学习目标。

（三）形成了将课程标准分解为学习目标的基本策略

表 18–6　课程标准分解为学习目标的基本策略

课程目标	常见分解	学习目标	关联	基本策略
I	→	A	一对一	替代
II	⇉	B C	一对多	拆解
III IV V	⇶	D	多对一	组合 联结（聚焦）

因为拆解是组合、联结 / 聚焦的基本前提，所以，叙写学习目标根本策略是对课程标准的拆解。

课程标准的分解策略。还需要注意的是学习目标的制定还必须以学生的学情为基础，知识的分解可以依托内容标准来操作。而挖掘的数学思想、问题解决和情感态度则需要从教学内容中深入挖掘；所以教师需按照学情分析、知识分解、提炼数学思想的顺序来制定具体的学习目标。

（四）提炼了基于目标导向的教学设计框架

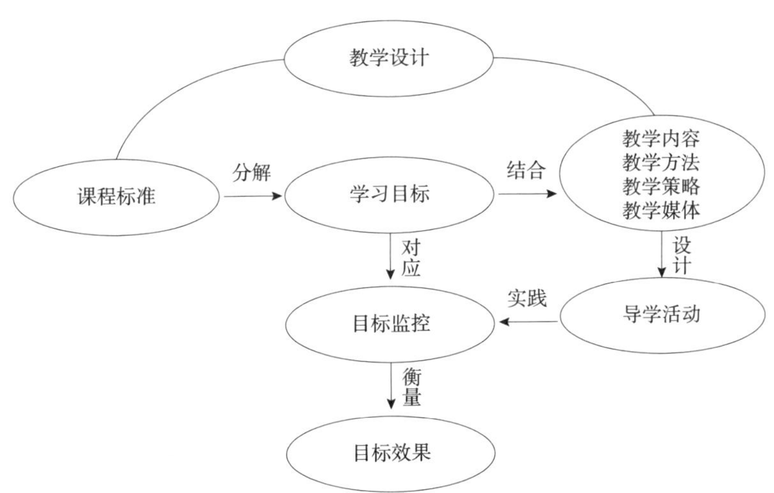

图 18–7　基于目标导向的教学设计框架

根据课程标准分解确定课堂学习目标，结合教学内容、方法、策略、媒体设计课堂导学活动写出教学设计，设置导学活动。每条学习目标对应相应的监控方法，利用观察量表、课堂检测衡量目标达成度，并做出相应的补救措施。

二、物化成果

（一）开发了《教学案例集》

在五年的教学实践研究中，课题组在新授课、习题课、复习课、高三专题课分别搭建基于目标达成的教学设计框架，积累了多篇具有指导意义的教学案例。书中详细列举了每个具体案例中学习目标如何分解与确定，根据学习目标如何设计相应的导学活动，如何利用课堂检测监测学习目标的完成情况，作业如何设定。因为操作性强，有需要的老师可根据课型选择框架写出教学设计，开展基于目标导向的教学活动。有利于教学设计、教学方法在其他学校进行推广。

（二）开发了校本教材《基于考标分解的高三微专题复习》

校本教材针对重点专题列出近 5 年考点分布，充分解读考纲，对每条考纲细化分解，针对易错易忘点设计问题，对每个考点设计例题与变式训练，注重进行高频考点的突破与巩固练习。是基于目标导向的教学在高三专题课中的应用。对于其他学校可以针对本校学情增减例题合理使用，其他专题的也可以采取这种设计模式进行复习。

三、附属成果

（一）校本课程

在培优、辅差课程中，针对知识掌握情况不同，学习能力存在差异性较大的学生，课题组运用目标教学模式开展教学活动，培优课程主要根据目标设置习题与变式训练学生的思维，鼓励学生大胆地表达自己的观点；辅差课程教会学生根据学习目标掌握基本知识的应用，树立学习的信心。

（二）跨学科实践

我们研究的教学设计模板、基于目标达成的教学模式除了在数学课堂广泛应用，在我校的高考学科进行了教学实践。老师们结合学科特点将课标目标分解与组合，利用学习目标设计导学活动，为检验学习目标的完成情况安排课堂检测与评价方案。为其他学科提高课堂效率提供有效模式。

第五部分　成果在实施前后的数据分析

一、课题开展前的前测评估

（一）前测评估

课题开展前对课题实验学校的教师用问卷星进行问卷调查，通过问卷调查分析发现一线高中数学教师对学习目标的内涵理解不够深入；教师在进行学习目标设计的过程中，学习目标的确定缺乏依据，学习目标的陈述不够规范等问题。课堂实践中学习目标与教学环节的设置脱节，对目标达成的评价意识尤其缺乏，缺少有效监控。但教师们对这一课题很感兴趣，愿意通过研究提升学生的学习能力，提高课堂教学效率。

（二）实践班的确定

2014 年 9 月我任教高二两个班级，分别是 1 班与 10 班，课题研究也从这一年正式开展。其中 1 班是特重班，10 班是平行班。1 班代表了我校数学学习能力最好的班级，10 班代表学习能力欠佳的班级。因为生源情况影响，我校普通班的学生知识薄弱，运算能力欠缺，自主学习的能力不强。期末成绩位列 8 个平行班的倒数第三名，学生学习数学的热情度不高。课题组确定将这两个班作为实践班级。因为特重班只有一个，在 1 班采取前后对照实验的方式进行，以实践前后学习状态进行分析论证。10 班采取对比实验方式进行，以实践班与对比班的成绩进行分析论证。

二、实践效果分析

（一）实践班级的成绩分析

在课题研究小组选择了最容易收集，也是最能够反映效果的数据——学生成绩作为本实践达成效果的验证材料。我们小组收集了实践班级的成绩进行分析研究。

表 18–7 贵阳二中 2014—2015 学年第二学期高一期末考试成绩统计表

统计人：王秋琴　　统计时间：2015 年 7 月

科目	任课教师	任课班级	班级类型	平均分	与全市高中比	与城区示范比	实考人数	及格人数	及格率%
数学	吴小凤	1	特重	83.36	31.31	13.4	50	48	96.00%
		2	实验	70.65	18.6	0.69	62	48	77.42%
		3	实验	66.71	14.66	−3.25	65	42	64.62%
		4	平行	55.35	3.3	−14.61	54	19	35.19%
	对比班	5	平行	59.81	7.76	−10.15	57	26	45.61%
		6	平行	57.16	5.11	−12.8	57	24	42.11%
		7	平行	56.17	4.12	−13.79	58	22	37.93%
		8	平行	52.4	0.35	−17.56	57	18	31.58%
		9	平行	57.18	5.13	−12.78	57	22	38.60%
	吴小凤	10	平行	55.55	3.5	−14.41	55	24	43.64%
		11	平行	56.44	4.39	−13.52	57	21	36.84%
	二中			60.92	8.87	−9.04	629	314	49.92%

表 18–8 贵阳二中 2015—2016 学年第一学期高二上期末统考绩统计表

统计人：王秋琴　　统计时间：2016 年 1 月

科目	任课教师	任课班级	班级类型	平均分	与示范高中比	与全市高中比	实考人数	及格人数	及格率 %
数学	吴小凤	1	特重班	86.12	9.67	20.61	50	50	100.00%
		2	理实验	75.21	–1.24	9.7	56	53	94.64%
		3	理实验	73.81	–2.64	8.3	54	51	94.44%
		4	理平行	64.21	–12.24	–1.3	56	34	60.71%
	对比班	5	理平行	67.64	–8.81	2.13	56	44	78.57%
		6	理平行	61.74	–14.71	–3.77	54	29	53.70%
		7	理平行	63	–13.45	–2.51	57	36	63.16%
	吴小凤	8	理平行	72.53	–3.92	7.02	57	47	82.46%
		9	理平行	67.28	–9.17	1.77	57	44	77.19%
	理科			69.98	–6.47	4.47	497	388	78.07%

表 18–7 是高一下期末考试成绩，10 班的成绩位列平行班的倒数第三，对比班的成绩是平行班的第一且对比班成绩比 10 班平均分高 4.26 分。表 18–8 是高二上期末考试成绩，通过一学期的课题实践，可以明显看出，8 班（高二因为文理分开，8 班保留了 10 班的班底）学生成绩进步很大，期末统考成绩在同类班级中名列第一，比对比班高出 4.89 分的平均分，与其中一个实验班的成绩的差距只有 1.28 分，及格率与实践前相比增长 38.82%。1 班的成绩通过课题实践后平均分增加 2.76，及格率增加 4%，达到百分之百的及格率，学生中优分学生人数大幅增长。

半年的教学成绩有目共睹，基于目标达成的教学模式无论是对于学优生还是学困生，提升都很大，课题组对课题开展充满的信心，我们开发课堂观察量表对学生的学习目标达成情况进行量化分析。学生看到自身成绩的变化也欣喜不已，我也鼓励学生，只要努力，我们一定能做得更好。为了更好地达成目标，我激励学生提出更多问题，根据学习目标自己动手改编题目，同学间互相出检测题，生成新的学习目标。学生对于我，对基于目标导向的教学模式都比较信任。喜欢课后和我一起探究数学问题，研究生活中的数学问题。大家好像对数学突然产生了很大的热情，班上的同学都愿意去主动学习数学，为了完成数学学习目标，例如空间立体几何问题，解析几何问题，同学们愿意自制学具来加强概念、性质的理解。在这样一种学习劲头下，高二下的月考、期末考试都取得不错的成绩。

学生高二下学习统计知识独立性检验后，可以检验两个分类变量的相关性，我放手让学生对高二 8 班与对比班半期成绩数据进行分析：

表 18–9　两类班级不同成绩学生人数的统计

	优秀	普通	总计
实践班	20	35	55
对比班	16	34	50
总计	36	71	105

$$\kappa^2=\frac{n(ad-bc)^2}{(a+b)(c+d)(a+c)(b+d)}=\frac{105(20\times34-35\times16)^2}{55\times50\times36\times69}\approx3.35>2.706$$

通过计算出的 k^2 的观测值，可以有 90% 的把握认为数学成绩的优秀与是否采用学习目标教学模式有关，通过科学的统计分析，验证了基于目标的教学模式与学生数学优劣的相关性。

表 18–10　贵阳二中 2016—2017 学年第二学期高三省适应性考试成绩统计表

统计人：王秋琴　　统计时间：2017 年 4 月

<table>
<tr><th>科目</th><th>任课教师</th><th>任课班级</th><th>班级类型</th><th>平均分</th><th>实考人数</th><th>及格人数</th><th>及格率 %</th></tr>
<tr><td rowspan="9">数学</td><td>吴小凤</td><td>1</td><td>特重班</td><td>104.18</td><td>49</td><td>46</td><td>93.88%</td></tr>
<tr><td rowspan="3"></td><td>2</td><td>理实验</td><td>88.47</td><td>57</td><td>28</td><td>49.12%</td></tr>
<tr><td>3</td><td>理实验</td><td>92.19</td><td>54</td><td>35</td><td>64.81%</td></tr>
<tr><td>4</td><td>理平行</td><td>71.02</td><td>50</td><td>10</td><td>20.00%</td></tr>
<tr><td>对比班</td><td>5</td><td>理平行</td><td>68.98</td><td>54</td><td>6</td><td>11.11%</td></tr>
<tr><td rowspan="2"></td><td>6</td><td>理平行</td><td>60.96</td><td>55</td><td>2</td><td>3.64%</td></tr>
<tr><td>7</td><td>理平行</td><td>68.11</td><td>54</td><td>4</td><td>7.41%</td></tr>
<tr><td>吴小凤</td><td>8</td><td>理平行</td><td>75.28</td><td>54</td><td>19</td><td>35.19%</td></tr>
<tr><td></td><td>9</td><td>理平行</td><td>74.15</td><td>60</td><td>11</td><td>18.33%</td></tr>
<tr><td></td><td colspan="3">理科（二中）</td><td>78.66</td><td>487</td><td>161</td><td>33.06%</td></tr>
</table>

高三的省适应性考试，同学们的成绩让人眼前一亮。省适应性考试中，1 班的平均分达到 104.18，比高二时高了 18 分，8 班的平均成绩比对比班的成绩高出了 6.3 分，及格率高出 14.08%。由于学生最终面临的是以分数说话的高考，课题组将成绩分析作为了其中的实践论证依据。然而，除了在成绩上有所提升之外，基于目标导向的教学模式在学生数学思维的培养上表现更为突出，学生们开始自觉地进行数学探究，而且这样一种学习态度会对学生的综合成绩提升产生深远影响，成绩从整体上得到了全面提升。1 班全班学生的高考成绩超过 1 本线，多名学生考上 985 高校。8 班有四名学生达到一本线。所教学生有两名获得希望杯数学竞赛 3 等奖，一名学生获得全国高中数学竞赛省级二等奖。

（二）数学学习兴趣分析

在对高二 1 班、8 班班实践前后，我们课题组以问卷调查的形式进行了数学学习兴趣的随机调查，通过前测和后测，评估基于目标导向教学模式的实施对学生数学学习兴趣的影响。借助 SPSS 软件得到对比分析结果。

➜ **T-检验**

配对样本统计

		平均值	个案数	标准差	标准误差平均值
配对 1	VAR00001	0.6205	20	0.21405	0.04786
	VAR00002	0.6770	20	0.20178	0.04512

配对样本相关性

		个案数	相关性	显著性
配对 1	VAR00001 & VAR00002	20	0.859	0.000

配对样本检验

	配对差值					t	自由度	显著性（双尾）
	平均值	标准差	标准误差平均值	差值 99% 置信区间				
				下限	上限			
配对 1 VAR00001 - VAR00002	-0.05650	0.11123	0.02487	-0.12765	0.01465	-2.272	19	0.035

图 18–8　T– 检验相关数据

其中 sig=0.035<0.05，说明前测和后测是有显著差异的，从统计数据说明基于目标导向的教学模式对学生数学兴趣的提升上是有所影响的。基于目标导向的

教学模式在教学上的实践不只使学生成绩的上有显著性效果，在学生学习兴趣的培养上也具有指导作用。

三、再论证

在 2020 届，课题组在实验学校贵阳二中再次选择同层次的两个班级进行对比实践前测与后测分析。

表 18–11　实践班与对比班前测、后测成绩对照表

项目类别	人数		平均分		最高分		及格人数		及格率		优秀数	
	实践班	对比班	实践班	对比班	实践班	对比班	实践班	对比班	实践班	对比班	实践班	对比班
前测	52	53	66.53	67.15	92	94	35	40	72%	79%	9	10
后测	50	52	70.49	66.23	94	94	41	39	82%	75%	12	10
前测差额			0.62		2		5		7%		1	
后测差额			4.26		0		4		7%		2	

从表 18–11 前后测差额可以看出，实验之前，对比班成绩的各项指标略高于实验班，但经过一年的实践研究，两个班的情况发生逆转，实验班的大多项的指标均高于对比班，尤其在及格率指标上，前后相差 14 个百分点。2016 年 1 月的期末统考成绩出来，我们组确定基于目标教学模式在本校是有所成效的。

四、推广实践与成效

课题组选择了课题成员学校进行教学实践，通过 5 年的研究，教师的教法与学生的学法都有了显著的改变

1. 教师在教学设计与课堂教学中的目标意识强烈，在目标达成教学模式实践以来体会到课堂效率的提高与学生学习成绩的提升，培养了研究、反思课堂教学行为的意识，能对学生成绩的变化进行合理归因。课题组老师在研究出的基于目标导向的高中数学教学设计在省市评比中多次获奖。

2. 学生在课堂学习目标的带领下，参与课堂的积极性增强，愿意去思考，

数学思维能力有所提升，参与实践的班级学生成绩表现优异。

3．除主要实践学校外，目标教学法主要是依托卢焱尧贵州省名师工作室进行推广，该教学法在开展相关讲座和示范性教学过程中，收获了专家和学员教师们的一致好评，也有更多的教师愿意参与到教学法实践中。

在研究过程中，课题组成员发表与课题研究有关的论文 8 篇，承担项目推广的示范课 6 节，讲座 5 场，送课下乡 10 余节，涉及贵州省 10 个县市，辐射高中老师人员广，范围深。

第六部分　研究的反思与展望

一、研究的反思

1．我们搭建了具有特色的基于目标导向的教学设计框架，对老师的教学设计指导意义大，但对研究形成的教学模式具体采用的教学策略、教学媒体还有待更深层次研究，教师采取不同教学行为影响学习目标达成的对比研究还有待深入。

2．高中学生升学压力大，教师教学任务重，现阶段普遍班额较大，优生、学习困难学生分布不均衡，所以在课堂调动学生参与互动与评价时会受客观条件影响，在课堂教学实践时的调控手段上还有待进一步研究。

3．课题研究过程中，对于课题一些细节问题没有做到位，比如说图片资料收集不够多，没有每一次活动都列出计划和方案。《案例集》的收集新授课型多，习题课、高三专题课收集相对较少。针对基于考标的专题复习《校本教材》未将高三所有高频考点收集。

二、研究的展望

1．对不同教学方法、教学策略、教学媒体对学习目标达成的影响进一步研究，对教师采取不同教学行为影响学习目标达成进行对比研究。

2．将课题的研究进一步推进，夯实分解后的子课题研究，积极指导子课题的研究，教师做好课题申报工作，把子课题的研究运用与课堂教学实践紧密结合，进一步促进课堂学习目标的达成。

3．做好后续子课题的研究工作，尤其是做好课题案例的收集整理工作。在课题组中开发校本教材，优化课堂观察量表，为课题的进一步纵深研究创造条件。

4．做好课题的价值分享，让课题的研究产生聚合效应，让课题成果产生课堂效益，为课堂质量的有效提升创造进一步探索的空间。

贵州省教育科学规划省级一般课题：基于课程标准下的高中数学课堂学习目标的确定与评价

立项编号：2015B010　　结题编号：2019314

课题主持人：吴小凤

研究报告执笔：吴小凤

主要参研人员：罗德颂、黄　毅、陆思梅、陈　虹、李　青、李远凤、郭成林、何睿洁、沈廷权

普通高中学生社会责任感培养的实践研究报告

贵阳市第六中学　魏　林

第一部分　绪　论

一、研究背景

（一）培养高中生社会责任感是国家的要求

2010 年，《国家中长期教育改革和发展教育规划纲要（2010—2020 年）》，将“着力提高学生服务国家、服务人民的社会责任感”作为素质教育的主要内容之一。2014 年，《关于全面深化课程改革落实立德树人根本任务的意见》提出“当前高校和中小学课程改革整体规划、协同推进不够，与立德树人的要求还存在差距”“学生的社会责任感、创新精神和实践能力较为薄弱”。2019 年，《关于新时代推进普通高中育人方式改革的指导意见》指出“坚持把立德树人融入思想道德教育、文化知识教育、社会实践教育各环节”。要“积极开展党团组织活动和主题教育、仪式教育、实践教育等活动”。以上文件明晰了高中生社会责任感的重要内涵和培养的价值意义，明确了培养途径和办法。

（二）社会责任感是高中生应具备的重要素养

具有社会责任感，是青年人真正成长成才、走向社会和适应社会的重要标志。早在 2001 年人类基金会 NGO 就通过《人类责任宪章》，提出要构建多元、尽责、协同的青少年培养模式，以此培养出更多优秀人才。青少年要将个人价值与社会价值融合，在践行活动中不断培育自身的社会责任感，从而将其转化为具体社会责任行为。

《中国学生发展核心素养》提出核心素养的关键组成部分就是社会责任，这是学生成为全面发展人的基础，它与文化基础、自我发展与社会参与紧密关联。中国学生发展核心素养划分为6个维度，分别是人文底蕴、科学精神、学会学习、健康生活、责任担当、实践创新等，其中“责任担当”包含了社会责任感。

（三）当代高中生社会责任感面临严峻挑战

研究显示，高中生的社会责任意识不强、参与度不足、主动承担能力较低、集体观念不足等现象。白利霞发现学生好奇心强，也存在叛逆行为，无法抵住外部诱惑，价值观易走偏，在不良信息的充斥下，想让其保持理性，必须培养社会责任感，使其辨别真伪。任国忠也表示，高中生的三观还不成熟，对外部诱惑抵抗能力不足，极易受其影响，导致整日沉迷幻想，盲目追求个性和自由，甚至出现荒废学业、崇洋媚外、诋毁祖国等不良现象。因此，对学生进行社会责任感教育刻不容缓。

综上，本研究拟通过梳理高中生社会责任感存在的问题及原因，开展高中生社会责任感培养的机制研究，为高中生社会责任感的增强提供可行策略。本课题研究对象为普通高中学生（以下简称高中生）。

二、研究价值

（一）理论价值

首先，厘清了高中生社会责任的概念和内涵。本研究明晰了高中生社会责任感的概念，构建了结构模型，深化了研究内容，具有重要的理论价值。

其次，构建了社会责任感培育的三个体系。即构建了培养社会责任认知能力的校本课程体系、培养社会责任融入能力的课外活动体系、培养社会责任服务能力的社会实践活动体系。

最后，开发了《普通高中学生社会责任感调查问卷》。共9个维度：人与自然、人与社会、人与自我、融入意识、融入方法、融入品质、服务认同、服务体验、服务担当。

（二）实践价值

首先，提升了高中生社会责任感整体水平。开展培养社会责任感的校本课程、课外活动和实践活动，对提升高中生的社会责任意识，增强社会责任感有积极影响。

其次，拓宽了高中生社会责任感培育路径。本研究基于文献梳理，对高中生社会责任感存在问题及其原因进行调查分析，从健全培育机制角度出发，对高中生社会责任感培育进行思考和研究，有利于拓宽高中生社会责任感培育路径。

最后，促进了学校德育工作有效开展。学生责任感水平是衡量学校思想道德教育发展的重要指标。本研究不仅调查了高中生社会责任感的现状、问题、原因，还制定培养社会责任感的路径与方法，研究所得结论对学校思想道德教育工作发展有着重要作用。

三、核心概念界定

（一）社会责任感

对社会责任感概念的界定，可大致分为三类。第一类是以社会责任感为基点的价值取向。如郑世鹏认为，“社会责任感是指社会成员在日常生产和生活中形成的调节自身与他人、社会以及自然关系的行为活动与价值评判”。第二类是以心理学为视角的心理动力学取向、行为主义取向、认知取向来进行论述。如杨茹从心理的构成要素出发，将责任感分为责任认知、责任情感、责任意志和责任行为四大要素。第三类是以责任研究为前提的责任价值和责任选择进行论述。如徐立认为，社会责任感的培养和所处社会背景有关，是为了建设更加美好的生存家园，积极主动承担责任，形成良好的自律意识。

综上，本研究提出社会责任感是个体在特定社会历史条件下形成的、位于深层心理意识和道德观念中以人类社会发展为价值取向的积极承担责任和履行义务的自觉意识和崇高精神，并在社会公共领域加以体现的行为。它是个体社会责任感认知能力、社会责任感融入能力和社会责任感服务能力的综合表现。

（二）高中生社会责任感

高中生具有生理发展不成熟和心理状态不平稳的阶段性特征，社会担当意识总体处于自发和不确定的状态。高中生和成人的社会责任感存在一定差异。

首先，社会责任感认知能力是指高中生根据客观环境和主观实际，对应承担的社会责任和义务的正确感知、判断和评价的能力，是社会责任感形成的首要要素。其次，社会责任感融入能力是指高中生对责任感的认知进行筛选和序列化重构后，内心高度认同、将承担和履行各种义务作为自我价值追求，并主动寻求承担社会责任的方法、途径和要旨。最后，社会责任感服务能力是指高中生在现实生活情境和社会公共领域中积极履行责任和义务的思维方式和行为习惯。它是社会责任感得以实现的最终体现。

为具化高中生社会责任感的概念，增强操作性，本研究构建了高中生社会责任感的内涵图，如图 17–1 所示。

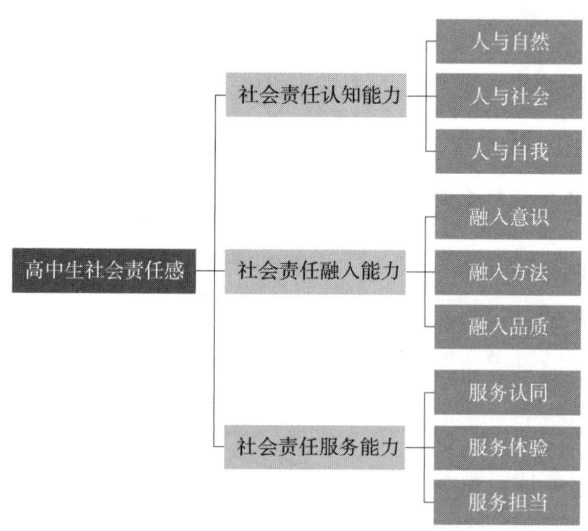

图 19–1　高中生社会责任感内涵图

四、文献综述

（一）高中生社会责任感存在问题的研究

从客观层面看，高中生的社会责任感主流积极向上，但依然存在问题。

1. 重责任认知，轻责任行为

高中生因其身心发展的特殊性，常受多种思想观念影响，产生较多冲突，表现为社会责任认知与践行脱节。一方面，受优秀文化影响，高中生基本具备社会责任认知基础，他们怀揣国家梦，关心国家发展，想为社会发展贡献力量。另一方面，他们能理解社会责任包含互助互爱、责任担当，但是在行为选择却做出反面选择。

2. 重个人利益，轻社会利益

如何权衡好个人与社会的关系，是生活中最重要问题之一。在自我意识影响下，部分高中生会过度关注自身利益的实现，而忽视应承担的责任。加之社会的激烈竞争，他们更重视个人发展成就，缺乏集体精神和合作意识。特别是在个人和集体利益发生冲突的情况下，往往会把个人利益放在首位。

3. 重个人理想，轻社会理想

受不良社会风气和网络舆论的影响，部分青少年认为学习是为未来打基础、做铺垫，进而实现个人理想，这与老一辈革命家为民族崛起而奋斗的理想相偏离。有理想有追求，是值得提倡推崇的，但若仅局限于个人理想，忽略社会理想，最终也难以实现。

4. 重个人责任，轻社会责任

随着社会发展，人才标准开始多元化，青年群体也开始注重自身能力与素养的提高，但不少青少年功利心理较强，如在专业选择时，多会以就业前景来抉择，忽视国家对人才的需求。研究发现，部分高中生对社会责任的重视度不够，他们不太关心团体活动、慈善活动、重大社会问题，更关注个人价值能否实现。

（二）高中生社会责任感缺失原因的研究

通过文献梳理发现，导致高中生责任感缺失的原因主要有以下几点。

1. 学生对社会责任的认识深度不够

教育的真正价值在于唤醒个体实现自我价值。只有让高中生具备了自我责任感，才能让他们形成社会责任感。社会责任感的培育需要内源和外源同步跟进，当前高中生对社会责任感的认识多源于外部灌输，但只有在内心接受理解的情况下，个体才会积极主动地执行。

2. 同辈群体的影响

同龄人的爱好、心态、价值观十分接近，他们更能感同身受，更能产生共鸣，沟通起来更轻松。而高中生正处于青春期强烈的叛逆时期，教师与父母沟通方式使他们难以接受，他们希望接受同龄人积极教育。因此，同龄人的社会责任感程度会直接影响他们的认同度。

3. 父母社会责任感教育观念薄弱、教育能力不高

亲子教育对青少年社会责任感培育有重要影响，良好的家庭氛围可以为青少年塑造良好的人格，还能为良好的气质奠定基础，其中也包含了责任感教育部分内容。青少年人格及性格还没有稳定，家庭环境如果能够不断输入优势资源与信息，势必能影响孩子的社会责任感培养，但许多父母仍没有意识到塑造青少年责任感的必要性。

4. 学校的社会责任感教育影响力不足

基于新时代教育改革，学校成为培养青少年社会责任的战场，但学校不仅要重视理论教育更要重视实践教育，要在德育课程增加社会责任内容。青年学生的社会责任水平与教师社会责任水平息息相关，教师言行、观念会对学生产生影响。学校在校园文化建设上目标也应体现社会责任感的培养。

（三）提升高中生社会责任感路径的研究

1. 加强高中生对社会责任感的自我教育

青少年社会责任感的培养固然需要社会、学校和家庭的努力，但要使其内化于心，还是需要青年人加强自我教育。自觉认识社会，抵制错误思想，形成正确意识，进而引导自身行为，将责任意识内化为力量，在生活中践行，稳定社会责任感。

2. 发挥榜样示范作用，内化社会责任感意识

当代高中生追求新奇，喜爱明星，在责任感教育活动中，可宣传英雄人物，也可去参观纪念馆、古遗迹景点，感受榜样的力量，加深社会责任感的理解，进而转化为行为。积极向上的同辈关系对高中生的成长有良好的引导作用。家长要鼓励孩子寻找、结交好同伴，相互鼓励，相互学习，共同提高。

3. 发挥家庭对青年人社会责任感培养的基础作用

想要培养孩子的社会责任感，父母是第一任导师。父母在与他人相处过程中应注意言语和行为，注重自身形象塑造，这将影响孩子的责任认知。其关注孩子的学习成绩固然重要，但道德修养更不能忽视。父母既要引导孩子智商，又要引导孩子德育，从而实现双向发展趋势。

4. 重视学校对青年人社会责任感的培养

学校是培育人才的基地，更是培养学生社会责任感的场所，教师的责任意识与责任行为，影响了青年人的社会责任感培育。故此，要不断跟进高素质教师队伍基本建设，完善课堂教学计划与管理计划。丰富德育内容，形成和谐健康的学习环境，熏陶学生的社会责任意识。

（四）研究评价

1. 从研究内容来看，存在理论研究与实践应用相脱节的现象

一方面，以往研究对青少年社会责任感的概念模糊，内在结构认识不清，未建构理论模型。另一方面，虽有研究涉及高中生社会责任感现状、缺失原因以及培养策略。但少有研究探讨青少年社会责任感的培养机制。

2. 从研究视角来看，前人研究立足在特定环境中，研究视角单一

前人研究大多从某一个学科或理论基础着手，分析社会责任感问题，缺少学科间的融合。其次，研究对象多数为大学生，少有高中生群体。而加强青少年的社会责任感，是贯彻核心素养教育的根本举措。

3. 从研究方法来看，前人研究侧重理论研究，实证研究较少

近些年学者们又从思辨方向展开了研究，提出建议、策略，但是这些依然不能弥补实证研究的缺失。研究范围小、研究样本小，研究结果是普适性较低。对其他学校培养学生社会责任感指导性不足。

五、研究依据

（一）理论依据

一是以习近平新时代青年责任观为指引。习近平总书记强调，青年应“主动承担社会责任，热诚关爱他人，多做扶贫济困、扶弱助残的实事好事”。二是以落实《中国学生发展核心素养》为导向。综合表现为人文底蕴、科学精神、学会学习、健康生活、责任担当、实践创新六大素养。其中“社会责任”便是“责任担当”的要点之一。三是，以“构建全面培养体系”为目标。《关于新时代推进普通高中育人方式改革的指导意见》指出，“必须加强学校教育与社会生活、生产实践的直接联系，发挥劳动在个人与社会之间的纽带作用，引导学生认识社会，增强社会责任感”。

（二）实践依据

一是明晰德育工作目标及内容。为强化社会责任感的培养，学校完善了德育工作体系：以立德树人、正德厚生为核心，以“家国情怀、国际视野、追求卓越、德才铸我”为目标。以“礼诚义”学校文化体系为内容。二是明确德育途径和载体。学校建立了课程育人、活动育人、环境育人、关爱育人、文化育人、管理育人和协同育人的途径，且每条途径分别明确了“礼诚义文化浸润”“三级发展课程引领”“德育制度养成”等七大培养载体。三是扎实开展各项活动。学校长期围绕“培养适应国家需要的建设人才”办学目标，在“正德厚生”德育体系下，坚持将学生社会责任感培养融入各项德育活动中，激发学生的社会责任认知能力、社会责任融入能力和社会责任服务能力。

六、研究创新

（一）研究内容新

社会责任感自 2016 年正式提出，但至今依旧是未完全破题的领域。本研究将高中生社会责任感细化为社会责任认知能力、融入能力和服务能力 3 个维度，各维度下设置 3 个操作性概念。此外，本研究发现，校本课程能有效培养学生的社会责任认知能力，课外活动能有效提升高中生的社会责任融入能力，社会实践活动能有效强化高中生的社会责任服务能力。这不仅落实了高中生发展的核心素养，也突破了高中生社会责任感培育的难题。

（二）研究视角新

本研究突出了德育的时代性。2019 年，国务院办公厅印发《关于新时代推进普通高中育人方式改革的指导意见》，指出要“突出德育的时代性。坚持把立德树人融入思想道德教育、文化知识教育、社会实践教育各环节”“加强学生品德教育，帮助学生养成良好个人品德和社会公德”。以此为目标，本研究厘清了高中生社会责任感的概念与内涵，更明确了高中生社会责任认知能力、融入能力、服务能力的培养途径，突出了德育的时代性。

第二部分　行动研究设计

一、研究目的

通过文献梳理发现，当前高中生的社会责任感水平不高，但社会责任又是高中生的核心素养之一，对高中生的终身发展不可缺失。且研究表明，学校在培养高中生的社会责任感方面并未形成有效的培养机制。基于此，本研究将主要探讨和解决以下 3 个主要问题：

一是了解高中生社会责任感的现状；

二是明确高中生社会责任感培养存在的问题；

三是探究提高高中生社会责任感的培养路径。

二、研究思路

首先，通过文献梳理，了解当前高中生社会责任感的研究现状，及其概念界定；其次，在理论分析和专家咨询的基础上编制问卷并施测，构建出符合测量学要求的《普通高中生社会责任感调查问卷》。再次，采用问卷对学生进行问卷调查，发现高中生社会责任感存在的问题，从而提出研究假设，实施三轮行动——开展以培养学生社会责任感为核心的一系列课程与活动，行动结束后再次对学生进行反馈调查。最后，通过对相关数据的统计分析，得出结果与结论并提出相应的对策建议。具体如图 19–2 所示。

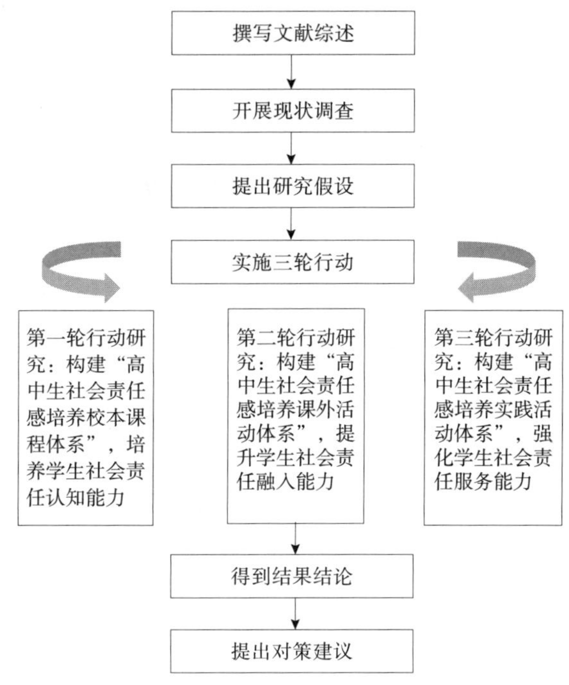

图 19–2　课程行动研究思路

三、研究方法

（一）主要研究方法：行动研究法

本研究主要采取行动研究法进行研究，本研究结合高中生的特点和需求，确定三轮行动研究，在开展三轮行动之后，对学生进行反馈调查，统计分析得到数据，并为培养高中生社会责任感策略提供依据。

（二）其他辅助研究方法

1. 文献研究法

笔者对国内外相关文献进行梳理分析，了解社会责任感教育的研究现状，发现国内社会责任感相关研究主要存在的不足。除此之外，阅读了一部分教育学、社会学方面的书籍，丰富了与本研究课题相关的知识背景，为本研究提供了相关理论依据。

2. 调查研究法

（1）问卷调查法

根据本文研究方向与目标，设计了调研问卷，邀请专家对问卷进行调整，最终确定了问卷模式，对调查对象展开了调研，回收问卷后，根据他们提供答案进行汇总分析，了解了培养社会责任感的情况，为实证研究部分提供了一手资料。

（2）访谈法

为补充问卷调查的不足，还抽样部分教师，与他们展开了深入访谈，了解学生在校期间的社会责任表现，总结培育社会责任感的问题与难点。

四、研究对象

本研究围绕高中生社会责任感培养展开研究，以高中生为研究对象，以贵阳市、盘州市、黔南州等地的部分普通高中为调研区域，发放了问卷。

五、研究者与合作者

本研究团队由 1 名贵州省首批高中名校长、2 名省级名师、1 名省级优秀教育工作者，1 名市级教育专家、2 名市级骨干教师、3 名研究生构成。

本研究团队合作者由两类人群组成，其一是在研究过程中所访谈的一线高中教师；其二是对本研究进行理论与方法指导的贵州大学、贵州师范大学、贵州师范学院的教育学专家们。

六、行动研究前期准备

（一）工具研发

1. 高中生社会责任感测评模型的探索

（1）研究对象数据

为保证问卷编制的信效度，本研究通过抽样调查选取 4 所优质、普通高中学校在校高一、高二、高三学生进行数据收集。共发放 2626 份问卷，有效回收

2495份，有效回收率为95%。

（2）信度检验

对初测量表进行内部一致性信度检验，其克隆巴赫（Cronbach's Alpha）系数为0.915。因此，本研究的初测问卷具有较高的信度。

（3）探索性因子分析

本研究对所有54个题项进行第一次探索性因素分析，KMO值为0.983，表明可以通过因子分析的方法分析该问卷，进而采用主成分分析法和正交旋转法抽取公共维度。各个题项对其对应因子的权值在0.613至0.822之间，题项在因子上载荷分配较理想，符合定义公共因子有效指标标准。其次，利用陡阶检验进行辅助说明，在第十个因子趋于平缓，累计可解释76.23%的方差，保证了筛选题项的科学性。通过以上筛选题项步骤以及上述维度确定、各维度相关题项具体内容分析结合文献资料确定维度定义，最后形成了正式问卷。

2. 高中生社会责任感测评模型的验证

（1）模型验证

为检验根据探索性因素分析结果建构的高中生社会责任感五维度是否合理，因此进行了验证性因素分析，结果显示：RMSEA=0.048，NFI=0.917，TLI=0.935，CFI=0.945，各指标的标准负荷值均在0.500以上，说明本研究构建的高中生社会责任感的9个维度得到了数据的支持。

（2）信度检验

根据研究对象的需要，本文主要采用克隆巴赫一致性系数对量表的信度进行检验，量表及各分量表的信度水平基本在0.891—0.967之间。由此说明，本研究中量表的信度良好，是一个有效的测量工具。

（3）效度检验

①内容效度

内容效度是指项目对所要测量内容或行为范围取样的有效程度。主要是由专家对测验的题目与所涉及的内容范围进行符合性判断。本问卷的编制过程按照规范的程序进行。首先，通过文献整理分析，尝试对高中生社会责任感构建可操作性定义。其次，根据定义，确立包含9个维度测量标准，80个题项的初始问卷。最后，在问卷初测后，邀请心理学、教育学专家对初测量表题目所反映的行为样本的有效性进行判断，逐步地修改量表，保证了本量表的题目能测量出高中生社会责任感水平，因此本量表具有良好的内容效度。

②校标关联效度

效标指的是衡量测验有效性的外在标准，通常是指我们所要预测的行为。而效标效度，就是考查主要变量的总分与效标的关系，看测验对我们感兴趣的行为预测得如何。

本研究选取 Starrett 全球社会责任感量表（GSRI）中的全球责任感和对他人责任感量表采用 John 等（John，Donahue & Kentle，1991）编制大五人格问卷（Big Five Inventory，BFI）中的“尽责性”分量表作为校标问卷。高中生社会责任感问卷中的各维度与全球责任感和对他人责任感量表，大五人格问卷中的“尽责性”分量表有中等程度的正相关，这说明构建的测评模型具有良好的校标效度。

（二）高中生社会责任感的情况调查

为了完整实施三轮行动研究，本次研究选取该校的高一学生作为研究对象，于2018年9月进行前测调查。

1. 个人特征资料的统计分析

本次前测共发放问卷606份，其中回收有效问卷596份，有效率为98.3%。其中，男生851人（47.1%），女生945人（52.6%）；高一633人（35.3%），高二597人（33.2%），高三567人（31.5%）。

2. 高中生社会责任感水平的整体分析

高中生社会责任感总体水平（M=3.41）一般。社会责任认知能力（M=3.47）、社会责任融入能力（M=3.08）一般，社会责任服务能力（M=2.91）较差。

3. 高中生社会责任认知能力水平分析

高中生社会责任认知包括人与自然、人与社会、人与自我3个指标，对该维度数据进行分析得到：该校高中生社会责任认知能力水平（M=3.47）一般。人与自然维度得分（M=4.03）较高、人与社会维度得分（M=3.77）中等，人与自我维度得分（M=3.21）中等。

4. 高中生社会责任融入能力水平分析

高中生社会责任融入能力包括融入意识、融入方法和融入品质 3 个指标，对该维度数据进行分析得到：该校高中生社会责任融入能力水平（M=3.08）一般。融入意识维度得分（M=3.52）较高、融入方法维度得分（M=3.04）中等，融入品质维度得分（M=2.68）较低。

5. 高中生社会责任服务能力水平分析

高中生社会责任服务包括服务认同、服务体验、服务担当 3 个指标，对该维度数据进行分析得到：该校高中生社会责任服务能力水平（M=2.91）一般。服务认同维度得分（M=2.90）较高、服务体验维度得分（M=2.87）中等，服务担当维度得分（M=2.05）较低。

（三）高中生社会责任感存在的问题

1. 高中生社会责任认知能力不强

通过对上述数据的分析，可以看出高中生社会责任认知力能不强，具体如下。

在“人与自然”方面：有的高中生环保意识不强，对待大自然不够尊重，随意浪费资源、伤害其他生物的生命、破坏环境等行为大有存在，且多数学生表示只能管好自己的行为，不会对他人不当的行为进行制止和约束。

在“人与社会”方面：“00 后”的高中生多为独生子女，习惯享受家人和长辈们无微不至的照顾和关爱，却对家人们缺乏孝心，不能主动承担家务，不懂得关爱、体谅父母长辈。

在“人与自我”方面：多数高中生有很强的个人责任感，有些学生主要缺乏自我防范意识，无法正确平衡生活理想与社会发展理想之间的关系。“以自我为中心”趋势更加明显，责任心和自我控制能力较弱。

2. 高中生社会责任融入能力不足

通过对上述数据的分析，可以看出高中生社会责任融入能力不足，具体如下。

在“融入意识”方面：现在的高中生习惯了独立享受，因而集体意识较弱；

在“融入方法”方面：当前大部分高中生都有较强的爱国热情，但由于思想的不成熟，容易产生冲动的爱国思想；

在“融入品质”方面：多数高中生能认识到承担社会责任的重要性，但是通过调查可以得出，部分高中学生社会责任的行为有所失当。

3. 高中生社会责任服务能力欠缺

通过对上述数据的分析，可以看出高中生社会责任服务能力欠缺，具体如下。

在“服务认同”方面：部分学生对社会责任的认识仅仅停留在意识方面，没有在实际行动上很好的践行，存在社会责任认知和社会责任行为脱节现象；

在“服务体验”方面：当高中生遇到难以抉择、困惑的情境时，多数高中生会从自我的角度出发，可能会做出不恰当的选择。许多高中生学习目的功利化，把学习作为获得高薪工作，享受幸福安逸生活的渠道；部分高中生存在自私冷漠的心理，没有助人为乐的精神，缺乏对他人的责任意识；

在“服务担当”方面：虽然部分高中生能认识到自己是祖国大家庭中的一员，应该为社会的和谐进步和祖国的繁荣富强做出应有的贡献，但在实际生活中却很难做到牺牲个人利益，为国家和社会的建设奉献自己的力量，在国家遇到危机的时候只重视自己和家人的安危。

（四）研究假设

基于前期调查中的发现的问题：当前高中生的社会责任认识能力不强，社会责任融入能力不足，社会责任服务能力欠缺，本研究提出以下 3 个假设。

假设一：通过开发多样的校本课程可以培养高中生社会责任认知能力；

假设二：通过开展多元的课外活动可以提升高中生社会责任融入能力；

假设三：通过组织多维的社会实践活动可以强化高中生社会责任服务能力。

（五）制定行动研究计划

基于上述问题与假设，结合学校实际办学情况和高中生的心理特点，特制定以下研究计划。

1. 制定行动目标

通过开设以培养高中生社会责任感为核心的系列课程与活动，提高高中生的社会责任认知能力、社会责任融入能力、社会责任服务能力，从而促进其社会责任感的形成。

（1）通过实施培养学生社会责任认知能力的系列课程，帮助学生厘清社会责任认知的内涵，构建正确的自然观、社会观和自我价值观。

（2）开展培养学生社会责任融入能力的系列课外活动，唤醒学生的融入意识并学会融入社会的方法，提高其融入社会的成效。

（3）组织培养学生社会责任服务能力的系列社会实践活动，让学生在真实场景中体验，在实践的过程中形成对社会服务的认同，从而形成社会服务担当性。

2. 制定行动方案

社会责任感是社会人所必备的一种优秀的品质。依据现有的理论和学校实践经验，为培养高中生的社会责任感制定了三轮行动计划。

表 19–1　行动研究方案

行动步骤	时间	任务安排	行动目标
第一轮行动	2018.09—2019.07	设计并实施培养学生社会责任认知能力的课程	通过课堂教学提高高中生社会责任认知能力
第二轮行动	2019.08—2020.06	设计并开展培养学生社会责任融入能力的课外活动	通过课外活动增强高中生社会责任融入能力
第三轮行动	2020.07—2020.12	设计并组织培养学生社会责任服务能力的社会实践活动	通过社会实践活动发展高中生社会责任服务能力
评价			
反思			

第三部分　三轮行动研究

一、第一轮行动研究：构建“高中生社会责任感培养校本课程体系”，培养学生社会责任认知能力

培养学生的社会责任感必须遵循社会责任感形成的阶段性，在社会责任感培养的第一阶段，注重从社会责任感认知这一内涵维度进行，让学生明确在与自然、与社会、与自己的相处中所应担负的责任。而在课程引领下的课堂教学可以通过创设学生们感兴趣的教学情境方式，在潜移默化过程中，对学生进行有效的教育教学和指导。为此构建“高中生社会责任感培养——校本课程体系”，以强化对学生社会责任认知能力的培养，系统开设基于学生社会责任感认知的校本课程，以此为主要研究内容，开展了第一轮行动研究。

（一）细化行动研究计划

1. 制定行动目标

通过培养学生社会责任感认知能力的课程设置、课程实施、课程评价：

（1）帮助学生厘清社会责任感认知的内涵，让学生充分认识人与自然、人与社会、人与自我的关系；

（2）帮助学生实现对社会责任感认知内涵的认同；

（3）促进学生树立科学的自然观、社会观和自我价值观，为社会责任感融入能力的培养奠定基础。

2. 制定行动方案

表 19-2　第一轮行动研究计划

行动步骤	时间	任务安排	行动目标
第一步	2018.09—2018.11	开发人地协调课程	培养学生正确的自然观
第二步	2018.12—2019.03	开发人社和谐课程	培养学生正确的社会观

续　表

行动步骤	时间	任务安排	行动目标
第三步	2019.04—2019.07	开发自我发展课程	培养学生正确的自我观
第一轮行动评价			
第一轮行动反思			

（二）第一轮行动实施

1. 开发“人地协调”课程，让学生认识人与自然的关系

学校设置“人地协调”课程，通过这类课程的教学，让学生能够对人与自然之间存在的关系有一个正确的认知，并在“人地协调”课程下，开发“醉美贵州”“生物的故事”“光与影”“与绿色同行”“守护家园”等校本课程。通过让学生发现自然的美，激发学生探索自然的奥秘，从而培养学生对自然的热爱之情，最终实现与自然为友，保护自然，实现人地协调发展。

2. 开发“人社和谐”课程，促进学生与社会和谐相处

为培养学生正确的社会观，促进学生较好地融入社会生活进而实现终身发展，学校开发了“人社和谐”课程，并在“人社和谐”课程下，从社会规范、家国情怀、科技生活、文化传承 4 个方面开发相应课程，致力于提升学生的规则意识；培养学生热爱祖国、热爱家乡的情怀；弘扬中华文明增强文化自信，进而提升学生与社会和谐相处的能力。具体包括“恪守规则”“识破网络陷阱”“六中之光”“六中之魂”“我爱我家”“祖国在我心中”“奇妙的数学”“STEAM”“3D 空间”“数学建模与大数据”“人工智能”“诗意人生”“楚河汉界”“非遗蜡染”“非遗珠绣”“中国故事英语说”等校本课程，在课程实施中实现对学生认知能力的培养。

3. 开发“自我发展”课程，促进学生实现自我发展

学生社会责任认知能力培养的第三维度是促进学生认识自我，树立正确的自我观念，因而开发自我认知类课程提升学生自我认识水平；开发自我守护类课程增强学生自我保护意识；开发自我服务类课程增强学生自我服务意识；开发自我

提升类课程促进学生全面提升自我素养。从培训与实践体验相结合、课堂教学与课后体验相结合、集中学习与自主选择体验相结合的教学模式，通过认识自我的长处与短板、学会守护自我、学会为自我服务，进而实现自我提升。

（三）第一轮行动评价

1. 学生社会责任认知能力大幅提高

根据调查研究结果，在第一轮行动研究实施背景下，高中生社会责任感知能力呈正向发展趋势。学生在课程学习中不断认识人与自然、人与社会、人与自我的关系，进而实现对社会责任感认知内涵的认同；在认同的基础上逐渐形成科学的自然观、社会观和自我价值观，为社会责任感融入能力的培养奠定了基础。

2. 形成高中生社会责任认知能力培养校本课程体系

根据学校日常教学目标与教学规划，可以开展“创设适合学生和谐发展的教育”模式，同时还要兼顾到学校特色、地区文化特色，积极开发与实施社会责任感认知课程，结构图见图 19-3。

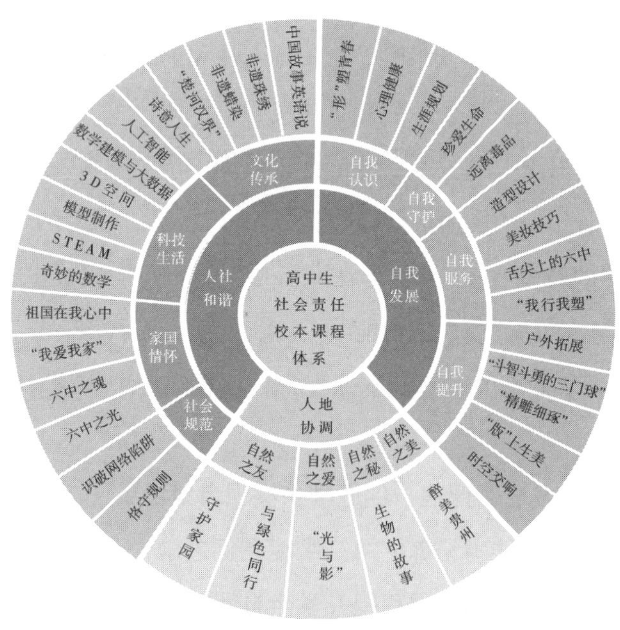

图 19-3　高中生社会责任校本课程体系

构建了学生社会责任感认知能力培养“三维十二项三十六门”校本课程体系，从人地协调、人设和谐、自我发展三个维度，自然之美、自然之秘、自然之爱、自然之友、社会规范、家国情怀、科技生活、文化传承、自我认识、自我守护、自我服务、自我提升十二个项目，开发了三十六校本课程。补充了有关社会责任感认知的素材，如民族文化、爱国、集体等等，进一步落实学生社会责任感认知培养的目标、内容和方法。

通过国家课程教育，将社会责任感意识植入到日常课程活动中，严格执行课程标准，保障课时充足，课程充足。并在“技术重塑教育”理念的引领下，实施提升技术素养、重塑教育模式的学校课程方案，构建普通高中技术课程生态圈。在教学过程中充分挖掘教学素材，运用基于信息文明和技术文明的生态型课程评价体系，发挥技术带动与引领作用，把握社会责任感认知能力培养契机，创新社会责任感认知能力培养的技术手段。落实学生科学文化素养培养的同时，引导学生平衡好自身、社会以及自然的关系，明确与自然、社会和自我相处的行为准则、价值规范、道德素养，实现社会责任感的入耳、入心、入脑。

二、第二轮行动研究：构建“高中生社会责任感培养课外活动体系”，提升学生社会责任融入能力

通过第一轮行动研究，进一步提升了高中生的社会责任认知能力。根据社会责任感的内涵与形成阶段，要使思想成面的认知转化为行为上的具体表现，需要通过第二轮行动研究来实现。第二轮行动研究主要培养高中生的社会责任融入能力，又分为 3 个阶段：首先通过主题活动培养学生的融入意识；其次，通过论坛活动教会学生的社会责任融入方法；最后，通过社团活动提升学生的会责任融入品质。

（一）调整行动研究计划

1. 制定行动目标

（1）组织专题培训、党团活动，强化学生社会责任融入意识；

（2）举办名家讲坛、家长讲堂、学生论坛，教会学生社会责任融入方法；

（3）开展时政类、志愿服务类、科技类、艺体类社团活动，提升学生社会责任融入品质。

2. 制定行动方案

为有序开展第二轮行动研究，加强社会责任感融入能力培养的有效性，特制定如下行动方案：

表 19–3 第二轮行动研究计划

行动步骤	时间	主要任务	行动目标
第一步	2019.08—2019.10	组织专题培训、党团活动	开展主题活动增强学生社会责任融入意识
第二步	2019.11—2020.01	举办名家讲坛、家长讲堂、学生论坛	举办论坛活动教会学生社会责任融入方法
第三步	2020.02—2020.06	开展时政类、志愿服务类、科技类、艺体类社团活动	开展社团活动提升学生社会责任融入品质
第二轮行动评价			
第二轮行动反思			

（二）第二轮行动实施

从社会责任融入意识、社会责任融入方法、社会责任融入品质三个维度开展丰富的活动进行培养。融入意识的培养主要通过主题活动，即专题培训、党团活动两个方面入手；融入方法的培养主要通过论坛活动，即从名家讲坛、家长讲堂、学生论坛 3 个方面入手；融入品质的培养主要通过社团活动，从时政类、志愿服务类、科技类、艺体类社团活动 4 方面入手。（见表 19–3）

主题活动是培养学生社会责任融入意识的一种重要载体，围绕学生社会责任融入意识的内涵，本研究设计了可增强学生社会责任融入意识的专题培训和党团活动，前者以教师在活动中的引导为主，后者以学生的参与感悟为主，丰富多彩的主题活动不仅能拓展学生社会责任感培养的方式与情景，也能使学生在多种角色扮演中走向自觉自悟，进而强化学生的社会责任融入意识。

在融入方法方面，本研究以名家讲坛、家长讲堂、学生论坛作为传授社会责任融入方法的渠道和载体，以期从多维度、多渠道帮助学生了解和掌握社会责任融入方法。只有教会学生掌握更多、更科学、更有效的社会责任融入方法，才能提升学生的社会责任融入品质。

在社会责任融入品质提升方面，学校积极构建展示平台、创设时政类、科技类社团、志愿服务类、艺术类，学生在基于社会责任融入能力培养的活动中通过表达、交流、操作、制作、解说、判断等方式，促进对社会责任感知内涵的深入理解，对社会责任融入意识的强化，对社会责任融入方法的训练，最终实现社会责任融入品质的提升。同时社团活动具有公开性、真实性、教育性，能够引起观看活动的学生产生情感共鸣，发挥示范作用，有效弥补课堂教学对于社会责任感培养的不足，让学生在真实的感受中耳濡目染。

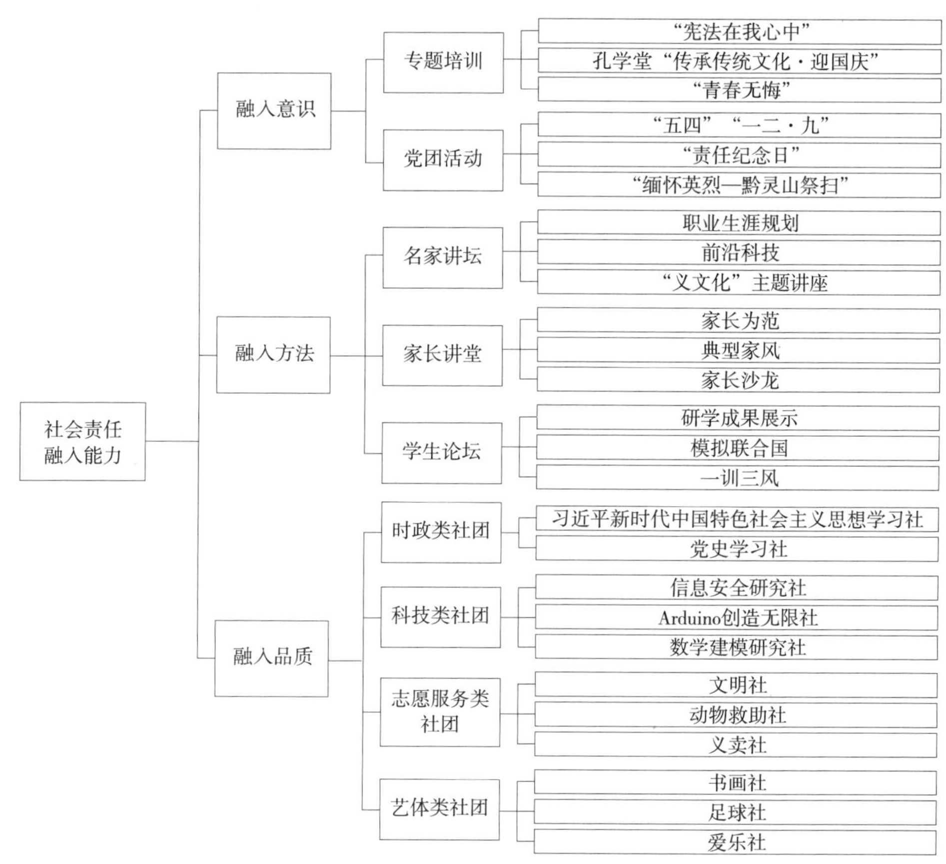

图 19–4　高中生社会责任活动体系

（三）第二轮行动评价

根据调查结果，在第二轮行动研究实施背景下，高中的社会责任融入能力呈现可喜进步。这也表明，本研究行动方案和行动计划的有效性。首先，通过开展增强社会责任融入能力方面的专题培训、党团活动，学生的社会责任融入意识得到了唤醒、确立、强化。其次，通过论坛研讨丰富融入方法、融入途径。最后，通过社团活动，提升了学生社会责任融入品质。

（四）第二轮行动反思

在社会现实情境中表现出的社会责任行为，是最终考量学生社会责任感强弱的标志，责任行为的锤炼必须在具体的生活情境和公共生活中加以体现和彰显。要积极开展多样化的社会实践活动，促进学生将自我社会责任认知、社会责任情感内化为道德和意志，并在公共生活秩序和具体行动中始终保持强烈社会责任感的稳定性和一贯性。因此根据社会责任感的内涵与形成阶段展开了第三次行动研究，即社会实践活动发展高中生社会责任服务能力研究。

三、第三轮行动研究：构建“高中生社会责任感培养实践活动体系”，强化学生社会责任服务能力

社会实践活动的开展离不开学校、学生、社会、家庭，是在四者的有效衔接过程中实现社会责任感的培养。在组织学生的社会实践活动中，打破以学校为组织方的局限，扩大学生参与社会实践的范围和内容，在实践活动中促进学生自我管理，着力引导学生加强对社情的认识，合理运用实践任务激发其敢于担当的强烈社会责任感。通过第二轮行动研究，帮助学生提升了社会责任融入能力，进一步优化社会责任感形成的情境进而开展第三轮行动研究。

（一）调整行动研究计划

1. 制定行动目标

（1）开展志愿服务提升社会责任服务认同；

（2）开展公益服务实现社会责任服务体验；

（3）开展慈善服务发展社会责任服务担当。

2. 行动方案

为有效研究学生社会责任感服务能力的培养方法，开展科学研究，特制定如下行动方案：

表 19-4　第三轮行动研究计划

行动步骤	时间	主要任务	行动目标
第一步	2020.07—2020.08	开展志愿服务	通过志愿服务促使学生形成社会服务认同
第二步	2020.09—2020.10	开展公益服务	通过公益服务促使学生实现社会服务体验
第三步	2020.11—2020.12	开展慈善服务	通过慈善服务来促使学生发展社会服务担当
第三轮行动评价			
第三轮行动反思			

（二）第三轮行动实施

从社会责任服务认同、社会责任服务体验、社会责任服务担当三个维度开展丰富的社会实践活动进行培养。服务认同方面的培养从志愿类活动入手；社会责任服务体验培养从公益类活动收入；社会责任服务担当培养从慈善类活动入手。（见图 19-4）

志愿类活动是培养学生社会责任服务认同的一种重要途径，围绕学生社会责任服务认同的内涵，本研究设计了可增强学生社会责任服务认同的“学习雷锋”系列志愿者活动和“环保伴我行”系列志愿者活动，前者以培养学生的奉献精神为主，如开展“学习雷锋　做小小志愿者”“绿丝带”“文明交通劝导”等活动；后者以培养学生的生态意识和认同，如“品味青岩　爱护环境　垃圾分类”和“环

保登山 绿色生活”等活动。

开展公益类活动，强化学生的社会责任服务体验。为扎实开展社会实践教育，扩充学生公益活动的参与路径，增强学生社会责任感体验，我校积极组织学生利用假期和节假日开展“五进”活动（进社区、进农村、进机关、进企业、进公共场所）。“五进”活动在社会实践中增强学生的社会责任感、创新精神和实践能力；积极地开展社区志愿者服务活动，把多种不同的形式纳入学校社会实践活动中，让学生根据自己意愿来进行选择。在此过程中，能够增强学生的服务意识和责任意识，能够积极弘扬中华民族的传统美德，能够积极宣传社会主义核心价值观，弘扬和传承优秀民族文化，对于革命传统的在新时代的延续发展有着非常重要的现实意义。

开展慈善类活动，提升学生的社会责任服务担当。开展“天使在人间活动”慈善活动，培养学生大爱意识，每年 4 月份，我校都会积极和贵阳市聋哑学校进行合作，以此来开展天使在人间的慈善活动，为聋哑孩子带来温暖和关心。开展“爱老敬老”慈善活动，教会学生尊老、敬老、爱老、扶老，我校每年 8 月，组织学生为敬老院举办关爱老人的爱心公益活动，传递“健康从心开始，关爱生命，呵护心灵，完善自我”等理念。开展“爱心募捐”慈善活动，接力心梦想，学校会积极利用微信平台等方式进行宣传，发动更多的爱心人士对个体进行帮助，发出献爱心倡议书，号召全校师生发扬团结互助、无私奉献的精神。组织“交响乐团公益演出”活动，强化美育育人功能，为弘扬经典文化，传播高雅艺术，强化学校美育育人功能，构建德智体美劳全面培养的教育体系，每年 12 月，我校交响乐团会全力策划安排公益演出活动，以公益演出的形式把美妙乐音源源不断地送到学校、社区、企业等，让更多的人得以与高雅音乐亲密接触。

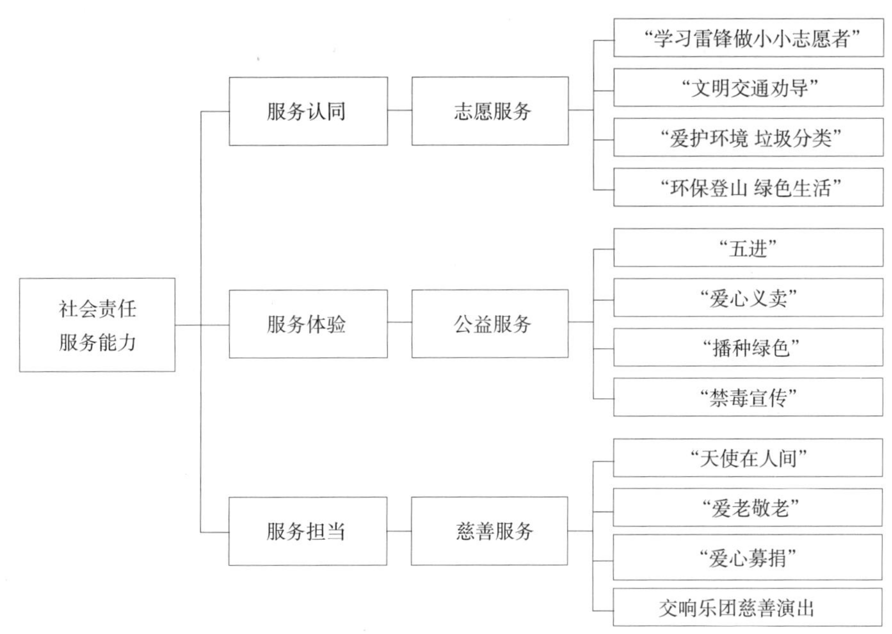

图 19–5　高中生社会责任服务体系

（三）第三轮行动评价

根据调查研究结果，在第三轮行动研究实施背景下，高中生社会责任服务能力呈正向发展趋势。这也表明，在前两轮行动研究中，高中生加强了社会责任认知，树立了社会责任意识、掌握了社会责任融入，这为社会责任服务打下基础。首先，主题教育强化了学生的社会责任服务意识和认同，从外在要求转换为内在认可。其次，社区服务、公益服务、慈善服务、校内志愿服务等活动为学生提供了参与和体验平台，强化了社会责任服务认同与社会责任服务体验的交互。最后，通过全方位、全过程、多维度的评价，发展了学生社会服务担当。

（四）第三轮行动反思

社会实践活动因其开展的场所是现实中的社会环境，使得学生社会责任感培养的情境更为复杂，强化了社会责任感形成的有效方式。对社会责任实践的内容和方式展开更为深层次的研究，从社会责任认知的培养上升到社会责任融入的刺激最后转化为社会责任服务能力的提升，层层递进，缺一不可。

第四部分　研究结果与结论

一、研究结果数据分析

在三轮行动研究之后，对实验干预的高中生进行反馈调查，情况如下：

对学生数据进行配对样本 t 检验发现：该校学生在社会责任认知能力方面显著提高了 1.25 分；社会责任融入能力方面显著提高了 1.53 分、社会责任服务力显著提高了 1.3 分，社会责任感总体水平上显著提高了 1.1 分。（见表 19–5）

综上所述，三轮的行动研究之后，该校学生的社会责任感总体水平良好，社会责任认知力、社会责任融入力从一般晋升为良好，社会责任服务力从较差变为良好。

表 19–5　社会责任感测评结果数据对比

研究变量	前测		后测		均值比较 P 值
	M	SD	M	SD	
社会责任认知能力	3.47	0.43	4.72	0.47	P<0.05
社会责任融入能力	3.08	0.43	4.61	0.44	P<0.01
社会责任担当能力	2.91	0.45	4.21	0.43	P<0.01
社会责任感	3.41	0.43	4.51	0.43	P<0.05

二、研究结论

（一）多样的校本课程是培养高中生社会责任感的基础

社会责任认知能力是培养学生社会责任感的前提。在学校现有资源中，课堂及课程是对学生进行教育有效性最高、普遍性最强的途径，因而成为培育学生社会责任感的主渠道和主阵地。因此，要加强高中生的社会责任感教育重点要将社会责任感教育融入具体的课堂中。

首先，要充分挖掘高中教材中社会责任感教育资源。其次，要精选教学方法增强社会责任感教育课堂的渗透力。该校构建了“生本课堂 5+1+N”教学模式，课程始终贯穿社会责任感这一理念，让学生在不同的学习情景中，不同的教学方式下反复感知、理解社会责任感的内涵、价值，从而促进学生社会责任认知能力的提高。最后，要转变课堂和课程的评价方式，推动社会责任感的实现。

（二）多元的课外活动是提升高中生社会责任感的保障

社会责任融入能力的提升是学生社会责任感的进一步深化体现。仅是在课堂上进行社会责任感教育其作用是有限的，要真正培养学生的社会责任感需要让学生从书本走向实践，从课堂走向生活，将意识化作具体的行动。

鉴于此，学校开展了丰富的课外活动、社团活动、研讨活动，让学生在活动中思考和感悟，引导学生进行对责任、对担当、对生命，对未来的探索和交流，培养学生积极探索的意识，实现学生的自我教育与自我管理，强化学生的社会责任融入意识。因此，课外活动是培养高中生社会责任融入能力的关键环节。

（三）多维的社会实践是强化高中生社会责任感的辅助

社会服务能力的形成是学生社会责任感的现实表现。创造机会并鼓励学生参加社会实践活动是推行社会责任教育重要的一环，该校与国家大数据（贵州）综合试验区展示中心、师大喀斯特研究院、贵州省博物馆、贵州伯克格瑞德科技有限公司、黔禧文创旅游公司、贵州益同兴服装服饰有限公司、贵州北极熊实业有限公司等 20 多家单位建立了友好关系，签约成为该校的社会实践基地，与学校签约并建立实习基地，为学生创造更多的实践机会。通过社会实践活动可以使学生感受到履行责任带来的积极情绪体验，学生能够感受到为自己行为负责的喜悦，同时能够增强学生为行动负责的内在动机；即使学生未能顺利履行其责任，也会主动愿意为其后果负责。

第五部分　研究启示与反思

一、研究启示

（一）树立高中生社会责任感培养理念是前提条件

高中生的“三观”正在成熟，是社会责任感教育培养的关键时期，更是正确树立国家观、历史观、民族观、文化观、自然观、社会观、自我观诸多意识的重要时期。作为学校德育的重点，社会责任感的教育和培养，是学校教育必不可少的一环，强化高中生社会责任感教育与培养，是帮助高中生踏入社会、融进社会的重要内容，学校教育加强高中生的社会责任感教育，可以让学生更加懂得责任与担当、付出与奉献，对于其个人的健康发展具有重要的价值与意义，为学生适应社会生活、接受高等教育和未来职业发展打下良好基础。

（二）健全高中生社会责任感培养制度是根本保证

健全的制度是工作开展和有效实施的重要保障。《国家中长期教育改革和发展规划纲要（2010—2020 年）》中明确要求学校“要提高学生服务国家服务人民的社会责任感”。教育部印发的《中小学综合实践活动课程指导纲要》《大中小学劳动教育指导纲要（试行）》，也分别指出要“提升综合素质，着力发展核心素养，特别是社会责任感、创新精神和实践能力”。高中学校必须加强和完善社会责任感教育的相关制度，规范责任感教育的实施路径。因此，应将社会责任感教育纳入《章程》，纳入课程及活动，明确组织管理，纳入学生综合素质评价。

（三）建立高中生社会责任感培养机制是关键所在

社会责任感教育必须纳入学校德育工作计划，安排德育必修课程、校本特色课程和相关德育活动。在形成长效机制方面，主要有以下八大机制予以保障：一是构建全面培养体系，将社会责任感教育纳入教育全过程；二是建立导师引领机制，培养学生社会责任感的融入方法；三是建立“五进”实践机制，为学生开展公益活动提供场所；四是建立同伴互助机制，引导学生掌握方法共同成长；五是建立平台展示机制，总结经验树立典型交流提高；六是建立创新机制，不断丰富社会责任感培养的途径。

（四）构建高中生社会责任感培养体系是核心举措

一是有序开发培养社会责任认知能力的课程。学校根据党和国家倡导的公民素养、社会责任感的培养和志愿者精神等，开发校本课程。二是注重开展社会责任融入能力的各种活动。学校要组织社会责任感教育专题培训和党团活动来唤醒、确立、强化学生融入社会的意识。三是认真组织志愿服务、公益活动、慈善活动等社会实践活动。不断增强学生的社会服务认同、体验和担当能力。四是积极整合家长及社会资源。动员和鼓励家长为学生提供社会实践体验的机会与场所。积极联系家庭和社区，形成家校社三方合力，增强教育效果。

（五）完善高中生社会责任感培养评价是有效保障

科学评价，是推进工作、提振信心、培养兴趣的有力工具，学校要努力构建科学有效的综合素质评价体系。一是将学生开展社会责任认知能力、融入能力、服务能力培养情况纳入学生综合素质评价体系。二是要及时收集学生开展社会实践、志愿服务、公益活动的情况及评价。三是要及时将学生在校内外参加各项活动的图片、影像资料及时展示。四是组织社会责任感培养教育效果好的同学、班级对开展情况进行总结记录，形成文集。

二、研究反思

（一）教师的课题研究能力上稍显不足

本课题的研究人员均来自高中教育教学的管理者和一线教师，他们虽然有丰富学校管理经验和教学经验，但是没有经受过专门系统的学术研究培训，对课题研究的理论水平还不够高，方法还不够专业，程度上还不够深入，在研究角度上也还不够全面，因此，科研能力显得不足。下一步，提升教师的科研能力，是研究团队后续将着重解决的问题。

（二）本课题研究样本的普适性有待进一步提升

本课题研究的对象是示范性高中的学生，其原本的素质素养、心理状态等都有独特性，我们基于对他们的研究得出的结果在本校、云南曲靖市第二中学、广东省广州市增城区第一中学、长顺县民族高级中学、修文县普通高中学校是科学合理的，普适应有待进一步提升。

（三）教师的课题研究时间和精力投入不足

本课题研究的教师平时行政管理和教学工作都比较繁重，他们只能在工作之余抽出时间进行课题的研究，与专门从事教育教学研究的专家学者相比，在时间和精力上的投入都显得不够足。

三、研究展望

一是进一步尝试拓宽样本实验范围，积极与市内、省内或省外高中兄弟学校、合作学校及帮扶学校合作进行实践研究和验证，扩大样本容量。

二是进一步思考如何验证学生社会责任认知能力、融入能力和服务能力的培养成效。下一步将挖掘学校的历史文化和积淀，梳理学校各行各业优秀学子在社会责任感方面的表现，并进行深入的叙事研究。

参考文献：

[1] 白利霞．高中生物学教学中培养学生社会责任的实践研究 [D]．内蒙古师范大学，2020.

[2] 陈自龙．青少年学生社会责任感的培养机制研究 [J]．教学与管理，2014

（30）：76–78.

[3] 程东峰．青少年责任意识形成研究 [J]．当代青年研究，2003（2）：29–34.

[4] 丁帅．社会责任感缺失的危害与培养路径 [J]．人民论坛，2019（16）：128–129.

[5] 郭凯，况志华．责任与自由：社会责任感的形成机制 [J]．江海学刊，2017（4）：55–59.

[6] 郭清．社会主义核心价值体系引领下大学生社会责任感的培养 [J]．思想教育研究，2013（2）：90–93.

[7] 韩慧芳．习近平关于家庭教育重要论述研究 [D]．辽宁师范大学，2020.

[8] 胡伟，陈世盛，吕勇．高中生人际信任、疏离感和公民责任意识的关系研究 [J]．心理与行为研究，2014，12（6）：795–799.

[9] 李社亮．当前青少年责任感缺失的症候、原因及培育对策 [J]．学校党建与思想教育，2017（2）：20–214.

[10] 李瑛．如何增强公民的社会责任感 [J]．人民论坛，2017（24）：82–83.

[11] 林崇德．中国学生核心素养研究 [J]．心理与行为研究，2017，015（2）：145–154.

[12] 刘世宏，李丹，刘晓洁，陈欣银．青少年的学校适应问题：家庭亲密度、家庭道德情绪和责任感的作用 [J]．心理科学，2014，37（3）：617–624.

[13] 宁洁，苏兰．青少年社会责任品质的理性审思与形成路径 [J]．中国青年研究，2020（5）：107–113.

[14] 邱伟光．青少年学生社会责任感的培育和养成 [J]．思想理论教育，2013（18）：4–8.

[15] 曲建武，周伯伟．对大学生个性发展与社会责任感培养的理性思考 [J]．中国高教研究，2001（12）：53–54.

[16] 任国忠．公民社会责任感的培育与公民道德教育的深度辩思 [J]．伦理与文明，2013：106–115.

[17] 苏兰，何齐宗，苏春．近十年来我国青少年社会责任感研究述评 [J]．教

育学术月刊，2015（11）：22–28.

[18] 苏娜，单玉平．我国中学生责任伦理教育现状调查分析 [J]．华东师范大学学报（教育科学版），2018，36（4）：122–130.

[19] 王清．教师民主型领导和小学生责任感的关系 [D]．湖南师范大学，2020.

[20] 熊超．中国当代大学生社会责任感研究的反思 [J]．广西社会科学，2016（12）：217–221.

[21] 杨茹，丁云，阚和庆．大学生社会责任感的内涵、理论基础及现实意义探析 [J]．思想理论教育导刊，2012（11）：107–110.

[22] 徐立．社会责任感：构建和谐社会的伦理基础 [J]．消费导刊，2008（11）：204–205.

[23] 于浩华．新形势下当代青年人社会责任感的培养 [J]．吉林省经济管理干部学院学报，2010，24（4）：73–76.

[24] 郑士鹏．当代中国青年社会责任感及其培养研究 [D]．北京交通大学，2014.

[25] 郑永延．关于高校德育研究的回顾与展望 [J]．中国高教研究，1997（2）：19–23.

[26] 郅广武．学生发展核心素养中的责任担当意识探析 [J]．中国教育学刊，2017（S1）：225–228.

[27] 周明星．当代中学生社会责任感培养的困境与超越 [J]．中学政治教学参考，2017（30）：59–61.

[28] 朱宇，盖元臣．高中生社会责任意识教育的理念和路径 [J]．继续教育研究，2017（7）：52–55.

[29] 张青．基于核心素养的高中思想政治课学生社会责任感培养研究 [D]．山东师范大学，2019.

高职院校辅导员队伍建设的困境及问题的消解

贵阳幼儿师范高等专科学校　赵雅卫

高职院校辅导员队伍建设主要存在队伍不够完善、整体结构不合理、工作量核算标准不一和主动开展学生工作研究意识和能力不强等问题。高职院校辅导员队伍建设需要有效构建党委领导下的学校整体思想政治教育工作体系，合理架构辅导员队伍的整体结构，明确辅导员的地位和岗位职责，创新辅导员队伍建设和完善辅导员培养培训工作机制。

高职院校的发展和人才培养目标迫切需要在思想政治教育和学生管理领域具有较强实践能力和一定研究能力的行家里手，承担专业教师所不可替代的角色。辅导员成为大学生思想政治教育中的骨干力量，是高校学生日常思想政治教育和管理工作的组织者、实施者和指导者。笔者从辅导员培养的制度建设、专业能力、奖惩机制、选拔聘任及培训培养等方面探索实践路径，旨在为高职院校辅导员队伍实践培养模式和制度体系构建提供有价值的参考建议，从而促进辅导员的健康成长，促进高职院校思想政治队伍素质的整体提高，为学生的成长成才提供有力的组织保障。

一、高职院校辅导员队伍建设存在的困境

（一）辅导员队伍的建设不够完善

高职院校在辅导员管理模式上与本科院校相比还有很大的差距。高职院校由于历史发展的原因，导致其在辅导员队伍建设的制度和机制的完善上尚处于成长阶段，一些高职院校仍存在专职辅导员配备不达标，编制未落实，待遇保障不到位等现象，有待于进一步规范和完善。

（二）辅导员队伍整体结构不合理

笔者对贵州省15所高职院校的539名专兼职辅导员开展网上问卷调研，结果显示：男性202人，女性337人；30岁以下的382人，占总数的70.87%，30—40岁的134人，占总数的24.86%，40岁以上的23人，占总数的4.27%。可见女性高达62.52%，性别不平衡；党员仅占辅导员队伍的38.4%，非思政或教育类专业背景的辅导员比例高达70.5%，辅导员整体专业配比不平衡，政治理论基础较弱；本科及其以上占55.66%，学历不达标；兼职辅导员人数高于专职辅导员人数的10.94%。

由此可见高职院校辅导员队伍在结构上存在的问题集中在：一是年龄结构不合理。辅导员年轻化程度较高，毕业后直接从事辅导员工作，无工作实践经历的人数占比过高，年龄结构上未形成阶梯状态。二是专业结构不合理。马克思主义理论、思想政治教育和人文社科方面专业的辅导员占比不高，且缺乏自我提高政治理论水平提高和修养提升的内生需求，缺乏研究学生思想政治教育和管理工作意识和能力，而且“双师型”教师从事辅导员或兼职辅导员人数很少，不能满足学生对人生、知识、专业技能发展需求学习指导的愿望。三是辅导员专业素养参差不齐，目前，高职院校辅导员专业化和职业化发展的愿望不强烈，理论知识和实践经验不足，缺乏因材施教的能力，更缺乏学生理想信念的引领。

（三）增加辅导员工作负担量

学校各行政职能部门“直线插入”辅导员工作的现象突出，形成了“上面千条线，下面一根针”的现状，无形中增加了辅导员的工作量。调研显示，认为工作负荷过大的高职院校辅导员高达68.09%，认为事务性工作压力大的高职辅导员高达79.96%。

（四）辅导员工作量核算标准不一，待遇有待商榷

首先，辅导员工作边际不清，兼职多、工作量大，工作内容与工作量超过其

工作能力和心理承受能力现象突出。除个别学校采用只负责学生的教育、管理的学管员（班主任）制外，绝大多数学校辅导员均承担各自专业的教学任务，大部分辅导员同时兼顾诸多行政工作，以至于部分辅导员疏于本职工作的完成质量。其次，学生人数核定工作量上值得商榷。问卷调查显示，专兼职辅导员中所带学生数在 200 人以上的达到 11.13%，而按照教育部的规定，辅导员所带学生不超过 200 人。在专兼职辅导员周课时调研中，我们也清晰地看到每周课时八节以上者高达 32.65%，由此可见，辅导员的工作量，兼职多，这种现象的存在必定影响辅导员本职工作的优质完成。

（五）主动开展学生工作研究的意识、能力有待提高

调查问卷显示，经常与学生进行沟通交流的比例高达 84.6%，很少或从不单独与学生沟通交流的辅导员仅有 83 人，占总数的 15.4%，且沟通交流内容绝大多数为日常事务性工作。可见，学生的日常生活管理成为辅导员的主要工作，缺乏从理想信念、健康心理引导和学习、学业规划、就业指导等方面对学生的高位指导。此外，部分辅导员对职业认同感不强，甚至个别辅导员把工作当成入职的跳板，不安心本职工作。

二、消解高职院校辅导员队伍建设问题的建议

（一）构建党委领导下的学校整体思想政治教育工作体系

中共中央、国务院《关于加强和改进新形势下高校思想政治工作的意见》（2017.02）强调“要加强和改善党对高校的领导。要完善高校党的领导体制”“高校党委对本校工作实行全面领导，履行管党治党、办学治校的主体责任，切实发挥领导核心作用”“高校党委书记主持党委全面工作，履行高校思想政治工作和党的建设第一责任人的职责。坚持和完善党委定期研究、领导干部联系高校等制度，建立部门协作常态机制，形成党委统一领导、党政齐抓共管、职能部门组织协调、社会各方积极参与的工作格局”。因此，一方面，思想政治工作应建立以

院校党委直接领导的，党委副书记（多校未配备专职党委副书记）直接分管的工作体系，建立党办、宣传部、校团委、学生工作处、马列部、教务处、二级系部行政、党总支（支部）、团支部，党务工作者、辅导员共同组成的党政部门协同、人员构建完备的思想政治工作网络体系，立体架构学校育人机制，党政干部、思政课教师、辅导员（班主任）、专业课教师、管理人员齐抓共管的“三全育人”工作机制。另一方面，思想价值引领必须贯穿高职院校教育教学的全过程和各个环节，努力营造“教书育人、管理育人、服务育人、科研育人、实践育人、文化育人、组织育人”的氛围并建立长效机制，真正做到人人都是教育工作者，实现“三全育人”。

（二）科学架构辅导员队伍的整体结构

高职院校要从本校人才培养目标角度整体架构辅导员队伍结构。辅导员队伍在构建过程中，不仅要注意年龄、性别、政治面貌、职称等基本问题，而且在专业上还要考虑职业院校特点，从专业技能较强的“双师型”教师中选拔、聘任一定比例的专兼职辅导员，增强学生对职业技能和未来职业发展需要的指导。

（三）明确辅导员的定位、地位和岗位职责，聚焦主责主业

辅导员在落实“立德树人”根本任务、推动学校健康发展中具有极其重要意义、重大责任和光荣使命。因此，高职院校要从工作作用、工作方法和岗位身份等三个角度全面认识“辅”“导”“员”。首先，从“辅”的视角审视辅导员的作用，其既是党团工作、教育教学、学生生活的助手，又是做好学生思想政治工作的主攻手，是学生管理的主导者和学生成长的主心骨。其次，从“导”的角度看辅导员的工作方法，辅导员是学生的政治领导、思想引导、情感疏导、学习辅导、行为教导、就业指导，起着守护学生的人生航向，引导学生学会正确处理各种关系、解决学习中遇到的难题，引导学生科学做好人生规划，顺利走向社会的重要作用。最后，从“员”的角度看辅导员的岗位身份，思想政治教育是其工作的出发点和落脚点，是主线。因此，清晰地明确辅导员的工作内容和职责，规范

工作职责、明确归属关系，将其从“保姆”式的日常烦琐的事务中解放出来，回归育人主责，使辅导员有更多的时间和精力去深入研究学生问题，确保辅导员能更好地完成“人生导师”的主责主业。

（四）增强岗位吸引力，创新辅导员队伍建设

1. 制定科学合理的辅导员工作考核办法

建立辅导员队伍管理办法与考核体系挂钩的管理机制，为辅导员队伍管理的科学化和规范化提供了制度保障。实行“条块结合”的学校、系（部）双重考核办法，学生评议、辅导员自我评价、系（部）、学校考核的全方位立体考核方式，考核结果与其岗位聘任、评优评先、晋职晋级、目标绩效、年终奖励等挂钩，充分发挥辅导员的主观能动性，调动其工作的积极性和创造性。

2. 健全和完善辅导员晋级晋职评定制度

一是建立和完善工作目标责任制和奖惩制度。按期对辅导员的思想政治素质、品德修养、职业道德、教育管理能力等进行综合考核，对考核优秀者进行表彰，在学校评优评先和表彰中辅导员指标单列，不占学校评优、评先的总指标，不断提升辅导员职业获得感和荣誉感。

二是打通辅导员队伍的晋升和发展通道，增加激励措施，促进辅导员的全面发展。建立和完善科学合理的辅导员职称评定制度，同时为党务工作者和思想政治工作者的职称评定搭建畅通的平台。

3. 提高辅导员待遇和事业发展机会

一方面，实行辅导员津贴制。按学生实际人数计算辅导员津贴或实行班级学生人数分段计算。另一方面，为辅导员学历提升和交流进修创造条件和机会，促进其理论水平和工作能力的提高，用事业发展增强辅导员岗位的吸引力。

4. 建立和完善辅导员招聘、聘任、退出机制

（1）牢牢抓好源头

首先，把好招聘“入口关”，建立规范完整的辅导员招聘制度。公开公平择优录用辅导员。其次，把好“审核关”，增加对拟招聘的辅导员其在原校原单位

的表现情况，重点是其政治素养、道德品质、学习（工作）态度、学习（工作）纪律、身心健康等诸方面进行综合考察。最后，做好“面试关”，不仅要考察应聘者对学生思想政治和管理工作的认识和理解，还要考察其政治思想觉悟和学生工作方面的职业潜质。

（2）畅通交流渠道

首先，建立人人都应该是教育工作者，人人都应承担辅导员（班主任）工作的制度机制，实行专任教师（管理人员）、党政干部—兼职辅导员双向聘任制度。从德才兼备、信仰坚定、热爱学生工作，有较强学生工作能力的专任教师（管理人员）和党政团干部中选拔兼职辅导员，充实到辅导员队伍，辅导员工作经历和工作成效作为晋级晋职、提拔的基本条件之一。其次，建立从事辅导员工作的选适机制，将合适的人选遴选到合适的岗位，营造“我被当”为“我要当”的氛围，有效激发政治素养高、热爱学生工作的专业教师、行政管理人员和党政工团干部从事辅导员工作的积极性，充实和丰富辅导员队伍力量，实现辅导员队伍的良性循环发展。

（3）建立退出机制

建立动态的辅导员聘任和退出淘汰机制。对违反《新时代高校教师职业十项行为准则》或严重失职的辅导员施行师德一票否决制，退出辅导员工作岗位。

（五）完善辅导员培养培训工作机制，提升辅导员自我提高的内生动力

1. 建立分层分级分阶段、递进式的培训机制

新入职的辅导员，须经过入职培训和传帮带培养，通过政治理论考核并取得相关的上岗证书后，方可上岗。其中，思想政治、理论修养、心理素质、业务培训、技能培训是培训的通识内容，同时还应结合新入职人员基本情况和需求增加新的内容，帮助其提高政治理论修养，增强职业认同感，增强职业荣誉感和使命感。主要措施有：对新入职辅导员要实行“老带新”“青蓝工程”等带教方式，在教育实践中帮助辅导员学会管理和教育引导学生、处理和驾驭全局及处理突发事件。强化辅导员的专业培训力度，制定辅导员的培训专题，加强辅导员的教育

管理工作水平，提升学生管理及教育引导的职业能力，使辅导员工作由“要我当”变为“我要当”。

2. 开展校际、校内辅导员之间的交流沟通平台

如辅导员交流论坛、辅导员研讨会议、辅导员沙龙等，研讨学生中存在相对突出或集中的焦点和热点问题，促进辅导员的共同成长。

参考文献：

[1] 柴葳．坚定使命与责任，提升辅导员队伍建设水平 [N]．中国教育报讯，2019-09-23（01）．

[2] 段雪蓉．云南省高校初任辅导员职业认同研究 [D]．云南：云南师范大学，2019：75-76.

[3] 梁玉莲．论大学辅导员队伍建设存在的问题及对策 [J]．教育教学论坛，2013（16）：22-23.

[4] 花蓉．高职院校辅导员队伍建设 [J]．科教导刊，316（28）：76-77.